Pharmazeutische Biologie

Drogenanalyse II: Inhaltsstoffe und Isolierungen

Pharmazeutische Biologie

1 Cytologie · Genetik · Physiologie
Von Ernst Reinhard, Tübingen
Wissenschaftliche Verlagsgesellschaft mbH, Stuttgart

2 Drogen und ihre Inhaltsstoffe
Von Hildebert Wagner, München
Gustav Fischer Verlag, Stuttgart

3 Drogenanalyse I: Morphologie und Anatomie
Von Fritz Deutschmann, Hamburg,
Berthold Hohmann, Hamburg, Ewald Sprecher, Hamburg
und Egon Stahl, Saarbrücken
Gustav Fischer Verlag, Stuttgart

4 Drogenanalyse II: Inhaltsstoffe und Isolierungen
Von Egon Stahl, Saarbrücken und Werner Schild, Saarbrücken
Gustav Fischer Verlag, Stuttgart

Gustav Fischer Verlag · Stuttgart · New York · 1981

Pharmazeutische Biologie

Drogenanalyse II: Inhaltsstoffe und Isolierungen

Von

Professor Dr. Dr. h. c. Egon Stahl, Saarbrücken
Dr. Werner Schild, Saarbrücken

109 Abbildungen, zum größten Teil farbig
14 Tabellen

SEMPER BONIS ARTIBUS

Gustav Fischer Verlag · Stuttgart · New York · 1981

Anschrift der Autoren:

Professor Dr. Dr. h.c. Egon Stahl,
Dr. Werner Schild,
beide: Pharmakognosie und Analytische Phytochemie der Universität
des Saarlandes, D-6600 Saarbrücken

CIP-Kurztitelaufnahme der Deutschen Bibliothek

Pharmazeutische Biologie. – Stuttgart; New York :
Fischer.
1. in d. Wissenschaftl. Verl.-Ges., Stuttgart.

4. Drogenanalyse : 2, Inhaltsstoffe und Isolierungen /
von Egon Stahl; Werner Schild. – 1981.
ISBN 3-437-20209-X

NE: Stahl, Egon [Mitverf.]

Wollgrasweg 49, D-7000 Stuttgart 70

Satz, Druck und Einband: Passavia Druckerei GmbH Passau
Printed in Germany

ISBN 3-437-20209-X

Vorwort

Man kann die Droge als Verpackungsmaterial für die therapeutisch wichtigen Inhaltsstoffe sehen. Danach verlegt sich der Schwerpunkt automatisch von der makroskopischen und mikroskopischen Analyse zur chemischen Bestandsaufnahme. Es wurde versucht, dieser modernen Betrachtungsweise Rechnung zu tragen. Bewußt wurde jedoch immer wieder daran gedacht, daß es sich hier um eine Einführung in die Drogenanalyse für Studierende der Pharmazie, Biochemie und Biologie handeln soll und nicht um ein umfassendes Werk. Ein weiterer wichtiger Gesichtspunkt war die schwerpunktmäßige Heraushebung des europäischen Arzneibuches (Ph. Eur.) als bindendes Glied für die Apotheker Europas. Schwierigkeiten bereitete insbesondere die Tatsache, daß die erste Ausgabe der Europäischen Pharmakopöe bereits überholt ist und eine zweite Ausgabe kurz bevorsteht. Im Hinblick auf die wissenschaftliche Aktualität war es nicht zu verantworten, veraltete Vorschriften aufzunehmen, sondern es wurde versucht, dem neuesten Stand gerecht zu werden.

Aufgrund jahrelanger praktischer Erfahrungen erschien es ferner sinnvoll, in diesem Rahmen auch den präparativen Weg von der Droge zum Wirkstoff anhand erprobter Isolierungsvorschriften aufzuzeigen; denn letztendlich geht der Trend von der Droge zum isolierten Wirkstoff.

Das Buch erscheint als 4. Band der Reihe Pharmazeutische Biologie, ist aber so konzipiert, daß es in sich geschlossen ist und somit unabhängig von den anderen Bänden benutzt werden kann.

An der vorgelegten Form ist sicher noch manches verbesserungswürdig, und wir sind für alle Anregungen dankbar. Wir hoffen, daß die erste Auflage auch in dieser Form nicht nur im Rahmen der Ausbildung, sondern auch in der Praxis eine «Erste Hilfe» sein wird und zu einer Belebung der Naturstoffchemie und -analytik beiträgt.

Unser Dank gilt Herrn Dr. *S. Juell* für die Aufnahme und Interpretation der IR-Spektren, Frau *A. Presser* für die Herstellung der Strichzeichnungen des Teils A sowie Frau *M. C. Atherton,* den Herren Apothekern *A. Glatz* und *K. Keller,* den Herren Diplomchemikern *D. Gerard, J. Müller* und *K. W. Quirin,* die bei den mühevollen Korrekturarbeiten mithalfen. Hervorzuheben ist in diesem Zusammenhang insbesondere der Gustav Fischer Verlag, Stuttgart, der keine Kosten und Mühe scheute, um das Buch in der gewünschten Form erscheinen zu lassen.

Saarbrücken, im Sommer 1980 — Egon Stahl und Werner Schild

Inhalt

Vorwort V

Teil A: Methoden

I. Sinnesphysiologische Untersuchung der Drogen 3
II. Probeentnahme von Drogen 5
III. Zerkleinern und Siebanalyse 6
IV. Trocknungsverlust und Aschebestimmungen 8
V. Bestimmung des Wassergehaltes 9
VI. Bestimmung der Quellungszahl 11
VII. Bestimmung der hämolytischen Wirkung 11
VIII. Extraktionsverfahren 12
IX. Bestimmung des Gehaltes an ätherischem Öl 16
X. Chromatographie, allgemein 22
Xa. Flüssigkeits-Chromatographie in gepackter Säule 28
Xb. Weitere Chromatographie-Verfahren (HPLC und GC) 31
Xc. Dünnschicht-Chromatographie (DC) 34
XI. TAS-Verfahren und Mikrosublimation 46
XII. Spektroskopische Methoden 50
XIII. Beurteilung der Analysenresultate 58

Teil B: Analyse der Drogen

I. Drogen mit Alkaloiden 63
1. Belladonnae-, Hyoscyami-, Stramonii folium 63
2. Chelidonii herba 69
3. Cinchonae cortex 73
4. Ipecacuanhae radix 77
5. Opium 81
6. Rauwolfiae radix 85
7. Tab. Alkaloid-Drogen 89

II. Drogen mit Glykosiden 90

A. Phenolglykosid-Drogen 90
1. Uvae ursi folium 90

B. Anthraglykosid-Drogen 95
1. Aloe 95
2. Frangulae cortex 100
3. Rhamni purshiani cortex 101
4. Rhei radix 103
5. Sennae folium 112

C. Flavonglykosid-Drogen 117
1. Anthemidis flos 117
2. Arnicae flos 119

3. Aurantii pericarpium . . . 121
4. Betulae folium . . . 124
5. Cardui mariae fructus . . . 127
6. Crataegi folium cum flore . . . 130
7. Equiseti herba . . . 132
8. Farfarae folium . . . 135
9. Orthosiphonis folium . . . 138
10. Tiliae flos . . . 139

D. Herzglykosid-Drogen . . . 141
1. Digitalis purpureae folium . . . 141
2. Digitalis lanatae folium . . . 142
3. Adonidis herba . . . 143
4. Convallariae herba . . . 144
5. Scillae bulbus . . . 144
6. Tab. Herzglykosid-Drogen . . . 151

E. Saponin-Drogen . . . 152
1. Ginseng radix . . . 152
2. Hippocastani semen . . . 154
3. Liquiritiae radix . . . 157
4. Polygalae radix . . . 162
5. Primulae radix . . . 163
6. Quillajae cortex . . . 164
7. Rusci radix (rhizoma) . . . 164
8. Saponariae albae radix . . . 165
9. Saponariae rubrae radix . . . 165
10. Sarsaparillae radix . . . 165
11. Tab. Saponin-Drogen . . . 168

F. Iridoidglykosid-Drogen (Bitterstoff-Drogen) . . . 169
1. Centaurii herba . . . 169
2. Gentianae radix . . . 171
3. Tab. Bitterstoff-Drogen . . . 176

III. Drogen mit Scharfstoffen . . . 177
1. Capsici fructus acer . . . 177
2. Piperis nigri und albi fructus . . . 182
3. Cubebae fructus . . . 183

IV. Drogen mit Furanochromonen . . . 185
1. Ammeos visnagae fructus . . . 185

V. Drogen mit Rauschgiften . . . 189
1. Cannabis resina cum herba . . . 189
2. Tab. Rauschgift-Drogen . . . 191

VI. Drogen mit aequilibrierenden Inhaltsstoffen . . . 192
1. Valerianae radix . . . 192

VII. Drogen mit vermifugen oder insektiziden Inhaltsstoffen . . . 198
1. Cinae flos . . . 198
2. Pyrethri flos . . . 199
3. Filicis rhizoma . . . 200

VIII. **Drogen mit Pflanzenfarbstoffen und/oder -säuren** . . . 202
1. Croci stigma . . . 202
2. Curcumae xanthorrhizae rhizoma . . . 204
3. Hibisci flos . . . 209

IX. **Drogen mit ätherischen Ölen** . . . 212
1. Anisi fructus . . . 212
2. Foeniculi fructus . . . 214
3. Carvi fructus . . . 217
4. Menthae piperitae folium . . . 219
4a. Menthae crispae folium . . . 222
4b. Pulegii herba . . . 222
5. Melissae folium . . . 224
6. Salviae folium . . . 226
7. Salviae trilobae folium . . . 227
8. Thymi herba . . . 230
9. Matricariae flos . . . 233
10. Absinthii herba . . . 237
11. Juniperi fructus . . . 239
12. Cinnamomi cortex . . . 242
13. Caryophylli flos . . . 244

X. **Ätherische Öle, Aetherolea** . . . 245
1. Anisi aetheroleum . . . 250
2. Foeniculi aetheroleum . . . 251
3. Carvi aetheroleum . . . 251
4. Menthae piperitae aetheroleum . . . 252
5. Menthae arvensis aetheroleum . . . 256
6. Rosmarini aetheroleum . . . 259
7. Lavandulae aetheroleum . . . 262
8. Caryophylli aetheroleum . . . 264
9. Citri aetheroleum (Limonis aetheroleum) . . . 267
10. Eucalypti aetheroleum . . . 271
11. Terebinthinae aetheroleum rectificatum . . . 276

XI. **Harze und Balsame** . . . 279
1. Balsamum peruvianum . . . 279
2. Benzoe tonkinensis . . . 282
2a. Benzoe sumatrae . . . 283
3. Myrrha . . . 287

XII. **Drogen mit fetten Ölen** . . . 289
1. Lini semen . . . 289
2. Tab. Fette Öl-Drogen . . . 290

XIII. **Fette Öle, Olea pinguia** . . . 290
1. Arachidis oleum . . . 292
2. Cacao oleum . . . 294
3. Olivae oleum . . . 295
4. Ricini oleum . . . 296
5. Sesami oleum . . . 297

XIV. Wachse, Cera 300
1. Cera flava, alba 300
2. Lanae cera 302
3. Cetaceum 302
4. Carnaubae cera 302

XV. Drogen mit Gerbstoffen 303
1. Ratanhiae radix 303
2. Tab. Gerbstoff-Drogen 307

XVI. Drogen mit Kohlenhydraten 308
1. Acaciae gummi 308
2. Agar 311
3. Tragacantha 313
4. Fucus 315
5. Lichen islandicus 317
6. Tab. Schleimstoff-Drogen 320

Teil C: Isolierung und Kennzeichnung von Naturstoffen

1. Aescin 324
2. Amygdalin 326
3. Anethol, Fenchon 329
4. Arbutin 332
5. Barbaloin 335
6. Capsanthin 339
7. Carvon 341
8. Cnicin 344
9. Coffein 346
10. Colchicin 349
11. Cubebin 352
12. Didrovaltrat 355
13. Ephedrin 357
14. Eugenol 360
15. Fumarprotocetrarsäure 363
16. Gallusgerbstoff 366
17. Gelatine 367
18. 18 β-Glycyrrhetinsäure 369
19. Hesperidin 372
20. Hyoscyamin 374
21. Inulin 377
22. Khellin, Visnagin 380
23. Khellolglucosid (= Khellinin) 383
24. Linalool, Linalylacetat 386
25. Malvin 389
26. Matricin 391
27. Myristicin oder Apiol oder Allyltetramethoxybenzol 395
28. Oleanolsäure 399
29. Onocerin (= Onocol) 401
30. Ouabain 403
31. Paeoniflorin 406

32. Pepsin 408
33. Piperin 410
34. Rutin 412
35. Santonin 415
36. Sinalbin 417
37. β-Sitosterin 420
38. Spiraeosid 423
39. Strychnin, Brucin 425
40. Trimyristin 429
41. Xanthorrhizol 431

Teil D: Reagenzien-Verzeichnis 435

Anhang 443
Häufig verwendete Abkürzungen 443

Register 447

Teil A:
Methoden

I. Sinnesphysiologische Untersuchung der Drogen

Die Analyse einer Droge sollte immer mit einer sinnesphysiologischen Prüfung beginnen. Hierzu stehen die hochempfindlichen menschlichen «Detektoren», wie Geruchs- und Geschmackssinn, sowie das Sehvermögen und der Tastsinn zur Verfügung. Diese «Nachweissysteme» lassen sich im Gegensatz zu den gerätetechnisch verwendeten physikalischen Detektoren durch Training in ihrer Empfindlichkeit und Selektivität z.T. ganz erheblich steigern. Dies setzt allerdings eine gewisse Übung und die Speicherung zahlreicher Eindrücke im Gehirn voraus, die dann im Bedarfsfall wie in einem Computer verglichen werden, um zu einer Aussage zu kommen.

1. Geruchsprobe

Etwa 0,1 g der Droge werden zwischen Daumen und Zeigefinger oder im Handteller unter gelindem Druck zerrieben. Die dabei freiwerdenden, den Geruch bedingenden Komponenten werden durch langsames mehrmaliges Einziehen der über dieser Droge stehenden Luft in die Nase geprüft. Man unterscheidet zunächst einmal die Stärke des Geruchs, d.h. also «ohne – schwach – deutlich – stark». Anschließend wird das Geruchsempfinden wiedergegeben, beispielsweise «aromatisch – fruchtig – dumpf – modrig – ranzig usw.». Am zweckmäßigsten ist der direkte Vergleich des Geruchseindruckes mit definierten Substanzen. So wird man ein Anis- und Fenchelpulver geruchlich am besten dadurch charakterisieren, daß man sagt: Geruch nach Anethol, oder bei Pfefferminze: nach Menthol, bei Kümmel: nach Carvon, oder bei der Nelke: nach Eugenol usw.
Auch bei der Geruchsprobe lassen sich «Grenzwerte» festlegen, z.B. indem man beschreibt, daß die Droge Carvi fructus beim Zerreiben nach Carvon riechen muß. Wenn dies nicht der Fall ist, sind praktisch alle weiteren Proben überflüssig.

2. Geschmacksprobe

Zur Geschmacksprüfung werden 5–10 mg der gepulverten Drogen auf die Zunge gegeben und in der Mundhöhle 10–30 s hin- und herbewegt. Anschließend wird die Probe ausgespuckt und mit Wasser ausgespült. Wichtig bei giftigen Drogen! Die Zunge hat etwa 9000 Geschmackszellen mit unterschiedlichem Geschmacksempfinden. Die Hauptzone für den bitteren Geschmack liegt beispielsweise im hinteren Teil der Zunge (Zungengrund), das Geschmacksempfinden für süß im vorderen Teil, also im Bereich der Zungenspitze. Ebenfalls im vorderen Teil, allerdings seitlich, liegen die Hauptempfindungszentren für salzig und dahinter für sauer. Neben diesen Hauptgeschmackseindrücken: süß – sauer – salzig – bitter kennt man noch zahlreiche weitere, z.B. scharf, brennendscharf, kühlend, kratzend, seifig, schleimig, gerbend, aromatisch, metallisch usw.
Es besteht eine deutliche Abhängigkeit von Witterungseinflüssen sowohl bei den Geruchs- als auch bei den Geschmacksprüfungen. Bei Tiefdruck ist die Empfindlichkeit höher als bei Hochdruck. Man bedenke weiter, daß eine Geschmacks- und Geruchsabstumpfung bei länger einwirkender Reizdauer eintritt, daß ferner eine Temperaturabhängigkeit besteht und daß Zusatz- und Begleitstoffe den Geschmackseindruck stark verändern können. So wird beispielsweise der Geschmack für salzig und bitter bei erhöhter Temperatur vermindert, die Empfindlichkeit für süß nimmt dagegen mit der Temperaturerhöhung zu. Ferner wird das Geschmacksempfinden für salzig durch Zucker herabgesetzt, aber durch Säuren verstärkt. Saure und salzige Geschmacksempfindungen werden durch Schleimstoffe gemindert.
Ein saurer Geschmack wird noch empfunden bei 0,05% Salzsäure, ein salziger bei 0,05% Natriumchloridlösung, ein süßer bei 0,7% Rohrzuckerlösung und ein bitterer Geschmack z.B. bei einer 0,0005% Chininlösung.
Zur Wertbestimmung bestimmter Drogen kann eine geschmacksphysiologische Prüfung herangezogen werden. Allerdings ist hierzu eine vorherige «Eichung» des Detektors notwendig, hier z.B. die Geschmacksempfindlichkeit. Man prüft zuvor die Ansprech-Empfindlichkeit der Zunge auf

Bitterstoffe mit einer Standard-Bitterstoff-Lösung. Nachstehend ist die Bitterwertbestimmung nach DAB 8 aufgeführt:

Bestimmung des Bitterwertes

Unter Bitterwert versteht man nach dem DAB 8 den reziproken Wert derjenigen Konzentration eines Arzneimittels, in der es eben noch bitter schmeckt. Zum Vergleich dient Chininhydrochlorid, dessen Bitterwert mit 200 000 eingesetzt wird.
1,00 cm^3 Chininhydrochlorid-Lösung (100 mg/100 cm^3) wird mit Wasser zu 100 cm^3 verdünnt. Von dieser Stammlösung wird folgende Verdünnungsreihe hergestellt: Beginnend bei 4,20 cm^3 Stammlösung wird in Abstufungen von 0,20 cm^3 bis 5,80 cm^3 Stammlösung mit Wasser zu 10,0 cm^3 verdünnt.
Zur Geschmacksprüfung werden jeweils 10,0 cm^3 der einzelnen Verdünnungen im Mund, besonders am seitlichen und oberen Zungengrund, 30 Sekunden lang hin und her bewegt. Begonnen wird mit der verdünnten Stammlösung niedrigster Konzentration. Wird diese Lösung nicht als bitter empfunden, so spuckt man sie aus und wartet noch 1 Minute lang, ob eine Bitterempfindlichkeit auftritt. Hierauf wird der Mund mit Wasser ausgespült. Nach einer Wartezeit von mindestens 10 Minuten wird die nächsthöhere Konzentration in gleicher Weise geprüft. Zur Berechnung des Korrekturfaktors für die Grenzwertbestimmung der Bitterstoffe verwendet man die niedrigste, eben noch als bitter empfundene Grenzkonzentration.

$$K = \frac{5{,}00}{a}.$$

K = Korrekturfaktor
a = Kubikzentimeter Stammlösung in der als bitter empfundenen Verdünnung

a) Zur Bestimmung des Grenzwertes für Bitterstoffe wird bei Drogen, falls nichts anderes angegeben ist, folgendermaßen verfahren: 1,00 g grob gepulverte Droge (710) wird mit 1000 cm^3 siedendem Wasser übergossen und 30 Minuten lang unter öfterem Umschütteln auf dem Wasserbad extrahiert. Nach dem Erkalten wird zu 1000 cm^3 aufgefüllt und nach kräftigem Umschütteln filtriert. Die ersten 20 cm^3 Filtrat werden verworfen. Unter Berücksichtigung des Korrekturfaktors K wird ein aliquoter Teil des Filtrates mit Wasser auf die Konzentration verdünnt, die dem als Mindestforderung jeweils genannten Bitterwert entspricht. 10,0 cm^3 dieser Verdünnung müssen noch bitter schmecken.
b) Drogenauszüge werden unter Berücksichtigung des Korrekturfaktors K mit Wasser auf die Konzentration verdünnt, die dem als Mindestforderung jeweils genannten Bitterwert entspricht. 10,0 cm^3 dieser Verdünnung müssen noch bitter schmecken.

Bitterwerte:
Absinthii herba, DAB 8: Mindestens 15 000.
Aurantii pericarpium, DAB 8: Mindestens 600.
Centaurii herba, DAB 8: Mindestens 2000.
Cnici benedicti herba, DAC, 1979: Mindestens 800.
Gentianae radix, DAB 7[1]: Mindestens 10 000.
Millefolii herba, DAC, 1979[2]: Höchstens 5000.

3. Druck- und Tastproben

Die zu untersuchende Ganz- oder Schnittdroge wird durch Befühlen geprüft, ob sie weich oder hart ist, ferner durch Biege- und Brechversuche. Gerade die letztere Probe gibt Aufschluß, ob die Droge brüchig ist und wie die Bruchfläche aussieht, z. B. ob sie faserig, glatt oder muschelig ist oder ob die Droge eine ledrige Beschaffenheit hat.

---

[1] Chem. Wertbestimmung des Amarogentingehalts (S. 173).
[2] Zur Vermeidung zu stark bitter schmeckender Droge; normalerweise ca. 3000.

Bei der Probe mit Hilfe des Tastsinnes wird registriert, ob eine klebrige oder stachelige Drogenoberfläche vorliegt. Es wird ferner erkannt, ob die Droge glatt oder rauh ist, und somit eine Aussage getroffen, die sich z. T. mit der Beschreibung der visuell erfaßbaren Merkmale deckt.
Bei Pulverdrogen kommt neben der Geschmacksprüfung lediglich eine Prüfung durch Kauen in Betracht, ob z. B. hier die Droge schleimig oder körnig ist. Man erhält hierdurch u. U. einen weiteren Hinweis.

4. Aussehen

Hier werden zunächst makroskopisch die Farbe und die Form sowie die Größe erfaßt. Da unsere Augen zur Unterscheidung von Grün- und Brauntönen besonders empfindlich sind, ergibt sich durch den Farbvergleich eine gute Beurteilungsmöglichkeit. Es wird auch die Einheitlichkeit einer Droge geprüft; weiter wird die Oberflächen- und Umrißbeschaffenheit festgestellt, z. B. glatt – glänzend – stumpf – wollig behaart – netzadrig – punktiert usw.; oder scharfkantig – gezähnt – gesägt – kugelrund usw. Um die Oberflächenbeschaffenheit besser erkennen zu können, gebraucht man eine Lupe mit einem möglichst großen Sehfeld, d. h. mindestens 10 mm ∅ und eine sechsfache Vergrößerung. Die mittleren Größenangaben erfolgen bei der makroskopischen Betrachtung in mm. Sie sind wichtige Werte zur Charakterisierung. Eine ganze Reihe weiterer Merkmale, die mit zur Identifizierung herangezogen werden können, lassen sich nicht mehr makroskopisch erkennen, wohl aber bei der mikroskopischen Analyse auffinden. Hierbei interessieren vorzugsweise solche Zellgruppen oder Einzelelemente, die sich durch ihre unterschiedliche Gestaltung von analogen Elementen anderer Drogen möglichst eindeutig unterscheiden. Für die Identitätsanalyse und für die Prüfung einer Droge auf Reinheit, insbesondere bei der Analyse von Pulvergemischen, ist die Mikroskopie ebenso unentbehrlich wie die Dünnschicht-Chromatographie zur Feststellung der Inhaltsstoffe.
Bei einiger Übung ist die mikroskopische Analyse schnell und einfach durchführbar. Wie alle anderen apparativen Methoden erfordert sie jedoch die Beherrschung des Gerätes, also hier des Mikroskopes. Im Bd. 3, Morphologie und Anatomie, S. 60–69, sind das notwendige apparative Grundwissen und praktische Hinweise – wie z. B. Beseitigung von Störungen, Herstellung eines Pulverpräparates und Messen kleiner Objekte – zusammengestellt.

II. Probeentnahme von Drogen

Nicht selten kommt es vor, daß die Probe in sich uneinheitlich in der Packung vorliegt. Dies kann durch eine Entmischung, d. h. mechanisch-räumliche Trennung von verschiedenartigen Drogenbestandteilen, vorzugsweise bei Blütendrogen oder Krautdrogen, auf dem Transport geschehen; insbesondere bei Teemischungen, die aus verschiedenartig schweren Drogenteilen bestehen, erfolgt dies leicht.
Denkbar ist aber auch, daß beim Abfüllen unterschiedliches Material einer Droge (Chargenunterschiede) nacheinander in die Packung gelangt. Um nun zu repräsentativen und richtigen Analysenwerten zu kommen, sind im DAB 7 (!) folgende Richtlinien für die Probeentnahme von Drogen angegeben:

a) Bei Mengen bis zu 1 kg ist aus der gut durchmischten Gesamtmenge eine Probe zu entnehmen.
b) Bei Mengen von 1 bis 5 kg sind 3 Proben zu entnehmen, und zwar je eine Probe aus dem oberen, mittleren und unteren Teil des Behälters; zur Untersuchung wird ein Gemisch dieser 3 Proben verwendet.
c) Bei Mengen von 5 bis 100 kg sind aus jedem Behälter in der unter b) genannten Weise Proben zu entnehmen und zu untersuchen.
d) Bei Mengen über 100 kg ist bei mindestens 25% der Behälter wie unter c) zu verfahren.

III. Zerkleinern und Siebanalyse

a) Zerkleinern (Pulverisieren)

Ganze oder geschnittene Drogen können in der Regel nicht direkt einer Analyse zugeführt werden. Sie müssen vorher auf eine bestimmte Korngröße zerkleinert werden. Hierbei können eine Reihe von Problemen auftreten, insbesondere, wenn das Material einen hohen Gehalt an Fett hat oder weich ist. Trockenes und zudem brüchiges Material ist in der Regel leicht zu zerkleinern mit den üblichen Mühlen oder im Mörser. Für die verschiedenen Probleme gibt es eine Reihe von Mühlentypen. Recht häufig werden sog. Kugelmühlen, die einschließlich der Kugeln aus Keramikmaterial bestehen, verwendet, daneben aber im größeren Maße die sog. Schlagmühlen, wie z.B. die Sieb-Schlagmühle, auch als Schlagkreuzmühle bezeichnet, und die Schneidmühlen vom Typ Starmix etc. Bei diesen hochtourig laufenden motorgetriebenen Schlagmühlen ist es oftmals nachteilig, daß beim Mahlvorgang eine starke, örtliche Erwärmung des Drogenmaterials eintritt und außerdem noch mit Metallabrieb zu rechnen ist. Zum Pulverisieren kleiner Mengen, wie sie zumeist für die Analysen notwendig sind, verwendet man daher entweder eine Handmühle vom Typ der bekannten Kaffeehandmühlen oder eine speziell hierfür gefertigte Sieb-Schlagmühle vom Typ der «Culattimühle»[1]. Immer häufiger werden die kleinen, preisgünstigen, elektrisch betriebenen Kaffeemühlen, die nach dem Prinzip der Schneidmühlen arbeiten, gebraucht.

Beim Zerkleinern des Drogenmaterials erhält man immer Teilchen von verschiedener Größe. Neben staubförmigem ist mittelfeines und oft auch noch grobkörniges Material im Mahlgut enthalten, wenn kein Sieb davor geschaltet ist. Mit anderen Worten, man erhält ein Korngrößenspektrum, das von Droge zu Droge verschieden ist und vom Mühlentyp abhängt. Aus diesem Grund muß das zu analysierende Material auf einen bestimmten Korngrößenbereich abgesiebt werden. Allerdings ist beim Sieben zu bedenken, daß die Korngrößenverteilung oftmals vom Drogenmaterial und vom Gehalt an bestimmten Zellgruppen abhängig ist. Es kann z.B. eintreten, daß bei einer Krautdroge die Blattanteile sehr gut und fein vermahlen sind, während verholzte Fasern noch als grobes Pulver vorliegen. Siebt man nun ein solches Material ab, so erreicht man unbewußt eine unerwünschte Differenzierung nach Gewebeteilen. Letztendlich kommt es dadurch zu einer Verfälschung der Analyse durch Vernachlässigung der Faseranteile. Man ersieht hieraus, daß auch der Wunsch nach einem engen Korngrößenbereich bei Drogen in sich problematisch sein kann.

b) Absieben und Siebanalyse

Um zu reproduzierbaren Ergebnissen bei einer Analyse zu kommen, ist es erforderlich, daß die Droge einen bestimmten Zerkleinerungsgrad hat und keine größeren Partikel aufweist. Aus diesem Grunde ist in den entsprechenden Analysenvorschriften der Ph. Eur. jeweils in Klammern die Korngröße angegeben, z.B. bei der Herstellung der Untersuchungslösung «1,0 g gepulverte Droge (180)». Dies besagt, daß keine Partikelchen über 180 μm im Analysenmaterial sein dürfen. Neuerdings wird noch die entsprechende untere Siebgrenze angegeben (Tab. 2), diese soll aber nicht für Analysenmaterial gelten. Auf die Problematik wurde im vorstehenden Abschnitt bereits eingegangen.

Zum Sieben werden entweder die einzelnen Siebe oder vorzugsweise ganze Siebsätze verwendet. Diese bestehen aus Einzelsieben, die aufeinandersteckbar sind. Sie werden von grob nach fein entsprechend geordnet. Durch Schütteln eines solchen Siebsatzes erhält man nach einiger Zeit eine Fraktionierung des Mahlgutes. Man kann nun die einzelnen Siebfraktionen auswiegen und die Resultate graphisch darstellen und erhält so eine «Siebanalyse» (Abb. 1, links). Es gibt auch Geräte, die das Schütteln per Hand überflüssig machen, sog. Siebmaschinen (Abb. 1, rechts).

---

[1] Janke und Kunkel KG, D-7813 Staufen.

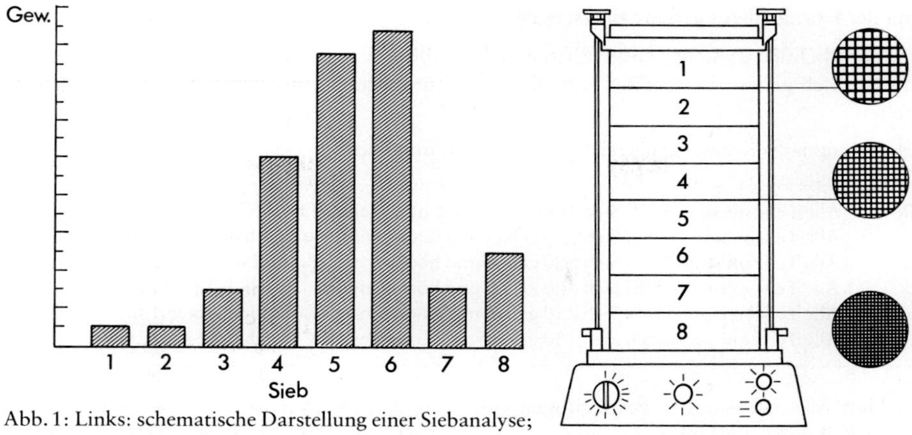

Abb. 1: Links: schematische Darstellung einer Siebanalyse; rechts: Siebmaschine mit Siebsatz.

In der Ph. Eur. entsprechen die Siebnummern direkt den sog. Maschenweiten in µm. Früher gab es an dieser Stelle die Siebnummern des DAB 7. Sie beziehen sich auf die DIN-Norm. In der DIN-Norm werden die lichten Maschenweiten in mm angegeben. Daneben gibt es noch in USA die sog. mesh-Zahlen. In der Tab. 1 sind die verschiedenen Siebnormen nebeneinander vergleichend dargestellt.

Tab. 1: Siebe und Bezeichnungen

Ph. Eur., Band I Siebnummer = Maschenweite in µm	Siebnummer DAB 7	Lichte Maschenweite nach DIN 4188	Bezeichnung des Zerkleinerungsgrades DAB 7	US-Maschenzahlen nach Tyler mesh/inch (2,54 cm)
–	0	10,00 mm	sehr grob zerschnitten	–
8000	–	–	–	–
5600	–	–	–	–
4000	1	4,00 mm	grob zerschnitten	–
2800	2	3,15 mm	mittelfein zerschnitten	–
2000	3	2,00 mm	fein zerschnitten	9
1400	–	–	–	12
1000	–	–	–	16
–	4	0,80 mm	grobgepulvert	–
710	–	–	–	24
500	–	–	–	32
420	–	–	–	35
355	–	–	–	42
–	5	0,315 mm	mittelfein gepulvert	–
300	–	–	–	–
250	–	–	–	60
180	–	–	–	80
–	6	0,160 mm	fein gepulvert	115
125	–	–	–	–
–	7	0,100 mm	sehr fein gepulvert	150
90	–	–	–	–

In der Tab. 2 sind die neuen Vorstellungen für den Zerkleinerungsgrad von Drogen angegeben. Hier wird zunächst einmal festgelegt, daß alle Teile durch das Sieb der ersten Zahl durchgehen müssen, und nach dem Trennungsstrich ist dann das Sieb der unteren Fraktion festgelegt – mit der Angabe, wieviel Prozent hier noch durchgehen dürfen.

Festlegung der Korngrößenbereiche für Drogen

Bei den in der Ph. Eur., 2. Ausg., aufgeführten Sieben 8000 bis 1400 müssen alle Teile durch das entsprechende Sieb gehen; für die kleineren Korngrößen werden voraussichtlich folgende Festsetzungen gelten:

Tab. 2: Erläuterungen der Korngrößenbereiche für kleinere Korngrößen

1000/500:	Alle Teile müssen durch Sieb 1000 gehen und höchstens 20% durch das Sieb 500.
710/250:	Alle Teile müssen durch Sieb 710 gehen und höchstens 20% durch das Sieb 250.
500/250:	Alle Teile müssen durch Sieb 500 gehen und höchstens 20% durch das Sieb 250.
300/180:	Alle Teile müssen durch Sieb 300 gehen und höchstens 40% durch das Sieb 180.
250/180:	Alle Teile müssen durch Sieb 250 gehen und höchstens 40% durch das Sieb 180.
180/125:	Alle Teile müssen durch Sieb 180 gehen und höchstens 40% durch das Sieb 125.

In der Ph. Helv. VI sind ähnliche Festlegungen getroffen. Man will hierdurch zu einer möglichst einheitlichen Pulverbeschaffenheit kommen.
Bei der Verwendung einer Droge für analytische Zwecke soll jedoch nur die erstgenannte, größere Siebnummer Anwendung finden, d. h., alle feineren Anteile, die mit der zweiten Siebnummer ausgeschlossen werden, sollen hier mitanalysiert werden.

IV. Trocknungsverlust und Aschebestimmung

a) Trocknungsverlust

Bei einer Reihe von quantitativen Bestimmungen, insbesondere bei Alkaloiddrogen, werden die Resultate in Ph. Eur. auf eine «im Trockenschrank bei 100 bis 105°» getrocknete Droge bezogen. Bei vielen anderen Drogen beziehen sich die Gehaltsangaben auf die lufttrockenen Drogen.

Ausführung der Bestimmung des Trocknungsverlustes

«Die in der Monographie vorgeschriebene Menge Substanz wird in ein Wägeglas, das zuvor unter den Bedingungen der verwendeten Methode getrocknet wurde, genau eingewogen. Die Substanz wird bis zum konstanten Gewicht oder bei der angegebenen Temperatur und der vorgeschriebenen Zeit getrocknet.»
Daneben gibt es in der Ph. Eur. noch 4 weitere Verfahren zur Bestimmung des Trocknungsverlustes, die aber bei Drogen nicht angewendet werden. Die Angaben hierzu im DAB 7 sind präziser und lauten:
«Zur Bestimmung des Trocknungsverlustes von Drogen und Extrakten wird, falls nichts anderes angegeben ist, 1,0 g der gegebenenfalls zuvor mittelfein gepulverten Droge (Sieb 5; entspricht etwa Sieb 355 Ph. Eur.) oder des gepulverten Extraktes in einem vorher bei 105° getrockneten, verschließbaren Wägeglas von 45 bis 55 mm Durchmesser und 20 bis 30 mm Höhe mit ebener Bodenfläche genau gewogen, 2 h bei 105° getrocknet und im Exsikkator erkalten gelassen.»

b) Aschebestimmungen

Unter dem Begriff Asche werden die nicht flüchtigen Anteile verstanden, die beim Verbrennen und anschließenden Glühen einer organischen Substanz oder einer Droge zurückbleiben. Zumeist geht man von einem Gramm der zerkleinerten Droge aus. Eine derartige «Normalasche» kennt man zwar noch im DAB 7, aber nicht mehr im DAB 8. Letzteres aus folgenden Gründen: Die Zusammensetzung der beim Verbrennen organischer Substanzen hinterbleibenden Rückstände unterliegt je nach der Zusammensetzung und der angewendeten Temperatur gewissen Schwankungen. Schon bei einer mittleren Veraschungstemperatur können Alkalichloride flüchtig sein oder sich Erdalkalicarbonate zersetzen. Führt man jedoch die Verbrennung in Gegenwart von Schwefelsäure durch, so hinterbleiben hier auch bei höheren Temperaturen die beständigen, nichtflüchtigen Sulfate. In Abhängigkeit von der Erhitzungstemperatur und Zeit hat man lediglich gelegentlich Abweichungen beobachtet, die auf die Bildung von Pyrosulfaten zurückgeführt werden. Durch Zugabe von Ammoniumcarbonatlösung und nachfolgendes Glühen kann dieser Vorgang rückgängig gemacht werden. Aus diesem Grunde ist in der europäischen Pharmakopöe für den Verbrennungsrückstand die sog. «*Sulfatasche*» eingeführt und folgende Vorschrift gegeben:

«Ein Porzellan- oder Platintiegel wird 10 min zur Rotglut erhitzt und nach dem Erkalten im Exsikkator gewogen. Die Substanz, genau gewogen, wird im Tiegel mit 2 cm^3 verdünnter Schwefelsäure R versetzt. Der Tiegel wird zunächst auf dem Wasserbad, dann über offener Flamme und schließlich bis zur Rotglut (600°) erhitzt. Das Glühen wird so lange fortgesetzt, bis alle Kohleteilchen entfernt sind. Nach dem Erkalten des Tiegels und Zusatz einiger Tropfen verdünnter Schwefelsäure R wird wie oben beschrieben erwärmt und erhitzt. Nach dem Erkalten und Hinzufügen einiger Tropfen Ammoniumcarbonatlösung R wird abgedampft, sorgfältig geglüht, nach dem Erkalten gewogen und nochmals 5 min geglüht. Dieses Veraschen wird so lange wiederholt, bis 2 aufeinanderfolgende Wägungen nicht mehr als 0,5 mg voneinander abweichen.»

Bei dieser Sulfataschebestimmung erfaßt man auch die nicht zur Droge gehörenden Sand- und Schmutzpartikel (SiO_2). Um jedoch einen Anhaltspunkt über derartige Sand- und Bodenverunreinigungen der Droge zu erhalten, hat man eine sog. «*Salzsäureunlösliche Asche*» in die Ph. Eur. aufgenommen: Die salzsäureunlösliche Asche ist der Rückstand, der nach Extraktion der Sulfatasche oder Asche mit Salzsäure erhalten wird, bezogen auf 100 g Droge.

«In den Tiegel, der den bei der Bestimmung der Sulfatasche oder Asche verbliebenen Rückstand enthält, werden 15 cm^3 Wasser und 10 cm^3 konz. Salzsäure gegeben. Der Tiegel wird mit einem Uhrglas bedeckt, die Mischung 10 min leicht zum Sieden erhitzt und erkalten gelassen. Der Rückstand wird durch ein aschefreies Filter abfiltriert und so lange mit heißem Wasser gewaschen, bis das Filtrat neutral reagiert. Der Rückstand wird getrocknet, bei schwacher Rotglut erhitzt, in einem Exsikkator erkalten gelassen und gewogen. Das Glühen wird so oft wiederholt, bis zwei aufeinanderfolgende Wägungen nicht mehr als 1 mg voneinander abweichen.»

Die Sulfataschewerte der Ph. Eur. liegen im Durchschnitt erheblich höher als die Aschewerte des DAB 7. Eine Gesetzmäßigkeit läßt sich jedoch nicht ableiten. Bei einigen Drogen wird neben der Sulfatasche auch die salzsäureunlösliche Asche bestimmt, so z.B. darf bei Sennae folium der Wert für die Sulfatasche höchstens 12% betragen und der der salzsäureunlöslichen Asche höchstens 2%.

V. Bestimmung des Wassergehaltes

Frisches Pflanzenmaterial hat je nach Organ und Zustand einen relativ hohen Wassergehalt. Er liegt bei Kraut- und Blattdrogen oft um 70–85% und bei Wurzel- oder Holzdrogen tiefer. Auch die getrockneten, im Handel befindlichen Drogen haben noch einen Wassergehalt, der je nach Luftfeuchtigkeit zwischen 5 und 15% schwanken kann.

Bei den Wertbestimmungsmethoden muß man daher von speziell getrockneten Drogen ausgehen und bestimmt den «Trocknungsverlust» (s. S. 8). Bei frischem Pflanzenmaterial kann man prinzipiell das gleiche Verfahren wählen; zumeist geht man jedoch wie folgt vor:

10–20 g des gut durchgemischten Pflanzenmaterials werden in eine vorher gewogene Schale (Petrischalenunter- oder -oberteil) gegeben und 2 h im Umlufttrockenschrank auf 105° erhitzt. Danach läßt man 30 min im Exsikkator über Blaugel abkühlen und wiegt. Den Vorgang des

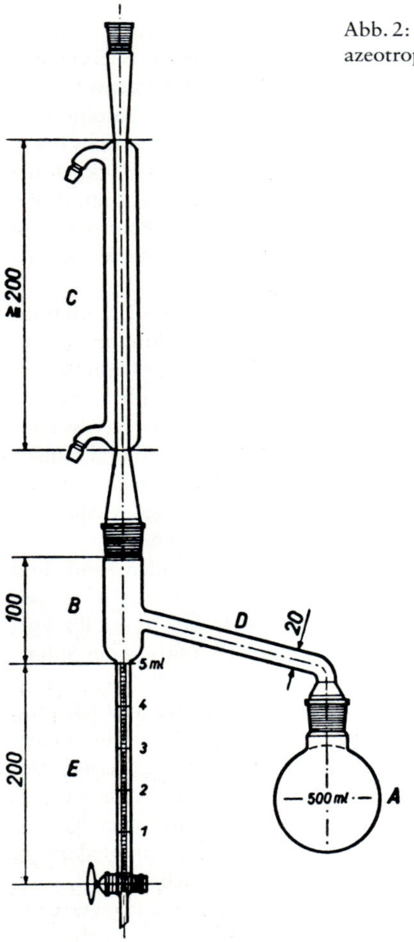

Abb. 2: Apparatur zur Bestimmung von Wasser durch azeotrope Destillation nach Ph. Eur. Die Längenangaben sind in mm.

Erhitzens wiederholt man eine weitere Stunde, kühlt ab und so fort, bis die Gewichtsdifferenz weniger als 1 Prozent beträgt.
Eine schnellere, elegante Methode zur Bestimmung des Wassergehaltes ist die *azeotrope Destillation der Droge mit Xylol* (Sdp. 137–140°) oder Toluol (Sdp. 111°). Das spezifisch leichtere Lösungsmittel fließt kontinuierlich in den Kolben zurück. Das Wasser wird im Meßrohr aufgefangen und das Volumen abgelesen. Die Apparatur und Methode sind in der Ph. Eur. wie folgt beschrieben:

Die Apparatur (s. Abb. 2) besteht aus einem Rundkolben (A), der durch ein Verbindungsstück (D) mit einem zylindrischen Kondensationsrohr (B) und einem graduierten Auffangrohr (E) verbunden ist. Der Kühler (C) wird auf das zylindrische Kondensationsrohr aufgesetzt. Das Auffangrohr (E) ist so in 0,1 cm^3 eingeteilt, daß der Ablesefehler höchstens 0,05 cm^3 beträgt. Als Heizquelle wird vorzugsweise ein elektrisches Heizbad mit Widerstandsregler oder ein Ölbad verwendet. Der obere Teil des Kolbens und das Verbindungsstück können mit Asbest isoliert werden.

Ausführung: Auffangrohr und Kühler der Apparatur werden gereinigt, mit Wasser ausgespült und getrocknet. 200 cm^3 Toluol R und etwa 2 cm^3 Wasser werden in den trockenen Kolben eingefüllt. Etwa 2 h wird destilliert, etwa 30 min abkühlen gelassen und das Volumen des Wassers mit einer Genauigkeit von 0,05 cm^3 abgelesen. In den Kolben wird die Substanz bis auf ein Zentigramm genau eingewogen. Sie sollte etwa 2 bis 3 cm^3 Wasser enthalten. Hat die

Substanz eine teigige Beschaffenheit, wird sie in einer Metallfolie eingewogen. Nach Zusatz von einigen Siedesteinchen wird der Kolben 15 min leicht erhitzt. Wenn das Toluol zu sieden beginnt, wird mit einer Geschwindigkeit von 2 Tropfen pro Sekunde destilliert, bis der größte Teil des Wassers überdestilliert ist. Die Destillationsgeschwindigkeit wird auf etwa 4 Tropfen pro Sekunde gesteigert. Ist das Wasser vollständig überdestilliert, wird das Kühlerrohr mit Toluol R ausgespült und die Destillation nochmals 5 min fortgesetzt. Die Heizquelle wird entfernt, das Auffangrohr auf Raumtemperatur erkalten gelassen, und eventuell noch am Auffangrohr anhaftende Wassertropfen werden mit dem übrigen Wasser vereinigt. Wenn das Toluol und das Wasser sich vollständig getrennt haben, wird das Volumen des Wassers abgelesen und der Wassergehalt der Substanz in Prozent *(V/G)* nach der folgenden Formel errechnet:

$$\frac{100\,(n' - n)}{e}.$$

e = Einwaage der Substanz in Gramm
n = cm^3 Wasser bei der ersten Destillation
n' = cm^3 Wasser bei beiden Destillationen.

VI. Bestimmung der Quellungszahl (Ph. Eur., 2. Ausgabe)

Die Quellungszahl gibt das Volumen in Kubikzentimeter an, einschließlich des anhaftenden Schleims, das 1 g Droge von einem bestimmten Zerkleinerungsgrad nach dem Quellen in einer wasserhaltigen Flüssigkeit nach 4 h einnimmt.
Falls nichts anderes angegeben ist, wird 1,0 g Droge (Ganzdroge oder zerkleinert nach Vorschrift in der Monographie) in einem verschließbaren, in 0,5 cm^3 unterteilten 25-cm^3-Meßzylinder mit Schliffstopfen (Länge der Einteilung von 0 bis 25 cm^3 etwa 125 ± 5 mm, $\varnothing_i \sim 8$ mm) mit 1,0 cm^3 Alkohol (96% *V/V*) befeuchtet, mit 25 cm^3 Wasser versetzt und verschlossen. Die Probe wird innerhalb 1 h in Abständen von jeweils 10 min kräftig durchgeschüttelt. Nach weiteren 3 h wird das Volumen der abgesetzten Droge einschließlich des anhaftenden Schleims abgelesen; größere Flüssigkeitsvolumina in der Drogenschicht oder auf der Flüssigkeitsoberfläche schwimmende Drogenpartikel sind etwa 1,5 h nach dem Ansetzen der einzelnen Proben durch Drehen des Meßzylinders um die Längsachse zu beseitigen. Es werden 3 Versuche gleichzeitig durchgeführt. Die Quellungszahl wird als Mittelwert aus diesen 3 Parallelversuchen berechnet.

Quellungszahlen:

Agar, Ph. Eur., 2. Ausg.: Gepulverte Droge (300) mindestens 15.
Althaeae radix, DAB 8: Gepulverte Droge (710) mindestens 10.
Lini semen, DAB 8: Unzerkl. Droge, mindestens 4, gepulverte Droge (710) mindestens 4, 5.
Plantaginis ovatae semen, DAC 1979: mindestens 9.
Plantaginis ovatae testa, DAC 1979: mindestens 40.
Psylli semen, DAC 1979: Unzerkleinerte Droge, mindestens 10.
Tiliae flos, DAB 8: Gepulverte Droge (355) mindestens 12.
Weitere Angaben in Tab. 14, S. 320.

VII. Bestimmung der hämolytischen Wirkung saponinhaltiger Drogen

Eine Möglichkeit zur annähernden Bestimmung des Gehaltes an hämolysierenden Saponinen ist der sog. Hämolytische Index (s. Tab., S. 168). Die Bestimmung der «hämolytischen Aktivität» ist in Band II der Ph. Eur. (S. 45) aufgeführt, sie wird aber weder bei Polygalae radix (Senegae radix) noch bei den Saponindrogen des DAB 8 verwendet. Die Gründe hierfür liegen in der zum Teil recht schwierigen Beschaffbarkeit des defibrinierten Blutes, vor allem jedoch in der mangelnden Präzision der Bestimmungsmethode. Man ist bestrebt, chemische Bestimmungsmethoden, wie etwa bei Hippocastani semen, künftig anzuwenden.

VIII. Extraktionsverfahren

Um aus einer «Biomasse» die niedermolekularen Inhaltsstoffe zu gewinnen, trennt man sie zumeist durch eine Lösungsmittel-Extraktion vom polymeren Trägermaterial (Zellulose, Lignin etc.) ab. Die Auswahl des Lösungsmittels richtet sich nach der Polarität der zu extrahierenden Stoffgruppe. Man kann entweder fraktioniert extrahieren und folgt dann der «Eluotropen Reihe» (Tab. 3, S. 26) oder man strebt eine «Total-Extraktion» der löslichen Inhaltsstoffe an, wie dies z. B. bei der Herstellung von Tinkturen und Extrakten geschieht.
Sowohl bei der Herstellung der «Untersuchungslösungen zur DC» als auch bei den Wertbestimmungsverfahren von Inhaltsstoffen bedient man sich geeigneter Extraktionsverfahren (Teil B des Buchs), aber insbesondere bei den Isolierungsvorschriften (Teil C) sind diese unumgänglich.
In all diesen Fällen können verschiedenartige Arbeitstechniken verwendet werden:

Mazeration
Digestion
Perkolation
Soxhlet-Extraktion
Perforation.

Eine Sonderstellung nimmt die Extraktion mit flüssigen oder mit überkritischen Gasen ein. – Betrachtet man die Extraktionsverfahren als eine «Fest-Flüssig-Verteilung», dann gelten einige, für alle Verfahren beachtenswerte Gesetzmäßigkeiten, die nachstehend in der einfachsten Form zusammengefaßt sind.

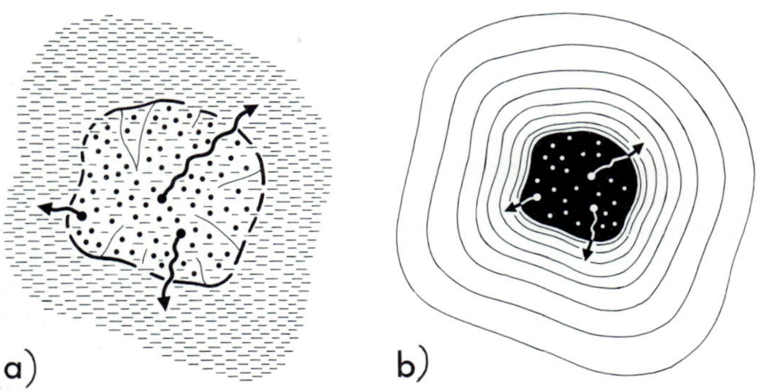

Abb. 3: a) symbolische Darstellung der unterschiedlich langen Diffusionswege aus einem Drogenteilchen; b) symbolische Darstellung des sich ausbildenden Konzentrationsprofils der herausdiffundierten Inhaltsstoffe um ein Drogenteilchen.

1. Die gelösten Stoffe gelangen aus dem «Festkörper», sprich: Drogenteilchen, durch Diffusion in das Menstruum. Die Diffusionsvorgänge verlaufen langsam, und die Wegstrecke ist daher ein zeitbestimmender Faktor (Abb. 3 a). Aus diesem Grund ist die Beachtung der Korngröße des Extraktionsmaterials wichtig (s. S. 6–8), die bei den Vorschriften in Klammern angegeben ist.

2. Bei einer einfachen Mazeration kann sich lediglich ein Gleichgewicht der Inhaltsstoffe im Lösungsmittel und in dem Drogenmaterial einstellen. Deshalb führt nur eine Mehrfach-Extraktion mit jeweils frischem Lösungsmittel zu einer «erschöpfenden» Extraktion (OSTWALDsches Auslaugungsgesetz). Bei einer Perkolation werden diese Voraussetzungen in einfacher und eleganter Art erfüllt.
3. Die Diffusionsvorgänge werden durch Wärme beschleunigt. Eine Digestion bringt also eine Verkürzung der Extraktionszeit.
4. Um jedes Drogenteilchen bildet sich bei der Extraktion ein Konzentrationsprofil aus (Abb. 3b). Es ist vorteilhaft, dieses fortlaufend zu zerstören, z.B. durch Rühren, Schütteln oder, wie bei der Perkolation, durch ständiges Vorbeifließen von neuem Lösungsmittel.

In der Pharmacopoea Helvetica VI sind die darin verwendeten Extraktionsverfahren wie folgt charakterisiert:

Mazeration

Die Mazeration ist eine bei Raumtemperatur in nicht fließendem Lösungsmittel vorzunehmende, einmalige oder wiederholte Extraktion fester Arzneistoffe von vorgeschriebenem Zerkleinerungsgrad.
Die Mazeration wird unter häufigem, kräftigem Umrühren oder Umschütteln während der vorgeschriebenen Zeit in geeigneten, gut verschlossenen, vor Licht schützenden Gefäßen vorgenommen. Dann wird koliert und abgepreßt. Die vereinigten Auszüge (Kolatur und Preßflüssigkeit) werden, sofern nichts anderes vorgeschrieben ist, mindestens 8 Tage gut verschlossen unter Lichtschutz bei vorgeschriebener Temperatur stehengelassen und hierauf bei derselben Temperatur filtriert. Das Filtrat wird auf den vorgeschriebenen Gehalt bzw. Verdampfungsrückstand eingestellt.

Digestion

Die Digestion ist eine bei 40–50° in nicht fließendem Lösungsmittel vorzunehmende Extraktion fester Arzneistoffe von vorgeschriebenem Zerkleinerungsgrad. Die Digestion wird unter häufigem, kräftigem Umrühren während der vorgeschriebenen Zeit in geeigneten, bedeckten, vor Licht schützenden Gefäßen vorgenommen. Nach dem Erkalten auf Raumtemperatur wird koliert und abgepreßt; dann werden die vereinigten Auszüge (Kolatur und Preßflüssigkeit) auf den vorgeschriebenen Gehalt bzw. Verdampfungsrückstand eingestellt.

Perkolation

Die Perkolation ist eine bei Raumtemperatur in fließendem Lösungsmittel kontinuierlich verlaufende Extraktion, die nach folgender allgemeiner Vorschrift auszuführen ist.
Die zur Perkolation bestimmte Arzneidroge von vorgeschriebenem Zerkleinerungsgrad wird mit der angegebenen Menge Extraktionsmittel gleichmäßig befeuchtet, durch Sieb 1400[1] geschlagen und in einem verschlossenen Gefäß 2 Stunden stehengelassen. Hierauf wird die vorgequollene Mischung nochmals durch Sieb 1400[1] geschlagen und so in einen an seinem Auslauf mit einem Wattepfropfen oder mit einer Sandschicht beschickten Perkolator (Abb. 4a) aus indifferentem Material gebracht, daß die Arzneidrogenmischung den Raum ohne Bildung von Hohlräumen gleichmäßig ausfüllt. Die obersten Schichten der Arzneidroge werden gleichmäßig festgedrückt und mit einem Filterpapier bedeckt. Hierauf gießt man langsam, ohne die Arzneidroge aufzuwirbeln, so viel vom vorgeschriebenen Extraktionsmittel auf, daß die Arzneidroge stets bedeckt ist. Sobald der Auszug aus dem Perkolator abzutropfen beginnt, wird der Auslauf verschlossen, der Perkolator bedeckt und 12 h stehengelassen. Dann läßt man das Perkolat abtropfen, wobei die Abtropfgeschwindigkeit je nach der Arzneidrogenmenge reguliert wird. Bei Mengen bis zu 500 g

[1] Geändert, da ein Sieb 1600 nicht in Ph. Eur. aufgeführt ist.

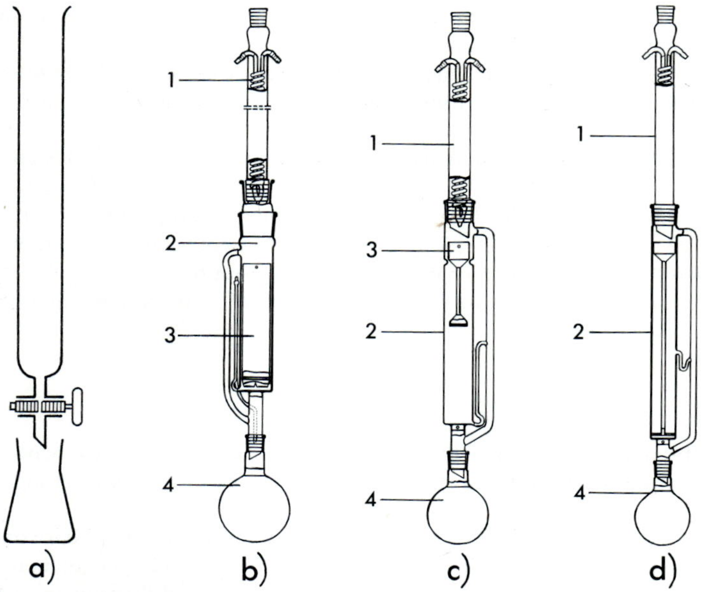

Abb. 4: Verschiedene apparative Möglichkeiten zur Extraktion.
a) Perkolationsrohr mit Auffangkolben; b) Soxhletapparatur: 1 Kühler, 2 eigentlicher Extraktionsteil, 3 Extraktionshülse, 4 Rundkolben; c) Perforator für spezifisch schwerere Extraktionsmittel: 1 Kühler, 3 Trichter mit Fritte, 2 Mittelteil des Perforators, 4 Kolben; d) Perforator für spezifisch leichtere Extraktionsmittel: 1 Kühler, 2 Mittelteil des Perforators mit eingesetztem, langem Trichter mit Fritte, 4 Kolben.

läßt man 1 cm^3 in der Minute, bei größeren Mengen pro kg Arzneidroge 3–5 cm^3 in der Minute abfließen. Dabei muß das Arzneidrogenpulver durch Aufgießen oder automatisches Zufließenlassen von Extraktionsmittel ständig bedeckt bleiben. Für die weitere Verarbeitung des Perkolates und der Preßflüssigkeit gelten die in den Monographien aufgeführten Vorschriften.

Soxhlet-Extraktion (Apparatur Abb. 4b)

Hier handelt es sich um ein kontinuierliches, wartungsfreies Extraktionsverfahren. Es schließt sich im Prinzip an eine Perkolation bei erhöhter Temperatur an. Nachteilig ist, daß die extrahierten Substanzen während der ganzen Laufzeit der Erhitzung und oft Überhitzung an der Kolbenwand ausgesetzt sind. Ein Problem ist auch die optimale Durchdringung des in eine Hülse gepackten Drogenmaterials durch das Lösungsmittel und das Ablaufen. Bei einer Perkolation treten derartige Schwierigkeiten nicht auf, und sie ist daher oft effektiver.

Extraktion mit flüssigen oder überkritischen Gasen

Lipophile Stoffe lassen sich aus Drogen auch mit verflüssigten Gasen oder Gasen im überkritischen (gasförmigen) Zustand im Kreisprozeß extrahieren. Zumeist verwendet man hierzu das umweltfreundliche und kostengünstige Kohlendioxid. Interessant ist insbesondere die Verwendung des überkritischen Kohlendioxids (Temp. über 31,3 °C und Druck über 73 bar). Durch Drucksteigerung nimmt die Dichte und somit auch das Lösungsvermögen im Bereich zwischen 80 und 200 bar stark zu. Die Abscheidung der gelösten Stoffe erfolgt dann einfach durch Druckerniedrigung. Man kann sowohl die Extraktion als auch die Abscheidung fraktioniert vornehmen. Die Temperaturen liegen meist bei Verwendung von Kohlendioxid um 40 °C. Durch die notwendigen Druckbehälter, Armaturen und den Membrankompressor ist die Anlage kostenaufwendig.

Verteilungsverfahren

Befindet sich ein gesuchter Stoff nach der Extraktion in der flüssigen Phase (Extraktionslösung), kann oftmals eine weitere Anreicherung auf dem Wege einer Flüssig-Flüssig-Verteilung erreicht werden. Voraussetzung für dieses Verfahren sind zwei nicht miteinander mischbare Lösungsmittel, in denen die gesuchte Substanz unterschiedlich stark löslich ist und somit eine Verteilung erfolgt.
Es gelten dann folgende Gesetzmäßigkeiten:

Das Massenwirkungsgesetz für heterogene Gleichgewichte wird durch das NERNSTsche Verteilungsgesetz beschrieben.

$$\frac{c_{II}}{c_I} = K_T\,.$$

c_I = Konzentration des Stoffes A in Phase I.
c_{II} = Konzentration des Stoffes A in Phase II.
K_T = Verteilungskoeffizient bei gegebener Temperatur.

Das Verhältnis der Konzentrationen eines sich in zwei (unmischbaren) Phasen verteilenden Stoffes ist im Gleichgewicht bei gegebener Temperatur konstant.
Ist der Verteilungskoeffizient K_T bei gegebener Temperatur bekannt, läßt sich die Verteilung einer Stoffmenge auf zwei nicht mischbare Lösungsmittel berechnen.

c_0 = Konzentration in mol/l des ursprünglich in v_I l Lösungsmittel I gelösten Stoffes.
c_I = Konzentration in mol/l in v_I l Lösungsmittel I nach Durchmischen mit v_{II} l Lösungsmittel II.
c_{II} = Konzentration in mol/l in v_{II} l Lösungsmittel II nach Durchmischen.

Es gilt dann:

$$c_0 \cdot v_I = c_I \cdot v_I + c_{II} \cdot v_{II} \qquad \text{(A)}$$

Daraus läßt sich dann der Stoffanteil $\alpha = \frac{c_I}{c_0}$ errechnen, der in der Phase I verbleibt.

(A) : $c_I \cdot v_I$

$$\frac{c_0 \cdot v_I}{c_I \cdot v_I} = \frac{c_I \cdot v_I}{c_I \cdot v_I} + \frac{c_{II} \cdot v_{II}}{c_I \cdot v_I}$$

$$\frac{1}{\alpha} = 1 + K_T \cdot \frac{v_{II}}{v_I}$$

$$\alpha = \left[1 + K_T \cdot \frac{v_{II}}{v_I}\right]^{-1}$$

Nach n-maliger Extraktion ist der in v_I l des Lösungsmittels I verbliebene Anteil:

$$\alpha_n = \left[1 + K_T \cdot \frac{v_{II}}{v_I}\right]^{-n}.$$

Da n als Exponent in der Gleichung steht, ergibt sich, daß mehrmalige Extraktion mit kleinen Lösungsmittelmengen wirksamer ist als einmalige Extraktion mit großer Lösungsmittelmenge, wie an folgendem Beispiel gezeigt wird:

A: 5malige Extraktion von 10 cm^3 einer wäßrigen Lösung des Stoffes X mit je 10 cm^3 Chloroform.
B: 1malige Extraktion von 10 cm^3 einer wäßrigen Lösung des Stoffes X mit 50 cm^3 Chloroform.

Der Verteilungskoeffizient K_T sei 4

$$A: \quad \alpha = \left(1 + 4 \cdot \frac{10}{10}\right)^{-5} = 5^{-5} = 3125^{-1} = 0{,}00032\,.$$

$$B: \quad \alpha = \left(1 + 4 \cdot \frac{50}{10}\right)^{-1} = 21^{-1} \qquad = 0{,}0476\,.$$

Diese Berechnung zeigt, daß eine fünffache Auschüttelung mit je 10 cm^3 Lösungsmittel (Beispiel A) um den Faktor 150 effektiver ist als eine einmalige Extraktion mit 50 cm^3 Lösungsmittel (Beispiel B).

Die einfachste und am meisten angewandte Vorrichtung, um eine Flüssig-Flüssig-Verteilung vorzunehmen, ist der Scheidetrichter, in dem das ein- oder mehrfache «Ausschütteln» vorgenommen wird. Um diesen Vorgang kontinuierlich zu gestalten, wurden die sog. Perforatoren (Abb. 4c, d) entwickelt und später z.B. nach dem Prinzip von Craig eine Verteilungsapparatur (Gegenstromverteilung). In jüngster Zeit gewinnt die Tropfen-Gegenstromchromatographie zumeist als Droplet-Counter-Current-Chromatography (DCCC) zur Isolierung polarer Naturstoffe, z.B. Glykoside, an Bedeutung.

Zum schonenden Einengen der Extraktionsflüssigkeiten

Im Hinblick auf die Thermolabilität zahlreicher Naturstoffe nimmt man generell das Einengen unter schonenden Bedingungen vor. Zumeist wird heute hierzu ein sog. Vakuum-Rotationsverdampfer (Abb. 5) verwendet. Er vereinigt 3 Vorteile; und zwar wird 1. durch das laufende Drehen des Kolbens (nur zur Hälfte füllen) ein Teil des Lösungsmittels als dünner Film über die ganz obere Kolbeninnenfläche verteilt und kann dann 2. durch das angelegte Wasserstrahlvakuum schonend entfernt werden und 3. werden Überhitzungen an der Kolbenwand vermieden.

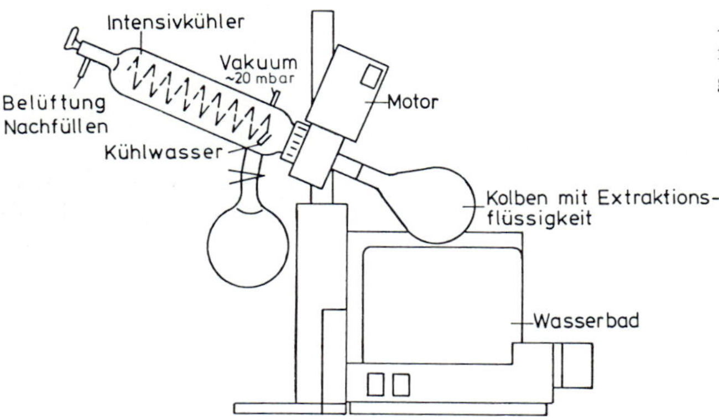

Abb. 5: Vakuum-Rotationsverdampfer (BÜCHI) zum schonenden Einengen von Extraktionsflüssigkeiten.

IX. Bestimmung des Gehaltes an ätherischem Öl

Die quantitative Erfassung des ätherischen Öles in Drogen erfolgt zumeist durch Wasserdampfdestillation.

Prinzip: Der Dampfdruck eines Systems, das sich aus zwei praktisch vollständig unmischbaren Flüssigkeiten zusammensetzt (= Wasser und ätherisches Öl), ist gleich der Summe der Dampfdrucke der reinen Komponenten.

(I) $p = p_{(H_2O)} + p_{(«äth.Öl»)}$ $(T = \text{konst})$

$n_{(H_2O)}$: Molzahl Wasser.

$n_{(«äth.Öl»)}$: «Molzahl äth. Öl».

$$x_{(H_2O)} = \frac{n_{(H_2O)}}{n_{(H_2O)} + n_{(«äth.Öl»)}} \qquad x_{(«äth.Öl»)} = \frac{n_{(«äth.Öl»)}}{n_{(H_2O)} + n_{(«äth.Öl»)}}$$

x: Molenbruch.

(II) $p_{(H_2O)} = x_{(H_2O)} \cdot p$

(III) $p_{(«äth.Öl»)} = x_{(«äth.Öl»)} \cdot p$

$$\frac{(II)}{(III)} \quad \frac{p_{(H_2O)}}{p_{(«äth.Öl»)}} = \frac{n_{(H_2O)}}{n_{(«äth.Öl»)}}$$

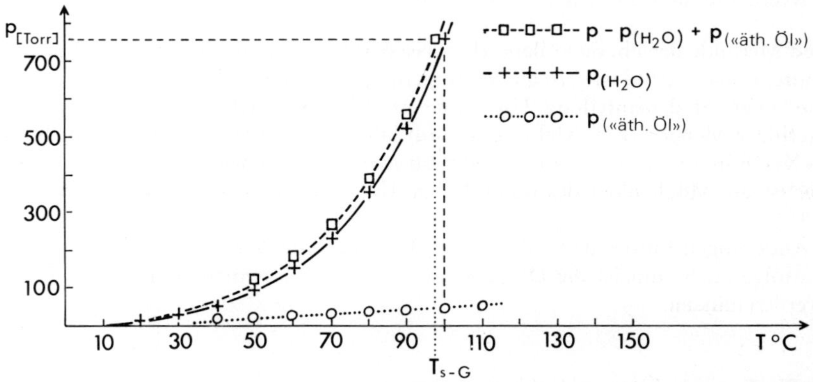

Abb. 6: Dampfdruckkurve eines miteinander nicht mischbaren Zweikomponentensystems. $p = f\ (T)$.

Der Siedepunkt (T_{s-G}) ist geringer als der Siedepunkt des Wassers und der ätherischen Ölkomponenten. Durch die Wasserdampfdestillation ist eine Abtrennung des lipophilen Naturstoff-Gemisches (ätherisches Öl) möglich, ohne daß der Siedepunkt der ätherischen Ölkomponenten erreicht werden muß. Es handelt sich um eine relativ schonende Abtrennmethode.

Allgemeines

Die Wasserdampfdestillation kann diskontinuierlich erfolgen (DAB 6, Ph. Helv. VI bei Kamille), bei der kein Rücklauf des Wassers erfolgt oder kontinuierlich durch Rücklauf des spezifisch schwereren Wassers. Die Bestimmungsapparaturen der meisten Arzneibücher beruhen auf dem kontinuierlichen Prinzip der Rücklaufdestillation.

Die Bestimmung kann entweder volumetrisch (Ph. Eur.) oder gravimetrisch (Karlsruher Apparatur) erfolgen, wobei der Einfachheit halber meist die weniger genauen volumetrischen Bestimmungen bevorzugt werden. Bei geringen ätherischen Ölmengen und bei ätherischen Ölen, deren Dichte ungefähr 1,000 ist oder größer, ist eine lipophile Phase mit einer Dichte kleiner als 1,000 notwendig.

Erfolgt die Bestimmung volumetrisch, wird zum Auffangen das relativ hoch siedende Xylol (Sdp: 137–140°) verwendet und bei gravimetrischen Bestimmungen das relativ tief siedende Pentan (Sdp: 36°).

Bei der Gehaltsbestimmung von ätherischem Öl in Drogen sind folgende Faktoren von Bedeutung:

a) *Verhältnis der Drogeneinwaage zur Destillationsflüssigkeit:* Dies richtet sich nach dem zu erwartenden äth. Ölgehalt und beträgt meist 1:10 bis 1:50; danach richtet sich die Kolbengröße.
b) *Zerkleinerungsgrad:* Der Zerkleinerungsgrad hängt von der Lokalisation des äth. Öles ab. Beim Vorliegen epidermaler Drüsenschuppen oder -haare genügt eine grob geschnittene Droge. Eine weitere Zerkleinerung muß bei subepidermalen äth. Ölbehältern erfolgen.
c) *Destillationsdauer:* Sie steht in engem Zusammenhang mit dem Zerkleinerungsgrad und der Lokalisation des äth. Öles.
d) *Destillationsgeschwindigkeit:* Sie gibt an, wieviel Kubikzentimeter Kondensat in einer Zeiteinheit (min oder s) übergehen.
e) *Art der Destillationsflüssigkeit:* Meist wird Wasser verwendet, bei einigen Bestimmungen auch eine Kochsalzlösung: Diese weist einen höheren Siedepunkt auf als reines Wasser, dadurch wird die Destillationszeit verringert; ferner ist die Restlöslichkeit der ätherischen Öle geringer.

Apparatur und Methode nach Ph. Eur. (2. Ausg. in Vorbereitung)

Die Apparatur und Methode der Ph. Eur. (Band III) weisen Mängel auf, die man bei der Revision z.T. beheben konnte. Entscheidend ist z.B. die Verringerung des Volumens des Meßrohres von 3 auf 1 cm^3 und die feinere Skaleneinteilung. Hierdurch kann künftig auch der Gehalt an äth. Öl beim Vorliegen geringer Mengen (z.B. Melissae folium) bestimmt werden. Wichtig ist auch die Neufassung des «Xylolblindwertes», man bestimmt ihn *einmal* für die jeweils angegebenen Bedingungen. Ferner ist die Möglichkeit des wasserfreien Ablassens des äth. Öl-Xylol-Gemisches beschrieben.
Die apparativen Änderungen führen dazu, daß die Xylolmenge von 1,0 auf 0,5 cm^3 verringert wurde und demzufolge auch zumeist die Drogeneinwaage, die Wassermenge und die Kolbengröße reduziert werden müssen.

Apparatur nach Ph. Eur. (2. Ausg. in Vorbereitung)

Die Apparatur besteht aus den folgenden Teilen:
a) einem Rundkolben von geeigneter Kapazität mit einem kurzen Hals (innerer Durchmesser von ca. 29 mm am weiten Ende) und mit Glasschliff;
b) einem Destillationsaufsatz (s. Abb. 7), der genau auf den Kolben paßt. Alle Teile dieses Aufsatzes sind in ein Teil zusammengeschmolzen; das verwendete Glas hat einen geringen Ausdehnungskoeffizienten. Der Glasstopfen (K′) ist belüftet, und das Rohr (K) hat eine Öffnung von ca. 1 mm, die mit der Belüftung zusammenfällt. Das weite Ende des Rohrs (K) hat einen Schliff und einen inneren Durchmesser von 10 mm. Das Rohr (JL) ist in 0,01 cm^3 geteilt, über der Skala sind zwei Markierungen (H und J) angebracht. Die zwiebelförmige Erweiterung (L) hat eine Kapazität von ca. 2 cm^3. (M) ist ein spezieller Dreiwegehahn. Die Verbindung (B) befindet sich 20 mm höher als die obere Gradeinteilung der Meßkapillare;
c) einer geeigneten Heizquelle, die eine Feineinstellung ermöglicht;
d) einem senkrechten Stativ mit entsprechenden Halterungen.

Methode

Man verwendet eine jeweils gründlich gereinigte Apparatur und führt die Bestimmung entsprechend der in der Drogenmonographie gegebenen Bedingungen durch. Zunächst wird die vorgeschriebene Menge Destillationsflüssigkeit in den Kolben gegeben, einige Siedesteinchen zugefügt und der Destillationsaufsatz aufgesetzt. Durch den Fülltrichter (N) wird dann Wasser bis zum Niveau (B) eingefüllt. Der Stopfen (K′) wird entfernt und die vorgeschriebene Menge Xylol R zugegeben unter Verwendung einer Pipette, die mit ihrer Spitze bis zum unteren Ende des Rohrs

(K) reicht. Man setzt den Stopfen (K′) wieder auf und stellt sicher, daß das System belüftet ist. Man erhitzt die Flüssigkeit im Kolben bis zum Kochen und regelt die Destillationsgeschwindigkeit auf 2 cm^3 bis 3 cm^3 pro Minute, es sei denn, es ist anders angegeben.

Um die Destillationsgeschwindigkeit zu bestimmen, senkt man während der Destillation den Wasserspiegel mittels des Dreiwegehahnes, bis sich der Meniskus an der unteren Markierung (J) befindet. Man schließt den Hahn und mißt die Zeit, die der Meniskus zur Erreichung der Markierung (H) benötigt. Man öffnet den Hahn und fährt mit der Destillation fort, wobei man die Zufuhr der Hitze so ändert, daß man damit die Destillationsgeschwindigkeit entsprechend einreguliert. Man destilliert über die in der Monographie vorgeschriebene Zeit, stellt danach die Hitzezufuhr ab und mißt nach frühestens 10 min das Xylolvolumen in der Meßröhre genau ab.

In den Kolben füllt man dann die vorgeschriebene Menge der Droge ein und setzt die Destillation fort, wie oben beschrieben, und zwar über die vorgeschriebene Zeit und mit der vorgeschriebenen Geschwindigkeit. Nach Beendigung der Destillation wartet man weitere 10 min und mißt dann das Volumen in der Meßröhre. Davon subtrahiert man das vorher bestimmte Xylolvolumen (Blindwert). Die Differenz stellt die Menge ätherischen Öles in der Menge der gegebenen Droge dar. Man berechnet das Ergebnis als Kubikzentimeter pro 100 g Droge.

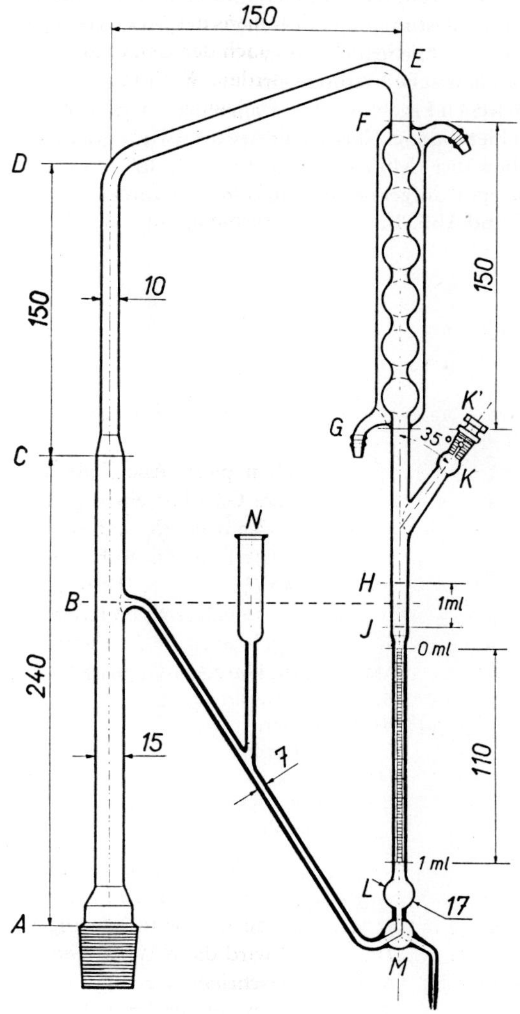

Abb. 7: Destillationsaufsatz nach Ph. Eur. 2. Ausg. (in Vorbereitung) zur volumetrischen und gravimetrischen Bestimmung des Gehalts an ätherischem Öl. Einzelheiten im Text. Die Maße sind in mm angegeben.

Wasserfreies Ablassen:

Wird das ätherische Öl für andere analytische Zwecke benötigt, kann die wasserfreie Mischung von Xylol und äth. Öl wie folgt gewonnen werden: Man entfernt den Stopfen (K′) und füllt 0,1 cm^3 einer 0,1 proz. *G/V* Lösung Natriumfluorescein R und danach 0,5 cm^3 Wasser ein. Man senkt dann die Mischung Xylol-äth. Öl in die zwiebelförmige Erweiterung (L) mittels des Dreiweghahns, läßt 5 min stehen und senkt die Mischung langsam bis zur Höhe des Hahnes (M). Man öffnet den Hahn im Uhrzeigersinn, so daß das Wasser aus der Verbindungsröhre (BM) ausfließen kann, spült die Röhre wasserfrei, und zwar mit Aceton R und danach mit etwas Xylol R, das durch den Fülltrichter (N) eingefüllt wurde. Man dreht den Hahn entgegen dem Uhrzeigersinn, um die Xylol-äth. Öl-Mischung in einem geeigneten Kolben aufzufangen.

Karlsruher Apparatur zur gravimetrischen Bestimmung

Die Erfassung kleinster Mengen ätherischen Öles ist nur auf gravimetrischem Wege möglich. Aber auch beim Vorliegen größerer Mengen bietet das gravimetrische Verfahren eine Reihe von Vorteilen. So hat man z. B. das ätherische Öl für die weitere Kennzeichnung ohne Lösungsmittel zur Verfügung. Dies kann nützlich sein, z. B. bei der Bestimmung des Gehaltes einer Komponente, des Brechungsindexes, der Dichte, oder auch zur anschließenden Dünnschicht- oder Gaschromatographie. Zu bemerken ist ferner, daß die volumetrische Methode eine mögliche Volumenkontraktion nicht berücksichtigt und somit die erhaltenen Ergebnisse keine absoluten Werte sind.
Für wissenschaftliche Untersuchungen hat sich hier die sog. Karlsruher Apparatur zur gravimetrischen Erfassung kleinster Mengen äth. Öle bewährt (Mikrochimica Acta 40, 367, 1953). Sie wurde in die frühere Niederländische Pharmakopöe aufgenommen, und später wurden wichtige Teilstücke in die Ph. Eur. integriert (vgl. Abb. 7 und Abb. 8).

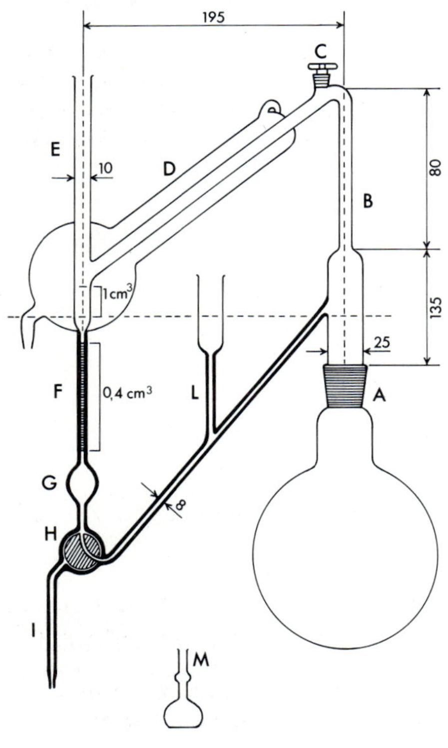

Abb. 8: Karlsruher Apparatur nach STAHL.
A = Normalschliff 29,
B = Steigrohr,
C = Spülstutzen,
D = Kühler,
E = Druckausgleichrohr mit Graduierung («Trennrohr»),
F = Meßkapillare mit 1/200-Teilung,
G = Olive,
H = Dreiwegehahn,
I = Ablaßrohr,
L = Füllstutzen,
M = Mikrokölbchen.
Die Maße sind in mm angegeben.

Wichtige Merkmale: Das äth. Öl wird in wenig Pentan aufgefangen, und die erforderliche Kühlung wird durch eine spezielle Kühlerführung erreicht. Nach beendeter Destillation wird das Pentan-Öl-Gemisch quantitativ, wasserfrei in ein Mikrokölbchen abgelassen. Nach Abdampfen des Pentans wird ausgewogen, und das äth. Öl steht für eine Weiteruntersuchung zur Verfügung.

Apparatur

Die Apparatur besteht aus folgenden Teilen:
a) einem Rundkolben von geeigneter Kapazität mit einem kurzen Hals und Normalschliff 29;
b) dem eigentlichen Destillationsaufsatz, der genau auf den Kolben paßt.
Alle Teile des Aufsatzes sind aus einem Glas mit geringem Ausdehnungskoeffizienten hergestellt. Nach der Krümmung des Steigrohres *(B)* (∅ ca. 10 mm) ist ein Spülstutzen *(C)* angebracht. Der eigentliche Kühler *(D)* umfaßt auch noch den unteren Teil des Druckausgleichrohres *(E)*. Im olivenförmigen Teil des Kühlers ist dieser flach gehalten. Das Druckausgleichrohr ist im unteren Teil mit einer 1-cm^3-Markierung versehen, die zur Ermittlung der Destillationsgeschwindigkeit dient. Das eigentliche «Karlsruher System» besteht aus dem feingraduierten Meßrohr *(F)*, das jedoch nur notwendig ist für die volumetrische Erfassung kleiner Ölmengen, aber normalerweise nicht verwendet wird. Ferner der Olive *(G)*, dem Spezial-Dreiwegehahn *(H)* mit dem Ablaßrohr *(I)*, das am Ende im äußeren Teil verjüngt ist. Im Rücklaufrohr befindet sich in der Mitte der Füllstutzen *(L)*. Das «Karlsruher System» ist aus Kapillarglas (Innen-∅ 2 mm) hergestellt. Das Mikrokölbchen *(M)* hat ein Fassungsvermögen von 4–5 cm^3 und ist aus dünnwandigem Glas hergestellt; ein spezieller Wulst im Hals verhindert ein «Herauskriechen» des äth. Öles.

Methode

1. Die Droge wird mit der entsprechenden Wassermenge in den Rundkolben gefüllt und der Destillationsaufsatz aufgesetzt.
2. Zum Füllen des Kapillarsystems mit Wasser dreht man den Hahn *(H)* in Ablaßstellung (Abb. 9 C) und füllt durch den Einfüllstutzen *(L)* mit einer Spritzflasche so lange Wasser ein, bis das Kapillarsystem luftblasenfrei gefüllt ist. Ohne die Wasserzufuhr zu unterbrechen, dreht man dann den Hahn entgegen dem Uhrzeigersinn in die Umlaufstellung (A). Auf diesem Wege füllt sich das gesamte System bis zu dem sich selbst einstellenden Niveau.

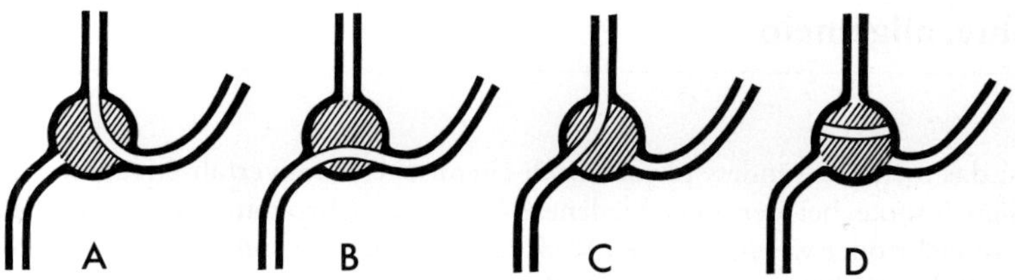

Abb. 9: Die verschiedenen Stellmöglichkeiten des Spezial-Dreiwegehahnes («Karlsruher Hahn»). In D ist nur eine der möglichen Sperrstellungen gezeichnet.

3. Durch das Druckausgleichrohr *(E)* wird mit der Pipette 0,5 cm^3 Pentan vorgelegt. Danach kann mit der Destillation begonnen werden. Zu Beginn stellt man die Destillationsgeschwindigkeit ein.
4. *Einstellen der Destillationsgeschwindigkeit:* Im Druckausgleichrohr *(E)* befinden sich im unteren Teil 2 ringförmige Marken (= 1 cm^3). In der Mitte ist eine Zwischenteilung angebracht.

Man dreht den Hahn *(H)* in Sperrstellung, so daß kein Umlauf mehr erfolgen kann (Abb. 9 D). Demzufolge steigt dann die Flüssigkeitssäule im Rohr *(F–E)* an. Man ermittelt die Zeit, in der die Phasengrenzfläche (Wasser-Pentan) von der entsprechenden unteren Markierung zur oberen Markierung gewandert ist (Stoppuhr). Anschließend wird der Hahn sofort wieder auf Umlaufstellung gedreht. Man rechnet auf die überdestillierte Wassermenge pro min um.

5. *Wasserfreies Ablassen des äth. Öl-Pentan-Gemisches* (Abb. 9): Nach beendeter Destillation schaltet man die Heizung ab, läßt die Apparatur so weit abkühlen, daß kein Dampf mehr in den Kühler tritt, und füllt durch den Einfüllstutzen *(E)* 0,1 cm^3 Natriumfluoresceinlösung (100 mg Fluorescein gelöst in 100 cm^3 0,02 N-Natronlauge) und danach zum Abspülen der Innenwände 0,5 cm^3 Wasser. Man dreht nun den Hahn von der Umlaufstellung (A) in die Spülstellung (B) und danach vorsichtig und langsam in die Ablaßstellung (C). Durch die sog. Feineinstellung (eine kleine Rille an beiden Seiten der Hahnbohrung) läßt sich das Pentan-Öl-Gemisch sehr langsam ablassen. Man bringt es zunächst in die Olive *(G)*, dreht dann den Hahn wieder in Sperrstellung (D) und wartet einige min, bis das an den Innenwänden haftende Wasser abgelaufen ist und sich mit der Hauptmenge vereinigt hat. Zu diesem Zeitpunkt tropft man auch durch den Einfüllstutzen *(C)* etwa 5–10 Tropfen Pentan und schließt danach sofort den Stopfen. Die kondensierten Pentandämpfe spülen sowohl den Kühler *(D)* als auch die Kapillare *(F)* von Resten äth. Öles frei und vereinigen diese mit der Hauptmenge.
   Man läßt danach das grün fluoreszierende Wasser vorsichtig weiter ab, bis das äth. Öl-Pentan-Gemisch gerade eben die Rille der Feineinstellung der oberen Hahnbohrung erreicht hat. In diesem Augenblick dreht man den Hahn nach links in die Spülstellung (B). Die Wasserreste aus diesem System und dem Hahn werden entfernt, indem man durch den Spülstutzen *(L)* vorsichtig einige cm^3 Aceton und anschließend einige cm^3 Pentan gibt. Danach kann das äth. Öl-Pentan-Gemisch durch Drehung des Hahnes von der Spülstellung (B) in die Ablaßstellung (C) im Uhrzeigersinn in das zuvor gewogene Mikrokölbchen *(M)* abgelassen werden.
6. Das Mikrokölbchen wird auf eine Wärmeplatte bei einer Temperatur von 50–60° gestellt und von Zeit zu Zeit gewogen, bis Gewichtskonstanz (Differenz weniger als 1 mg) erreicht worden ist.

X. Chromatographie, allgemein

Die Chromatographie ist das meistverwendete physikalisch-chemische Trennverfahren im analytischen Bereich. Das Gemeinsame bei den verschiedenen Arten der Chromatographie ist die Verfahrensweise: In einem mehr oder weniger langen Rohr befindet sich als *stationäre Phase* ein feinkörniger Stoff, das Sorbens[1]. Es hat die Eigenschaft, die zu trennenden Stoffe vorübergehend festzuhalten. Der Transport erfolgt durch die *mobile Phase,* die ein geeignetes Lösungsmittel oder ein Gas sein kann. Gemeinsam ist ferner, daß es sich bei allen Arten der Chromatographie um ein Kopplungsverfahren handelt, das aus 3 Teilen besteht:

1. PROBENAUFGABE → 2. TRENNVORGANG → 3. DETEKTION.

[1] Die stationäre Phase kann auch flüssig sein und an einem inerten Träger haften oder, wie bei der Kapillar-Gaschromatographie, an der Innenrohrwandung.

Nach der verwendeten mobilen Phase gliedert man derzeit die verschiedenen Arten der Chromatographie wie folgt:

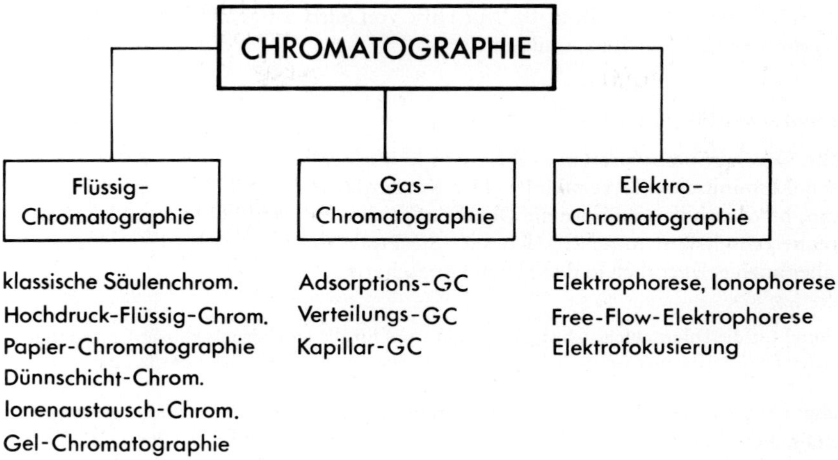

Abb. 10: Die verschiedenen Arten der Chromatographie.

Die Kunst des Chromatographierens besteht nun darin, 3 verschiedene Parameter so aufeinander abzustimmen, daß eine optimale Trennung erfolgt (Abb. 11). Dies ist in der Regel zeitaufwendig und setzt experimentelles Geschick voraus, und so wird auch verständlich, daß optimale Trennungen selten sind und oft über die Reproduzierbarkeit geklagt wird.

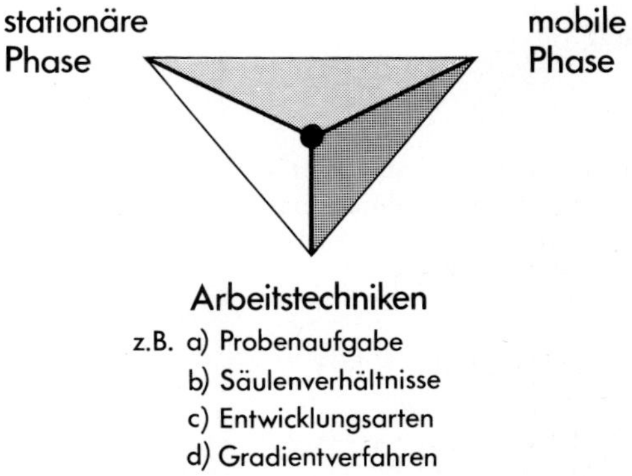

Abb. 11: Die drei Variablen, die man aufeinander abstimmen muß, um eine optimale Trennung zu erhalten. Man stelle sich die Pyramide auf der Spitze stehend ausbalanciert vor.

Die Verfahrensarten

A. Adsorptionsverfahren

1. Die *stationäre Phase*, d.h. das Füllmaterial für die Trennsäule, ist ein feinkörniges Adsorptionsmittel, wie z.B. Aluminiumoxid, Kieselgel, Kohle usw. Die Adsorptionsaktivität hängt von der Herstellung und dem Grad der Belegung der sog. aktiven Zentren mit polaren Stoffen ab.

Bereits durch das in der Luft vorhandene Wasser kommt es bei ursprünglich aktivem Aluminiumoxid und Kieselgel schnell zu einer Inaktivierung. Hochaktives Aluminiumoxid hat nach Brockmann die Aktivitätsstufe I und inaktives die Stufe V. Zur Säulenchromatographie verwendet man häufig eine mittlere Aktivitätsstufe, z.B. II–III. Mit Hilfe von Farbstoffgemischen lassen sich die Aktivitätsstufen ermitteln (s. Schnelltest, s. unten).

Zur Kennzeichnung der Adsorptionsmittel

Für die klassische Säulenchromatographie werden am häufigsten die feinporigen Kieselgele und die verschiedenen Aluminiumoxide verwendet. Der Korngrößenbereich liegt zumeist zwischen 0,05 und 0,2 mm, hierdurch ist eine normale Durchflußgeschwindigkeit bei Normaldruck gegeben. In den Trenneigenschaften unterscheiden sich die Produkte der verschiedenen Hersteller zumeist etwas, aber auch gelegentlich in den Herstellungschargen.

Die Adsorptionsmittel für die Dünnschicht-Chromatographie und für die Hochdruck-Flüssig-Chromatographie sind etwa um den Faktor 10 feiner vermahlen, d.h., die mittlere Teilchengröße liegt um 15 µm.

Häufig verwendet wird ein Kieselgel 60, d.h. mit einem mittleren Porendurchmesser von 60 Å (= 6 nm) und einer spezifischen Oberfläche von 500 m^2/g; der pH-Wert einer 10proz. wäßrigen Suspension liegt bei 7 (s. Tab. 4, S. 35).
Bei den Aluminiumoxiden gilt in bezug auf die Korngröße das gleiche. Hier muß man jedoch zwischen einem basischen (pH 10), neutralen (pH 7,5) und sauren (pH 4,5) Aluminiumoxid unterscheiden. Diese Produkte kommen zumeist mit der Aktivität I oder gar «Super I» in den Handel. Durch Zugabe einer entsprechenden Wassermenge (s. Hinweise auf den Packungen), kräftiges Durchmischen und mehrstündiges Stehenlassen in einem geschlossenen Gefäß nehmen sie die gewünschte Aktivität an, die jedoch kontrolliert werden sollte.

Schnelltest zur Bestimmung der Adsorptionsaktivität
(Chem. Ztg. 85, 371, 1961).

Prinzip: Das zu prüfende Adsorptionsmittel wird trocken in ein kleines Trennrohr gefüllt und mit einem Spezialtrichter ein 4-Farbstoffgemisch aufgegeben. Danach eluiert man mit einer bestimmten Menge Lösungsmittel und fängt den Durchlauf auf. Anhand der Farbstoffverteilung in der Säule und im Auffangkolben läßt sich die Aktivitätsstufe abschätzen.

Durchführung:

Chemikalien:
Adsorptionsmittel, 10 cm^3
Farbstoffgemischlösung, 5,0 cm^3
(Reag. Nr. 35)
Tetrachlorkohlenstoff, rein und wasserfrei, 15,0 cm^3

Geräte:
1 Trennrohr, ∅ 20 mm, Länge ca. 200 mm, mit grober Glasfritte D1 (Abb. 12).
1 Spezialtrichter, unten 4–5 Auslauföffnungen seitlich, Boden geschlossen, Länge 120 mm (Abb. 12).
1 Erlenmeyerkolben, 25 cm^3.
1 Stativ mit Klammer.

Vorschrift: 10 cm^3 Aluminiumoxid zur Säulenchromatographie werden in das Trennrohr gefüllt und etwas festgeklopft. Dann wird der Spezialtrichter auf die Schicht gesetzt und hierdurch 5,0 cm^3 des Farbstoffgemischs (Reag. Nr. 35) aufgegeben. Nach seinem vollständigen Eindringen gibt man durch den Trichter 15,0 cm^3 Tetrachlorkohlenstoff zur Elution der Farbstoffe nach und fängt den Durchlauf auf (Durchlaufzeit ca. 15 min).
Bei basischem und annähernd neutralem Aluminiumoxid erhält man etwa folgende Bilder:

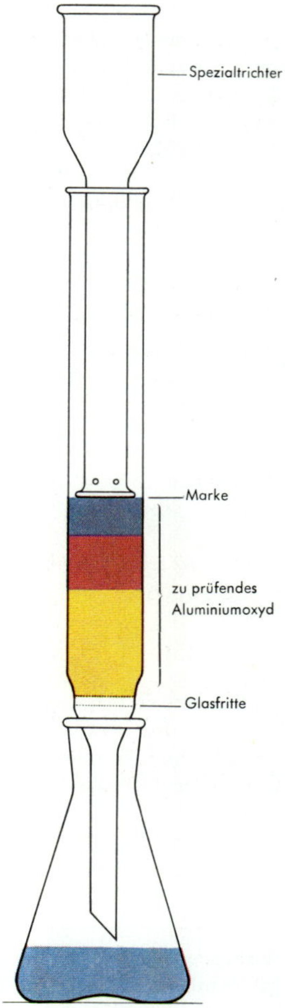

Abb. 12: Komplette Vorrichtung nach Durchführung des Aktivitätstestes. Der Farbvergleich mit Abb. 13 zeigt, daß hier ein Aluminiumoxid der Aktivität III vorliegt.

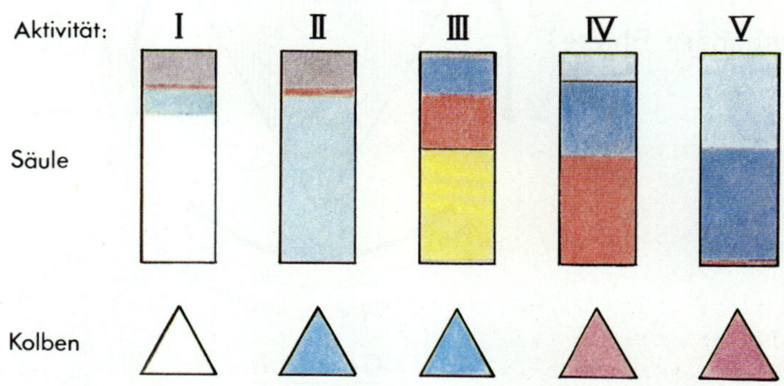

Abb. 13: Die Farbverteilung der Aktivitätsstufen I–V nach Durchführung des Schnelltestes.

Bei saurem Aluminiumoxid treten Abweichungen auf, da der gelbe Farbstoff nach rot umschlägt. Es ist jedoch einfach, sich selbst die entsprechenden Farbtestdiagramme aufzustellen.

2. Die *mobile Phase,* d. h., das Lösungs- oder Elutionsmittel steht durch seine spezielle Eigenadsorption an das Adsorptionsmittel in enger Wechselwirkung mit letzterem. Die häufig in Betracht kommenden Lösungsmittel sind in Tab. 3 nach zunehmender Elutionswirkung geordnet. Einen Anhaltspunkt für die Polarität ergibt die Dielektrizitätskonstante (DK-Werte). Wichtig ist, daß man in der Adsorptionschromatographie nur reinste Lösungsmittel verwendet.

3. *Grundregeln der Adsorptions-Chromatographie*

a) Gesättigte Kohlenwasserstoffe werden nicht oder nur gering adsorbiert und wandern daher am schnellsten. Ungesättigte Kohlenwasserstoffe werden um so stärker adsorbiert, je mehr Doppelbindungen sie enthalten und je mehr davon in Konjugation stehen.

Zur Trennung muß man daher ein aktives Adsorptionsmittel und ein weniger polares Fließmittel verwenden. Eine andere Möglichkeit ist die «Phasenumkehr»; die stationäre Phase ist hier mit einem Lipid imprägniert, und als mobile Phase dient ein hydrophiles Fließmittel.

b) Werden funktionelle Gruppen in einen Kohlenwasserstoff eingeführt, so erhöht sich die Adsorptionsaffinität in nachstehender Folge:

$$-CH_3 \rightarrow -O-\text{Alkyl} \rightarrow {>}C{=}O \rightarrow -OH \rightarrow -COOH\,.$$

Auf Aluminiumoxid- oder Kieselgelsäulen mittlerer Aktivität oder auf entsprechenden dünnen Schichten (s. DC) wandern z.B. mit Toluol, Benzol oder Methylenchlorid die Kohlenwasserstoffe am schnellsten, d.h. im Frontbereich; danach folgen die Ester und Ether. Stärker zurückgehalten werden Ketone und Aldehyde und noch langsamer wandern die Alkohole. Die Säuren bleiben im Startbereich zurück. Die Reihenfolge der Trennung erfolgt also nach der Polarität der Verbindungen, maßgebend sind die Art und Zahl der funktionellen Gruppen.

Die Grundregeln der Adsorptions-Chromatographie und die Zusammenhänge lassen sich recht instruktiv in einem Dreiecks-Schema zusammenfassen (Abb. 14).

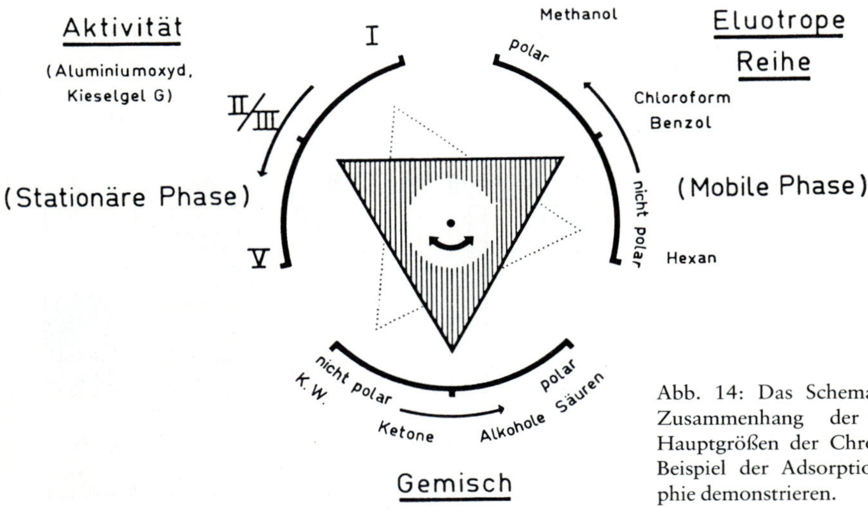

Abb. 14: Das Schema soll den engen Zusammenhang der drei variablen Hauptgrößen der Chromatographie am Beispiel der Adsorptions-Chromatographie demonstrieren.

Tab. 3: Eluotrope Reihe (Die Elutionswirkung nimmt von oben nach unten zu)

Lösungsmittel[1]	Siedepunkt in °C bei 760 Torr [= 1013 mbar]	Dielektrizitäts-konstante ε bei 20°	Viskosität in cP (= mPas) bei 20°
n-Hexan	68,7	1,890	0,326
Heptan	98,4	1,924	0,409
Cyclohexan	81,4	2,023	1,02
Tetrachlorkohlenstoff	76,8	2,238	0,969
Toluol	110,6	2,379[2]	0,590
Benzol[3]	80,1	2,284	0,652
Methylenchlorid = Dichlormethan	40,0	9,08	0,43
Chloroform	61,3	4,806	0,580
Ether (Diethylether)	34,6	4,34	0,233
Essigsäureethylester	77,1	6,02[2]	0,455
Pyridin	115,3	12,3[2]	0,974
Aceton	56,5	20,7[2]	0,316[2]
Ethanol	78,5	24,30[2]	1,2
Methanol	64,6	33,62	0,597
Wasser	100	80,37	1,002

[1] Weitere Lösungsmittel und ihre Eigenschaften im Biochem. Taschenbuch, Springer-Verlag, Berlin–Göttingen–Heidelberg (1964); Handbook of Chemistry and Physics, Chemical Rubber Publishing Co., Cleveland, Ohio (1972).

[2] Bei 25°.

[3] Benzol sollte aufgrund seiner Cancerogenität nicht verwendet werden.

Man denke sich das schraffiert eingezeichnete Dreieck drehbar. Liegt nun z. B. ein Kohlenwasserstoffgemisch vor, so stelle man eine Spitze des Dreiecks auf «K. W.» ein (punktiert eingezeichnet); die anderen beiden Spitzen (punktiert) zeigen dann, daß man ein nicht polares Fließmittel benötigt und ein aktives Sorptionsmittel. Bei der umgekehrten Einstellung, also in den Bereich der polaren Stoffgemische, zeigen die beiden freien Dreieckspitzen, daß man polare Fließmittel verwenden soll und keine hochaktive Sorptionsschicht benötigt.
Das Schema läßt sich zwanglos auch auf andere chromatographische Verfahren übertragen: Setzt man z. B. bei «Stationärer Phase» anstelle von «aktiv I» lipophil oder nicht polar und bei «nicht aktiv V» hydrophil oder polar, und vertauscht man bei der «Mobilen Phase» «polar» bzw. «hydrophil» gegen nicht polar bzw. lipophil usw., dann gilt das Schema für die Phasenumkehrverfahren in der PC und DC.

4. *Arbeitstechniken:* s. Säulenchromatographie (S. 28) und Dünnschicht-Chromatographie (S. 34)

B. Verteilungsverfahren

Eine Reihe organischer und anorganischer fester Stoffe lassen sich mit polaren Flüssigkeiten beladen *(stationäre Phase)* und halten diese auch fest, wenn eine damit nicht mischbare Flüssigkeit, die *mobile Phase,* vorbeifließt. Verteilungsvorgänge zwischen den beiden flüssigen Phasen bestimmen also die Trennung. Für jede Substanz ist ihr Verteilungsquotient maßgebend. Die beiden Flüssigkeiten sollten daher so gewählt werden, daß die NERNSTschen Verteilungskoeffizienten der zu trennenden Stoffe möglichst verschieden sind. – Das klassische, chromatographische Verteilungsverfahren ist die Papier-Chromatographie von Aminosäuren mit Butanol-Eisessig-Wasser (40 + 10 + 50). Hier findet die Verteilung zwischen der wassergesättigten Zellulose des Filterpapiers und der wassergesättigten, sauren Butanolphase statt.
Im Rahmen der dünnschicht-chromatographischen Trennungen im Arzneibuch verwendet man für die Verteilung vorzugsweise *mikrokristalline Zellulose* als stationäre Phase. Einen Verteilungsvorgang hat man auch bei der sog. «Phasenumkehr-Methode». Hier wird ein «Träger», z. B. feinkörniges Kieselgur, mit flüssigem Paraffin imprägniert, und als mobile Phase dient dann z. B. Eisessig zur Auftrennung der Triglyceride nach ihrer C-Atomzahl (s. S. 298).

C. Austauschverfahren

Das Merkmal dieses Verfahrens liegt darin, daß die *stationäre Phase* aus einem ionenaustauschenden Sorptionsmittel besteht. Es handelt sich hierbei um hochmolekulare Polyelektrolyte, die ihre gebundenen Ionen gegen solche gleicher Ladung aus dem umgebenden Medium *(mobile Phase)* austauschen können. Je nachdem, ob eine «Festsäure» oder eine «Festbase» vorliegt, spricht man von einem Kationen- oder Anionenaustauscher. Die wichtigste Eigenschaft eines Ionenaustauschers ist die *Kapazität,* da aus ihr quantitativ zu ersehen ist, wieviel Gegenionen ausgetauscht werden können (Milliequivalent pro Gramm). Die anorganischen Ionenaustauscher sind zumeist Alumo-Silikate, bei denen das Gerüst eine Überschußladung trägt. Auch die üblichen Aluminiumoxide sind bei der Verwendung wäßriger mobiler Phasen Ionenaustauscher, so z. B. ist das «basische Aluminiumoxid» ein Kationenaustauscher. Wichtige organische Ionenaustauscher sind spezielle Kunstharze, z. B. Dowex, Amberlite, Lewatit, ferner die speziell mit Ankergruppen versehenen Cellulosen und die z. T. entsprechenden Sephadex-Ionenaustauscher.

Xa. Flüssigkeits-Chromatographie in gepackter Säule

(kurz: Säulen-Chromatographie; im klassischen Sinn bezeichnet)

Bei den im Teil C beschriebenen Isolierungen von Naturstoffen wird die Säulenchromatographie als Trenn- und Reinigungsverfahren häufig angewandt. Obwohl dieses Verfahren scheinbar einfach ist, bedarf es einer Reihe von Informationen, um zu guten Trennungen zu kommen. Bereits HESSE, ein Altmeister dieser Methode, sagt: «Das gleichmäßige Füllen der Rohre mit der stationären Phase gehört zu den schwierigsten Handfertigkeiten in der Chromatographie.»

Auswahl der Trennsäule

Zumeist werden 20–150 cm lange und 1–5 cm dicke Glasröhren verwendet, die am unteren Ende verjüngt sind und einen Auslaufhahn haben (Abb. 15 a). Für Vortrennungen bevorzugt man meist kürzere und dickere Säulen und für Feintrennungen längere und schmalere Rohre. Bei Verwendung tief siedender Elutionsmittel, wie z.B. Pentan, Dichlormethan oder Ether verwendet man sog. «Kühlsäulen», d.h. Glasröhren, die in Art eines Liebigkühlers mit einem Kühlmantel umgeben sind (Abb. 15 b).
Die Dimensionen der Trennsäule richten sich nach der Menge des zu trennenden Gemischs und somit direkt nach der notwendigen Menge an Sorptionsmittel.
Es gilt die Faustregel:
1 Teil Gemisch erfordert die 100- bis 500fache Menge stationärer Phase und die 500- bis 5000fache Menge mobiler Phase.

Die Trennsäule ist so auszuwählen, daß der freie Raum über der stationären Phase mindestens 5–10 cm beträgt, um eine optimale Proben- und Elutionsmittelaufgabe zu gewährleisten. Anhand der Schüttdichten kann man sich die notwendige Menge Sorptionsmittel berechnen. Schüttdichte für das übliche Kieselgel zur SC 0,5 g/cm^3 und für Aluminiumoxid zur SC 1 g/cm^3.

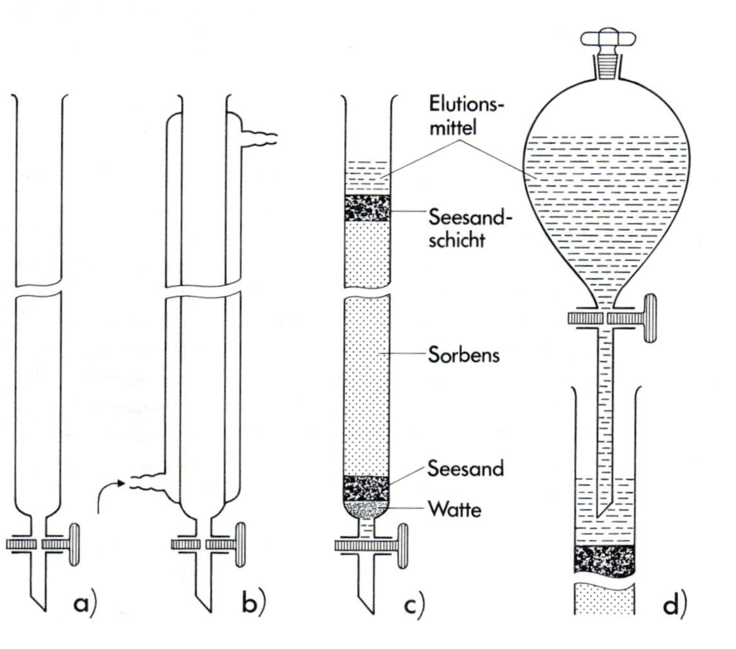

Abb. 15: Vorrichtung zur Säulenchromatographie:
a) einfache Glastrennsäule,
b) sog. Kühlsäule,
c) gefülltes Trennrohr,
d) Vorrichtung zum automatischen Nachlauf des Lösungsmittels; Einzelheiten im Text.

Füllen des Trennrohrs (Abb. 15 c)

a) Man füllt bei geschlossenem Hahn das Rohr zu etwa einem Drittel mit dem zunächst zu verwendenden Elutionsmittel und drückt mit einem entsprechend langen Glasstab einen entsprechend großen Glaswattebausch als porösen Abschluß luftblasenfrei (!) in die untere Verengung der Säule.
b) Auf den Glaswattestopfen gibt man dann eine ca. 1 cm hohe Schicht aus gereinigtem Seesand ($D = 1{,}5\ g/cm^3$), die Menge in Gramm errechnet man dann nach ($5 \cdot r^2$ in cm). Man entfernt nun erst den Glasstab und spült mit dem gleichen Elutionsmittel die an der Wand haftenden Seesandteilchen zur Hauptmenge.
c) Bereits einige Zeit vor dem Einfüllvorgang wird die erforderliche Menge Adsorbens in einem Becherglas mit der zweifachen Menge des 1. Elutionsmittels zu einer gießfähigen Suspension verrührt. Zum Abklingen der Wärmetönung läßt man sie mindestens 30 min stehen. Danach gießt man sie in das Trennrohr und öffnet dabei den Hahn. Das sich absetzende Adsorbens muß stets vom Elutionsmittel bedeckt sein; ein sog. «Trockenlaufen» darf nicht eintreten (Luftkanalbildung). Verliert die Suspension im Becherglas ihre Fließfähigkeit, so fügt man weiteres, bereits durchgelaufenes Elutionsmittel zu. Durch schwaches Klopfen, z.B. mit einem Korkring an die Rohrwandung kann man das gleichmäßige Absetzen des Adsorbens beschleunigen.
d) Nachdem die Säule bis 10 cm unter dem oberen Ende gefüllt ist, und nach mindestens 2 h Absetzen gibt man wiederum eine ca. 1 cm hohe Schicht aus Seesand auf und läßt dann das Elutionsmittel bis ca. 1 mm über die Seesandschicht ab. Nun ist die Säule bereit für die Probenaufgabe.

Probenaufgabe

Das möglichst konzentriert in einem möglichst wenig polaren Lösungsmittel gelöste zu trennende Gemisch wird vorsichtig, d.h. ohne den Seesand aufzuwirbeln, mit einer Pipette gleichmäßig aufgegeben. Durch langsames Öffnen des Hahnes läßt man es in die Seesandschicht einsickern und gibt vorsichtig 5–10 cm^3 Elutionsmittel nach. Ein Trockenlaufen muß unbedingt vermieden werden. Danach wird weiteres Elutionsmittel (zunächst aus dem Durchlauf) bis nahe zum oberen Rand der Säule aufgegeben.

Elutionsvorgang

Die Tropfgeschwindigkeit des Eluats aus der Säule wird mittels des Hahnes auf etwa 1 Tropfen pro Sekunde eingestellt.
Zur Vereinfachung des an sich notwendigen dauernden Nachfüllens von Elutionsmittel hat sich folgendes Verfahren (Abb. 15 d) bewährt: Man füllt einen entsprechend dimensionierten Scheidetrichter zu maximal 3/4 mit dem 1. Elutionsmittel, verschließt ihn mit dem Stopfen und dreht ihn so, daß der Hahn mit dem Luftraum nach oben zeigt. Dann verbindet man das Auslaufrohr mit einem Wasserstrahlvakuum und evakuiert kurz, höchstens jedoch so lange, bis ein Sieden eintritt. Danach schließt man den Hahn. Man setzt nun den Scheidetrichter so auf die Säule, daß der Auslauf 2–3 cm in das Elutionsmittel der Säule eintaucht. Durch *vorsichtiges* Öffnen des Hahnes am Scheidetrichter wird das hydrostatische Gleichgewicht eingestellt. Danach läuft das Elutionsmittel wartungsfrei nach.
Soll nach einiger Zeit ein stärker polares Elutionsmittel verwendet werden, so geht man am zweckmäßigsten stufenweise vor und führt eine sog. Gradientelution durch. Es gibt auch einfache Vorrichtungen zur kontinuierlichen Gradientelution: Man schaltet hierbei 2 Vorratsgefäße mit den jeweiligen Lösungsmitteln kommunizierend hintereinander und sorgt durch einen Magnetrührer für eine gute Durchmischung der zulaufenden stärker polaren Phase.

Auffangen des Eluats

Zum Auffangen des Eluats dient in der Regel ein Fraktionssammler mit mindestens 100 Fraktionierungsmöglichkeiten, d.h. Reagenzgläsern. Man fängt zumeist 10–15 cm^3-Fraktionen auf und kann dies je nach Art des Fraktionssammlers nach Zeittakten, nach der Tropfenzahl oder auch über ein Syphonsystem einstellen. Zweckmäßig sind für den Dauerbetrieb möglichst einfach gebaute, robuste, d.h. störungs- und wartungsfreie Geräte.

Nachweis der Trennung im Eluat (Detektion)

Es gibt verschiedene Möglichkeiten, die im Eluat befindlichen Substanzen nachzuweisen. Am elegantesten sind kontinuierliche, optische Verfahren mit sog. Durchlaufzellen und angeschlossenem Schreiber. Hiermit muß man jedoch z.T. erhebliche Einschränkungen in Kauf nehmen. Z.B sind UV-Detektoren eben nur gut geeignet, wenn UV-absorbierende Substanzen nachzuweisen sind, und wenn das Elutionsmittel keine Eigenabsorption zeigt. Überlagerungen mit nicht UV-absorbierenden Fremdsubstanzen lassen sich nicht erkennen. Bei den erheblich unempfindlicheren Differentialrefraktometern bereitet der Wechsel des Elutionsmittels Schwierigkeiten, da sich hierbei der Brechungsindex ändert.
Eine einfache und kostengünstige Lösung bietet die dünnschicht-chromatographische Untersuchung der Fraktionen. Sie wird daher zur Kontrolle der Isolierungsschritte von Naturstoffen (Teil C) bevorzugt angewendet. Man geht hierbei wie folgt vor:
Von jeder oder jeder zweiten oder dritten bzw. n-ten Fraktion trägt man im Abstand von 1 cm jeweils 10 mm^3 punktförmig von links nach rechts nebeneinander auf die DC-Schicht auf. Auf den 1. Startpunkt links (Abb. 16, A) bringt man zum Vergleich 10 mm^3 0,5 proz. Lösung des Ausgangsgemisches und auf den letzten Startpunkt rechts 5 mm^3 einer 0,2 proz. Lösung der zu isolierenden Substanz (Abb. 16, V).

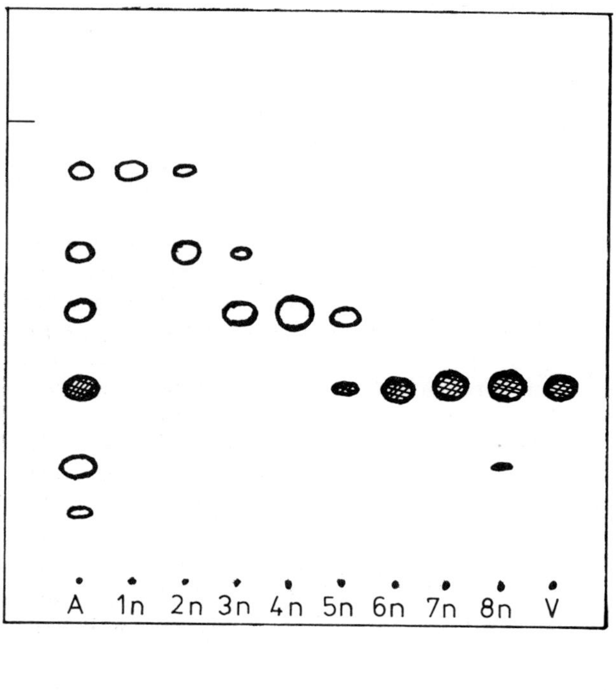

Abb. 16: Schema zur Untersuchung der SC-Fraktionen (1n–8n).
A) 10 mm^3 der 0,5 proz. Lösung des Ausgangsgemischs und
V) 5 mm^3 der 0,2 proz. Lösung der zu isolierenden Substanz.

Nach der Entwicklung und Sichtbarmachung wird anhand des Chromatogramms (Abb. 16) festgestellt, wie die Trennung verlaufen ist, und hierbei wird folgendes beachtet:

a) Ist die gesuchte Substanz schon vollständig eluiert, kann eine weitere Elution unterbleiben (Lösungsmitteleinsparung!)
b) In welchen Fraktionen ist die Substanz rein, d. h. ohne Begleitzonen enthalten.

Anmerkung: Bei den Isolierungsvorschriften (Teil C) ist zunächst nur vorgesehen, daß die anscheinend reinen Fraktionen vereinigt und schonend eingeengt werden. Es ist jedoch rationell, auch diejenigen Fraktionen, die nur geringe Begleitzonen neben der gesuchten Substanz enthalten, entsprechend weiterzuverarbeiten. Aus derartigen Sammelfraktionen kann die Ausbeute oftmals nach Umkristallisation erhöht werden. In der Forschung werden derartige Mischfraktionen zumeist einer weiteren Säulenchromatographie unterworfen.

Säulenchromatographie im DAB 8

Eine echte Säulenchromatographie, wie sie etwa bei den Isolierungsvorschriften im Teil C angewandt wird, findet man nicht im Arzneibuch. Es wird von der «Chromatographie» nur Gebrauch gemacht, um stark polare, braune Begleitstoffe, die eine Titration oder Kristallisation stören, aus Drogen bzw. Zubereitungen abzutrennen. Man verwendet hierzu basisches oder saures Aluminiumoxid sowohl als Adsorbens als auch als Ionenaustauscher. Es wäre besser, in manchen Fällen von einer Perkolation mit Hilfsstoffen zu sprechen. Dies ergibt sich auch aus der Dimension des verwendeten «Chromatographierohres» von 15 cm Länge und 1,5–2,0 cm Durchmesser und insbesondere daraus, daß z. T. nur ein Kieselgur-Filterhilfsmittel zum Verdünnen der Probe verwendet wird.

Beispiele: Belladonnae extractum, Chinae tinctura compositae, Ipecacuanhae tinctura, Opium, Opium titratum, Opii extractum und tinctura.

Xb. Weitere Chromatographie-Verfahren (HPLC und GC)

Hochdruck-Flüssigkeits-Chromatographie (engl. HPLC)

Die Dünnschicht-Chromatographie zeigte, daß man durch Verwendung sehr viel feinkörnigerer und enger ausgesiebter Sorptionsmittel erheblich bessere Trennungen erhalten kann, als mit den vorstehend beschriebenen Sorptionsmitteln der klassischen Säulenchromatographie. Um nun Trennsäulen mit sehr feinkörnigem Material (z.B. von 15 µm) betreiben zu können, bedarf es eines Überdrucks der mobilen Phase von einigen bis 100 und mehr bar. Dies bringt nun einen erheblichen apparativen Aufwand mit sich, beginnend beim Pumpsystem, der Entgasung der Elutionsmittel, der Probenaufgabe, der druckfesten Säule und der Detektionssysteme usw. Den schematischen Aufbau einer Apparatur zur Hochdruck-Flüssigkeits-Chromatographie zeigt Abb. 17.

Bei einer Kosten-Nutzungs-Analyse ergibt sich, daß die HPLC manche Vorteile bringt bei der Verwendung in der Routineanalyse, d. h., wenn es darum geht, eine große Zahl von Proben eines Produktes täglich unter genau gleichen Bedingungen zu analysieren. Die quantitative Bestimmung erfolgt nach Aufstellung einer Eichkurve durch Vergleich der Peakflächen. Die Hochdruck-Flüssigkeits-Chromatographie ist jedoch zu aufwendig, wenn laufend verschiedene Produkte analysiert werden müssen oder wenn nur gelegentlich eine analytische Trennung anfällt.

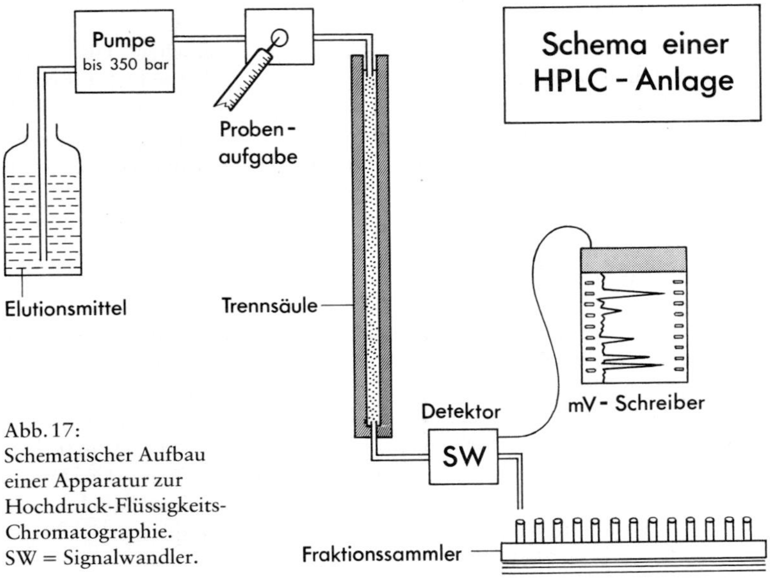

Abb. 17:
Schematischer Aufbau einer Apparatur zur Hochdruck-Flüssigkeits-Chromatographie.
SW = Signalwandler.

Weiterführende Literatur

1. Engelhardt H.: Hochdruck-Flüssigkeits-Chromatographie; Bd. XIV der Anleitungen für die chemische Laboratoriumspraxis, Springer Verlag, Berlin–Heidelberg–New York (2. Auflage 1977).
2. Meyer V.: Praxis der Hochleistungs-Flüssig-Chromatographie; in der Reihe Lehrbücher Chemie, Diesterweg, Otto Selle Verlag, Frankfurt–Berlin–München (1979).

Gaschromatographie (GC)

Bei der Gaschromatographie dient als *mobile Phase* ein Gas, zumeist Helium unter einem Druck zwischen 1 und 5 bar. Eine Voraussetzung für die Anwendung der GC ist die Flüchtigkeit resp. leichte Verdampfbarkeit der zu trennenden Substanzen des Gemischs. Gerade unter diesem Gesichtspunkt ist die Trennsäule in der Regel in einen genau thermostatisierbaren Ofen eingebaut. Dieser Ofen läßt sich bei modernen «Gaschromatographen» programmierbar aufheizen (= Chromatographie im Temperaturgradient).

Die Probenaufgabe erfolgt wie bei der HPLC unter Druck mit einer entsprechenden Mikroliterspritze durch eine flexible Membran in den sog. Einspritzblock. Bei den Säulen, die zumeist noch aus Edelstahl, besser aus Glas, bestehen, unterscheidet man zwischen sog. gepackten Säulen (∅ 2–6 mm, Länge 0,5–4 m) und den spiralig aufgewickelten Kapillarsäulen (i. ∅ 0,5–1 mm und Länge 25–100 m). Letztere sind auf ihrer Innenwandung mit einem dünnen Film der stationären Phase belegt. Bei den «gepackten» Säulen ist das poröse Trägermaterial, z. B. Kieselgur, mit einer zumeist flüssigen stationären Phase imprägniert. Es gibt inzwischen eine große Zahl stationärer Phasen und fertig imprägnierter Säulenfüllmaterialien, die in der Regel unter speziellen Markenbezeichnungen gehandelt werden, auch bereits fertig gepackte Säulen sind handelsüblich.

In den meisten Fällen der Anwendung handelt es sich um ein Verteilungsverfahren (engl: Gas-, Liquid-Chromatography, GLC), seltener um eine Adsorptions-Chromatographie (engl.: Gas-Solid-Chromatography, GSC). Den schematischen Aufbau eines einfachen «Gas-Chromatographen» zeigt die Abb. 18.

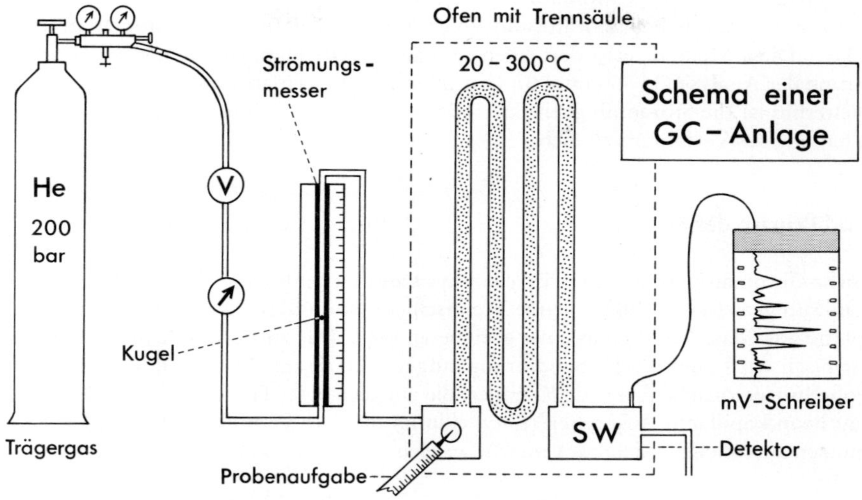

Abb. 18: Schematischer Aufbau einer Apparatur zur Gaschromatographie.
V = Feinregulierventil und SW = Signalwandler.

Zum Nachweis der getrennten Substanzen am Ende der Säule dient ein Detektor (Signalwandler), der mit einem elektrischen Schreiber verbunden ist. Am meisten verwendet wird der hochempfindliche Flammenionisations-Detektor (FID), daneben aber auch der weniger aufwendige und unempfindlichere Thermistor-Detektor (TD) oder der Wärmeleitfähigkeits-Detektor (WLD). Daneben gibt es eine Reihe weiterer, spezieller Detektoren, z.B. für N-, P- und halogenhaltige Verbindungen.

Grundsätzlich gilt für die Anwendung der Gaschromatographie das gleiche wie bei der HPLC. Beide Verfahren sind auch aus Kostengründen nicht für das normale Apothekenlaboratorium geeignet.

Die Anwendungsschwerpunkte liegen im Rahmen einer Arzneibuch-Routine-Analytik auf dem Gebiet der Analyse von Inhalationsgasen, von Lösungsmitteln (Reinheit) und von ätherischen und fetten Ölen (Zusammensetzung).

Weiterführende Literatur

SCHOMBURG G.: Gaschromatographie; Taschentext 48. Verlag Chemie, Weinheim (1977).
BAYER E.: Gaschromatographie, Springer Verlag, Berlin–Heidelberg–Göttingen (1962).

Xc. Dünnschicht-Chromatographie

Von den verschiedenen Arten der Chromatographie empfiehlt sich für die analytische Untersuchung der Drogen im Apothekenlaboratorium vor allem die Dünnschicht-Chromatographie (Abkürzung: DC). Diese Methode erfordert einen geringen Aufwand an Geräten, wenig Zeit für die Durchführung der Analyse (15–60 min) und nur kleinste Mengen an Untersuchungsmaterial (ca. 0,1 g). Weiterhin ist die Störanfälligkeit durch Begleitstoffe gering, der Platzbedarf minimal und die Handhabung des Verfahrens einfach.

Definition und Prinzip der DC

Die Dünnschicht-Chromatographie (DC) ist ein physikalisch-chemisches Trennverfahren. Die dünne, aus feinkörnigem Material bestehende Trennschicht (stationäre Phase) befindet sich auf einer Trägerplatte aus Glas, Metall oder einer geeigneten Folie. Das zu trennende und in Lösung befindliche Gemisch wird punkt- oder bandförmig aufgetragen (Start). Nach dem Einstellen der Platte oder Folie in eine dichtschließende Kammer, die ein geeignetes Fließmittel (mobile Phase) enthält, erfolgt beim kapillaren Ausbreiten (Entwicklung) die Auftrennung (Abb. 19). Farblose Substanzen müssen anschließend sichtbar gemacht werden (Nachweis oder Detektion).

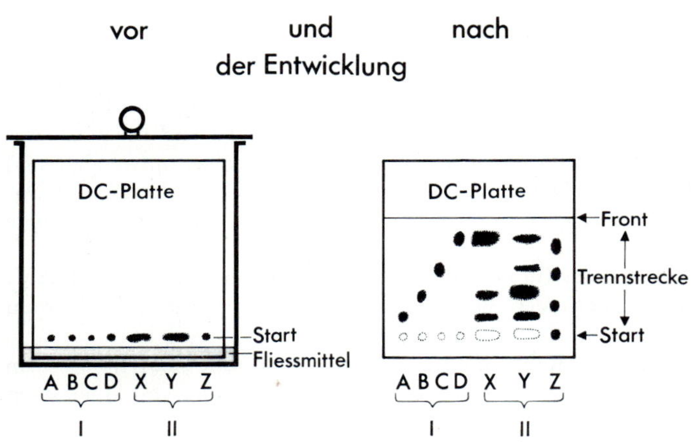

Abb. 19: Links: Kammer mit DC-Platte vor der Entwicklung. Rechts daneben fertiges Chromatogramm nach Sichtbarmachung der Substanzen.
I = Vergleichslösungen,
II = Untersuchungslösungen.

Bei einem unbekannten Gemisch müssen die Trennschicht (Art des Sorptionsmittels) und das Fließmittel aufeinander abgestimmt werden. Des weiteren ist es wichtig, die optimale Arbeitstechnik wie z.B. die Art der Entwicklung, Kammer-Atmosphäre usw. zu wählen. Den engen Zusammenhang zwischen den genannten Faktoren verdeutlicht die Abb. 11. Um nun vergleichbare Resultate bei der DC zu erhalten, ist es erforderlich, eine Reihe von Bedingungen einzuhalten. Diese sogenannten «Standardbedingungen» sind im Folgenden zusammengestellt und durch eine Reihe von Hinweisen ergänzt.

STANDARDBEDINGUNGEN

1. Stationäre Phase (Schicht)

Die Schicht wird jeweils aus einem der von verschiedenen Firmen speziell für die DC hergestellten Sorptionsmittel bereitet; es ist bei Angaben zur DC erforderlich, neben der allgemeinen Bezeichnung des Sorptionsmittels auch den Typ und die Herstellerfirma zu nennen. Die trockene Schicht hat, im Auf- und Durchlicht betrachtet, ein gleichmäßiges Aussehen und haftet gut auf der

1 mm^3-Graduierung und einem Volumen von 10 mm^3*. Das Auftragen schwerflüchtiger Lösungen oder größerer Mengen erfolgt portionsweise; man wartet dabei jeweils, bis das Lösungsmittel verdunstet ist.
Vorteilhaft sind auch die geeichten, selbstaufsaugenden Mikrokapillaren mit Fassungsvolumen von 1 mm^3; sie sind an sich nur für den einmaligen Gebrauch bestimmt. Man kann hiermit gut kleine Startpunkte und Striche auftragen.

Beachte: Die im DAB 8 häufig bevorzugte strichförmige Auftragung der Untersuchungslösung auf eine Länge von 20 mm ergibt zumeist bessere Trennungen als eine punktförmige Auftragung. Allerdings ist sehr darauf zu achten, daß der Startstrich möglichst dünn (max. 3 mm) ist. Man verwende daher leichtflüchtige Lösungsmittel und punkte hierzu die Auftragelösung mit einer feinen Kapillarpipette nebeneinander auf, ohne die Schicht zu verletzen. Es gibt auch eine 10 mm^3-Mikrobreitbandpipette (Mikroapplikator II) (DESAGA), die das bandförmige Auftragen in einem Zuge möglich macht.
Eine gute Hilfe für das Auftragen und das spätere Auswerten ist die «Mehrzweckschablone» (Abb. 23). Sie wird brückenartig über die DC-Platte gelegt. Zum Auftragen soll die dicke Querlinie A mit der Unterkante der DC-Platte abschließen. Die rechte Hand mit der Auftragepipette ruht auf der Schablone, und man kann nun die einzelnen Proben in gleichen Abständen 1,5 cm von der Unterkante der DC-Platte entfernt auftragen. Schiebt man die Schablone danach bis zur Linie B (Abb. 23, rechts) hoch, so kann man die spätere «Frontlinie» durch einige Einstiche markieren und außerdem auf dem freibleibenden oberen Teil eine Beschriftung anbringen. Hierzu kann ein spitzer Bleistift oder eine Präpariernadel dienen.

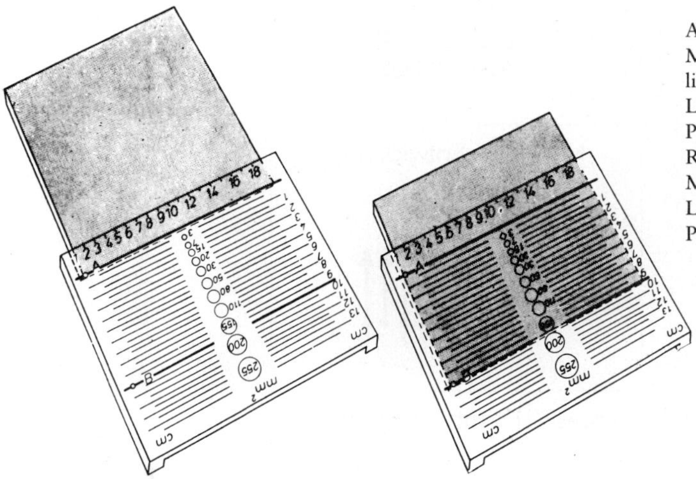

Abb. 23:
Mehrzweckschablone (DESAGA);
links: Auftragestellung,
Linie A schließt mit dem unteren Plattenrand ab.
Rechts:
Markierung der 10 cm Laufstrecke,
Linie B schließt mit dem unteren Plattenrand ab.

5. Entwicklung

Den Vorgang des Auftrennens des Untersuchungsgemisches durch das Hochwandern des Fließmittels in der Schicht bezeichnet man als «Entwickeln«. Die normale Trennstrecke, d.h. die Entfernung Start-Front, beträgt 100 mm (s. Abb. 19). Neben der *Einfachentwicklung,* d.h. also 1 × 10 cm hoch, verwendet man zur Verbesserung des Trenneffektes auch die *Mehrfachentwicklung,* z.B. die *Zweifachentwicklung,* d.h. 2 × 10 cm nacheinander. Dazwischen muß die DC-Schicht trocknen; diese Zwischentrocknung erfolgt durch 5–10 min Liegenlassen der Platte an der Luft.

* 1 cm^3 (= 1 ml) = 1000 mm^3 (= 1000 μl).

Bei der *Stufenentwicklung* entwickelt man mit zwei verschieden stark eluierenden Fließmitteln unterschiedlich hoch, z.B. 1. Stufe 5 cm hoch mit einem stark polaren Fließmittel, um z.B. polare Glykoside zu trennen, und in der 2. Stufe entwickelt man 10 cm hoch mit einem schwächer polaren Fließmittel, um die Aglyka dieser Glykoside aufzutrennen.
Daneben gibt es noch eine Reihe weiterer Entwicklungstechniken; sie sind in der nachstehenden Abb. 24 schematisch zusammengefaßt.

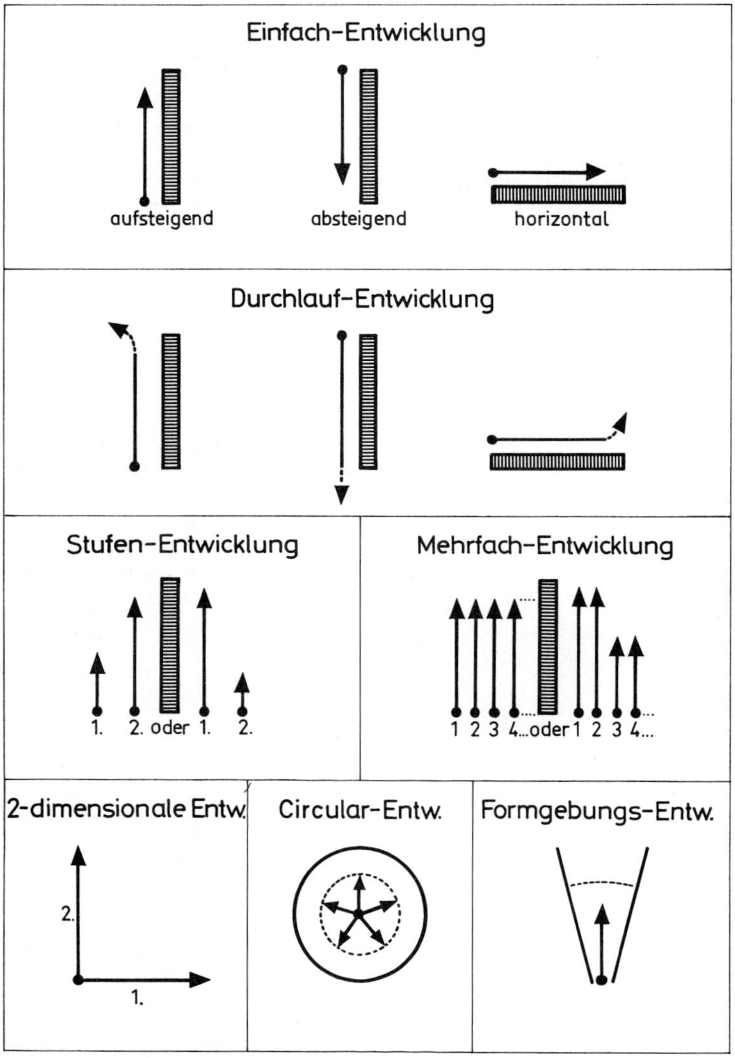

Abb. 24: Zusammenstellung der verschiedenen Arten der Entwicklung. Zumeist gebraucht werden die aufsteigende Einfach-Entwicklung sowie die Mehrfach- und Stufen-Entwicklung.

6. Vergleichslösung (Test- oder Standardgemisch)

Neben der oder den Untersuchungslösung(en) wird immer ein sog. Vergleichsgemisch mitchromatographiert. Es besteht aus 1–5 definierten Substanzen in bekannter Konzentration. Diese Vergleichssubstanzen sollen möglichst Verbindungen sein, die in der Untersuchungslösung enthalten sind. Es können aber auch andere Substanzen sein, die bei den betreffenden chromatographischen Bedingungen ähnliche Wanderungseigenschaften wie die nachzuweisenden Substanzen

haben. Wählt man die Mengenverhältnisse der Substanzen in der Vergleichslösung entsprechend der Zusammensetzung einer «normalen» Droge, so erhält man durch den Vergleich der Fleckengröße eine wertvolle zusätzliche Information. Als Beispiel soll das im türkischen Opium vorliegende Alkaloidgemisch dienen: Normalerweise liegt das Verhältnis Morphin : Noscapin : Papaverin : Thebain bei 2 : 1 : 0,2 : 0,2. In diesem Verhältnis ist daher die Vergleichslösung zusammengesetzt. Liegt aber eine sog. Papaverin- oder Thebain-Rasse vor, so fällt dies durch die vergleichsweise stark vergrößerten Flecke sofort auf.
Zur Herstellung von Vergleichs- und Untersuchungslösungen soll möglichst das gleiche Lösungsmittel verwendet werden.
In jedem Fall ist es vorteilhaft, zusätzlich ein entsprechendes Farbstoffgemisch mitzuchromatographieren. Bei lipophilen Fließmitteln ist z. B. ein Gemisch aus Buttergelb, Sudanrot und Indophenol (0,05proz. in Toluol) vorteilhaft und bei hydrophilen Fließmitteln ein Gemisch aus Fluorescein, Methylrot, Methylenblau und Malachitgrün[1]. Diese Testgemische erlauben bei einer Auftragung von 2 mm^3 eine sofortige visuelle Kontrolle, ob die Trennbedingungen erfüllt sind.

7. Untersuchungslösung (Herstellung ausgehend von der Droge)

Die Herstellung der Untersuchungslösung soll möglichst schnell und unkompliziert durchführbar sein und nicht länger dauern als die Chromatographie. Die Mengenverhältnisse der interessierenden Drogeninhaltsstoffe sollen in Droge und Untersuchungslösung gleich sein. Die Einwaage an gepulverter Droge soll klein sein und zwischen 0,1 und 1,0 g liegen. Wenn möglich, begnüge man sich mit einer einfachen Mazeration und verwende hierzu möglichst wenig Lösungsmittel (0,5 bis 5 cm^3). Diese Extraktion kann dann in einem kleinen Reagenzglas ausgeführt werden. In manchen Fällen lassen sich die festen Bestandteile abzentrifugieren, in anderen Fällen filtriert man durch einen kleinen Trichter mit Filterpapier oder Watteeinlage in ein anderes Reagenzglas. Gelegentlich ist ein schonendes Einengen zur Trockne erforderlich. Anschließend wird dann in wenig Lösungsmittel, z. B. 0,1 cm^3 aufgenommen. Wenn in seltenen Fällen zu viele Ballaststoffe die Chromatographie stören, muß man eine Zwischenreinigung durchführen. Sind die interessierenden Stoffe der Droge sublimierbar oder destillierbar, so ist das TAS-Verfahren das Mittel der Wahl zur schnellen Abtrennung und Auftragung (s. S. 46).

8. Nachweis der getrennten Substanzen

Zur Erkennung farbloser Substanzen auf dem Chromatogramm gibt es verschiedene Möglichkeiten. Am einfachsten gelingt der Nachweis, wenn die Verbindungen eine Eigenabsorption im kurzwelligen UV-Bereich (Schwerpunkt der Strahlung um 254 nm) haben oder wenn sie durch kurz- und/oder langwelliges UV-Licht (langw. = 365 nm) zur Fluoreszenz angeregt werden können. Ist beides nicht der Fall, so muß eine Sichtbarmachung aufgrund einer chemischen Reaktion versucht werden (s. Reagenzienverzeichnis S. 435), zunächst ohne und ggf. mit Erhitzen. In manchen Fällen ist ein biologischer Nachweis möglich.

Beachte: Verbindungen mit zwei und mehr Doppelbindungen sowie die aromatischen Verbindungen, z. B. Benzolderivate, haben eine mehr oder weniger starke Absorption im Bereich von 230–300 nm. Um sie nun auf der Trennschicht erkennen zu können, setzt man ihr einen sog. Fluoreszenzindikator (= F_{254}) zu, der im kurzwelligen UV-Bereich (um 254 nm) intensiv fluoresziert, z. B. ein Zinkcadmiumsulfid. Auf einer solchen «Fluoreszenzschicht» erkennt man nun die obengenannten Substanzen an einer Fluoreszenzminderung resp. Löschung, d. h. auf einer z. B. grüngelb-fluoreszierenden Schicht treten sie als «dunkle» Flecken hervor.

---

[1] Bezugsquelle: DESAGA, P. O. B. 10 19 69, D-69 Heidelberg.

UV-Lampen zur Fluoreszenzanregung

a) Für den langwelligen Bereich um 365 nm ist die Verwendung eines Quecksilber-Hochdruckstrahlers mit Schwarzglaskolben und Vorschaltgerät (Philips, Osram) zu empfehlen. Er liefert eine erheblich höhere Strahlungsintensität als eine Schwarzglas-Leuchtstoffröhre.

Beachte: Der Hochdruckbrenner benötigt bis zur vollen Leistung 2–5 min Einbrennzeit, er wird relativ heiß und zündet nach dem Abschalten erst im abgekühlten Zustand. Schutzbrille tragen, da Explosionsgefahr.

b) Zur Fluoreszenzanregung im kurzwelligen UV-Bereich werden zumeist Quecksilber-Niederdruckleuchten aus Spezialglas mit scheibenförmigem Schwarzglasfilter, z. B. UG 5 Schott & Gen., verwendet. Recht vorteilhaft ist die kleine Sylvania «Germicidal»-Röhre mit dem genannten Vorschaltfilter.

Beachte: Die für den kurzwelligen Bereich verwendbaren Filter altern relativ schnell; d. h., daß sich die Strahlungsdurchlässigkeit bei häufigem Gebrauch erheblich vermindert.

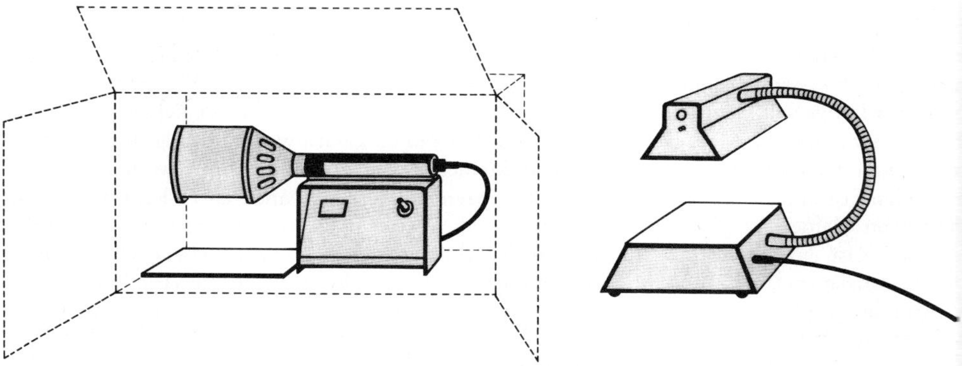

Abb. 25: UV-Lampen zur Sichtbarmachung farbloser Verbindungen. Links: Hochdruck-Brenner für langwelliges UV-Licht (365 nm) in einem dunkel gestrichenen Pappkarton (gestrichelt gezeichnet). Rechts: UV-Lampe mit einer kurzwelligen UV_{254}-Röhre und einer langwelligen UV_{365}-Röhre; wahlweise umschaltbar.

c) Eine kleine Dunkelecke oder ein mit schwarzen Gardinen abgetrennter kleiner Raum ist zum Betrachten vorteilhaft. Ein guter Behelf ist auch ein innen schwarz-getünchter Wellpappkarton (Größe ca. 30 × 35 × 45 cm), in dem die entsprechende UV-Lampe steht. Er wird so aufgestellt, daß die Öffnungsklappen nach vorne zeigen und nicht, wie üblich, nach oben.
d) Unter der Bezeichnung HP-UVIS (DESAGA, Heidelberg) ist ein für das Apothekenlaboratorium sehr geeignetes Kompaktgerät im Handel, das sowohl einen Hochdruck-UV-Brenner (UV 365 nm) enthält als auch kurzwellige UV-Leuchtstoffröhren (UV 254) und einen speziellen Dunkelraum überflüssig macht.

Sichtbarmachung durch Aufsprühen von Reagentien

Wichtig ist, daß das Reagenz in sehr fein verteilter Form – als «Nebel» und nicht als «Regen» – auf die DC-Schicht gelangt. Mit sog. «Mundsprühern» ist dies zumeist nicht möglich. Man betreibt die «Ganzglassprüher» (Abb. 26) mit Druckluft (Druckluftleitung, kleiner Kompressor oder N_2-Bombe mit Reduzierventil).
Vorteilhafter, weniger aufwendig und daher zu empfehlen sind die handlichen dreiteiligen Sprüher vom Typ «Spray-Gun» (Abb. 27). Sowohl die Treibgasdose als auch der Glasbehälter für das Reagenz sind leicht auswechselbar. Anstelle des letzteren kann man ein entsprechendes Reagenz-

glas verwenden, in dem sich die 10 cm^3 Reagenz befinden, und man kann dieses direkt durch Einführen des Schlauches und Knopfdruck aufsprühen.
Den ersten Sprühstrahl richte man neben die DC-Platte und kontrolliere hierbei, daß ein gleichmäßig feiner Aerosol-Strahl austritt. Erst dann richtet man den Sprühstrahl auf die DC-Platte und führt ihn gleichmäßig über die Schicht (Abb. 27).

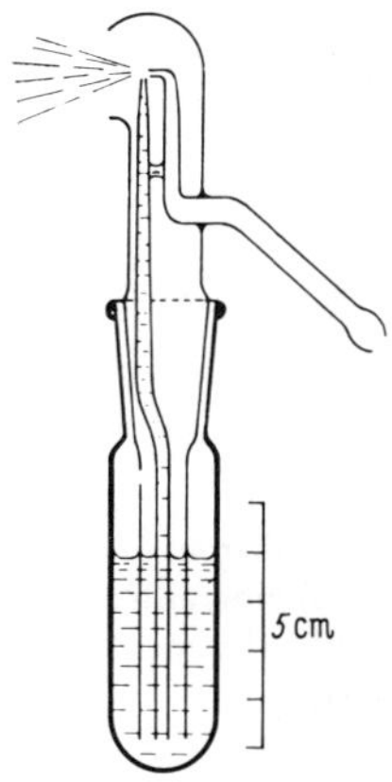

Abb. 26: Glas-Sprüher für Druckluft.

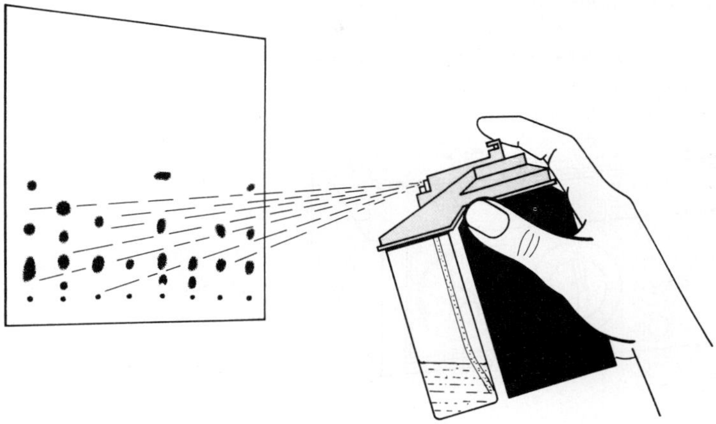

Abb. 27

Abb. 27: Spray-Gun in Funktion mit davorgehaltener DC-Platte. Aerosol-Druckbehälter schwarz, Reagenz-Lösung in abschraubbarem Gefäß links.

Sprühkabine: Insbesondere beim Sprühen mit aggressiven Reagenzien ist ein gutziehender Abzug erforderlich. Ist er nicht vorhanden, so kann man sich mit einem «Kleinabzug» nach Abb. 28 aus säurefestem Kunststoff (Trovidur o. ä.) gut behelfen. In das Entlüftungsrohr baut man einen säurebeständigen Ventilator ein. Dieser Abzug kann, wenn nötig, auf einem fahrbaren Tisch direkt vor einer Fensteröffnung installiert werden. Sind alle diese Möglichkeiten nicht gegeben, nimmt man das Aufsprühen im Freien vor.

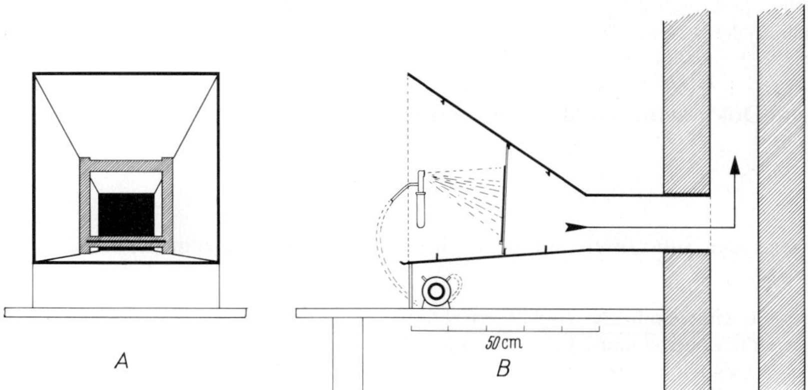

Abb. 28: Sprühkabine aus Trovidur, die an einen Abzugskamin angeschlossen ist.
A) Vorderansicht; der Halterahmen zum Einstellen der Chromatogramme ist schraffiert gezeichnet.
B) Seitenansicht.

Erhitzen: Zur optimalen Farbausbildung sind in der Regel eine bestimmte Erhitzungstemperatur und -dauer notwendig. Oftmals wird auch vorgeschrieben, daß dieser Vorgang «unter Beobachtung» zu erfolgen hat. Aus verschiedenen Gründen sind Trockenschränke ein Notbehelf; man kann die Farbausbildung und den Farbwechsel nicht beobachten und, da oft flüchtige Bestandteile des Reagenz, z. B. Anisaldehyd, Säuren etc. in den Trockenschrank gelangen, ist dieser für andere Zwecke, z. B. Trocknen der DC-Schichten unbrauchbar. Zweckmäßig sind die speziell für die DC entwickelten Heizplatten mit genauer Temperatureinstellung und Kontrolle (Abb. 29) sowie einer konstanten Temperaturverteilung über die ganze Schichtfläche.

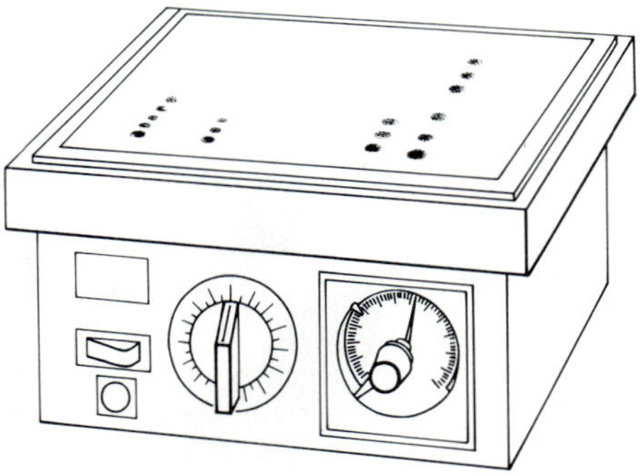

Abb. 29: HP-Thermoplate zum kontrollierten Erhitzen von 20 × 20 cm DC-Platten. Rechts Temperatureinstellung und -kontrolle, links Zeitschaltuhr. Temperaturbereich 50–150 °C (DESAGA, Heidelberg).

Biologische Verfahren zum Nachweis

Zum spezifischen Nachweis von Substanzen mit einer bestimmten physiologischen Wirkung bedient man sich biologischer Testverfahren. Es gibt hier die Möglichkeit des direkten Nachweises auf der DC-Platte und des «Ausschabens» der Chromatogrammzone mit anschließendem Transfer zu den biologischen Auswerteverfahren.

Zum Erkennen hämolysierender Stoffe (Saponine u. a.) kann man eine Blut-Gelatine-Suspension auf die DC-Schicht gießen und das Auftreten sog. hämolytischer Höfe, das sind transparente und fast farblose Zonen auf der trüben roten Gelatineschicht, beobachten. Bitterstoffe erkennt man ebenso wie andere geschmacklich erfaßbare Stoffe durch Ausschaben der Zonen und Probieren. Eine bakteriostatische oder bakterizide Substanzzone läßt sich auf ähnliche Weise wie eine hämolysierende Verbindung auf dem Chromatogramm erkennen. Man gießt hierzu spezielle Gelatine-Bakterien-Suspension auf, bebrütet und beobachtet, wo kein Bakterienwachstum auftritt. Auch insektizide Stoffe und ferner Substanzen mit Wuchsstoffwirkung lassen sich auf dem Wege des «biologischen Nachweises» erkennen. Die verschiedenen Arbeitstechniken sind im «Laboratoriumshandbuch der DC» von STAHL eingehend beschrieben.

9. Auswertung und Dokumentation der Chromatogramme

R_f-Werte in der DC

Die Wanderungsweite der Substanzen auf dem Chromatogramm wird zumeist in R_f- bzw. hR_f-Werten angegeben.

$$R_f = \frac{\text{Entfernung des Fleckmittelpunktes vom Startpunkt}}{\text{Entfernung der Fließmittelfront vom Startpunkt}} \,.$$

Die R_f-Werte liegen zwischen 0,00 und 1,00 und sind nur zwei Stellen nach dem Komma bestimmbar. Bei den hR_f-Werten multipliziert man den R_f-Wert mit dem Faktor 100 (= h) und bekommt so Zahlen von 0 bis 100. Wählt man wie vorgeschlagen als Trennstrecke (Start-Front) 10 cm, so ergibt die Wanderungshöhe einer Substanz (Start-Fleckmittelpunkt in cm) × 10 den

hR_f-Wert. Da nun die R_f-Werte von einer Reihe von Faktoren abhängig sind, sollte man sie nur als «Richtwerte» betrachten. Das ist auch der Grund, daß man für die Lage einer Substanz auf dem Chromatogramm nur «hR_f-Bereiche» angeben sollte z. B. hR_f 60–70.

Erhält man aufgrund äußerer Bedingungen, z. B. zu geringer Luftfeuchtigkeit oder eines Sorptionsmittels mit etwas abweichenden Eigenschaften, Chromatogramme, bei denen die R_f-Werte der Substanzen generell tiefer oder auch höher liegen, so ändere man das Fließmittel in entsprechender Weise. Liegen die R_f-Werte höher als angegeben, so vermindere man die Polarität, liegen sie tiefer, so erhöhe man den polaren Anteil. Dies ist bei Mischungen, wie z. B. Toluol-Chloroform oder Chloroform-Methanol, in einfacher Weise möglich.

Beachte: Ein gleicher R_f-Wert zweier Substanzen besagt nicht, daß sie identisch sind.

Visuelle Auswertung

Bei der visuellen Auswertung eines Chromatogrammes (vgl. Abb. 19 rechts) ist folgendes zu vergleichen:

a) Wanderungsweite der Substanzen der Untersuchungslösung mit denjenigen der Vergleichslösung. Beim Vorliegen mehrerer Untersuchungslösungen erfolgt auch der Vergleich untereinander (Abb. 19 rechts).

b) Eigenschaften wie z. B. Fluoreszenz oder Fluoreszenzminderung und insbesondere der Ausfall der Farbreaktion. Bei den Farbreaktionen gibt oft auch der Vergleich der Farbänderungen beim Erhitzen und beim anschließenden Lagern der Platten Hinweise auf die Identität.

c) Der Vergleich der Zonengröße gibt einen Anhaltspunkt über die Mengenverhältnisse. Allerdings ist zu bedenken, daß auch bei gleichen Mengen eine zunehmende Ausbreitung der Flecken vom Start zur Front hin erfolgt. Strenggenommen ist deshalb nur ein Vergleich von Zonen des gleichen hR_f-Bereiches zulässig. Die «Größe» der Zone ist auch von der Empfindlichkeit der Nachweisreaktion abhängig: «Bei unempfindlichen Nachweisen erhält man kleine, scheinbar gut getrennte Zonen, bei den hochempfindlichen Fluoreszenznachweisen oft zu große Flecken, die ineinander übergehen.»

Dokumentation

Hier gibt es verschiedene Verfahren; am einfachsten ist das direkte Nachzeichnen auf Transparentpapier. Es ist vorteilhaft, die Farbe ebenfalls festzuhalten und hierzu einen umfangreichen Satz von Farbstiften zu verwenden.

Die Mehrzweckschablone (Abb. 23) ist eine gute Hilfe beim Übertragen von mit Schwefelsäure besprühten Chromatogrammen auf Papier; man legt sie brückenartig als «Raster» über die DC-Platte.

Beachte: Die farbig abgebildeten Chromatogramme sind in natürlicher Größe (Maßstab 1 : 1) wiedergegeben. Sie wurden mit einem Satz von 60 Carb-Othello Pastell-Farbstiften (Schwan-Bleistift-Fabrik, Nürnberg) nach Original-Chromatogrammen gezeichnet, und es wurde versucht das Wesentliche zu erfassen.

Die Trennstriche zwischen den einzelnen Chromatogrammbahnen sind nur in den Zeichnungen zur besseren Orientierung eingefügt, auf den Chromatogrammen sind sie überflüssig. Der untere Abschluß jeder Zeichnung entspricht dem Start, der obere der Front. Mit einem Maßstab lassen sich die «hR_f-Werte» direkt abgreifen.

Die schnellste, aber auch kostspieligste Dokumentation von Dünnschicht-Chromatogrammen ist die Polaroid-Farbfotografie.

Weiterführende Literatur

STAHL, E.: Dünnschicht-Chromatographie, ein Laboratoriumshandbuch, 2. Auflage, Springer Verlag, Berlin–Heidelberg–New York (1967).

RANDERATH, K.: Dünnschicht-Chromatographie, 2. Aufl., Verlag Chemie, Weinheim (1965).

XI. TAS-Verfahren und Mikrosublimation

«Zahlreiche organische und anorganische Substanzen sind bei höherer Temperatur flüchtig und lassen sich so aus Proben abtrennen.»

Seit über einem halben Jahrhundert führt man bei einigen Drogen eine Mikrosublimation durch und identifiziert anhand der Kristallform, des Schmelzpunktes und/oder des chemischen Verhaltens; ein klassisches Beispiel ist das Heraussublimieren von Coffein aus den Xanthindrogen. Hierzu werden im einfachsten Fall wenige mg der gepulverten Droge auf einem Objektträger erhitzt und das Sublimat auf einem im Abstand von ca. 1 mm darüber befindlichen zweiten Objektträger aufgefangen (s. Mikrosublimation DAB 8, S. 50). Koppelt man nun eine solche Thermomikro-Abtrennung mit einem Transfer- und Auftrageverfahren und einer sich anschließenden Dünnschicht-Chromatographie, so kommt man zum TAS[1]-Verfahren. Es hat sich für den Schnellnachweis und die Identifizierung von Drogen als besonders vorteilhaft erwiesen und wird daher hier aufgenommen.

1. Prinzip des TAS-Verfahrens

Die zu untersuchende gepulverte Droge (4) wird in eine konisch verjüngte Glaspatrone (2) gegeben. Die am hinteren Ende mit einer Siliconmembran (1) dicht verschlossene Patrone steckt man nun in einen Heizblock (3), der eine bestimmte Temperatur hat, z.B. 220°. Die flüchtigen Substanzen verdampfen und treten durch die kapillare Öffnung der Patrone als Dampfstrahl aus. Unmittelbar, d.h. 0,5 mm vor dieser Austrittsöffnung wird nun eine DC-Platte (6) gehaltert. Das flüchtige Gemisch kondensiert hierauf als «Startpunkt» und kann anschließend chromatographiert werden.

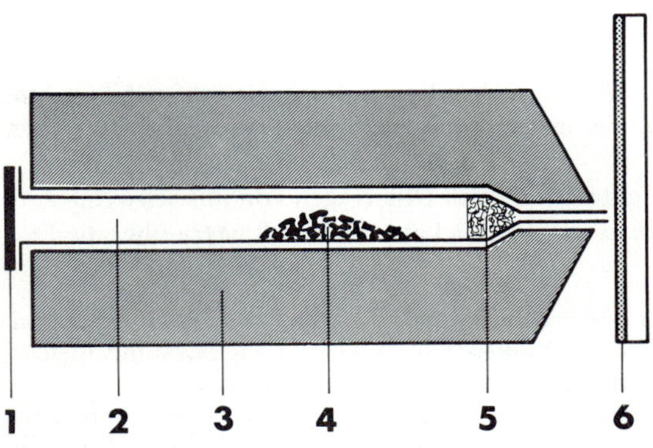

Abb. 30: Längsschnitt durch einen TAS-Ofen mit davor gehalterter DC-Platte.

1 = Abdichtung	4 = Probe
2 = Glaspatrone	5 = Glaswolle
3 = Heizblock (Ofen)	6 = DC-Schicht

2. Geräte zum TAS-Verfahren

So wie man zur Mikroskopie ein Mikroskop benötigt, ist beim TAS-Verfahren ein TAS-Ofen (Abb. 31) erforderlich. Bei diesem Gerätesatz sind die Einzelteile aufeinander abgestimmt, und es ist eine direkte Kopplung mit der DC möglich.

---

[1] Abkürzung für: Thermomikro-Abtrenn-, Transfer- und Auftrage-Verfahren nach STAHL.

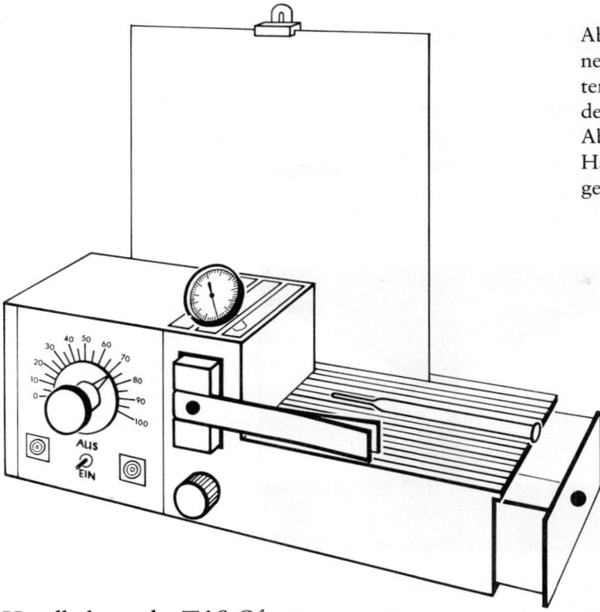

Abb. 31: TAS-Ofen mit eingesteckter Patrone. Schalter und Temperaturregler links. Unter dem Aluminiumheizblock befindet sich der Drehknopf zur Schnelleinstellung des Abstands zur DC-Platte. Diese ist mit einem Haltearm senkrecht hinter dem Heizblock gehaltert.

Handhabung des TAS-Ofens

a) *Temperatureinstellung:* Etwa 30 min vor Beginn des Versuchs sollte das Gerät eingeschaltet und die gewünschte Temperatur eingestellt werden. Eine Nacheichung durch Einstecken eines üblichen Quecksilber-Laborthermometers in die Ofenbohrung ist bei einem neuen Gerät angezeigt. Beim üblichen Gebrauch genügt die Anzeige der Temperatur des schräg im Ofenblock gehalterten Metall-Rundthermometers; man vermeide Temperaturen über 300°.
b) *TAS-Patronen:* Die TAS-Patronen sollen aus dünnwandigem schwerschmelzbarem Glas hergestellt werden. Sie müssen auf 0,1 mm genau in Länge und Dicke dimensioniert sein. Um bei verschiedenartiger Füllung Verwechslungen zu vermeiden, ist es vorteilhaft, zu markieren, z.B. mit Einbrennfarben.

Füllen im Normalverfahren: Zunächst wird etwas Quarzwolle als loser Pfropf in die Patrone eingeschoben (s. Abb. 30/5). Dies soll verhindern, daß Teilchen der Probe in die kapillare Austrittsöffnung gelangen und sie verstopfen.
Nun wird die abgewogene Probe, zumeist 5–50 mg, in die schräggehaltene Patrone eingefüllt. Zum Abwiegen und Einfüllen eignen sich die leicht und schnell herzustellenden «Wägeschiffchen» und «Kartuschen» aus Aluminiumfolie. Die Herstellung einer Kartusche und ihre Lage in der Patrone ist aus Abb. 33 ersichtlich.

Verschluß der Patrone: Zum Verschluß dient der sog. HD-Clip (= Halte- und Dichtungsklammer). Er drückt eine leicht auswechselbare Silikongummidichtung auf den Wulstrand der Patrone und verhindert so ein Austreten der Dämpfe[1]. Es ist vorteilhaft, über diese Dichtung eine dünne Aluminiumfolie zu legen und diese bei jedem Versuch zu wechseln. Man hat dann die Garantie, daß von der Dichtung her keine Reste vorheriger Proben auf die DC-Schicht gelangen.
Der HD-Clip ist ferner zum Festhalten der Patrone und zum Einführen in den Ofen bestimmt. Er soll bei eingeschobener Patrone in der Nute (Fuge) des Ofens ruhen und der Griff soll nach rechts zeigen. Damit ist auch die Gewähr gegeben, daß sich die Patrone in der richtigen Lage befindet.

Einführen und Herausziehen der TAS-Patrone: Beides soll jeweils in etwa 1 Sekunde beendet sein. Bei langsamem und zögerndem Vorgehen gelangen aus der Patrone Substanzdämpfe in den

[1] Durch diese Dichtungsmembran kann man u.a. mittels einer Mikroinjektionsspritze Lösungsmittel in den Patronenraum injizieren.

Ofen. Er muß dann im heißen Zustand mit einem Luftstrom durchgeblasen und so gereinigt werden.

Abstand TAS-Patrone zur Schicht: Wichtig ist der Abstand der Patronenspitze von der Oberfläche der DC-Schicht. Er sollte ca. 0,5 mm betragen; dies ist mittels des kleinen «Projektionsscheinwerfers» gut erkennbar. Die Patronenspitze wird dabei als Schattenriß auf die DC-Schicht projiziert (Abb. 32). Da der Außendurchmesser der Kapillare ca. 1 mm beträgt, hat man einen guten Anhaltspunkt.

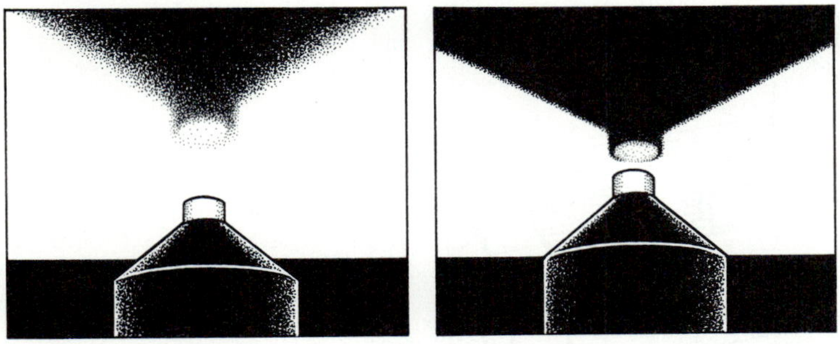

Abb. 32: Eingebaute Abstandsregulierung vom TAS-Ofen zur Schicht durch Schattenprojektion. Vorne: TAS-Ofen mit der 1 mm herausragenden Kapillare der Patrone, dahinter die weiße DC-Platte mit dem Schatten. *Links:* Schatten unscharf, da Abstand zu weit (3 mm). *Rechts:* Richtige Einstellung auf ca. 0,5 mm.

Die Abstandsregulierung wird in den ersten Sekunden nach dem Einführen der Patrone in den Ofen vorgenommen. Dies ist mit dem direkt unter dem Heizblock befindlichen Drehknopf möglich (Abb. 31).

Einschieben eines Objektträgers oder einer DC-Platte und Transport: Erst kurz vor dem eigentlichen Versuch wird der Objektträger[2] oder die DC-Platte in die Führungsschiene des TAS-Ofens von rechts nach links eingeschoben. Man beobachte hierbei die Spitze des Ofenblocks und den Abstand. Die Ofenspitze soll auf den künftigen Startpunkt zeigen. Die obere Halterung eines Objektträgers oder einer DC-Platte erfolgt mittels eines verstellbaren Haltebügels am Haltearm (Abb. 31). Das abstandsgerechte Andrücken bewirkt ein Federbügel. Nach jeder Auftragung verschiebt man die DC-Platte um 15–20 mm nach links zum nächsten Startpunkt.

Ist man sich über die optimale Dauer der Auftragezeit nicht im klaren, so verschiebt man die DC-Platte alle 30 Sekunden um 15 mm. Aus dem späteren Chromatogramm ergibt sich dann die notwendige Verweilzeit der Patrone im Ofen, d. h. die «Aufdampfzeit».

3. Weitere Fülltechniken und Treibmittel

Neben dem geschilderten Normal-Füllverfahren u. U. unter Zuhilfenahme eines Wägeschiffchens hat sich die Kartuschen-Füllung besonders bewährt.

Kartuschen-Füllung: Zur Herstellung einer in die Glaspatrone passenden Kartusche aus Aluminiumfolie geht man in der Weise vor, wie dies Abb. 33 zeigt. Man wählt eine Aluminiumfolie im Format 40 × 40 mm und formt daraus eine Hülse. Diese wird an einem Ende flachgedrückt und durch Einrollen verschlossen. In diese Hülse füllt man dann die Probe ein und wenn erforderlich auch das Treibmittel. Die so gefüllte Kartusche schiebt man dann in die Patrone, und zwar so weit, bis sie an der vorderen Verjüngung der Glaspatrone anstößt.

---

[2] Das direkte Aufdampfen (Sublimieren, Destillieren) auf einen Objektträger dient zur anschließenden mikroskopischen, d. h. kristalloptischen Untersuchung oder zur Durchführung von Tüpfelreaktionen.

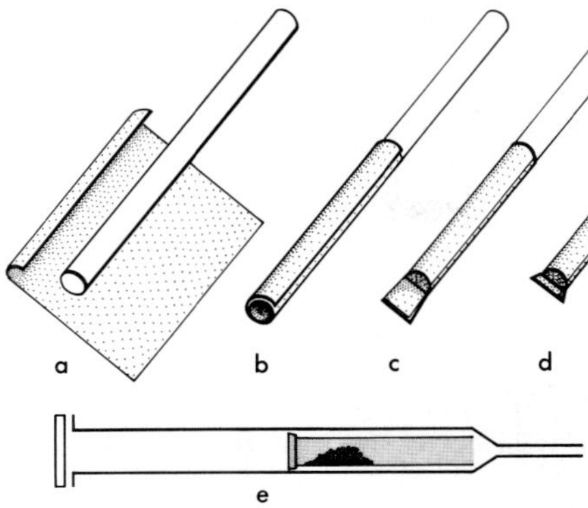

Abb. 33. Herstellungsstufen (a–d) einer Kartusche aus dünner Aluminiumfolie. e) TAS-Patrone mit gefüllter und eingeschobener Kartusche.

Treibmittel: Unter «Treibmittel» versteht man beim TAS-Verfahren eine Substanz, die zusätzlich in die Patrone eingefüllt wird. Sie gibt bei der Ofentemperatur eine bestimmte Menge Wasserdampf und/oder ein anderes Gas ab. Dieses bewirkt dann, daß die bereits verdampften Stoffe aus der eigentlichen Probe mitgerissen werden und sich am Startpunkt niederschlagen. In den meisten Drogen ist ein – je nach der Feuchtigkeit der Umgebung wechselnder – Gehalt an Wasser (5–15%) vorhanden. Daher kann bei manchen Drogen auf den Zusatz eines Treibmittels verzichtet werden.

a) als **neutrale Treibmittel,** die Wasserdampf abgeben, haben sich bisher bewährt:
α) Molekularsieb: Eine gleichmäßige und kontinuierliche Wasserabgabe auch bei höheren Temperaturen erfolgt mit kugelförmigen 4 Å (= 0,4 nm) Molekularsieb (∅ 3–4 mm), das mit 20–25% Wasser beladen ist. Das handelsübliche Granulat benötigt in einer wasserdampfgesättigten Atmosphäre mindestens 24 h zur Wasseraufnahme. Es kann danach in dichtschließenden Gefäßen bis zum Gebrauch aufbewahrt werden.

β) Rosagel: Das üblicherweise zum Trocknen verwendete gekörnte «Blaugel» (= Silikagel mit einem Kobaltsalz als Feuchtigkeitsindikator) nimmt ebenfalls ca. 20% Wasser auf und gibt es beim Erhitzen relativ schnell wieder ab. Es kann daher auch bedingt als Treibmittel verwendet werden.

b) **Basische Treibmittel**
Um z.B. saure Substanzen in der Probe festzuhalten und neutrale und basische auszutreiben, sind Treibmittel, die basische Dämpfe liefern, vorteilhaft. Ist ammoniakhaltiger Wasserdampf erwünscht, so verwendet man Ammoniumcarbonat. Vorteilhafter ist ein Calziumchlorid, das anstelle des Kristallwassers 8 NH_3 enthält. Man stellt es sich aus wasserfreiem Calziumchlorid durch Aufkondensieren von trockenem Ammoniakgas (Bombe) her und bewahrt es in geschlossener Flasche auf (NH_3-Atmosphäre).

c) **Saure Treibmittel**
Als Treibmittel, das beim Erhitzen Säure abspaltet, kommt Malonsäure in Betracht; sie spaltet sich in Kohlendioxid und Essigsäure bei T >180°. Mit einem derartigen Treibmittel lassen sich Basen in der Droge als Salze fixieren bzw. Salze organischer Säuren überführen.

4. Notwendige Angaben für das TAS-Verfahren

Wie bei anderen analytischen Verfahren ist die Erprobung der optimalen Arbeitsbedingungen notwendig. Es ist zweckmäßig, die so ermittelten Daten etwa in folgender Form und Reihenfolge anzugeben:

1. die in die Patrone gegebene Drogenmenge in mg;
2. die Art und Menge des eventuell zugesetzten Treibmittels;

3. die eingestellte Ofentemperatur;
4. die Verweilzeit der gefüllten Patrone im Ofen.

Die Aufgabebedingungen für eine bestimmte Droge würden so z.B. lauten: TAS: 25 mg Droge XY gepulvert, 1 Molekularsieb 4 Å (= 0,4 nm), wassergesättigt, 220°C; 60 s.

5. Anwendungsmöglichkeiten

a) Schnelltransfer der ätherischen Öle aus Drogen auf die DC-Schicht mit dem Vorteil, daß fette Öle (s. Apiaceen-Früchte) nicht auf die Schicht gelangen. Beispiele: Anisi fructus, Foeniculi fructus, Carvi fructus, Matricariae flos, Menthae piperitae folium, Melissae folium, Aurantii pericarpium, Salviae trilobae folium, Salviae folium, Thymi herba, Juniperi fructus, Absinthii herba und andere.
b) Kombination einer Mikrosublimation mit der DC, z.B. bei Scharfstoffen wie Capsici fructus acer, Piperis nigri, P. albi fructus, Benzoe und Xanthinderivat-Drogen.
c) Thermische Spaltung, z.B. des Glykosids Arbutin zu Hydrochinon.

Mikrosublimation DAB 8

Die Mikrosublimation im klassischen Sinne setzt kristalline Sublimate voraus, diese treten bei Drogen nur in wenigen Fällen auf, zumeist erhält man ölige Tröpfchen. Aus diesem Grunde bietet sich die Kopplung der Mikrosublimation, -destillation mit der DC, wie sie im TAS-Verfahren durchgeführt wird, an.

Im DAB 8 wird eine Mikrosublimation nur bei der Identitätsprüfung von *Uvae ursi folium* (S. 90) durchgeführt: Zur Mikrosublimation dient der Block zur Bestimmung des Schmelzpunktes nach der Sofortschmelzpunkt-Methode, dem beiderseits plangeschliffene Glasringe von etwa 3 bis 8 mm Höhe und von etwa 10 bis 15 mm Durchmesser aufgesetzt werden. Die zum Auffangen des Sublimats bestimmte Vorlage (Deckglas oder Objektträger) ist durch Aufbringen eines Wassertropfens zu kühlen und von Zeit zu Zeit zu wechseln.

XII. Spektroskopische Methoden auf der Grundlage elektromagnetischer Strahlung

Spektroskopische Verfahren sind für die Identifizierung und Strukturaufklärung von Naturstoffen unerläßlich. Häufig gebraucht werden sie auch zur photometrischen Gehaltsbestimmung von Drogeninhaltsstoffen. Die wichtigsten Grundlagen der bei den Isolierungsvorschriften und den Gehaltsbestimmungen des Arzneibuchs aufgeführten Verfahren sind nachstehend in knapper Form behandelt. Ein tieferes Eindringen in diese Gebiete und in die weiteren spektroskopischen Verfahren ist anhand der am Ende des Kapitels aufgeführten Literatur möglich.

Wenn ein Molekül von elektromagnetischen Wellen durchstrahlt wird, können je nach Größe der Energie bzw. der Wellenlänge mehrere Wirkungen beobachtet werden. Insbesondere sind die Anregung des Elektronensystems des Moleküls und die Anregung von Molekülschwingungen für die Strukturaufklärung und für die Identitätsprüfung von Naturstoffen aus Drogen von Bedeutung. Die Elektronenanregung ist Grundlage der Spektroskopie im sichtbaren (VIS) und UV-Bereich, die Anregung von Molekülschwingungen die Grundlage der IR-Spektroskopie.

A. Spektroskopie im sichtbaren (400–800 nm) und im UV-Bereich (200–400 nm)

Bei der Elektronenanregung gehen die Elektronen in σ-, π- und *n*-Orbitalen aus dem Grundzustand in höhere Energiezustände über, die als σ* und π*-Orbitale bezeichnet werden. Folgende Übergänge sind im ultravioletten und sichtbaren Bereich möglich:

1). *σ→σ**-Übergänge:* Valenzelektronen, wie sie in C-C-Einfachbindungen vorkommen, benötigen eine sehr hohe Energie zum σ→σ*-Übergang. Die Absorption findet bei Wellenlängen unter 170 nm statt. Dieser Wellenlängenbereich liegt außerhalb des Meßbereichs der UV-Spektroskopie, Absorptionen treten daher im UV-Spektrum nicht auf.

2). *n→σ**-Übergänge:* Eine geringere Energie (180–200 nm) ist zum Übergang von freien *n*-Elektronen notwendig, wie sie in gesättigten Verbindungen vorkommen, die ein Heteroatom enthalten, z.B. am Sauerstoff-, Stickstoff- oder Halogenatom.

3a). *π→π**-Übergänge:* Eine etwas geringere Energie (190–215 nm) benötigen Übergänge von Elektronen (isolierten) in den angeregten π*-Zustand, wie sie in C-C-Doppel- und Dreifachbindungen vorliegen.

Je mehr Mehrfachbindungen konjugiert sind, desto geringer ist die Überführungsenergie, d.h., die Absorption erfolgt bei längerwelligem Licht. Ist das konjugierte System lang genug, wird die Absorption in den Bereich des sichtbaren Lichtes verschoben, und die Verbindung erscheint farbig (z.B. Carotinoide).

3b). *n→π**-Übergänge:* Übergänge von *n*-Elektronen bei Heteroatomen, die doppelt gebunden sind – z.B. =O in Ketonen und Aldehyden, –N= in Heterocyclen –, in den π*-Zustand benötigen die geringste Energie (275–300 nm). Auch hier treten zusätzlich π→π*-Übergänge auf, und zwar aufgrund der Doppelbindung, deren Absorption jedoch bei Wellenlängen <200 nm auftreten. Teile des Moleküls, bei denen Elektronenübergänge im sichtbaren und im UV-Bereich (3a und 3b) möglich sind, werden als Chromophore bezeichnet. Substanzen mit mehreren Chromophoren, die nicht konjugiert sind, zeigen mehrere Absorptionsmaxima. Eine Verschiebung der Absorptionsmaxima durch Chromophore zu längeren Wellenlängen wird als *Bathochromie* oder Rotverschiebung bezeichnet. Eine Verschiebung der Absorptionsmaxima nach kürzeren Wellenlängen wird als *Hypsochromie* oder Blauverschiebung bezeichnet. Für die Intensität einer Absorption (≙ Extinktion) gilt bei λ = konst. das LAMBERT-BEERsche Gesetz:

$$E_\lambda = \varepsilon \cdot c \cdot d.$$

E: Extinktion
ε: molarer Extinktionskoeffizient (Stoffkonstante).
d: Schichtdicke cm.
c: Konzentration mol/l.

Die Extinktion einer 1proz. Lösung [*G/V*] in einer Schichtdicke von 1 cm bei der Wellenlänge des Absorptionsmaximum bezeichnet man als *spezifische Extinktion* $E_{1cm}^{1\%}$.

Die einzelnen Chromophoren haben unterschiedliche molare Extinktionskoeffizienten. Einfach konjugierte Chromophore, z.B. Diene und α, β-ungesättigte Ketone haben ε-Werte von 10000 bis 20000. Mit Zunahme des konjugierten Systems nimmt auch der ε-Wert zu, wobei gleichzeitig das Absorptionsmaximum nach höheren Wellenlängen verschoben wird.

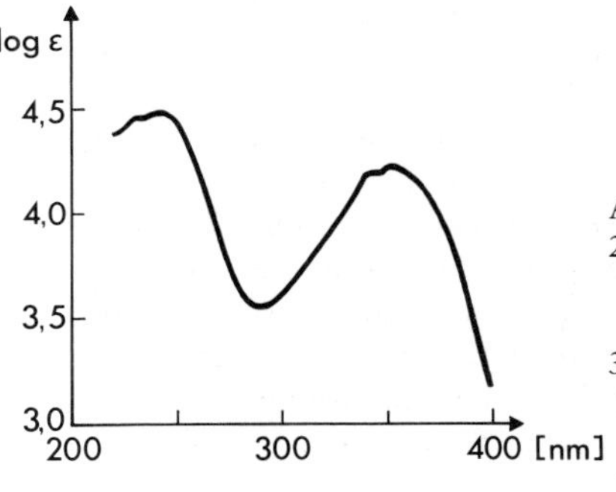

Abb. 34: UV-Spektrum von Colchicin.
240 nm: Benzolbande durch OCH_3-Gruppe und Konjugation verschoben und in der Intensität verstärkt (π→π*) und $NHCOCH_3$-Gruppierung.
350 nm: C=O-Bande (*n*→π*) durch den Chromophor des Tropolonrings und des Benzolkerns verschoben und entsprechend verstärkt.

$n \rightarrow \pi^*$-Übergänge von Ketonen liefern Absorptionsbanden von sehr geringer Intensität im Bereich von 270–350 nm. Die ε-Werte liegen bei 10–100. Aromatische Systeme liefern Banden mit ε-Werten von 1000–10000. Substituenten am aromatischen Kern erhöhen diese Werte für die Hauptbanden über 10000.

Das LAMBERT-BEERsche Gesetz ist die Grundlage der photometrischen Gehaltsbestimmung. Bei λ und d = konstant gilt:

$E_{\lambda, d} = f(c)$.

Wegen ihrer Genauigkeit und der Einfachheit in der Durchführung wird bei der Gehaltsbestimmung von Wirkstoffen in Drogen überwiegend die Photometrie eingesetzt. Inhaltsstoffe, die ein UV-Absorptionsmaximum zeigen, können direkt im UV-Bereich gemessen werden. Ein Inhaltsstoff kann einzeln jedoch nur bestimmt werden, wenn keine Begleitsubstanzen in der Droge enthalten sind, die im gleichen UV-Bereich absorbieren. Dies ist nicht immer gegeben. Dann muß entweder vorher eine Abtrennung – meist auf chromatographischem Wege – durchgeführt werden, seltener durch Verteilungsvorgänge, oder die Einzelsubstanz (bzw. Inhaltsstoffgruppen) wird mit Hilfe einer Reaktion in ein Farbprodukt (λ_{max} wird zu größeren Wellenlängen verschoben) überführt, wobei die Begleitstoffe nicht mitreagieren.
Zeigt die zu bestimmende Substanz keine Eigenabsorption im UV-Bereich, kann oft eine entsprechende Farbreaktion (z.B. bei Digitalis purpureae folium, Hippocastani semen) ausgenutzt werden. In einigen Fällen können die Farbprodukte noch zusätzlich durch Ausschüttelungen mit organischen Lösungsmitteln aus dem wäßrigen Reaktionsmilieu von Ballaststoffen abgetrennt werden (Uvae ursi folium, Thymi herba, Acid Dye Verfahren). Die Auswertung einer Farbreaktion ist darum vorteilhaft, weil meist die molare Extinktion erhöht wird und dadurch auch die Nachweisgrenze.

Instrumentation und Meßmethodik

Die handelsüblichen Spektralphotometer umfassen zumeist den Wellenlängenbereich von 200–800 nm. Sichtbares Licht (400–800 nm) wird durch eine Glühlampe (W-Draht) und UV-Licht durch eine Wasserstoff- oder Deuteriumlampe erzeugt. Das Licht wird dann durch einen Monochromator (Prisma oder Gitter) in die einzelnen Wellenlängen zerlegt, welche die in Lösung befindliche Probe durchstrahlen. Das «durchgelassene» Licht wird vom Empfänger (Photomultiplier) in ein elektrisches Signal umgewandelt. Neben dem Einstrahl-Photometer gibt es die Doppelstrahl-Photometer, bei denen das Licht in zwei Strahlen zerlegt wird, von denen der eine Strahl durch die Meßlösung, der andere durch die Vergleichslösung tritt. Die Absorption des Lösungsmittels (Vergleichslösung) wird von der der Meßlösung subtrahiert. Als Lösungsmittel kommen solche in Betracht, die oberhalb von 200 nm keine oder nur geringfügige Eigenabsorption besitzen. Meist werden Methanol, 96proz. Ethanol, Cyclohexan, Acetonitril, Hexan und Chloroform verwendet. Die Konzentration der Untersuchungslösung richtet sich nach den molaren Extinktionskoeffizienten. Durch Lösungsmitteleffekte kann die Lage des Absorptionsmaximums um geringe Beträge nach unten (hypsochrom) oder oben (bathochrom) verschoben sein. Da normales Glas UV-undurchlässig ist, müssen alle Messungen im UV-Bereich in Quarzküvetten durchgeführt werden.
Die Spektroskopie im sichtbaren (VIS) und im UV-Bereich wird vor allem bei Gehaltsbestimmungen angewandt und relativ selten zur Identitätsprüfung.
Im Arzneibuch wird bei gut reproduzierbaren Reaktionen und bei nicht handelsüblichen Inhaltsstoffen die spezifische Extinktion des Farbprodukts angegeben; ansonsten wird die spezifische Extinktion mit Hilfe einer Reinsubstanz unter gleichen Reaktionsbedingungen bestimmt. In einem natürlichen Gemisch, z.B. einem Drogenextrakt, können mehrere Inhaltsstoffe einzeln nebeneinander bestimmt werden, wenn ihre Absorptionsmaxima sich deutlich unterscheiden (s. Cinchonae cortex).

Die photometrische Bestimmung von Einzelsubstanzen nach DC-Trennung erfolgt stets mit Hilfe einer Eichgeraden, die aus den Extinktionen der unter gleichen Bedingungen mitchromatographierten, definierten Mengen der Reinsubstanz erhalten wird. Bei den Gehaltsbestimmungen im Arzneibuch wird die Bestimmung indirekt durchgeführt, d. h., es muß ein mechanischer Transfer nach Losschaben der zerstörungsfrei markierten Substanzzonen erfolgen. Die Auftragemenge des Drogenextraktes richtet sich a) nach dem zu erwartenden Gehalt der Droge an den Drogeninhaltsstoffen bzw. der Konzentration des Drogenextraktes und b) nach der molaren bzw. spezifischen Extinktion des zu bestimmenden Inhaltsstoffes. Nach dem Ausschaben werden die Substanzzonen und eine gleich große Zone an substanzfreier stationärer Phase je nach Substanzmenge und Extinktionskoeffizient mit mindestens so viel Lösungsmittel eluiert, daß die Größenordnung der zu messenden Extinktion zwischen 0,1 und 0,8 liegt.
Geht man davon aus, daß die bei der DC üblichen Substanzmengen in den Zonen zwischen 10 und 100 µg liegen und das Elutionsvolumen der Zone 5 cm^3 beträgt, das für eine Küvettenmessung mit 1 cm-Schichtdicke notwendig ist, so müssen die Substanzen bzw. ihre entsprechenden Farbreaktionsprodukte eine spezifische Extinktion von z. B.

$$[10\,\mu g]\; 0{,}1 = E^{1\%}_{1cm} \cdot \frac{100}{5} \cdot 10 \cdot 10^{-6} \qquad [100\,\mu g]\; 0{,}1 = E^{1\%}_{1\,cm} \cdot \frac{100}{5} \cdot 100 \cdot 10^{-6}$$

$$E^{1\%}_{1\,cm} = 500 \qquad \text{bis} \qquad E^{1\%}_{1\,cm} = 50$$

haben.

B. Infrarot-Spektroskopie (IR)

Zur Identitätsprüfung und zur Strukturaufklärung von Substanzen mit einem kleineren und mittleren Molekulargewicht ist die Infrarot-Spektroskopie von größerer Bedeutung. Der normale IR-Bereich umfaßt den Wellenlängenbereich 2,5 bis 15 µ entsprechend einem Wellenzahlenbereich von 4000–667 cm^{-1}, in dem die Absorptionen organischer Moleküle liegen.
Jedes Molekül besitzt unter festgelegten Meßbedingungen ein charakteristisches Infrarot-Spektrum, das sich vom Spektrum aller anderen Moleküle unterscheidet und durch Lage und Intensität der Absorptionsbanden zur Strukturaufklärung, Prüfung auf Reinheit und Identifizierung dienen kann.
Die Lage der Absorptionsbanden wird durch die Wellenlänge oder die reziproke Wellenlänge, die Wellenzahl wiedergegeben. Man unterscheidet zwei Schwingungsarten

a) *Valenzschwingungen* («Streckschwingungen»), dies sind Schwingungen entlang der Bindungsachse der beteiligten Atome. Sie sind lokalisiert und auf funktionelle Gruppen beschränkt. Man unterscheidet ferner zwischen symmetrischen und anti- oder asymmetrischen Schwingungen.

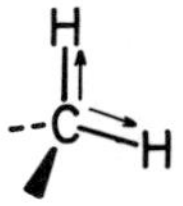

sym.

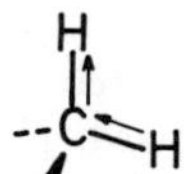

anti sym.

Die Absorption liegt im Bereich von 4000–1500 cm^{-1}. An den entsprechenden Bandenlagen in diesem Bereich kann man bei Strukturaufklärungen funktionelle Gruppen erkennen.
Valenzschwingungen, an welchen Wasserstoffatome beteiligt sind (OH, NH, CH), liegen im Bereich von 4000–2800 cm^{-1}.
Valenzschwingungen dreifach gebundener Atomgruppen (−C≡C−, −C≡N) und von kumulierten Doppelbindungen liegen im Bereich von 2800–2100 cm^{-1}. Valenzschwingungen doppelt gebundener Atome (>C=C<, >C=O, >C=N−) liegen zwischen 2100 und 1500 cm^{-1}.
b) *Deformationsschwingungen:* Hierbei verändern sich nur die Bindungswinkel, aber nicht die Atomabstände. Sie betreffen das ganze Molekül. Hierbei handelt es sich einmal um Beugeschwingungen in der Ebene (in plane), die in Scherenschwingungen (scissor) und Schaukelschwingungen

(rocking) untergliedert werden können, und zum anderen um Beugeschwingungen aus der Ebene (out of plane), die in Nickschwingungen (wagging) und Torsionsschwingungen (twist) untergliedert werden können.
Die Absorptionsbanden liegen im Bereich unterhalb 1500 cm^{-1}. Die Zuordnung einzelner Absorptionsbanden ist schwierig. Dieser Bereich ist aber charakteristisch für ein organisches Molekül und wird daher als «fingerprint»-Bereich bezeichnet.

Instrumentation und Meßmethodik

Die meisten IR-Geräte sind als Zweistrahlgeräte ausgelegt. Als Strahlungsquelle dient zum Beispiel ein NERNST-Stift (Keramikstab aus 85% Zirkoniumoxid und 15% Yttriumoxid), dessen Licht einen hohen IR-Anteil aufweist. Sie arbeiten auf dem Doppelstrahlprinzip und vergleichen über einen rotierenden Spiegel automatisch Vergleichsstrahl und Meßstrahl miteinander. Die nacheinander auf dem Detektor auftreffenden Strahlenblitze des Vergleichs- und Meßstrahls mit den Intensitäten I_0 und I werden als Verhältnis $100 \cdot I/I_0$ (Durchlässigkeit) gegen die Wellenlänge registriert.

a) Feste Substanzen
werden häufig als Preßlinge (Standarddurchmesser 13 mm) untersucht. Als Einbettungsmittel eignen sich Natriumchlorid (Durchlässigkeit 650 cm^{-1}) und insbesondere Kaliumbromid (Durchlässigkeit 400 cm^{-1}). Hierzu verreibt man in einem Achatmörser zunächst 1–2 mg der zu untersuchenden Substanz und verreibt diese dann mit 200–300 mg Kaliumbromid weiter. Das Gemisch wird in eine evakuierbare Preßform gegeben. Die Mischung wird dann in der Preßform evakuiert und bei laufender Vakuumpumpe einem Druck von $0{,}6 \cdot 10^4$ [kg/cm^2] entsprechend $7{,}5 \cdot 10^8$ Pa (= 7500 bar) ausgesetzt. Unter diesen Bedingungen sintert das Kaliumbromid; zur Vervollständigung der Sinterung wird der maximale zur jeweilig benutzten Preßform zulässige Druck noch 2 min belassen. Durch die Sinterung ist das Kaliumbromid mit der darin fein verteilten Substanz glasartig, durchsichtig, geworden. Ist die Substanz nicht ausreichend verteilt, d.h. die Korngröße zu groß, so nimmt die 100%-Linie mit abnehmender Wellenzahl zu, und die Bandenintensität im Bereich kleiner Wellenzahl ist relativ stärker als im Bereich großer Wellenzahlen. Dieser CHRISTIANSENeffekt tritt auch auf, wenn die Brechungsindicesunterschiede zwischen Probe und Einbettungsmittel zu groß sind.
Man beachte, daß Kaliumbromid und somit auch die Preßlinge hygroskopisch sind, und arbeite deshalb zügig.

b) Flüssige Substanzen
Am einfachsten werden flüssige Substanzen mit Siedepunkten >150° als Film zwischen 2 Kaliumbromidpreßlingen ohne Füllung vermessen. Leichter flüchtige, flüssige Substanzen werden meist in zerlegbaren geschlossenen Flüssigkeitsküvetten gemessen. Diese bestehen aus 2 Kochsalzplatten, zwischen die eine Distanzscheibe aus Blei oder Teflon gelegt wird. Durch einen mit einem Teflonstopfen verschließbaren Einfüllstutzen wird die Flüssigkeit bei geöffnetem Ablaßstutzen mit einer dicht schließenden Kolbenspritze in die Küvette gegeben. Danach werden Ablaß- und Füllstutzen verschlossen. Die gleichmäßige Verteilung der Flüssigkeiten in der Küvette erkennt man meist an der Transparenz des Küvettenraums.

c) Substanzen in Lösungen
Identitätsprüfungen und Strukturaufklärungen werden auf diese Weise selten vorgenommen. Die Messungen in Lösung erfolgen meist bei quantitativen Bestimmungen. Hierbei wird die Messung bei einer bestimmten Absorptionsbande durchgeführt. Daher wird ein Lösungsmittel gewählt, das in diesem Bereich keine Eigenabsorptionsbanden zeigt. Man kann andererseits die Absorptionsbande des Lösungsmittels kompensieren, indem man in den Vergleichsstrahl eine Flüssigkeitsküvette gleicher Schichtdicke mit dem gleichen Lösungsmittel stellt. Je nach Schichtdicken und Problemstellung beträgt die Substanzkonzentration 1–20% (bei 2–0,1 mm Schichtdicke).

d) Festsubstanzen als Suspensionen in Öl
werden seltener vermessen. Die fein zerriebene Substanz wird in Paraffinöl (Nujol) oder ähnlichen Lösungsmitteln zerrieben. Der Nachteil dieser Methode liegt im Auftreten von Absorptionsbanden des Einbettungsmittels. Der Vorteil besteht darin, daß hygroskopische Substanzen problemlos vermessen werden können, ebenso Substanzen, die sich im polaren Kaliumbromid verändern. Außerdem sind keine aufwendigen Apparate (Preßform) erforderlich.

Mikrotechnik

Da das IR-Spektrum am besten geeignet ist, die Identität einer Substanz zu beweisen, ist es vorteilhaft, sie mit der DC zu kombinieren. Da jedoch die in der DC üblichen Substanzmengen von 10–20 μg zur Herstellung eines Standardpreßlings (1–2 mg in 300 mg Kaliumbromid) meist zu klein sind, wird die gleiche Substanzkonzentration im Preßling durch Reduzierung des Durchmessers des Kaliumbromidpreßlings erreicht. Durch die Reduzierung des Durchmessers des Preßlings geht ein Teil der Intensität der IR-Strahlung verloren. Dies kann in besseren Geräten durch Vergleichsstrahlabschwächung kompensiert werden. Falls nicht, wird durch ein Sammellinsensystem aus Kaliumbromidlinsen (Mikroilluminator) der IR-Strahl auf die Mikroprobe gebündelt. Zum mechanischen Transfer der zerstörungsfrei auf dem Dünnschicht-Chromatogramm markierten Substanz wurden mehrere Verfahren beschrieben. Ihnen liegt folgendes Prinzip zugrunde: Die Substanzzone wandert aus der transferierten Substanzzone mit Hilfe eines geeigneten Lösungsmittels durch eine Kaliumbromidzone (spitzdreieckig geformter Preßling oder durch ein mit Kaliumbromid gefülltes Röhrchen). An der Spitze der Kaliumbromidzone reichert sich die Substanz an und das Lösungsmittel verdampft. Aus der Spitze stellt man einen Mikropreßling her. Die untere Kaliumbromidzone dient als Filterhilfsmittel zur Zurückhaltung feinster Sorptionsmittelpartikel.

Arbeitsanleitung für die SpectroTip®-Methode der Firma MERCK, bereits früher bekannt als WICK-STICK® der Firma Harshaw Chemical Co., Cleveland-Ohio (USA), Vertrieb: ORIEL GmbH., Darmstadt.

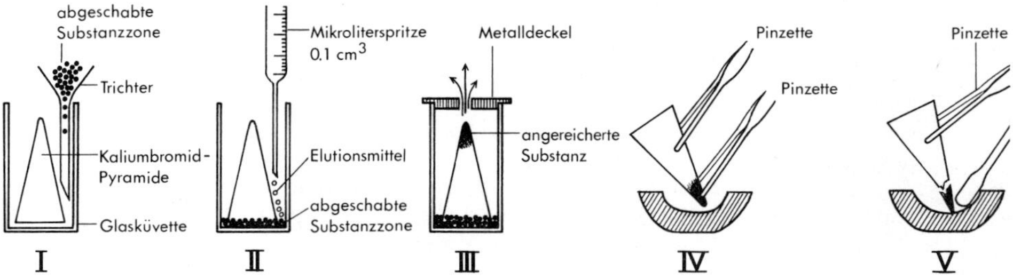

Abb. 35: DC-IR-Transfer, in Teilschritten dargestellt. Einzelheiten im nachstehenden Text.

Man entnimmt der Packung mittels einer Pinzette eine Kaliumbromid-Pyramide und stellt sie in eine der beigegebenen Glasküvetten (Abb. 35). Mit Hilfe des Trichters füllt man um die Basis der Pyramide das von der DC-Platte oder Folie abgeschabte Schichtmaterial mit der zu analysierenden Substanz (Abb. 35, I). Dabei ist darauf zu achten, daß der obere Teil der Pyramide nicht mit dem Schichtmaterial kontaminiert wird.
Mit einer Mikroliterspritze gibt man 0,1 cm^3 (2–3 Tropfen) eines geeigneten spektralreinen Lösungsmittels dazu (Abb. 35,II) und bedeckt die Küvette mit einem der beiliegenden Edelstahldeckel mit Mittelloch. Infolge Kapillarwirkung steigt das Lösungsmittel in der Kaliumbromid-Pyramide hoch, transportiert die Substanz in die Spitze und verdunstet in ca. 20–30 min (Abb. 35,III). Alle niedermolekularen und kolloidalen Anteile, die aus dem Schichtmaterial der DC-Platte besonders von polaren Lösungsmittel gelöst werden können, werden in der Kalium-

bromid-Pyramide zurückgehalten. Um sicher zu sein, die gesuchte Substanz in der Spitze der Pyramide wiederzufinden, werden nach Verdunstung des Lösungsmittels noch 1–2 mal je 0,1 cm^3 (2–3 Tropfen) Lösungsmittel nachgefüllt.

Nach vollständiger Verdunstung des Lösungsmittels bricht man ca. 1–2 mm der Pyramidenspitze ab (Abb. 35, IV), verreibt sie gut in einem kleinen Achatmörser (Abb. 35, V), trocknet im Vakuum oder unter einer Infrarotlampe und verarbeitet sie zu einem Mikropreßling. Je nach der zu erwartenden Substanzmenge (2 μg–20 μg) formt man aus etwa 0,5–0,6 mg Kaliumbromid einen Preßling mit 0,5 mm Durchmesser bzw. aus etwa 4–5 mg Kaliumbromid einen solchen mit 1,5 mm Durchmesser.

Literatur zur Spektroskopie

A Kurze Einführungen

LATSCHKA, H. P., H. A. KLEIN und J. KESSEL: Pharmazeutische Analytik. Springer Verlag, Berlin–Heidelberg–New York (1979).

ROTH, H. J., und G. BLASCHKE: Pharmazeutische Analytik. Thieme Verlag, Stuttgart (1978).

WAGNER, H., et al.: Phytochemisches Praktikum. Selbstverlag (1974).

B Ausführlichere Darstellungen

BORSDORF, R., und M. SCHOLZ: Spektroskopische Methoden in der organischen Chemie; WTB. Vieweg und Sohn, Braunschweig (1968).

FAHR, E., und M. MITSCHKE: Spektren und Strukturen organischer Verbindungen. Verlag Chemie-Physik Verlag, Weinheim (1979).

HESSE, M., H. MEIER und B. ZEEH: Spektroskopische Methoden in der organischen Chemie. Georg Thieme Verlag, Stuttgart (1979).

KEMP, W.: Organic Spectroscopy. The Macmillan Press, LTD London and Basingstoke (1975).

PASTO, J., and C. J. JOHNSON: Organic Structure Determination. Prentice Hall Inc., Englewood Cliffs, N. J. (1969).

PRETSCH, E., u. a.: Tabellen zur Strukturaufklärung organ. Verbindungen mit spektroskop. Methoden. Springer Verlag, Berlin–Heidelberg–New York (1976).

RÜCKER, G.: Spektroskopische Methoden in der Pharmazie, Band I und Band II. Wissenschaftliche Verlagsgesellschaft, Stuttgart (1976).

SCHEINMANN, F.: An Introduction to Spectroscopic Methods for Identification of Organic Compounds. Pergamon Press Ltd., Headington Hill Hall, Oxford, Vol. 1 (1970), Vol. 2 (1974).

SIMON, W., und T. CLERC: Strukturaufklärung organischer Verbindungen mit spektroskopischen Methoden, Akademische Verlagsgesellschaft, Frankfurt/M. (1967).

WILLIAMS, D. H., und I. FLEMING: Spektroskopische Methoden zur Strukturaufklärung, 3. Auflage. Georg Thieme Verlag, Stuttgart (1978).

C Einzelne Spektroskopische Methoden

I. IR-Spektroskopie

BELLAMY, L. J.: Ultrarot-Spektrum und chem. Konstitution. Dr. Dietrich Steinkopf Verlag, Darmstadt (1966).

DERKOSCH, J.: Absorptionsspektralanalyse im ultravioletten, sichtbaren und infraroten Gebiet. Akademische Verlagsgesellschaft, Frankfurt (1967).

GÜNZLER, H., und H. BÖCK: IR-Spektroskopie, Eine Einführung. Verlag Chemie – Physik Verlag, Weinheim (1975).

HEDIGER, H. J.: Infrarot-Spektroskopie, Grundlagen, Anwendung, Interpretation; Methoden der chem. Analyse, Bd. 11. Akad. Verlagsgesellschaft, Frankfurt M. (1971).

HILL, R. R., und D. A. E. RENDELL: The Interpretation of Infrared-Spectra, A Programmed Introduction. Heyden + Son Ltd., London–New York–Rheine (1975).

NAKANISHI, K.: Infrared Absorption Spectroscopy. Holden Day Inc., San Francisco (1962).

WEITKAMP, H., und R. BARTH: Infrarot Strukturanalyse. Thieme Verlag, Stuttgart (1972).

II. NMR-Spektroskopie

a) $^{1}H-NMR$

AULT, A., und G. O. DUDEK: Protonen-Kernresonanz-Spektroskopie; UTB. Steinkopf Verlag, Darmstadt (1979).

BOVEY, F. A.: Nuclear Magnetic Resonance Spectroscopy. Academic Press New York–London (1969).

CLERC, T., und E. PRETSCH: Kernresonanzspektroskopie, 2. Aufl. Akademische Verlagsgesellschaft, Frankfurt/M. (1977).

FRIEBOLIN, H.: NMR-Spektroskopie, Eine Einführung mit Übungen. Verlag Chemie – Physik Verlag, Weinheim (1974).

GÜNTHER, H.: NMR-Spektroskopie, Eine Einführung. Georg Thieme Verlag, Stuttgart (1973).

HALPAPP, P., und H. SCHÜTZ: Anwendungen der $^{1}H-NMR$-Spektroskopie, (TB 31). Verlag Chemie, Weinheim (1975).

HAWS, E. J., R. R. HILL, and D. J. MOWTHORPE: The Interpretation of Proton Magnetic Resonance Spectra, A Programmed Introduction. Heyden + Son, Ltd., New York–Rheine (1973).

JACKMAN, L. M., and S. STERNHELL: Application of Nuclear Magnetic Resonance Spectroscopy in Organic Chemistry. Pergamon Press, Oxford (1969).

SUHR, H.: Anwendungen der Kernmagnetischen Resonanz in d. org. Chemie, Springer Verlag, Heidelberg–Berlin–New York (1955).

ZSCHUNKE, A.: Kernmagnetische Resonanzspektroskopie in der org. Chemie, WTB Band 88. Akademie-Verlag, Berlin, Pergamon Press Oxford, Vieweg + Sohn, Braunschweig (1971).

b) $^{13}C-NMR$

BREITMAIER, E., und G. BAUER: ^{13}C-Spektroskopie. Thieme Verlag, Stuttgart (1977).

BREITMAIER, E., und W. VOELTER: ^{13}C-Spectroscopy, 2. Auflage. Verlag Chemie, Weinheim (1978).

CLERC, J. T., E. PRETSCH und S. STERNHELL: ^{13}C-Spektroskopie. Akademische Verlagsgesellschaft Frankfurt/M. (1973).

LEVY, G. L., and G. L. NELSON: Carbon-13-Nuclear Magnetic Resonance for Organic Chemists. Wiley Interscience New York–London–Sydney–Toronto (1972).

III. Massenspektrometrie

BENZ, W.: Massenspektroskopie org. Verbindungen. Akad. Verlagsgesellschaft, Frankfurt/M. (1969).

BUDZIKIEWICZ, H., C. DJERASSI and H. D. WILLIAMS: Mass Spectroscopy of Organic Compounds. Holden Day Inc., San Francisco (1967).

BUDZIKIEWICZ, H.: Massenspektrometrie, Eine Einführung. Verlag Chemie – Physik Verlag, Weinheim (1972).

KIENITZ, H.: Massenspektroskopie. Verlag Chemie, Weinheim (1968).

REMANE, H., und R. RITTERZSCHUH: Massenspektroskopie in der org. Chemie. Vieweg Verlag, Braunschweig (1977).

SEIBL, J.: Massenspektrometrie, 2. Aufl. Akad. Verlagsgesellschaft, Frankfurt/M. (1977).

SPITELLER, G.: Massenspektroskopische Strukturanalyse org. Verbindungen. Verlag Chemie, Weinheim (1966).

XIII. Beurteilung der Analysenresultate

Bei der Auswertung von Analysenwerten sind grundsätzlich zwei Fehlerarten zu unterscheiden:
1. Die *systematischen Fehler,* sie liegen im Analysenverfahren begründet und führen immer zu einem scheinbar richtigen Wert. Ein Beispiel ist etwa eine unvollständige Ausschüttelung u. ä.
2. Die *zufälligen Fehler;* hier weichen die Meßwerte ungerichtet vom wahren Wert ab und streuen um einen Mittelwert. Der zufällige Fehler drückt sich in der Reproduzierbarkeit, d. h. der Präzision aus. Die Differenzen sind kleine, völlig regellose Beträge.
Zur Veranschaulichung mag der Vergleich der Auswertung einer Zielscheibe dienen (Abb. 36).

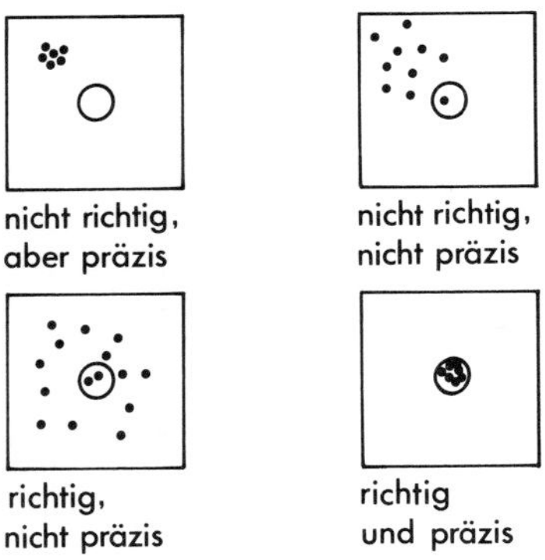

Abb. 36: Schematische Darstellung der Ausdrücke «richtig» und «präzis» etc.

Der systematische Fehler kann korrigiert werden durch einen Faktor oder durch Ausschaltung der Fehlerquelle.
Man bezeichnet die positive oder negative Abweichung eines Meßwertes x vom Sollwert x_0 (falls bekannt) als *absoluten Fehler* Δx der ermittelten Größe x. Die Angabe x besagt als Zahlenwert nichts, jedoch die Relation auf den Meßwert x.

Das Verhältnis $\frac{|x_0 - x|}{x} = \frac{\Delta x}{x}$ wird als *relativer Fehler* bezeichnet, multipliziert mit 100 ist er als *prozentualer Fehler* bekannt.

Ist der Sollwert x_0 nicht bekannt, wird aus einer Meßreihe: $x_1, x_2 \dots x_n$ das arithmetische Mittel, der Mittelwert $\bar{x}$ gebildet, der dem Sollwert am nächsten kommt.

$$\bar{x} = \frac{x_1 + x_2 + x_3 + \cdots + x_n}{n} = \frac{1}{n} \sum_{i=1}^{n} x_i .$$

Unter *Varianz* s^2 versteht man

$$s^2 = \frac{1}{n-1} \sum_{i=1}^{n} (x_i - \bar{x})^2 ,$$

n: Anzahl der Meßwerte.
x_i: Meßwert.
$\bar{x}$: Mittelwert.

Unter der *Standardabweichung* s versteht man die positive Wurzel aus der Varianz.

$$s = + \sqrt{\frac{1}{n-1} \sum_{i=1}^{n} (x_i - \bar{x})^2}.$$

Die Standardabweichung des Mittelwerts m (= mittlere Standardabweichung) berechnet sich zu

$$m = \frac{s}{\sqrt{n}} = +\sqrt{\frac{1}{n(n-1)} \sum_{i=1}^{n} (x_i - \bar{x})^2}.$$

Stellt man die relative Häufigkeit von Meßwerten als f *(x)* dar, erhält man die GAUSSsche *Fehlerverteilungskurve* (Glockenkurve), Abb. 37.

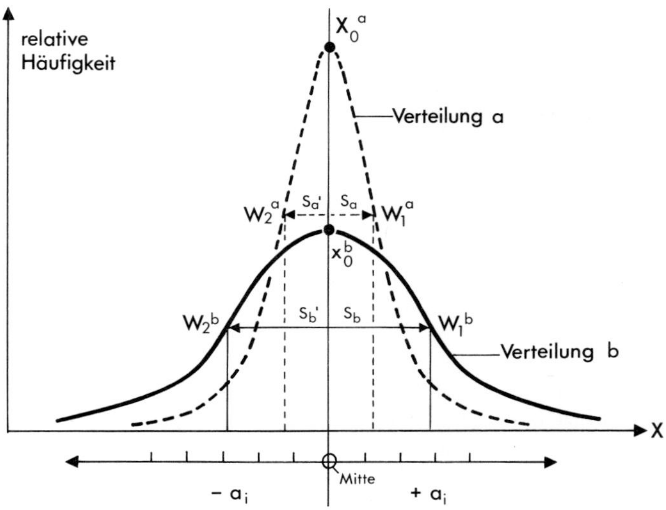

Abb. 37: Die GAUSSsche Fehlerverteilungskurve (Glockenkurve). Einzelheiten im Text.

Das Maximum x_0 liegt an der Stelle des wahren unbekannten Wertes. Je präziser ein Verfahren ist, desto mehr Werte liegen in der Nähe des wahren Wertes x_0, desto spitzer ist die Kurve und umgekehrt, je unpräziser das Verfahren ist, desto niedriger und breiter ist die Kurve. Der Kurvenverlauf läßt sich durch die beiden Wendepunkte W_1 und W_2 beschreiben, wobei der Abstand s und s' der *wahren Standardabweichung* entspricht.

Die *statistische Sicherheit P,* in Prozent ausgedrückt, gibt die Wahrscheinlichkeit dafür an, daß die i-te Messung in das Intervall $|-a_i - +a_i|$ fällt, wobei die Grenze für a_i vorgegeben wird. P wird erhalten, indem die Fläche in den Grenzen von $|-a_i$ bis $+a_i|$ integriert wird. Da die Funktion der Normalverteilung

$$f(x) = \frac{1}{s\sqrt{2\pi}} \cdot e^{-\frac{(x-x_0)^2}{2s^2}}$$

die die Glockenkurve beschreibt, nicht integrierbar ist, werden die Integral-(Flächen)werte aus der Tabelle, dem GAUSSschen Fehlerintegral entnommen. Die Tabellenwerte wurden durch numerische Verfahren ermittelt.

Für die Grenzen $-s_i$ bis $+s_i$, den Abszissenwerten der Wendepunkte, ergibt sich eine statistische Sicherheit P von 68%.

Fehlerfortpflanzung

Wird aus einzelnen Meßwerten x, y, z ..., deren mittlere absolute Fehler Δx, Δy, Δz ... bekannt sind, ein Wert W durch die Funktion

$W = f(x, y, z \ldots)$

ermittelt, errechnet sich der mittlere absolute Fehler ΔW von W nach der Gleichung:

$$\Delta W = \sqrt{a^2\Delta x^2 + b^2\Delta y^2 + c^2\Delta z^2 \quad \ldots}$$

wobei a der absolute Betrag der 1. Ableitung der Funktion W nach x ist bei der Konstanz der anderen Variablen, entsprechend:

$$b = \left|\frac{\mathrm{d}W}{\mathrm{d}y}\right|_{[x,z,\ldots]} \qquad c = \left|\frac{\mathrm{d}W}{\mathrm{d}z}\right|_{[x,y,\ldots]} \qquad \ldots\ldots\ldots\ldots$$

Beispiel:
Bei der photometrischen Bestimmung von Hyperosid in Betulae folium nach S. 127 errechnet sich der Prozentgehalt nach folgender Gleichung

$$\text{Hyperosid }\% = \frac{100 \cdot v_1 \cdot E \cdot v_2 \cdot v_3}{100 \cdot E^{1\%}_{1\,\mathrm{cm}} \cdot v_4 \cdot v_5 \cdot b} = W.$$

v_1, v_2, v_3 …: Volumina, die in Meßkolben und mit Vollpipetten abgemessen werden.

$v_1 = 25 \pm 0{,}04\ \mathrm{cm}^3$.	$v_2 = 100 \pm 0{,}1\ \mathrm{cm}^3$.
$v_3 = 50 \pm 0{,}06\ \mathrm{cm}^3$.	$v_4 = 20 \pm 0{,}04\ \mathrm{cm}^3$.
$v_5 = 10 \pm 0{,}04\ \mathrm{cm}^3$.	$b = 0{,}2 \pm 0{,}0005$ g.
$E^{1\%}_{1\,\mathrm{cm}} = 500 \pm 5$.	$E = 0{,}4 \pm 0{,}005$.

Aus den einzelnen Faktoren erkennt man den Einfluß der einzelnen Fehleranteile und kann dadurch beurteilen, bei welcher der Einzelgrößen eine Steigerung der Meßgenauigkeit sinnvoll sein würde. In diesem Beispiel wird der mittlere Fehler vor allem von der Ablesegenauigkeit des Photometers ΔE und des Fehlers der spezifischen Extinktion bestimmt.

Literatur zur Auswertung von Analysenergebnissen

Doerffel, K.: Beurteilung von Analysenverfahren und -ergebnissen. Springer Verlag (1962).
Hellenthal, W.: Physik für Pharmazeuten. Thieme Verlag, Stuttgart (1977).
Kaiser, R., und G. Gottschalk: Elementare Tests zur Beurteilung von Analysenverfahren, Bibliographisches Institut Mannheim–Berlin–Zürich 1972.
Latschka, H. P., H. A. Klein und J. Kessel: Pharmazeutische Analytik. Springer Verlag, Berlin–Heidelberg–New York (1979).
Zurmühl, R.: Praktische Mathematik. Springer Verlag, Berlin–Göttingen–Heidelberg (1961).

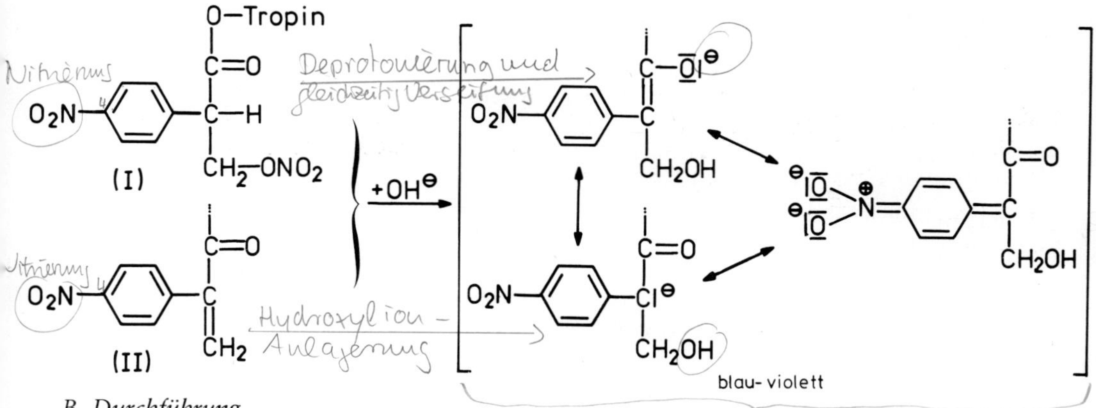

B. Durchführung

Chemikalien

Belladonnae, Stramonii und Hyoscyami folium, pulv. (180), je 1 g
0,1 N-Schwefelsäure, 30 cm^3
Ammoniaklösung, konz., 3 cm^3
Chloroform, 45 cm^3
Natriumsulfat, wasserfrei, 20 g
Salpetersäure, rauchende, 3 cm^3
Kaliumhydroxidlösung, ethanolische, 3proz. *(G/V)*, 3 cm^3
Aceton, 30 cm^3

Geräte

3 Erlenmeyerkolben, 50 cm^3
3 Trichter, ∅ 5 cm
3 Scheidetrichter, 50 cm^3
3 Porzellanschalen, ∅ 5 cm

Allgemeine Geräte

Wasserbad

Je 1 g gepulverte Droge (180) wird 2 min mit 10 cm^3 0,1 N-Schwefelsäure geschüttelt und anschließend abfiltriert. Das Filtrat wird mit 1 cm^3 konz. Ammoniaklösung und 5 cm^3 Wasser versetzt und vorsichtig mit 15 cm^3 Chloroform ausgeschüttelt; eine Emulsionsbildung ist zu vermeiden. Die Chloroformphase wird über wasserfreiem Natriumsulfat getrocknet und filtriert. Das Chloroform wird in einer Porzellanschale auf dem Wasserbad abgedampft, der Rückstand mit 10 Tropfen rauchender Salpetersäure versetzt, die Mischung wird auf dem Wasserbad abermals zur Trockne eingeengt; der Rückstand wird nach dem Erkalten mit 10 cm^3 Aceton und tropfenweise mit einer 3proz. Lösung *(G/V)* von Kaliumhydroxid in Ethanol versetzt. Es entsteht eine intensive Violettfärbung.

Prüfung auf Reinheit

Dünnschicht-Chromatographie von Belladonnae folium, Belladonnae radix, Hyoscyami folium und Stramonii folium.

Prinzip: Prüfung auf Hyoscyamin und Scopolamin, sowie auf Abwesenheit von Tropanol u. Apoatropin, die in alten Drogen enthalten sein können. Die Alkaloide werden aus dem sauren, wäßrigen Drogenextrakt nach Alkalisieren mit Ammoniaklösung mit peroxidfreiem (sonst Bildung besser wasserlöslicher Alkaloid-N-oxide) Ether ausgeschüttelt. Der nach Abdampfen des Ethers erhaltene Rückstand, in Methanol gelöst, dient als Untersuchungslösung zur DC.

I. Standardmethode: Ja.
II. Schicht: Kieselgel F_{254}.
III. Fließmittel: Aceton-Wasser-konz. Ammoniaklösung (90 + 7 + 3), KS.
IV. Nachweis: Nach Abdampfen des Fließmittels durch 15 min Erhitzen bei 100–105° und nach dem Abkühlen.

1. UV_{365}: Fluoreszierende Zonen markieren.
2. DRAGENDORFF-Reagenz nach PUECH (Reag. Nr. 25). Nach der Auswertung wird mit einer 10proz. *(G/V)* wäßrigen Lösung von Natriumnitrit bis zur Transparenz der Schicht nachgesprüht und nach 15 min im Tageslicht ausgewertet.

V. Untersuchungslösung

a) Belladonnae folium oder radix: Je 0,60 g pulverisierte Droge (180) werden mit 15 cm^3 0,1N-Schwefelsäure 15 min geschüttelt und anschließend abfiltriert. Man wäscht den Drogenrückstand mit 0,1N-Schwefelsäure nach, bis das Filtrat ein Volumen von 20 cm^3 erreicht hat. Das Filtrat versetzt man mit 1,0 cm^3 konz. Ammoniaklösung und schüttelt zweimal mit je 10 cm^3 peroxidfreiem Ether aus. Gegebenenfalls sind aufgetretene Emulsionen zu zentrifugieren. Die vereinigten Etherextrakte werden über wasserfreiem Natriumsulfat getrocknet und auf dem Wasserbad zur Trockne eingeengt. Den Rückstand nimmt man in 0,5 cm^3 Methanol auf, davon trägt man 10 und 20 mm^3 bandförmig (20 × 3 mm) auf.

b) Hyoscyami folium: 2,0 g gepulverte Droge (180) werden mit 20,0 cm^3 0,1N-Schwefelsäure 15 min geschüttelt und anschließend abfiltriert. Man wäscht den Drogenrückstand mit 0,1N-Schwefelsäure, bis das Filtrat ein Volumen von 25 cm^3 erreicht hat. Das Filtrat versetzt man mit 1,0 cm^3 konzentrierter Ammoniaklösung und verfährt dann wie bei a) beschrieben weiter.

c) Stramonii folium: Wie a), jedoch von 0,40 g gepulverter Droge (180) ausgehend.

VI. Vergleichslösungen

50 mg Hyoscyaminsulfat (oder 42 mg Hyoscyamin) werden in 9 cm^3 Methanol gelöst.
15 mg Scopolaminhydrobromid (oder 10 mg Scopolamin) werden in 10 cm^3 Methanol gelöst.

a) Belladonnae folium oder radix: 4,0 cm^3 Hyoscyaminsulfatlösung werden mit 0,9 cm^3 Scopolaminhydrobromidlösung versetzt.

b) Hyoscyami folium: 3,8 cm^3 Hyoscyaminsulfatlösung werden mit 4,2 cm^3 Scopolaminhydrobromidlösung versetzt und mit Methanol auf 10 cm^3 aufgefüllt.

c) Stramonii folium: wie b).

Von den entsprechenden Vergleichslösungen werden jeweils 10 und 20 mm^3 bandförmig (20 × 3 mm) aufgetragen.

Auswertung (Abb. 38)

Im langwelligen UV-Licht erkennt man in der unteren Hälfte des Chromatogramms der Untersuchungslösung von Belladonnae folium die hellblau fluoreszierende Zone von Scopoletin.

Nach dem Besprühen mit DRAGENDORFF-Reagenz treten orangefarbene bis braune Zonen auf gelbem Untergrund auf. Auf den Chromatogrammen müssen die Zonen der Untersuchungslösungen denen der Vergleichslösung ähnlich sein in bezug auf ihre Lagen (L-Hyoscyamin im unteren Drittel und Scopolamin im oberen Drittel des Chromatogramms) und ihre Farbreaktionen. Die Größen der Zonen der Untersuchungslösungen dürfen nicht kleiner sein als die entsprechenden Zonen der Vergleichslösungen. Schwache Nebenzonen können auftreten, besonders in der Mitte des Chromatogramms der Untersuchungslösungen von 20 mm^3 (Apoatropin = Atropamin), sowie in Startnähe bei den Untersuchungslösungen von 10 mm^3 (Tropanol).

Um zwischen L-Hyoscyamin und dem Racemat Atropin unterscheiden zu können, wird das Chromatogramm mit einer 10proz. *(G/V)* wäßrigen Natriumnitritlösung bis zur Transparenz besprüht. Die orange-gelbe Grundfarbe des Chromatogramms verschwindet, und nach 15 min hat sich die orange-rote Farbe der L-Hyoscyaminzone nach rotbraun verändert. Falls Atropin vorhanden, ändert sich die Farbe nach graublau. Die möglicherweise aufgetretenen Nebenzonen verschwinden.

Anmerkung

Das gleiche Ergebnis erzielt man durch eine vereinfachte Herstellung der Untersuchungslösungen: Die angegebenen Drogenmengen von Belladonnae folium, Belladonnae radix und von Stramonii folium werden mit je 0,1 cm^3 konz. Ammoniaklösung durch Rühren mit einem Glasstab

Chromatogramm (Nachweis IV/2)

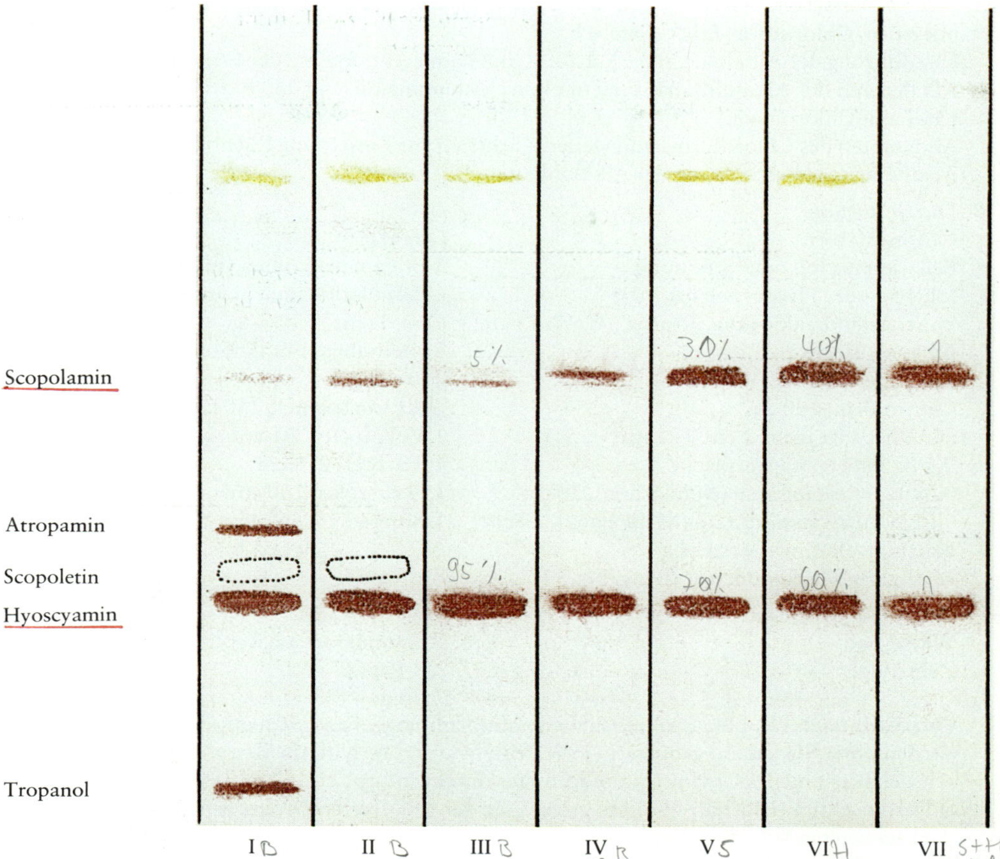

Abb. 38: I: Untersuchungslösung von Belladonnae folium, gealtert, 20 mm^3; II: Untersuchungslösung von Belladonnae folium, 20 mm^3; III: Untersuchungslösung von Belladonnae radix, 20 mm^3; IV: Vergleichslösung: Belladonnae folium, 20 mm^3; V: Untersuchungslösung von Stramonii folium, 20 mm^3; VI: Untersuchungslösung von Hyoscyami folium, 20 mm^3; VII: Vergleichslösung: Hyoscyami-Stramonii folium, 20 mm^3.

durchfeuchtet und mit je 10 cm^3 Ether auf dem Wasserbad kurz aufgekocht. Anschließend wird über einen Glaswattebausch abfiltriert; das Becherglas und der Drogenrückstand werden mit 10 cm^3 Ether nachgespült. Die vereinigten Filtrate werden am Rotationsverdampfer zur Trockne eingeengt und in je 0,5 cm^3 Methanol aufgenommen. (Bei Hyoscyami folium wird die Drogeneinwaage von 2,0 g mit 0,5 cm^3 konz. Ammoniaklösung versetzt, und als Extraktionsflüssigkeit wird zweimal 20 cm^3 Ether verwendet.). Die erhaltenen Chromatogramme der folium-Extrakte zeigen in Frontnähe eine intensiv grüne Zone (bei Tageslicht) von Chlorophyll und auf den Chromatogrammen mehrere kleinere schwach grünliche Zonen.
In die Vergleichslösung von Belladonnae folium kann man noch Scopoletin aufnehmen, das als Vergleichssubstanz im Arzneibuch bei anderen Drogen-Identitäts-Prüfungen verwendet wird. Eine Einwaage von 1 mg zu 4,9 cm^3 Vergleichslösung genügt.

Von großer Bedeutung auf die Lage der getrennten Substanzen in den Chromatogrammen ist die Art der Fließmittelherstellung: Es ist vorgesehen, daß die Lösungsmittelvolumina additiv in der angegebenen Reihenfolge in einem Meßzylinder zusammengegeben werden und nicht, daß kleine Volumina mit der Meßpipette zu Größeren im Meßzylinder vorgegebenen addiert werden. (Beachte: Volumenkontraktion).

Gehaltsbestimmung von Belladonnae folium, Hyoscyami folium und Stramonii folium.

A. *Prinzip:* Versetzen der Droge mit konz. Ammoniaklösung und Extraktion der Alkaloidbasen mit einem Chloroform-Ether-Gemisch.
Überführung der Alkaloide in die Salzform und damit Abtrennung der Neutralstoffe.
Alkalisieren der Alkaloidsalzlösung mit konz. Ammoniaklösung und Extraktion der Alkaloidbasen mit Chloroform.
Abdampfen des Chloroforms und weiteres Erhitzen zur Entfernung flüchtiger Basen.
Acidimetrische Bestimmung der Alkaloidbasen.

B. *Durchführung*

Chemikalien	Geräte
Belladonnae fol. oder Stramonii fol. 10 g oder Hyoscyami fol. 40 g	3 Erlenmeyerkolben, 250 cm^3
konz. Ammoniaklösung, 25proz. *(G/V)*, 15 cm^3	1 Perkolationsrohr, Länge = 40 cm $\varnothing_i$ = 3 cm
Ethanol, 10 cm^3	Rundkolben, NS 29, 500 cm^3 (1), 250 cm^3 (1)
Ether, peroxidfrei, 300 cm^3	2 Scheidetrichter, 250 cm^3
Chloroform, 200 cm^3	1 Vollpipette, 20 cm^3
MAYER's Reagenz 2 cm^3 (Reag. Nr. 51)	1 Trichter, $\varnothing$ 8 cm
0,5 N-Schwefelsäure, 60 cm^3	1 Becherglas, 100 cm^3
0,02 N-Schwefelsäure (Maßlösung), 20 cm^3	1 Bürette, 25 cm^3
0,02 N-Natriumhydroxid (Maßlösung), 20 cm^3	
Natriumsulfat, wasserfrei 4 g	
Methylrot-Mischindikator (Reag. Nr. 53)	

Allgemeine Geräte

Wasserbad	Rotationsverdampfer
Zentrifuge	pH-Papier

Vorschrift nach Ph. Eur. I. (2. Ausgabe in Vorbereitung): Etwa 50 g gut durchmischte Droge werden ohne Rückstand gepulvert (180). Mit dieser Probe wird die Bestimmung des Feuchtigkeitsgehaltes und des Gesamtalkaloidgehaltes durchgeführt.

a) Der Feuchtigkeitsgehalt wird mit etwa 2,0 g der gepulverten Droge, genau gewogen, durch Trocknen bei 100–105° bestimmt.

b) Etwa 10,0 g[1] gepulverte Droge, genau gewogen, werden mit einer Mischung von 5 cm^3 konz. Ammoniaklösung, 10 cm^3 Ethanol und 30 cm^3 peroxidfreiem Ether befeuchtet und gut durchmischt. Die Mischung wird, falls erforderlich, mit Hilfe des Lösungsmittelgemisches in einen kleinen Perkolator überführt. Es wird 4 h mazeriert und dann mit einer Mischung von 3 Volumteilen peroxidfreiem Ether und 1 Volumteil Chloroform so lange perkoliert, bis die Alkaloide vollständig extrahiert sind. Dies wird geprüft, indem einige Kubikzentimeter des Perkolats zur Trockne eingedampft werden; der Rückstand wird in 1 cm^3 0,5 N-Schwefelsäure gelöst und mit einigen Tropfen MAYER's Reagenz (Reag. Nr. 51) versetzt. Bei Alkaloidfreiheit darf sich kein Niederschlag bilden. Das Perkolat wird durch Destillation auf dem Wasserbad auf etwa 50 cm^3 eingeengt und in einen Scheidetrichter überführt, der mit peroxidfreiem Ether ausgespült ist. Peroxidfreier Ether wird hinzugegeben (mindestens das 2,1fache Volumen des eingeengten Perkolats), so daß eine Lösung entsteht, deren Dichte eindeutig kleiner als die des Wassers ist. Die Lösung wird mindestens dreimal mit je 20 cm^3 0,5N-Schwefelsäure ausgeschüttelt, die beiden Phasen werden, falls erforderlich, durch Zentrifugation getrennt. Die Säurefraktionen werden in einem zweiten Scheidetrichter vereinigt, mit konz. Ammoniaklösung bis zur alkalischen Reaktion versetzt und die Alkaloide durch dreimaliges Ausschütteln mit je 30 cm^3 Chloroform extrahiert. Die vereinigten Chloroformphasen werden 30 min über 4 g wasserfreiem Natriumsulfat getrocknet, wobei man gelegentlich durchschüttelt. Man filtriert über einen Wattebausch,

[1] bei Hyoscyami folium 40,0 g.

Chromatogramm (Nachweis IV/2)

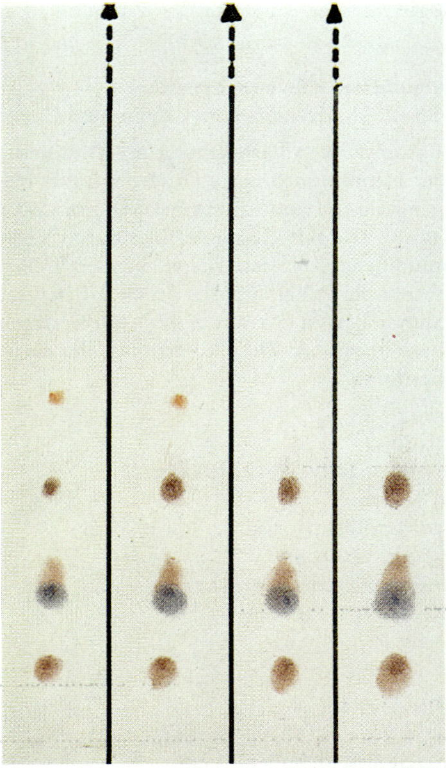

Abb. 40: I und II: Untersuchungslösung von Cinchonae cortex, 1 und 2 mm³; III und IV: Vergleichslösung, 1 und 2 mm³.

Auswertung

Beim Betrachten des mit wasserfreier Ameisensäure besprühten Chromatogramms im langwelligen UV-Licht bei 365 nm zeigen die dem Chinin und Chinidin entsprechenden Zonen sowohl auf dem Chromatogramm der Vergleichs- als auch der Untersuchungslösung eine hellblaue Fluoreszenz. Nach dem Besprühen mit Jodoplatinat-Reagenz zeigt das Chromatogramm der Vergleichslösung drei braunviolette, später nach grauviolett übergehende Zonen, die dem Chinin (hRf-Bereich: 10–20), dem Chinidin (hRf-Bereich: 20–30) und dem Cinchonin (hRf-Bereich: 35–45) entsprechen, sowie eine kräftig tiefblau gefärbte, dem Cinchonidin entsprechende Zone, deren hRf-Wert nur geringfügig kleiner als der des Chinidins ist. Die Chromatogramme der Untersuchungslösung müssen die dem Chinin, Cinchonin und Cinchonidin entsprechenden Zonen in bezug auf ihre hRf-Werte zeigen, wobei die Färbung mindestens ebenso kräftig (ungefähr so kräftig: vergleiche Anmerkung) wie die Zonen der Vergleichslösung sein muß. Die dem Chinidin entsprechende Zone kann im Chromatogramm der Untersuchungslösung fehlen.

Anmerkung:

Die Konzentration an Chinin in der Vergleichslösung entspricht dem maximal zulässigen Gehalt an Chinin von 60%, aber nicht dem Mindestgehalt von 30% der Gesamtalkaloide.

In 1 mm³ Untersuchungslösung, die einer Drogenmenge von $\frac{0,1}{1000}$ g = 100 µg entspricht, sind bei einem Gesamtalkaloidgehalt von 6%, wovon 30 bis 60% Chinin sein sollen, 1,8 bis 3,6 µg Chinin enthalten. In 1 mm³ Vergleichslösung sind $\frac{17,5}{5000}$ mg = 3,5 µg Chinin enthalten.

Daher sollte die Vergleichslösung an Stelle von 17,5 mg nur 10 mg Chinin in 5,0 cm³ Ethanol enthalten. 1 mm³ dieser Vergleichslösung enthält demnach 2 µg Chinin.

In der Auswertung müßte es dann heißen: Die Zonengröße des Chinins in der Auftragung von 1 mm³ Untersuchungslösung (entspricht 100 µg Droge und 6 µg Gesamtalkaloide) muß zwischen denen der Auftragungen der Vergleichslösung von 1 mm^3 (= 2 µg Chinin) und 2 mm^3 (4 µg Chinin) liegen, was einem Chiningehalt der Gesamtalkaloide von $\frac{2}{6} \cdot 100 = 33\%$ und $\frac{4}{6} \cdot 100 = 66\%$ entspricht.

Gehaltsbestimmung von Cinchonae cortex
Bestimmung der Alkaloidgehalte vom Chinin- und Cinchonintyp.

A. *Prinzip:* Photometrische Bestimmung der Alkaloide vom Chinin- und Cinchonintyp durch Messung der Extinktionen eines Drogenextrakts bei zwei verschiedenen Wellenlängen, dem Absorptionsmaximum von Chinin bei 348 nm und dem Absorptionsmaximum von Cinchonin bei 316 nm. Die Berechnung erfolgt durch Vergleichsmessungen mit bekannten Chinin- und Cinchoninmengen bei den entsprechenden Wellenlängen.
Nach Freisetzen der Alkaloidbasen durch Alkalizusatz (Spaltung der Gerbstoffbindung) werden diese durch Benzol extrahiert und mit verdünnter Salzsäure als Hydrochloride in die wäßrige Phase überführt. Die Extinktionen der salzsauren Lösung werden bei den o. g. Wellenlängen bestimmt.

B. *Durchführung*

Chemikalien
Cinchonae cortex, pulv. (180), 1,000 g
Benzol p. a. 150 cm^3
Natriumhydroxidlösung, 10proz. *(G/V)* 5 cm^3
0,1N-Salzsäure, 3200 cm^3
Kaliumtetrajodomercurat (= MAYER's-Reagenz, Reag. Nr. 51), 5 cm^3
Chinin, 30 mg
Cinchonin, 30 mg

Geräte
1 Rundkolben, NS 29, 200 cm^3
1 Rückflußkühler, NS 29
1 Scheidetrichter, 100 cm^3
1 Erlenmeyerkolben, 250 cm^3
1 Becherglas, 400 cm^3
1 Trichter, ∅ 7 cm
1 Meßpipette, 5 cm^3
3 Meßkolben, 1000 cm^3

Allgemeine Geräte
Wasserbad
4 Quarzküvetten, Schichtdicke 1 cm
Heizplatte

Vorschrift nach Ph. Eur. III

a) *Herstellung des Drogenextraktes:* In einem 200-cm^3-Rundkolben werden etwa 1,000 g Droge (180) genau gewogen, mit einigen Kubikzentimetern einer 10proz. *(G/V)* Lösung von Natriumhydroxid versetzt. Nach Zusatz von 100 g Benzol wird der Kolben gewogen und 6 h im Wasserbad schwach unter Rückfluß erhitzt. Nach dem Abkühlen wird erneut gewogen und mit Benzol auf das ursprüngliche Gewicht ergänzt. 50,0 g der Flüssigkeit werden in einem Scheidetrichter mindestens sechsmal mit je 15 cm^3 0,1N-Salzsäure ausgeschüttelt. Mit Hilfe von MAYER's-Reagenz wird geprüft, ob 2 cm^3 der letzten Extraktionsflüssigkeit keine Alkaloide mehr enthalten. Die Säurefraktionen werden vereinigt und 2 bis 3 min erhitzt, um Spuren von Benzol zu entfernen. Nach dem Abkühlen wird mit 0,1N-Salzsäure auf 1000,0 cm^3 verdünnt (= Untersuchungslösung).

b) *Herstellung der Vergleichslösung:* Je 30,0 mg Chinin und 30,0 mg Cinchonin werden in je 1000,0 cm^3 0,1N-Salzsäure gelöst.

Die Extinktionen der drei Lösungen werden bei 316 nm und bei 348 nm in einer Schichtdicke von 1 cm gegen 0,1N-Salzsäure bestimmt.

C. *Berechnung*
Bei einer bestimmten Wellenlänge (λ) gilt für die Extinktion *E* eines Mehrstoffsystems mit A, B, ... N Komponenten:

$$E = a \cdot E_{1\,cm}^{1\%}\,(A) + b \cdot E_{1\,cm}^{1\%}\,(B) + \ldots + n \cdot E_{1\,cm}^{1\%}\,(N) \qquad \text{(Gleichung I)}$$

a, b ... n: Konzentrationen der Stoffe A, B, ... N in g/100 cm^3

$E_{1\,cm}^{1\%}$ (A); $E_{1\,cm}^{1\%}$ (B) ... $E_{1\,cm}^{1\%}$ (N): Spezifische Extinktionen der Substanzen A, B ... N bei der jeweiligen bestimmten Wellenlänge.
Bestimmt man bei einem Mehrstoffsystem, das sich aus *n* Komponenten zusammensetzt die

Extinktionen bei *n* Wellenlängen, meist den Wellenlängen der Absorptionsmaxima der zu bestimmenden Substanzen, so kann man bei bekannten spezifischen Extinktionen der jeweiligen Substanzen bei der jeweiligen Wellenlänge *n* Gleichungen nach (I) aufstellen, aus denen sich dann die Konzentrationen *a, b, ... n* der jeweiligen Substanzen im Stoffgemisch errechnen lassen.
Für die beschriebene Methode der Gehaltsbestimmung des Zweistoffsystems: Alkaloide vom Chinintyp (q) und Alkaloide von Cinchonintyp (c) gilt entsprechend:

$E_{316} = x \cdot E_{316}(q) + y \cdot E_{316}(c)$.
$E_{348} = x \cdot E_{348}(q) + y \cdot E_{348}(c)$.

E_{316}: Extinktionen der Untersuchungslösung bei den
E_{348}: entsprechenden Wellenlängen.
$E_{316}(q)$: Extinktionen je mg/*l* der beiden Vergleichs-
$E_{348}(q)$: lösungen (q: Chinin; c: Cinchonin)
$E_{316}(c)$: bei den entsprechenden Wellenlängen; d.h.
$E_{348}(c)$: z.B. $E_{316}(q) = 1/30\ E_{316}(q)$ gemessen.

x: Menge von Alkaloiden in mg vom Chinintyp in 0,500 g Droge in 1 l Untersuchungslösung.
y: Menge von Alkaloiden in mg vom Cinchonintyp in 0,500 g Droge in 1 l Untersuchungslösung.

Daraus folgt:

$$x = \frac{[E_{316} \cdot E_{348}(c)] - [E_{316}(c) \cdot E_{348}]}{[E_{316}(q) \cdot E_{348}(c)] - [E_{316}(c) \cdot E_{348}(q)]}.$$

$$y = \frac{[E_{316} \cdot E_{348}(q)] - [E_{316}(q) \cdot E_{348}]}{[E_{316}(c) \cdot E_{348}(q)] - [E_{316}(q) \cdot E_{348}(c)]},$$

in Prozent

$$\text{Chinin} \quad \%(q) = \frac{x \cdot 100}{1000 \cdot 0{,}5} = \frac{x}{5}.$$

$$\text{Cinchonin} \quad \%(c) = \frac{y \cdot 100}{1000 \cdot 0{,}5} = \frac{y}{5}.$$

Sulfatasche: Höchstens 4,0%, bestimmt mit 1,00 g gepulverter (180) Droge.

4. Ipecacuanhae radix

Ipecacuanhawurzel, Ipecacuanha Root, Racine d'ipécacuanha

Stammpflanze und Familie: *Cephaelis ipecacuanha* (BROT.) A. RICH., bekannt als Matto Grosso-Ipecacuanha, oder von *Cephaelis acuminata* KARSTEN, bekannt als Costa Rica-Ipecacuanha, oder aus einer Mischung von beiden; *(Rubiaceae)*.

Offizinell: Ph. Eur. I (mind. 2% Gesamtalkaloide, berechnet als Emetin), DAB 7-DDR (mind. 2% Gesamtalkaloide, davon mind. 60% Emetin), USP XIX (mind. 2%).
In der Ph. Eur. I ist eine standardisierte Droge aufgeführt: Ipecacuanhae pulvis normatus – eingestelltes Ipecacuanhapulver. Ihr Alkaloidgehalt ist hier auf 1,90–2,10% eingestellt.

Inhaltsstoffe: Alkaloide (1,8–4%), die hauptsächlich in den peripheren Rindenzellen unter dem Kork abgelagert sind. Das Verhältnis der Hauptalkaloide: Emetin (MG 480,7) und Cephaelin (MG 466,7) ist bei beiden Herkünften verschieden; bei *Cephaelis ipecacuanha* (Matto Grosso) beträgt es 2–3 : 1 und bei *Cephaelis acuminata* (Costa Rica) beträgt es 1 : 1. Nebenalkaloide sind (zus. 0,05%): Psychotrin, O-Methylpsychotrin und Emetamin. Ferner Saponine, Glykoside, organische Säuren (Äpfelsäure u. a.) und Stärke (30–40%).

Formeln

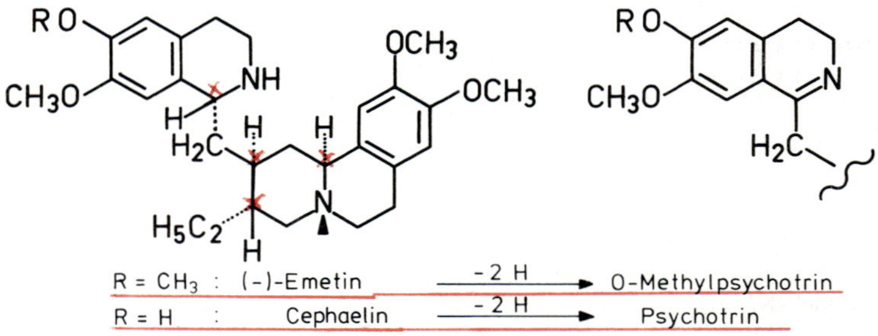

Wirkung und Verwendung: Expectorans mit sekretolytischer und die Bronchialmuskulatur entspannender Wirkung. Größere Mengen (1–2 g Droge) reizen die Magenschleimhaut und führen zum Erbrechen (Brechwurzel). Ferner ist die Droge ein Spezifikum gegen die Amoebenruhr, sie tötet die Amoeben im vegetativen Stadium. Emetin ist ein Kapillar- und Mitosegift.

Prüfungen

Die hellgraue bis gelblichbraune Pulverdroge hat einen schwachen Geruch und einen bitteren, widerlichen und scharfen Geschmack.

Prüfung auf Identität

A. *Prinzip:* Extraktion der Alkaloide mit Ether aus der mit Ammoniaklsg. alkalisierten Droge. Abtrennung des Phenolalkaloids Cephaelin unter gleichzeitiger Kupplung mit einem Diazoniumsalz in alkalischer Lösung zu einem orangeroten Azofarbstoff. Das in der Etherphase verbliebene Emetin wird mit einem Oxidationsmittel (Kaliumchlorat) zu dem orangeroten Rubremetiniumsalz oxidiert.

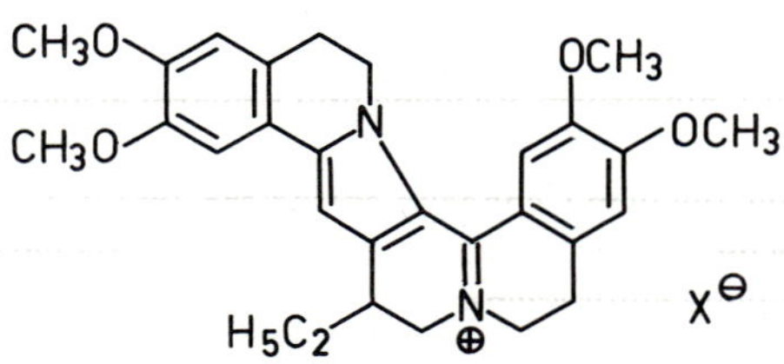

Rubremetinium-salz

B. *Durchführung*

Chemikalien	Geräte
Ipecacuanhae radix pulv. (180), 1,0 g	2 Erlenmeyerkolben, 25 cm^3
Ammoniaklösung, verd. 10proz. *(G/V)*, 1 cm^3	1 Trichter, ∅ 5 cm
Ethanol, 95proz. *(V/V)*, 1 cm^3	1 Scheidetrichter, 50 cm^3
Sulfanilsäure, 9 g	
Natriumnitrit, 1 g	
Salzsäure, 7,3proz. *(G/V)*, 3 cm^3	
Kaliumchlorat, 0,5 g	
Ether, 10 cm^3	

Allgemeine Geräte

Wasserbad — Eisbad

Vorschrift nach Ph. Eur. I: 1 g gepulverte Droge (180) wird mit 1 cm^3 Ethanol befeuchtet und nach Zusatz von 0,5 cm^3 verdünnter Ammoniaklösung und 10 cm^3 Ether 1 h mazeriert; anschließend wird filtriert. Die Etherschicht wird in einem kleinen Scheidetrichter mit 5 cm^3 Diazobenzolsulfonsäurelösung[1] (Reag. Nr. 15) geschüttelt und das Gemisch alkalisch gemacht.
Die wäßrige Phase zeigt eine intensive, orangerote Färbung, die Etherschicht bleibt farblos. Die beiden Schichten werden getrennt. Die Etherschicht wird zweimal mit je 2 cm^3 Wasser gewaschen und der Ether auf dem Wasserbad abgedampft. Der Rückstand wird in einigen Tropfen verdünnter Salzsäure gelöst und die Lösung mit einigen Kristallen von Kaliumchlorat versetzt. Es entsteht eine tieforange Färbung.

Prüfung auf Reinheit

Dünnschicht-Chromatographie
Prinzip: Prüfung auf Cephaelin und Emetin unter gleichzeitiger semiquantitativer Bestimmung der Mengenverhältnisse anhand der Zonengrößen. Die Alkaloide werden aus der mit Ammoniaklösung alkalisierten Droge mit Chloroform extrahiert; dieser Extrakt dient als Untersuchungslösung zur DC.

I. *Standardmethode:* Ja.
II. *Schicht:* Kieselgel F_{254}.
III. *Fließmittel:* Chloroform-Methanol-konz. Ammoniaklsg. (93 + 6,5 + 0,5), KS, 10 cm.
IV. *Nachweis:* Nach Abdampfen des Fließmittels besprühen mit etwa 10 cm^3 Jod-Chloroform (Reag. Nr. 39) und 10 min auf 60° erhitzen. Anschließend 1) im Tageslicht und 2) im UV_{365} betrachten.
V. *Untersuchungslösung*
0,10 g gepulverte Droge (180) werden in einem Reagenzglas mit 1 Tropfen konz. Ammoniaklösung und 5 cm^3 Chloroform versetzt. Die Mischung wird mit einem Glasstab kräftig gerührt und nach 30 min filtriert. Von dem Filtrat trägt man 10 mm^3 bandförmig (20 × 3 mm) auf.
VI. *Vergleichslösung*
5 mg Emetindihydrochlorid und 6 mg Cephaelindihydrochlorid werden in 20,0 cm^3 Methanol gelöst, davon trägt man 10 mm^3 bandförmig (20 × 3 mm) auf.

Auswertung (Abb. 41)
Nach dem Besprühen mit Jod-Chloroform-Reagenz und Erwärmen zeigen die Chromatogramme ungefähr im mittleren hRf-Bereich eine zitronengelbe Zone, die dem Emetin entspricht, und darunter eine hellbraune Zone, die dem Cephaelin entspricht. Im ultravioletten Licht bei 365 nm zeigt die dem Emetin entsprechende Zone eine intensiv gelbe Fluoreszenz und die dem Cephaelin entsprechende Zone eine hellblaue Fluoreszenz.
Liegt *Cephaelis acuminata*-Droge (= Costa Rica) vor, müssen die mit der Untersuchungslösung erhaltenen Zonen ähnlich denen sein, die mit der Vergleichslösung erhalten wurden, und zwar in bezug auf ihren hRf-Wert, ihre ungefähre Größe und ihre Fluoreszenz.
Liegt *Cephaelis ipecacuanha*-Droge vor, besteht der einzige Unterschied darin, daß die dem Cephaelin entsprechende Zone viel kleiner ist.
Die Chromatogramme der Untersuchungslösungen beider Arten zeigen auch noch kleinere Zonen von Nebenalkaloiden.
Wird die Untersuchungslösung mit Chloroform im Verhältnis 1:25 verdünnt und werden 10 mm^3 dieser Verdünnung chromatographiert, dann sind nur noch die Zonen von Emetin und Cephaelin zu erkennen.

Anmerkung: Bei dem DC der Abbildung wurden die kleinen Volumina der Fließmittelzusammensetzung mit der Meßpipette abgemessen und zu der im Meßzylinder vorgegebenen Menge Chlo-

---

[1] Anstelle der Diazobenzolsulfonsäurelösung kann auch eine 0,1proz. *(G/V)* wäßrige Echtblausalz-B-Lösung eingesetzt werden.

Chromatogramm (Nachweis IV, 2)

Abb. 41: I: Untersuchungslösung von Ipecacuanhae radix (Matto Grosso), 10 mm^3; II: Untersuchungslösung von Ipecacuanhae radix (Costa Rica), 10 mm^3; III: Vergleichslösung, 10 mm^3.

roform hinzugegeben. Werden die kleinen Volumina additiv im Meßzylinder hinzugegeben, was bei 0,5 cm^3 Ammoniaklösung schwierig ist, so ist die Rf-Differenz zwischen Cephaelin und Emetin größer.
Als Fließmittel ist ein Gemisch aus Chloroform-Methanol (85 + 15) ebenfalls geeignet, jedoch muß hier eine Zweifachentwicklung durchgeführt werden (Ph. Eur. I).

Gehaltsbestimmung

A. *Prinzip:* Mazerieren der Droge in Ether,
Alkalisierung mit verdünnter Ammoniaklösung,
Extraktion der Alkaloide mit Ether,
Abdampfen des Ethers und Auflösen des Rückstands in Ethanol, acidimetrische Bestimmung der Alkaloide.

B. *Durchführung*

Chemikalien	Geräte
Ipecacuanhae radix, pulv. (180), 7,50 g	1 Erlenmeyerkolben, 100 cm^3
Ether, 150 cm^3	1 Trichter, ∅ 6 cm
Ammoniaklösung, verd. 10proz. *(G/V)* 5 cm^3	1 Rundkolben, NS 29, 250 cm^3
Ethanol 90proz. *(V/V)*, 10 cm^3	2 Büretten, 25 cm^3
0,1 N-Salzsäure (Maßlösung)	
0,1 N-Natriumhydroxidlösung (Maßlsg.)	
Methylrot-Mischindikator, Reag. Nr. 53	

Allgemeine Geräte
Rotationsverdampfer Wasserbad

Tab. 5: Zusammenstellung von Alkaloid-Drogen

Droge	Stammpflanze, Familie	Gesamtalkaloidgehalt[1] in %, berechnet als:	Hauptinhaltsstoffe
1. Arecae semen, Arekasame	*Areca catechu* L.; *Arecaceae*	mind. 0,4% Arecolin (1,2)	Arecolin
2. Lobeliae herba, Lobelienkraut	*Lobelia inflata* L.; *Lobeliaceae*	mind. 0,3% Lobelin (1)	Lobelin
3. Nicotianae folium, Tabakblatt	*Nicotiana tabacum* L.; *Solanaceae*	0,08–9% Nicotin	Nicotin
4. Chinae cortex, Chinarinde	*Cinchona succirubra* PAVON; *Rubiaceae*	mind. 6,5% Chinin/Cinchonidin (1,3)	Chinin usw. (s. S. 73)
5. Jaborandi folium, Jaborandiblatt	*Pilocarpus microphyllus* STAPF u. a. *Pilocarpus-Arten; Rutaceae*	0,5–1% Pilocarpin	Pilocarpin
6. Calabaris semen, Kalabarsame	*Physostigma venenosum* BALFOUR; *Fabaceae*	0,5% Physostigmin	Physostigmin
7. Rauwolfiae serpentinae radix, Rauwolfiawurzel	*Rauwolfia serpentina* BENTHAM; *Apocynaceae*	0,04–0,05% Reserpin mind. 1,0% Alkaloide (5)	Reserpin, Serpentin, Ajmalin (s. S. 85)
8. Strychni Semen, Brechnußsame	*Strychnos nux-vomica* L.; *Loganiaceae*	mind. 2,5% Strychnin Brucin (1)	Strychnin und Brucin
9. Curare von Loganiaceen	*Strychnos guyanensis, St. toxifera, St. castelnaei; Loganiaceae*		Curare-Alkaloide (Yohimbin- u. Strychnin-Typ)
10. Yohimbehe cortex, Yohimberinde	*Pausinystalia yohimba* PIERRE (= *Corynanthe yohimbe* K. SCHUM); *Rubiaceae*	mind. 1,5% Yohimbin (4)	Yohimbin
11. Secale cornutum, Mutterkorn	*Claviceps purpurea* TULASNE; *Clavicipitaceae*	0,1% Gemisch von Wirkstoffen	Ergometrin-Gruppe (wasserlöslich) Ergotamin-Ergotoxin-Gruppe (wasserunl.)
12. Belladonnae folium, Tollkirschenblatt	*Atropa belladonna* L.; *Solanaceae*	mind. 0,3% L-Hyoscyamin (3)	L-Hyoscyamin usw. (s. S. 63)
13. Belladonnae radix, Tollkirschenwurzel	*Atropa belladonna* L.; *Solanaceae*	mind. 0,3% L-Hyoscyamin (1)	L-Hyoscyamin usw.
14. Hyoscyami folium, Bilsenkrautblatt	*Hyoscyamus niger* L.; *Solanaceae*	mind. 0,05% L-Hyoscyamin (3)	L-Hyoscyamin usw. (s. S. 63)
15. Stramonii folium, Stechapfelblatt	*Datura stramonium* L.; *Solanaceae*	mind. 0,3% L-Hyoscyamin (1), mind. 0,25% (3)	L-Hyoscyamin usw. (s. S. 64)
16. Scopoliae radix, Skopoliawurzel	*Scopolia carniolica* JACQ.; *Solanaceae*	ca. 0,4% L-Hyoscyamin	L-Hyoscyamin usw.
17. Duboisiae folium, Duboisiablatt	*Duboisia myoporoides* R. Br.; *Solanaceae*	ca. 1,95–2,18% Scopolamin	Scopolamin
18. Cocae folium, Kokablatt	*Erythroxylon coca* LAMARCK; *Erythroxylaceae*	ca. 1% Cocain	Cocain

[1] Literatur: (1) = ÖAB 9; (2) = DAB 6; (3) = Ph. Eur.; (4) = Erg. B. 6; (5) = DAB 8.

Fortsetzung von Tab. 5

Droge	Stammpflanze, Familie	Gesamtalkaloidgehalt in %, berechnet als:	Hauptinhaltsstoffe
19. Opium, Rohopium	*Papaver somniferum* L.; *Papaveraceae*	mind. 9,5% reines Morphin (5)	Morphin, Noscapin usw. (s. S. 81)
20. Chelidonii herba, Schöllkraut	*Chelidonium majus* L.; *Papaveraceae*	mind. 0,6%, Chelidonin (5)	Chelidonin, Sanguinarin Chelerythrin u. a. (s. S. 69)
21. Aconiti tubera, Eisenhutknolle	*Aconitum napellus* L.; *Ranunculaceae*	0,8% Aconitin (4)	Aconitin
22. Colchici semen, Herbstzeitlosensame	*Colchicum autumnale* L.; *Liliaceae*	0,4% Colchicin (2)	Colchicin
23. Ephedrae herba, Ephedrakraut	*Ephedra sinica* STAPF; *Ephedraceae*	ca. 1% Ephedrin	L-Ephedrin
24. Sabadillae semen, Sabadillasame	*Schoenocaulon officinale* (SCHLECHTENDAL et CHAMISSO) ASAGRAY; *Liliaceae*	1–4% Veratrin	Cevadin, Veratridin
25. Ipecacuanhae radix, Ipecacuanhawurzel	*Cephaelis ipecacuanha* (BROT.) A. RICH. u. *Cephaelis acuminata* KARSTEN; *Rubiaceae*	mind. 2,0% Emetin (3)	Emetin, Cephaelin (s. S. 77)

1–3: Alkaloide vom Pyridin-Typ; 4: Chinolin-Typ; 5: Imidazol-Typ; 6–11: Indol-Typ; 12–18: Tropan-Typ; 19, 20: Phenanthren-Isochinolin-Typ; 21–25: Weitere Alkaloid-Typen.

II. Drogen mit Glykosiden

A. Phenolglykosid-Drogen

1. Uvae ursi folium

Bärentraubenblätter, Bearberry Leaves, Feuilles de busserole

Stammpflanze und Familie: *Arctostaphylos uva-ursi* (L.) SPRENGEL.

Offizinell: DAB 8 (mind. 6,0% Hydrochinonderivate, berechnet als wasserfreies Arbutin), DAB 7-DDR.

Inhaltsstoffe: 5–12% Hydrochinonderivate (hauptsächlich Arbutin MG 272,3, ein Hydrochinon-β-glucosid) und das in geringen Mengen vorkommende Methylarbutin, das teilweise fehlt; 15–20% Gerbstoffe vom Gallus- und Ellagsäuretyp, organische Säuren, Ursolsäure und Flavone: Quercitrin (= Quercetin-3-rhamnosid), Myricitrin (= Myricetin-3-rhamnosid) und Hyperosid (Quercetin-3-galaktosid) 1,5%. Ferner ist in geringen Mengen Monotropein, eine iridoide Substanz, enthalten.

Formel

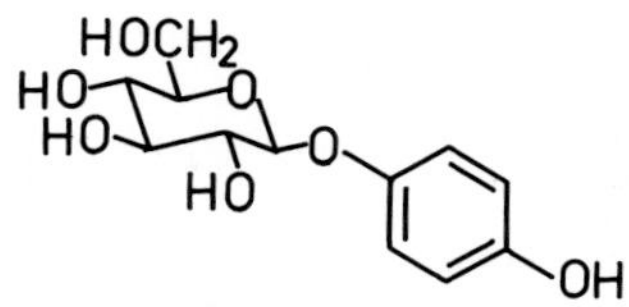

Arbutin

Wirkung und Verwendung: Wirkt nur bei alkalischer Reaktion (pH 8–8,5) des Harns. Nach Resorption wird Arbutin bei der Ausscheidung zu antiseptisch wirkendem Hydrochinon gespalten. Das Hyperosid wirkt diuretisch. Die Droge wird als Kaltmazerat bei Cystitis (Harndesinfizienz) verwendet. Vorsicht bei langandauernder Anwendung, da Hydrochinonvergiftungen auftreten können.

Prüfungen der Droge
Das grüne, graugrüne bis grüngelbe Drogenpulver ist fast geruchlos und hat einen zusammenziehenden, schwach bitteren Geschmack.

Prüfung auf Identität

A. *Schnelltest*

Prinzip: Hydrolyse von Arbutin im Drogenmazerat durch Salzsäure, Abtrennung des gebildeten Hydrochinons aus dem Reaktionsgemisch, Reindarstellung von Hydrochinon aus dem eingeengten Etherextrakt durch Mikrosublimation und Nachweis von Hydrochinonkristallen durch Reduktion von Silberionen.

Durchführung

Chemikalien	Geräte
Uvae ursi folium, pulv (250), 0,1 g	Erlenmeyerkolben, 50 cm^3
Salzsäure, verd. 7,3proz. *(G/V)*, 10 cm^3	Scheidetrichter, 50 cm^3
Silbernitratlösung, ammoniakalische:	Trichter, ∅ 5 cm
Reag. Nr. 62	Becherglas, 50 cm^3
Allgemeine Geräte	
Mikrosublimationsapparatur	Wasserbad

Vorschrift: 0,1 g gepulverte Droge (250) werden mit 10 cm^3 verdünnter Salzsäure zum Sieden erhitzt; das Gemisch wird nach dem Erkalten mit 10 cm^3 Ether ausgeschüttelt. Der Eindampfrückstand des Etherauszuges gibt durch Mikrosublimation bei 120–140° farblose Kristallnadeln. Das Sublimat wird auf Zusatz von 0,5 cm^3 ammoniakalischer Silbernitratlösung schwarz gefärbt.

B. *Dünnschicht-Chromatographie*

Prinzip: Nach Abtrennung lipophiler Inhaltsstoffe aus einem methanolisch-wäßrigen Drogenextrakt mit Ether werden aus der verbleibenden wäßrigen Phase die Flavonglykoside und Arbutin mit Essigsäureethylester extrahiert. In diesem eingeengten Extrakt wird zunächst mit methanolischer Aluminiumchloridlösung auf Flavonoide geprüft. Auf einem zweiten Chromatogramm der Untersuchungslösung werden mit 2,6-Dichlorchinonchlorimid Phenolderivate (Hydrochinon, Arbutin, Gallussäure) unter Bildung blauer Indophenolfarbstoffe nachgewiesen. Als Vergleichssubstanzen werden Arbutin, Gallussäure und Hydrochinon eingesetzt. Nachweis der Arbutinspaltung zu Hydrochinon beim TAS-Verfahren.

Anmerkung: In einfacher Weise erreicht man mit dem TAS-Verfahren bei 250° die thermische Spaltung des Arbutins zum Hydrochinon und weist dies anschließend dc nach.

I. *Standardmethode:* Ja; Abweichung: Laufstrecke 15 cm.

II. *Schicht:* Kieselgel F_{254}.

III. *Fließmittel:* Essigsäureethylester-Wasser-wasserfreie Ameisensäure (88 + 6 + 6), KS, 15 cm.

IV. *Nachweis:* Nach Abdampfen des Fließmittels bei 105–110° bis zum Verschwinden des Geruchs nach Ameisensäure.

1) Chromatogramm und Chromatogramm der entsprechenden Vergleichslösung (unter Abdeckung des 2. Chromatogramms und des Chromatogramms der entsprechenden Vergleichslösung):
Besprühen mit einer gesättigten Lösung von Aluminiumchlorid in Methanol, und anschließend im UV_{365} die fluoreszierenden Zonen und die Fluoreszenzfarben markieren.

2) Chromatogramm und Chromatogramm der entsprechenden Vergleichslösung (unter Abdeckung des 1. Chromatogramms und des Chromatogramms der entsprechenden Vergleichslösung):
Besprühen mit einer 1proz. Lösung von 2,6-Dichlorchinonchlorimid in Methanol und anschließend Bedampfen mit Ammoniak.

V. *Untersuchungslösung:* 5 g gepulverte Droge (250) werden mit 37,5 cm^3 Methanol und 12,5 cm^3 Wasser versetzt und 30 min unter Rückfluß zum Sieden erhitzt. Das Filtrat wird unterhalb 30 mbar (etwa 20 Torr) auf etwa 12 cm^3 eingeengt und mit insgesamt 50 cm^3 Wasser in einen Scheidetrichter überführt.
Die Lösung wird zweimal mit je 30 cm^3 Ether ausgeschüttelt; die Etherauszüge werden verworfen. Anschließend wird die Lösung dreimal mit je 30 cm^3 Essigsäureethylester ausgeschüttelt; die vereinigten Essigsäureethylesterauszüge werden unterhalb 30 mbar (etwa 20 Torr) zur Trockne eingeengt. Der Rückstand wird in 10 cm^3 Methanol gelöst, davon trägt man 20 mm^3 bandförmig (20 × 3 mm) auf (s. hierzu die Anmerkung S. 93).
TAS-Auftragung: 5 mg gepulverte Droge (300), 1 Kügelchen Molekularsieb, 4 Å (= 0,4 nm), wasserdampfgesättigt; 250°; 90 s.

VI. *Vergleichslösung:* 5 mg Hydrochinon, 5 mg Gallussäure und 5 mg Arbutin werden in 2 cm^3 Methanol gelöst, davon trägt man 10 mm^3 bandförmig (20 × 3 mm) auf.

Auswertung (Abb. 44)
Im ultravioletten Licht bei 365 nm sind im Chromatogramm der Untersuchungslösung links (= 1. Chromatogramm) im oberen Rf-Bereich drei blau fluoreszierende Zonen zu erkennen. Zwei dieser Zonen liegen auf der Höhe der oberen Zonen im Chromatogramm der Vergleichslösung, eine darüber.
Im unteren Rf-Bereich, etwa auf Höhe der untersten Zone im Chromatogramm der Vergleichslösung, liegt eine blau fluoreszierende Zone, die von zwei gelb fluoreszierenden eingeschlossen wird; darüber sind noch zwei weitere gelb fluoreszierende Zonen erkennbar.
Nach dem Besprühen mit 2,6-Dichlorchinonchlorimid und Behandeln mit Ammoniakdampf (Chromatogramm 2, rechts) ist im unteren hRf-Bereich der Untersuchungslösung eine blaue Zone zu erkennen, die der Arbutinzone der Vergleichslösung entspricht. Direkt darunter befinden sich eine grüne und mehrere graublaue Zonen. Im oberen hRf-Bereich liegt eine braungrüne Zone auf der Höhe der Gallussäure der Vergleichslösung. Darüber findet man eine blaue Zone und eine blaugrüne Zone, die der Hydrochinonzone der Vergleichslösung entspricht. Darüber ist noch eine blaue Zone zu erkennen.
Das *Chromatogramm der TAS-Auftragung* zeigt auf der Höhe von Hydrochinon im Chromatogramm der Vergleichslösung eine ebenfalls fluoreszenzmindernde Zone, die sich mit 2,6-Dichlorchinonimid-Reagenz und anschließendem Bedampfen mit Ammoniak ebenfalls blau anfärbt.

Anmerkung zur Auswertung: Da Hydrochinon, Gallussäure und Arbutin mit Aluminiumchlorid keine im langwelligen UV-Licht fluoreszierende Komplexe ergeben und somit nicht nachweisbar sind, erübrigt sich eine Auftragung der Vergleichslösung auf dem ersten Chromatogramm. Eine Detektion der fluoreszenzmindernden Vergleichssubstanzen im kurzwelligen UV-Licht vor dem

1. Chromatogramm
(Nachweis IV/1)

2. Chromatogramm
(Nachweis IV/2)

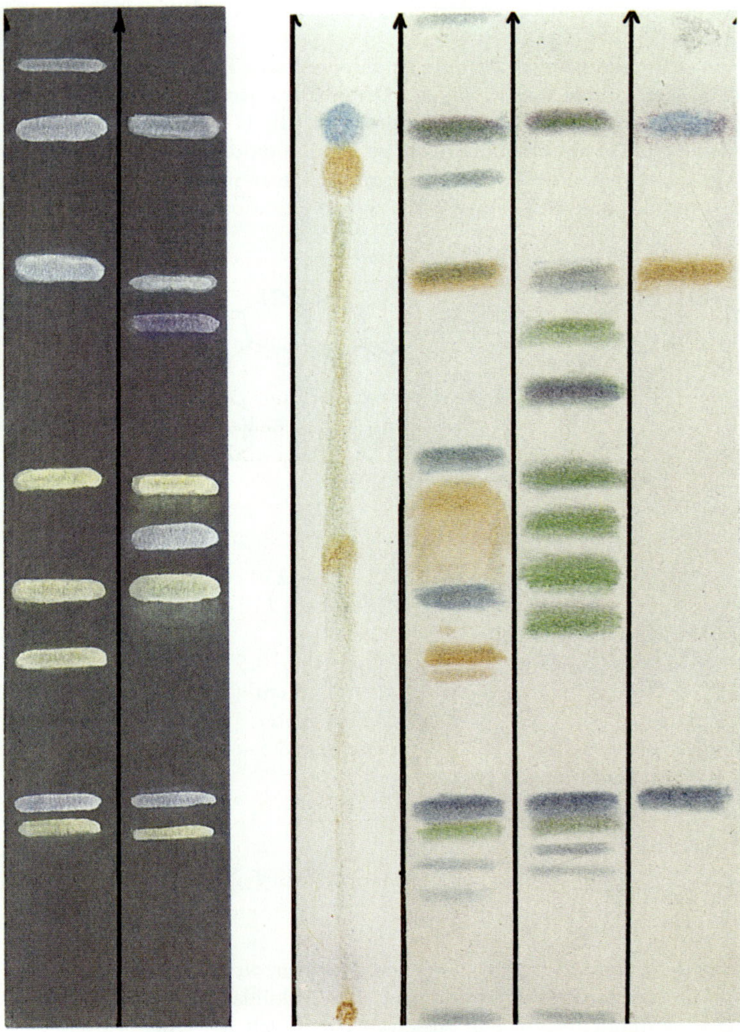

Abb. 44: I: Untersuchungslösung von Uvae ursi folium, 20 mm^3; II: Untersuchungslösung von Vitis idaeae folium (Preiselbeerblätter), 20 mm^3; III: TAS Uvae ursi folium; IV: Vergleichslösung, 10 mm^3.

Besprühen ist ebenfalls nicht möglich, da der Fluoreszenzindikator durch den Ameisensäuregehalt des Fließmittels zerstört wird. Eine Orientierung ist anhand des zweiten Chromatogramms auf derselben DC-Schicht möglich.

Anmerkung zur Herstellung der Untersuchungslösung: Folgende, vereinfachte Herstellung der Untersuchungslösung zum Nachweis der Hydrochinonderivate (Nachweis mit 2,6-Dichlorchinonchlorimid) ergibt die gleichen Resultate: 0,5 g gepulverte Droge (250) werden mit 5 cm^3 Wasser-Methanol (1 + 1) 10 min auf dem siedenden Wasserbad erhitzt. Danach wird heiß filtriert und unter Nachwaschen des Filters mit Methanol-Wasser auf 5 cm^3 aufgefüllt. Nach dem Erkalten wird mit 0,2 cm^3 einer 10proz. *(G/V)* bas. Bleiacetatlösung versetzt und abfiltriert; vom Filtrat trägt man 10 mm^3 bandförmig auf.

Gehaltsbestimmung

A. *Prinzip:* Photometrische Bestimmung der Hydrochinonderivate mit Hilfe eines farbigen Reaktionsprodukts mit 4-Aminoantipyrin in Gegenwart eines Oxidationsmittels (EMERSON-Reaktion)

Zur Berechnung der Hyrochinonderivate als Arbutin ist die spezifische Extinktion gegeben.

Die Hydrochinonderivate werden mit Wasser aus der Droge extrahiert; der wäßrige Extrakt wird mit 4-Aminoantipyrin-Lösung, Kaliumhexacyanoferrat (III)-Lösung und Ammoniak versetzt: Intermediär werden die Hydrochinonderivate zu Chinon oxidiert, das gebildete Chinon reagiert mit der Aminogruppe unter Wasserabspaltung zu einem mesomeriestabilisierten farbigen Kondensationsprodukt, das mit Chloroform aus dem Reaktionsgemisch ausgeschüttelt wird.

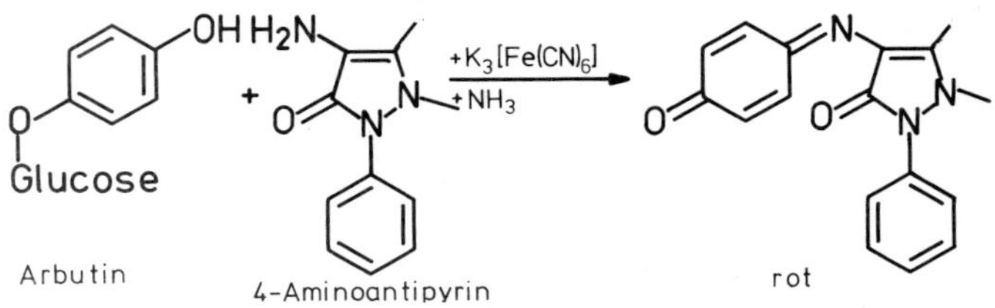

B. *Durchführung*

Chemikalien

Uvae ursi folium pulv. (250), 0,4 g

Chloroform, 100 cm^3

4-Aminoantipyrin, 2proz. wäßrig *(G/V)* 1 cm^3

Kaliumhexacyanoferrat(III), 8proz. wäßrig *(G/V)*, 1 cm^3

Ammoniaklösung, verdünnte: 15 cm^3 Ammoniaklösung, 25proz. *(G/V)* werden mit Wasser zu 100 cm^3 verdünnt, 0,5 cm^3

Geräte

Becherglas, 250 cm^3 (1)

Meßkolben: 250 cm^3 (1), 100 cm^3 (4)

Vollpipetten: 0,5 cm^3 (1), 1 cm^3 (1), 5 cm^3 (1)

Scheidetrichter, 100 cm^3

2 Trichter, ∅ 5–6 cm

Allgemeine Geräte

Wasserbad

2 Glasküvetten, Schichtdicke 1 cm

Vorschrift DAB 8: Etwa 0,4 g gepulverte Droge, genau gewogen, werden mit etwa 50 cm^3 Wasser versetzt und 30 min zum Sieden erhitzt und nach dem Abkühlen in einem Meßkolben mit Wasser auf 250 cm^3 verdünnt. Nach dem Absetzen der Teilchen werden 5,0 cm^3 der Lösung in einem Scheidetrichter mit 45 cm^3 Wasser und 1 cm^3 einer 2proz. Lösung von 4-Aminoantipyrin, 0,5 cm^3 verd. Ammoniaklösung und 1 cm^3 einer 8proz. *(G/V)* Lösung von Kaliumhexacyanoferrat(III) versetzt. Nach 5 min Stehenlassen wird mit 25 cm^3 Chloroform ausgeschüttelt. Die Chloroformphase wird durch einen mit Chloroform befeuchteten Wattebausch in einen 100cm^3-Meßkolben filtriert. Die wäßrige Phase wird noch zwei- bis dreimal mit je 25 cm^3 Chloroform ausgeschüttelt und die Chloroform-Auszüge mit Chloroform zu 100,0 cm^3 verdünnt.

Die Extinktion der Farblösung wird bei 455 nm in einer Schichtdicke von 1 cm gegen Wasser gemessen.

C. *Berechnung*

Der Berechnung des Gehalts an Hydrochinon-Derivaten, berechnet als Arbutin, wird eine spezifische Extinktion von $E^{1\%}_{1\,cm} = 648$ zugrunde gelegt.

E: Extinktion der Untersuchungslösung

b: Drogeneinwaage in Gramm.

In 100 cm^3 Meßlösung sind $\frac{E}{E_{1\,cm}^{1\%}}$ g Arbutin enthalten, die in einer Drogenmenge von $\frac{5}{250} \cdot b$ g enthalten sind.

$$\text{Arbutin } \% = \frac{100 \cdot E \cdot 250}{E_{1\,cm}^{1\%} \cdot 5 \cdot b} = \frac{5000 \cdot E}{E_{1\,cm}^{1\%} \cdot b}.$$

Für $E_{1\,cm}^{1\%} = 648$ und $b = 0{,}4$ g gilt:

Arbutin % = 19,3 · E.

Sulfatasche: Höchstens 7,0%, bestimmt mit 1,00 g gepulverter Droge.

B. Anthraglykosid-Drogen

In den nachfolgenden Drogen liegen die 1.8-Dihydroxyderivate des Anthracens in der Anthrachinon-, der Anthron- und Anthranolform vor.

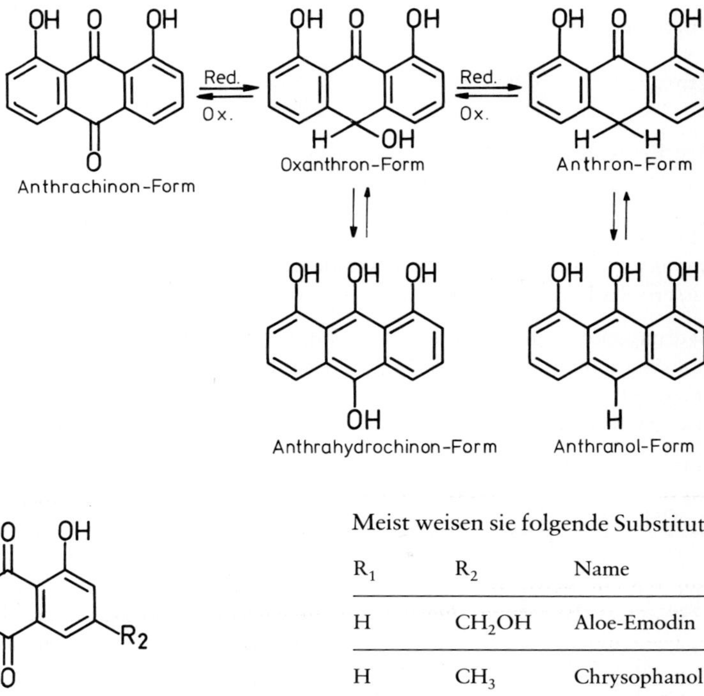

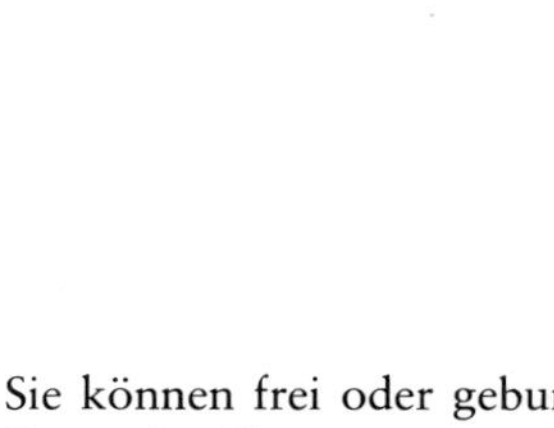

Meist weisen sie folgende Substitutionsmuster auf:

R_1	R_2	Name
H	CH_2OH	Aloe-Emodin
H	CH_3	Chrysophanol
H	COOH	Rhein
OH	CH_3	Rheum-(= Frangula-)Emodin
OCH_3	CH_3	Physcion

Sie können frei oder gebunden als O- und C-Glykoside auftreten. Dies erklärt die Vielfalt der Zonen im Chromatogramm der Alkoholextrakte.

1. Aloe

(deutsch, englisch, französisch desgl.)

A. Aloe barbadensis
Curacao-Aloe.

Stammpflanze und Familie: *Aloe barbadensis* MILLER – der zur Trockne eingedickte Saft der Blätter *(Liliaceae)*.

Offizinell: Ph. Eur. III (mind. 28% Hydroxyanthracen-Derivate, berechnet als wasserfreies Barbaloin).

B. Aloe capensis
Kap-Aloe.

Stammpflanze und Familie: Einige Arten der Gattung *Aloe,* insbesondere *Aloe ferox* MILLER und seiner Hybriden – der zur Trockne eingedickte Saft der Blätter *(Liliaceae)*.

Offizinell: Ph. Eur. III (mind. 18% Hydroxyanthracen-Derivate, berechnet als wasserfreies Barbaloin).
Im DAB 7-DDR werden unter Aloe beide Arten zusammengefaßt, der Mindestgehalt an Barbaloin muß 15% betragen.

C. Aloe extractum
Aloe-Extrakt.

Offizinell: DAB 8: Ein wäßriger und wieder zur Trockne eingedampfter Extrakt von *Aloe capensis* (mindestens 22% und höchstens 33% Hydroxyanthracenderivate, berechnet als wasserfreies Barbaloin).
Ph. Eur. (Rev.): Ein wäßriger und wieder zur Trockne eingedampfter Extrakt von *Aloe barbadensis* oder *Aloe capensis* (mindestens 18,0% und höchstens 22,0% Hydroxyanthracenderivate, berechnet als wasserfreies Barbaloin), USP XIX, (50% wasserlösliche Anteile).

Inhaltsstoffe: Hydroxyanthracenderivate: hauptsächlich Aloin (MG 418,4) (15-40%), ein 10-C-Glukosid des Aloe-Emodinanthrons, daneben Aloe-Emodin; nur in Kap-Aloe: Aloinoside A und B, die stereoisomere Aloin-11-monorhamnoside sind. Nichtwirksame Aloeharz-Bestandteile mit Aloesin A und B sind Chromon-C-glucoside.

Formeln

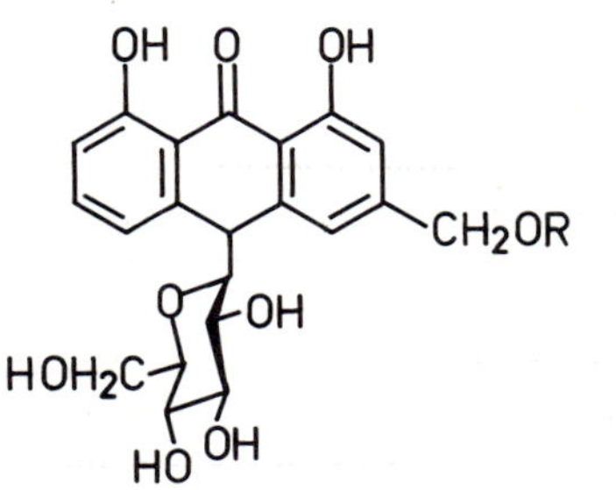

R = H : Barbaloin (Aloin)
R = α-L-Rhamnosyl : Aloinoside A, B

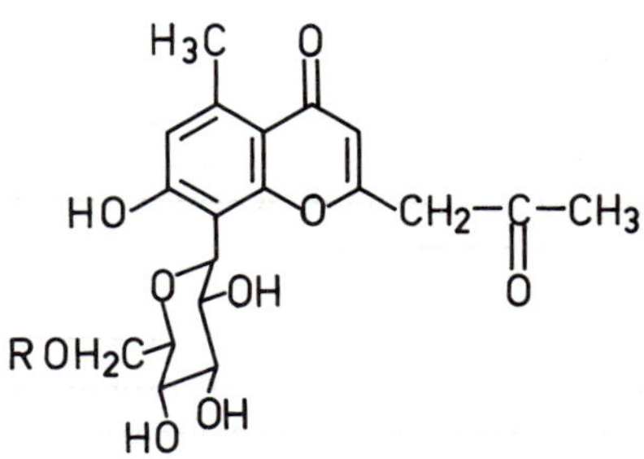

R = H : Aloe(re)sin B
R = p-Cumaryl : Aloe(re)sin A

Wirkung und Verwendung: Ein sicheres dickdarmwirksames Laxans. Größere Dosen bewirken Hyperämie der Beckenorgane. Wie alle Anthraglykosid-Drogen kontraindiziert während der Stillzeit, Menstruation, Gravidität und bei Hämorrhoiden.

Prüfungen

A. *Aloe barbadensis:* Die braune Pulverdroge hat einen starken, charakteristischen Geruch und einen bitteren, unangenehmen Geschmack.

B. *Aloe capensis:* Die grünlichbraune Pulverdroge hat einen starken, charakteristischen Geruch und einen bitteren, unangenehmen Geschmack.

Prüfung auf Identität

I. *Aloin-Nachweis nach* SCHOUTETEN:

A. *Prinzip:* Im Alkalischen erfolgt eine Verschiebung des Anthron-Anthranol-Gleichgewichts auf die Seite der Anthranolform (gelbgrünliche Fluoreszenz).

B. *Durchführung*

Chemikalien	Geräte
Aloe, pulv. (180), 1 g	3 Erlenmeyerkolben, 100 cm^3
Talkum, 1 g	1 Trichter, ∅ 6 cm
Natriumtetraborat, 0,25 g	

Allgemeine Geräte
Heizplatte

Vorschrift: 1 g gepulverte Droge wird mit 100 cm^3 siedendem Wasser geschüttelt. Nach dem Abkühlen wird mit 1 g Talkum versetzt und filtriert. 0,25 g Natriumtetraborat werden unter Erwärmen in 10 cm^3 Filtrat gelöst. 1 bis 2 cm^3 dieser Lösung werden in 20 cm^3 Wasser gegossen. Es entsteht eine gelblichgrüne Fluoreszenz, die im ultravioletten Licht bei 365 nm stärker ausgebildet ist.

II. Nachweis von 1.8-Dihydroxyanthracenderivaten

A. *Prinzip:* 1.8-Dihydroxyanthracenderivate bilden mit Bromwasser analog dem Phenol schwer wasserlösliche Tribromphenol-derivate. Die Ursache für die Violettfärbung der überstehenden Lösung ist noch unbekannt.

B. *Durchführung*

Chemikalien
Bromwasser (frisch hergestellte gesättigte wäßrige Lösung), 1 cm^3.

Vorschrift: 1 cm^3 des unter I, B erhaltenen Filtrats werden mit 1 cm^3 Bromwasser versetzt. Es entsteht ein gelber Niederschlag, bei Kap-Aloe (bei Barbados-Aloe ein brauner Niederschlag), und die überstehende Lösung ist bei
Aloe barbadensis *violett* und bei
Aloe capensis *nicht violett* gefärbt.

Prüfung auf Reinheit

Dünnschicht-Chromatographie von Aloe barbadensis und Aloe capensis:
Prinzip: Prüfung auf Barbaloin in beiden Aloe-Arten und auf Aloinoside in Kap-Aloe, aber nicht in Curaçao-Aloe. Ein methanolischer Extrakt dient direkt als Untersuchungslösung zur DC. Die Sichtbarmachung der dc getrennten Zonen erfolgt mit einer Kaliumhydroxidlösung: Anthronderivate (Aloin) werden in stark gelb fluoreszierende Anthranolderivate überführt, und 1.8-Dihydroxyanthrachinderivate färben sich rot an (BORNTRÄGER-Reaktion). Nach dem Erhitzen tritt nur auf dem Chromatogramm von Curaçao-Aloe eine violette Zone zusätzlich auf.

I. *Standardmethode:* Ja.
II. *Schicht:* Kieselgel F_{254}.
III. *Fließmittel:* Essigsäureethylester-Methanol-Wasser (100 + 17 + 13), KS, 10 cm.
IV. *Nachweis:* Nach Abdampfen des Fließmittels.
Besprühen mit einer 10proz. *(G/V)* Lösung von Kaliumhydroxid in Methanol und anschließend im UV_{365} die fluoreszierenden Zonen markieren und deren Farben notieren.

V. *Untersuchungslösung*
0,50 g gepulverte Droge werden mit 20 cm^3 Methanol im Wasserbad zum Sieden erhitzt. Es wird einige min geschüttelt. Die überstehende Lösung wird dekantiert, davon trägt man 10 mm^3 bandförmig (20 × 3 mm) auf.
(Auch bei Aufbewahrung bei 4° kann die Untersuchungslösung nur innerhalb von 24 Stunden zur Chromatographie verwendet werden.)

VI. *Vergleichslösung:*
50 mg Barbaloin werden in 10 cm^3 Methanol gelöst, davon trägt man 10 mm^3 bandförmig (20 × 3 mm) auf.

Chromatogramm (Nachweis IV/1)

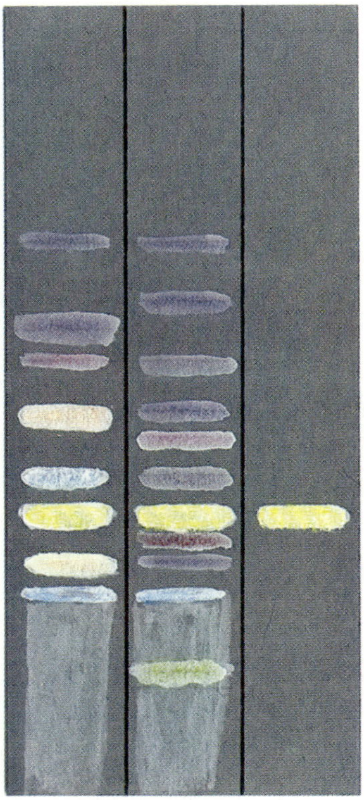

Abb. 45: I: Untersuchungslösung von Aloe capensis, 10 mm^3; II: Untersuchungslösung von Aloe barbadensis, 10 mm^3; III: Vergleichslösung, 10 mm^3.

Auswertung
Das Chromatogramm der Vergleichslösung zeigt eine gelbe, dem Barbaloin entsprechende Zone im mittleren hRf-Bereich. Die Chromatogramme der Untersuchungslösung müssen eine gelbe Zone mit gleichem hRf-Wert zeigen und im unteren Teil eine hellblau fluoreszierende, dem Aloesin entsprechende Zone.
Auf dem Chromatogramm der Untersuchungslösung von Kap-Aloe treten im unteren Teil des Chromatogramms zwei gelbe, den Aloinosiden A und B entsprechende Zonen auf, die auch zusammen liegen können (Abb. 45/I).
Beim anschließenden Erhitzen des Chromatogramms auf 110° (5 min) muß auf dem Chromatogramm der Untersuchungslösung von Curacao-Aloe direkt unterhalb der Barbaloin-Zone eine violette Zone auftreten, die bei Kap-Aloe fehlen muß.

Gehaltsbestimmung

A. *Prinzip:* Photometrische Bestimmung der Hydroxyanthrachinonderivate nach oxidativer Hydrolyse als Magnesium-Chelatkomplex, dessen spezifische Extinktion zur Berechnung als Barbaloin gegeben ist.

Ein wäßriger Aloe-Extrakt wird mit Eisen(III)chlorid oxidiert, das gebildete Aloe-Emodin wird mit Tetrachlorkohlenstoff extrahiert; zur Entfernung mitgeschleppter Eisen(III)salze wird die organische Phase mit Wasser gewaschen; nach Abdampfen des Tetrachlorkohlenstoffs wird der Rückstand mit einer methanolischen Lösung von Magnesiumacetat umgesetzt (s. Formel).

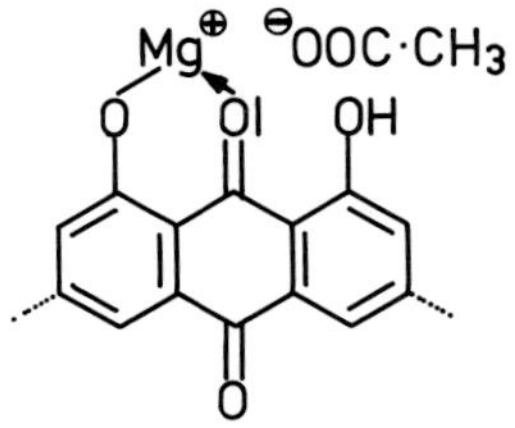

B. *Durchführung*

Chemikalien	Geräte
Aloe barbadensis, pulv. (180), 0,2 g	2 Erlenmeyerkolben 200 cm^3
bzw. Aloe capensis, pulv. (180), 0,4 g	Meßkolben: 1000 cm^3 (1), 100 cm^3 (1)
Methanol, 2 cm^3	1 Rundkolben, NS 29, 100 cm^3
Eisen(III)chloridlösung, 60proz. *(G/V)*, 1 cm^3	1 Rückflußkühler, NS 29
Salzsäure, konz. 6 cm^3	1 Scheidetrichter, 100 cm^3
1N-Natriumhydroxidlösung, 4 cm^3	2 Bechergläser, 100 cm^3
Tetrachlorkohlenstoff, 100 cm^3	Vollpipetten: 20 cm^3 (1), 10 cm^3 (1), 5 cm^3 (1)
Magnesiumacetatlösung 0,5proz. *(G/V)* in Methanol, 20 cm^3	1 Meßpipette, 10 cm^3
	1 Trichter, ∅ 10 cm

Allgemeine Geräte

Wasserbad	Heizplatte
2 Glasküvetten, Schichtdicke 1 cm	

Vorschrift nach Ph. Eur. III (2. Ausgabe in Vorbereitung): Etwa 0,200 g (Aloe barbardensis), bzw. 0,400 g (Aloe capensis) (180), genau gewogen, werden in einem 200cm^3-Erlenmeyerkolben mit 2 cm^3 Methanol befeuchtet und nach Zusatz von 5 cm^3 Wasser von etwa 60 °C gut durchmischt. Die Mischung wird mit weiteren 75 cm^3 Wasser von etwa 60 °C versetzt und 30 min geschüttelt. Es wird abgekühlt und durch einen Papierfilter in einen 1000cm^3-Meßkolben filtriert. Erlenmeyerkolben und Filter werden mit 20 cm^3 Wasser gespült. Filtrat und Waschflüssigkeit werden zu 1000,0 cm^3 verdünnt. 10,0 cm^3 der Flüssigkeit werden in einem 100cm^3-Rundkolben, der 1 cm^3 einer 60proz. *(G/V)* Lösung von Eisen(III)chlorid und 6 cm^3 Salzsäure enthält, 4 h im Wasserbad unter Rückfluß so erhitzt, daß die Wasseroberfläche über der im Kolben steht.

Nach dem Abkühlen wird die Lösung in einen Scheidetrichter gebracht und der Kolben nacheinander mit 4 cm^3 Wasser, 4 cm^3 1N-Natriumhydroxidlösung und 4 cm^3 Wasser gespült. Die Waschflüssigkeiten werden dem Inhalt des Scheidetrichters zugefügt. Sein Inhalt wird dreimal mit je 20 cm^3 Tetrachlorkohlenstoff ausgeschüttelt. Die vereinigten Tetrachlorkohlenstoffauszüge werden zweimal mit je 10 cm^3 Wasser gewaschen, das verworfen wird. Die organische Schicht wird mit Tetrachlorkohlenstoff zu 100,0 cm^3 ergänzt. 20,0 cm^3 werden im Wasserbad vorsichtig im Abzug(!) zur Trockne eingedampft und der Rückstand in 10 cm^3 einer 0,5proz. *(G/V)* Magnesiumacetatlösung in Methanol gelöst.

Die Extinktion *E* dieser Lösung wird bei 512 nm in einer Schichtdicke von 1 cm gegen Methanol als Vergleichslösung gemessen.

C. Berechnung

Der Gehalt an wasserfreiem Barbaloin wird mit Hilfe der spezifischen Extinktion $E_{1\,cm}^{1\%} = 281$ bei der Wellenlänge des Maximums berechnet.

E: Extinktion der Untersuchungslösung

b: Drogeneinwaage in Gramm

In 10 cm³ Untersuchungslösung sind $\frac{10}{100} \cdot E/E_{1\,cm}^{1\%}$ g Barbaloin enthalten, die in einer Drogenmenge von $b \cdot \frac{10 \cdot 20}{1000 \cdot 100}$ g enthalten sind.

$$\text{Barbaloin } \% = \frac{100 \cdot 10 \cdot E \cdot 1000 \cdot 100}{100 \cdot E_{1\,cm}^{1\%} \cdot 10 \cdot 20 \cdot b} = \frac{5000 \cdot E}{E_{1\,cm}^{1\%} \cdot b}.$$

Für $E_{1\,cm}^{1} = 281$ folgt

$$\text{Barbaloin } \% = \frac{17{,}8 \cdot E}{b}.$$

Trocknungsverluste

Aloe barbadensis: Höchstens 12,0%, mit 1,00 g gepulverter Droge durch Trocknen im Trockenschrank bei 100–105 °C bestimmt.

Aloe capensis: Höchstens 10,0%, wie vorstehend getrocknet.

2. Frangulae cortex

Faulbaumrinde, Frangula Bark, Bourdaine

Stammpflanze und Familie: *Rhamnus frangula* L. (syn. *Frangula alnus* MILLER) (*Rhamnaceae*).

Offizinell: Ph. Eur. II (mind. 6,0% Glucofranguline, berechnet als Glucofrangulin A (MG 578,5), DAB 7-DDR (mind. 5,0–7,0% Anthracenderivate, berechnet als 1,8-Dihydroxyanthrachinon-monoglykosid).

Inhaltsstoffe: bis zu 8% 1.8-Dihydroxyanthracenderivate, hauptsächlich Glucofrangulin A und B (in frischer Droge in reduzierter Form (Anthron-), deren Vorstufen Dianthrone sind), ferner Frangulin A und B, die Aglykone: Frangula-Emodin, Chrysophanol und Physcion, die beiden letzteren teils auch als Glykoside, Frangularosid (Frangulaemodin-anthron-rhamnosid), wasserdampfflüchtiges 1,8-Dihydroxy-2-acetylnaphthalin, ferner etwa 12% Gerbstoffe, Bitterstoffe, Saponine.

Formel

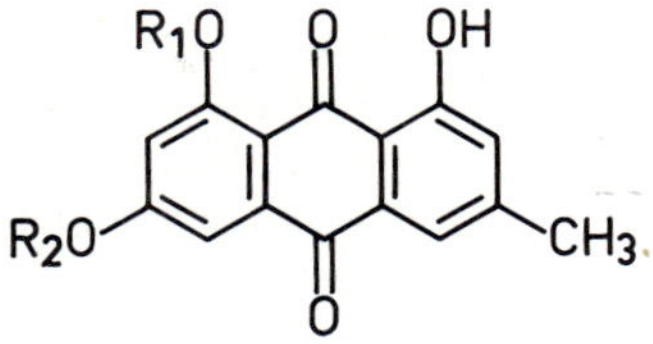

R_1 = Glucose	R_2 = Rhamnose	: Glucofrangulin A
R_1 = Glucose	R_2 = Apiose	: Glucofrangulin B
R_1 = H	R_2 = Rhamnose	: Frangulin A
R_1 = H	R_2 = Apiose	: Frangulin B
R_1 = H	R_2 = H	: Frangula-Emodin

Wirkung und Verwendung: Laxierend, dickdarmwirksam. Bereits 50 mg Glucofrangulin wirken beim Menschen stark abführend; Frangulin und Frangula-Emodin wesentlich schwächer. Die Anthronderivate der frischen Rinde sind brechreizerregend und schleimhautreizend.

3. Rhamni purshiani cortex

Amerikanische Faulbaumrinde (Cascara sagrada-Rinde), Cascara (engl. und franz.)

Stammpflanze und Familie: *Rhamnus purshianus* DC (syn. *Frangula purshiana* (DC) A. GRAY ex J. C. COOPER) *(Rhamnaceae)*.

Offizinell: Ph. Eur. II (mind. 8% Hydroxyanthracenderivate, von denen mind. 60% Cascaroside sind, berechnet als Cascarosid A).

Inhaltsstoffe: Gemisch von über 20 Dihydroxyanthracenderivaten (6–10%), davon C- und O-Glykoside: Cascaroside A-D; C-Glykoside: Aloin und 11-Desoxyaloin (zusammen ca. 80–90%). O-Glykoside: Aloeemodinglucosid, Frangulaemodinglucosid und Frangulaemodinoxanthronglucosid (= Cascaraoxanthronglucosid) sowie die entsprechenden Aglykone und Physcion – in geringen Mengen auch Iso- und Heterodianthrone, ferner Bitterstoffe und Lipide.

Formeln

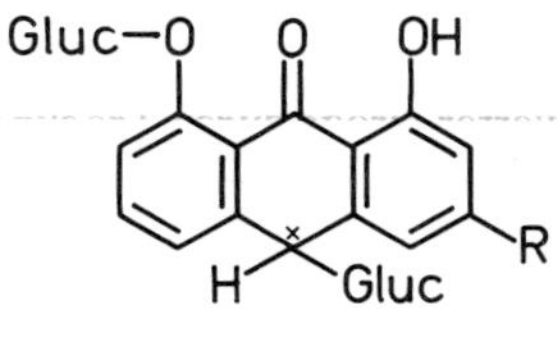

R = CH_2OH: Cascarosid A, B
R = CH_3 Cascarosid C, D

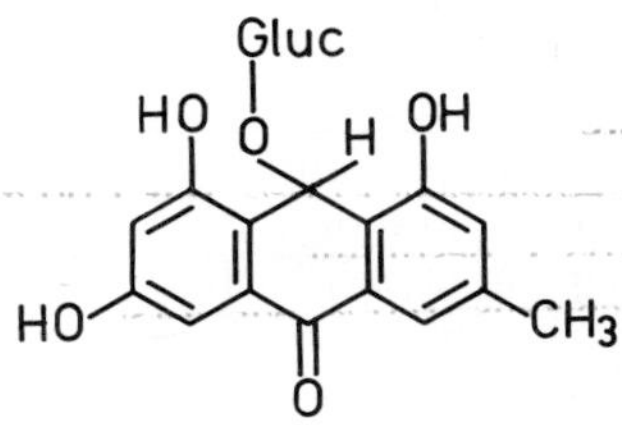

Frangula emodinoxanthrongluc.
(Cascaraoxanthronglucosid)

Wirkung und Verwendung: Die Droge wirkt wie Frangulae cortex und wird ebenso verwendet. Die Bitterstoffe können mit Magnesium-, Zink- oder Calciumoxid entfernt und so die Zubereitungen entbittert werden.

Prüfungen der Drogen

Frangulae cortex: Die gelblichbraune Pulverdroge hat einen schwachen Geruch und einen leicht bitteren und zusammenziehenden Geschmack.
Rhamni purshiani cortex: Die hellgelblichbraune bis olivgrüne Pulverdroge hat einen charakteristischen, aber wenig ausgeprägten Geruch und einen Brechreiz erregenden, bitteren und anhaltenden Geschmack.

Prüfung auf Identität

I. *Frangulae cortex*

A. *Prinzip:* Nachweis von 1.8-Dihydroxyanthrachinonderivat-Aglyka mit der Bornträger-Reaktion: Im Alkalischen ergeben 1.8-Dihydroxyanthrachinonderivate eine Rotfärbung, die auf eine verstärkte Mesomerie des ionisierten Phenolderivats zurückzuführen ist (s. Formeln).

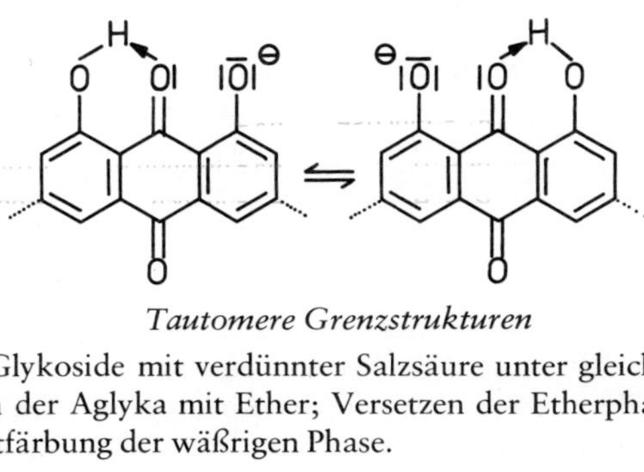

Tautomere Grenzstrukturen

Extraktion der Glykoside mit verdünnter Salzsäure unter gleichzeitiger O-Glykosidspaltung; Extraktion der Aglyka mit Ether; Versetzen der Etherphase mit verd. Ammoniaklösung ergibt Rotfärbung der wäßrigen Phase.

B. Durchführung

Chemikalien	Geräte
Frangulae cortex, pulv. (180), 50 mg	2 Erlenmeyerkolben, 100 cm^3
Ether, 20 cm^3	1 Scheidetrichter, 100 cm^3
Salzsäure, verd. 7,3proz. *(G/V)*, 25 cm^3	
Ammoniaklösung, verd. 3,5proz. *(G/V)*, 10 cm^3	Allgemeine Geräte
	Wasserbad

Vorschrift: Etwa 50 mg gepulverte Droge werden mit 25 cm^3 verd. Salzsäure im Wasserbad 15 min erhitzt. Nach dem Abkühlen wird die Lösung in einem Scheidetrichter mit 20 cm^3 Ether ausgeschüttelt. Die Etherschicht wird mit 10 cm^3 verd. Ammoniaklösung versetzt und ausgeschüttelt. Die wäßrige Schicht färbt sich purpurrot.

II. *Rhamni purshiani cortex*

A. Prinzip: Nachweis von O- und C-Glykosiden

a) Hydrolyse eines wäßrigen Drogenextrakts mit verd. Salzsäure, Extraktion der aus den O-Glykosiden entstandenen Aglyka mit Ether.

b) Oxidative Hydrolyse der in der wäßrigen Phase von a) verbliebenen C-Glykoside durch Eisen(III)chlorid-Salzsäure, Extraktion der entstandenen 1.8-Dihydroxyanthrachinonderivate mit Chloroform, Waschen der Chloroformphase mit Wasser zur Entfernung mitgeschleppter Eisen(III)salze.

Nachweis der in a) und b) erhaltenen 1.8-Dihydroxyanthrachinonderivate mit der BORNTRÄGER-Reaktion.

B. Durchführung

Chemikalien	Geräte
Rhamni purshiani cortex, pulv. (180), 0,1 g	2 Bechergläser, 150 cm^3
Salzsäure, 25proz., 20 cm^3	1 Scheidetrichter, 100 cm^3
Ether, 60 cm^3	3 Erlenmeyerkolben, 100 cm^3
Eisen(III)chlorid, 5 g	1 Trichter, ∅ 6 cm
Chloroform, 15 cm^3	
Ammoniaklösung, verd. 3,5proz. *(G/V)*, 15 cm^3	

Allgemeine Geräte
Wasserbad

Vorschrift: Etwa 0,1 g gepulverte Droge werden mit 50 cm^3 Wasser im Wasserbad 15 min erhitzt. Nach dem Abkühlen wird filtriert. 10 cm^3 Filtrat werden mit 20 cm^3 Salzsäure, 25proz. *(G/V)* versetzt und 15 min im Wasserbad erhitzt. Nach dem Abkühlen wird die Lösung in einen Scheidetrichter gebracht und dreimal mit je 20 cm^3 Ether ausgeschüttelt. Die wäßrige Phase (A) wird aufbewahrt.

a) Die drei Etherausschüttelungen werden vereinigt und mit 10 cm^3 verd. Ammoniaklösung ausgeschüttelt. Die wäßrige Schicht färbt sich purpurrot (O-Glykoside).

b) Die wäßrige Phase (A) wird in einem kleinen Kolben mit 5 g Eisen(III)chlorid versetzt und im Wasserbad 30 min lang erhitzt. Nach dem Abkühlen wird die Lösung in einen Scheidetrichter gebracht und mit 15 cm^3 Chloroform ausgeschüttelt. Die Chloroformschicht wird mit 10 cm^3 Wasser gewaschen. Das Wasser wird verworfen und die Chloroformschicht mit 5 cm^3 verd. Ammoniaklösung ausgeschüttelt. Die wäßrige Schicht färbt sich rot (C-Glykoside).

Prüfung auf Reinheit

Dünnschicht-Chromatographie von Frangulae cortex und Rhamni purshiani cortex:

Prinzip: Ein ethanolischer Extrakt dient direkt als Untersuchungslösung zur DC. Als Vergleichssubstanz wird das zwar in Rhamni purshiani cortex, aber nicht in Frangulae cortex enthaltene Barbaloin verwendet. Zur Prüfung auf Anthrone (frische Droge) wird das DC zunächst mit einer Lösung von Nitrosodimethylanilin in Pyridin besprüht: Anthrone bilden damit sofort graublaue

Zonen von Azomethinfarbstoffen; anschließend wird mit einer Kaliumhydroxydlösung besprüht: Durch die BORNTRÄGER-Reaktion färben sich die 1.8-Dihydroxyanthrachinonderivate rot-purpurfarben an.

I. *Standardmethode:* Ja.

II. *Schicht:* Kieselgel F_{254}.

III. *Fließmittel:* Essigsäureethylester-Methanol-Wasser (100 + 17 + 13), KS, 10 cm.

IV. *Nachweis:* Nach Abdampfen des Fließmittels.

1. Besprühen mit einer frisch hergestellten Lösung von Nitrosodimethylanilin, 0,1proz. in Pyridin (Reag.-Nr. 50) und sofort auswerten.
2. Besprühen mit einer 5proz. ethanolisch-wäßrigen (1 + 1) Lösung von Kaliumhydroxyd und anschließend 15 min auf 100–105° erhitzen und sofort auswerten, danach im langwelligen UV-Licht auswerten: Fluoreszierende Zonen und Farbe markieren.

V. *Untersuchungslösung*

0,50 g gepulverte Droge (180) werden mit 5 cm^3 Ethanol, *70proz. (V/V)* zum Sieden erhitzt. Nach dem Abkühlen und Abzentrifugieren wird die überstehende Lösung sofort dekantiert. Davon trägt man 10 mm^3 bandförmig (20 × 3 mm) auf.

Die Untersuchungslösung muß innerhalb von 30 min für die DC verwendet werden.

VI. *Vergleichslösung*

20 mg Barbaloin werden in 10 cm^3 Ethanol, 70proz. *(V/V)* gelöst, davon trägt man 10 mm^3 bandförmig (20 × 3 mm) auf.

Chromatogramm

(Nachweis IV/1) (Nachweis IV/2)

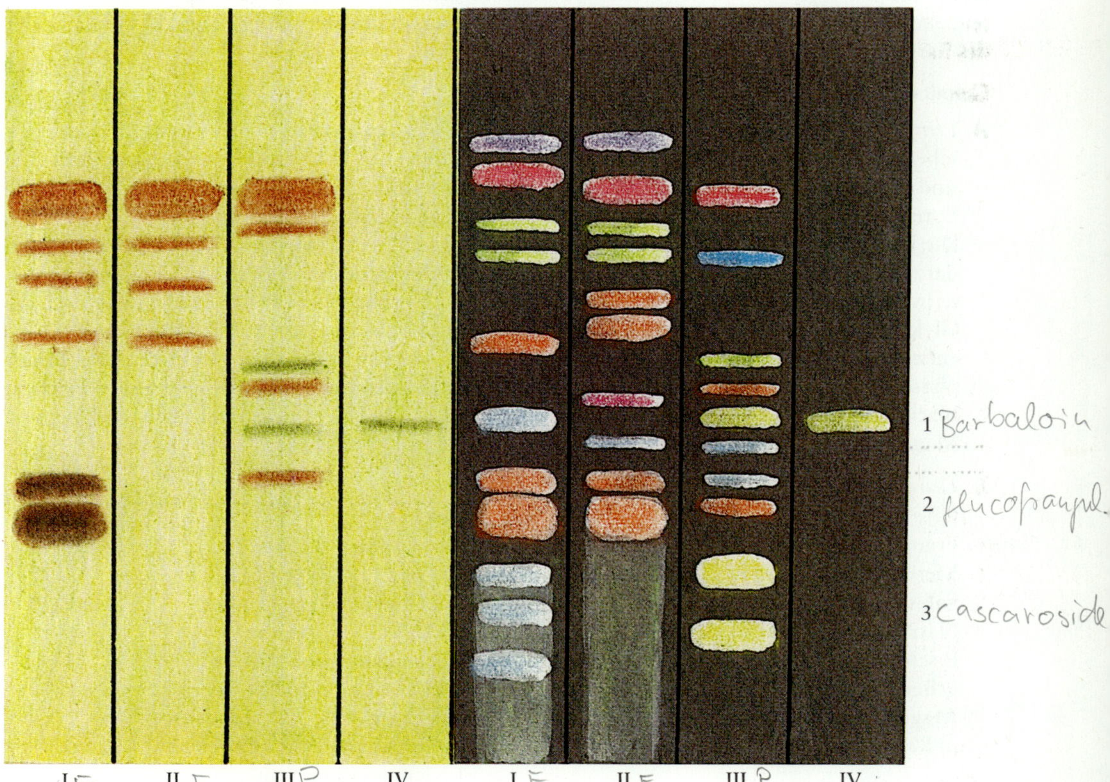

Abb. 46: I: Untersuchungslösung von Frangulae cortex (frisch), 10 mm^3; II: Untersuchungslösung von Frangulae cortex (gelagert), 10 mm^3; III: Untersuchungslösung von Rhamni purshiani cortex, 10 mm^3; IV: Vergleichslösung, 10 mm^3. 1 = Barbaloin, 2 = Glucofranguline und 3 = Cascaroside.

Auswertung

Nach dem Besprühen der fließmittelfreien DC-Schicht treten nur auf dem Chromatogramm der Untersuchungslösung von Frangulae cortex (frisch) sofort graublaue Zonen auf. Sie dürfen bei den Chromatogrammen der Untersuchungslösungen von Frangulae cortex (gelagert = offizinell) und von Rhamni purshiani cortex nicht auftreten, jedoch können auch hier allmählich graublaue Zonen auftreten.

Nach dem Besprühen mit einer Kaliumhydroxidlösung und anschließendem Erhitzen wird das Chromatogramm zunächst sofort im Tageslicht ausgewertet. Das Chromatogramm der Vergleichslösung weist im mittleren hRf-Bereich eine rotbraune, dem Barbaloin entsprechende Zone auf, die im langwelligen UV-Licht gelb fluoresziert.

Das Chromatogramm der Untersuchungslösung von Frangulae cortex (gelagert) muß mehrere rote Zonen zeigen, von denen die im mittleren hRf-Bereich liegenden, orange-rot fluoreszierenden Zonen von Glucofrangulin B und A die wichtigsten sind. Im unteren Bereich des Chromatogramms, in Startnähe, darf keine rote Zone auftreten (*Rhamnus fallax* BOISSIER).

Im UV_{365} darf das Chromatogramm keine intensiv gelben (= Cascaroside: *Rhamnus purshianus* DC) oder blauen Fluoreszenzzonen (*Rhamnus cartharticus* L.) zeigen.

Das Chromatogramm der Untersuchungslösung von *Rhamni purshiani cortex* zeigt mehrere rotbraune Zonen verschiedener Intensität: vier davon sind schwach sichtbar, drei derselben befinden sich in der Mitte des Chromatogramms und eine im unteren Drittel, während eine stark gefärbte Zone im oberen Drittel des Chromatogramms lokalisiert ist. Im UV_{365} zeigt die dem Barbaloin entsprechende Zone eine gelbbraune Fluoreszenz. Das Chromatogramm der Untersuchungslösung weist mehrere Zonen gleicher Fluoreszenz über und besonders unter der des Barbaloins auf (Cascaroside). Zonen blauer Fluoreszenz (*Rhamnus cartharticus* L.) dürfen nicht auftreten, ebenso fehlen zwei orangerot fluoreszierende Zonen (Glucofrangulin A und B) zwischen der des Barbaloins und derjenigen der Cascaroside (*Rhamnus frangula* L.)

Gehaltsbestimmung von Frangulae cortex

A. *Prinzip:* Bestimmung der glykosidischen 1.8-Dihydroxyanthracenderivate nach hydrolytischer und oxidativer Spaltung zu den entsprechenden 1.8-Dihydroxyanthrachinonderivaten und deren photometrische Bestimmung als Magnesium-Chelatkomplex, dessen spezifische Extinktion zur Berechnung als Glucofrangulin A gegeben ist.

Die Droge wird mit heißem Methanol extrahiert. Der Extrakt wird mit Wasser verdünnt und daraus die Aglyka durch Ausschütteln mit Ether entfernt (bei der Etherausschüttelung werden teilweise auch Frangulin A und B mitextrahiert). Die verbliebene wäßrige Phase, in der sich die Glykoside befinden, wird mit Eisen(III)chlorid und Salzsäure unter Rückfluß gekocht. Die entstandenen 1.8-Dihydroxyanthrachinonderivate werden mit Ether extrahiert. Die Etherphase wird mit Wasser zur Entfernung von mitgeschlepptem Eisen(III)chlorid gewaschen. Nach Abdampfen des Ethers wird der Rückstand mit einer methanolischen Lösung von Magnesiumacetat versetzt.

B. *Durchführung*

Chemikalien

Frangulae cortex, pulv. (180), 0,250 g
Methanol, 70proz. *(V/V)*, 100 cm^3
Salzsäure, konz. 35–38proz. *(G/V)*, 3 cm^3
Natriumcarbonatlösung, 5proz. *(G/V)*, 1 cm^3
Eisen(III)chloridlösung, 20proz. *(G/V)*, 20 cm^3
Ether, 300 cm^3
Magnesiumacetatlösung 0,5proz. *(G/V)* in Methanol, 10 cm^3

Geräte

Rundkolben, NS 29 : 50 cm^3 (2)
100 cm^3 (1), 200 cm^3 (1)
Erlenmeyerkolben: 100 cm^3 (1) 300 cm^3 (1)
2 Meßkolben, 100 cm^3
2 Scheidetrichter, 100 cm^3
1 Trichter, ∅ 6 cm
2 Bechergläser, 100 cm^3
Vollpipetten: 5 cm^3 (1), 10 cm^3 (1), 25 cm^3 (1)
1 Meßpipette, 10 cm^3

Allgemeine Geräte

Wasserbad
Heizplatte
4 Glasküvetten, Schichtdicke 1 cm

Vorschrift nach Ph. Eur. (2. Ausgabe in Vorbereitung): Etwa 0,250 g gepulverte Droge (180) werden in einen Schliffrundkolben genau eingewogen und mit 25 cm^3 Methanol 70proz. *(V/V)* gemischt. Der Kolben wird erneut gewogen und 15 min unter Rückfluß auf dem Wasserbad erhitzt. Nach dem Abkühlen wird gewogen, mit Methanol 70proz. auf das ursprüngliche Gewicht ergänzt und filtriert. 5 cm^3 Filtrat werden in einem Scheidetrichter mit 50 cm^3 Wasser und 0,1 cm^3 konz. Salzsäure versetzt und dreimal mit je 20 cm^3 Ether ausgeschüttelt. Nach dem Trennen der Schichten wird die wäßrige Phase in einen 100 cm^3-Meßkolben gegeben. Die vereinigten Etherphasen werden zweimal mit je 15 cm^3 Wasser nachgewaschen. Das Wasser wird zum Spülen des Scheidetrichters verwendet und zur wäßrigen Lösung im Meßkolben gegeben, die mit Wasser zu 100 cm^3 ergänzt wird. Die Etherphase wird verworfen.

40 cm^3 der wäßrigen Schicht werden in einem 200 cm^3-Schliffrundkolben mit einer 5proz. *(G/V)* Natriumcarbonatlösung neutralisiert (ca. 0,5 cm^3). Nach Zusatz von 20 cm^3 einer 20proz. *(G/V)* Lösung von Eisen(III)chlorid wird 20 min im Wasserbad unter Rückfluß gekocht. 2 cm^3 konz. Salzsäure werden hinzugefügt und erneut 20 min unter häufigem Schütteln erhitzt, bis der Niederschlag sich gelöst hat. Nach dem Abkühlen wird die Mischung in einem Scheidetrichter dreimal mit je 25 cm^3 Ether ausgeschüttelt, wobei zuvor der Kolben mit Ether ausgespült wird. Die Etherauszüge werden vereinigt, zweimal mit je 15 cm^3 Wasser gewaschen, in einen 100 cm^3-Meßkolben gebracht und mit Ether zu 100 cm^3 verdünnt.

20 cm^3 dieser Lösung werden vorsichtig zur Trockne eingedampft. Der Rückstand wird in 10 cm^3 einer 0,5proz. *(G/V)* Lösung von Magnesiumacetat in Methanol gelöst.

Die Extinktion *E* dieser Lösung wird bei einer Wellenlänge von 515 nm in einer Schichtdicke von 1 cm gegen Methanol als Vergleichslösung gemessen.

C. *Berechnung*

Der Gehalt an Glucofrangulin A wird mit Hilfe der spezifischen Extinktion $E^{1\%}_{1\,cm} = 192$ bei der Wellenlänge des Maximums berechnet.

E: Extinktion der Untersuchungslösung

b: Drogeneinwaage in Gramm

In 10 cm^3 Untersuchungslösung sind $\frac{10}{100}\,E/E^{1\%}_{1\,cm}$ g Glucofrangulin A enthalten, die in einer Drogenmenge von $b \cdot \frac{5 \cdot 40 \cdot 20}{25 \cdot 100 \cdot 100}$ g enthalten sind.

$$\text{Glucofrangulin A } \% = \frac{100 \cdot 10 \cdot E \cdot 25 \cdot 100 \cdot 100}{100 \cdot E^{1\%}_{1\,cm} \cdot b \cdot 5 \cdot 40 \cdot 20} = \frac{2500 \cdot E}{4 \cdot b \cdot E^{1\%}_{1\,cm}}.$$

Für $E^{1\%}_{1\,cm} = 192$ folgt

$$\text{Glucofrangulin A } \% = \frac{3{,}25 \cdot E}{b}$$

Gehaltsbestimmung von Rhamni purshiani cortex

A. *Prinzip:* Getrennte Bestimmung der Cascaroside und Nicht-Cascarosid-hydroxyanthracenglykoside. Nach hydrolytischer und oxidativer Spaltung der beiden Glykosidfraktionen zu den entsprechenden 1.8-Dihydroxyanthrachinonderivaten erfolgt die photometrische Bestimmung als Magnesiumchelat, dessen spezifische Extinktion zur Berechnung der beiden Glykosidfraktionen jeweils als Cascarosid A gegeben ist.

Aus dem wäßrigen Drogenextrakt werden zunächst mit Tetrachlorkohlenstoff die Aglyka ausgeschüttelt. Aus der verbleibenden wäßrigen Phase werden die Nicht-Cascarosid-hydroxyanthracenderivate mit Essigsäureethylester extrahiert; die Cascaroside verbleiben in der wäßrigen Phase (s. Schema).

Die aus den beiden Glykosidfraktionen nach oxidativer Hydrolyse mit Eisen(III)chlorid in salzsaurer Lösung erhaltenen 1.8-Dihydroxyanthrachinonaglyka werden jeweils mit Tetrachlorkohlenstoff aus dem Reaktionsgemisch ausgeschüttelt; zur Entfernung mitgeschleppter Eisen(III)salze werden die Tetrachlorkohlenstoffphasen nochmals mit Wasser gewaschen.

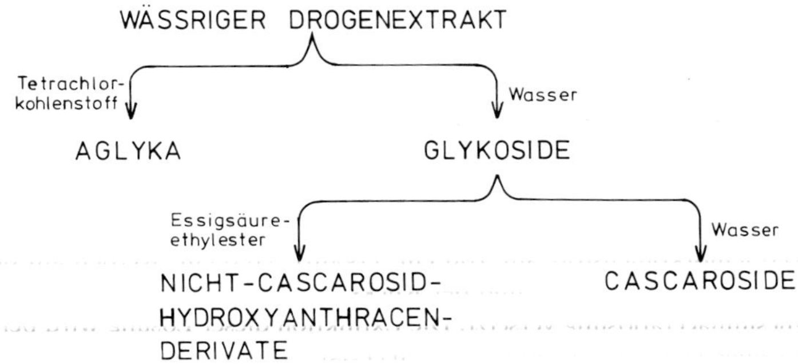

Nach dem Abdampfen von aliquoten Teilen der jeweiligen Tetrachlorkohlenstoff-Phasen zur Trockne werden die Rückstände je mit einer bestimmten Menge Magnesiumacetatlösung in Methanol versetzt und die Extinktionen gegen Methanol gemessen.
Um festzustellen ob die Flavone vollständig abgetrennt worden sind, wird die Extinktion der Untersuchungslösung außer bei der Wellenlänge des Absorptionsmaximums des Magnesium-Chelatkomplexes (λ = 515 nm) noch bei 440 nm gemessen.

B. *Durchführung*

Chemikalien

Rhamni purshiani cortex, pulv. (180), 1,00 g
Tetrachlorkohlenstoff, 300 cm^3
Essigsäureethylester, 120 cm^3
Methanol, 0,5 cm^3
Salzsäure, konz. 35–38proz. *(G/V)*, 24 cm^3
1 N-Salzsäure, 1 cm^3
1 N-Natriumhydroxydlösung, 5 cm^3
Eisen(III)chlorid, 4 g
Magnesiumacetatlösung, 0,5proz. in Methanol *(G/V)*, 20 cm^3

Geräte

Erlenmeyerkolben: 250 cm^3 (5), 100 cm^3 (6)
2 Bechergläser, 100 cm^3
Scheidetrichter 50 cm^3 (2), 100 cm^3 (3), 250 cm^3 (1)
1 Trichter, ∅ 7 cm
Meßkolben, 100 cm^3 (1), 50 cm^3 (2)
Vollpipetten, 5 cm^3, 10 cm^3, 20 cm^3
1 Meßpipette, 10 cm^3
2 Rundkolben, NS 29, 100 cm^3
2 Rückflußkühler, NS 29

Allgemeine Geräte

Magnetrührer mit Heizung und Rührstäbchen, 25 mm
Wasserbad
Rotationsverdampfer
2 Glasküvetten, 1 cm

Vorschrift Ph. Eur. II, (2. Ausg. in Vorbereitung): Etwa 1,00 g Droge (180), genau gewogen, wird unter Rühren in 100 cm^3 siedendes Wasser gegeben und 5 min unter Rühren weiter erhitzt. Nach dem Abkühlen wird mit Wasser auf 100,0 cm^3 ergänzt, gut durchgeschüttelt und filtriert. 10,0 cm^3 Filtrat werden in einem Scheidetrichter mit 2 Tropfen 1N-Salzsäure versetzt und zweimal mit je 20 cm^3 Tetrachlorkohlenstoff ausgeschüttelt. Die vereinigten Tetrachlorkohlenstoffauszüge werden mit 5 cm^3 Wasser gewaschen. Die Tetrachlorkohlenstoffschicht wird verworfen. Die mit dem Waschwasser vereinigte wäßrige Schicht wird viermal mit je 30 cm^3 Essigsäureethylester ausgeschüttelt, der frisch mit Wasser gesättigt ist. Die organische Schicht wird zur Gehaltsbestimmung der Nicht-Cascarosid-hydroxyanthracenglykoside und die wäßrige Phase zur Gehaltsbestimmung der Cascaroside verwendet.
Zur Sättigung des Essigsäureethylesters mit Wasser werden 150 cm^3 Essigsäureethylester 3 min mit 15 cm^3 Wasser geschüttelt und zum Trennen der Schichten stehengelassen.

Nicht-Cascarosid-hydroxyanthracenglykoside: Die vereinigten Essigsäureethylesterphasen werden bis fast zur Trockne eingeengt. Der Rückstand wird in 0,3 bis 0,5 cm^3 Methanol gelöst und unter Nachspülen mit warmem Wasser in einen 50 cm^3-Meßkolben gebracht. Nach dem Abkühlen wird mit Wasser auf 50,0 cm^3 ergänzt. 20,0 cm^3 dieser Lösung werden in einen 100 cm^3-Rundkolben mit Schliff gegeben, der 2 g Eisen(III)chlorid und 12 cm^3 Salzsäure ent-

hält. Der mit einem Rückflußkühler versehene Kolben wird so in ein Wasserbad gestellt, daß die Wasseroberfläche über der der Kolbenflüssigkeit steht und 4 h erhitzt. Nach dem Abkühlen wird die Lösung in einen Scheidetrichter gebracht und der Kolben mit 3 bis 4 cm^3 1 N-Natriumhydroxidlösung und anschließend mit 3 bis 4 cm^3 Wasser gewaschen. Die Waschflüssigkeiten werden dem Inhalt des Scheidetrichters zugefügt. Sein Inhalt wird dreimal mit je 30 cm^3 Tetrachlorkohlenstoff ausgeschüttelt und die vereinigten Tetrachlorkohlenstoffauszüge zweimal mit je 10 cm^3 Wasser gewaschen, das verworfen wird. Die organische Schicht wird mit Tetrachlorkohlenstoff auf 100 cm^3 ergänzt. 20,0 cm^3 werden auf dem Wasserbad vorsichtig zur Trockne eingeengt und der Rückstand mit 10,0 cm^3 einer 0,5proz. methanolischen Magnesiumacetatlösung versetzt. Die Extinktion dieser Lösung wird bei 515 nm gegen Methanol in einer 1 cm-Glasküvette gemessen (E_{NC}).
Die Extinktion der Untersuchungslösung wird ebenfalls bei 440 nm bestimmt; wenn das Verhältnis der Extinktion bei 515 nm zu der bei 440 nm kleiner als 2,6 ist, muß die Bestimmung wiederholt werden.

Cascaroside: Die für die Bestimmung vorgesehene wäßrige Phase wird mit Wasser auf 50 cm^3 ergänzt. 20,0 cm^3 dieser Lösung werden entsprechend den Angaben für die Gehaltsbestimmung der Nicht-Cascarosid-hydroxyanthracenglykoside behandelt (E_C).
Wenn das Verhältnis der Extinktion bei 515 nm zu der bei 440 nm kleiner als 2,7 ist, muß die Gehaltsbestimmung wiederholt werden.

C. Berechnung

Der Gehalt an Nicht-Cascarosid-hydroxyanthracenglykosiden und an Cascarosiden wird jeweils als Cascarosid A berechnet. Die spezifische Extinktion des entsprechenden Magnesium-Chelats beträgt bei der Wellenlänge des Absorptionsmaximums 169.

E_{NC}: Extinktion der Untersuchungslösung mit den Nicht-Cascarosid-hydroxyanthracenglykosiden

E_C: Extinktion der Untersuchungslösung mit den Cascarosiden

b: Drogeneinwaage in Gramm

In 10 cm^3 Untersuchungslösung sind $\frac{10}{100}\, E/E^{1\%}_{1\,cm}$ g Cascarosid A enthalten, die in einer Drogenmenge von $b \cdot \frac{10 \cdot 20 \cdot 20}{100 \cdot 50 \cdot 100}$ g enthalten sind.

$$\% = \frac{10 \cdot E \cdot 100 \cdot 100 \cdot 50 \cdot 100}{100 \cdot E^{1\%}_{1\,cm} \cdot b \cdot 10 \cdot 20 \cdot 20} = \frac{E \cdot 5000}{E^{1\%}_{1\,cm} \cdot 4 \cdot b}.$$

Für $E^{1\%}_{1\,cm} = 169$ gilt:

$$\% = \frac{E \cdot 7{,}4}{b}.$$

$$\text{Nicht-Cascarosid-hydroxyanthracenglykoside } \% = \frac{E_{NC} \cdot 7{,}4}{b}$$

$$\text{Cascaroside } \% = \frac{E_C \cdot 7{,}4}{b}$$

Sulfatasche

Frangulae cortex: Höchstens 6,0%, bestimmt mit 1,00 g gepulverter Droge.
Rhamni purshiani cortex: Höchstens 6,0%, bestimmt mit 1,00 g gepulverter Droge.

4. Rhei radix

Rhabarber, Rhubarb, Rhubarbe

Stammpflanze und Familie: *Rheum palmatum* L. und *Rheum officinale* BAILLON oder die Hybriden der beiden Arten *(Polygonaceae)*.

Offizinell: DAB 8 (mind. 3,0% Hydroxyanthracenderivate, berechnet als Rhein), DAB 7-DDR (4–7%, berechnet als Dihydroxyanthrachinonmonoglucosid).
Im DAB 8 ist ein Rhabarberextrakt aufgeführt, der mind. 6,5% Hydroxyanthracenderivate enthalten soll, berechnet als Rhein und bezogen auf die getrocknete Substanz.

Inhaltsstoffe: 3–7,5% Hydroxyanthracenglykoside und deren Aglyka, wie Rhein, Rheum- = Frangula-Emodin, Aloe-Emodin, Chrysophanol und Physcion (Formeln S. 95) einschließlich ihrer reduzierten Formen, Dianthrone (Rheidine, Sennidine), Heterodianthrone, ferner Gerbstoffe: Tannoglykoside; Flavone, z. B. Rutin, ferner Harze, 15% Stärke, relativ viel Salze.
Die als Verfälschung oder als unerlaubte Beimengungen vorkommenden unterirdischen Teile von *Rheum rhaponticum* L. enthalten das blau fluoreszierende Stilbenderivat Rhaponticosid (Rhaponticin), das zum Nachweis der Beimengung oder Verfälschung herangezogen wird.

Formel

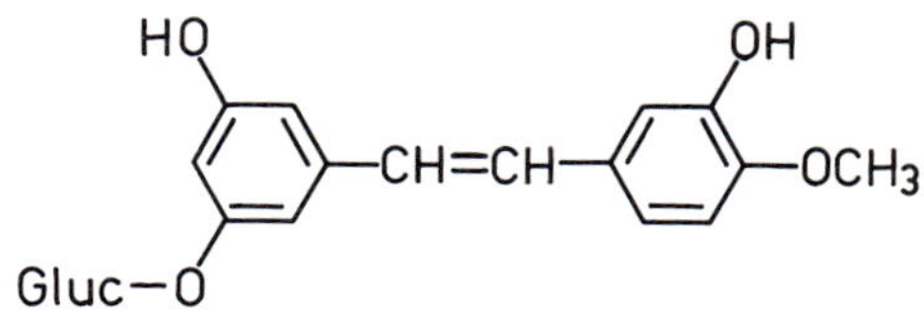

Rhaponticosid (Rhaponticin)

Wirkung und Verwendung: Kleine Dosen (0,05–0,5 g) wirken aufgrund der Gerbstoffe antidiarrhoisch, größere, d. h. 1–3 g, nach 6–10 Stunden laxierend (Urin gelbbraun + Alkali: Rotfärbung = BORNTRÄGER-Reaktion). Als Pulver, Extrakt und Tinktur verwendet, oft gemischt mit anderen laxierenden Drogen.

Prüfung der Droge
Die orange bis gelbbraune Pulverdroge hat einen eigenartigen Geruch und einen schwach zusammenziehenden Geschmack.

Prüfung auf Identität

I: A. *Prinzip:* Nachweis von 1.8-Dihydroxyanthrachinonderivaten nach Hydrolyse mit Hilfe der BORNTRÄGER-Reaktion.

B. *Durchführung*

Chemikalien	Geräte
Salzsäure, verd. 7,5proz. *(G/V)*, 25 cm^3	2 Erlenmeyerkolben, 100 cm^3
Ether, 20 cm^3	1 Scheidetrichter, 100 cm^3
Ammoniaklösung, verd. 10proz. *(G/V)*, 10 cm^3	

Vorschrift: 50 mg gepulverte Droge werden 15 min mit verd. Salzsäure im Wasserbad erhitzt. Nach dem Abkühlen wird mit 20 cm^3 Ether ausgeschüttelt. Die Etherschicht wird abgetrennt und mit 10 cm^3 verd. Ammoniaklösung geschüttelt. Die wäßrige Schicht färbt sich rot.

II: *Dünnschicht-Chromatographie*

Prinzip: Nach der Hydrolyse der Glykoside werden die Aglyka mit Ether abgetrennt, und der eingeengte etherische Extrakt dient als Untersuchungslösung zur DC. Geprüft wird auf die

Aglyka: Chrysophanol, Physcion, Rheum-(Frangula)-Emodin, Rhein und Aloe-Emodin. Als Vergleichssubstanz wird Rheum-(Frangula)-Emodin eingesetzt.

I. Standardmethode: Ja.

II. Schicht: Kieselgel F_{254}.

III. Fließmittel: Petrolether (40–60 °C)-Essigsäureethylester-wasserfreie Ameisensäure (75 + 25 + 1), KS, 10 cm.

IV. Nachweis: Nach vollständigem Abdampfen des Fließmittels auf der Heizplatte bei 100 °C.
1. UV_{365}: Fluoreszierende Zonen markieren.
2. Bedampfen mit Ammoniak und anschließend im Tageslicht auswerten.

V. Untersuchungslösung

50 mg gepulverte Droge (180) werden im Wasserbad 15 min mit einer Mischung aus 30 cm³ Wasser und 1 cm³ konz. Salzsäure erhitzt. Nach dem Abkühlen wird die Mischung mit 25 cm³ Ether ausgeschüttelt, die abgetrennte Etherschicht über wasserfreiem Natriumsulfat getrocknet und filtriert. Die Lösung wird zur Trockne eingeengt, der Rückstand in 0,5 cm³ Ether gelöst, davon trägt man 20 mm³ bandförmig (20 × 3 mm) auf.

VI. Vergleichslösung

5 mg Emodin werden in 5 cm³ Ether gelöst, davon trägt man 20 mm³ bandförmig (20 × 3 mm) auf.

Chromatogramm (Nachweis IV/2)

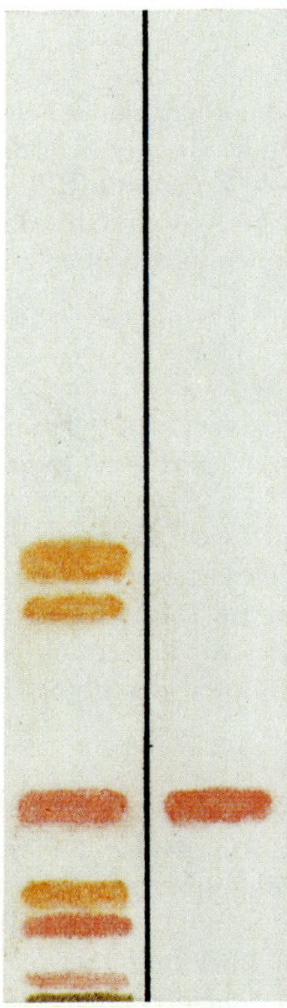

Chrysophanol
Physcion
Rheum-
(= Frangula-)Emodin
Rhein
Aloe-Emodin

I II

Abb. 47: I: Untersuchungslösung des Etherextrakts des Hydrolysats von Rhei radix, 20 mm³; II: Vergleichslösung, 20 mm³.

Auswertung

Im ultravioletten Licht bei 365 nm sind im Chromatogramm der Untersuchungslösung orangefarben fluoreszierende Zonen von Chrysophanol (hRf-Wert ca. 55), Physcion (hRf-Wert ca. 50), Emodin (hRf-Wert ca. 30) etwa auf gleicher Höhe wie die Zone im Chromatogramm der Vergleichslösung, Rhein (hRf-Wert ca. 25) und Aloe-Emodin (hRf-Wert ca. 15) sichtbar. Beim Bedampfen mit Ammoniak färben sich alle Zonen rot (Tageslicht).

Prüfung auf Reinheit

Die Prüfung auf Rhei rhapontici radix und andere rhaponticinhaltige Arten erfolgt mit Hilfe der Dünnschicht-Chromatographie.

Prinzip: Prüfung auf Abwesenheit von Rhaponticosid. Extraktion der Glykoside und Aglyka mit Methanol; das Filtrat dient direkt als Untersuchungslösung.

I. *Standardmethode:* Ja; Abweichung: Laufstrecke 12 cm.
II. *Schicht:* Kieselgel F_{254}.
III. *Fließmittel:* Chloroform-Methanol (80 + 20), KS, 12 cm.
IV. *Nachweis*
   1. UV_{365}: Fluoreszierende Zonen markieren.
   2. Besprühen mit einer frisch hergestellten Lösung, die durch vorsichtige Zugabe von 5 cm^3 konz. Schwefelsäure zu 4 cm^3 einer abgekühlten 10proz. *(G/V)* Lösung von Molybdatophosphorsäure in Wasser hergestellt wurde.
V. *Untersuchungslösung*
   0,2 g gepulverte Droge (180) werden mit 2 cm^3 Methanol zum Sieden erhitzt; nach dem Abkühlen wird filtriert; von dem Filtrat trägt man 20 mm^3 bandförmig (20 × 3 mm) auf.
VI. *Vergleichslösung*
   10 mg Rhaponticosid (Rhaponticin) werden in 10 cm^3 Methanol gelöst, davon trägt man 20 mm^3 bandförmig (20 × 3 mm) auf.

Auswertung (Abb. 48)

Im ultravioletten Licht bei 365 nm dürfen im Chromatogramm der Untersuchungslösung weder eine hellblau fluoreszierende Zone im hRf-Bereich des Rhaponticosids im Chromatogramm der Vergleichslösung noch eine hellblau fluoreszierende Zone im hRf-Bereich von 50 bis 60 (Rhapontigenin) auftreten. Nach dem Besprühen des Chromatogramms dürfen im Chromatogramm der Untersuchungslösung keine blau gefärbten Zonen in den oben angegebenen hRf-Bereichen (Rhaponticosid und Rhapontigenin) auftreten.

Gehaltsbestimmung

A. *Prinzip:* Photometrische Bestimmung der Hydroxyanthrachinonaglyka nach oxidativer Hydrolyse als Magnesium-Chelatkomplex, dessen spezifische Extinktion zur Berechnung als Rhein gegeben ist.
   Ein wäßriger Drogenextrakt wird zunächst mit Eisen(III)chlorid oxidiert und anschließend nach Zusatz von Salzsäure hydrolysiert, wobei gleichzeitig Rheinsalze in die Säureform überführt werden. Mit Ether werden die gebildeten 1.8-Dihydroxyanthrachinonaglyka aus dem Reaktionsgemisch ausgeschüttelt. Die mit Wasser zur Entfernung mitgeschleppter Eisen(III)-salze gewaschene Etherphase wird nach Abdampfen des Ethers mit einer methanolischen Magnesiumacetatlösung umgesetzt.

B. *Durchführung*

Chemikalien
Rhei radix, pulv. (180), 0,1 g
Natriumhydrogencarbonat, 50 mg
Eisen(III)chloridlösung 10,5proz. *(G/V)*, 20 cm^3
Salzsäure, konz. 35- bis 38proz. *(G/V)*, 1 cm^3
Ether, 75 cm^3
Magnesiumacetatlösung 0,5proz. *(G/V)* in Methanol 10 cm^3

Geräte
2 Rundkolben NS 29, 100 cm^3
Vollpipetten: 10 cm^3 (2), 20 cm^3 (1), 25 cm^3 (1)
1 Rückflußkühler, NS 29
1 Scheidetrichter, 100 cm^3
1 Erlenmeyerkolben, 100 cm^3
1 Becherglas, 50 cm^3
1 Meßkolben, 100 cm^3
1 Trichter, ∅ 5 cm

Allgemeine Geräte
Wasserbad
2 Glasküvetten, Schichtdicke 1 cm
Zentrifuge

Chromatogramm
Nachweis IV/1, IV/2

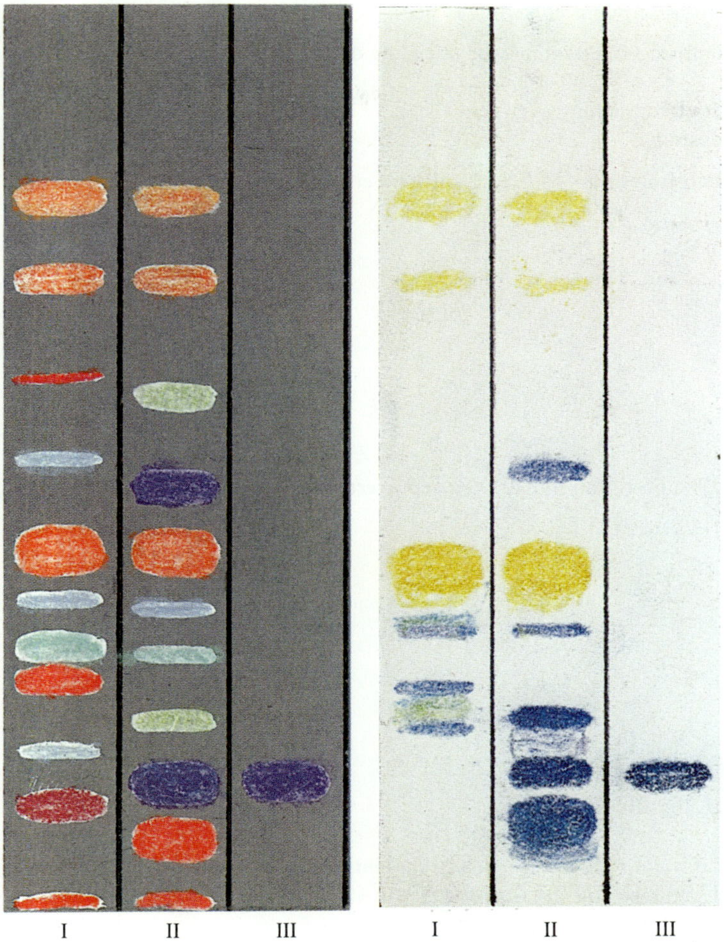

Abb. 48: I: Untersuchungslösung von Rhei radix, 20 mm^3; II: Untersuchungslösung von Rhei rhapontici radix, 20 mm^3; III: Vergleichslösung, 20 mm^3.

Vorschrift DAB 8: Etwa 0,100 g gepulverte Droge (180), genau gewogen, werden in einem 100 cm^3-Rundkolben mit 30,0 cm^3 Wasser gemischt. Der Kolben wird gewogen und 15 min unter Rückfluß erhitzt. Nach dem Abkühlen werden 50 mg Natriumhydrogencarbonat hinzugefügt und der Kolben mit Wasser auf das ursprüngliche Gewicht ergänzt.
Nach Zentrifugieren werden 10,0 cm^3 der Flüssigkeit in einem 100 cm^3-Rundkolben mit 20 cm^3 einer 10,5proz. *(G/V)* Eisen(III)chlorid-Lösung versetzt und nach Mischen 20 min unter Rückfluß im Wasserbad erhitzt. Nach Hinzufügen von 1 cm^3 Salzsäure, konz. wird das Erhitzen 20 min unter häufigem Schütteln fortgesetzt. Nach dem Abkühlen wird die Flüssigkeit in einem Scheidetrichter dreimal mit je 25 cm^3 Ether ausgeschüttelt, wobei zuvor der Kolben mit dem Ether ausgespült wurde. Die Etherauszüge werden vereinigt und zweimal mit je 15 cm^3 Wasser gewaschen. Die Etherauszüge werden durch Watte in einen 100 cm^3-Meßkolben filtriert, mit Ether zu 100,0 cm^3 verdünnt. 10,0 cm^3 dieser Lösung werden auf dem Wasserbad schonend zur Trockne eingeengt. Der Rückstand wird in 10,0 cm^3 einer 0,5proz. *(G/V)* methanolischen Magnesiumacetatlösung gelöst.

Die Extinktion E der Lösung wird bei 515 nm in einer Schichtdicke von 1 cm gegen Methanol gemessen.

C. *Berechnung*

Der Gehalt an Hydroxyanthracenderivaten wird mit Hilfe der spezifischen Extinktion $E^{1\%}_{1\,cm}$ = 440 als Rhein berechnet.

E: Extinktion der Untersuchungslösung

b: Drogeneinwaage in Gramm

In 10 cm^3 Untersuchungslösung sind $\frac{10}{100}\,E/E^{1\%}_{1\,cm}$ g Rhein enthalten, die in einer Drogenmenge von $b \cdot \frac{10 \cdot 10}{30 \cdot 100}$ g enthalten sind.

$$\% = \frac{100 \cdot 10 \cdot E \cdot 30 \cdot 100}{100 \cdot E^{1\%}_{1\,cm} \cdot b \cdot 10 \cdot 10} = \frac{300 \cdot E}{E^{1\%}_{1\,cm} \cdot b}.$$

Für $E^{1\%}_{1\,cm} = 440$ gilt:

$$\text{Hydroxyanthracenderivate } \% = \frac{0{,}68 \cdot E}{b}$$

Sulfatasche: Höchstens 12,0%, bestimmt mit 1,000 g gepulverter (180) Droge.

Salzsäureunlösliche Asche: Höchstens 1,0%.

5. Sennae folium

Sennesblätter, Senna Leaf, Feuille de séné

Stammpflanze und Familie: *Cassia senna* L. (*C. acutifolia* DELILE) (als Alexandriner Senna oder Khartum Senna bezeichnet) und *Cassia angustifolia* VAHL (als Tinnevelly Senna bezeichnet); *(Caesalpiniaceae)*.

Offizinell: Ph. Eur. I mind. 2,5% Hydroxyanthracenglykoside, berechnet als Sennosid B); DAB 7-DDR (2,4–3,0%, berechnet als Dihydroxyanthrachinonmonoglykosid).
In Ph. Eur. (2. Ausgabe in Vorbereitung) ist ein Sennesextrakt aufgeführt, der 20 ± 1% Hydroxyanthracenglykoside, berechnet als Sennosid B, enthält.

Sennae fructus acutifoliae
Alexandriner-Sennesfrüchte, Alexandrian Senna Pods, Follicule de séné d'Egypte

Stammpflanze und Familie: *Cassia senna* L. (*C. acutifolia* DELILE); *(Caesalpiniaceae)*.

Offizinell: Ph. Eur. I (mind. 3,6% Hydroxyanthracenglykoside, berechnet als Sennosid B).

Sennae fructus angustifoliae
Tinnevelly-Sennesfrüchte, Tinnevelly Senna Pods, Follicule de séné de l'Inde

Stammpflanze und Familie: *Cassia angustifolia* VAHL *(Caesalpiniaceae)*

Offizinell: Ph. Eur. I (mind. 2,2% Hydroxyanthracenglykoside, berechnet als Sennosid B); DAB 7-DDR (2,3–3,0%, berechnet als Dihydroxyanthrachinonmonoglykosid).

Anmerkung: Die frühere Mindestgehaltforderung von 2,5% wurde auf 2,2% erniedrigt, da sich anscheinend die Drogenqualität erheblich verschlechterte.

Inhaltsstoffe: 2–3% dimerisierte Anthraglykoside (Dianthronglykoside), hauptsächlich Sennosid A und B (MG 863) (Aglykon: Rheindianthron: Sennidin A und B), daneben in geringeren Mengen Sennosid C und D (Heterodianthronglykoside: Aglykon: Aloe-Emodin und Rhein-dianthron: Sennidine C und D), ferner die oxidierten Aglyka: Rhein und Aloe-Emodin.
Schleimstoffe, Harz (brecherregend), wenig äth. Öl, Flavonderivate: z.B. Kämpferol, Isorhamnetin.

Formel

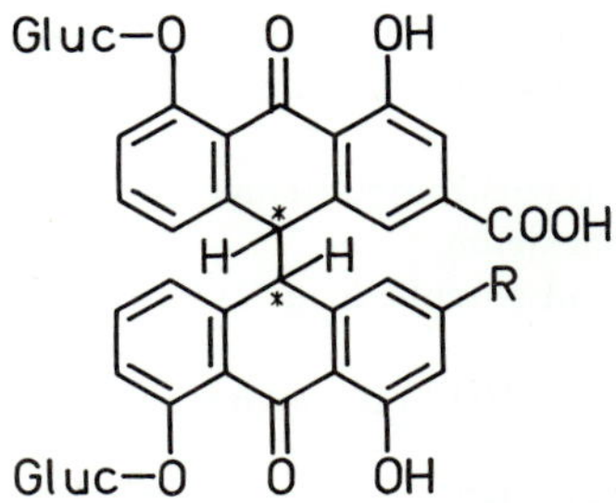

R = COOH Sennosid A = (+) Form
R = COOH Sennosid B = Mesoform

R = CH_2OH Sennosid C
R = CH_2OH Sennosid D

Wirkung und Verwendung: Zuverlässig laxierend; man verwendet ein Kaltmazerat. Gleichartig wirken Sennesfrüchte.

Prüfungen der Drogen

Sennae folium: Die hellgrüne bis grünlich-gelbe Pulverdroge hat einen schwachen eigenartigen Geruch; der Geschmack ist anfangs schleimig süßlich, später bitter und kratzend.
Sennae acutifoliae fructus und *Sennae angustifoliae fructus:* Die braune Pulverdroge hat einen schwachen Geruch und Geschmack.

Prüfung auf Identität

I: *Nachweis von Hydroxyanthracenglykosiden*

A. *Prinzip:* Nach der säurekatalysierten Glykosidspaltung, Abtrennung der Aglyka mit Ether. Nach Abdampfen des Ethers ergibt die Umsetzung des Rückstands mit konz. Ammoniaklösung eine gelbe bis orange Färbung, die beim Erhitzen nach rot-violett umschlägt (BORNTRÄGER-Reaktion).

B. *Durchführung*

Chemikalien
Sennae fol. oder fruct. pulv. (180), 25 mg
Salzsäure 35- bis 38proz. *(G/V)*, 2 cm^3
Ether, 40 cm^3
Natriumsulfat, wasserfrei, 5 g
Ammoniaklösung, verd. 10proz. *(G/V)*, 5 cm^3

Geräte
2 Erlenmeyerkolben, 100 cm^3
1 Scheidetrichter, 100 cm^3
Trichter, ∅ 5 cm

Allgemeine Geräte
Wasserbad

Vorschrift Ph. Eur. I: Ungefähr 25 mg gepulverte Droge (180) werden in einem Erlenmeyerkolben mit 50 cm^3 Wasser und 2 cm^3 konz. Salzsäure versetzt und 15 min auf dem Wasserbad erhitzt. Nach dem Abkühlen wird das Reaktionsgemisch mit 40 cm^3 Ether ausgeschüttelt. Die abgetrennte Etherphase wird über wasserfreiem Natriumsulfat getrocknet; davon werden 5 cm^3 zur Trockne eingeengt. Zu dem abgekühlten Rückstand werden 5 cm^3 verd. Ammoniaklösung gegeben; es tritt eine gelbe oder meist orange Färbung ein, die beim Erhitzen auf dem Wasserbad nach rot-violett umschlägt.

II: *Dünnschicht-Chromatographie*

Prinzip: Prüfung auf Sennosid A und B, die auch als Vergleichssubstanzen eingesetzt werden, und auf Sennosid C und D. Extraktion der Glykoside und Aglyka mit 50proz. Ethanol, das Filtrat dient direkt als Untersuchungslösung zur DC. Zur Sichtbarmachung wird zunächst mit Salpetersäure besprüht und erhitzt, hierbei werden die Dianthronglykoside oxidativ in die Anthrachinonaglyka überführt. Beim Nachsprühen mit Kaliumhydroxidlösung tritt Rot-Violett-Färbung ein (BORNTRÄGER).

I. *Standardmethode:* Ja.

II. *Schicht:* Kieselgel F_{254}.

III. *Fließmittel:* n-Propanol-Essigsäureethylester-Wasser-Eisessig (40 + 40 + 29 + 1), KS, 10 cm (s. Abb.) oder Ph. Eur. I: n-Propanol-Essigsäureethylester-Wasser (40 + 40 – 30), KS, 10 cm.

IV. *Nachweis:* Nach Abdampfen des Fließmittels bei Zimmertemperatur:

1. UV_{254}: Fluoreszenzmindernde Zonen markieren.
2. Besprühen mit 25proz. Salpetersäure und anschließend 10 min bei 120° erhitzen, anschließend mit
3. 5proz. Kaliumhydroxid-Lösung in 50proz. *(V/V)* Ethanol besprühen.

Oder anstatt 2. und 3.:

Besprühen mit 2N-Salzsäure, bis die Schicht gleichmäßig durchfeuchtet ist, anschließend 10 min bei 100° erhitzen. Nach Abkühlen Besprühen mit einer Mischung aus gleichen Anteilen von 50proz. *(V/V)* Ethanol und Formamid und anschließend wieder auf 110° erhitzen.

Anmerkung: Ein Essigsäurezusatz zum Fließmittel ergibt bessere Trennungen, die Sennoside in Vergleichs- und Untersuchungslösung liegen auf gleicher Höhe. Da die Vergleichssubstanzen schwer erhältlich sind, will man zum Vergleich einen stand. Senna-Extrakt einführen.

V. *Untersuchungslösung*

Je 50 mg der gepulverten Drogen (180) werden in je 5 cm^3 eines Gemisches aus gleichen Anteilen von Ethanol und Wasser zum Sieden erhitzt und anschließend zentrifugiert; die überstehende Lösung dient als Untersuchungslösung zur DC, davon trägt man 10 mm^3 als *schmales* Band (20 × 2 mm) auf.

VI. *Vergleichslösung*

50 mg Senna-Extrakt werden in 5 cm^3 eines Gemisches aus gleichen Anteilen Ethanol und Wasser gelöst, wobei ein kleiner Rückstand verbleibt; von der überstehenden Lösung trägt man 10 mm^3 bandförmig (20 × 3 mm) auf.

Oder:

1 mg Sennosid A und 1 mg Sennosid B werden in 1 cm^3 des Fließmittelgemisches gelöst, falls erforderlich unter Erwärmen, davon trägt man 10 mm^3 bandförmig auf.

Auswertung

Beim Betrachten im kurzwelligen UV-Licht erkennt man auf dem Chromatogramm der Vergleichslösung die fluoreszenzmindernden Zonen von Sennosid A und B, die im gleichen hRf-Bereich auch im Chromatogramm der Untersuchungslösung zu finden sind. Nach dem Besprühen mit 25proz. *(G/V)* Salpetersäure und anschließendem Erhitzen auf 120° und Nachsprühen mit 5proz. *(G/V)* Kaliumhydroxidlösung in 50proz. *(V/V)* Ethanol zeigt das Chromatogramm der Vergleichslösung zwei purpur-rote Zonen: Sennosid B (hRf-Bereich: 10–20) und Sennosid A (hRf-Bereich: 30–35), die im gleichen hRf-Bereich auch im Chromatogramm der Untersuchungslösung auftreten. Oberhalb dieser beiden Zonen sind im Chromatogramm der Untersuchungslösung zwei schwache purpur-rote Zonen zu erkennen, die Sennosid D und C zugeordnet werden können, zwischen diesen beiden Zonen liegt eine rote Zone des Rhein-8-glucosids (hRf-Bereich: 50–70).

Bei Verwendung des Alternativ-Nachweis-Reagenzes färben sich die Zonen der Dianthrone (Sennidine A, B, C, D) purpurfarben an und die der Anthrachinone rot. Nach einiger Zeit färben sich die Dianthronzonen blau-purpurfarben an und die der Anthrachinone blau.
Auf den Chromatogrammen der Untersuchungslösungen von Sennae angustifoliae fructus und von Sennae acutifoliae fructus treten die Zonen von Sennosid D und C zumeist nicht auf.

Chromatogramm (Nachweis mit IV/2, 3)

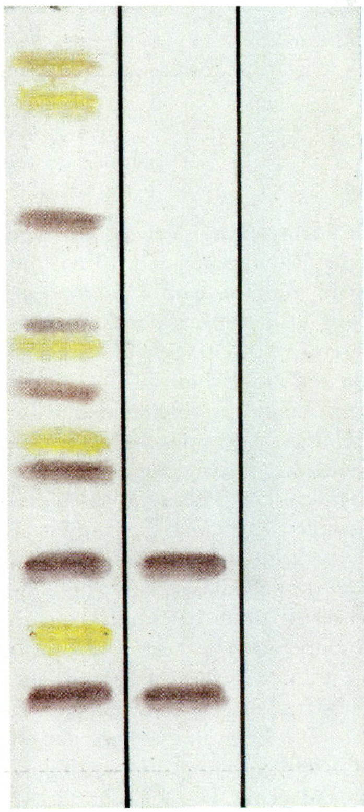

Sennosid C
Rhein-8-glucosid
Sennosid D
Sennosid A
Sennosid B

I II

Abb. 49: I: Untersuchungslösung von Sennae folium, 10 mm^3;
II: Vergleichslösung, 10 mm^3.

Gehaltsbestimmung

A. *Prinzip:* Photometrische Bestimmung der Hydroxyanthracenglykoside nach oxidativer Hydrolyse als Magnesium-Chelatkomplex, dessen spezifische Extinktion zur Berechnung als Sennosid B gegeben ist.
Ein mit siedendem Wasser hergestellter Drogenextrakt wird nach Abkühlen und nach Zusatz von verd. Salzsäure zur Überführung der Salze in die freie Säure (Rhein-Typ) mit Chloroform ausgeschüttelt. Die Chloroformphase mit den abgetrennten Aglyka wird verworfen. Die wäßrige Phase wird neutralisiert, mit Eisen(III)chlorid werden die Sennoside zu Anthrachinonglykosiden oxidiert und anschließend erfolgt nach Säurezusatz eine Glykosidspaltung. Die gebildeten 1.8-Dihydroxyanthrachinonaglyka werden mit Ether aus dem Reaktionsgemisch extrahiert. Nach Abdampfen des Ethers wird mit einer methanolischen Lösung von Magnesiumacetat versetzt.

B. Durchführung

Chemikalien

Sennae folium, Sennae fructus, pulv. (180), 0,150 g
Salzsäure, verd. 7,3proz. *(G/V)*, 0,1 cm^3
Chloroform, 45 cm^3
Ether, 100 cm^3
Natriumhydrogencarbonat, 0,1 g
Eisen(III)chloridlösung, 10,5proz. *(G/V)*, 20 cm^3
Salzsäure, konz. 35- bis 38proz. *(G/V)*, 1 cm^3
Magnesiumacetatlösung, 0,5proz. *(G/V)* in Methanol, 10 cm^3

Geräte

2 Rundkolben, NS 29, 100 cm^3
1 Rückflußkühler, NS 29
1 Scheidetrichter, 100 cm^3
2 Erlenmeyerkolben, 100 cm^3
1 Meßkolben, 100 cm^3
Vollpipetten, 10 cm^3 (2), 20 cm^3 (2)
1 Glasschliff-Stopfen, NS 29

Allgemeine Geräte

Wasserbad
2 Glasküvetten, Schichtdicke 1 cm
Zentrifuge

Vorschrift Ph. Eur. (2. Ausgabe in Vorbereitung): Etwa 0,150 g gepulverte Droge (180), genau gewogen, werden in einem 100 cm^3-Rundkolben mit 30 cm^3 Wasser gemischt. Der Kolben wird gewogen und die Mischung 15 min auf dem Wasserbad unter Rückfluß gekocht. Nach dem Abkühlen wird mit Wasser auf das ursprüngliche Gewicht ergänzt. Nach Zentrifugieren werden 20 cm^3 der Flüssigkeit in einen 100 cm^3-Scheidetrichter überführt, mit 0,1 cm^3 verd. Salzsäure, 7,3proz. *(G/V)* versetzt und dreimal mit je 15 cm^3 Chloroform ausgeschüttelt. Die Chloroformphase wird verworfen. Zu der verbleibenden wäßrigen Phase gibt man 0,1 g Natriumhydrogencarbonat und schüttelt 3 min durch. Die wäßrige Phase wird danach zentrifugiert, und 10 cm^3 der überstehenden Flüssigkeit werden in einen 100 cm^3-Rundkolben überführt, mit 20 cm^3 einer 10,5proz. *(G/V)* Eisen(III)chloridlösung versetzt und nach Verschließen mit einem Schliffglasstopfen gut durchgeschüttelt. Danach wird die Mischung 20 min auf dem Wasserbad unter Rückfluß gekocht, so daß die Wasseroberfläche über der im Kolben steht. Man gibt dann 1 cm^3 konz. Salzsäure 35- bis 38proz. *(G/V)* hinzu und kocht unter häufigem Schütteln 20 min weiter unter Rückfluß, bis sich der Niederschlag aufgelöst hat. Nach Abkühlen auf Zimmertemperatur wird der Kolbeninhalt in einen 100 cm^3-Scheidetrichter überführt und dreimal mit je 25 cm^3 Ether ausgeschüttelt, wobei mit den Ethermengen jeweils zuvor der Kolben ausgespült worden ist. Die vereinigten Etherauszüge werden zweimal mit je 15 cm^3 Wasser gewaschen. Die Etherauszüge werden in einen 100 cm^3-Meßkolben überführt und mit Ether auf 100 cm^3 verdünnt. 10 cm^3 dieser Lösung werden auf dem Wasserbad schonend zur Trockne eingeengt. Der Rückstand wird in 10,0 cm^3 einer 0,5proz. methanolischen Magnesiumacetat-Lösung gelöst. Die Extinktion der Untersuchungslösung wird bei 515 nm in einer Schichtdicke von 1 cm gegen Methanol gemessen.

C. Berechnung

Der Gehalt an Hydroxyanthracenglykosiden, berechnet als Sennosid B wird mit Hilfe der spezifischen Extinktion $E_{1\,cm}^{1\%} = 240$ berechnet.
E: Extinktion der Untersuchungslösung.
b: Drogeneinwaage in Gramm

In 10 cm^3 Untersuchungslösung sind $\frac{10 \cdot E}{100 \cdot E_{1\,cm}^{1\%}}$ g Sennosid B enthalten, die in einer Drogenmenge von $\frac{20 \cdot 10 \cdot 10}{30 \cdot 20 \cdot 100} \cdot b$ g enthalten sind.

$$\text{Sennosid B } \% = \frac{100 \cdot 10 \cdot E \cdot 30 \cdot 20 \cdot 100}{100 \cdot E_{1\,cm}^{1\%} \cdot 20 \cdot 10 \cdot 10 \cdot b} = \frac{300 \cdot E}{E_{1\,cm}^{1\%} \cdot b}.$$

Für $E_{1\,cm}^{1\%} = 240$ gilt:

$$\text{Sennosid B } \% = \frac{1{,}25 \cdot E}{b}.$$

Sulfatasche: Höchstens 12,0% bestimmt mit 2,0 g gepulverter Droge.

Salzsäureunlösliche Asche: Höchstens 2,0%.

Prüfung auf Beimischung von Cassia auriculata L.-Blätter

A. *Prinzip:* Blätter von *Cassia auriculata* L. enthalten keine Anthrachinonderivate, jedoch im Gegensatz zu den offizinellen Sennesblättern Leukoanthocyane, die mit Schwefelsäure eine Rotfärbung ergeben (Anthocyanbildung).

B. *Durchführung*

Chemikalien
Sennae folium pulv. (180), 0,2 g
Ethanol, 96proz. *(V/V)*, 3 cm^3
Aktivkohle, 0,2 g
Schwefelsäure, 33proz. *(G/V)*, 3 cm^3

Allgemeine Geräte
Wasserbad

Geräte
Trichter ∅ 5 cm

Vorschrift: 0,2 g pulverisierte Sennesblätter (180) werden in einem Reagenzglas mit 3 cm^3 96proz. *(V/V)* Ethanol 3 min geschüttelt. Zum Filtrat gibt man 0,2 g Aktivkohle, schüttelt und filtriert erneut; zu diesem Filtrat gibt man das gleiche Volumen an 33proz. *(G/V)* Schwefelsäure hinzu. Es darf weder bei Zimmertemperatur noch beim Erhitzen auf dem Wassserbad eine Rotfärbung auftreten.

C. Flavonglykosid-Drogen

1. Anthemidis flos

Römische Kamille, Roman Chamomile Flowers, Fleurs de camomille romaine

Stammpflanze und Familie: *Anthemis nobilis* L. (Syn. Chamaemelum nobile (L.) ALLIONI), gefülltblütige Varietät; *(Asteraceae)*.

Offizinell: Ph. Eur. III (mind. 0,7% *(G/V)* ätherisches Öl).

Inhaltsstoffe: 0,6–2,4% äth. Öl, das sich vor allem aus den Estern der Angelica-, Methacryl-, Tiglin- und Isobuttersäure mit C_4-C_6-aliphatischen Alkoholen zusammensetzt. Manche Öle sind durch einen geringen Azulengehalt leicht blau gefärbt; Bitterstoff: Nobilin, ein Hydroxysesquiterpenlacton, das mit Tiglinsäure verestert ist. Polyine: cis- und trans-Dehydromatricariaester. Flavonoide: Apigenin, Apigenin-7-glucosid (= Cosmosiin), Apiin (= Apigenin-7-apioglucosid), Luteolin und Luteolin-7-glucosid, Quercitrin (= Quercetin-3-rhamnosid); ferner Scopoletin-7-β-glucosid (Formel S. 63); trans-Kaffeesäure und deren Glucoseester, außerdem Taraxasterol.

Formeln

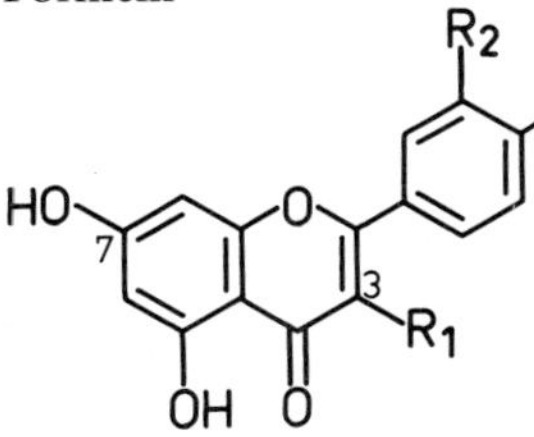

R_1 = H R_2 = H :Apigenin
R_1 = H R_2 = OH :Luteolin
R_1 = OH R_2 = OH :Quercetin

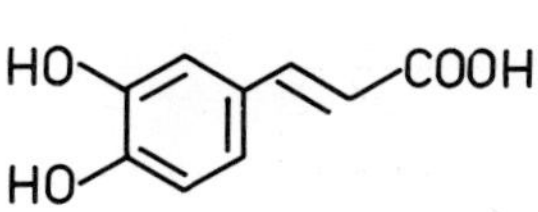

Kaffeesäure

Wirkung und Verwendung: Spasmolytikum bei spastischen Zuständen des Magen-Darm-Kanals und bei Dysmenorrhoe; Mund- und Wundspülungen; gelegentlich als Zusatz zu Haarwaschmitteln zum Aufhellen nachgedunkelter blonder Haare.

Prüfungen der Droge

Das gelblich-weiße Drogenpulver weist einen starken, für die Art charakteristischen Geruch und einen bitteren, aromatischen Geschmack auf.

Prüfung auf Identität

Dünnschicht-Chromatographie

Prinzip: Die dc Kennzeichnung erfolgt durch die Flavonoidzusammensetzung. Als Untersuchungslösung dient ein ethanolischer Extrakt. Als Vergleichssubstanzen werden Kaffeesäure und das *nicht* in der Droge enthaltene Flavonolglykosid Rutin eingesetzt.

I. *Standardmethode:* Ja.
II. *Schicht:* Cellulose (mikrokristallin).
III. *Fließmittel:* Oberphase eines Gemisches von n-Butanol-Eisessig-Wasser (40 + 10 + 50), KS, 10 cm.
IV. *Nachweis:* Nach Abdampfen des Fließmittels auf einer Heizplatte bei 105–110°.
   1. UV_{365}: Fluoreszierende Zonen markieren.
   2. Besprühen mit einer 1,0proz. *(G/V)* Lösung von Diphenylboryloxyethylamin in Ethanol und anschließend erneut im UV_{365} auswerten.

V. und *VI.* s. S. 119

Chromatogramm (Nachweis IV/2)

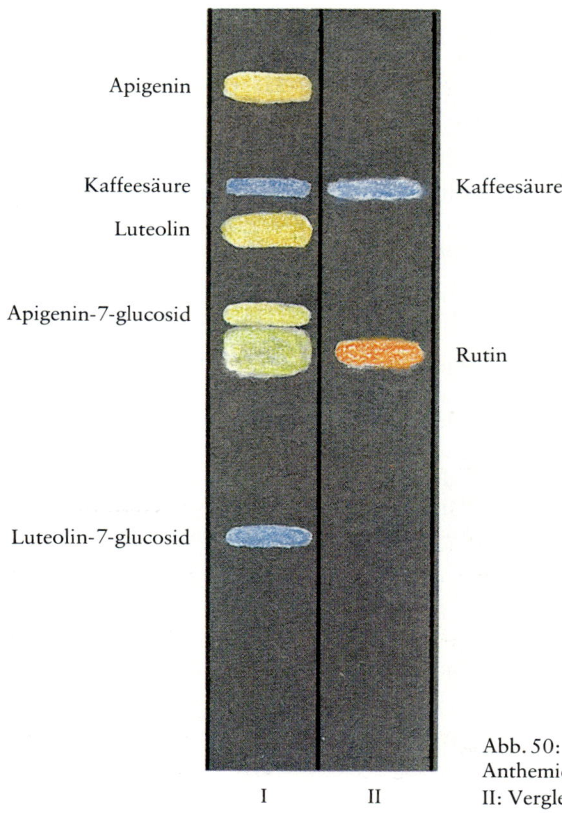

Abb. 50: I: Untersuchungslösung von Anthemidis flos, 10 mm³;
II: Vergleichslösung, 10 mm³.

V. Untersuchungslösung

0,10 g gepulverte Droge (500) werden mit 2 cm^3 Ethanol 10 min unter gelegentlichem Schütteln im Wasserbad bei 60 °C erwärmt und anschließend filtriert. Vom Filtrat trägt man 10 mm^3 bandförmig (20 × 3 mm) auf.

VI. Vergleichslösung

3 mg Kaffeesäure und 5 mg Rutin werden in 10 cm^3 Ethanol gelöst, davon trägt man 10 mm^3 bandförmig (20 × 3 mm) auf.

Auswertung

Nach Abdampfen des Fließmittels und Abkühlung der DC-Schicht auf 20 °C zeigt das Chromatogramm der Vergleichslösung im langwelligen UV-Licht (365 nm) eine hellblau fluoreszierende Zone (Kaffeesäure) im oberen hRf-Bereich und eine dunkle Zone (Rutin) im mittleren hRf-Bereich. Das Chromatogramm der Untersuchungslösung zeigt im hRf-Bereich von 40–90 zwei hellblau fluoreszierende Zonen und zwischen diesen dunkle Zonen. Nach dem Besprühen mit einer 1,0proz. *(G/V)* ethanolischen Lösung von Diphenylboryloxyethylamin und Betrachten im langwelligen UV-Licht (365 nm) zeigt im Chromatogramm der Vergleichslösung die der Kaffeesäure entsprechende Zone eine stärkere Fluoreszenz, und die dem Rutin entsprechende Zone fluoresziert hellorange. Die im Chromatogramm der Untersuchungslösung vor dem Besprühen dunkel erscheinenden Zonen zeigen eine gelbe bis braune Fluoreszenz, und die zwei vorher blau fluoreszierenden Zonen zeigen eine grünblaue Fluoreszenz. Im unteren Teil des Chromatogramms der Untersuchungslösung können mehrere gelb oder rötlich fluoreszierende Zonen auftreten.

Gehaltsbestimmung

Ätherisches Öl: Die Bestimmung erfolgt mit 30 g Droge und 300 cm^3 Wasser als Destillationsflüssigkeit in einem 1000 cm^3-Rundkolben. Es wird 3 h mit einer Destillationsgeschwindigkeit von 3–3,5 cm^3 je min destilliert. Als Vorlage dient 1,0 cm^3 Xylol.

Anmerkung: Bei Verwendung der neuen Apparatur (s. S. 18) mit dem 1,00 cm^3 Meßrohr werden folgende Bedingungen vorgeschlagen:
Einwaage: 20,0 g, Wassermenge: 250 cm^3, Kolbengröße: 500 cm^3
Xylolvorlage: 0,50 cm^3, Destillationsdauer und -geschwindigkeit bleiben.

Sulfatasche: Höchstens 12,0%, bestimmt mit 1,00 g Droge.

2. Arnicae flos

Arnikablüten, Arnica Flowers, Fleurs d'arnica

Stammpflanze und Familie: *Arnica montana* L. *(Asteraceae).*

Offizinell: DAB 8, das DAB 7-DDR läßt auch *A. chamissonis* Lessing zu.

Inhaltstoffe: Flavonoide: Isoquercitrin (= Quercetin-3-glucosid), Astragalin (= Kämpferol-3-glucosid), Luteolin-7-glucosid; Polyacetylene; Triterpenalkohole: Arnidendiol und Faradiol (bis zu 4%), 0,1% rotgelbes ätherisches Öl von butterartiger Konsistenz mit wenig Azulen, Thymol und Thymolether; Phytosterine, Chlorogen- und Kaffeesäure, Wachse, Carotinoide: Zeaxanthin, Xanthophyll u. a. Sesquiterpenlactone: Arnifolin, Helenalin-methacrylat und-acetat (letztere sind Kontaktallergene).

Wirkung und Verwendung: Die Tinktur wird als Stomachicum und Herztonicum verwendet; äußerlich bei Verstauchungen, Prellungen, Rheuma, und als Wundantisepticum bei Verletzungen.

Chromatogramm (Nachweis IV/2)

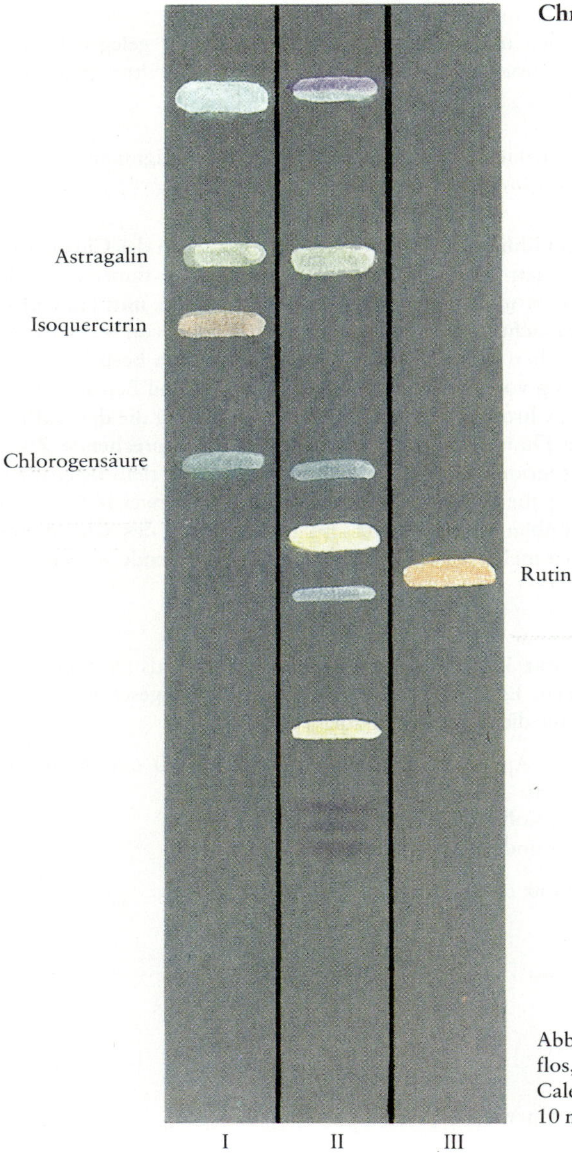

Abb. 51: I: Untersuchungslösung von Arnicae flos, 10 mm³; II: Untersuchungslösung von Calendulae flos, 10 mm³; III: Vergleichslösung, 10 mm³.

Prüfungen der Droge

Die braungelbe Pulverdroge hat einen schwach aromatischen Geruch und einen leicht bitteren, etwas scharfen Geschmack.

Prüfung auf Reinheit

Dünnschicht-Chromatographie

Prinzip: Prüfung auf Chlorogensäure und die Flavonderivate: Isoquercitrin und Astragalin im methanolischen Extrakt. Aufgrund fehlender Zonen auf dem Chromatogramm wird eine Verfälschung durch Calendulae flos ausgeschlossen. Als Vergleichssubstanz wird das nicht in der Droge enthaltene Flavonolglykosid Rutin eingesetzt.

I. Standardmethode: Ja, Abweichung: Laufstrecke 15 cm.
II. Schicht: Kieselgel F_{254}.
III. Fließmittel: Essigsäureethylester – wasserfreie Ameisensäure – Wasser (65 + 15 + 20), KS, 15 cm.
IV. Nachweis: Nach Entfernen des Fließmittels bei 105–110°.
1. Betrachten im langwelligen UV-Licht (365 nm).
2. Besprühen mit einer 1proz. *(G/V)* Lösung von Diphenylboryloxyethylamin in Methanol und nach Verdunsten des Lösungsmittels im langwelligen UV-Licht die fluoreszierenden Zonen und die Fluoreszenzfarben markieren.

V. Untersuchungslösung: 0,5 g gepulverte Droge (500) werden 5 min mit 5 cm^3 Methanol auf dem Wasserbad extrahiert; von dem Filtrat trägt man 10 mm^3 bandförmig (20 × 3 mm) auf.
VI. Vergleichslösung: 5 mg Rutin werden in 10 cm^3 Methanol gelöst, davon trägt man 10 mm^3 bandförmig (20 × 3 mm) auf.

Auswertung (Abb. 51)
Im ultravioletten Licht bei 365 nm ist auf dem unbesprühten Chromatogramm der Untersuchungslösung von Arnicae flos (I) im mittleren hRf-Bereich die blaufluoreszierende Zone der Chlorogensäure zu erkennen, die auch nach dem Besprühen eine helle, blaugrüne Fluoreszenz zeigt. Darüber sind die orange fluoreszierende Zone des Isoquercitrins sowie die türkisfarbene Zone des Astragalins sichtbar. Im Bereich der Fließmittelfront liegt eine weitere stark hellblau fluoreszierende Zone. Im Chromatogramm der Untersuchungslösung (I) dürfen keine gelblichen bis grün gefärbten Zonen auf ungefähr gleicher Höhe oder unterhalb der Zone im Chromatogramm der Vergleichslösung liegen. (Calendulae flos: Chromatogramm II.)

Sulfatasche: Höchstens 12,0%, bestimmt mit 1,00 g gepulverter Droge.

3. Aurantii pericarpium

Pomeranzenschale, Bitter-Orange Peel, Ecorce d'orange amère (bigaradier)

Stammpflanze und Familie: *Citrus aurantium* L. *subspec. aurantium* (syn. *Citrus aurantium* L. *subspec. amara* ENGLER); (Rutaceae).

Offizinell: DAB 8 (mind. 1% *(V/G)* ätherisches Öl und einen Bitterwert von 600), DAB 7-DDR (3–5 cm^3 äth. Öl pro 100 g Droge).

Inhaltsstoffe: 1–2,5% ätherisches Öl mit ca. 90% Limonen, daneben u.a. Citronellal. Bitterstoffe: Limonin (Triterpendilactonderivat); Carotinderivate; Lipophile Flavonderivate: z.B. Scutellareintetramethylether (5,6, 7,4'-Tetramethoxyflavon), Sinensetin (5,6,7,3',4'-Pentamethoxyflavon) u.a. Flavonglykoside: Hesperidin (Hesperetin-7-rutinosid), Neohesperidin(Hesperetin-7-neohesperidosid), Naringin (Naringenin-7-neohesperidosid), Rutin (Quercetin-3-rutinosid), Eriocitrin (Eriodictyol-7-rutinosid).

Formel

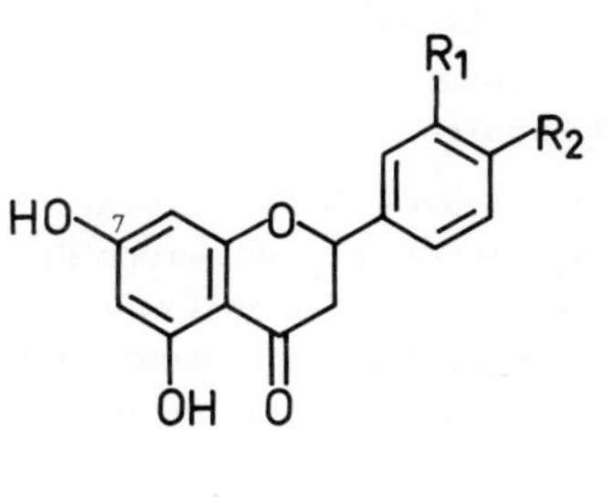

R_1 = H R_2 = OH : Naringenin
R_1 = OH R_2 = OH : Eriodictyol
R_1 = OH R_2 = OCH_3 : Hesperetin

Wirkung und Verwendung: Als Aromaticum und als appetitförderndes Mittel, als Geschmackskorrigens, Likörindustrie.

Prüfungen

Die hellbraune Pulverdroge hat einen aromatischen Geruch und einen würzig bitteren Geschmack.

Prüfung auf Identität

Dünnschicht-Chromatographie

Prinzip: Prüfung auf lipophile Flavonderivate und Flavonglykoside (Hesperidin, Naringin, Eriocitrin und Rutin) im methanolischen Extrakt. Als Vergleichssubstanzen werden die in der Droge *nicht* vorkommenden Naturstoffe: Scopoletin, Hyperosid, Chlorogensäure, sowie das in der Droge vorkommende Flavonolglykosid Rutin verwendet.

I. *Standardmethode:* Ja, Abweichung: Laufstecke 15 cm.

II. *Schicht:* Kieselgel F_{254}.

III. *Fließmittel:* Oberphase von Essigsäureethylester-wasserfreie Ameisensäure-Wasser (67 + 7 + 26), KS, 15 cm.

IV. *Nachweis:* Nach Abdampfen des Fließmittels.
   1. UV_{365}: Fluoreszierende Zonen und Fluoreszenzfarben markieren.
   2. Besprühen mit einer 1proz. *(G/V)* Lösung von Diphenylboryloxyethylamin in Methanol, nach Verdunsten des Lösungsmittels im langwelligen UV-Licht (365 nm) fluoreszierende Zonen und Fluoreszenzfarben markieren.

V. *Untersuchungslösung:* 2 g gepulverte Droge (710) werden mit 10 cm^3 Methanol versetzt und 10 min im Wasserbad von 60° unter häufigem Umschütteln extrahiert und nach dem Abkühlen abfiltriert. Das Filtrat dient als Untersuchungslösung, davon trägt man 10 mm^3 bandförmig (20 × 3 mm) auf.

VI. *Vergleichslösung:* 1 mg Chlorogensäure, 5 mg Hyperosid, 5 mg Rutin und 1 mg Scopoletin werden in 10 cm^3 Methanol gelöst; davon trägt man 10 mm^3 bandförmig (20 × 3 mm) auf.

Auswertung

Im langwelligen UV-Licht (365 nm) sind auf den Chromatogrammen aller Auftragungen zahlreiche unterschiedlich farbig fluoreszierende Zonen zu erkennen. Auf dem Chromatogramm von Aurantii pericarpium (I) sind im oberen Rf-Bereich mehrere blau fluoreszierende Zonen zu erkennen. In diesem Rf-Bereich liegt auch die hellblau fluoreszierende Zone des Scopoletins auf dem Chromatogramm der Vergleichslösung. Auf dem Chromatogramm von Aurantii pericarpium liegt im mittleren Rf-Bereich eine violett fluoreszierende Zone. Im unteren Drittel des Chromatogramms sind ebenfalls zwei violett fluoreszierende Zonen zu erkennen. In diesem Rf-Bereich liegt auch die orange bis braun fluoreszierende Zone des Hyperosids auf dem Chromatogramm der Vergleichslösung. Nach fallenden Rf-Werten folgt zunächst eine türkisfarben fluoreszierende Zone, in deren Rf-Bereich die blau fluoreszierende Zone der Chlorogensäure im Chromatogramm der Vergleichslösung liegt. Darauf folgen zwei gelbgrün fluoreszierende Zonen, von denen die obere Naringin und die untere Hesperidin entspricht. Direkt unterhalb der Hesperidinzone liegt eine weitere violett fluoreszierende Zone. Zwischen dieser Zone und der Hesperidinzone ist nach dem Besprühen mit Diphenylboryloxyethylamin die rot fluoreszierende Zone von Eriocitrin zu erkennen. In Startnähe liegt auf dem Chromatogramm von Aurantii pericarpium (I) die orange bis braun fluoreszierende Zone des Rutins, das auch in den Chromatogrammen von Citri pericarpium (III) und der Vergleichslösung zu erkennen ist.

Auf den Chromatogrammen der Fruchtschalenextrakte anderer Citrus-Arten können folgende Zonen zugeordnet werden: Hesperidin in Schalen handelsüblicher Orangen und in Citri pericarpium, Naringin in Schalen handelsüblicher Pampelmusen.

Anmerkung: Nach dem Besprühen mit Diphenylboryloxyethylamin (Reag. Nr. 23) werden die Fluoreszenzfarben einiger Zonen zwar verstärkt, aber die Zonen werden diffuser. Die Fluoreszenzintensität von Hesperidin und Naringin, den Flavanonderivaten nimmt ab. Zum Nachweis dieser Zonen eignet sich besser eine 1proz. *(G/V)* methanolische Lösung von Aluminiumchlorid, jedoch ist mit diesem Nachweisreagenz die Eriocitrinzone nicht erkennbar.

Chromatogramm (Nachweis IV/1)

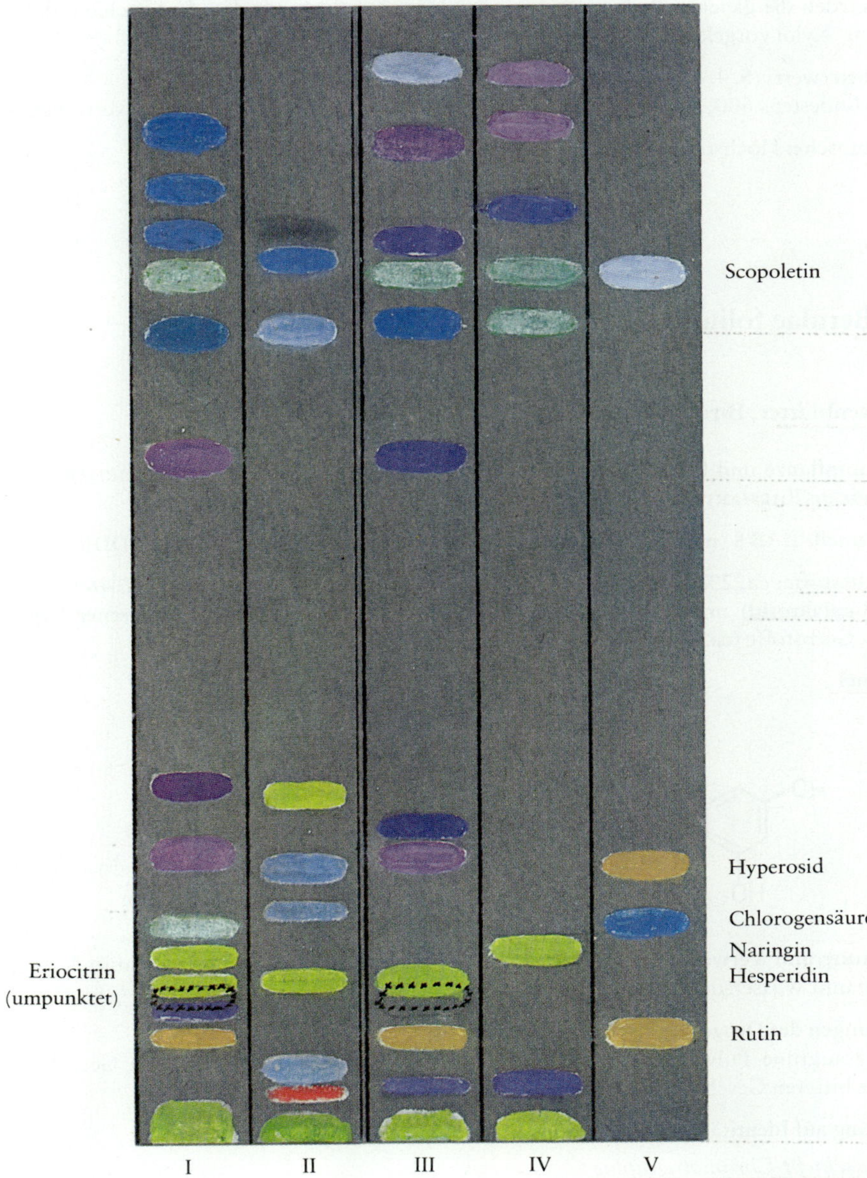

Abb. 52: I: Untersuchungslösung von Aurantii pericarpium, 10 mm^3; II: Untersuchungslösung von Schalen handelsüblicher Orangen, 10 mm^3; III: Untersuchungslösung von Citri pericarpium; IV: Untersuchungslösung von Schalen handelsüblicher Pampelmusen; V: Vergleichslösung, 10 mm^3.

Gehaltsbestimmung

I. Ätherisches Öl

Die Bestimmung erfolgt mit 20,0 g unmittelbar vor der Bestimmung gepulverter Droge (710) und 250 cm^3 Wasser als Destillationsflüssigkeit in einem 500 cm^3-Rundkolben; Destillation 90 min bei 2–3 cm^3 in der Minute, 1,00 cm^3 Xylol als Vorlage.

Anmerkung: Bei Verwendung der neuen Apparatur (s. S. 18) mit dem 1,00 cm^3 Meßrohr werden die gleichen Bedingungen vorgeschlagen, jedoch mit dem Unterschied, daß nur 0,50 cm^3 Xylol vorgelegt werden.

II. Bitterwert: (S. 4)
Mindestens 600; für die Extraktion sind 2,00 g gepulverte Droge (710) zu verwenden.

Sulfatasche: Höchstens: 7,5%, bestimmt mit 1,00 g gepulverter Droge.

4. Betulae folium

Birkenblätter, Birch Leaves, Feuilles de bouleau

Stammpflanze und Familie: *Betula pendula* ROTH (syn. *Betula verrucosa* EHRHART) und *Betula pubescens* EHRHART oder beide Arten *(Betulaceae)*.

Offizinell: DAB 8 (mind. 1,5% Flavonoide, berechnet als Hyperosid) DAB 7-DDR.

Inhaltsstoffe: ca. 2% Flavonoide mit der Hauptkomponente Hyperosid (MG: 464,4) (= Quercetin-3-galaktosid) und daneben Myricetin-3-digalaktosid und Quercitrin, ferner Saponine (ca. 3%), Gerbstoffe (ca. 5%), geringe Menge äth. Öl, ferner Harze.

Formel

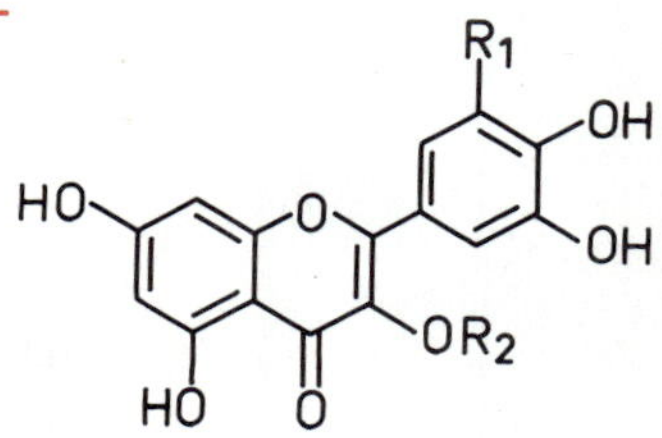

R_1=H R_2= Galaktosyl- : Hyperosid
R_1=OH R_2= Digalaktosyl- : Myricetin-digalaktosid
R_1=H R_2= Rhamnosyl : Quercitrin

Wirkung und Verwendung: Diureticum ohne Nierenreizung, Blutreinigungsmittel, bei Rheuma, Gicht und Wassersucht.

Prüfungen der Droge
Die graugrüne Pulverdroge hat einen eigenartigen, schwach aromatischen Geruch und einen etwas bitteren Geschmack.

Prüfung auf Identität

Dünnschicht-Chromatographie
Prinzip: Prüfung auf Flavonglykoside (u. a. Hyperosid u. Quercitrin) im ethanolischen Drogenextrakt. Als Vergleichssubstanz wird das *nicht* in der Droge enthaltene Flavonglykosid Rutin eingesetzt.

I. *Standardmethode:* Ja.
II. *Schicht:* Cellulose (mikrokristallin).
III. *Fließmittel:* Oberphase von n-Butanol-Eisessig-Wasser (40 + 10 + 50), KS, 10 cm.
IV. *Nachweis:* Nach Abdampfen des Fließmittels: Besprühen mit einer 1proz. *(G/V)* Lösung von Diphenylboryloxyethylamin in Methanol und nach Verdunsten des Lösungsmittels im langwelligen UV-Licht (365 nm) die fluoreszierenden Zonen markieren und die Fluoreszenzfarben notieren.

V. Untersuchungslösung: 0,5 g gepulverte Droge (500) werden 10 min mit 10 cm^3 Ethanol im Wasserbad bei 60° extrahiert und nach dem Abkühlen filtriert. Von dem Filtrat trägt man 20 mm^3 bandförmig (20 × 3 mm) auf.

Anmerkung: Bessere Ergebnisse erhält man durch kleinere Auftragevolumina (schmälere Bänder), daher werden 0,5 g Droge mit 5 cm^3 Ethanol auf dem Wasserbad bei 60° extrahiert, davon trägt man 10 mm^3 bandförmig auf.

VI. Vergleichslösung: 10 mg Rutin werden in 10 cm^3 Methanol gelöst, davon trägt man 10 mm^3 bandförmig (20 × 3 mm) auf.

Chromatogramm (Nachweis IV)

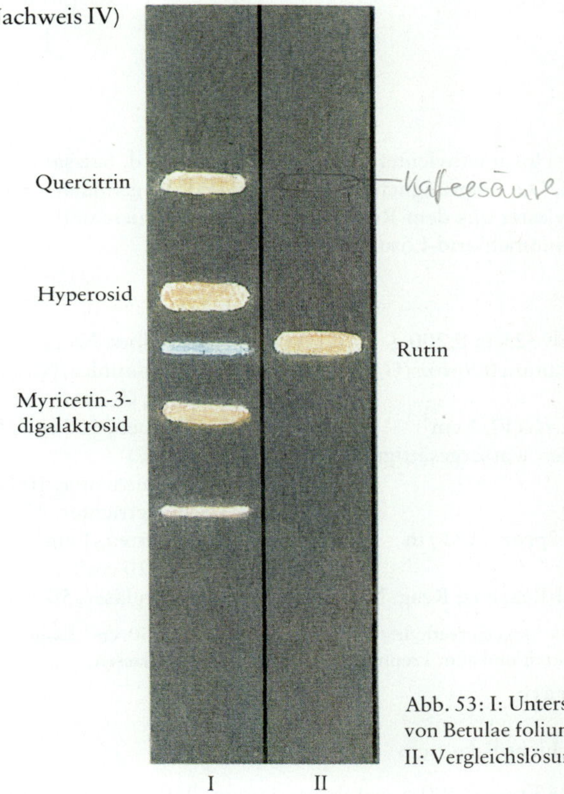

Abb. 53: I: Untersuchungslösung von Betulae folium, 20 mm^3; II: Vergleichslösung, 10 mm^3.

Auswertung

Im ultravioletten Licht bei 365 nm ist im Chromatogramm der Vergleichslösung im mittleren hRf-Bereich die orangefarbene Zone des Rutins zu erkennen. Im Chromatogramm der Untersuchungslösung ist im hRf-Bereich oberhalb der Zone der Vergleichslösung eine ebenfalls orangefarbene Zone zu erkennen (Hyperosid). Darunter liegt eine weitere, rosa gefärbte Zone (Myricetin-3-digalaktosid). Neben diesen beiden deutlich sichtbaren Zonen treten noch weitere, schwach fluoreszierende Zonen im unteren hRf-Bereich sowie eine schwach sichtbare Zone im oberen hRf-Bereich auf (Quercitrin).

Gehaltsbestimmung

A. Prinzip: Photometrische Bestimmung der Flavonolderivate nach Überführung in die Aglyka als Aluminium-Chelatkomplex, dessen spezifische Extinktion zur Berechnung als Hyperosid gegeben ist.

Die ebenfalls komplexbildenden und somit störenden Leukoanthocyanidine werden durch Formaldehydzugabe (aus Hexamethylentetramin) an der Komplexbildung gehindert. Formaldehyd blockiert die beiden Hydroxylgruppen in 3- und 4-Stellung durch Acetalbildung (Methylendioxy-gruppierung)

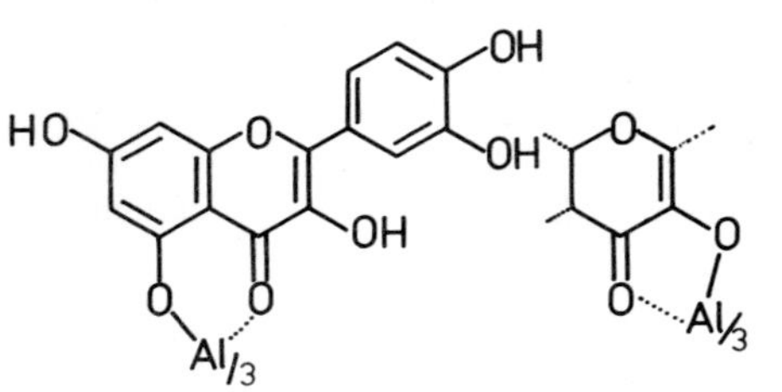

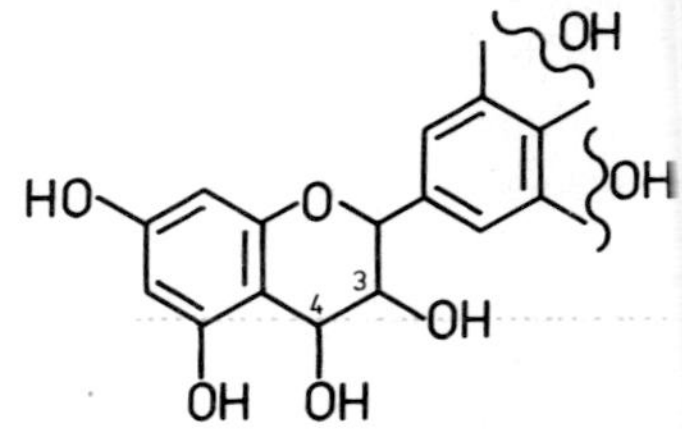

Leukoanthocyanidin

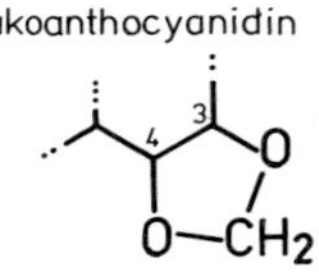

Unter Zusatz von Hexamethylentetramin, Aceton und verd. Salzsäure wird die Droge unter Rückfluß gekocht. Die ursprünglich vorliegenden und die gebildeten Flavonolaglyka werden mit Essigsäureethylester aus dem Reaktionsgemisch extrahiert und mit einer methanolischen essigsauren Aluminiumchlorid-Lösung versetzt.

B. Durchführung

Chemikalien

Betulae folium, pulv (250), 0,200 g
Hexamethylentetramin, 0,5proz *(G/V)*, in Wasser, 1 cm³
Salzsäure, 25proz. *(G/V)*, 2 cm³
Essigsäureethylester, wassergesättigt, 50 cm³*)
Aceton, 100 cm³
Essigsäurelösung, 5proz. *(V/V)* in Methanol, 25 cm³
Aluminiumchlorid-Reagenz; Reag. Nr. 1, 1,0 cm³

Geräte

Rundkolben NS 29, 100 cm³
Rückflußkühler, NS 29
Trichter, ∅ 5 cm
Meßkolben, 100 cm³, 50 cm³, 25 cm³ (2)
2 Scheidetrichter, 100 cm³
1 Scheidetrichter, 250 cm³
Vollpipetten, 1 cm³, 2 cm³, 10 cm³, 20 cm³
2 Bechergläser, 50 cm³

*) Zur Sättigung des Essigsäureethylesters mit Wasser werden 50 cm³ Essigsäureethylester 3 min mit 5 cm³ Wasser geschüttelt und zum Trennen der Schichten stehengelassen.

Allgemeine Geräte

Wasserbad
2 Glasküvetten, Schichtdicke 1 cm

Vorschrift DAB 8: Etwa 0,200 g gepulverte Droge (250), genau gewogen, werden in einem 100 cm³-Rundkolben mit 1 cm³ einer 0,5proz. *(G/V)* Lösung von Hexamethylentetramin, 20 cm³ Aceton und 2 cm³ 25proz. *(G/V)* Salzsäure versetzt und 30 min unter Rückfluß zum Sieden erhitzt. Das Gemisch wird durch wenig Watte in einen 100 cm³ Meßkolben filtriert; Drogenrückstand und Watte werden im Rundkolben zweimal mit je 20 cm³ Aceton 10 min unter Rückfluß gekocht; die Lösungen werden nach dem Abkühlen durch Watte in den Meßkolben filtriert. Nach Abkühlung auf Raumtemperatur wird mit Aceton auf 100 cm³ verdünnt. 20,0 cm³ der Lösung werden in einem Scheidetrichter mit 20 cm³ Wasser versetzt, einmal mit 15 cm³ und dreimal mit 10 cm³ wassergesättigtem Essigsäureethylester ausgeschüttelt.

Die in einem Scheidetrichter vereinigten Essigsäureethylester-Ausschüttelungen werden zweimal mit je 50 cm³ Wasser gewaschen, anschließend in einen 50 cm³-Meßkolben abgelassen und mit Essigsäureethylester zu 50 cm³ verdünnt.

10,0 cm³ dieser Lösung werden mit 1,0 cm³ Aluminiumchlorid-Reagenz versetzt und mit methanolischer Essigsäurelösung zu 25,0 cm³ verdünnt (= Untersuchungslösung).

Gleichzeitig werden 10,0 cm³ der Lösung nur mit methanolischer Essigsäurelösung zu

25,0 cm^3 verdünnt (= Vergleichslösung). Nach 30 min wird die Extinktion E der Untersuchungslösung bei 425 nm in einer Schichtdicke von 1 cm gegen die Vergleichslösung gemessen.

C. Berechnung

Der Berechnung des Gehalts an Flavonoiden, berechnet als Hyperosid, wird eine spezifische Extinktion von $E^{1\%}_{1\,cm} = 500$ zugrunde gelegt.
E: Extinktion der Untersuchungslösung.
b: Drogeneinwaage in Gramm.

In 25 cm^3 Untersuchungslösung sind $\frac{25 \cdot E}{100 \cdot E^{1\%}_{1\,cm}}$ g Hyperosid enthalten, die in $\frac{20 \cdot 10}{100 \cdot 50} b$ g Droge enthalten sind.

$$\text{Hyperosid } \% = \frac{100 \cdot 25 \cdot E \cdot 100 \cdot 50}{100 \cdot E^{1\%}_{1\,cm} \cdot 20 \cdot 10 \cdot b} = \frac{625 \cdot E}{E^{1\%}_{1\,cm} \cdot b}.$$

Für $E^{1\%}_{1\,cm} = 500$ folgt:

$$\text{Hyperosid } \% = \frac{1{,}25 \cdot E}{b}.$$

Sulfatasche: Höchstens 6,5%, bestimmt mit 1,000 g gepulverter Droge.

5. Cardui mariae fructus

Mariendistelfrüchte, St. Mary's Thistle Fruits, Chardon Marie

Stammpflanze und Familie: *Silybum marianum* GAERTNER *(Asteraceae)*.

Offizinell: DAB 8 (mind. 1,0% Silymarin, berechnet als Silybin).

Inhaltsstoffe: ca. 0,7–3% Flavolignane: Das als Silymarin bezeichnete Gemisch setzt sich in der Hauptsache aus Silybin (MG 482,4), Silydianin und Silychristin zusammen. Ferner andere Flavonoide wie Taxifolin, Quercetin u. Kämpferol; daneben ca. 15–30% fettes Öl und bis zu 30% Eiweiß.

Formeln

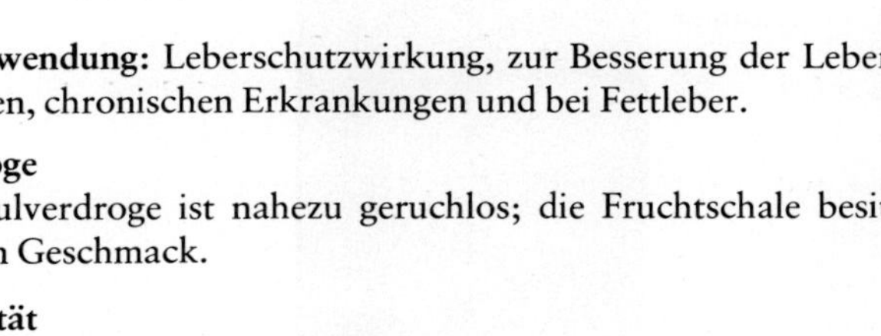

Silybin
R = H : Taxifolin

Wirkung und Verwendung: Leberschutzwirkung, zur Besserung der Leberfunktion bei Entzündungserscheinungen, chronischen Erkrankungen und bei Fettleber.

Prüfungen der Droge

Die braungelbe Pulverdroge ist nahezu geruchlos; die Fruchtschale besitzt einen bitteren, die Samen einen öligen Geschmack.

Prüfung auf Identität

Dünnschicht-Chromatographie

Prinzip: Prüfung auf Flavolignane (Silybin) und das Flavanonol (Taxifolin) im methanolischen Extrakt der mit Petrolether entfetteten Droge. Als Vergleichssubstanz wird das in der Droge enthaltene Flavonolaglykon Quercetin eingesetzt.

I. Standardmethode: Ja; Abweichungen: Laufstrecke 12 cm, Zweifachentwicklung.
II. Schicht: Kieselgel F_{254}.
III. Fließmittel: Chloroform – Aceton – wasserfreie Ameisensäure (75 + 16,5 + 8,5), KS, 2 × 12 cm.
IV. Nachweis: Nach Abdampfen des Fließmittels:
1. UV_{254}: Fluoreszenzmindernde Zonen markieren.
2. Besprühen mit einer 1proz. *(G/V)* Lösung von Diphenylboryloxyethylamin in Methanol und nach Verdunsten des Lösungsmittels im langwelligen UV-Licht (365 nm) die fluoreszierenden Zonen und die Fluoreszenzfarben markieren.

V. Untersuchungslösung: 1 g gepulverte Droge (500) wird 30 min mit 10 cm^3 Petrolether (40–60°) unter Rückfluß gekocht und der Extrakt verworfen. Der Pulverrückstand wird anschließend 15 min mit 10 cm^3 einer Mischung aus 2 Volumenteilen Chloroform und 1 Volumteil Methanol unter Rückfluß weiter extrahiert und filtriert; das Filtrat wird zur Trockne eingeengt und der Rückstand in 1 cm^3 der obigen Chloroform-Methanol-Mischung gelöst. Davon trägt man 25 mm^3 bandförmig (20 × 3 mm) auf.
Anmerkung: Besser: Drogenrückstand in 0,4 cm^3 Methanol aufnehmen und davon 10 mm^3 bandförmig (20 × 3 mm) auftragen.

VI. Vergleichslösung: 5 mg Quercetin werden in 1,0 cm^3 Ethanol unter Erwärmen gelöst, davon trägt man 10 mm^3 bandförmig (20 × 3 mm) auf.

Chromatogramm (Nachweis IV/2)

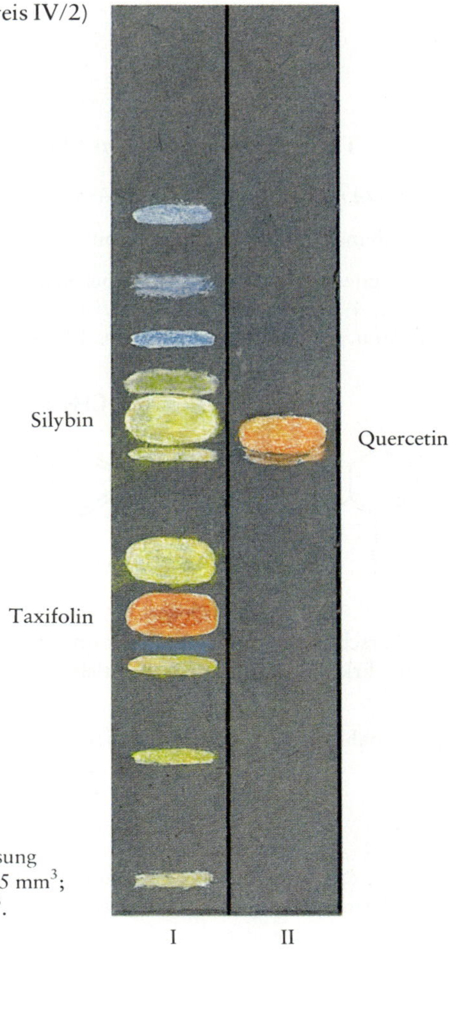

Abb. 54: I: Untersuchungslösung von Cardui mariae fructus, 25 mm^3; II: Vergleichslösung, 10 mm^3.

Auswertung
Beim Betrachten des Chromatogramms der Untersuchungslösung im kurzwelligen UV-Licht bei 254 nm erkennt man ungefähr auf Höhe der ebenfalls fluoreszenzmindernden Vergleichssubstanz die Hauptverbindung der Droge (Silybin) als deutlich fluoreszenzmindernde Zone. Oberhalb dieser Zone wird eine schwach fluoreszenzmindernde Zone, unterhalb bis zum Startband werden 4–6 Zonen unterschiedlicher Intensität (Silydianin, Silychristin, Taxifolin u.a.) sichtbar. Nach dem Besprühen und Betrachten im langwelligen UV-Licht bei 365 nm erscheinen dieselben Zonen mit charakteristisch grüngelber Fluoreszenz (Taxifolin: rötlich gelbe Fluoreszenz).
Bei einigen Rassen der Stammpflanze ist die erste Zone unterhalb von Silybin stärker vertreten als die Zone des Silybins.

Gehaltsbestimmung

A. *Prinzip:* Photometrische Bestimmung des Flavolignan-Gemischs, Silymarin mit Hilfe des farbigen 2,4-Dinitrophenylhydrazons, dessen spezifische Extinktion zur Berechnung als Silybin gegeben ist.
Aus der mit Petrolether entfetteten Droge werden die Flavolignane mit Methanol extrahiert und mit 2,4-Dinitrophenylhydrazin-Lösung umgesetzt.

B. *Durchführung*

Chemikalien	Geräte
Cardui mariae fructus, pulv. (500), 5 g	Soxhlet-Extraktionsapparat, 30 cm^3 mit passendem Rückflußkühler
Methanol, 500 cm^3	Rundkolben, NS 29: 100 cm^3 (1), 250 cm^3 (1)
Petrolether (40–60°), 80 cm^3	Meßkolben: 100 cm^3 (2), 50 cm^3 (3), 10 cm^3 (2)
Kaliumhydroxid, 25 g	Vollpipetten, 1 cm^3 (2), 2 cm^3 (1)
2,4-Dinitrophenylhydrazin-Schwefelsäure: Reag. Nr. 21, 20 cm^3	
Methanolische Kaliumhydroxid-Lösung: Reag. Nr. 45, 20 cm^3	

Allgemeine Geräte

Wasserbad	Rotationsverdampfer
Zentrifuge	2 Glasküvetten, Schichtdicke 1 cm

Vorschrift DAB 8: Etwa 5,00 g gepulverte Droge (500), genau gewogen, werden 4 h mit 80 cm^3 Petrolether und nach dem Trocknen an der Luft mit 100 cm^3 Methanol in einem Extraktionsapparat nach Soxhlet extrahiert.
Der Methanolauszug wird bei einem Druck unterhalb 30 mbar (ca. 20 Torr) auf ca. 25–30 cm^3 eingeengt, die Lösung in einen 50 cm^3-Meßkolben filtriert und unter Waschen des Filters mit Methanol zu 50,0 cm^3 verdünnt (= Prüflösung).
1,0 cm^3 der Prüflösung werden in einem 10 cm^3-Meßkolben mit 2 cm^3 Dinitrophenylhydrazin-Schwefelsäure (Reag. Nr. 21) versetzt und nach Verschließen des Meßkolbens 50 min auf 50° erwärmt. Nach dem Abkühlen wird mit methanolischer Kaliumhydroxidlösung (Reag. Nr. 45) auf 10,0 cm^3 verdünnt. Nach gutem Durchmischen und nach 120 sec vom Zeitpunkt des Auffüllens an wird 1,0 cm^3 der Lösung in einem Zentrifugenglas mit 20,0 cm^3 Methanol verdünnt und zentrifugiert. Die überstehende, gefärbte Lösung wird in einen 50 cm^3-Meßkolben abgegossen, der Rückstand in 20 cm^3 Methanol verteilt und erneut zentrifugiert; die überstehende Lösung wird in den Meßkolben abgegossen und anschließend mit Methanol zu 50,0 cm^3 verdünnt.
Die Extinktion *E* dieser Farblösung wird bei 490 nm in einer Schichtdicke von 1 cm gegen eine Vergleichslösung gemessen, die mit 1,0 cm^3 Methanol statt der Prüflösung hergestellt worden ist.

C. *Berechnung*
Der Berechnung des Gehalts an Silymarin, berechnet als Silybin, wird eine spezifische Extinktion $E_{1\,cm}^{1\%} = 537$ zugrunde gelegt.

E: Extinktion der Untersuchungslösung.
b: Drogeneinwaage in Gramm.

In 50 cm^3 2,4-Dinitrophenylhydrazon-Meßlösung sind $\frac{50 \cdot E}{100 \cdot E^{1\%}_{1\,cm}}$ g Silymarin enthalten, die einer Drogenmenge von $\frac{1}{50 \cdot 10} \cdot b$ g entsprechen.

$$\text{Silymarin } \% = \frac{100 \cdot E \cdot 50 \cdot 50 \cdot 10}{E^{1\%}_{1\,cm} \cdot 100 \cdot b} = \frac{25\,000 \cdot E}{E^{1\%}_{1\,cm} \cdot b}.$$

Für $E^{1\%}_{1\,cm} = 537$ und für $b = 5$ g folgt:
Silymarin % = 9,3 *E*.

Sulfatasche: Höchstens 6,0%, bestimmt mit 1,00 g gepulverter Droge.

6. Crataegi folium cum flore

Weißdornblätter mit Blüten, Hawthorn Leaves with Flowers, Feuilles d'aubépine avec les fleurs

Stammpflanze und Familie: *Crataegus monogyna* Jacquin emend. Lindman oder *Crataegus laevigata* (Poiret) de Candolle (syn: *Crataegus oxyacantha* L. p.p. et duc.), seltener andere europäische Crataegus-Arten wie *Crataegus pentagyna* Waldstein et Kitaibel ex Willdenow, *Crataegus nigra* Waldstein et Kitaibel, *Crataegus azarolus* L. *(Rosaceae)*.

Offizinell: DAB 8 (mind. 0,7% Flavonoide, berechnet als Hyperosid).

Inhaltsstoffe: Flavonoide: Hyperosid, Quercetin, Vitexin und Vitexin-4′-rhamnosid u. a.; Leukoanthocyane (bzw.-cyanidine), Procyanidine, (-)Epicatechin und Catechingerbstoffe, Triterpenderivate, Purinderivate, Kaffee- und Chlorogensäure.

Formeln

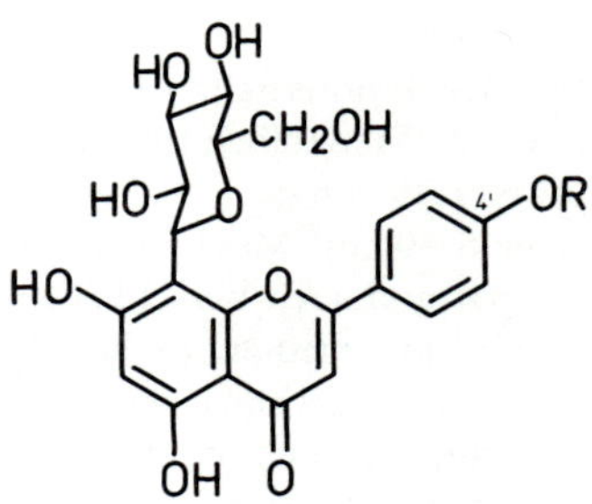

R = H: Vitexin
R = Rhamnosyl- : Vitexin-4′-rhamnosid

Wirkung und Anwendung: Erweiterung der Koronargefäße und somit Verbesserung der Herzdurchblutung, blutdrucksenkend, grundverschieden von der Digitaliswirkung. Herz- und Kreislaufmittel bei Alters- und Belastungsherz, bei Rhythmusstörungen.

Prüfungen der Droge

Die gelblichbraune Pulverdroge hat einen schwachen, eigenartigen Geruch und einen schwach süßlichen bis leicht bitteren, etwas adstringierenden Geschmack.

Prüfung auf Identität

Dünnschicht-Chromatographie

Prinzip: Prüfung auf Vitexin-4′-rhamnosid, Hyperosid und andere Flavonderivate, außerdem wird auf Chlorogensäure geprüft. Ein ethanolischer Extrakt dient als Untersuchungslösung zur DC. Als Vergleichssubstanzen werden die in der Droge enthaltene Chlorogensäure und das *nicht* in der Droge enthaltene Flavonglykosid Rutin eingesetzt.

Chromatogramm (Nachweis IV)

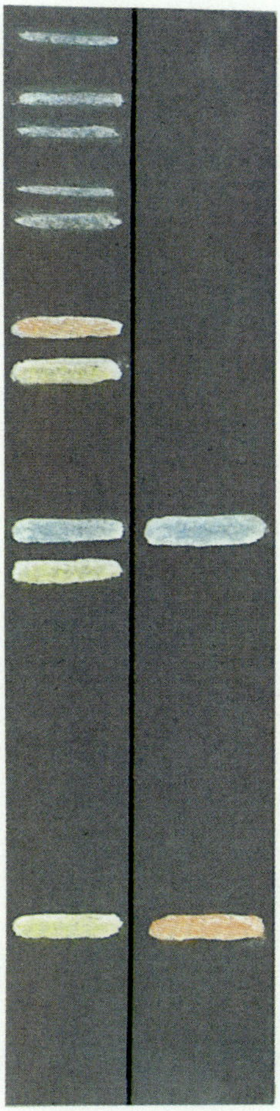

Abb. 55: I: Untersuchungslösung von Crataegi folium cum flore, 20 mm^3; II: Vergleichslösung, 10 mm^3.

I. *Standardmethode:* Ja; Abweichung: Laufstrecke 12 cm, Zweifachentwicklung.

II. *Schicht:* Kieselgel F_{254}.

III. *Fließmittel:* Oberphase von Essigsäureethylester-wasserfreier Ameisensäure-Wasser (67 + 7 + 26), KS, 2 × 12 cm (mit Zwischentrocknung).

IV. *Nachweis:* Nach Abdampfen des Fließmittels im Warmluftstrom, Besprühen mit einer 1proz. *(G/V)* Lösung von Diphenylboryloxyethylamin in Methanol und nach Verdunsten des Lösungsmittels im langwelligen UV-Licht (365 nm) die fluoreszierenden Zonen und die Fluoreszenzfarben markieren.

V. *Untersuchungslösung:* 0,5 g gepulverte Droge (355) werden mit 10 cm^3 Ethanol versetzt und im Wasserbad von 60° unter häufigem Schütteln 10 min extrahiert und nach dem Abkühlen filtriert. Das Filtrat dient als Untersuchungslösung, davon trägt man 20 mm^3 bandförmig (20 × 3 mm) auf.

Anmerkung: Zur Erzielung eines schmäleren Startbandes ist es günstiger, 0,5 g Droge mit 5 cm^3 Ethanol zu extrahieren und vom Filtrat 10 mm^3 bandförmig (20 × 2 mm) aufzutragen.

VI. Vergleichslösung: 2 mg Chlorogensäure und 4 mg Rutin werden in 5 cm^3 Methanol gelöst, davon trägt man 10 mm^3 bandförmig (20 × 2 mm) auf.

Auswertung (Abb. 55)
Im ultravioletten Licht bei 365 nm sind im Chromatogramm der Vergleichslösung die fluoreszierenden Zonen des Rutins (im unteren hRf-Bereich) und der Chlorogensäure (im mittleren hRf-Bereich) zu erkennen. Im Chromatogramm der Untersuchungslösung ist im unteren hRf-Bereich, etwa auf Höhe des Rutins im Chromatogramm der Vergleichslösung, die gelbgrün fluoreszierende Zone des Vitexin-4′-rhamnosids zu erkennen. Eine weitere gelbgrün fluoreszierende Flavonzone liegt im mittleren hRf-Bereich, dicht darüber befindet sich die blau bis türkisfarben fluoreszierende Zone der Chlorogensäure. Oberhalb der Chlorogensäurezone liegen zwei weitere Flavonzonen, von denen diejenige mit dem höheren hRf-Wert das Hyperosid darstellt. Darüber befinden sich bis zur Fließmittelfront noch weitere gelbgrün bis türkisfarben fluoreszierende Zonen.

Gehaltsbestimmung

Bestimmung der Flavonderivate, berechnet als Hyperosid
Der Bestimmung liegt das gleiche Prinzip wie bei Betulae folium beschrieben (S. 125) zugrunde; sie wird demnach auch in der gleichen Weise durchgeführt, nur mit dem Unterschied, daß wegen des geringeren Flavongehalts die Einwaage 0,6 g beträgt.
Für die Berechnung der Flavonderivate als Hyperosid gilt die gleiche Formel:
E: Extinktion der Untersuchungslösung.
b: Drogeneinwaage in Gramm.

$$\text{Hyperosid } \% = \frac{1{,}25 \cdot E}{b}.$$

Sulfatasche: Höchstens 12,0%, bestimmt mit 1,00 g gepulverter Droge.

7. Equiseti herba

Schachtelhalmkraut, Shave Grass, Herbe de prêle

Stammpflanze und Familie: *Equisetum arvense* L. *(Equisetaceae)*.

Offizinell: DAB 8

Inhaltsstoffe: Flavonglykoside: Isoquercitrin, Galuteolin (Luteolin-5-glucosid) und Equisetrin (Kämpferol-7-diglucosid); Alkaloide in Spuren: z.B. Nicotin und Palustrin; 5–8% teilweise wasserlösliche Kieselsäure, Saponine (Equisetonin) ca. 5%; Tannine, Harz, organische Säuren, β-Sitosterin.

Wirkung und Verwendung: Als Diureticum bei Nieren- und Blasenerkrankungen; ferner bei leichter Lungentuberkulose (Kieselsäuretherapie?). Gurgelmittel bei Mund- und Rachenerkrankungen.

Prüfungen

Die graugrüne Pulverdroge ist nahezu ohne Geruch und Geschmack und knirscht beim Kauen zwischen den Zähnen.

Prüfung auf Identität

Dünnschicht-Chromatographie

Prinzip: Prüfung auf Flavonglykoside im ethanolischen Extrakt; als Vergleichssubstanz dient das in der Droge *nicht* enthaltene Rutin.

I. *Standardmethode:* Ja.
II. *Schicht:* Cellulose (mikrokristallin).
III. *Fließmittel:* Oberphase von: n-Butanol-Eisessig-Wasser (40 + 10 + 50), KS, 10 cm.
IV. *Nachweis:* Nach Abdampfen des Fließmittels bei 105–110°: Besprühen mit einer 1proz. Lösung von Diphenylboryloxyethylamin *(G/V)* in Methanol und nach Verdunsten des Lösungsmittels im langwelligen UV-Licht bei 365 nm die fluoreszierenden Zonen und die Fluoreszenzfarben notieren.
V. *Untersuchungslösung:* 4 g gepulverte Droge (500) werden 10 min mit 50 cm^3 Ethanol im Wasserbad bei 60° unter Schütteln extrahiert und nach dem Abkühlen filtriert, das Filtrat wird im Vakuum auf ca. 2 cm^3 eingeengt, davon trägt man 10 mm^3 bandförmig (20 × 3 mm) auf.
VI. *Vergleichslösung:* 5 mg Rutin werden unter Erwärmen in 10 cm^3 Methanol gelöst, davon trägt man 10 mm^3 bandförmig (20 × 3 mm) auf.

Chromatogramm (Nachweis IV)
(Prüfung auf Identität)

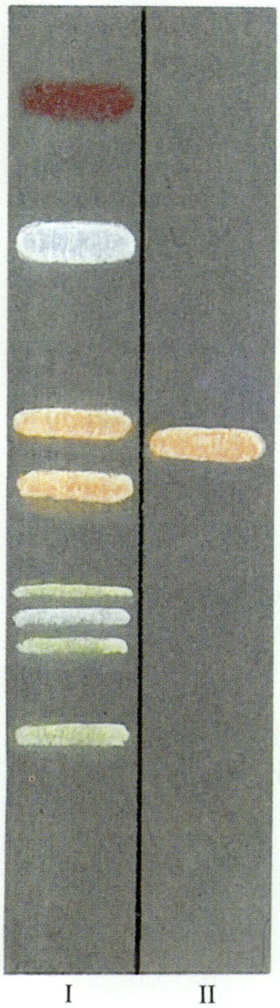

Abb. 56: I: Untersuchungslösung von Equiseti herba, 10 mm^3; II: Vergleichslösung, 10 mm^3.

Chromatogramm (Nachweis IV)
(Prüfung auf Sumpfschachtelhalmkraut)

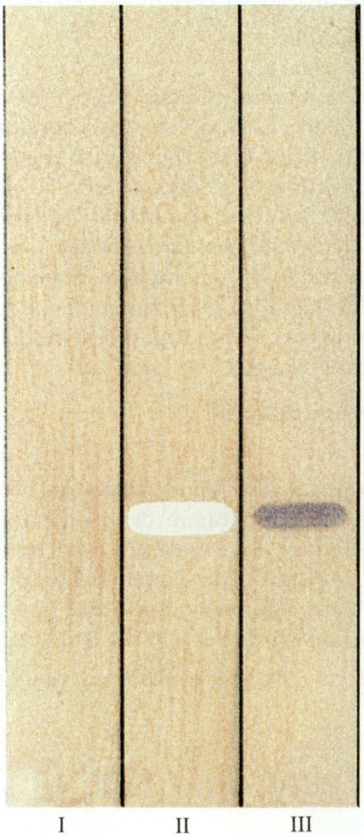

Abb. 57: I: Untersuchungslösung von Equiseti herba, 20 mm^3; II: Untersuchungslösung von Equiseti palustris herba, 20 mm^3; III: Vergleichslösung, 10 mm^3.

Auswertung (Abb. 56)
Im ultravioletten Licht bei 365 nm ist im Chromatogramm der Vergleichslösung im mittleren hRf-Bereich die orange fluoreszierende Zone des Rutins zu erkennen. Im Chromatogramm der Untersuchungslösung sind etwa im hRf-Bereich des Rutins zwei orange fluoreszierende Zonen zu erkennen. Im unteren hRf-Bereich können noch mehrere fluoreszierende Zonen auftreten; es dürfen aber keine deutlich grün fluoreszierende Zonen unterhalb der Rutin-Zone auftreten.

Prüfung auf Sumpfschachtelhalmkraut *(Equisetum palustre* L.)

Dünnschicht-Chromatographie
Prinzip: Das Kraut von *Equisetum palustre* L. enthält einen relativ hohen Alkaloidanteil, insbesondere an Palustrin und Palustridin (N-Formylpalustrin) und ist daher eine giftige Verfälschung.

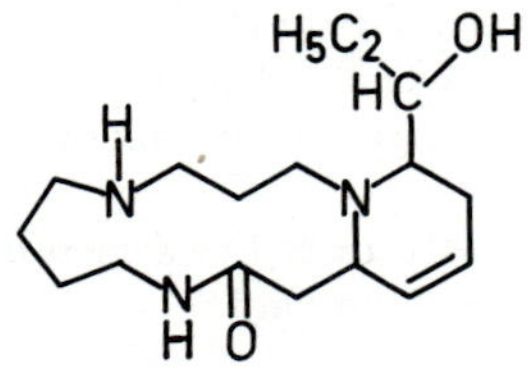

Palustrin

Prüfung auf Alkaloide im Chloroformextrakt der alkalisierten Droge. Als Vergleichssubstanz wird das *nicht* in der Droge enthaltene Papaverin eingesetzt.

I. *Standardmethode:* Ja.
II. *Schicht:* Kieselgel F_{254}.
III. *Fließmittel:* n-Butanol-Eisessig-Wasser (66 + 17 + 17), KS, 10 cm.
IV. *Nachweis:* Nach Abdampfen des Fließmittels im Warmluftstrom, Besprühen mit Jodoplatinat-Reagenz (Reag. Nr. 42) und nach einstündigem Lagern bei Raumtemperatur auswerten.
V. *Untersuchungslösung:* 4 g gepulverte Droge (500) werden 10 min mit 50 cm^3 0,1 N-Schwefelsäure unter Schütteln extrahiert. Das Filtrat wird mit etwa 5 cm^3 konz. Ammoniak-Lösung versetzt. Die vereinigten Etherauszüge werden nach dem Trocknen über wasserfreiem Natriumsulfat und Filtrieren auf dem Wasserbad zur Trockne eingeengt; der Rückstand wird in 0,25 cm^3 Methanol aufgenommen; davon trägt man 20 mm^3 bandförmig (20 × 3 mm) auf.
VI. *Vergleichslösung:* 5 mg Papaverin werden in 5 cm^3 Methanol gelöst, davon trägt man 10 mm^3 bandförmig (20 × 3 mm) auf.

Chromatogramm s. Abb. 57

Auswertung
Im Chromatogramm der Vergleichslösung ist die bläulich gefärbte Zone des Papaverins zu erkennen. Im Chromatogramm der Untersuchungslösung von Equiseti arvensis herba dürfen weder im hRf-Bereich des Papaverins noch darüber oder in der Nähe des Starts bläuliche, graue, sich langsam weiß färbende Zonen sichtbar sein. Diese Zonen treten in der Regel erst nach 45 min Lagern bei Raumtemperatur auf und verstärken sich anschließend noch etwas. Treten diese Zonen auf, so handelt es sich um Beimengungen von Equiseti palustris herba.

Sulfatasche: Höchstens 24,0%, bestimmt mit 1,00 g gepulverter Droge.

8. Farfarae folium

Huflattichblätter, Coltsfoot leaves, Feuilles de tussilage

Stammpflanze und Familie: *Tussilago farfara* L. *(Asteraceae)*.

Offizinell: DAB 8.

Inhaltstoffe: wenig äth. Öl, bis 20% Gerbstoffe, ca. 10% Schleim, der bei der Hydrolyse u.a. Galaktose, Arabinose, Fructose und Glucose liefert; organische Säuren wie z.B. Äpfel-, Wein- und Chlorogensäure, ferner Phytosterine, Kämpferol, Quercetin.

Wirkung und Verwendung: Emolliens, Spasmolyticum, Mucilaginosum und Adstringens, in Form von Abkochungen insbesondere bei Katarrhen der Luftwege, bei Husten, Verschleimung, Asthma, Heiserkeit.

Prüfungen der Droge
Das gelbliche bis graugrüne Drogenpulver hat einen schwach honigartigen Geruch und einen schleimig-süßlichen Geschmack.

Prüfung auf Identität

Prinzip: Nachweis des Schleimes in Farfarae folium, da die Blätter einer möglichen Verfälschung (Petasites spec. – Blätter) keinen Schleim enthalten.
Ausfällen der Schleimstoffe mit Ethanol aus einer Abkochung, und Umfällen in siedendem Wasser.

Durchführung

Chemikalien	Geräte
Farfarae folium pulv. (500), 2 g	Bechergläser: 100 cm^3 (1), 50 cm^3 (2), 25 cm^3 (2)
Ethanol, 20 cm^3	2 Trichter, ∅ 6 cm

Allgemeine Geräte

Wasserbad	Koliertuch

Herstellung einer Abkochung: 2 g Farfarae folium werden in ein 100 cm^3-Becherglas mit 20 cm^3 Wasser von 90° geschüttet und unter wiederholtem Rühren 30 min bei 90° im Wasserbad gehalten. Danach wird heiß koliert und der Drogenrückstand ausgepreßt. Die Farbe des Dekokts soll leicht hellbraun sein. Stärkere Verunreinigungen durch Petasites-Blätter zeigen sich an einer Dunkelbraunfärbung. 10 cm^3 der Abkochung werden mit 10 cm^3 Ethanol versetzt. Der Niederschlag wird durch ein Faltenfilter abfiltriert und der gesamte Rückstand in 10 cm^3 heißem Wasser aufgenommen. Eine Trübung wird durch nochmaliges Filtrieren beseitigt. Nach Zusatz von 10 cm^3 Ethanol zur klaren Lösung erfolgt eine kräftige weiße Trübung. Bei starker Verunreinigung durch Petasites-Blätter entsteht nur eine schwache Opaleszenz.

Prüfung auf Reinheit

Dünnschicht-Chromatographie

A. *Petasinhaltige Petasites-Verunreinigungen:*
Prinzip: DC-Prüfung auf Vorhandensein von lipophilen Terpenoiden und auf Abwesenheit von Petasin und Isopetasin im Petrolether-Extrakt der Droge. Die Reaktionsprodukte von Petasin und Isopetasin mit dem Nachweisreagenz Anisaldehyd-Schwefelsäure zeigen eine hellgrüne Fluoreszenz.

I. *Standardmethode:* Ja; Abweichung: Laufstrecke 12 cm.
II. *Schicht:* Kieselgel F_{254}.
III. *Fließmittel:* Chloroform, KS, 12 cm.
IV. *Nachweis:*
1. UV_{254}: Fluoreszenzmindernde Zonen markieren.

2. Besprühen mit etwa 5 cm^3 Anisaldehyd-Essigsäure-Lösung (Reag. Nr. 3) und sogleich 10 min unter Beobachtung auf 120–130° erhitzen. Die noch heiße Schicht wird vorsichtig mit konz. Schwefelsäure besprüht und danach im Tageslicht und im langwelligen UV-Licht (365 nm) ausgewertet.

V. Untersuchungslösung: 2,00 g gepulverte Droge (500) werden 15 min auf dem Wasserbad unter Rückflußkühlung mit 40 cm^3 Petrolether extrahiert. Nach der Filtration wird der Drogenrückstand mit einigen Kubikzentimetern Petrolether nachgewaschen. Die vereinigten Filtrate werden auf etwa 1 cm^3 eingeengt, davon werden 20 mm^3 bandförmig (20 × 3 mm) aufgetragen.

VI. Vergleichslösung: Entfällt.

Chromatogramm A
(Nachweis IV/2)

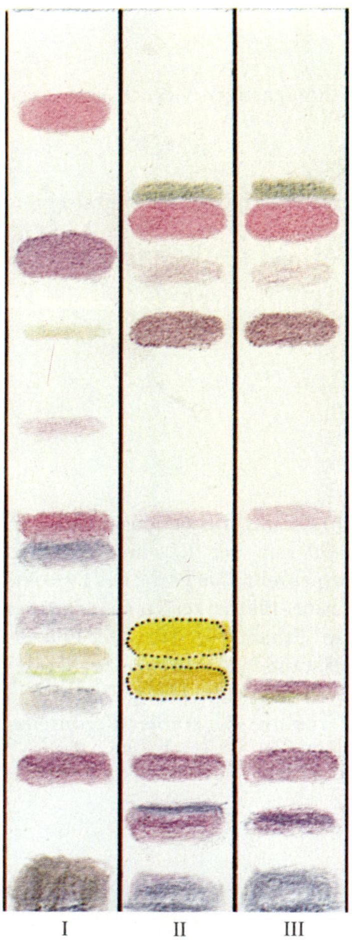

Abb. 58 A: Petrolether-Untersuchungslösung von: I: Farfarae folium; II: Petasitidis folium (Petasinhaltig); III: Petasitidis folium (Petasinfrei).

Chromatogramm B
(Nachweis IV)

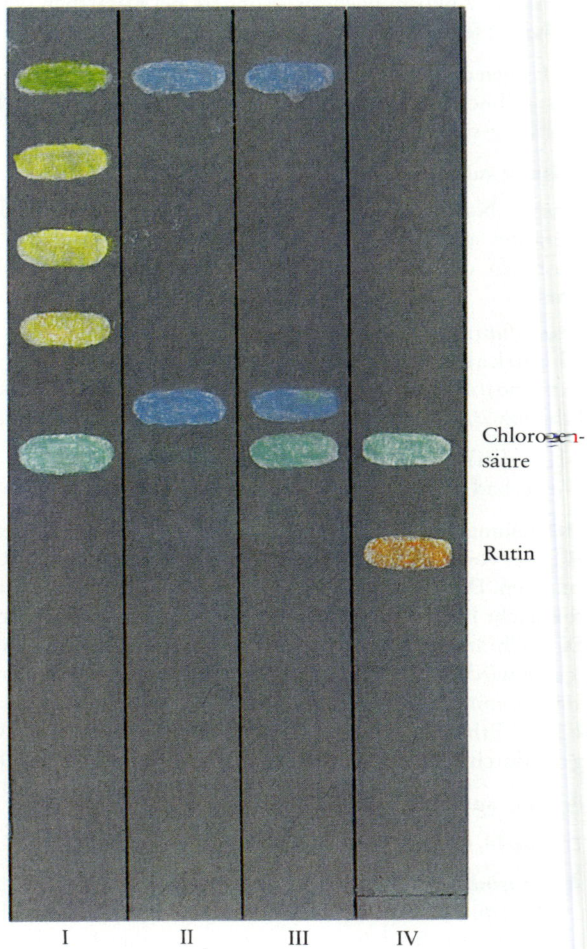

Abb. 58 B: Ethanol-Untersuchungslösung von: I: Farfarae folium; II: Petasitidis folium (Petasinhaltig); III: Petasitidis folium (Petasinfrei); IV: Vergleichslösung.

Auswertung zu Chromatogramm A (Abb. 58 A)

Auf dem unbesprühten Chromatogramm (I) dürfen im kurzwelligen UV-Licht (254 nm) im unteren und mittleren Rf-Bereich keine deutlich fluoreszenzmindernden Zonen zu erkennen sein

Nach dem Besprühen und Erhitzen erscheinen im Tageslicht über das ganze Chromatogramm verteilt bis zu 10 grün, braun oder rötlichviolett gefärbte Zonen (Terpenoide). Im langwelligen UV-Licht bei 365 nm dürfen im unteren Drittel des Chromatogramms keine hellgrün fluoreszierenden Zonen auftreten (Petasin und Isopetasin).

Anmerkung: Im DAB 8 ist die Lage der Petasin- und Isopetasin-Zonen im Rf-Bereich von 0,7–0,8 angegeben. Im Vergleichschromatogramm (II) sind die im unteren Drittel des Chromatogramms liegenden fluoreszenzmindernden Zonen mit den nach dem Besprühen sich gelbgrün anfärbenden und im langwelligen UV-Licht gelbgrün fluoreszierenden Zonen (Petasin und Isopetasin) identisch. Das Sprühreagenz Anisaldehyd-Essigsäure-Lösung bringt gegenüber dem sonst üblichen Anisaldehyd-Schwefelsäure-Reagenz keine signifikante Verbesserung, so daß auf die Verwendung dieses speziellen Anisaldehyd-Reagenzes verzichtet werden kann.

B. Petasinfreie Petasites-Verunreinigungen

Prinzip: DC-Prüfung auf Flavonoide und andere fluoreszierende Inhaltsstoffe im ethanolischen Extrakt. In der Zusammensetzung dieser Inhaltsstoffe unterscheiden sich Huflattich- von Petasitesblättern. Als Vergleichssubstanzen dienen die in Farfarae folium enthaltene Chlorogensäure und das nicht in der Droge enthaltene Rutin.

I. *Standardmethode:* Ja; Abweichung: Laufstrecke 12 cm.

II. *Schicht:* Kieselgel F_{254}.

III. *Fließmittel:* Essigsäureethylester-wasserfreie Ameisensäure-Wasser (67 + 13 + 20), KS, 12 cm.

IV. *Nachweis:* Nach Abdampfen des Fließmittels im Warmluftstrom Besprühen mit einer 1proz. *(G/V)* Lösung von Diphenylboryloxyethylamin in Methanol (Reag. Nr. 23), nach Verdunsten des Lösungsmittels im langwelligen UV-Licht von 365 nm fluoreszierende Zonen und Fluoreszenzfarben markieren.

V. *Untersuchungslösung:* 2,0 g gepulverte Droge (500) werden 15 min im Wasserbad unter Rückflußkühlung mit 20 cm^3 Ethanol 70proz. *(V/V)* extrahiert; nach Abkühlung wird filtriert. Das Filtrat dient als Untersuchungslösung, davon trägt man 20 mm^3 bandförmig (20 × 3 mm) auf.

VI. *Vergleichslösung:* 2 mg Chlorogensäure und 4 mg Rutin werden in 5 cm^3 Methanol gelöst, davon trägt man 10 mm^3 bandförmig (20 × 3 mm) auf.

Auswertung zu Chromatogramm B (Abb. 58 B)

Nach dem Besprühen sind beim Betrachten des Chromatogramms der Vergleichslösung im langwelligen UV-Licht bei 365 nm die gelborange fluoreszierende Zone des Rutins im unteren hRf-Bereich und die blau bis blaugrün fluoreszierende Zone der Chlorogensäure zu erkennen. Im Chromatogramm der Untersuchungslösung können bei den Extrakten von Droge und petasinfreien Petasites-Verunreinigungen von der Höhe des Rutins bis zur Fließmittelfront gelblichorange bis orange, blau bis hellblau und grünblau fluoreszierende Zonen zu erkennen sein. Extrakte von petasinfreien Petasites-Verunreinigungen unterscheiden sich von Extrakten unverfälschter Droge durch zwei unmittelbar über dem Rutin übereinander liegende blau bis blaugrün fluoreszierende Zonen, von denen bei unverfälschter Droge nur die untere (Chlorogensäure) vorhanden ist. Ferner weist eine hellblau fluoreszierende Zone dicht unter der Fließmittelfront auf Petasites-Verunreinigungen hin.

Sulfatasche: Höchstens 27%, bestimmt mit 1,000 g gepulverter Droge.

Salzsäureunlösliche Asche: Höchstens 3%.

9. Orthosiphonis folium

Orthosiphonblätter, Java Tea, Thé de Java

Stammpflanze und Familie: *Orthosiphon spicatus* (THUNBERG) BAKER (syn. *Orthosiphon stamineus* BENTHAM) *(Lamiaceae)*.

Offizinell: DAB 8.

Inhaltsstoffe: Ca. 0,2% lipophile Flavonoide: Sinensetin (3′,4′,5,6,7-Pentamethoxyflavon) stellt die Hauptkomponente dar, daneben Scutellareintetramethylether (= 4′,5,6,7-Tetramethoxyflavon), 3-Hydroxy-4′,5,6,7-Tetramethoxyflavon und Eupatorin (= 3′,5-Dihydroxy-4′,6,7-Trimethoxyflavon); ferner Saponine, ca. 6% Gerbstoffe, ca. 0,05% äth. Öl.

Formel

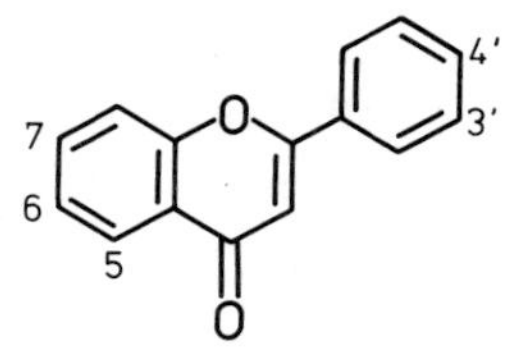

Flavon (Derivate s. Text)

Wirkung und Verwendung: Gutes Diureticum und Therapeuticum bei Nieren- und Blasenentzündung, schmerzstillende und entzündungshemmende Wirkung auch bei Gallenwegerkrankungen.

Prüfungen der Droge

Die grüngraue Pulverdroge hat einen schwach aromatischen Geruch und einen etwas salzigen, schwach bitteren und adstringierenden Geschmack.

Prüfung auf Identität

Dünnschicht-Chromatographie

Prinzip: Prüfung auf lipophile Flavonoide (Sinensetin, Scutellareintetramethylether und Eupatorin) im Dichlormethanextrakt; als Vergleichssubstanz dient ein synthetischer Farbstoff.

I. *Standardmethode:* Ja.

II. *Schicht:* Kieselgel F_{254}.

III. *Fließmittel:* Chloroform-Essigsäureethylester (60 + 40), KS, 10 cm.

IV. *Nachweis:* Nach Abdampfen des Fließmittels: Betrachten im langwelligen UV-Licht: Fluoreszierende Zonen und Fluoreszenzfarben markieren.

V. *Untersuchungslösung:* 1 g gepulverte Droge (500) wird 15 min mit 10 cm^3 Dichlormethan unter Schütteln extrahiert und anschließend abfiltriert, davon trägt man 20 mm^3 bandförmig (20 × 3 mm) auf.

VI. *Vergleichslösung:* 2 mg Methylrot werden in 5 cm^3 Methanol gelöst, davon trägt man 20 mm^3 bandförmig (20 × 3 mm) auf.

Auswertung (Abb. 59)

Im Tageslicht ist im unteren Drittel des Chromatogramms der Vergleichslösung das Methylrot als rotorange Zone zu erkennen. Im ultravioletten Licht bei 365 nm sind im Chromatogramm der Untersuchungslösung vier blau fluoreszierende Flavonoid-Zonen sichtbar; auf Höhe der Zone des Methylrots liegt die Zone des Scutellareintetramethylethers und direkt darunter die intensiv hellblau fluoreszierende Zone des Sinensetins. Im unteren Drittel des Chromatogramms ist das Eupatorin und eine weitere, blau fluoreszierende Zone zu erkennen, die auch fehlen kann.

Sulfatasche: Höchstens 16%, bestimmt mit 1,000 g gepulverter Droge (500).

Chromatogramm (Nachweis IV)

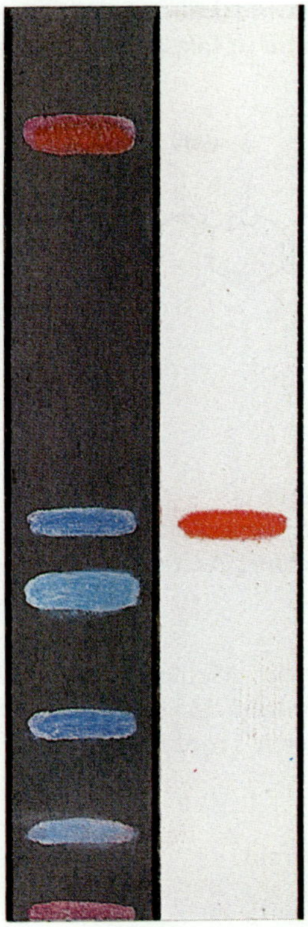

Abb. 59: I: Untersuchungslösung von Orthosiphonis folium, 20 mm^3; II: Vergleichslösung, 20 mm^3.

10. Tiliae flos

Lindenblüten, Lime Tree Flowers (Linden Flowers), Fleurs de tilleul

Stammpflanze und Familie: *Tilia cordata* Miller und *Tilia platyphyllos* Scopoli *(Tiliaceae)*.

Offizinell: DAB 8, DAB 7-DDR (0,4–0,6% Gerbstoffe, berechnet als Pyrogallol).

Inhaltsstoffe: Flavonglykoside: Isoquercitrin (= Quercetin-3-glucosid), Quercitrin (= Quercetin-3-rhamnosid), Astragalin (Kämpferol-3-glucosid), Kämpferol- und Quercetin-diglykoside; ferner p-Cumar-, Chlorogen- und Kaffeesäure, Schleime, Gerbstoffe und ca. 0,05% äth. Öl mit Farnesol als Hauptkomponente.

Wirkung und Verwendung: Als Diaphoreticum bei fieberhaften Erkrankungen, auch bei Rheuma, Nephritis und Ischias, gelegentlich als Diureticum, Stomachicum; bei Katarrhen der Luftwege.

Prüfungen der Droge

Die gelblich-braune Pulverdroge hat einen schwach aromatischen Geruch und einen schleimigen, leicht süßen Geschmack.

Prüfung auf Identität

A. *Schnelltest auf Flavanone, Flavonole, Flavanonole* (Farbreaktion nach SHINODA).
Prinzip: Reduktion der Flavonderivate mit Magnesium in salzsaurer Lösung zu rot-rotviolett gefärbten Anthocyanen.

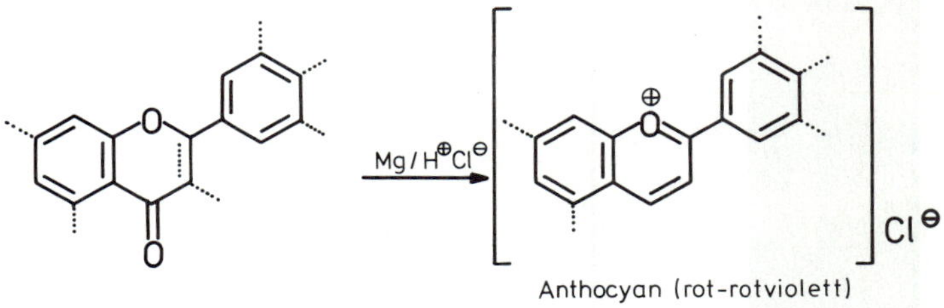

Durchführung

Chemikalien	Geräte
Tiliae flos, pulv. (500), 0,5 g	2 Erlenmeyerkolben, 50 cm^3
Methanol, 10 cm^3	1 Trichter, ∅ 6 cm
Magnesiumpulver, 0,2 g	
Salzsäure, konz. 35–38proz. *(G/V)*, 1 cm^3	

0,5 g gepulverte Lindenblüten (500) werden mit 10 cm^3 Methanol zum Sieden erhitzt. Etwa 3 cm^3 des Filtrates werden mit etwa 0,2 g pulverförmigem Magnesium und tropfenweise mit konz. Salzsäure versetzt; sofort nach Zugabe der ersten Tropfen Salzsäure entsteht eine länger anhaltende Rotfärbung.

B. *Dünnschicht-Chromatographie*
Prinzip: Prüfung auf Flavonoide im ethanolischen Extrakt.

I. *Standardmethode:* Ja.
II. *Schicht:* Kieselgel F_{254}.
III. *Fließmittel:* Essigsäureethylester – wasserfreie Ameisensäure-Wasser (67 + 13 + 20), KS, 10 cm.
IV. *Nachweis:* Nach vollständigem Abdampfen des Fließmittels Besprühen mit einer 1proz. *(G/V)* methanolischen Lösung von Diphenylboryloxyethylamin (Reag. Nr. 23) und anschließend nach Verdunsten des Lösungsmittels im langwelligen UV-Licht (365 nm) die fluoreszierenden Zonen und deren Fluoreszenzfarben notieren.
V. *Untersuchungslösung:* 0,5 g gepulverte Droge (500) werden 5 min mit 5 cm^3 Methanol auf dem Wasserbad extrahiert. Von dem Filtrat trägt man 10 mm^3 bandförmig (20 × 3 mm) auf.
VI. *Vergleichslösung:* Je 5 mg Rutin und Hyperosid werden in 10 cm^3 Methanol gelöst, davon trägt man 10 mm^3 bandförmig auf.

Auswertung (Abb. 60)
Im ultravioletten Licht bei 365 nm sind auf dem Chromatogramm der Vergleichslösung im mittleren hRf-Bereich die gelborange bis orange fluoreszierende Zone des Hyperosids und im unteren Drittel die ebenfalls gelborange bis orange fluoreszierende Zone des Rutins zu erkennen. Im Chromatogramm der Untersuchungslösung von Tiliae flos (I) ist die gelborange bis orange fluoreszierende Zone des Hyperosids deutlich als Hauptzone zu erkennen. Im hRf-Bereich des Rutins tritt bei (I) eine orange fluoreszierende Zone auf. Im unteren hRf-Bereich, unterhalb des Rutins können zwei schwach gelb fluoreszierende Zonen auftreten. Im mittleren hRf-Bereich von (I), zwischen Rutin und Hyperosid sind je eine orange und eine gelb fluoreszierende Zone zu erkennen. Im oberen hRf-Bereich von (I), oberhalb des Hyperosids, treten mindestens vier weitere gelb bis orangefarben fluoreszierende Zonen auf. Unmittelbar unterhalb der Fließmittelfront ist eine blau fluoreszierende Zone sichtbar.

Wirkung und Verwendung: Scillae bulbus wirkt schneller und flüchtiger als Digitalis, kumuliert weniger. Oral werden ca. 25% resorbiert, diuretische Wirkung.

Prüfungen der Herzglykosid-Drogen

Digitalis purpureae folium: Das grüne bis graugrüne Drogenpulver hat einen sehr schwachen charakteristischen Geruch und einen bitteren Geschmack.
Digitalis lanatae folium: Das grüne bis graugrüne Drogenpulver ist fast geruchlos und hat einen sehr bitteren Geschmack.
Adonidis herba: Die grüne Pulverdroge ist fast geruchlos und hat einen schwach bitteren und scharfen Geschmack.
Convallariae herba: Die hellgrüne Pulverdroge ist fast geruchlos und hat einen süßlich-bitteren Geschmack.
Scillae bulbus: Die weiße bis gelblichweiße Pulverdroge ist fast geruchlos und hat einen schleimigen und sehr bitteren Geschmack.

Prüfung auf Cardenolide

A. Prinzip: Nachweis des γ-Lactonrings mit 3,5-Dinitrobenzoesäure-Lösung (KEDDE-Reaktion).

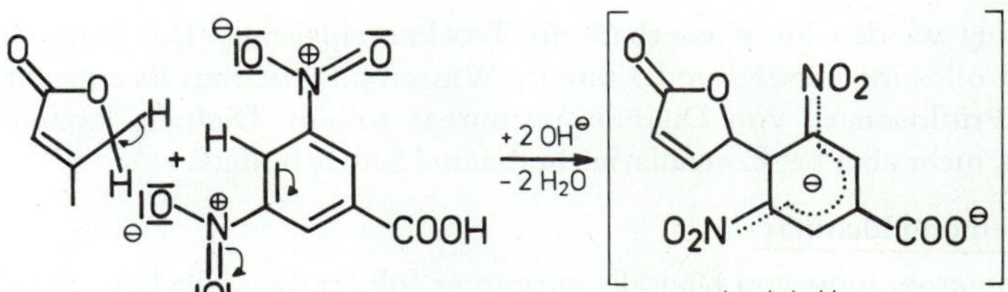

rot-violett
Meisenheimer-Komplex

In alkalischer Lösung bildet sich intermediär ein Cardenolidanion, das sich nukleophil in o-Stellung zu den beiden Nitrogruppen an den Aromaten addiert; es entsteht ein mesomeriestabilisiertes farbiges Anion (rotviolett), ein sog. Meisenheimer Komplex, der sich bei längerem Stehen zersetzt.
Unter Zusatz von Bleiacetatlösung zur Fällung von Ballaststoffen (Gerbstoffe, Saponine) wird die Droge mit 50proz. Ethanol aufgekocht und danach filtriert. Aus dem Filtrat werden die Herzglykoside mit Chloroform extrahiert. Dieser Extrakt dient auch als Untersuchungslösung zur DC bei der Identitätsprüfung.

B. Durchführung

Chemikalien
Je 1,0 g gepulverte Droge (180) von:
Digitalis purpureae folium, Digitalis lanatae folium, Adonidis herba, Convallariae herba
Bleiacetatlösung, 10proz. *(G/V)*, 40 cm³
Ethanol, 50proz. *(V/V)*, 80 cm³
Chloroform, 120 cm³
Natriumsulfat, wasserfrei, 5 g
3,5-Dinitrobenzoesäure-Lösung, (Reag. Nr. 18) 8 cm³
1N-Natriumhydroxidlösung, 4 cm³

Geräte
8 Erlenmeyerkolben, 100 cm³
4 Scheidetrichter, 100 cm³
4 Trichter, ∅ 5 cm

Allgemeine Geräte
Zentrifuge
Wasserbad

Prüflösung: 1,0 g gepulverte Droge (180) werden 2 min mit einer Mischung von 20 cm³ Ethanol 50proz. *(V/V)* und 10 cm³ Bleiacetatlösung im Sieden gehalten. Nach dem Abkühlen wird zentrifugiert. Die überstehende Flüssigkeit wird zweimal mit je 15 cm^3 Chloroform ausgeschüttelt. Falls erforderlich, werden die Schichten durch Zentrifugieren getrennt. Die Chloroformschicht wird über wasserfreiem Natriumsulfat getrocknet und durch Glaswatte filtriert.

Die Prüflösung dient a) zur Prüfung auf Cardenolide, b) zur Prüfung auf Desoxyzucker und c) als Untersuchungslösung zur DC.

a) 5 cm^3 Prüflösung werden auf dem Wasserbad in einem Reagenzglas zur Trockne eingeengt. Der Rückstand wird mit 2 cm^3 3,5-Dinitrobenzoesäure-Lösung (Reag. Nr. 18) und 1 cm^3 1 N-Natriumhydroxidlösung versetzt. Innerhalb von 5 min entsteht eine rotviolette Färbung.

Prüfung auf 2-Desoxyzucker (Digitoxose, Cymarose)

A. *Prinzip:* Xanthydrol ergibt in salzsaurer Lösung mit 2-Desoxyzuckern eine Rotfärbung; der Reaktionsmechanismus ist noch unbekannt.

B. *Durchführung*

Chemikalien

5 cm^3 der oben erhaltenen Prüflösung

Xanthydrol-Reagenz (Reag. Nr. 68), 12 cm^3

5 cm^3 Prüflösung werden im Wasserbad zur Trockne eingeengt. Der Rückstand wird mit 3 cm^3 Xanthydrollösung versetzt und 3 min im Wasserbad erwärmt. Es entsteht eine Rotfärbung bei den Prüflösungen von Digitalis purpureae folium, Digitalis lanatae folium und Adonidis herba, nicht aber bei Convallariae herba und Scillae bulbus.

Prüfung auf Reinheit und Identität

Dünnschicht-Chromatographie von Digitalis purpureae folium, Digitalis lanatae folium, Adonidis herba, Convallariae herba und Scillae bulbus.

Prinzip: Prüfung auf entsprechende Herzglykoside: Die mit verdünntem Ethanol erhaltenen Drogenextrakte werden zur Fällung der Gerbstoffe und Saponine mit Bleiacetat versetzt. Die eingeengten Chloroformextrakte der Filtrate dienen als Untersuchungslösungen zur DC. Geprüft wird bei: Adonidis herba auf Cymarin und Adonitoxin; bei Convallariae herba auf Convallatoxin; bei Digitalis purpureae folium auf die Purpureaglykoside A und B, Digitoxin und Gitoxin; bei Digitalis lanatae folium auf die Lanatoside A, B und C; bei Scillae bulbus auf Proscillaridin A und Scillaren A. Als Vergleichssubstanzen werden das ausschließlich in Digitalis purpureae folium enthaltene Digitoxin und das ausschließlich in Digitalis lanatae folium enthaltene Lanatosid C eingesetzt.

I. *Standardmethode:* Ja.

II. *Schicht:* Kieselgel F_{254}.

III. *Fließmittel:* Essigsäureethylester-Methanol-Wasser (81 + 11 + 8), KS, 10 cm.

IV. *Nachweis:* Nach Abdampfen des Fließmittels: Besprühen mit einer Mischung von 2 Volumenteilen einer frisch hergestellten, 3proz. *(G/V)* Lösung von Chloramin T und 8 Volumenteilen einer 25proz. ethanolischen Trichloressigsäurelösung; anschließend wird 5–10 min unter Beobachtung auf 100–105° erhitzt und umgehend im ultravioletten Licht bei 365 nm ausgewertet.

V. *Untersuchungslösung:*

Jeweils 15 cm^3 der Prüflösungen, die bei dem Nachweis auf Cardenolidglykoside erhalten wurden, werden auf dem Wasserbad zur Trockne eingeengt und in 0,5 cm^3 einer Mischung aus gleichen Volumenteilen Chloroform und Methanol gelöst; davon trägt man 20 mm^3 bandförmig (20 × 3 mm) auf; bei Convallariae herba und Scillae bulbus 30 mm^3.

VI. *Vergleichslösungen:*

a) Digitalis purpureae folium: 5 mg Purpureaglykosid A, 2 mg Purpureaglykosid B, 5 mg Digitoxin und 2 mg Gitoxin werden in einer Mischung von gleichen Volumteilen Chloroform und Methanol zu 5,0 cm^3 gelöst, davon trägt man 10 mm^3 bandförmig (20 × 3 mm) auf.

b) Digitalis lanatae folium, Adonidis herba, Convallariae herba und Scillae bulbus: 5 mg Digitoxin und 5 mg Lanatosid C werden in 1,0 cm^3 Methanol gelöst, davon trägt man 10 mm^3 bandförmig (20 × 3 mm) auf.

Anmerkung: In Ph. Eur. sind die Untersuchungs- und Vergleichslösung von D. purpureae folium verdünnter.

Chromatogramm (Nachweis IV)

Abb. 61: I–V: Untersuchungslösungen von: I: Adonidis herba, 20 mm^3; II: Convallariae herba, 30 mm^3; III: Digitalis lanatae folium, 20 mm^3; IV: Digitalis purpureae folium, 20 mm^3; V: Scillae bulbus, 30 mm^3; VI: Vergleichslösung, 10 mm^3; VII: Vergleichslösung (Digitalis purpureae folium), 10 mm^3.

Auswertung

Das Chromatogramm der Vergleichslösung zeigt im mittleren hRf-Bereich die gelbgrün fluoreszierende Zone des Digitoxins, im unteren Drittel die blau fluoreszierende Zone des Lanatosids C.

I. *Adonidis herba:* Im Chromatogramm der Untersuchungslösung sind im Bereich zwischen Digitoxin und Lanatosid C vier fluoreszierende Zonen zu erkennen. Die oberste, gelbgrün fluoreszierende Zone, die etwas unter der Digitoxinzone der Vergleichslösung liegt, entspricht Cymarin. Darunter liegt eine gelbgrün fluoreszierende Zone. Auf der Höhe der Lanatosid C-Zone der Vergleichslösung liegt eine gelbgrün fluoreszierende Zone und darüber die bläulich fluoreszierende Adonitoxin-Zone. Weiter zeigt das Chromatogramm im unteren und oberen Bereich mehrere schwach gelbgrün fluoreszierende Zonen.

II. *Convallariae herba:* Im Chromatogramm der Untersuchungslösung liegen in Höhe der Lanatosid-C-Zone drei bis vier gelb fluoreszierende Zonen. Die oberste, die u. U. etwas über der Lanatosid-C-Zone liegt, entspricht dem Convallatoxin. Weiter kann das Chromatogramm über die ganze Laufstrecke verteilt vier bis sieben Zonen zeigen, die schwach gelblich oder bläulich fluoreszieren. Bei manchen Convallaria-Herkünften liegen im oberen hRf-Bereich zwei bis drei stark blau fluoreszierende Zonen.

III. *Digitalis lanatae folium:* Im Chromatogramm der Untersuchungslösung liegt in Höhe der Lanatosid-C-Zone der Vergleichslösung eine ebenfalls blau fluoreszierende Zone (Lanatosid C). Direkt darüber sind zwei gelbgrün fluoreszierende Zonen zu erkennen; die untere fluoresziert nur schwach (Lanatosid B), die darüberliegende entspricht dem Lanatosid A. Weitere sieben bis acht grüngelb fluoreszierende Zonen befinden sich über und unter diesen Zonen. Im oberen hRf-Bereich können eine blau und eine braunorange fluoreszierende Zone vorhanden sein.

IV. *Digitalis purpureae folium:* Unterhalb der Lanatosid-C-Zone auf dem Chromatogramm der Vergleichslösung erkennt man auf dem Chromatogramm der Untersuchungslösung eine gelbbraun fluoreszierende Zone, die dem Purpureaglykosid A zuzuordnen ist und direkt darunter eine blau fluoreszierende Zone, die dem Purpureaglykosid B zuzuordnen ist. Im mittleren hRf-Bereich liegt die blau fluoreszierende Zone des Gitoxins. Auf Höhe der Digitoxinzone auf dem Chromatogramm der Vergleichslösung liegt auf dem Chromatogramm der Untersuchungslösung die ebenfalls gelbbraun fluoreszierende Zone des Digitoxins. Weitere schwächer fluoreszierende Zonen können auf dem Chromatogramm der Untersuchungslösung sichtbar sein.

V. *Scillae bulbus:* Auf dem Chromatogramm der Untersuchungslösung sind zwei kräftig grüngelb fluoreszierende Zonen zu erkennen. Die obere (Proscillaridin A) liegt etwas unterhalb der Digitoxinzone der Vergleichslösung, die untere (Scillaren A) liegt im Bereich der Lanatosid-C-Zone der Vergleichslösung. Weiter kann das Chromatogramm noch vier bis fünf schwach grüngelb fluoreszierende Zonen zeigen.

Gehaltsbestimmung von Digitalis purpureae folium
Bestimmung der Gesamt-Cardenolide

A. *Prinzip:* Photometrische Bestimmung der Cardenolidglykoside mit Hilfe der Farbreaktion nach KEDDE (vgl. Prüfung auf Cardenolidglykoside S. 145), die mit derjenigen einer bekannten Digitoxinmenge verglichen wird. Die Berechnung erfolgt als Digitoxin.
Die Glykoside werden mit Wasser aus der Droge extrahiert. Nach Zusatz von Blei(II)acetat werden die Ballaststoffe (Gerbstoffe u.ä.) gefällt, überschüssige Blei(II)ionen werden als Phosphat gefällt. Das Filtrat wird säurekatalysiert hydrolysiert. Die gebildeten Aglyka werden mit Chloroform aus dem Reaktionsgemisch abgetrennt. Nach Abdampfen des Chloroforms Umsetzung mit KEDDE-Reagenz und photometrische Bestimmung des Reaktionsprodukts.

B. *Durchführung*

Chemikalien
Digitalis purpureae folium, pulv. (180), 0,250 g
Blei(II)acetatlösung, 15proz. *(G/V)*, 5 cm^3
Dinatriumhydrogenphosphat, 4proz. *(G/V)*, 7,5 cm^3
Salzsäure, 15proz. *(G/V)*, 10 cm^3
Chloroform, 200 cm^3
3,5-Dinitrobenzoesäurelösung, 2proz. *(G/V)* in Ethanol, 4 cm^3
1 N-Natriumhydroxidlösung, 4 cm^3
Ethanol, 96proz. *(V/V)*, 50 cm^3
Ethanol, 50proz. *(V/V)*, 20 cm^3
Digitoxin, 50,0 mg

Geräte
3 Rundkolben, NS 29, 100 cm^3
1 Schliffstopfen, NS 29
2 Rückflußkühler, NS 29
3 Trichter, ∅ 5 cm
2 Scheidetrichter, 100 cm^3
Vollpipetten, je 1: 50 cm^3, 20 cm^3, 10 cm^3, 5 cm^3, 2 cm^3, 1 cm^3
Meßkolben, 100 cm^3 (2), 50 cm^3 (2)
2 Spitzkolben, NS 14,5, 50 cm^3

Allgemeine Geräte
Schüttelmaschine
Wasserbad

Vorschrift Ph. Eur. Bd. III: Etwa 0,250 g gepulverte Droge (180) genau gewogen, werden 1 h mit 50,0 cm^3 Wasser geschüttelt. Nach Zusatz von 5,0 cm^3 einer 15proz. Lösung *(G/V)* von Blei(II)acetat wird erneut geschüttelt. Nach einigen Minuten wird mit 7,5 cm^3 einer 4proz. *(G/V)* Lösung von Dinatriumhydrogenphosphat versetzt und durch ein Faltenfilter filtriert. 50,0 cm^3 Filtrat werden 1 h unter Rückfluß auf dem Wasserbad mit 5 cm^3 Salzsäure (15proz. *(G/V)*) erhitzt. Die Flüssigkeit wird in einen Scheidetrichter übergeführt und der Kolben zweimal mit je 5 cm^3 Wasser ausgespült, das in den Scheidetrichter gegeben wird. Es wird dreimal mit je 25 cm^3 Chloroform ausgeschüttelt. Die Chloroformauszüge werden vereinigt, über wasserfreiem Natriumsulfat getrocknet und in einem Meßkolben zu 100,0 cm^3* verdünnt. 40,0 cm^3 dieser Lösung werden zur Trockne eingedampft. Der Rückstand wird mit 7,0 cm^3 Ethanol, 50proz. *(V/V)*, 2,0 cm^3 Dinitrobenzoesäurelösung und 1,0 cm^3 1 N-Natriumhydroxidlösung versetzt (= Untersuchungslösung).
Vergleichslösung: 50,0 mg Digitoxin, genau gewogen, werden in 50,0 cm^3 Ethanol, 96proz. *(G/V)* gelöst. 5,0 cm^3 dieser Lösung werden mit Ethanol, 96proz. *(G/V)* zu 50,0 cm^3 verdünnt. 5,0 cm^3 dieser Lösung werden mit 25 cm^3 Wasser und 3 cm^3 15proz. *(G/V)* Salzsäure versetzt und 60 min unter Rückfluß auf dem Wasserbad gekocht. Danach wird mit der Flüssigkeit wie oben beschrieben weiter verfahren.
7–12 min nach Herstellung werden die Extinktionen der Lösungen bei 540 nm gegen eine entsprechende Mischung aus den Reagenzien gemessen.

C. *Berechnung*

Der Gehalt an Gesamt-Cardenolidglykosiden der Droge, ausgedrückt als Digitoxin, wird in bezug auf die Extinktionen und die Konzentrationen der beiden Lösungen berechnet.
E_u: Extinktion der Untersuchungslösung.
E_v: Extinktion der Vergleichslösung.
b: Drogeneinwaage in Gramm.
a: Menge Digitoxin in g, die in 10 cm^3 Farbsalzlösung der Untersuchungslösung enthalten sind, die einer Drogenmenge von $\frac{50 \cdot 40}{62{,}5 \cdot 100} \cdot b$ g entsprechen.

In 10 cm^3 Farbsalzlösung der Vergleichslösung sind $\frac{50 \cdot 5 \cdot 5 \cdot 40}{50 \cdot 50 \cdot 100}$ mg $= \frac{1}{5000}$ g Digitoxin enthalten.

Es gilt:

(1) $E_u = E_{1\,cm}^{1\%} \cdot a \cdot 10$ (2) $E_v = E_{1\,cm}^{1\%} \cdot \frac{1}{5000} \cdot 10$

$$\frac{(1)}{(2)}: \quad \frac{E_u}{E_v} = 5000 \cdot a$$

$$a = \frac{E_u}{E_v \cdot 5000}\,\text{g}\,.$$

Daraus folgt:

$$\text{Digitoxin } \% = \frac{100 \cdot E_u \cdot 100 \cdot 62{,}5}{E_v \cdot 5000 \cdot 40 \cdot 50 \cdot b} = \frac{62{,}5 \cdot E_u}{1000 \cdot E_v \cdot b}\,.$$

Für $b = 0{,}250$ g folgt:

$$\text{Digitoxin } \% = 0{,}25\,\frac{E_u}{E_v}\,.$$

Bestimmung der Glykoside der Digitoxigenin-Gruppe (= Cardenolid-A-Gruppe)
Der Gehalt an Glykosiden der Cardenolid-A-Gruppe wird erhalten durch Subtraktion des in der folgenden Gehaltsbestimmung erhaltenen Wertes von dem bei der Gehaltsbestimmung der Gesamtglykoside erhaltenen Wert.

* Dient auch als Untersuchungslösung zur Cardenolid-Bestimmung, die nicht der Digitoxigenin-Gruppe (= Cardenolid-A-Gruppe) angehören.

A. *Prinzip:* Photometrische Bestimmung von Gitoxin mit Hilfe eines farbigen Reaktionsprodukts von Gitoxigenin mit einem Gemisch aus Phosphorsäure, Schwefelsäure und Eisen(III)salzen. Dieses Reaktionsprodukt zeigt eine etwa 80mal intensivere Rotfärbung als dasjenige von Digitoxigenin.
Die Extinktion des Reaktionsprodukts aus der Untersuchungslösung wird mit derjenigen einer bestimmten Gitoxinmenge verglichen.
Da organische Begleitstoffe die direkte Bestimmung stören und andererseits das Farbprodukt von Gitoxigenin, dessen Struktur noch unbekannt ist, von Methanol zerstört wird, wird zum Ausgleich dieser Störung derart verfahren, daß zwei gleiche Teile (A und B) des Chloroform-Extrakts der Aglyka von der Bestimmung der Gesamtcardenolide zur Trockne eingeengt werden. Der eine Rückstand (A) wird mit 10 cm^3 der Reagenzmischung versetzt, der andere (B) mit 5 cm^3 der Reagenzmischung und danach mit 5 cm^3 Methanol. Es wird dann die Extinktion von A gegen B als Blindwert bestimmt.
In der gleichen Weise wird mit zwei gleichen Teilen einer Gitoxin-Lösung von bekanntem Gehalt verfahren.

B. *Durchführung*

Chemikalien
Chloroformextrakt, der bei der Bestimmung der Gesamtglykoside erhalten wurde, 10 cm^3
Chloroform, 150 cm^3
Ethanol, 96proz. *(V/V)*, 5 cm^3
Methanol, 60 cm^3
Schwefelsäure, konz. 96proz. *(G/V)*, 100 cm^3
Phosphorsäure, konz. 85proz. *(G/V)*, 100 cm^3
Salzsäure, 15proz. *(G/V)*, 3 cm^3
Eisen(III)sulfat, 10proz. *(G/V)*, 5 cm^3
Gitoxin, 25 mg
Natriumsulfat, wasserfrei, 10 g

Allgemeine Geräte
Wasserbad

Geräte
2 Erlenmeyerkolben, 100 cm^3
5 Rundkolben, NS 29, 100 cm^3
4 Schliffstopfen, NS 29
1 Scheidetrichter, 100 cm^3
Meßkolben, 100 cm^3 (1)
Vollpipetten, 25 cm^3, 10 cm^3, 5 cm^3, 2 cm^3, 1 cm^3
Rückflußkühler, NS 29

Vorschrift Ph. Eur. Bd. III: In zwei Rundkolben werden je 10,0 cm^3 des in der Gehaltsbestimmung unter *Digitalis purpureae folium* erhaltenen Chloroformauszuges zur Trockne eingedampft. Der Rückstand des ersten Kolbens wird sofort mit 10,0 cm^3 einer Mischung aus 100,0 cm^3 konz. Schwefelsäure, 100 cm^3 Phosphorsäure und 5 cm^3 einer 10proz. *(G/V)* Eisen(III)sulfatlösung versetzt, die 24 h vor Gebrauch hergestellt wurde. Der Rückstand des zweiten Kolbens wird sofort mit 5,0 cm^3 dieser Reagenzlösung versetzt. Beide Kolben werden 90 min stehengelassen. In den zweiten Kolben werden 5,0 cm^3 Methanol gegeben. Der Kolben wird verschlossen und nach 5 min abgekühlt. Die Extinktion der Flüssigkeit des ersten Kolbens wird bei 572 nm gegen die der Flüssigkeit des zweiten Kolbens gemessen.

Vergleichslösung: Etwa 25 mg Gitoxin, genau gewogen, werden in 100,0 cm^3 einer Mischung aus gleichen Volumteilen von Chloroform und Methanol gelöst. 2,0 cm^3 dieser Lösung werden zur Trockne eingeengt. Der Rückstand wird mit 5,0 cm^3 Ethanol, 25 cm^3 Wasser und 3,0 cm^3 15proz. *(G/V)* Salzsäure 60 min unter Rückfluß auf dem Wasserbad erhitzt. Die Flüssigkeit wird in einen Scheidetrichter übergeführt und der Kolben zweimal mit je 5 cm^3 Wasser ausgespült, das in den Scheidetrichter gegeben wird. Dreimal wird mit je 25 cm^3 Chloroform ausgeschüttelt. Die Chloroformauszüge werden vereinigt, über wasserfreiem Natriumsulfat getrocknet und in einem Meßkolben zu 100,0 cm^3 mit Chloroform verdünnt. In zwei Rundkolben werden je 10,0 cm^3 des Chloroformauszuges zur Trockne eingeengt. Mit dem Rückstand wird wie oben beschrieben verfahren.

C. Berechnung

Der Gehalt an anderen Cardenolidglykosiden als die der A-Gruppe wird in bezug auf die Extinktion der Vergleichslösung als Gitoxin berechnet.

E_u: Extinktion der Untersuchungslösung.

E_v: Extinktion der Vergleichslösung.

b: Drogeneinwaage in Gramm.

a: Menge an Gitoxin in g, die in 10 cm^3 Farblösung der Untersuchungslösung enthalten sind, die einer Drogeneinwaage von $\frac{50 \cdot 10}{62{,}5 \cdot 100} \cdot b$ g entsprechen.

In 10 cm^3 Farblösung der Vergleichslösung sind $\frac{2 \cdot 10 \cdot 25}{100 \cdot 100 \cdot 1000}$ g $= \frac{1}{20000}$ g Gitoxin enthalten.

Es gilt (vgl. S. 149):

$$a = \frac{E_u}{E_v \cdot 20000}\,g\,.$$

Daraus folgt:

$$\text{Gitoxin }\% = \frac{100 \cdot E_u \cdot 100 \cdot 62{,}5}{b \cdot E_v \cdot 20000 \cdot 10 \cdot 50} = \frac{62{,}5 \cdot E_u}{1000 \cdot E_v \cdot b}\,.$$

Für $b = 0{,}250$ g folgt:

$$\text{Gitoxin }\% = 0{,}25 \cdot \frac{E_u}{E_v}\,.$$

Sulfatasche (bestimmt mit jeweils 1,000 g gepulverter Droge):
Adonidis herba: Höchstens 15,5%.
Convallariae herba: Höchstens 18%.
Digitalis lanatae folium: Höchstens 13,5%.
Scillae bulbus: Höchstens 6%.
Digitalis purpurea: nicht angegeben.

Salzsäureunlösliche Asche: Digitalis purpureae folium: Höchstens 5,0%, bestimmt mit 1,000 g gepulverter Droge.

Tab. 6: Zusammenstellung von Herzglykosid-Drogen

Droge	Stammpflanze, Familie	Hauptinhaltsstoffe
Adonidis herba, Adoniskraut	*Adonis vernalis* L.; *Ranunculaceae*	Adonitoxin u. a.
Convallariae herba, Maiglöckchenkraut	*Convallaria majalis* L.; *Liliaceae*	Convallatoxin u. a.
Digitalis lanatae folium, Digitalis lanata Blatt	*Digitalis lanata* EHRHARDT; *Scrophulariaceae*	Lanataglykoside
Digitalis purpureae folium, Digitalis purpurea Blatt	*Digitalis purpurea* L.; *Scrophulariaceae*	Purpureaglykoside
Hellebori nigri rhizoma, Christrosen Rhizom	*Helleborus niger* L.; *Ranunculaceae*	Hellebrin

Forts. von Tab. 6.

Droge	Stammpflanze, Familie	Hauptinhaltsstoffe
Nerii oleandri folium, Oleanderblatt	*Nerium oleander* L.; *Apocynaceae*	Oleandrin
Strophanthi grati semen, Strophantussamen	*Strophanthus gratus* (WALL. et HOOK.) FRANCHET; *Apocynaceae*	Ouabain (syn. g-Strophanthin)
Strophanthi kombé semen, Strophantussamen Kombé	*Strophanthus kombé* OLIV.; *Apocynaceae*	k-Strophanthosid (= Strophosid)
Thevetiae neriifoliae semen, Schellenbaumsamen	*Thevetia neriifolia* JUSS.; *Apocynaceae*	Thevetin A Peruvosid
Scillae bulbus, Weiße Meerzwiebel	*Urginea maritima var. alba* BAKER, (= *Scilla maritima var. alba* L.); *Liliaceae*	Scillaren A u. a.

E. Saponin-Drogen

1. Ginseng radix

Ginsengwurzel, White Ginseng Root, Racine de ginseng

Stammpflanze und Familie: *Panax ginseng* C. A. MEYER *(Araliaceae)*.

Offizinell: DAB 9 in Vorbereitung.

Inhaltsstoffe: In der Droge sind eine größere Zahl von Triterpensaponinen enthalten. Eine spezielle Gruppe hierin sind die Ginsenoside Rx, die durch weitere Indexbuchstaben unterschieden werden, z.B. 0, a, b_1, b_2, c, d, e, f, g_1 und g_2. Der Gesamtgehalt sollte über 2,4% liegen. Mengenmäßig überwiegen die Ginsenoside Re, Rg_1 (vom Proto-Panaxatriol abgeleitet) und Rb_1 (vom Proto-Panaxadiol abgeleitet). Chemisch leiten sie sich, mit Ausnahme des Ginsenosids R_0 (Aglykon: Oleanolsäure), vom 20 S-Proto-Panaxadiol und dem 20 S-Proto-Panaxatriol ab.

Formeln

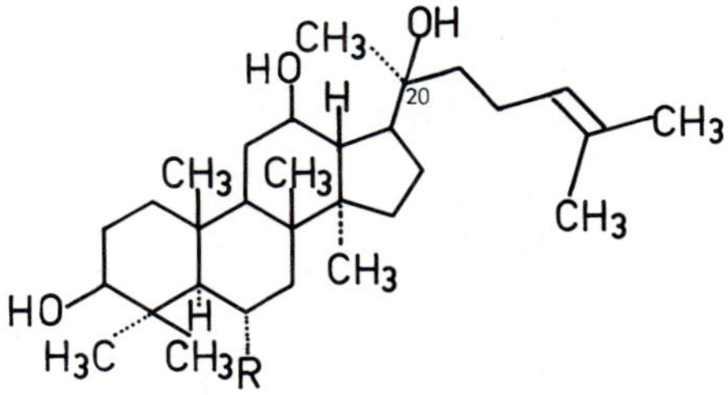

R = H : 20 S-Protopanaxadiol
R = OH: 20 S-Protopanaxatriol

Die Ginsenoside sind vorwiegend neutrale Bisdesmoside. Ungewöhnlich ist die Stellung der Glykosidbindung bei den Panaxadiol-Glykosiden am C-3 und C-20 und bei den Panaxatriol-Glykosiden immer am C-6 und C-20. Als Zucker sind Glucose, Arabinose und Rhamnose sowie die Glucuronsäure zu nennen.

Wirkung und Verwendung: Die Ginsengwurzel wird seit altersher in der chinesischen und koreanischen Medizin als Mittel zur Besserung des Allgemeinbefindens angewandt. Im Tierversuch fand man nach einer mehrtägigen Latenzzeit eine anhaltende Steigerung der physischen und psychischen Leistung.
Die Droge wird z.Z. häufig als Roborans, Tonicum und Geriatricum verwendet. Wichtig sind standardisierte Zubereitungen mit entsprechend hohem Ginsenosid-Gehalt und die Anwendung über längere Zeit.

Prüfung der Droge
Das gelbliche Pulver hat einen kaum wahrnehmbaren, eigenartigen Geruch und schwach aromatischen bitter-süßen Geschmack.

Chromatogramm (Nachweis IV)

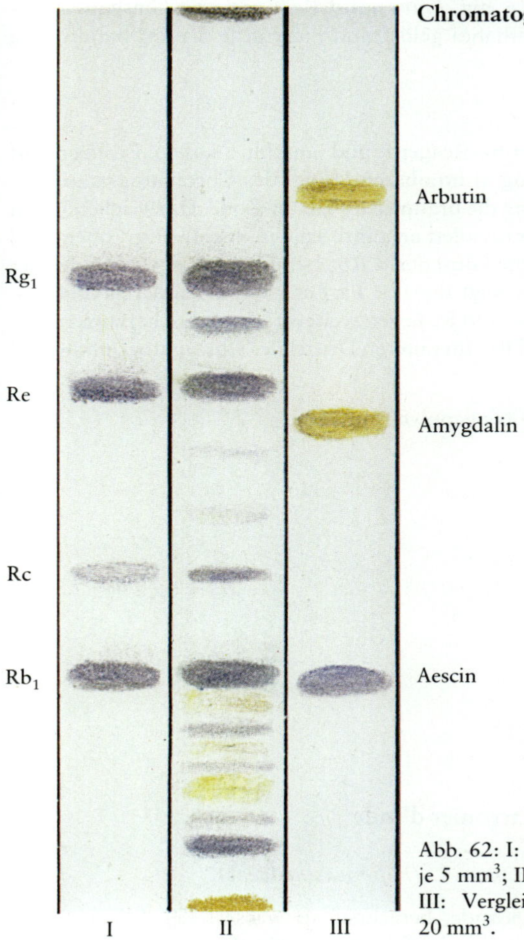

Abb. 62: I: Vergleichslösung der Ginsenoside Rb$_1$, Rc, Re, Rg$_1$, je 5 mm^3; II: Untersuchungslösung von Ginseng radix, 10 mm^3; III: Vergleichslösung aus Arbutin, Amygdalin und Aescin, 20 mm^3.

Prüfung auf Identität

Dünnschicht-Chromatographie

Prinzip: Nachweis der Ginsenoside in der methanolischen Drogenextraktlösung. Da die Reinginsenoside schwer erhältlich sind, werden als Vergleichssubstanzen ähnlich wandernde Naturstoffe verwendet, und zwar Arbutin, Amygdalin und Aescin.

I. Standardmethode: Ja. Abweichungen: Normalsättigung; Laufstrecke 12 cm.

II. Schicht: Kieselgel F_{254}.

III. Fließmittel: Oberphase von n-Butanol-Essigsäureethylester-Wasser (100 + 25 + 50), NS (= *ohne* Kammersättigung), 12 cm

IV. Nachweis: Nach Abdampfen des Fließmittels, Besprühen mit Anisaldehyd-Schwefelsäure (Reag. Nr. 4) und 5–10 min auf 105–110 °C unter Beobachtung erhitzen.

V. Untersuchungslösung: 1,0 g gepulverte Droge (420) wird mit 10 cm^3 70proz. *(V/V)* Methanol 15 min unter Rückfluß gekocht und filtriert. Hiervon werden 10 mm^3 bandförmig (20 × 3 mm) aufgetragen.

VI. Vergleichslösung:

a) Je 5 mg Arbutin, Amygdalin und Aescin werden in 1,0 cm^3 Methanol gelöst und 20 mm^3 bandförmig (20 × 3 mm) aufgetragen oder, wenn vorhanden,

b) Ginsenosid Rb_1 6 mg, Ginsenosid Rc 6 mg, Ginsenosid Re 6 mg und Ginsenosid Rg_1 4,5 mg werden jeweils in 5,0 cm^3 Methanol gelöst und hiervon je 5 mm^3 bandförmig (20 × 3 mm) aufgetragen.

Auswertung

Nach Besprühen mit Anisaldehyd-Schwefelsäure-Reagenz und anschließendem Erhitzen auf 105–110 °C sieht man bei der Vergleichslösung a) im oberen Drittel des Chromatogramms die braune Zone von Arbutin und etwa in der Mitte die braune Amygdalin-Zone. Dazwischen liegen in der Untersuchungslösung von Ginseng die grauviolett angefärbten Ginsenoside Rg_1 (oben) und Re (unten). Das ebenfalls grauviolett angefärbte Ginsenosid Rb_1 befindet sich etwa auf gleicher Höhe wie das Aescin der Vergleichslösung. Es zeigt dieselbe Färbung wie die anderen Ginsenoside. Zwischen den Zonen der Ginsenoside Rb_1 und Re liegen weitere, schwächer hervortretende Zonen; die unterste entspricht dem Ginsenosid Rc. Im unteren Drittel des Chromatogramms sind weitere Zonen erkennbar.

Sulfatasche: Höchstens 8,0%, bestimmt mit 1,00 g gepulverter Droge.

Salzsäureunlösliche Asche: Höchstens 1,0%.

2. Hippocastani semen

Roßkastaniensamen, Horse Chestnuts, Marronier d'Inde

Stammpflanze und Familie: *Aesculus hippocastanum* L. *(Hippocastanaceae)*.

Offizinell: DAB 8 (mind. 3,0% Triterpenglykoside, berechnet als wasserfreies Aescin), DAB 7-DDR (mind. 4,5–6,5% Triterpenglykoside, bezogen auf die Aescin-Vergleichssubstanz).

Inhaltsstoffe: Triterpensaponin-Gemisch: Aescin (MG 1101) (bis zu 13%), das sich aus Glykosiden der Aglyka: Protoaescigenin und Barringtogenol C und deren Derivaten zusammensetzt. Das gut wasserlösliche α-Aescin ist ein Gemisch aus Kryptoaescin (nicht hämolysierend) und β-Aescin (hämolysierend). Ferner enthalten sind Flavonglykoside: Bi- und Trioside des Quercetins und des Kämpferols, 50–60% Stärke, 8–10% Rohprotein und 7–8% fettes Öl.

Formeln

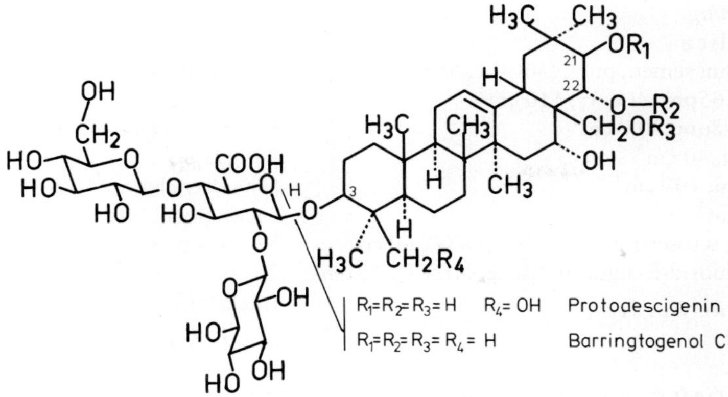

R_1 = Angelica-, Tiglin-, i-Butter-, α-Methylbuttersäure-Reste
R_2 = Acetyl; R_3 = H; R_4 = H bzw. OH
} β-Aescin

R_1 = Tiglin-, Angelica-, α-Methylbuttersäure-Reste
R_2 = H; R_3 = Acetyl; R_4 = H bzw. OH
} Kryptoaescin

Wirkung und Verwendung: Normalisierung der pathologisch erhöhten Permeabilität der Blut-Gewebeschranke, als Folge davon Ausschwemmung bestehender Oedeme und Verhinderung von Oedemneubildungen, ferner Normalisierung eines pathologisch verminderten Venentonus (normalisierende Wirkstoffe unbekannt); für die oedemausschwemmende Wirkung sind die Saponine verantwortlich. Verwendung bei Varizen, Ulcus cruris, Hämorrhoiden.

Prüfungen der Droge
Die gelblichgraue Pulverdroge ist geruchlos und hat anfangs einen süßlichen, später stark bitteren Geschmack.

Prüfung auf Identität
Dünnschicht-Chromatographie: siehe S. 166, Chromatogramm Nr. I.

Gehaltsbestimmung von Hippocastani semen
Bestimmung der Triterpenglykoside, berechnet als Aescin:

A. *Prinzip:* Photometrische Bestimmung von Aescin mit Hilfe eines farbigen Reaktionsprodukts nach Umsetzung mit einem Gemisch aus Essigsäure, konz. Schwefelsäure und Eisen(III)chlorid. Das farbige Reaktionsprodukt, dessen spezifische Extinktion $E^{1\%}_{1\,cm}$ zur Berechnung als Aescin gegeben ist, hat wahrscheinlich folgende Struktur, an die zum Teil Schwefelsäure angelagert ist:

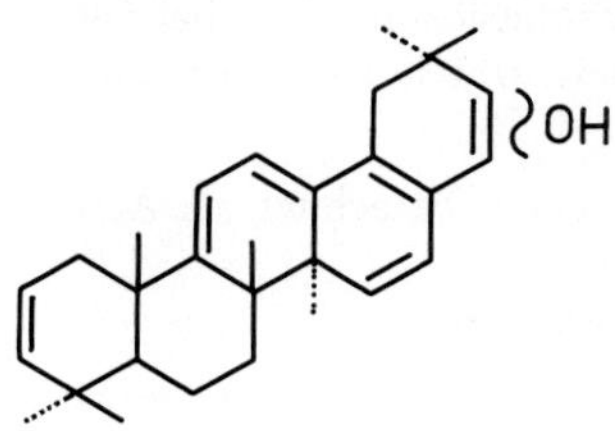

Ein mit 65proz. Methanol hergestellter Drogenextrakt wird zur Trockne eingedampft. Aus diesem mit verdünnter Salzsäure angesäuerten Drogenrückstand werden mit einem Gemisch aus n-Propanol und Chloroform Aescin und verwandte Triterpenglykoside extrahiert. Zur Entfernung mitextrahierter fetter Öle wird dieser Extrakt ebenfalls eingeengt und der Rückstand mit Ether gewaschen. Der entfettete Extraktrückstand wird in Eisessig aufgenommen, mit dem Reaktionsgemisch versetzt, auf dem Wasserbad bis zur Farbausbildung erhitzt.

B. Durchführung

Chemikalien

Hippocastani semen, pulv. (500), 1,00 g
Methanol, 65proz. *(V/V)*, 110 cm^3
0,1 N-Salzsäure, 30,0 cm^3
n-Propanol, 40 cm^3
Chloroform, 100 cm^3
Ether, 20 cm^3
Essigsäure, wasserfrei, 99,6proz. *(G/G)*, 60 cm^3
Eisen(III)chlorid-Essigsäure (Reag. Nr. 27), 40 cm^3

Allgemeine Geräte

Wasserbad

Geräte

Rundkolben, NS 29, 100 cm^3 (1), 250 cm^3 (2)
Erlenmeyerkolben, 100 cm^3 (2), 250 cm^3 (3)
Scheidetrichter, 250 cm^3 (2)
Meßkolben, 50 cm^3 (1), 25 cm^3 (2)
Vollpipetten, 5 cm^3 (1), 10 cm^3 (2), 20 cm^3 (1)
Rückflußkühler, NS 29
Rotationsverdampfer

Vorschrift DAB 8: Etwa 1,00 g gepulverte Droge (500), genau gewogen, werden in einem 250 cm^3-Rundkolben mit 100,0 cm^3 einer 65proz. *(V/V)* Lösung von Methanol versetzt. Der Kolben mit Inhalt wird auf 0,1 g genau gewogen. Anschließend wird im Wasserbad 30 min unter Rückfluß zum Sieden erhitzt.

Nach Abkühlen wird mit der 65proz. *(V/V)* Lösung von Methanol auf das ursprüngliche Gewicht ergänzt und die Mischung filtriert. 30,0 cm^3 Filtrat werden in einem 100 cm^3-Rundkolben im Vakuum zur Trockne eingeengt. Der Rückstand wird in 20,0 cm^3 0,1 N-Salzsäure gelöst, in einen 250 cm^3-Scheidetrichter überführt und der Kolben zweimal mit je 5,0 cm^3 0,1 N-Salzsäure nachgespült. Die vereinigten salzsauren Lösungen werden mit 20 cm^3 n-Propanol und 50 cm^3 Chloroform versetzt und 2 min kräftig geschüttelt.

Nach Abtrennung der unteren Phase wird die im Scheidetrichter verbleibende obere Phase mit der unteren Phase einer Ausschüttelung von 30,0 cm^3 0,1 N-Salzsäure, 20 cm^3 n-Propanol und 50 cm^3 Chloroform versetzt und 2 min kräftig geschüttelt. Die vereinigten Ausschüttelungen (untere Phase) werden in einem Kolben im Vakuum zur Trockne eingeengt.

Der Rückstand wird zweimal mit je 10 cm^3 peroxidfreiem Ether gewaschen, die Etherphase durch ein kleines Faltenfilter filtriert und das Filter mit 10 cm^3 peroxidfreiem Ether nachgewaschen. Die Filtrate werden verworfen. Nach Entfernen des restlichen Ethers wird der Rückstand dreimal mit je 10 cm^3 wasserfreier Essigsäure versetzt, die Lösungen durch das vorher benutzte, getrocknete Faltenfilter in einen 50 cm^3-Meßkolben filtriert, Kolben und Faltenfilter werden mit wenig wasserfreier Essigsäure nachgewaschen, die Waschflüssigkeit in den Meßkolben filtriert und die vereinigten Filtrate mit wasserfreier Essigsäure zu 50,0 cm^3 verdünnt.

5,0 cm^3 der Lösung werden in einem 25 cm^3-Meßkolben mit Eisen(III)chlorid-Reagenz (Reag. Nr. 27) zu 25,0 cm^3 verdünnt, 25 min unter mehrmaligem Umschwenken im Wasserbad von 60° belassen und unter fließendem Wasser auf Raumtemperatur abgekühlt.

Unter gleichen Bedingungen wird eine Blindlösung aus 5,0 cm^3 wasserfreier Essigsäure und Eisen(III)chlorid-Reagenz hergestellt.

Die Extinktion *E* der Untersuchungslösung wird bei 540 nm in einer Schichtdicke von 1 cm gegen die Blindlösung als Vergleichsflüssigkeit gemessen.

C. Berechnung

Der Gehalt an Triterpenglykosiden, berechnet als Aescin, wird mit Hilfe der spezifischen Extinktion $E_{1\,cm}^{1\%} = 60$ berechnet.

E: Extinktion der Untersuchungslösung.

b: Drogeneinwaage in Gramm.

In 25 cm^3 Untersuchungslösung sind $\frac{25 \cdot E}{100 \cdot E_{1\,cm}^{1\%}}$ g Aescin enthalten, die in $\frac{30 \cdot 5}{100 \cdot 50}\, b$ g Droge enthalten sind.

$$\text{Aescin } \% = \frac{100 \cdot 25 \cdot E \cdot 100 \cdot 50}{100 \cdot E_{1\,cm}^{1\%} \cdot 30 \cdot 5 \cdot b} = \frac{2500 \cdot E}{E_{1\,cm}^{1\%} \cdot 3 \cdot b}.$$

Für $E_{1\,cm}^{1\,\%} = 60$ gilt

$$\text{Aescin } \% = \frac{13{,}89 \cdot E}{b}.$$

Sulfatasche: Höchstens 11,0%, bestimmt mit 1,000 g gepulverter Droge.

3. Liquiritiae radix

Süßholzwurzel, Liquorice root, Racine de réglisse

Stammpflanze und Familie: *Glycyrrhiza glabra* L. *(Fabaceae)*.

Offizinell: Ph. Eur. II (mind. 25,0% *(G/G)* wasserlösliche Anteile) – Ph. Eur. II, 2. Ausgabe in Vorbereitung (mind. 2,5% Glycyrrhizin); DAB 7-DDR (3,0–3,5% Glycyrrhizinsäure). Im DAB 8 ist eine «Geschälte Süßholzwurzel», Liquiritiae radix sine cortice mit mind. 20,0 Prozent *(G/G)* wasserlöslicher Anteile aufgeführt.

Inhaltsstoffe: Kalium- oder Calciumsalze der Triterpencarbonsäure Glycyrrhizin (MG 823) (1,5–10%), bei der Hydrolyse bilden sich 18β-Glycyrrhetinsäure (MG 470) (Ringe D u. E sind cis-verknüpft) und 2 Mol Glucuronsäure; ferner Glabrinsäure (18 α-Hydroxy-glycyrrhetinsäure); Flavonoide: hauptsächlich Liquiritin (7,4′-Dihydroxyflavanon-4′-O-glucosid), dessen Aglykon Liquiritigenin zur Chalkonform des Isoliquiritigenins disproportioniert. Neben Harzen und Sterinen sind verschiedene Zucker und 2–10% Stärke vorhanden.

Formel

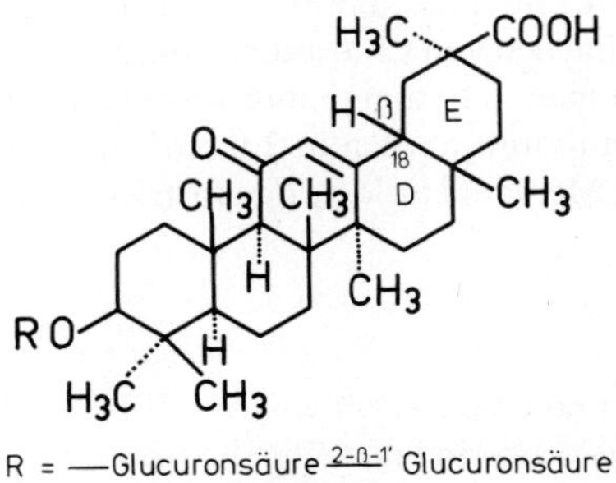

R = —Glucuronsäure $\xrightarrow{2\text{-}\beta\text{-}1'}$ Glucuronsäure : Glycyrrhizin(säure)

R = H : β-Glycyrrhetinsäure

Wirkung und Verwendung: Expektorierend, diuretisch, spasmolytisch, günstig bei Magengeschwüren, hierzu wird glycyrrhizinarmer Liquiritiae succus bevorzugt, hierbei wirken Glycyrrhizin und Flavonoide synergistisch. Bei zu großen Mengen kann Ödembildung eintreten. Auffallend ist der wirkungsverstärkende Effekt bei Zusatz zu laxierenden Drogen (z.B. Liquiritiae pulvis compositus). Die Droge wird selten als Infus, zumeist zur Herstellung von Liquiritiae succus verwendet.

Prüfungen der Droge

Das hellgelbe bis schwach gräulichgelbe Drogenpulver hat einen charakteristischen Geruch und einen leicht aromatischen, sehr süßen und schwach zusammenziehenden Geschmack.

Prüfung auf Identität

Prinzip: Isoliquiritigenin bildet auf Zusatz von konz. Schwefelsäure ein orangegelb gefärbtes Oxoniumsalz.

Durchführung
Versetzt man die gepulverte Droge mit einem Tropfen konz. Schwefelsäure, färben sich die Pulverfragmente orangegelb, zahlreiche Fragmente langsamer rosarot.

Prüfung auf Reinheit: (nach Ph. Eur. II, 2. Ausgabe in Vorbereitung)

Dünnschicht-Chromatographie
Prinzip: Prüfung auf 18β-Glycyrrhetinsäure im hydrolysierten Extrakt und semiquantitative Bestimmung durch Vergleich der Zonengröße mit der Vergleichssubstanz. Extraktion der lipophilen Inhaltsstoffe mit Chloroform. Der Drogenrückstand wird mit verd. Schwefelsäure erhitzt. Die hierbei durch Hydrolyse aus Glycyrrhizin gebildete 18β-Glycyrrhetinsäure wird mit Chloroform extrahiert. Der eingeengte Extrakt, in Chloroform-Methanol (1 + 1) gelöst, dient als Untersuchungslösung zur DC.

I. *Standardmethode:* Ja; Abweichung: Laufstrecke 15 cm.
II. *Schicht:* Kieselgel F_{254}.
III. *Fließmittel:* Oberphase von Essigsäureethylester-1 N-Ammoniak-Lösung-Ethanol (60 + 27 + 13), KS, 15 cm.
IV. *Nachweis*
1. UV_{254}: Fluoreszenzmindernde Zonen markieren.
2. Besprühen mit Anisaldehyd-Schwefelsäure (Reag. Nr. 4), und 5–10 min auf 105–110° erhitzen.

V. *Untersuchungslösung:* 1,0 g gepulverte Droge (180) werden mit 20 cm^3 Chloroform versetzt, 15 min lang geschüttelt und filtriert.
a) Der Chloroform-Extrakt wird zur Trockne eingedampft und der Rückstand in 2,0 cm^3 einer Mischung aus gleichen Volumenanteilen Chloroform und Methanol gelöst.
b) Die extrahierte Droge wird mit 30 cm^3 1 N-Schwefelsäure 1 h lang unter Rückfluß erhitzt. Nach dem Abkühlen wird die unfiltrierte Mischung zweimal mit je 20 cm^3 Chloroform ausgeschüttelt. Die vereinigten Chloroformauszüge werden mit wasserfreiem Natriumsulfat getrocknet, filtriert und zur Trockne eingedampft. Der Rückstand wird in 2,0 cm^3 einer Mischung aus gleichen Volumenanteilen von Chloroform und Methanol gelöst.
Von den Lösungen a) und b) trägt man je 10 mm^3 bandförmig (20 × 3 mm) auf.

VI. *Vergleichslösung:* 10 mg Glycyrrhetinsäure werden in 2,0 cm^3 einer Mischung aus gleichen Volumteilen von Chloroform und Methanol gelöst, davon trägt man 5 mm^3 bandförmig (20 × 3 mm) auf.

Auswertung (Abb. 63)
Beim Betrachten des Chromatogramms unter dem kurzwelligen UV-Licht (254 nm) erkennt man auf dem Chromatogramm der Vergleichslösung in Startnähe (hRf-Bereich 5–15) die fluoreszenzmindernde Zone der 18β-Glycyrrhetinsäure; in gleicher Höhe liegt auf dem Chromatogramm der Untersuchungslösung b) eine ebenfalls fluoreszenzmindernde Zone, aber nicht auf dem Chromatogramm der Untersuchungslösung a). Nach dem Besprühen und Erhitzen färbt sich die Zone der 18β-Glycyrrhetinsäure blauviolett an. Die Zonengrößen der 18β-Glycyrrhetinsäure auf dem Chromatogramm der Vergleichslösung und auf dem Chromatogramm der Untersuchungslösung b) sollen ungefähr in der Größe übereinstimmen. Schon vor dem Besprühen erkennt man auf dem Chromatogramm der Untersuchungslösung b) und weniger deutlich auf dem Chromatogramm der Untersuchungslösung a) im mittleren hRf-Bereich eine oder zwei gelbliche Zonen, die sich nach dem Besprühen und Erhitzen intensiv gelborange anfärben (Isoliquiritigenin). Nach dem Besprühen und Erhitzen treten auf den Chromatogrammen der Untersuchungslösungen a) und b) weitere blauviolett gefärbte Zonen auf. Auch im Chromatogramm der Untersuchungslösung a) kann eine schwache Zone der Glycyrrhetinsäure auftreten.

Gehaltsbestimmung von Liquiritiae radix (Ph. Eur. II, 2. Ausgabe in Vorbereitung).

A. *Prinzip:* Indirekte spektralphotometrische Bestimmung nach dc Abtrennung der durch Hydrolyse von Glycyrrhizin erhaltenen 18β-Glycyrrhetinsäure.

Die Berechnung erfolgt durch Vergleich mit einer unter gleichen Bedingungen dc abgetrennten 18β-Glycyrrhetinsäuremenge, die durch Hydrolyse einer bekannten Menge von Glycyrrhizin erhalten wird.

Nach der Hydrolyse des Glycyrrhizins in der Droge und der Vergleichssubstanz wird die Glycyrrhetinsäure jeweils mit Chloroform extrahiert. Von den eingeengten Chloroform-Extrakten werden aliquote Teile auf die Startlinie einer Dünnschichtplatte aufgetragen. Nach dem Entwickeln werden die Zonen der 18β-Glycyrrhetinsäure im kurzwelligen UV-Licht markiert, ausgeschabt und mit Ethanol eluiert.

Die Extinktionen der Eluate der Untersuchungs- und der Vergleichslösung werden gegen das Eluat einer unbeladenen, ungefähr gleichgroßen Zone als Blindwert bei der Wellenlänge des Absorptionsmaximums der 18β-Glycyrrhetinsäure gemessen.

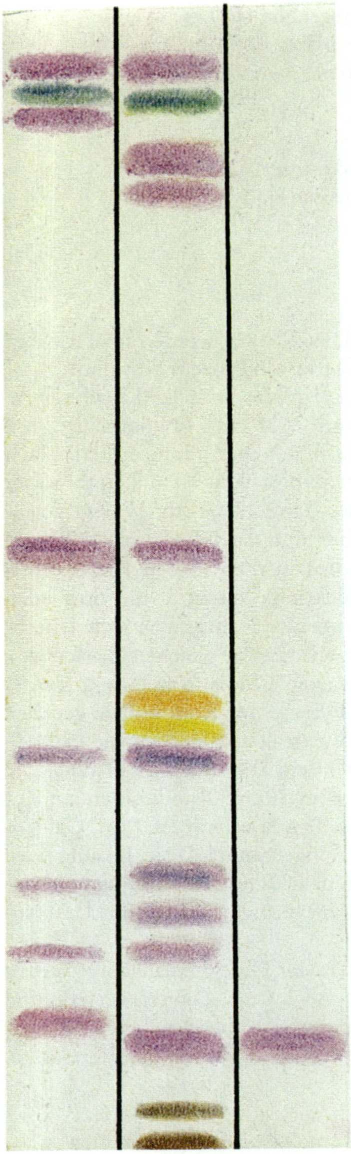

Chromatogramm (Nachweis IV/2)

Abb. 63: I: Untersuchungslösung der nicht hydrolysierten Droge (Lösung a), 10 mm^3; II: Untersuchungslösung der hydrolysierten Droge (Lösung b), 10 mm^3; III: Vergleichslösung, 5 mm^3.

B. Durchführung

Chemikalien	Geräte
Liquiritiae radix, pulv. (180), 1,00 g	Rundkolben, NS 29, 100 cm^3 (4), 50 cm^3 (2)
1 N-Salzsäure, 50 cm^3	2 Rückflußkühler, NS 29
Dioxan, 5 cm^3	2 Trichter, ∅ 6 cm
Chloroform, 250 cm^3	3 Erlenmeyerkolben, 100 cm^3
Methanol, 10 cm^3	2 Bechergläser, 150 cm^3
Ethanol, 50 cm^3	Scheidetrichter, 100 cm^3
Essigsäureethylester, 60 cm^3	Vollpipetten, 10 cm^3, 25 cm^3
1 N-Ammoniak-Lösung, 27 cm^3	Meßkolben, 10 cm^3 (5)
Methanol, 10 cm^3	Schliffkölbchen, NS 14,5 (3), 25 cm^3 mit NS-Stopfen
Glycyrrhizin, 0,050 g	3 Glassintertiegel Nr. 16 (D 4), 2 cm^3
DC-Schicht: Kieselgel F_{254}, 20 × 20 cm	1 Mikroliterspritze, 100 mm^3 mit plan geschliffener Kanüle

Allgemeine Geräte	
Wasserbad	Rotationsverdampfer
3 Quarzküvetten, Schichtdicke 1 cm	DC-Grundausrüstung

Vorschrift Ph. Eur. (2. Ausg. in Vorbereitung)

a) *Bestimmung des Trocknungsverlusts:* 1,00 g gepulverte Droge (180) werden im Trockenschrank bei 100–105° 1 h getrocknet und der Trocknungsverlust in Prozent bestimmt.

b) *Überführung von Glycyrrhizin in der Droge zu 18β-Glycyrrethinsäure:* 1,00 g gepulverte Droge (180) werden in einem 100 cm^3-Rundkolben mit 25,0 cm^3 1 N-Salzsäure und 2,5 cm^3 Dioxan versetzt und im Wasserbad unter Rückflußkühlung 2 h lang erhitzt. Nach dem Erkalten wird die Mischung durch ein hartes Filterpapier von 9 cm Durchmesser filtriert. Rundkolben und Filter werden anteilsweise (20 cm^3) mit 100,0 cm^3 Wasser gewaschen. Die wäßrige Phase wird verworfen. Der Rundkolben und das Filter werden 20 min bei 105° getrocknet. Das Filter und 50,0 cm^3 Chloroform werden in den Rundkolben gegeben. Das Chloroform wird im Wasserbad unter Rückflußkühlung 5 min im Sieden gehalten. Der warme Chloroformauszug wird durch ein hartes Papierfilter von 9 cm Durchmesser in ein 150 cm^3-Becherglas filtriert. Die Extraktion wird in der gleichen Weise zweimal mit je 25,0 cm^3 Chloroform wiederholt und der warme Chloroformauszug jeweils durch das gleiche Filter filtriert. Anschließend wird dieses Filter in den Rundkolben gegeben und erneut mit 25 cm^3 Chloroform in der gleichen Weise extrahiert. Der warme Chloroformauszug wird durch ein neues hartes Papierfilter von 9 cm Durchmesser filtriert. Die vereinigten Chloroformauszüge werden anteilsweise in einem 50 cm^3-Rundkolben am Rotationsverdampfer vorsichtig eingeengt. Das Becherglas wird zweimal mit 10,0 cm^3 Chloroform gewaschen und die Waschflüssigkeit auf etwa 2 cm^3 eingedampft. Diese Lösung wird in einen 10 cm^3-Meßkolben überführt und unter Waschen des 50 cm^3-Rundkolbens mit der Mischung gleicher Volumina Chloroform und Methanol zu 10,0 cm^3 aufgefüllt (Untersuchungslösung zur DC).

c) *Vergleichslösung:* 50 mg Glycyrrhizin oder Ammoniumsalz der Glycyrrhizinsäure werden in einem 100 cm^3-Rundkolben mit 25 cm^3 1 N-Salzsäure und 2,5 cm^3 Dioxan versetzt und im Wasserbad 2 h unter Rückfluß gekocht. Es wird dann wie bei b) beschrieben weiterverfahren. Die erhaltene Lösung mit Chloroform-Methanol von 10 cm^3 dient als Vergleichslösung zur DC.

d) *Dünnschicht-Chromatographie*

I. Standardmethode: Ja; Abweichungen: Laufstrecke 15 cm, Zweifachentwicklung.

II. Schicht: Kieselgel F_{254}.

III. Fließmittel: Essigsäureethylester-1N-Ammoniaklösung-Ethanol (60 + 27 + 13); die Mischung wird geschüttelt. Unmittelbar nach dem Entmischen wird die obere, noch trübe Phase verwendet. KS, 2 × 15 cm, Zwischentrocknung.

IV. Nachweis: UV_{254}: Fluoreszenzmindernde Zonen markieren.

V. Auftrageschema: Bandförmig (20 × 3 mm)

60 mm³	60 mm³	60 mm³	60 mm³
Untersuchungslösung		Vergleichslösung	

e) *Transfer der dc abgetrennten 18β-Glycyrrhetinsäure von der DC-Schicht und spektralphotometrische Auswertung der Eluate*
Nach Abdunsten des Fließmittels an der Luft werden im kurzwelligen UV-Licht die Zonen der 18β-Glycyrrhetinsäure markiert, indem man im Abstand von ca. 2–3 mm ein Rechteck um die Zonen zeichnet. Die lokalisierten Zonen werden sorgfältig losgeschabt, auf einer Aluminiumfolie (ca. 5 × 5 cm) gesammelt und jede Zone einzeln in einen 25 cm^3-Schliffkolben überführt. Nach Zugabe von je 5 cm^3 Ethanol werden die Kolben verschlossen und 15 min geschüttelt.
Danach wird jede Suspension durch einen Glassintertiegel Nr. 16 (= D 4) von 2 cm^3 in einen 10 cm^3-Meßkolben überführt. Die Extinktionen dieser Lösungen werden in einer Quarzküvette von 1 cm Schichtdicke bei 250 nm gegen die nachstehend beschriebene Blindprobe gemessen.

f) *Blindprobe:* Auf dem Chromatogramm der Vergleichslösung wird ca. 2 cm oberhalb der Glycyrrhetinsäure-Zone eine etwa gleichgroße unbeladene Kieselgelzone losgeschabt und wie unter e) beschrieben weiter behandelt.

C. Berechnung

E_u: Extinktion des Eluats der Untersuchungslösung.
E_v: Extinktion des Eluats der Vergleichslösung.
a: Menge in Gramm an Glycyrrhizin äquivalenter 18β-Glycyrrhetinsäure
in $\frac{b(100-p)\cdot 60}{100\cdot 10000}$ g Droge (entspricht 60 mm³ Untersuchungslösung).
b: Drogeneinwaage in Gramm.
p: Trocknungsverlust der Droge in Prozent.
c: Einwaage an Glycyrrhizin in g zur Vergleichslösung.
Es gilt:

$$\text{I:}\quad E_u = E_{1\,cm}^{1\%}\cdot a\cdot 4. \qquad E_{1\,cm}^{1\%}:\ \text{spezifische Extinktion der } 18\beta\text{-Glycyrrhetinsäure}$$

$$\text{II:}\quad E_v = E_{1\,cm}^{1\%}\cdot \frac{60\cdot c}{10000}\cdot 4.$$

$$\text{Aus } \frac{\text{I}}{\text{II}} \text{ folgt:}\quad a = \frac{E_u\cdot 60\cdot c}{E_v\cdot 10000}\,\text{g}.$$

$$\text{In } \frac{b\cdot(100-p)\cdot 60}{100\cdot 10000}\,\text{g Droge sind } \frac{E_u\cdot 60\cdot c}{E_v\cdot 10000}\,\text{g Glycyrrhizin enthalten; daraus folgt}$$

$$\text{Glycyrrhizin }\% = \frac{100\cdot E_u\cdot 60\cdot c\cdot 100\cdot 10000}{E_v\cdot 10000\cdot b\cdot(100-p)\cdot 60} = \frac{10000\cdot E_u\cdot c}{b\cdot(100-p)\cdot E_v}.$$

Wird anstelle von Glycyrrhizin das Ammoniumsalz eingesetzt, so ergibt sich die äquivalente Menge an Glycyrrhizin durch Multiplikation der Einwaage an Ammoniumsalz mit dem Faktor: Molekulargewicht Glycyrrhizin (823) / Molekulargewicht Ammoniumsalz der Glycyrrhizinsäure (840) = 0,98.

Anmerkung: Die etwas problematische Auftragung von 60 mm^3 auf ein Startband von 20 × [illegible] mm kann umgangen werden, wenn man das Volumen der Untersuchungslösungen zur DC sowohl vom Drogenextrakt als auch vom Vergleichsextrakt von 10 auf 5 cm^3 reduziert, also die Konzentration verdoppelt. Ferner können die dc getrennten und abgeschabten Kieselgelzonen mit nur 5 cm^3 anstatt 10 cm^3 Ethanol eluiert werden. (Zentrifugation 3 min bei ca. 1000 g.) Man würde demnach mit nur 15 mm^3 Auftragelösung zur DC die gleichen Extinktionen erhalten.

Wasserlöslicher Extrakt: 2,50 g gepulverte Droge (200) werden in 50 cm^3 Wasser unter häufigem Umschütteln 2 h mazeriert und anschließend filtriert. 10 g Filtrat (entsprechend 0,5 g Droge) werden im Wasserbad zur Trockne eingedampft und der Rückstand bei 100–105° getrocknet. Der Rückstand muß mindestens 25 Prozent betragen.

Sulfatasche: Höchstens 10,0%, bestimmt mit 1,00 g gepulverter Droge.

Salzsäureunlösliche Asche: Höchstens 2,0%.

4. Polygalae radix (syn. Senegae radix)

Senegawurzel (Klapperschlangenwurzel), Senega Root, Racine de sénega

Stammpflanze und Familie: *Polygala senega* L. *(Polygalaceae)*.

Offizinell: **Ph. Eur.** (2. Ausgabe in Vorbereitung).

Inhaltsstoffe: 6–10% Saponine: Hauptglykosid ist Senegenin neben 7 in geringeren Mengen vorkommenden Saponinglykosiden, die sich alle vom Sapogenin Presenegenin ableiten und sich demnach nur im Zuckerrest unterscheiden. Ferner in frischer Pflanze Primverosid, das beim Trocknen enzymatisch den Geruchsstoff Salicylsäuremethylester freisetzt.

Formel

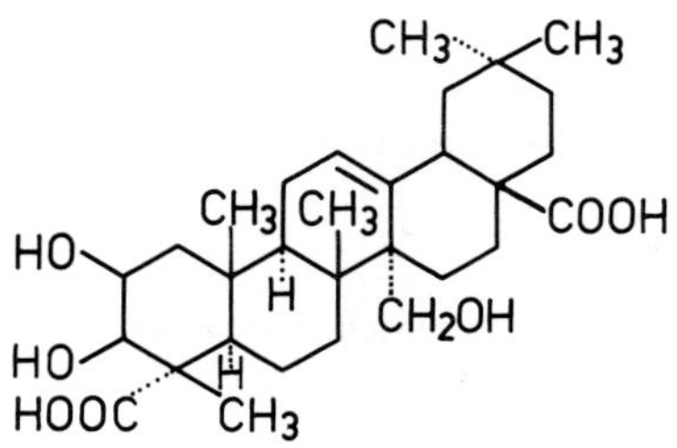

Presenegenin

Wirkung und Verwendung: Sekretolyticum und schleimhautreizend. Verwendung als Expectorans und Hustenmittel in Form von Abkochungen.

Prüfung der Droge
Die hell-graubraune Pulverdroge hat einen leicht ranzigen, schwach an Methylsalicylat erinnernden Geruch und einen anfangs süßen, dann säuerlichen und unangenehmen Geschmack.

Prüfung auf Identität
Dünnschicht-Chromatographie: siehe S. 166, Chromatogramm Nr. VI.

Anmerkung: Die Ph. Eur. 2. Ausgabe (in Vorbereitung) führt als Saponindroge nur *Polygalae radix* auf. Die Identitätsprüfung erfolgt auch durch DC nach den auf S. 166 angegebenen Bedingungen, jedoch mit folgenden Abweichungen:

a) Von der in gleicher Weise hergestellten Untersuchungslösung werden anstatt 20 nur 10 mm^3 bandförmig (20 × 3 mm) aufgetragen.
b) Von der Vergleichssubstanz Aescin (10 mg/10 cm^3 70proz. *(V/V)* Ethanol) werden nebeneinander 10 und 40 mm^3 bandförmig (20 × 3 mm) aufgetragen.
c) *Nachweis:* Auf die mit Anisaldehyd-Schwefelsäure besprühte und anschließend erhitzte DC-Schicht wird nach deren Auswertung eine 20proz. *(G/V7* Lösung von Molybdatophosphorsäure in Ethanol (96proz. *V/V*) gesprüht und wieder auf 110° erhitzt.
d) *Auswertung:* Die Saponinzonen färben sich blau. Die Größe und Intensität der Zonen auf dem Chromatogramm der Untersuchungslösung sollen zwischen denen der Zonen auf den Vergleichschromatogrammen liegen.

Sulfatasche: Höchstens 8,0%, bestimmt mit 1,00 g gepulverter Droge.
Salzsäureunlösliche Asche: Höchstens 3,0%.

5. Primulae radix

Primelwurzel, Primrose Root, Racine de primevère

Stammpflanze und Familie: *Primula veris* L. und/oder *Primula elatior* (L.) HILL.; *(Primulaceae)*.

Offizinell: DAB 8.

Inhaltsstoffe: 5–10% Triterpensaponine vom β-Amyrin-Typ. Beide Primula-Arten enthalten das gleiche Hauptsaponin: Primulasäure A, die bei der Hydrolyse Glucose, Galaktose, Rhamnose und Glucuronsäure als Zuckerkomponenten und das Aglykon: Primulagenin A. ergibt. Das Sapogeningemisch von *P. elatior* besteht zu 90% aus Primulagenin, wohingegen das Sapogeningemisch von *P. veris* nur zur Hälfte aus Primulagenin A besteht; ferner enthält *P. veris* die Phenolglykoside Primverin und Primulaverin, die nach enzymatischer Spaltung die Geruchsstoffe m-Methoxysalicylsäuremethylester u.ä. bilden.

Formel

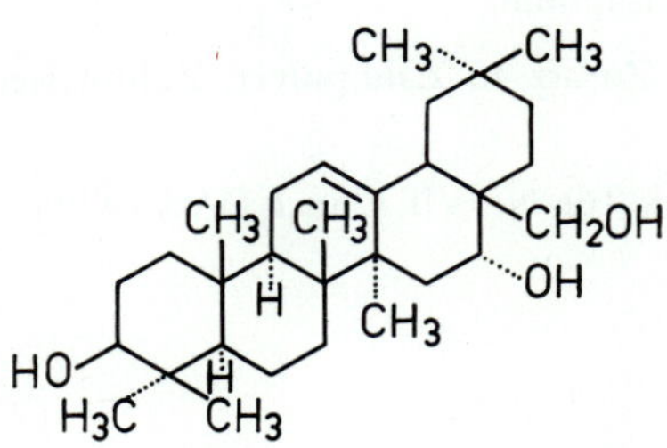

Primulagenin A

Wirkung und Verwendung: Als gut wirksames Expektorans, in Form des Fluidextraktes oder des Dekoktes. Die Wirkung kommt über eine reflektorische Vaguserregung zustande, die zu einer Steigerung der Bronchialsekretion führt.

Prüfung der Droge
Die graubraune Pulverdroge hat einen schwachen Geruch und einen stark kratzenden Geschmack.

Prüfung auf Reinheit (Fremde Bestandteile)

Prinzip: Prüfung auf Wurzeln von *Cynanchum vincetoxicum* (L.) PERSOON (syn. *Vincetoxicum officinale* MOENCH) durch Prüfung auf Vincetoxin, einem Gemisch verwandter Steroidglykoside.

Mit Benzol werden die Steroidglykoside ohne viel Ballaststoffe extrahiert. Die Steroidglykoside bilden in ethanolischer Lösung mit konz. Schwefelsäure und Eisen(III)chloridzusatz eine Violettfärbung.

Durchführung

Chemikalien

Gepulverte Droge (250), 0,5 g
Benzol, 10 cm^3
Ethanol, 25 cm^3
konz. Schwefelsäure, 5 cm^3
Eisen(III)chloridlösung, 10,5proz. *(G/V)*, 0,4 cm^3

Geräte

1 Rundkolben, NS 14,5, 50 cm^3
1 Rückflußkühler, NS 14,5
1 Becherglas, 50 cm^3
1 Trichter, ∅ 5 cm

Vorschrift nach DAB 8: 0,5 g gepulverte Droge (250) werden 15 min mit 10 cm^3 Benzol unter Rückfluß erhitzt. 0,25 cm^3 des Filtrats werden nach Verdunsten des Lösungsmittels mit 0,25 cm^3 einer Mischung aus 25 cm^3 Ethanol mit 5 cm^3 konz. Schwefelsäure und 0,4 cm^3 Eisen(III)chloridlösung, 10,5 proz. *(G/V)* versetzt. Die Lösung darf keine schwach violette Färbung geben, die innerhalb von 30 min in Blaugrün übergeht.

Prüfung auf Identität

Dünnschicht-Chromatographie: Siehe S. 166, Chromatogramme Nr. II u. III.

Sulfatasche: Höchstens 14,0%, mit 1,000 g gepulverter Droge bestimmt.

6. Quillajae cortex

Panamarinde (Seifenrinde), Quillaja Bark, Ecorce de quillaya

Stammpflanze und Familie: *Quillaja saponaria* MOLINA *(Rosaceae)*.

Offizinell: DAC 1979.

Inhaltsstoffe: Bis zu 10% Quillajasaponin.

Verwendung: Nur noch selten, Zusatz zu Zahnpulver, Zahnpasten und zur Herstellung von Emulsionen.

Dünnschicht-Chromatographie: S. 166 Nr. VII, s. auch DAC 1979.

7. Rusci radix (rhizoma)

Mäusedornwurzel, Prickly Box, Racine de petit-houx

Stammpflanze und Familie: *Ruscus aculeatus* L. *(Liliaceae)*.

Offizinell: In Frankreich häufig verwendet.

Inhaltsstoffe: Steroidsaponine: Ruscin (Aglykon: Ruscogenin, Zucker: Arabinose, Glucose, Rhamnose), Desglucoruscin, Desglucodesrhamnoruscin, Neoruscogenin u. a.

Wirkung und Verwendung: Venentonisierend, anti-ödematös und antiphlogistisch, bei Venenleiden und zur Behandlung von Hämorrhoiden.

Dünnschicht-Chromatographie: Siehe S. 166, Nr. X.

8. Saponariae albae radix

Weiße Seifenwurzel, White Soap Root, Racine de saponaire blanche

Stammpflanze und Familie: *Gypsophila*-Arten (insbesondere *G. paniculata* L. und *G. arrostii* Guss) *(Caryophyllaceae)*.

Offizinell: –

Inhaltsstoffe: 6–30% Saponin mit Gypsosid als Hauptglykosid.

Verwendung: Zur Gewinnung von «Saponinum album».

9. Saponariae rubrae radix

Rote Seifenwurzel, Red Soap Root, Racine de saponaire rouge

Stammpflanze und Familie: *Saponaria officinalis* L. *(Caryophyllaceae)*.

Offizinell: DAB 7-DDR, DAC 1979.

Inhaltsstoffe: 2,5–5% Saponine: überwiegend bestehend aus den Saponasiden A, B, C und D, die das Sapogenin Gypsogenin gemeinsam haben.

Verwendung: Expectorans, schwaches Diureticum.

Dünnschicht-Chromatographie: Siehe S. 166, Nr. VIII und auch DAC 1979.

10. Sarsaparillae radix

Sarsaparillwurzel, Sarsaparilla root, Racine de Salsepareille

Stammpflanzen und Familie: *Smilax regelii* Kilip et Morton (syn. *Smilax utilis* Hemsley) liefert die Honduras-Ware.
Smilax aristolochiaefolia Miller liefert die Veracruz-Ware. *(Liliaceae)*.

Offizinell: DAB 6.

Inhaltsstoffe: 2–4% Saponingemisch, in dem die Saponinglykoside der Steroidaglyka: Sarsasapogenin und Smilagenin überwiegen.

Formeln

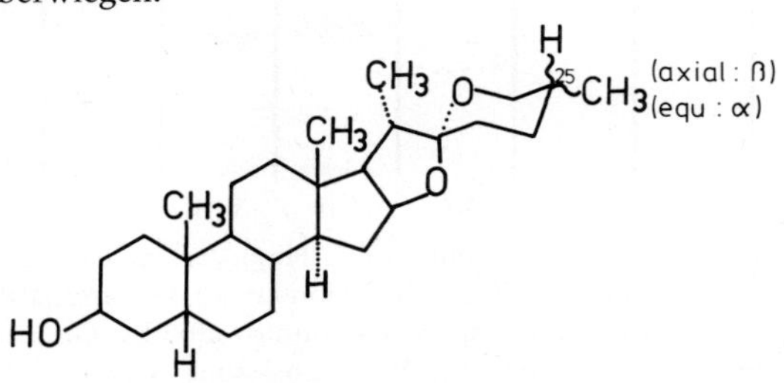

25 β : Sarsasapogenin
25 α : Smilagenin

Wirkung und Verwendung: Anregung und Umstimmung des Stoffwechsels, günstige Beeinflussung von Regenerationsprozessen. Wird deshalb auch bei Haut- und rheumatischen Erkrankungen verwendet. Zu Unrecht in Vergessenheit geraten.

Dünnschicht-Chromatographie: Siehe unten, Nr. IV und V.

Prüfung auf Identität

Dünnschicht-Chromatographie der offizinellen Saponin-Drogen: Hippocastani semen, Primulae radix und Polygalae radix, sowie weiterer Saponindrogen:
Prinzip: Die Saponinglykoside werden mit 70proz. *(V/V)* Ethanol extrahiert, das Filtrat dient als Untersuchungslösung zur DC. Als Vergleichssubstanz wird Aescin und das aus Saponariae albae radix (Gypsophila-Arten) gewonnene Handelsprodukt «Saponinum album» verwendet.

I. Standardmethode: Ja; Abweichung: Laufstrecke 12 cm.
II. Schicht: Kieselgel F_{254}.
III. Fließmittel: Oberphase des Gemisches: n-Butanol-Eisessig-Wasser (40 + 10 + 50), KS, 12 cm.
IV. Nachweis: Abdampfen des Fließmittels durch Erhitzen auf 105°:
1. UV_{254}: Fluoreszenzmindernde Zonen markieren.
2. UV_{365} (bei Primulae radix).
3. Besprühen mit Anisaldehyd-Schwefelsäure (Reag. Nr. 4) und anschließend 5–10 min auf 105–110° erhitzen.
   Oder:
4. Blutgelatine-Lösung (Reag. Nr. 9) aufgießen.

Chromatogramm (Nachweis IV/3)

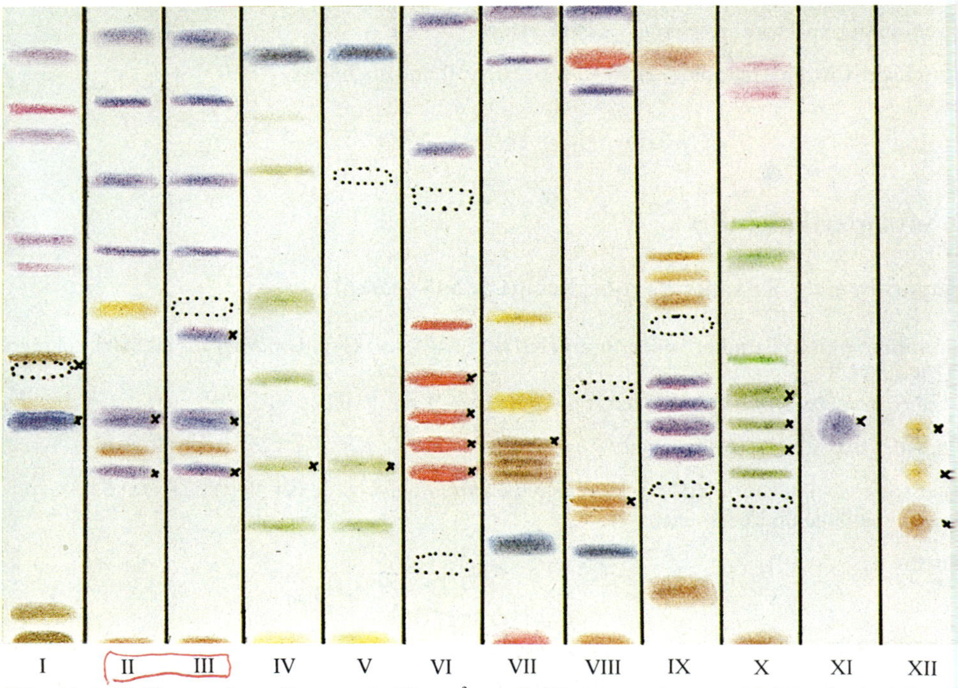

Abb. 64: I–X: Untersuchungslösungen je 20 mm^3 von I: Hippocastani semen; II: Primulae veridis radix; III: Primulae elatioris radix; IV: Sarsaparillae radix (Honduras); V: Sarsaparillae radix (Veracruz); VI: Polygalae radix; VII: Quillajae cortex; VIII: Saponariae rubrae radix; IX: Ginseng radix; X: Rusci rhizoma (radix); XI: Vergleichslösung: Aescin, 20 mm^3; XII: Vergleichslösung: Saponin, 20 mm^3.
⁚⁚⁚⁚ Fluoreszenzmindernd, aber keine Anfärbung mit IV/3.
× Mit Blutgelatine (Reag. Nr. 9): hämolytische Höfe.

V. Untersuchungslösung:
Je 1 g gepulverte Droge (500) werden 15 min mit 10 cm^3 Ethanol 70proz. *(V/V)* unter Rückfluß erhitzt und nach dem Erkalten filtriert, das Filtrat dient als Untersuchungslösung, davon trägt man je 20 mm^3 bandförmig (20 × 3 mm) auf.

VI. Vergleichslösung:
2 mg Aescin werden in 0,2 cm^3 70proz. *(V/V)* Ethanol gelöst (a), 10 mg Saponinum album werden in 1 cm^3 Ethanol 70proz. *(V/V)* gelöst. Von diesen Lösungen trägt man je 20 mm^3 bandförmig (20 × 3 mm) auf.

Auswertung (Abb. 64)

I. Hippocastani semen: Im ultravioletten Licht bei 254 nm ist im Chromatogramm der Vergleichslösung die fluoreszenzmindernde Zone des Aescins zu erkennen; auf etwa gleicher Höhe liegt im Chromatogramm der Untersuchungslösung eine ebenfalls deutlich fluoreszenzmindernde Zone. Nach dem Besprühen ist im Tageslicht im Chromatogramm der Untersuchungslösung und der Vergleichslösung die blauviolett gefärbte Zone des Aescins erkennbar. Im Chromatogramm der Untersuchungslösung sind darüber eine Reihe schmalerer und schwächer braun bis bräunlichrot gefärbter Zonen sichtbar; im unteren hRf-Bereich tritt eine braungrau gefärbte Zone deutlich hervor; etwas darunter in Startnähe liegt eine braungefärbte Zone.

II. Primulae radix: Beim Betrachten im kurzwelligen UV-Licht (254 nm) liegen dicht unterhalb der Fließmittelfront und etwa auf Höhe des Aescins sowie etwas darüber, fluoreszenzmindernde Zonen.
Im ultravioletten Licht bei 365 nm dürfen im Chromatogramm der Untersuchungslösung im hRf-Bereich des Saponins der Vergleichslösung keine hellblau bis grünlich fluoreszierenden Zonen sichtbar sein. Im Tageslicht sind auf dem besprühten Chromatogramm der Vergleichslösung das Aescin als blauviolette Zone und das Saponin als drei braune bis bräunliche Zonen erkennbar. Im Chromatogramm der Untersuchungslösung erscheint etwa im hRf-Bereich des Aescins eine deutlich ausgeprägte, dunkelviolette Zone; darunter, etwa im hRf-Bereich der Zonen der Fluoreszenzminderung des Saponins, liegt eine weitere etwa gleich gefärbte Zone.
Im Chromatogramm der Untersuchungslösung können noch weitere schwach violette, gelbliche und braungrüne Zonen erkennbar sein.

III. Eine deutliche Unterscheidung zwischen *Primulae veridis radix* und *Primulae elatioris radix* ist auf den besprühten Chromatogrammen möglich: Eine Zone im mittleren hRf-Bereich färbt sich bei *P. veris* olivgrün an und fehlt bei *P. elatior*; bzw. in gleicher Höhe liegt dort eine ebenfalls fluoreszenzmindernde, sich aber nicht anfärbende Zone.

IV/V. Sarsaparillae radix (IV: Honduras; V: Veracruz): Die beiden Herkünfte zeichnen sich durch eine unterschiedliche Anzahl sich grün anfärbender Zonen aus. Bei der Honduras (IV)-Droge findet man vom unteren bis zum oberen Drittel des Chromatogramms insgesamt fünf, etwa gleich große, sich grün bis oliv anfärbende Zonen. Auf dem Chromatogramm (V) der Veracruz-Droge liegen dagegen nur im mittleren bis unteren hRf-Bereich zwei grün bis oliv angefärbte Zonen, wovon die höher gelegene hämolysierende Wirkung zeigt.

VI. Polygalae radix: Die hämolysierenden Saponine liegen hier im mittleren Bereich des Chromatogramms und fallen durch ihre starke rotorange Anfärbung auf. Von den fünf Zonen wirken die vier unteren hämolysierend.

VII. Quillajae cortex: Die hämolysierenden Saponine liegen dicht gedrängt im unteren hRf-Bereich, etwas tiefer als die Vergleichssubstanz Aescin. Darüber liegen im mittleren hRf-Bereich zwei ockerfarbige Zonen und im oberen hRf-Bereich in Frontnähe zwei blauviolette Zonen.

VIII. Saponariae rubrae radix: Die hämolysierenden Saponinzonen liegen zusammen im unteren hRf-Bereich und färben sich braun an. Im mittleren hRf-Bereich des Chromatogramms findet man eine bis mehrere fluoreszenzmindernde Zonen, die sich nur schwach anfärben.

Im oberen hRf-Bereich, in Frontnähe, liegt zwischen zwei violetten Zonen eine schmale, sich rot-orange anfärbende Zone.

IX. *Ginseng radix:* Im mittleren hRf-Bereich, ungefähr auf Höhe der Vergleichssubstanz Aescin, liegen vier sich violett anfärbende Zonen. Darüber liegt eine fluoreszenzmindernde, sich nicht anfärbende Zone. Über dieser Zone liegen dicht beieinander drei sich braun anfärbende Zonen. In Front- und Startnähe zeigt das Chromatogramm je eine sich braun anfärbende Zone. Man vergleiche die DC der Ginsenoside S. 153.

X. *Rusci radix:* Im mittleren hRf-Bereich, ungefähr auf Höhe der Vergleichssubstanz Aescin, liegen im Abstand von ca. 1 cm vier sich grün-oliv anfärbende Zonen, wovon die drei oberen hämolysierend wirken. Im mittleren Drittel des Chromatogramms sind noch weitere sich grün anfärbende Zonen zu erkennen. In Frontnähe erkennt man dicht beieinander zwei sich rot-violett anfärbende Zonen.

Tab. 7: Zusammenstellung von Saponin-Drogen

Droge	Stammpflanze, Familie	Hämolytischer Index[1]	Hauptinhaltsstoffe
Betulae folium, Birkenblatt	*Betula pendula* ROTH u. *B. pubescens* EHRHART; *Betulaceae*	–	Saponine unbek. Konstitution
Equiseti herba, Schachtelhalmkraut	*Equisetum arvense* L.; *Equisetaceae*	750 (4)	Equisetonin
Ginseng radix, Ginsengwurzel	*Panax ginseng* C. A. MEYER; *Araliaceae*	–	Ginsenoside 2–3%
Herniariae herba, Bruchkraut	*Herniaria glabra* L. u. *H. hirsuta* L.; *Caryophyllaceae*	min. 1500 (3)	Herniariasaponin ca. 10%
Hippocastani semen, Roßkastaniensamen	*Aesculus hippocastanum* L.; *Hippocastanaceae*	–	Aescin bis 13% (Triterpensaponin)
Liquiritiae radix, Süßholzwurzel	*Glycyrrhiza glabra* L.; *Fabaceae*	–	Glycyrrhizin ca. 1,5–10%
Primulae radix, Primelwurzel	*Primula veris* L.; *P. elatior* (L.) HILL; *Primulaceae*	min. 3000 (3) 2300–3000 (1)	Primulasäure A 5–10%
Quillajae cortex, Seifenrinde	*Quillaja saponaria* MOLINA; *Rosaceae*	min. 3000 (3) 2500–6000 (2)	Quillajasaponin bis 10%
Rusci radix, Mäusedornwurzel	*Ruscus aculeatus* L.; *Liliaceae*	–	Ruscin
Saponariae albae radix, Weiße Seifenwurzel	*Gypsophila-Arten; Caryophyllaceae*	bis 30000 (2)	Saponin bis 30%
Saponariae rubrae radix, Rote Seifenwurzel	*Saponaria officinalis* L.; *Caryophyllaceae*	ca. 1000 (2)	Saponin (Saporubin) *ca. 5%*

[1] Literatur: 1 = LUCKNER, 2 = MORITZ, 3 = ÖAB 9, 4 = RUNGE.

Forts. von Tab. 7.

Droge	Stammpflanze, Familie	Hämolytischer Index[1]	Hauptinhaltsstoffe
Sarsaparillae radix, Sarsaparillawurzel	*Smilax-Arten (Smilax regelii* KILIP et MORTON); *Liliaceae*	4000 (2) 4500 (4)	Parillin, Sarsasaponin
Polygalae radix, Senegawurzel	*Polygala senega* L. u. a. *Polygala-Arten; Polygalaceae*	min. 2500 (3) 4000–6000 (2) 2500–3300 (1)	Senegin ca. 10%
Verbasci flos, Königskerzenblüte	*Verbascum thapsiforme* SCHRADER u. *V. phlomoides* L.; *Scrophulariaceae*	4500 (4)	Saponine unbek. Konstitution

[1] Literatur: 1 = LUCKNER, 2 = MORITZ, 3 = ÖAB 9, 4 = RUNGE.

F. Iridoidglykosid-Drogen (Bitterstoff-Drogen)

1. Centaurii herba

Tausendgüldenkraut, Century Tops, Herbe au petite centaurée

Stammpflanze und Familie: *Centaurium minus* MOENCH (syn. *Centaurium umbellatum* GILIBERT, *Erythraea centaurium* (L.) PERSOON), *(Gentianaceae)*.

Offizinell: DAB 8 (Bitterwert von mindestens 2000).

Inhaltsstoffe: Iridoide: Swertiamarin, Gentiopikrin, Amarogentin (Bitterstoffe), ferner Oleanolsäure und Fettsäuren.

Formel

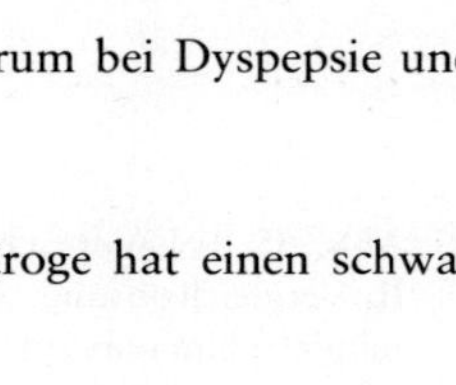

Swertiamarin

Wirkung und Verwendung: Als Amarum bei Dyspepsie und Magenschwäche mit Leber- und Gallenstörungen.

Prüfungen der Droge:
Die grünlichgelbe bis braune Pulverdroge hat einen schwach eigenartigen Geruch und stark bitteren Geschmack.

Prüfung auf Identität

Dünnschicht-Chromatographie
Prinzip: Prüfung auf Swertiamarin im methanolischen Extrakt, als Vergleichslösung wird das *nicht* in der Droge vorkommende Flavonolglykosid Rutin eingesetzt.

I. Standardmethode: Ja; Abweichung: Laufstrecke 12 cm.

II. Schicht: Kieselgel F_{254}.

III. Fließmittel: Essigsäureethylester-Methanol-Wasser (77 + 15 + 8), KS, 12 cm.

IV. Nachweis: Nach Abdampfen des Fließmittels:

1. UV_{254}: Fluoreszenzmindernde Zonen markieren.
2. Besprühen mit Vanillin-Phosphorsäure-Reagenz (Reag. Nr. 66) und 10 min Erhitzen auf 105–110°, danach im Tageslicht und im langwelligen UV-Licht bei 365 nm auswerten.[1]
3. Besprühen mit Anisaldehydschwefelsäure (Reag. Nr. 4) und 5–10 min Erhitzen auf 105–110°.

V. Untersuchungslösung: 1 g gepulverte Droge (500) wird 10 min mit 20 cm^3 Methanol unter Rückfluß zum Sieden erhitzt und nach dem Erkalten abfiltriert; davon trägt man 30 mm^3 bandförmig (20 × 3 mm) auf. Besser: Filtrat auf ein Drittel einengen und davon 10 mm^3.

VI. Vergleichslösung: 1 mg Rutin wird in 1 cm^3 Methanol gelöst, davon trägt man 10 mm^3 bandförmig (20 × 3 mm) auf.

Chromatogramm (Nachweis IV/3)

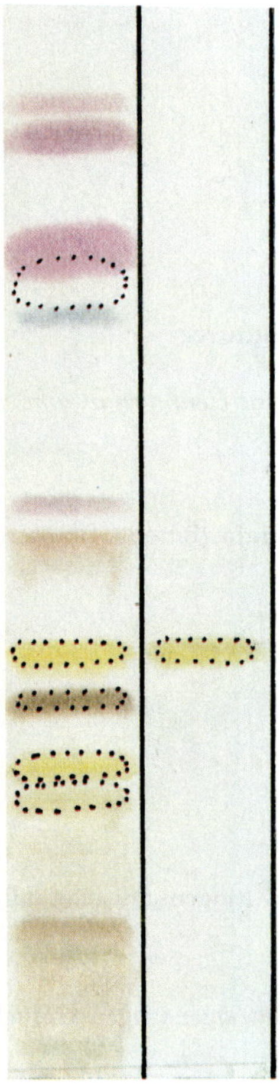

Abb. 65: I: Untersuchungslösung von Centaurii herba, 10 mm^3; II: Vergleichslösung: 10 mm^3; umpunktete Zonen = fluoreszenzmindernd im unbesprühten Chromatogramm.

[1] *Anmerkung zu 2.:* Die Verwendung von Anisaldehyd-Schwefelsäure (Reag. Nr. 4) ergibt die gleichen, doch intensiver gefärbten Zonen und ist deshalb vorteilhafter.

Auswertung (Abb. 65)
Im kurzwelligen UV-Licht, 254 nm, sind auf dem unbesprühten Chromatogramm der Vergleichslösung die Zone des Rutins und im Chromatogramm der Untersuchungslösung im mittleren hRf-Bereich, unmittelbar unter der Zone des Rutins im Chromatogramm der Vergleichslösung, die stark fluoreszenzmindernde Zone des Swertiamarins deutlich als Hauptzone erkennbar. Unmittelbar darüber liegt eine weitere schwach fluoreszenzmindernde Zone. Daneben treten über das gesamte Chromatogramm verteilt weitere schwach fluoreszenzmindernde Zonen auf, aus denen sich zwei Zonen im unteren hRf-Bereich unterhalb des Swertiamarins und eine weitere Zone im oberen hRf-Bereich hervorheben.
Im Tageslicht ist auf dem besprühten Chromatogramm im mittleren hRf-Bereich die braune Zone des Swertiamarins und unmittelbar darüber eine gelbe Zone zu erkennen. Unterhalb der Fließmittelfront liegen drei rotviolette und darunter eine hellblaue Zone. Daneben treten weitere schwach rotviolette Zonen im oberen hRf-Bereich auf. Im unteren hRf-Bereich ist eine intensiv gelbe Zone unterhalb des Swertiamarins zu erkennen. Daneben treten in der unteren Hälfte des Chromatogramms weitere gelb oder braun gefärbte Zonen auf.
Im ultravioletten Licht bei 365 nm fluoresziert der charakteristische Hauptfleck Swertiamarin intensiv braungelb. Der unmittelbar darüberliegende Fleck zeigt eine gelbe Fluoreszenz. Die im unteren hRf-Bereich unterhalb des Swertiamarins liegende gelbe Zone zeigt ebenfalls eine intensiv gelbe Fluoreszenz. Weitere schwach fluoreszierende Zonen sind über das gesamte Chromatogramm verteilt.

Wertbestimmung
Bestimmung des Bitterwertes (S. 4); er soll mindestens 2000 betragen.

Sulfatasche: Höchstens 6,0%, bestimmt mit 1,00 g gepulverter Droge.

2. Gentianae radix

Enzianwurzel, Gentian Root, Racine de gentiane

Stammpflanze und Familie: *Gentiana lutea* L. *(Gentianaceae)*.

Offizinell: Ph. Eur. I (mind. 33% wasserlösliche Anteile), DAB 7-DDR

Inhaltsstoffe: Bitterstoffe (Bitterwert der Droge zwischen 10000 und 30000), Amarogentin (MG 586,56) (Bitterwert: 58 Millionen) ca. 0,025%, Gentiopikrosid (= Gentiopikrin) (Bitterwert: 12000); Alkaloide, die eine Iridoid-Grundstruktur aufweisen, insbesondere Gentianin (Artefakt?); ferner gelbe Xanthonderivate: Gentisin, Isogentisin und Gentiosid. Größere Mengen Zucker, insbesondere das Trisaccharid: Gentianose und die bitter schmeckende Gentiobiose (Glucose-β-1,6-Glucose).

Formeln

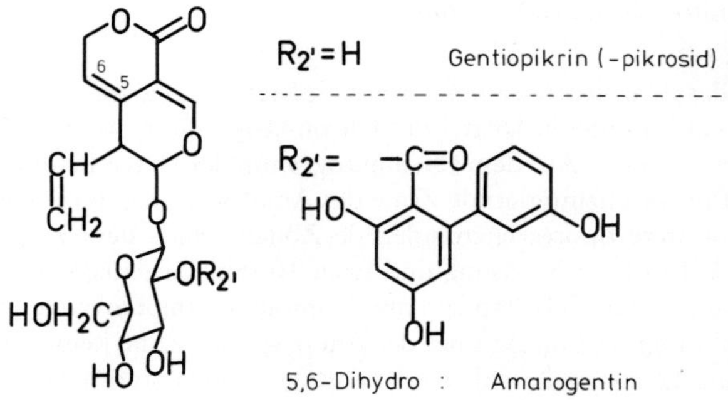

Wirkung und Verwendung: Vermehrung der Speichel- und Magensaftsekretion und Verstärkung der Peristaltik des Magen-Darm-Traktes. Daher appetitanregend, bei Anorexie (Appetitlosigkeit), Dyspepsie, als Roborans, insbesondere in der Rekonvaleszenz.

Prüfungen der Droge
Die gelbliche bis bräunlichgelbe Pulverdroge hat einen charakteristischen Geruch und einen stark anhaltend bitteren Geschmack.

Prüfung auf Identität

A. *Geschmacksphysiologische Prüfung auf Bitterstoffe*

Chemikalien	Geräte
Gentianae radix, pulv. (710), 0,1 g	Bechergläser, 250 cm^3 (3), 10 cm^3 (3), Vollpipette, 5 cm^3 Trichter, ∅ 6 cm

Allgemeine Geräte
Magnetrührer

Vorschrift: 0,10 g gepulverte Droge werden mit 100 cm^3 siedendem Wasser versetzt und 30 min gerührt. Danach wird filtriert, und 5 cm^3 des Filtrats werden mit Trinkwasser zu 100 cm^3 verdünnt. 10 cm^3 dieser Lösung sollten für mindestens zwei von drei Personen bitter schmecken. Die Testpersonen sollen ihren Mund und ihren Gaumen zuerst mit Trinkwasser spülen; die Untersuchungslösung soll eine Minute lang im Mund hin und her bewegt und dann ausgespuckt werden.

B. *Dünnschicht-Chromatographie*

Prinzip: Prüfung auf Amarogentin im eingeengten Methanol-Extrakt der Droge. Als Vergleichssubstanz dient Phenyldimethylpyrazolon, Int. Bez. Phenazon; der Nachweis erfolgt mit einem Diazoniumsalz (Bildung eines Azofarbstoffs mit der Phenolgruppe des Amarogentins).

I. *Standardmethode:* Ja; Abweichung: Laufstrecke 15 cm.
II. *Schicht:* Kieselgel F_{254}.
III. *Fließmittel:* Aceton-Chloroform-Wasser (70 + 30 + 2), KS, 15 cm.
IV. *Nachweis:* Nach Abdampfen des Fließmittels:
1. UV_{254}: Fluoreszenzmindernde Zonen markieren.
2. Besprühen mit einer 0,2proz. wäßrigen Lösung von Echtrotsalz B, nach 10 min bei Tageslicht auswerten und anschließend mit Ammoniakdampf behandeln.

V. *Untersuchungslösung:* 2,0 g gepulverte Droge (250) werden mit 50 cm^3 Methanol versetzt und 20 min gerührt; 25 cm^3 des Filtrats werden am Rotationsverdampfer bei Temperaturen kleiner als 50° zur Trockne eingeengt. Der Rückstand wird in 5,0 cm^3 Methanol aufgenommen, wobei ein Rückstand verbleiben kann; von der überstehenden Lösung trägt man 50 mm^3 bandförmig (30 × 5 mm) auf.

Anmerkung: Zur besseren Auftragung ist es vorteilhafter, den Rückstand in 1,5 cm^3 Methanol unter leichtem Erwärmen aufzunehmen. Von der überstehenden Lösung trägt man 10 mm^3 bandförmig (20 × 3 mm) auf.

VI. *Vergleichslösung:* 5 mg Phenazon werden in 1,0 cm^3 Methanol gelöst, davon trägt man 10 mm^3 bandförmig auf (20 × 3 mm).

Auswertung (Abb. 66)
Beim Betrachten des Chromatogramms der Vergleichslösung im kurzwelligen UV-Licht bei 254 nm erkennt man im unteren Drittel des Chromatogramms die stark fluoreszenzmindernde Zone der Vergleichssubstanz. Auf dem Chromatogramm der Untersuchungslösung liegt auf etwa gleicher Höhe die fluoreszenzmindernde Zone des Amarogentins; unterhalb und oberhalb dieser Zone liegen noch weitere fluoreszenzmindernde Zonen. Nach dem Besprühen des Chromatogramms mit einer Echtrotsalz B-Lösung und nach 10 min Liegenlassen färbt sich die Zone des Amarogentins orange und nach Behandeln mit Ammoniakdämpfen rot an. Das Chromatogramm der Untersuchungslösung darf direkt über der Amarogentin-Zone keine violette Zone aufweisen (Hinweis auf andere Gentiana-Arten). Andersfarbige Zonen sind im unteren und oberen hRf-

Chromatogramm (Nachweis IV/2)

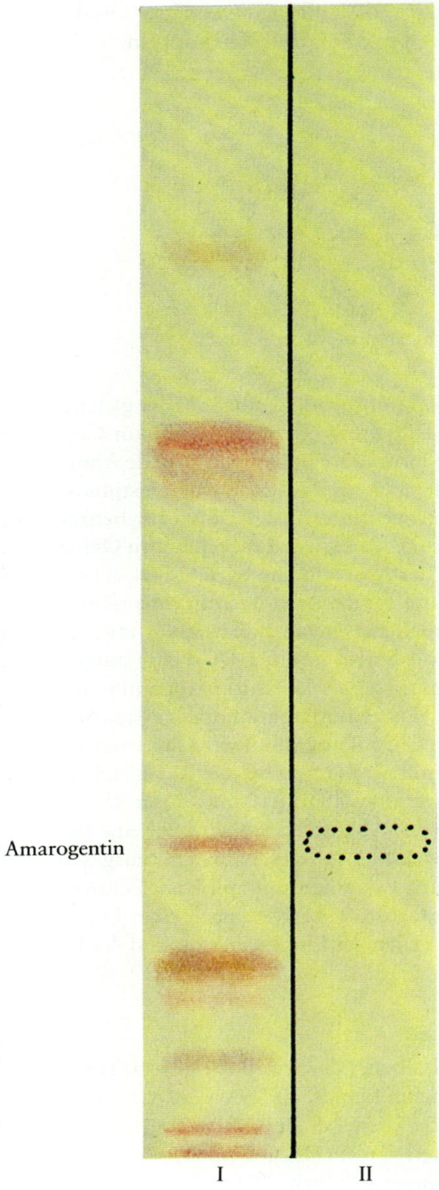

Abb. 66:
I: Untersuchungslösung von Gentianae radix, 50 mm^3;
II: Vergleichslösung, 10 mm^3.

Bereich des Chromatogramms zu erkennen; insbesondere ist im oberen hRf-Bereich eine sich gleichfarbig mit Amarogentin anfärbende Zone zu erkennen. Die Größe und Intensität dieser Zone im oberen hRf-Bereich ist meist viel größer als die des Amarogentins.

Gehaltsbestimmung von Gentianae radix nach Sonanini
Bestimmung des Gehaltes an Amarogentin.

A. Prinzip: Indirekte spektralphotometrische Bestimmung von Amarogentin nach dünnschichtchromatographischer Abtrennung mit Hilfe eines farbigen Reaktionsproduktes. Aufgrund seiner Trihydroxydiphenyl-Teilstruktur kann Amarogentin an drei Stellen (1: para-Stellung zu

OH am C-3′; 2: in para-Stellung zu OH am C-2; 3: ortho-Stellung zu OH am C-2 und zu OH am C-4 (doppelter ortho Effekt)) mit Diazoniumsalzen zu Azofarbstoffen kuppeln.

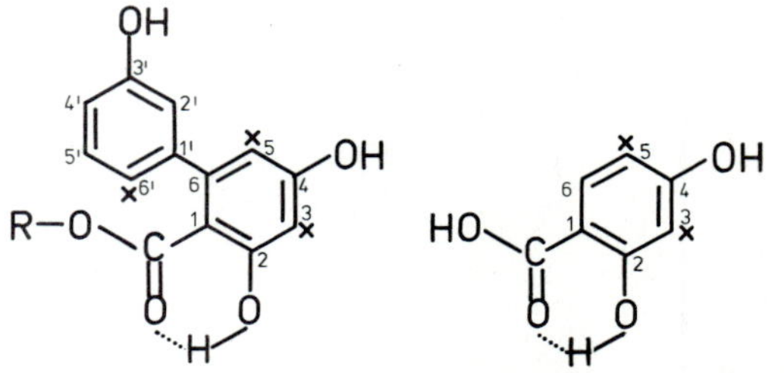

Amarogentin 2,4-Dihydroxybenzoesäure
[×: Kupplungsstellen]

Die Berechnung erfolgt durch Vergleich mit dem Reaktionsprodukt einer auf der gleichen DC-Schicht aufgetragenen, bekannten Menge an 2,4-Dihydroxybenzoesäure, die im Gegensatz zu Amarogentin handelsüblich ist. 2,4-Dihydroxybenzoesäure besitzt strukturelle Ähnlichkeit mit dem Phenolanteil von Amarogentin; sie weist auch weitgehende Übereinstimmung im Reaktionsverhalten und der Absorption mit Amarogentin auf. 2,4-Dihydroxybenzoesäure kuppelt an zwei Stellen (1: in para-Stellung zu OH in C-2; 2: in ortho-Stellung zu OH am C-2 und zu OH am C-4 (doppelter ortho-Effekt)). Bei der Ausrechnung wird berücksichtigt, daß entgegen der Theorie 1 mg 2,4-Dihydroxybenzoesäure 1,5 mg Amarogentin entspricht.
Die Droge wird mit Aceton extrahiert, damit möglichst wenig Ballaststoffe mitextrahiert werden. Ein aliquoter Teil des Extrakts wird auf die Startlinie einer DC-Platte aufgetragen. Daneben wird ein weiteres Startband des Drogenextrakts als Leitchromatogramm aufgetragen. Nach Entwicklung des Chromatogramms wird das Chromatogramm des ersten Startbandes mit einer Glasplatte abgedeckt, und das zweite Chromatogramm wird mit einer Echtrotsalzlösung zur Detektion von Amarogentin besprüht. Danach wird die auf gleicher Höhe liegende Zone im ersten unbesprühten Chromatogramm markiert und ausgeschabt. Eine bestimmte Menge der Vergleichssubstanz 2,4-Dihydroxybenzoesäure wird auf eine freie Fläche der DC-Schicht aufgetragen und (ohne Entwicklung) ausgeschabt. Die ausgeschabten Zonen werden mit einer Wasser-Methanol-Mischung extrahiert und mit einer Echtrotsalzlösung versetzt. Die Extinktionen der gebildeten Azofarbstoffe werden nach einer bestimmten Zeit gemessen, wobei eine Mischung aus aliquoten Teilen des Elutionsmittels und der Reagenzien als Kompensationsflüssigkeit dient.

B. *Durchführung*

Chemikalien
Gentianae radix, pulv. (250), 10,0 g
Aceton, 200 cm^3
Methanol, 200 cm^3
Chloroform, 40 cm^3
1 DC-Schicht: Kieselgel F_{254}, 20 × 20 cm
2,4-Dihydroxybenzoesäure, 25 mg
Echtrotsalzlösung B, 0,2proz. *(G/V)* in Wasser, 2 cm^3
Natriumcarbonatlösung, 15proz. *(G/V)* (bezogen auf wasserfreies Natriumcarbonat), 2 cm^3

Geräte
Rundkolben, NS 29, 250 cm^3 (1), 100 cm^3 (1)
1 Rückflußkühler, NS 29
1 Glasstopfen, NS 29
Trichter, ∅ 6 cm (1), ∅ 5 cm (1)
1 Erlenmeyerkolben, 250 cm^3
Vollpipetten, 50 cm^3 (1), 10 cm^3 (3), 5 cm^3 (3), 0,5 cm^3 (2)
Meßkolben, 50 cm^3 (1), 100 cm^3 (1), 10 cm^3 (1)
2 Zentrifugengläser, NS 14,5, 15 cm^3 mit pass. Schliffstopfen
1 Glasplatte, 20 × 20 cm
Glasperlen
1 Mikroliterspritze, 500 mm^3

Allgemeine Geräte
Wasserbad
Zentrifuge
Rotationsverdampfer
3 Glasküvetten, Schichtdicke 1 cm

1. *Untersuchungslösung:* In einem $250\,cm^3$-Rundkolben werden 10,0 g gepulverte Droge mit 100,0 g Aceton versetzt. Der Kolben mit Inhalt wird gewogen und 30 min auf dem Wasserbad (bei ca. 70°) unter Rückfluß gekocht. Nach dem Abkühlen wird erneut gewogen und mit Aceton auf das ursprüngliche Gewicht ergänzt. Dann wird filtriert. 50,0 g des Filtrates werden in einem $100\,cm^3$-Rundkolben im Vakuum bei höchstens 35° zur Trockne eingedampft. Der Rückstand wird mit 10 cm^3 einer Mischung gleicher Volumteile Aceton und Methanol versetzt und nach Zusatz einiger Glasperlen wird der Kolben mit einem Glasstopfen verschlossen und 10 min geschüttelt. Die erhaltene Lösung wird möglichst schnell (unter Vermeidung des Verdampfens) filtriert. (Geeignet: Druckfiltration über einen Glaswattebausch in einem Perkolationsröhrchen). Dieses Filtrat dient als Untersuchungslösung zur Gehaltsbestimmung.
2. *Vergleichslösung:* 25 mg 2,4-Dihydroxybenzoesäure werden in 50,0 cm^3 Methanol gelöst. 10 cm^3 dieser Lösung werden mit Methanol zu 100 cm^3 verdünnt.
3. *Dünnschicht-Chromatographie*
   I. Standardmethode: Ja; Abweichung: Laufstrecke 15 cm.
   II. Schicht: Kieselgel F_{254}.
   III. Fließmittel: Aceton-Chloroform-Wasser (60 + 40 + 2), KS, 15 cm.
   IV. Nachweis: Nach Abdampfen des Fließmittels:
      1. UV_{254}: Fluoreszenzmindernde Zonen markieren.
      2. Nach Abdecken des Chromatogramms A mit einer Glasplatte, besprühen des Chromatogramms B mit einer 0,2proz. *(G/V)* Lösung von Echtrotsalz B. Nach 10 min wird das besprühte Chromatogramm B mit Ammoniakdämpfen behandelt.

Auftrageschema

Chromatogramm A Chromatogramm B

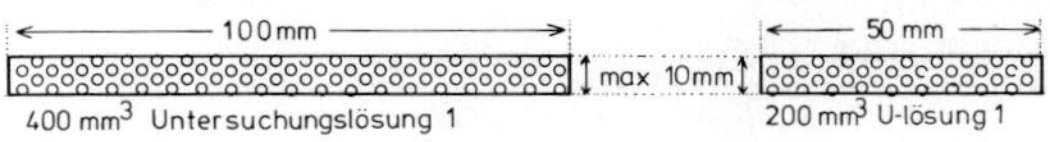

4. *Auswertung*
   Die Amarogentinzone, die im kurzwelligen UV-Licht eine Fluoreszenzminderung im unteren Drittel des Chromatogramms zeigt, färbt sich auf dem besprühten und danach Ammoniakdämpfen ausgesetzten Chromatogramm B rot bis rotorange an. Auf der gleichen Höhe wird auf dem unbesprühten Chromatogramm A die entsprechende Zone markiert.
5. *Transfer der markierten Zone, Elution und Umsetzung mit einer Echtrotsalz B-Lösung*
   Die auf dem Chromatogramm A markierte Amarogentinzone wird vorsichtig losgeschabt, auf einer Aluminiumfolie (ca. 10 × 5 cm) gesammelt, in ein Zentrifugenglas überführt und mit 10 cm^3 einer Mischung aus gleichen Volumteilen Methanol und Wasser versetzt. Auf eine freie Fläche der gleichen DC-Schicht werden 0,5 cm^3 ($= 25 \cdot 10^{-6}$ g 2,4-Dihydroxybenzoesäure) Vergleichslösung bandförmig (100 × 5 mm) aufgetragen. Nach Eintrocknen wird ohne zu chromatographieren, die der Auftragestelle entsprechende Zone abgeschabt, in ein Zentrifugengläschen überführt, mit 10 cm^3 eines Gemischs aus gleichen Teilen Methanol und Wasser versetzt. Die beiden Suspensionen werden 10 min geschüttelt und danach zentrifugiert. Je 5,0 cm^3 der klaren überstehenden Lösungen werden zuerst mit 0,5 cm^3 einer 0,2proz. *(G/V)* wäßrigen Lösung von Echtrotsalz B versetzt und nach 10 min mit 0,5 cm^3 einer 15proz. *(G/V)* wäßrigen Lösung von wasserfreiem Natriumcarbonat versetzt. Nach Durchmischen und Stehenlassen während 30 min werden die Extinktionen der beiden Lösungen bei 477 nm in einer Schichtdicke von 1 cm gemessen. Als Kompensationsflüssigkeit dient eine in gleicher Weise hergestellte Mischung von 5 cm^3 Methanol-Wasser-Mischung, 0,5 cm^3 der Echtrotsalz B-Lösung und 0,5 cm^3 der Natriumcarbonatlösung.

C. Berechnung

Der Berechnung wird zugrunde gelegt, daß 1 Mol 2,4-Dihydroxybenzoesäure (2 Kupplungsstellen) $^2/_3$ Mol Amarogentin (3 Kupplungsstellen) entspricht.

MG Amarogentin: 586,56.

MG 2,4-Dihydroxybenzoesäure: 154,12.

1 mg 2,4-Dihydroxybenzoesäure entspricht theoretisch $\frac{2 \cdot 586{,}56}{3 \cdot 154{,}12} = 2{,}537$ mg Amarogentin, experimentell jedoch nur 1,5 mg Amarogentin.

E_u: Extinktion der Untersuchungslösung.
E_v: Extinktion der Vergleichslösung.
b: Drogeneinwaage in Gramm.
a: Menge an 2,4 Dihydroxybenzoesäure in 0,5/2 cm^3 Vergleichslösung
($c = 25$ mg $\frac{10}{50}$ / 100 cm^3 = 5 mg/100 cm^3) $a = 12{,}5 \cdot 10^{-6}$ g.
x: Menge (theoretisch) an 2,4-Dihydroxybenzoesäure, die $x \cdot 1{,}5 \cdot 10^{-6}$ g Amarogentin in $\frac{0{,}4}{2}$ cm^3 Untersuchungslösung entsprechen, die einer Drogenmenge von $b \cdot \frac{50 \cdot 0{,}4}{100 \cdot 10 \cdot 2} = \frac{b}{100}$ g entsprechen.

Es gilt:

I: $E_u = E_{1\,cm}^{1\%} \cdot x \cdot \frac{100}{6}$. II: $E_v = E_{1\,cm}^{1\%} \cdot a \cdot \frac{100}{6}$.

Aus I/II folgt:

$$x = \frac{E_u}{E_v} \cdot a = \frac{E_u}{E_v} \cdot 12{,}5 \cdot 10^{-6}.$$

In $\frac{b}{100}$ g Droge sind $\frac{E_u}{E_v} \cdot 12{,}5 \cdot 10^{-6} \cdot 1{,}5$ g Amarogentin enthalten. Für $b = 10$ g folgt

$$\text{Amarogentin } \% = \frac{100 \cdot E_u \cdot 12{,}5 \cdot 10^{-6} \cdot 1{,}5 \cdot 100}{E_v \cdot 10} = \frac{E_u}{E_v} \cdot 0{,}019\,.$$

Sulfatasche: Höchstens 5,0%, bestimmt mit 1,00 g gepulverter Droge.

Tab. 8: Zusammenstellung von Bitterstoff-Drogen

Droge	Stammpflanze, Familie	Bitterwerte[1]	Hauptinhaltsstoffe
Absinthii herba, Wermutkraut	*Artemisia absinthium* L.; *Asteraceae*	min. 15 000 (2)	Absinthin (s. S. 237) (Sesquiterpenlacton)
Aurantii pericarpium, Bitterorangenschale oder Pomeranzenschale	*Citrus aurantium* L. *subsp. aurantium* (= C. aurantium L. subsp. amara ENGLER), *Rutaceae*	min. 600 (1, 2) min. 1500 (4)	Limoniin (Triterpenderivat) Neohesperidin, Naringin (Flavanonglykoside)
Cardui benedicti herba, Kardobenediktenkraut	*Cnicus benedictus* L.; *Asteraceae*	min. 800 (1) min. 1000 (4)	Cnicin (Sesquiterpenlacton)
Centaurii herba, Tausendgüldenkraut	*Centaurium minus* MOENCH (= C. *umbellatum* GILIBERT); *Gentianaceae*	min. 2000 (1,2) min. 10 000 (4)	Swertiamarin Gentiopikrin Amarogentin (Iridoide)

[1] Literatur: (1) = ÖAB 9; (2) = DAB 7; (3) = JARETZKY; (4) = Ph. Helv. VI.

Forts. von Tab. 8.

Droge	Stammpflanze, Familie	Bitterwerte[1]	Hauptinhaltsstoffe
Chinae cortex, Chinarinde	*Cinchona succirubra* PAVON; *Rubiaceae*	min. 1000 (2)	China-Alkaloide (s. S. 73) (Chinolin-Derivate)
Colombo radix, Kolombowurzel	*Jatrorrhiza palmata* (LAMARCK) MIERS; *Menispermaceae*		Columbin (Dilacton), Palmarin, Chasmanthin
Condurango cortex, Kondurangorinde	*Marsdenia condurango* REICHBACH fil.; *Asclepiadaceae*	min. 15000 (4)	Condurangine (Esterglykoside)
Gentianae radix, Enzianwurzel	*Gentiana lutea* L. u. andere *Gentiana*-Arten; *Gentianaceae*	min. 10000 (1, 2) 20000–80000 (3) min. 20000 (4)	Amarogentin Gentiopikrin (Iridoide)
Menyanthidis folium, Trifolii fibrini folium, Bitterkleeblatt	*Menyanthes trifoliata* L.; *Menyanthaceae*	min. 4000 (1) 1500–9000 (3) min. 10000 (4)	Foliamenthin u. a. Loganin (Iridoide)
Quassiae lignum a) jamaicense b) surinamense, Bitterholz oder Quassiaholz	a) *Picrasma excelsa* PLANCHON (SCHWARTZ) b) *Quassia amara* L.; *Simarubaceae*	40000–50000 (3)	Quassiine Picrasmin vermutlich Diterpene

[1] Literatur: (1) = ÖAB 9; (2) = DAB 7; (3) = JARETZKY; (4) = Ph. Helv. VI.

III. Drogen mit Scharfstoffen

1. Capsici fructus acer

Cayennepfeffer, Cayenne Pepper, Piment de cayenne

Stammpflanze und Familie: *Capsicum frutescens* L. *sensu latiore (Solanaceae).*

Offizinell: DAB 8 (mind. 0,4% Capsaicinoide, berechnet als Capsaicin), DAB 7-DDR (mind. 0,25% Capsaicinoide, berechnet als Capsaicin).

Inhaltsstoffe: Capsaicin (MG 305,4) (= Vanillylamid einer Isodecenylsäure), das noch in einer Verdünnung von 1 : 1,9 Millionen scharf schmeckt und andere Capsaicinoide. Die rote Farbe ist bedingt durch ca. 20 verschiedene Carotinoide (0,12–0,35%), z. B. Capsorubin, Capsanthin, Lutein, Kryptoxanthin, α-, β-Carotin; Flavonglykoside: Apiin, Luteolin-7-monoglucosid; Ascorbinsäure, ätherisches Öl, Zucker.

Formel

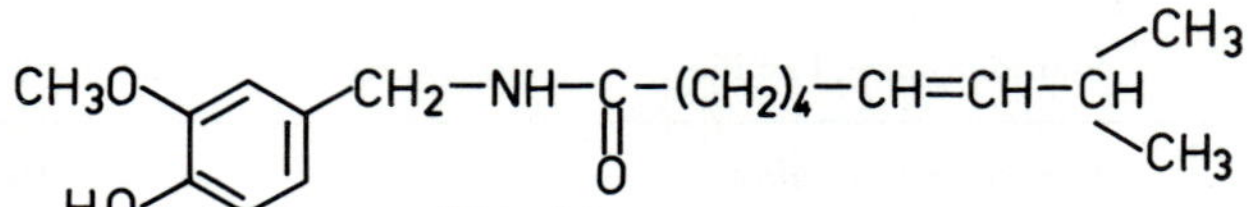

Capsaicin

Wirkung und Verwendung: Capsaicin ist nervenreizend und bewirkt Kapillarerweiterung, es führt somit zu einer stärkeren Durchblutung, Auszüge (Tinktur, Extrakt und Pflaster) werden daher bei Rheuma, Arthritis u. ä. verwendet. Die Tinktur selten als Stomachicum bei Dyspepsie und Magenatonie.

Prüfungen der Droge

Die orange gefärbte Pulverdroge hat einen mäßig starken Geruch und scharf brennenden Geschmack.

Chromatogramm (Nachweis IV/2)

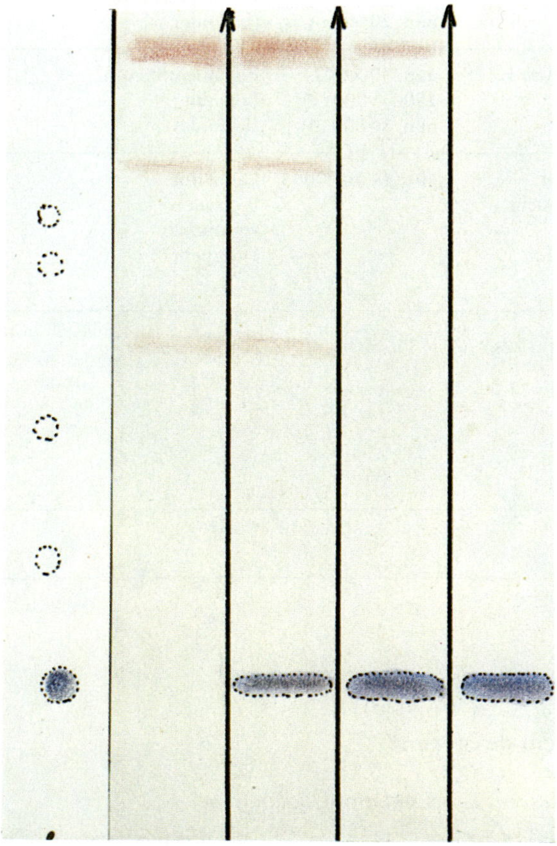

Capsaicin

I II III IV V

Abb. 67: I: TAS: Capsici fructus acer, 10 mg; II: Untersuchungslösung von Edelsüß-Paprika, 20 mm^3; III: Untersuchungslösung von Königs-Paprika, 20 mm^3; IV: Untersuchungslösung von Capsici fructus acer, 20 mm^3; V: Vergleichslösung, 10 mm^3.

Prüfung auf Identität

Dünnschicht-Chromatographie

Prinzip: Prüfung auf Capsaicin im Chloroform-Extrakt der Droge, Sichtbarmachung mit 2,6-Dichlorchinonchlorimid als Indophenolblaufarbstoff.

I. Standardmethode: Ja; Abweichung: Laufstrecke 12 cm.
II. Schicht: Kieselgel F_{254}.
III. Fließmittel: Ether, KS, 12 cm.
IV. Nachweis
1. UV_{254}: Fluoreszenzmindernde Zonen markieren.
2. Besprühen mit einer 0,5proz. *(G/V)* Lösung von 2,6-Dichlorchinonchlorimid in Methanol. Nach Abdampfen des Methanols wird die Schicht mit Ammoniakdämpfen bis zur Blaufärbung der Capsaicinzone behandelt.

V. Untersuchungslösung: Extrakt: 0,5 g gepulverte Droge (500) werden in einem 25 cm^3-Rundkolben mit 5 cm^3 Chloroform versetzt und 10 min unter Rückfluß auf dem Wasserbad erhitzt. Nach dem Abkühlen wird mit Chloroform auf das ursprüngliche Gewicht ergänzt und filtriert, vom Filtrat trägt man 20 mm^3 bandförmig auf (20 × 3 mm).
TAS: 5–10 mg Droge (bei Pflastern oder Salben 40–60 mg), 250°, 90 s, 2 Kügelchen Molekularsieb 4 Å, wasserdampfgesättigt.
VI. Vergleichslösung: 5 mg Capsaicin werden in 5,0 cm^3 Methanol gelöst, davon trägt man 10 mm^3 bandförmig (20 × 3 mm) auf.

Auswertung (Abb. 67)
Im ultravioletten Licht bei 254 nm ist im unteren Drittel der Chromatogramme der TAS-Auftragung (I), der Untersuchungslösungen von Königspaprika (III) und Capsici fructus acer (IV) auf der Höhe der fluoreszenzmindernden Zone im Chromatogramm der Vergleichslösung eine fluoreszenzmindernde Zone sichtbar. Nach dem Besprühen mit dem Reagenz und Bedampfen mit Ammoniak färben sich diese Zonen blau.
Auf dem Chromatogramm von Edelsüßpaprika fehlt die Zone des Capsaicins. Im oberen Bereich der Extrakt-Auftragungen sind im Tageslicht ein bis drei rote Zonen von Carotinoiden zu erkennen.

Gehaltsbestimmung von Capsici fructus acer

A. Prinzip: Photometrische Bestimmung von Capsaicin nach dc Abtrennung, Ausschaben und anschließender Elution der Zonen, anhand eines blauen Reaktionsprodukts (Indophenolfarbstoff mit 2,6-Dichlorchinonchlorimid in alkalischer Lösung). Formelschema S. 180.

Die Berechnung erfolgt durch Vergleich mit einer unter gleichen Bedingungen chromatographierten, transferierten und eluierten, bekannten Capsaicinmenge.
Die Extinktionen der Farblösungen, die aus dem Eluat der Capsaicinzone der Untersuchungslösung und aus dem Eluat der Capsaicinzone der Vergleichslösung nach Umsetzung mit 2,6-Dichlorchinonchlorimid in alkalischer Lösung erhalten wurden, werden gegen eine Lösung aus dem Eluat einer ungefähr gleichgroßen unbeladenen Kieselgelzone mit Reagenzlösung als Blindwert bei der Wellenlänge des Absorptionsmaximums des blauen Farbstoffes gemessen.

B. Durchführung

Chemikalien	Geräte
Capsici fructus acer pulv. (500), 0,3 g	Chromatographierohr, ∅ 1,5 cm, l = 20 cm
Chloroform, 450 cm^3	Rundkolben, NS 29, 250 cm^3 (1), 50 cm^3 (3)
Ether, 100 cm^3	1 Erlenmeyerkolben, 250 cm^3
Ethanol, 120 cm^3	5 Meßkolben, 25 cm^3
Isopropanol, 25 cm^3	Vollpipetten, 1 cm^3, 2 cm^3, 5 cm^3
Natriumacetatlösung, 8,2proz. *(G/V)*, 15 cm^3	3 Zentrifugengläser, 15 cm^3
2,6-Dichlorchinonchlorimid, 0,12proz. *(G/V)* in Isopropanol, 15 cm^3	3 Glasstäbe, 150 × 3 mm
Capsaicin, 25 mg	

Allgemeine Geräte

Rotationsverdampfer	Zentrifuge
Mikroliterspritze, 200 mm^3	2 Glasküvetten, Schichtdicke 1 cm

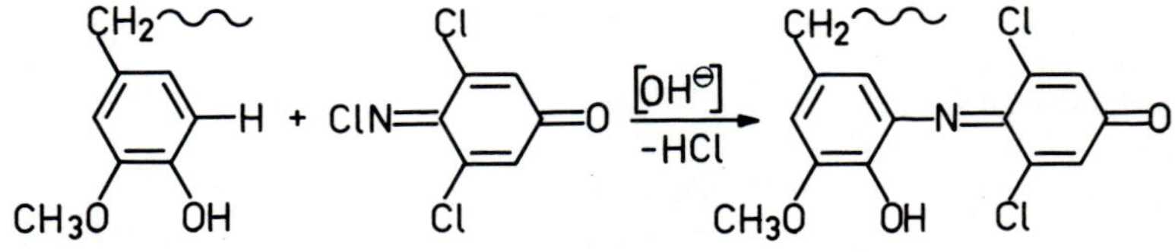

Vorschrift DAB 8:

1. *Untersuchungslösung*
   Etwa 0,300 g gepulverte Droge (500), genau gewogen, werden in ein mit einem Wattebausch abgedichtetes Chromatographierohr von mindestens 20 cm Länge und etwa 1,5 cm Durchmesser eingefüllt, mit Watte bedeckt und mit einigen Glasperlen beschwert.
   Die Droge wird mit etwa 10 cm^3 Chloroform durchfeuchtet und nach einstündigem Stehenlassen mit 200 cm^3 Chloroform perkoliert.
   Das Perkolat wird in einem Rundkolben aufgefangen und schonend bei einer 40° nicht übersteigenden Temperatur und im Vakuum fast zur Trockne eingeengt. Der Rückstand wird mit 5 cm^3 Chloroform aufgenommen, unter mehrmaligem Nachspülen des Rundkolbens mit je 5 cm^3 Chloroform in einen 25 cm^3-Meßkolben überführt und mit Chloroform zu 25,0 cm^3 verdünnt.
2. *Vergleichslösung:* Etwa 25,0 mg Capsaicin, genau gewogen, werden mit Chloroform zu 25 cm^3 verdünnt.
3. *Dünnschicht-Chromatographie*
   I. Standardmethode: Ja; Abweichung: Laufstrecke 15 cm.
   II. Schicht: Kieselgel F_{254}.
   III. Fließmittel: Ether, KS, 15 cm.
   IV. Nachweis
   UV_{254}: Fluoreszenzmindernde Zonen markieren.
   V. Auftragschema: Bandförmig (50 × 3 mm)

______________________	______________________
200 mm^3 Untersuchungslösung	200 mm^3 Vergleichslösung

4. *Transfer* der dc abgetrennten Capsaicin-Zonen von der DC-Schicht und Überführung in die photometrisch zu bestimmenden Farbstofflösungen.
   Nach Verdampfen des Fließmittels werden im kurzwelligen UV-Licht bei 254 nm die Capsaicin-Zonen markiert, indem man im Abstand von ca. 2–3 mm ein Rechteck um die Zonen zeichnet. Die lokalisierten Zonen werden sorgfältig losgeschabt, auf einer Aluminiumfolie (5 × 5 cm) gesammelt und jede Zone einzeln in ein 15 cm^3-Zentrifugengläschen überführt und jeweils mit 8 cm^3 einer heißen Mischung von 1 Volumteil Chloroform und 2 Volumteilen Ethanol versetzt, mit Hilfe eines dünnen Glasstabs in der Mischung gut suspendiert und zentrifugiert; die überstehende Lösung wird je in einen 50 cm^3-Rundkolben dekantiert. Dieser Vorgang wird jeweils noch viermal mit je 8 cm^3 der Chloroform-Ethanol-Mischung wiederholt.
5. *Blindprobe:* Auf dem Chromatogramm der Vergleichslösung wird ca. 2–3 cm oberhalb der Capsaicinzone eine etwa gleichgroße unbeladene Kieselgelzone losgeschabt und wie oben unter 4. angegeben behandelt.
6. *Umsetzung* der Eluate mit 2,6-Dichlorchinonchlorimid und photometrische Auswertung:
   Die Eluate aus der Schicht der Untersuchungslösung, der Vergleichslösung sowie der Blindprobe werden schonend bei einer 40° nicht übersteigenden Temperatur und im Vakuum zur Trockne eingeengt, die Rückstände in je 5,0 cm^3 Isopropanol aufgenommen und je in einen 25 cm^3-Meßkolben überführt; die Rundkolben werden mit je 5,0 cm^3 einer 8,2proz. Lösung *(G/V)* von Natriumacetat und zweimal mit je 5,0 cm^3 Wasser nachgespült. Die Mischungen werden mit je 3,0 cm^3 einer frisch hergestellten 0,12proz. Lösung *(G/V)* von 2,6-Dichlorchinonchlorimid in Isopropanol versetzt und mit Wasser zu 25,0 cm^3 verdünnt. Nach

30 min Stehenlassen im Dunkeln werden die Extinktionen der Untersuchungslösung und der Vergleichslösung gegen die Blindprobe in einer Schichtdicke von 1 cm bei 620 nm gemessen.

C. Berechnung

E_u: Extinktion der Untersuchungslösung.
E_v: Extinktion der Vergleichslösung.
b: Drogeneinwaage in Gramm.
a: Menge in Gramm an Capsaicin in $\frac{200 \cdot b}{25\,000}$ g Droge (entspricht 200 mm³ Untersuchungslösung).
c: Menge an Capsaicin in der Vergleichslösung von 25 cm³.

In 200 mm³ Vergleichslösung sind $\frac{200 \cdot c}{25\,000}$ g Capsaicin enthalten.

Es gilt:

$$E_u = E_{1\,cm}^{1\%} \cdot a \cdot \frac{100}{25} \quad (I). \qquad E_{1\,cm}^{1\%}: \text{ spezifische Extinktion des Farbstoffes.}$$

$$E_v = E_{1\,cm}^{1\%} \cdot \frac{200 \cdot c}{25000} \cdot \frac{100}{25} \quad (II).$$

Aus $\frac{I}{II}$ folgt:

$$a = \frac{E_u \cdot 200 \cdot c}{E_v \cdot 25000}\,g$$

In $\frac{200 \cdot b}{25000}$ g Droge sind $\frac{E_u \cdot 200 \cdot c}{E_v \cdot 25000}$ g Capsaicin enthalten; daraus folgt:

$$\text{Capsaicin } \% = \frac{100 \cdot E_u \cdot 200 \cdot c \cdot 25000}{E_v \cdot 25000 \cdot 200b} = \frac{100 \cdot E_u \cdot c}{E_v \cdot b}.$$

Für $c = 0{,}025$ g und für $b = 0{,}3$ g folgt:

$$\text{Capsaicin } \% = \frac{E_u \cdot 0{,}025 \cdot 100}{E_v \cdot 0{,}3} = \frac{E_u}{E_v} \cdot 8{,}3.$$

Anmerkung

Bei einer Mindestforderung von 0,4% Capsaicinoiden ist die Extinktion der Vergleichslösung $E_v = \frac{8{,}3}{0{,}4} = 21 \cdot E_u$, was auch schon aus folgender Rechnung hervorgeht: In 200 mm³ der Untersuchungslösung, die einer Drogenmenge von $\frac{200 \cdot 300}{25\,000} = 2{,}4$ mg entspricht, sind $9{,}6 \cdot 10^{-3}$ mg Capsaicin enthalten.

In 200 mm³ Vergleichslösung sind $\frac{200 \cdot 25}{25\,000} = 200 \cdot 10^{-3}$ mg Capsaicin enthalten.

Da die Extinktionen der Untersuchungs- und der Vergleichslösung in ungefähr gleicher Größenordnung liegen sollen, wird folgende Änderung vorgeschlagen:
Nach Jentzsch, K., W. Kubelka u. H. Pock: Sci. pharmac. (Wien), 37 (1969) beträgt die spezifische Extinktion des Farbstoffes $E_{1\,cm}^{1\%} = 471$; daraus ergibt sich für die Untersuchungslösung: $E_u = 471 \cdot 4 \cdot 9{,}6 \cdot 10^{-6} = 0{,}0181$ und für die Vergleichslösung: $E_v = 471 \cdot 4 \cdot 200 \cdot 10^{-6} = 0{,}377$.
Die Extinktion der Untersuchungslösung sollte mindestens 0,1 betragen, dies wird erreicht, wenn der Extrakt die Konzentration der Originalvorschrift aufweist (l.c.):
0,500 g gepulverte Droge (500), genau gewogen, werden in ein mit Watte abgedichtetes Chromatographierohr von mindestens 30 cm Länge und 1,5 cm Durchmesser eingefüllt, ... (wie oben beschrieben).

Der eingeengte Extrakt wird in ein 5 cm³-Meßkölbchen überführt, davon trägt man 200 mm³ auf.
Die Auftragemenge der Vergleichslösung sollte auf 100 mm³ reduziert werden.

Berechnung

In $\frac{200 \cdot 0{,}5}{5000}$ g Droge sind $\frac{E_u \cdot 100 \cdot 0{,}025}{E_v \cdot 25000}$ g Capsaicin enthalten, daraus folgt:

$$\text{Capsaicin } \% = \frac{100 \cdot E_u \cdot 100 \cdot 0{,}025 \cdot 5000}{E_v \cdot 25000 \cdot 200 \cdot 0{,}5} = \frac{E_u}{E_v} \cdot 0{,}5 .$$

Sulfatasche: Höchstens 10,0%, bestimmt mit 1,000 g gepulverter Droge (500).

2. Piperis nigri fructus und Piperis albi fructus

Schwarzer und Weißer Pfeffer, Black and White Pepper, Poivre et poivre blanc

Stammpflanze und Familie: *Piper nigrum* L. *(Piperaceae)*.

Anmerkung: Die im unreifen Zustand geernteten und getrockneten, runzeligen, etwa 3–5 mm großen, kugeligen Steinfrüchte werden nach ihrer dunkelbraunen Farbe als «schwarzer Pfeffer» bezeichnet. – Die reif geernteten und geschälten Früchte haben eine glatte Oberfläche und sind von heller Farbe, sie werden deshalb «weißer Pfeffer» genannt.

Inhaltsstoffe: Scharfstoffe: 4–7% Piperin (I) (krist. Säureamid) und die Isomeren Chavicin, Isopiperin und Isochavicin; Gehalt an ätherischem Öl (1,2–3,5%), darin Phellandren, Dipenten, Citral und Sesquiterpene, z. B. Caryophyllen. Die Früchte enthalten ferner 6–8% fettes Öl und etwa 50% Stärke.

Formeln

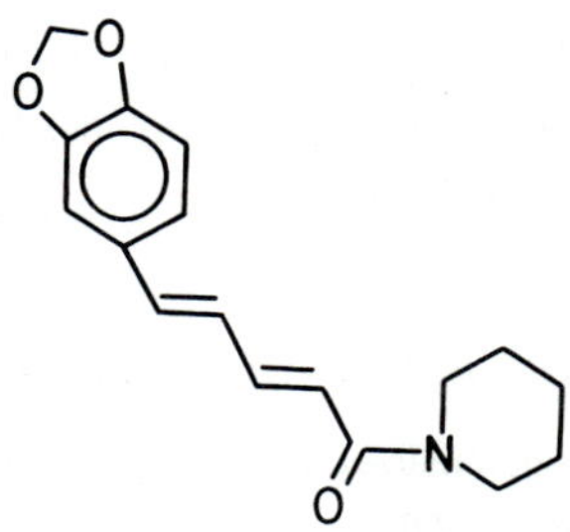

I Piperin

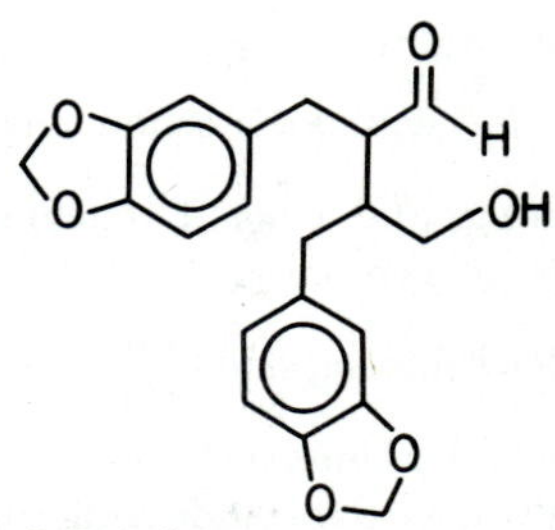

II Cubebin

Wirkung und Verwendung: Verdauungsförderndes und appetitanregendes Gewürz. Gelegentlich in hautreizenden Einreibungen (s. Capsaicin).

Anmerkungen: Verfälschungen des Pulvers sind häufiger zu beobachten (Pfefferschalen, -spindeln usw.). Im Handel wird eine Mischung aus gleichen Teilen Schwarzem und Weißem Pfeffer als «Heller Pfeffer» bezeichnet. Die Qualitäten sind sehr verschieden, am besten sind die schwersten Sorten, wo z. B. 100 cm³ der ganzen Früchte 55,0–62,5 g wiegen.
Die Asche soll nach ÖAB 9 höchstens 5,0% für schwarzen Pfeffer betragen.

3. Cubebae fructus

Kubebenpfeffer, Cubebs, Cubèbes

Stammpflanze und Familie: *Piper cubeba* L. fil. *(Piperaceae).*

Inhaltsstoffe: 6–11% ätherisches Öl, darin d-Sabinen, d-Δ^4-Caren, Terpinenol-(4), 1,4-Cineol, ferner die Sesquiterpenderivate Cadinen(III) und Cadinol (IV). An nicht wasserdampfflüchtigen Bestandteilen ca. 2,5% Cubebin (II), ein Lignanderivat; außerdem neutrale und saure Harzbestandteile und etwas fettes Öl.

Formeln: Cubebin siehe bei Piperis nigri fructus.

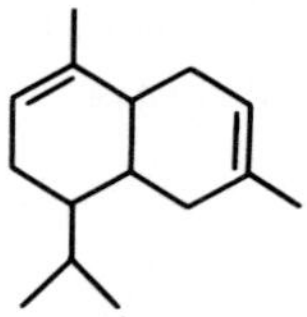

III Cadinen

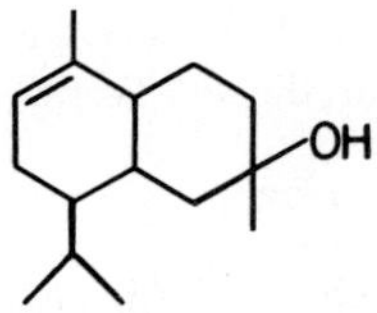

IV Cadinol

Verwendung: Als Harndesinfiziens, Carminativum und als Expektorans bei Bronchitis, ferner als indisches Gewürz – Asche höchstens 8% (DAB 6).

Prüfung der Drogen

Piperis nigri fructus: Das graue Drogenpulver hat einen aromatischen Geruch und schmeckt scharf und brennend.
Cubebae fructus: Das braune Drogenpulver hat einen aromatischen Geruch und einen würzigen leicht bitteren Geschmack (Cubebin schmeckt nicht scharf).

Prüfung auf Identität

Dünnschicht-Chromatographie von Piperis nigri fructus und von Cubebae fructus.
Prinzip: Nachweis von Piperin im methanolischen Extrakt von Piperis nigri fructus und von Cubebin im methanolischen Extrakt von Cubebae fructus.

I. *Standardmethode:* Ja.
II. *Schicht:* Kieselgel F_{254}.
III. *Fließmittel:* Dichlormethan-Essigsäureethylester (80 + 20), KS.
IV. *Nachweis:* Nach Abdampfen des Fließmittels.
   1. UV_{365}: Fluoreszierende Zonen markieren.
   2. UV_{254}: Fluoreszenzmindernde Zonen markieren.
   3. Besprühen mit Anisaldehyd-Schwefelsäure (Reag. Nr. 4) zunächst bei Zimmertemperatur sich anfärbende Zonen markieren, dann auf 105–110° 5–10 min erhitzen und anschließend im Tageslicht und im langwelligen UV-Licht auswerten.
V. *Untersuchungslösung*
   a) *Extrakt:* 0,1 g frisch gepulverte Droge wird mit 1,0 cm^3 Methanol unter Schütteln mazeriert. Vom Filtrat trägt man 10 mm^3 bandförmig (20 × 3 mm) auf.
   b) *TAS:* 5 mg frisch gepulverte Droge, 2 Kügelchen wassergesättigtes Molekularsieb 4 Å (= 0,4 nm), 250°, 90 s.
VI. *Vergleichslösung:* 2 mg Piperin und 2 mg Cubebin werden in 1,0 cm^3 Methanol gelöst, davon trägt man 10 mm^3 bandförmig auf.

Auswertung (Abb. 68)
Beim Betrachten der unbesprühten Chromatogramme der TAS-Auftragung und Extrakt-Auftragung von Piperis nigri fructus (I) und (III) im langwelligen UV-Licht erkennt man im mittleren Rf-

Bereich eine blau fluoreszierende Zone, die der ebenfalls blau fluoreszierenden Zone von Piperin im Chromatogramm der Vergleichslösung entspricht. Oberhalb der Piperinzone liegen mehrere gelb fluoreszierende Zonen auf den Chromatogrammen I und III. Die Piperin-Zone und die darüberliegenden gelb fluoreszierenden Zonen zeigen beim Betrachten im kurzwelligen UV-Licht eine Fluoreszenzminderung. Auf den Chromatogrammen der TAS-Auftragung und der Extrakt-Auftragung von Cubebae fructus erkennt man im mittleren Rf-Bereich, etwas höher als die Piperinzone im Chromatogramm der Vergleichslösung, die schwach fluoreszenzmindernde Zone des Cubebins. Nach dem Besprühen der Chromatogramme mit Anisaldehyd-Schwefelsäure-Reagenz färbt sich die Piperin-Zone sofort gelb an, beim anschließenden Erhitzen wird sie blaugrün. Die Cubebinzone färbt sich blauviolett an. Beim Betrachten der besprühten und erhitzten DC-Schicht im langwelligen UV-Licht fluoresziert die Zone des Piperins gelbgrün und die des Cubebins orangefarben. Auf den Chromatogrammen von Cubebae fructus (II) und (IV) liegen im oberen Drittel noch weitere sich rotviolett bis blau anfärbende Zonen, von denen die unterste dem Cadinol entspricht. In Frontnähe sind auf den Chromatogrammen aller Auftragungen rotviolette Zonen sichtbar, die den Terpen- und Sesquiterpenkohlenwasserstoffen entsprechen.

Chromatogramm (Nachweis IV/3) Tageslicht.

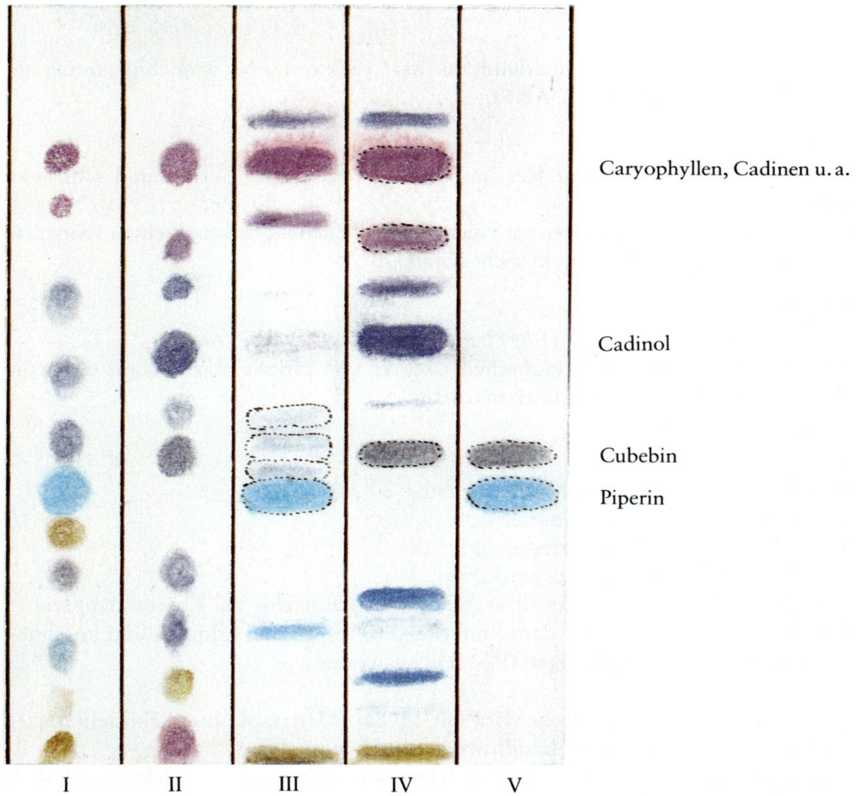

Abb. 68: I: TAS: Piperis nigri fructus; II: TAS: Cubebae fructus; III: Untersuchungslösung von Piperis nigri fructus, 10 mm^3; IV: Untersuchungslösung von Cubebae fructus, 10 mm^3; V: Vergleichslösung, 10 mm^3.

IV. Drogen mit Furanochromonen

1. Ammeos visnagae fructus

Ammi-visnaga-Früchte, Ammi Visnaga Fruit, Khella

Stammpflanze und Familie: *Ammi visnaga* (L.) LAMARCK *(Apiaceae).*

Offizinell: DAB 8 (mind. 1,0% γ-Pyronderivate, berechnet als Khellin).

Inhaltsstoffe: Furanochromone 1,5–2%: Khellin, (MG 260,2) Visnagin und Khellinin (= Khellolglucosid) u.a. γ-Pyrano-Cumarinderivate: Ester von Khellacton: Samidin, Dihydrosamidin und Visnadin; ferner Flavonderivate: z.B. Quercetin, Kämpferol, Isorhamnetin, fettes Öl und Eiweißstoffe.

Formeln

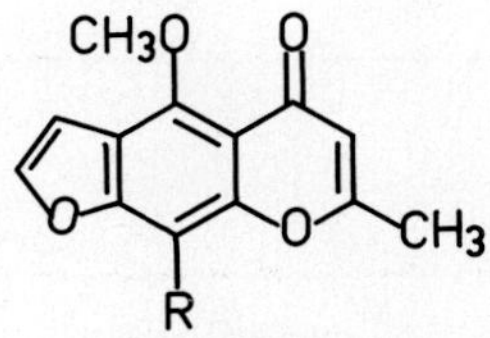

R = OCH_3 Khellin
R = H Visnagin

Die als fremde Bestandteile vorkommenden Früchte von *Ammi majus* enthalten keine Furanochromone, sondern Furanocumarine, wie z.B. Bergapten, Xanthotoxin, Imperatorin u.a.

Wirkung und Verwendung: Khellin bewirkt eine Erweiterung des gesamten Gefäßsystems, Spasmolyticum. Der Effekt tritt langsam ein, hält dann aber längere Zeit an; wird verwendet bei Angina pectoris, chronischem Cor pulmonale und teilweise auch bei Bronchialasthma, ferner bei spastischen Zuständen von Magen, Darm, Galle- und Harnwegen, bei Dysmenorrhoe, sowie zur symptomatischen Behandlung des Keuchhustens.

Prüfungen der Droge
Die grau- bis gelbbraune Pulverdroge hat einen schwach aromatischen Geruch und einen etwas bitteren Geschmack.

Prüfung auf Identität

A. *Schnelltest* zur Unterscheidung von *Ammi visnaga-* und *Ammi majus*-Früchten.
Prinzip: Die nur in *Ammi visnagae-Früchten* enthaltenen Furanochromone bilden mit starken Mineralsäuren zitronengelbe γ-Pyryliumsalze. Furanocumarine in *Ammi-majus*-Früchten ergeben nur schmutzig grünbraune Färbungen.
(Reaktionsgleichung siehe S. 187).

Durchführung

Chemikalien	Geräte
Ammeos visnagae fructus, pulv. (500), 0,5 g	Trichter, ∅ 5 cm
Methanol, 4 cm^3	
konz. Schwefelsäure, 5 Tropfen	

Vorschrift: 0,5 g gepulverte Droge (500) werden 1 min in einem Reagenzglas mit 4 cm^3 Methanol kräftig geschüttelt und abfiltriert; das klare Filtrat wird mit 5 Tropfen konz. Schwefelsäure versetzt. Die Lösung färbt sich hell zitronengelb. Bei Vorliegen von *Ammi majus*-Früchten entsteht nur eine schmutzig grünbraune Färbung.

Chromatogramm

(Nachweis IV/2)

(Nachweis IV/1)

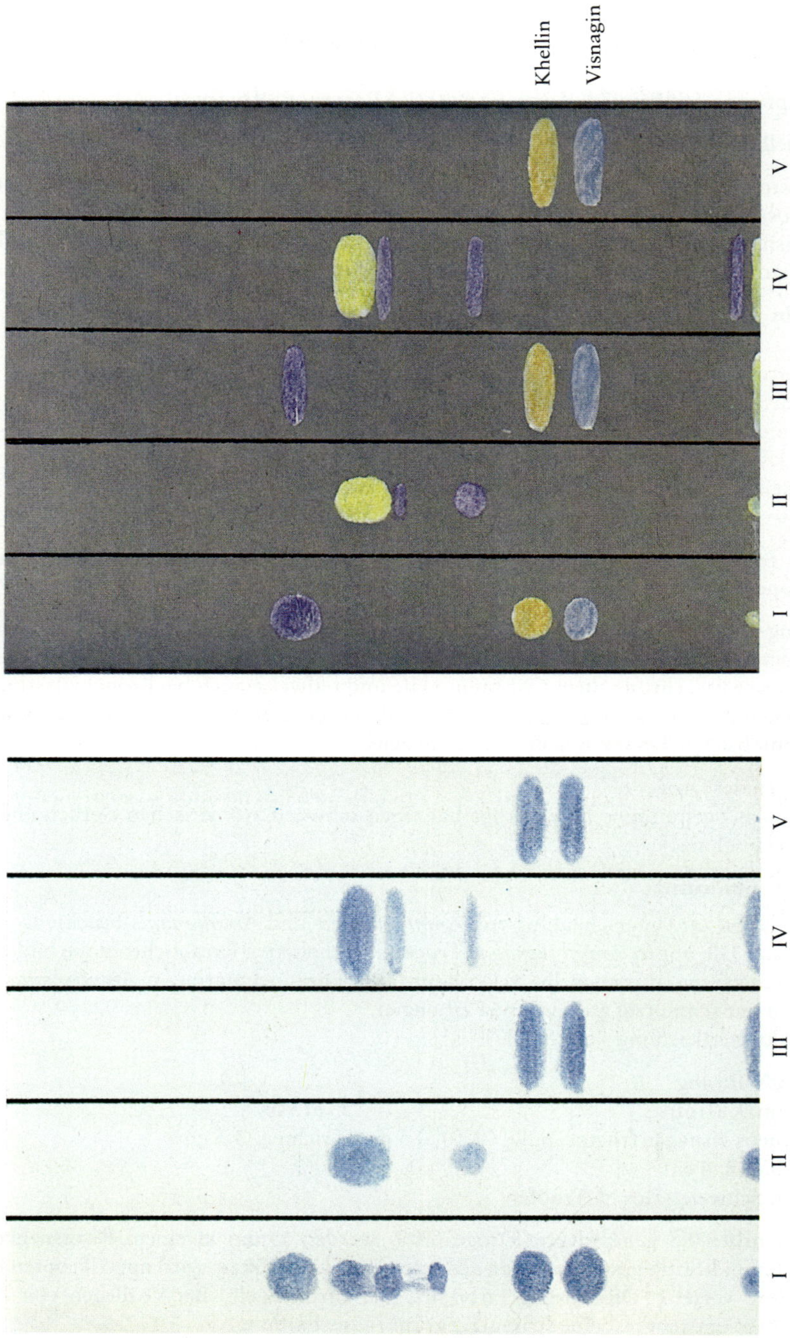

Abb. 69: I–II: TAS-Auftragung von Ammeos visnagae fructus (I) und von Ammeos majus fructus (II); III: Untersuchungslösung von Ammeos visnagae fructus; IV: Untersuchungslösung von Ammeos majus fructus; V: Vergleichslösung.

B. Dünnschicht-Chromatographie.
Prinzip: Prüfung auf Khellin und Visnagin im ethanolisch-wäßrigen Drogenextrakt

I. Standardmethode: Ja.
II. Schicht: Kieselgel F_{254}.
III. Fließmittel: Essigsäureethylester, KS, 10 cm.
IV. Nachweis
1. UV_{254}: Fluoreszenzmindernde Zonen markieren.
2. UV_{365}: Fluoreszierende Zonen markieren und deren Fluoreszenzfarben notieren.
3. Besprühen mit konz. Salzsäure.

V. Untersuchungslösung: 0,5 g gepulverte Droge (500) werden mit 10,0 cm^3 60proz. *(V/V)* Ethanol 30 min unter Schütteln extrahiert. Das Filtrat wird auf dem Wasserbad schonend auf 5,0 cm^3 eingeengt, davon trägt man 20 mm^3 bandförmig (20 × 3 mm) auf.
TAS-Auftragung: 5 mg gepulverte Droge, 1 Kügelchen Molekularsieb 4 Å (= 0,4 nm) wasserdampfgesättigt, 250°, 120 s.

IV. Vergleichslösung: 5 mg Khellin werden in 1,0 cm^3 60proz. *(V/V)* Ethanol gelöst, davon trägt man 10 mm^3 bandförmig (20 × 3 mm) auf (zusätzlich 5 mg Visnagin, wenn vorhanden).

Auswertung (Abb. 69)
Beim Betrachten des Chromatogramms der Untersuchungslösung von Ammeos visnagae fructus (I) im kurzwelligen UV-Licht erkennt man im unteren hRf-Bereich die fluoreszenzmindernde Zone des Khellins, die mit der der Vergleichslösung übereinstimmt; unter der Khellin-Zone liegt die ebenfalls fluoreszenzmindernde Zone des Visnagins. Im oberen hRf-Bereich dürfen im Chromatogramm der Untersuchungslösung von Ammeos visnagae fructus (III) keine eng beieinander liegenden stark fluoreszenzmindernden Zonen vorhanden sein, wie dies bei *Ammi majus* (Chromatogramm IV) der Fall ist.
Beim Betrachten der Chromatogramme im langwelligen UV-Licht bei 365 nm zeigt Khellin eine braungelbe Fluoreszenz und Visnagin eine hellblaue Fluoreszenz.
Nach dem Besprühen mit konz. Salzsäure ist die Khellin-Zone deutlich, die Visnagin-Zone weniger deutlich als zitronengelbe Zone im Tageslicht zu erkennen.
Auch bei der TAS-Auftragung von Ammeos visnagae fructus sind die Zonen von Khellin und Visnagin deutlich zu erkennen.
Die auf den Chromatogrammen von Ammeos majus fructus im mittleren Bereich intensiv gelb fluoreszierende Zone setzt sich aus den beiden in diesem Fließmittelsystem dicht beieinanderliegenden Furanocumarinen Xanthotoxin und Imperatorin zusammen.

Gehaltsbestimmung von Ammeos visnagae fructus

A. Prinzip: Photometrische Bestimmung der γ-Pyronderivate mit Hilfe der farbigen (zitronengelben) Pyryliumsalze nach Umsetzung mit Salzsäure.
Zur Berechnung der γ-Pyrone als Khellin ist die spezifische Extinktion gegeben.

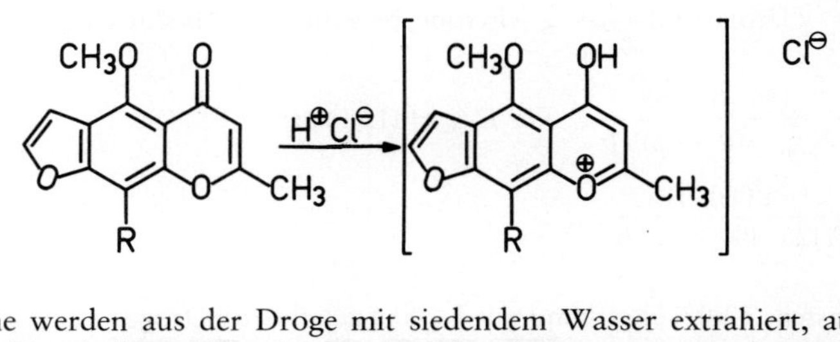

Die γ-Pyrone werden aus der Droge mit siedendem Wasser extrahiert, aus dem wäßrigen Extrakt werden Khellin und Visnagin mit Chloroform ausgeschüttelt; nach Abdampfen des Chloroforms wird der Rückstand mit einer Salzsäure-Wasser-Mischung versetzt.

B. Durchführung:

Chemikalien

Ammeos visnagae fructus, pulv. (180), 2 g
Chloroform, 250 cm^3
Natriumsulfat, wasserfrei, 10 g
Salzsäure, konz.; 35–38proz. *(G/V)*, 60 cm^3

Geräte

Wägeglas, 20 cm^3
Rundkolben, NS 29, 100 cm^3 (1), 250 cm^3 (1)
Rückflußkühler, NS 29
Büchner-Trichter, 0,5 cm mit pass. Guko
zur Saugflasche, 100 cm^3
Trichter, ∅ 6 cm
Scheidetrichter, 250 cm^3
Glassintertiegel, Nr. 16 (= D 4)
Meßkolben, 100 cm^3

Allgemeine Geräte

Wasserbad
Glasküvetten, Schichtdicke 1 cm
Rotationsverdampfer

Vorschrift DAB 8: Ein Teil der Droge wird ohne Rückstand gepulvert (180). Mit dieser Probe wird die Bestimmung des Trocknungsverlustes und der γ-Pyrone, berechnet als Khellin, durchgeführt.

1. Der Trocknungsverlust wird mit etwa 2,00 g der gepulverten Droge, genau gewogen, durch 2 h Trocknen im Trockenschrank bei 100–105° bestimmt.
2. Etwa 250 mg des nach der Bestimmung des Trocknungsverlustes verbleibenden getrockneten Pulvers, genau gewogen, werden in einem 100 cm^3-Rundkolben mit 50 cm^3 Wasser versetzt und 30 min unter Rückfluß erhitzt. Die Mischung wird noch heiß über ein Papierfilter abgesaugt und der Rückstand zweimal mit je 5 cm^3 heißem Wasser gewaschen.
   Die vereinigten wäßrigen Lösungen werden in einen 250 cm^3-Scheidetrichter überführt und nach dem Abkühlen auf Zimmertemperatur viermal mit je 40 cm^3 Chloroform ausgeschüttelt. (Bei schlechter Trennung können die Phasen durch Zentrifugieren getrennt werden.)
   Die vereinigten Chloroformphasen werden über wasserfreiem Natriumsulfat getrocknet, filtriert und unterhalb 30 mbar (etwa 20 Torr) zur Trockne eingeengt. Der Rückstand wird unter leichtem Erwärmen auf dem Wasserbad dreimal mit je 30 cm^3 einer Mischung aus gleichen Volumteilen konz. Salzsäure und Wasser gelöst und nach dem Abkühlen auf Raumtemperatur mit der Salzsäure-Wasser-Mischung auf 100,0 cm^3 verdünnt.
   Die Lösung wird, falls erforderlich, durch einen Glassintertiegel filtriert. Die Extinktion E der Lösung wird bei 400 nm in einer Schichtdicke von 1 cm gegen die Salzsäure-Wasser-Mischung als Vergleichsflüssigkeit gemessen.

C. Berechnung

Der Berechnung des Gehaltes an γ-Pyronen, berechnet als Khellin, wird eine spezifische Extinktion von $E^{1\%}_{1\,cm} = 112$ zugrunde gelegt.
E: Extinktion der Untersuchungslösung.
b: Einwaage der Droge in Gramm.
p: Trocknungsverlust der Droge in Prozent.

In $b \cdot \frac{(100-p)}{100}$ g Droge sind $\frac{E}{E^{1\%}_{1\,cm}}$ g γ-Pyrone, berechnet als Khellin, enthalten, daraus folgt:

$$\gamma\text{-Pyrone } \% = \frac{100 \cdot E \cdot 100}{E^{1\%}_{1\,cm} \cdot (100-p) \cdot b}, \quad \text{Für } E^{1\%}_{1\,cm} = 112 \text{ folgt:}$$

$$\gamma\text{-Pyrone } \% = \frac{10000 \cdot E}{112 \cdot (100-p) \cdot b}.$$

Sulfatasche: Höchstens 12,0%, bestimmt mit 1,000 g gepulverter Droge.

V. Drogen mit Rauschgiften

1. Cannabis resina cum herba

Rauschhanf, Hemp, Chanvre

(syn. Haschisch, Marihuana, Dagga, Ganja, Kif, Charas usw.)

Stammpflanze und Familie: *Cannabis sativa* L. *var. narcotica*, zahlreiche Kulturrassen, 1,5–3 m hohe, diözische und einjährige *Cannabaceae*.

Offizinell: Nicht offizinell, Anbau und Besitz verboten.

Inhaltsstoffe: Die weiblichen Blütenstände enthalten je nach Rasse und Klima 2,5–15% Harz. Darin sind die lipophilen, phenolischen Cannabinoide (über 20) enthalten. Rauscherzeugend, d.h. psychoaktiv ist das Δ^9-Tetrahydrocannabinol (THC), daneben treten mengenmäßig hervor das antibakteriell wirksame Cannabidiol (CBD) und das Cannabinol (CBN). Die genannten Verbindungen liegen z.T. als Carbonsäuren vor, die relativ leicht, z.B. beim Rauchen decarboxylieren. Für den Geruch ist das ätherische Öl (0,1–0,5%) verantwortlich. Es enthält zahlreiche Terpene und Sesquiterpene, z.B. Longifolen, β-Caryophyllen, Humulen und Caryophyllenepoxid.

Formeln

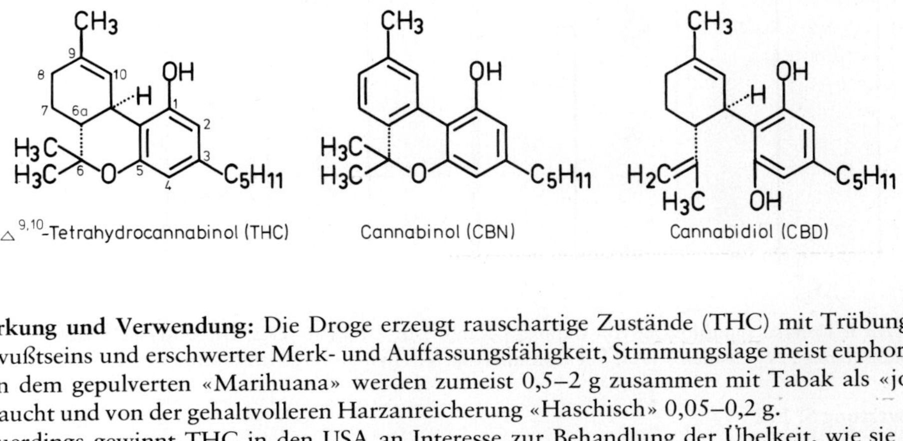

$\Delta^{9,10}$-Tetrahydrocannabinol (THC) Cannabinol (CBN) Cannabidiol (CBD)

Wirkung und Verwendung: Die Droge erzeugt rauschartige Zustände (THC) mit Trübung des Bewußtseins und erschwerter Merk- und Auffassungsfähigkeit, Stimmungslage meist euphorisch. Von dem gepulverten «Marihuana» werden zumeist 0,5–2 g zusammen mit Tabak als «joint» geraucht und von der gehaltvolleren Harzanreicherung «Haschisch» 0,05–0,2 g.
Neuerdings gewinnt THC in den USA an Interesse zur Behandlung der Übelkeit, wie sie nach zytostatischer Behandlung bei Krebskranken auftritt, auch die Senkung des Augeninnendruckes bei der Glaukombehandlung ist eine weitere Anwendung (Pharmacy International, S. 19, Jan. 1980).

Prüfung der Droge
Marihuanapulver ist graugrün bis braungrünlich, hat einen kräftig würzigen, etwas süßlichen Geruch und schmeckt aromatisch bitter. Das Haschischharz ist dagegen eine bräunlich-schwärzliche Masse, die beim Erwärmen klebrig wird.

Prüfung auf Identität

Prinzip: Nachweis der kupplungsfähigen Cannabis-Phenole nach DC-Trennung mit einem stabilen Diazoniumsalz. Auf der normalen Kieselgelschicht liegen die 3 Haupt-Cannabinoide relativ

Chromatogramm (Nachweis IV/2)

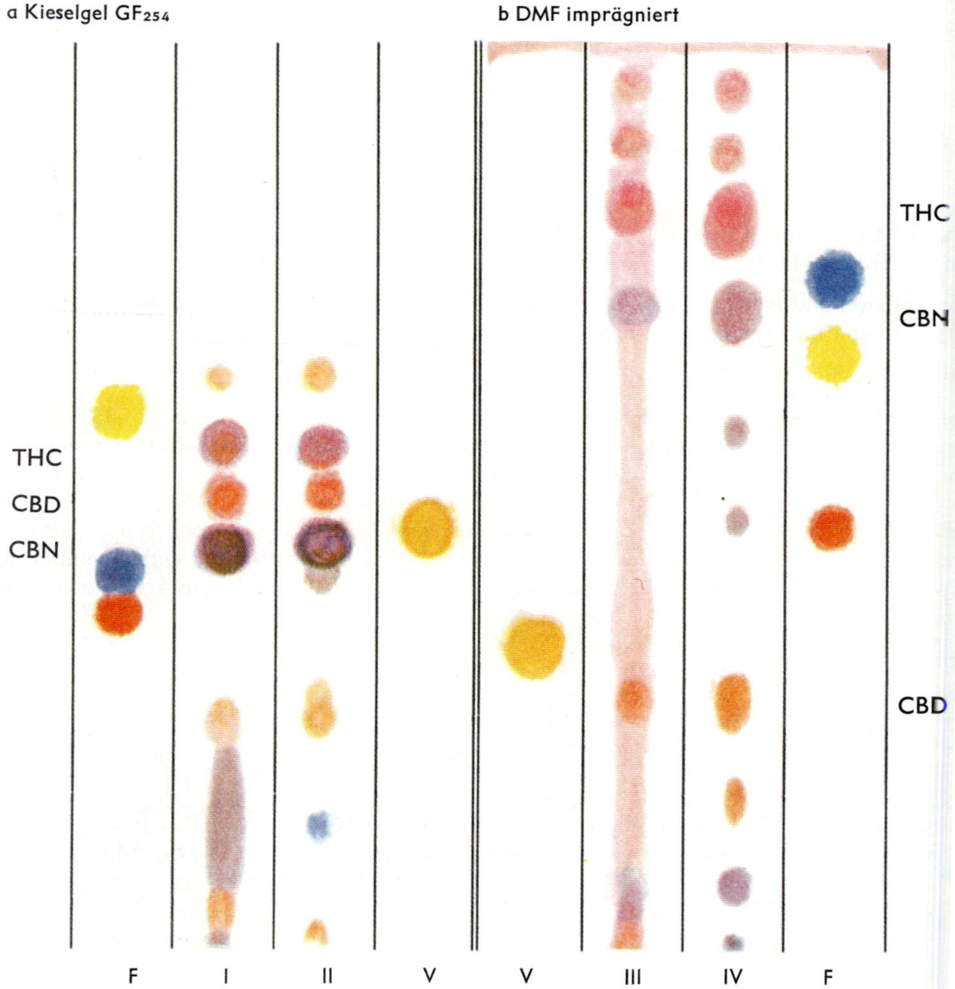

Abb. 70: I: Untersuchungslösung von Cannabis 5 mm^3; II: Cannabis TAS; III: Untersuchungslösung von Cannabis 5 mm^3; IV: Cannabis TAS; F: Farbtestlösung; V: Thymol-Vergleichslösung.

Auswertung S. 192

eng beieinander; eine sehr gute Auftrennung erfolgt auf Kieselgelschichten, die mit Dimethylformamid imprägniert werden. Als Vergleichssubstanzen können Thymol und/oder das 3farbige, lipophile Farbstoffgemisch dienen.

I. Standardmethode: Ja; Abweichungen für a) und b) Zweifachentwicklung je 12 cm; b) auf imprägnierter Schicht.

II. Schicht: a) Kieselgel GF_{254}; b) Kieselgel GF_{254} mit Dimethylformamid (= DMF) imprägniert; hierzu DC-Schicht in Kammer mit DMF-Tetrachlorkohlenstoff (60 + 40) einstellen und 13 cm hoch aufsteigen lassen, danach 15 min an der Luft liegen lassen, nun auftragen.
Anmerkung: Eine DMF-Imprägnierung läßt sich im Routinebetrieb vorteilhaft über die Gasphase erzielen (s. hierzu J. Chromatogr. 129, 41–51 (1976).

III. Fließmittel: KS: a) Hexan-Dioxan (90 + 10) 2 × 12 cm, Zwischentrocknung 5 min. b) Cyclohexan, 2 × 12 cm, Zwischentrocknung 10 min.

IV. Nachweis:

1. UV_{254}-Licht, Fluoreszenzminderung der aromatischen Cannabis-Substanzen markieren.
2. Echtblausalz B (Reag. Nr. 26).

V. Untersuchungslösung: Extrakt: 0,1 g gepulverte Droge werden mit Petrolether (Kp. 40–60°) 15 min unter Schütteln extrahiert. Danach filtriert man durch einen kleinen Filter. Das Filtrat wird vorsichtig auf dem Wasserbad eingeengt. Der Rückstand wird in 0,5 cm^3 Toluol aufgenommen. Auftragemenge 3 und 5 mm^3 punktförmig.

TAS: 2 mg Droge mit 2 Kügelchen Molekularsieb 4 Å (= 0,4 nm), wasserdampfgesättigt, 200°, 90 s.

VI. Vergleichslösung:

F = Farbtestlösung (Buttergelb, Sudanrot, Indophenol 0,05proz. in Toluol) Auftragemenge 2 mm^3; V = 10 mg Thymol in 10 cm^3 Toluol lösen; Auftragemenge 1 mm^3.

Tab. 9: Zusammenstellung von Rauschgift-Drogen

Droge	Stammpflanze, Familie	Herkunft	Hauptinhaltsstoffe
Cocae folium	*Erythroxylum coca* LAM. u. *E. novogranatense* MORRIS; *Erythroxylaceae*	Südamerika u. Java	Cocain
Belladonnae folium, Stramonii folium Hyoscyami folium (s. S. 63, 64)	*Atropa belladonna* L., *Datura stramonium* L., *Hyoscyamus niger* L.; *Solanaceae*	Europa	Hyoscyamin
Cannabis-Harz Haschisch Marihuana (s. S. 189)	*Cannabis sativa* L.; *Cannabaceae*	Vorderer Orient und Mexiko, Asien, Afrika	THC und weitere Cannabinoide
Ololiuqui	*Rivea corymbosa* L. u. *Ipomoea violacea* L.; Convolvulaceae	Mexiko	Lysergsäureamid
Opium (s. S. 81)	*Papaver somniferum* L.; *Papaveraceae*	Vorderer Orient, Asien	Morphium
Peyotl	*Lophophora williamsii* COULT. *(Anhalonium Lewinii)*; *Cactaceae*	Mexiko	Mescalin
Teonanacatl	*Psilocybe mexicana* HEIM; *Agaricaceae*	Mexiko	Psilocybin und Psilocin
Yakée (Parica, Epona)	*Virola calophylla* WARBG. u. a. *Virola*-Arten; *Myristicaceae*	Südamerika	Tryptamine
Yopo	*Piptadenia peregrina* (L.) BENTH. und *P. colubrina* BENTH.; *Fabaceae*	Gebiet des Orinoco, Trinidad	Tryptamine

Auswertung (Abb. 70)

Substanzen	hRf-Werte in a	b	Farbe mit IV/2
Tetrahydrocannabinol (THC)	55	80–90	purpurrot
Cannabidiol (CBD)	50	30	orange-rotbraun
Cannabinol (CBN)	45	70	violett-braun
Thymol (V)	45	35	ocker

Anmerkung: Man beachte, daß bei cannabinoidhaltigen Rassen diese Verbindungen z.T. in Form der entsprechenden Säuren vorliegen. Im Chromatogramm findet man sie im unteren Drittel der Laufstrecke als «flammenförmige» Zonen. Trägt man jedoch mit dem TAS-Verfahren auf, so decarboxylieren diese und man erhält die Verbindungen im angegebenen Bereich.
Über den *Schnellnachweis dieser und weiterer Rauschgifte,* wie z.B. Heroin und seinen Beimengungen, LSD, Psilocybin und Psilocin wurde berichtet (s. hierzu: Dtsch. Apoth. Ztg. 118, 1527–1534 (1978)).

VI. Drogen mit aequilibrierenden Inhaltsstoffen

1. Valerianae radix

Baldrianwurzel, Valerian Root, Racine de valériane

Stammpflanze und Familie: *Valeriana officinalis* L. *(Valerianaceae).*

Offizinell: Ph. Eur. III (mind. 15% (G/G) extrahierbare Stoffe), DAB 7-DDR.

Inhaltsstoffe: 0,5 bis 1,2% *Va*leriana-*ep*oxy-*tri*ester (= Valepotriate): davon 80–90% Valtrate (Valtrat: Isovaltrat = 80:20), 1–5% Didrovaltrat, 1–3% Acevaltrat und 5–15% IVHD-Valtrat, ferner das Iridiod-Esterglykosid: Valeriosidat.
0,5–1,5% äth. Öl mit Mono- und Sesquiterpenkohlenwasserstoffen, Monoterpenester: z.B. Bornylacetat u.a.; Sesquiterpenketon: Valeranon, Sesquiterpenalkohole: Valeröl, Maaliol und Sesquiterpensäure: Valerensäure.
Alkaloide, Flavonoide, Zucker, Stärke, Schleim- und Gummistoffe.

Nicht offizinelle Valerianaceen-Drogen und ihre Valepotriatzusammensetzung

	Valtrat/Isovaltrat		Didrovaltrat	Acevaltrat
Valeriana wallichii DC (VALTRAT-ACEVALTRAT-Rasse) Indien	2%		0,1%	1%
Valeriana wallichii DC (DIDROVALTRAT-Rasse) Pakistan	0,3%		3%	0,1%
«Valeriana mexicana» (= Valeriana edulis ssp. procera MEY.)	Valtrat 1%	Isovaltrat 2,5%	1,5%	*)
Centranthus ruber DC («Roter Baldrian»)	1%		0,03%	0,5%

*) nachgewiesen ohne Gehaltsangabe.

Formeln

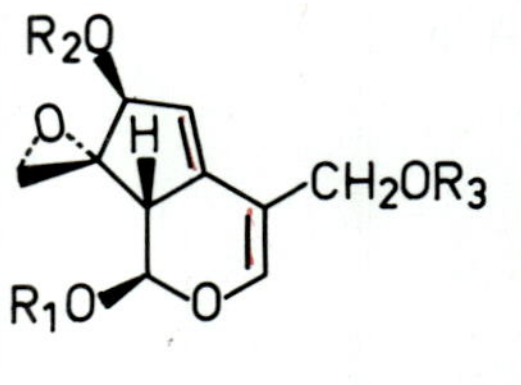	R_1 = Isovaleryl- R_2 = Isovaleryl- R_3 = Acetyl- VALTRAT	R_1 = Isovaleryl- R_2 = Acetyl- R_3 = Isovaleryl- Iso-VALTRAT	R_2 = β-Acetoxy-isovaleryl- R_1 = Isovaleryl- R_3 = Acetyl- ACEVALTRAT
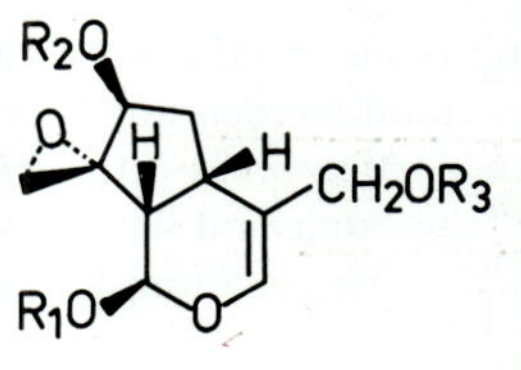	R_1 = Isovaleryl- R_2 = Acetyl- R_3 = Isovaleryl- DIDROVALTRAT		
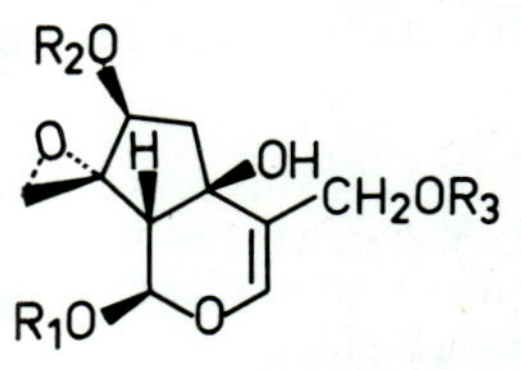	R_3 = α-Isovaleryloxyisovaleryl- R_1 = Isovaleryl- R_2 = Acetyl- IsoValeroxy-Hydroxy-Didro-VALTRAT		

Wirkung und Verwendung: Als mildes Sedativum und Spasmolyticum. Die Valepotriate haben eine äquilibrierende Wirkung, d. h. bei Erregung dämpfend und bei Ermüdungserscheinungen mobilisierend.

Prüfungen

Die hellbraune Pulverdroge besitzt einen charakteristischen, durchdringenden, an Valeriansäure und Campher erinnernden Geruch. Der Geschmack ist zuerst süßlich, später würzig und schwach bitter.

Prüfung auf Identität

Prinzip: Nachweis chromogener Valepotriate.

Valepotriate mit einer konjugierten Diengruppierung (Valtrat, Isovaltrat und Acevaltrat) bilden mit Salzsäure zu 80% blaue Cyclopenta(c)pyrylium-Salze und zu 20% gelbe-orangefarbene Baldrinale. Das IVHD-Valtrat (Gruppe der 4a-Hydroxy-monoene) bildet ausschließlich das blaue Cyclopenta(c)pyrylium-Salz.

Valtrat	$\xrightarrow{H^{\oplus} Cl^{\ominus}}$	80 %	Cyclopenta (c) pyrylium Salz [blau]
Acevaltrat		80 %	
IVHD-valtrat		100 %	

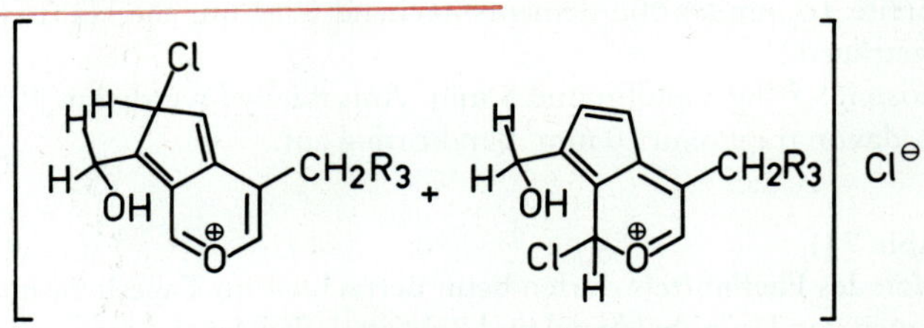

Cyclopenta (c) pyrylium-Salz [blau]

Die Gruppe der Monoene (Didrovaltrate) werden mit dieser Prüfung nicht erfaßt; sie ergeben nach Säurezusatz unspezifische bräunliche Färbungen.

Durchführung

Chemikalien	Geräte
Valerianae radix, pulv. (300), 0,2 g	1 Trichter, ∅ 4 cm
Dichlormethan, 7 cm^3	
Methanol, 0,2 cm^3	
Eisessig und 25proz. *(G/V)* Salzsäure (1 + 1), 3 cm^3	
Essigsäureethylester, 0,2 cm^3	

Allgemeine Geräte
Wasserbad

Vorschrift: 0,2 g gepulverte Droge werden mit 5 cm^3 Dichlormethan unter mehrmaligem Schütteln 5 min stehen gelassen und filtriert. Das Filter und der Drogenrückstand werden mit 2 cm^3 Dichlormethan nachgewaschen; Filtrat und Waschflüssigkeit werden portionsweise in einem Reagenzglas auf dem Wasserbad bei einer Badtemperatur von ca. 40° eingeengt und der Rückstand in 0,2 cm^3 Essigsäureethylester aufgenommen. (0,1 cm^3 dienen als Untersuchungslösung bei der Prüfung auf Reinheit durch DC.)
0,1 cm^3 der Prüflösung werden mit 3 cm^3 einer Mischung aus gleichen Volumteilen Eisessig und 25proz. *(G/V)* Salzsäure versetzt und umgeschüttelt. Innerhalb von 15 min muß eine Blaufärbung entstehen.

Prüfung auf Reinheit

Dünnschicht-Chromatographie von Valerianae radix (Handelsware); Valerianae radix, frisch getrocknet; Valerianae wallichii radix (Didrovaltratrasse); Valerianae mexicanae radix (= Valerianae edulis subsp. procerae); Centranthi radix und Valerianellae (olitoriae) radix.

Prinzip: Prüfung der Dichlormethanextrakte auf Valtrat/Isovaltrat, Didrovaltrat, Acevaltrat und IVHD-Valtrat. Als Vergleichssubstanzen werden die nicht in der Droge enthaltenen, aber sich chromatographisch ähnlich verhaltenden Stoffe Anisaldehyd (Valtrat) und Vanillin (IVHD-Valtrat) eingesetzt. Als Nachweisreagenz wird ein Gemisch von Salzsäure (→ Bildung blauer Salze, vgl. Prüfung auf Identität) und 2.4-Dinitrophenylhydrazin (→ Bildung von orangefarbenen 2.4-Dinitrophenylhydrazonen mit den Polyaldehyden vom Typ des Iridodials, die sich durch Säurespaltung aus Didrovaltrat bilden) verwendet.

I. Standardmethode: Ja; Abweichung: Zweifachentwicklung.
II. Schicht: Kieselgel F_{254}.
III. Fließmittel: n-Hexan-Ethylmethylketon (80 + 20), KS, 2 × 10 cm.
IV. Nachweis: Nach Abdampfen des Fließmittels:
1. Tageslicht.
2. UV_{254}: Fluoreszenzmindernde Zonen markieren.
3. Besprühen mit Dinitrophenylhydrazin-Salzsäure-Essigsäure (Reag.-Nr. 20) und anschließend 5–10 min auf 105–110° erhitzen.

V. Untersuchungslösung: Von der Prüflösung bei der Prüfung auf Identität trägt man 20 mm^3 bandförmig (20 × 3 mm) auf. – Von der Untersuchungslösung von Valerianae mexicanae radix werden nur 10 mm^3 aufgetragen. – (Falls alle Drogen zur Verfügung stehen, beträgt die Startbandbreite *10* mm (!) und dementsprechend wird nur die Hälfte jeder Untersuchungslösung aufgetragen.)
VI. Vergleichslösung: 5 mg Vanillin und 5 mm^3 Anisaldehyd werden in 10 cm^3 Essigsäureethylester gelöst, davon trägt man 10 mm^3 bandförmig auf.

Auswertung (Abb. 71)
Nach Abdampfen des Fließmittels dürfen beim Betrachten im Tageslicht im mittleren Rf-Bereich keine gelben Zonen von Homobaldrinal und Baldrinal, den Artefakten von Isovaltrat und Valtrat, vorhanden sein. Die Zonen von Homobaldrinal und Baldrinal zeigen im langwelligen UV-Licht eine intensive gelbe Eigenfluoreszenz. Beim Betrachten des unbesprühten Chromatogramms im kurzwelligen UV-Licht zeigen die Chromatogramme aller Auftragungen im mittleren Rf-Bereich

Chromatogramm
(Nachweis IV/1) (Nachweis IV/3)

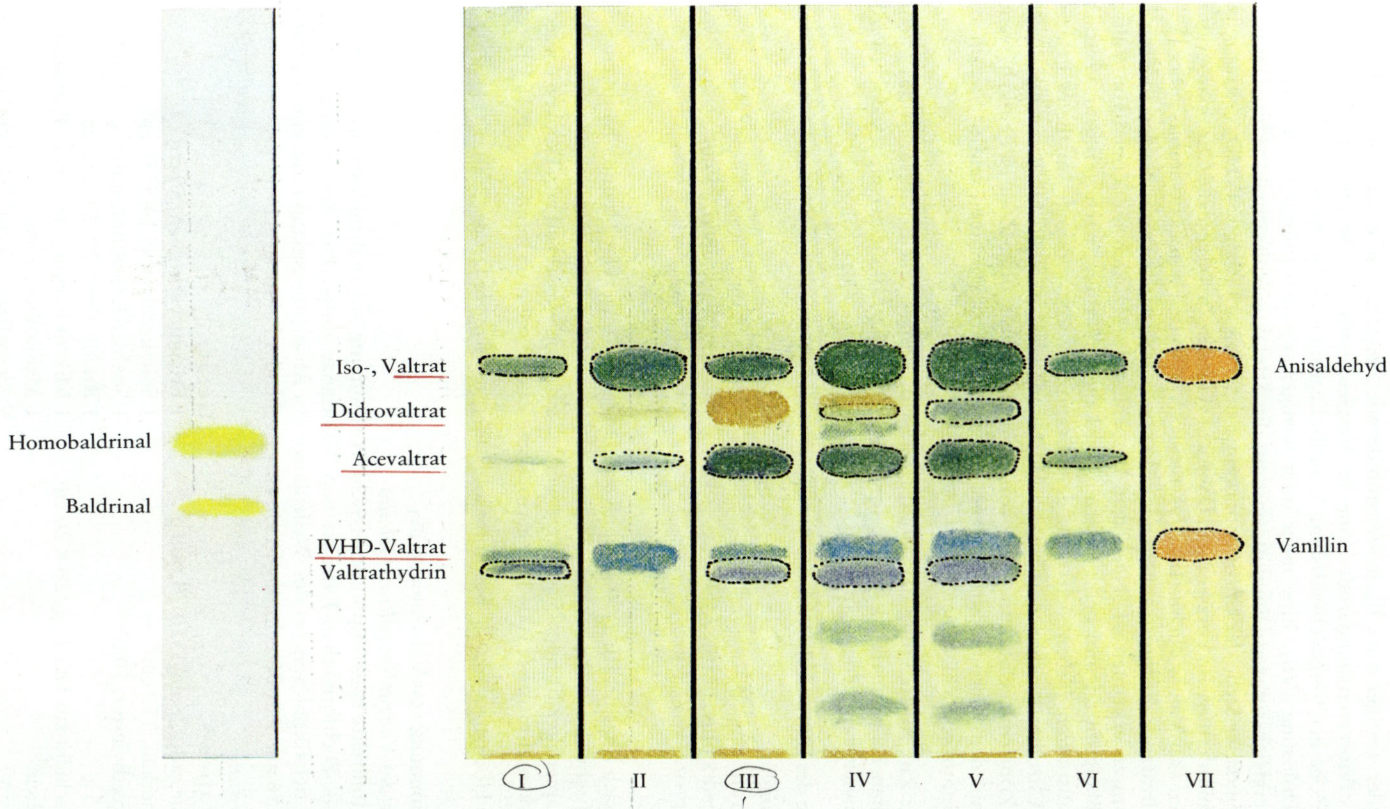

Abb. 71: I: Untersuchungslösung von Valerianae radix (Handel), 10 mm³; II: Untersuchungslösung von frisch getrockneter Valerianae radix, 10 mm³; III: Untersuchungslösung von Valerianae wallichii radix (Didrovaltratrasse), 10 mm³; IV: Untersuchungslösung von Valerianae mexicanae radix (= Valeriana edulis ssp. procera), *5 mm³*; V: Untersuchungslösung von Centranthi radix, 10 mm³; VI: Untersuchungslösung von Valerianellae (olitoriae) radix, *20 mm³*; VII: Vergleichslösung, 10 mm³.

eine mehr oder weniger stark fluoreszenzmindernde Zone, die auf etwa gleicher Höhe liegt wie die ebenfalls fluoreszenzmindernde Zone der Vergleichssubstanz Anisaldehyd. Die fluoreszenzmindernde Zone der Vergleichssubstanz Vanillin liegt im unteren Drittel des Chromatogramms der Vergleichslösung (VII). Eine mehr oder weniger schwach fluoreszenzmindernde Zone in Höhe der Vergleichssubstanz Vanillin weist auf die Artefakte: Valtrathydrine hin. Das nach dem Besprühen an dieser Stelle der Chromatogramme sich blau anfärbende IVHD-Valtrat zeigt keine Fluoreszenzminderung. Im kurzwelligen UV-Licht zeigen insbesondere die Chromatogramme der Auftragungen von Val. wallichii (III), Val. mexicana (IV) und von Centranthus ruber (V) unterhalb der Valtratzone die fluoreszenzmindernde Zone des Acevaltrats, die bei den anderen Auftragungen kaum zu erkennen ist. Nach dem Besprühen färben sich die Zonen von Valtrat und Acevaltrat blaugrün an und beim Erhitzen wird die Anfärbung nach graugrün verstärkt; die Vergleichssubstanzen färben sich nach dem Besprühen sofort orange an. Beim Erhitzen der besprühten Chromatogramme tritt bei der Auftragung von Val. wallichii (Pakistan), direkt unter der Valtrat-Zone eine gelbbraune Zone von Didrovaltrat auf, diese Zone ist deutlich, wenn auch schwächer auf dem Chromatogramm von Val. mexicana zu erkennen und in Spuren auf dem Chromatogramm von Valerianae radix frisch.

Anmerkung: Zur Auftrennung der «Valtratzone» in Valtrat und Isovaltrat ist das Fließmittel: Dichlormethan-Essigsäureethylester-Aceton (96 + 2 + 2) KS, 10 cm geeignet, jedoch werden die anderen Zonen zusammengedrängt.

Bestimmung des Extraktgehaltes

Durchführung

Chemikalien	Geräte
Valerianae radix pulv. (250), 2,00 g	1 Erlenmeyerkolben, 25 cm^3
Ethanol, 96proz. *(V/V)*, 6 g	1 Porzellanschale, ∅ 6 cm
	1 Trichter, ∅ 6 cm

Vorschrift nach Ph. Eur. III: 2,00 g gepulverte Droge (250) werden 2 h unter häufigem Schütteln mit einer Mischung aus 6 g Ethanol (96proz. *(V/V)*) und 4 g Wasser stehengelassen und danach durch ein Papierfilter filtriert. 5 g Filtrat werden auf dem Wasserbad zur Trockne eingedampft. Der im Trockenschrank bei 100–105° getrocknete Rückstand muß mindestens 0,15 g betragen.

Sulfatasche: Höchstens 13,0%, bestimmt mit 1,00 g gepulverter Droge (250).

Gehaltsbestimmung von Valerianae radix

Bestimmung des Valtrat/Isovaltrat-Gehalts

A. *Prinzip:* Indirekte spektralphotometrische Bestimmung von Valtrat/Isovaltrat nach dc Trennung eines Dichlormethan-Extrakts von Valerianae radix. Die Auswertung erfolgt durch Messung der Extinktion bei der Wellenlänge des Absorptionsmaximums von Valtrat/Isovaltrat $\lambda = 256$ nm. Zur Berechnung ist ein entsprechender Faktor gegeben.

B. *Durchführung*

Chemikalien	Geräte
Valerianae radix, pulv. (250), 3,000 g	1 Erlenmeyerkolben, 50 cm^3
Dichlormethan, 250 cm^3	1 Spitzkolben, NS 14,5, 50 cm^3
Essigsäureethylester, 10 cm^3	1 Soxhlet-Extraktionsaufsatz, 30 cm^3
Seesand, 5 g	1 Rundkolben, NS 29, 250 cm^3
Kieselgelschicht zur DC, F_{254}, 20 × 20 cm	1 Mikrofilternutsche, 2 cm^3, Porosität 40
Aceton, 2 cm^3	1 Meßkolben, 5 cm^3
	Vollpipetten, 0,5 cm^3 (1), 5 cm^3 (1)

Allgemeine Geräte

Wasserbad	Rotationsverdampfer
4 Quarzküvetten, Schichtdicke 1,0 cm	DC-Grundausrüstung
	Zentrifuge mit Gläsern

Vorschrift Ph. Eur. (Entwurf 2. Ausgabe):

1. *Extrakt:* 3,000 g Valerianae radix, genau gewogen, werden in einem Soxhlet-Extraktionsaufsatz 3 h mit 150 cm^3 Dichlormethan in einem 250 cm^3-Rundkolben extrahiert. Der Extrakt wird in einem Spitzkölbchen am Rotationsverdampfer bei niedriger Wasserbadtemperatur (40°) bis zu einem Volumen von ca. 1 cm^3 eingeengt. Dieser eingeengte Extrakt wird zur Entfernung feinster Drogenpartikel über eine Mikrofilternutsche (2 cm^3) mit einer wasserfreien Natriumsulfatauflage von ca. 0,5 cm Höhe mit Druckluft in einen 5 cm^3-Meßkolben überführt. Das Spitzkölbchen wird portionsweise mit je 1 cm^3 Essigsäureethylester gespült und die Spülflüssigkeiten über die Mikrofilternutsche durch Druckluft in den 5 cm^3-Meßkolben überführt und mit Essigsäureethylester auf 5,0 cm^3 aufgefüllt. Diese Lösung (c = 3,000 g Droge/5000 mm^3) dient als Untersuchungslösung.

2. *Dünnschicht-Chromatographie*

   I. Standardmethode: Ja; Abweichung: Zweifachentwicklung.
   II. Schicht: Kieselgel F_{254}.
   III. Fließmittel: n-Hexan-Äthylmethylketon (80 + 20), KS, 2 × 10 cm.
   IV. Nachweis: Nach Abdampfen des Fließmittels: UV_{254}: Fluoreszenzminderung.
   V. Untersuchungslösung: Bandförmige Auftragung: 10 mm^3 des Extrakts (20 × 3 mm).
   VI. Vergleichslösung: 5 mm^3 Anisaldehyd werden in 10 cm^3 Essigsäureethylester gelöst, davon trägt man 10 mm^3 (20 × 3 mm) bandförmig auf.

   Auftrageschema:

———	———	———
10 mm^3	10 mm^3	10 mm^3
Untersuchungslösung		Vergleichslösung

3. *Transfer und Elution*
   Im kurzwelligen UV-Licht wird die fluoreszenzmindernde Zone des Valtrats/Isovaltrats auf dem Chromatogramm der Untersuchungslösung markiert, indem man im Abstand von ca. 3 mm von der Zonenumrandung ein Rechteck markiert. Die Valtrat/Isovaltrat-Zone liegt im gleichen Rf-Bereich wie die ebenfalls fluoreszenzmindernde Zone der Vergleichssubstanz Anisaldehyd. Die markierten Valtrat/Isovaltrat-Zonen werden mit dem Mikrospatel losgeschabt (bei «Fertig-Schichten»: Durch rotierende Bewegungen mit dem Mikrospatel auf der Zone kann ein «Abspritzen» von Zonenteilchen vermieden werden) und auf einer Aluminiumfolie (5 × 5 cm) gesammelt. Die Kieselgelzonen werden je in ein 10 cm^3-Zentrifugenglas überführt und mit je 5 cm^3 Dichlormethan unter gleichzeitiger Abspülung der auf der Folie haftenden Kieselgel-Partikel aufgefüllt.
   In der gleichen Weise wird eine unbeladene etwa gleich große Kieselgel-Zone auf der Chromatographiebahn der Vergleichslösung losgeschabt, in ein 10 cm^3-Zentrifugenglas überführt und mit 5 cm^3 Dichlormethan aufgefüllt (Bezugslösung E_0).
   Mit je einem Glasstab werden die einzelnen Suspensionen aufgewirbelt und schließlich zentrifugiert. Die überstehenden klaren Eluate werden in Quarzküvetten von 1 cm Schichtdicke überführt, und die Extinktionen E_1 und E_2 der Eluate der Valtratzonen aus den Chromatogrammen der Untersuchungslösungen 1 und 2 gegen das Eluat der unbeladenen Kieselgel-Zone bei 256 nm bestimmt.

C. Berechnung

Die spezifische Extinktion $E^{1\%}_{1\,cm}$ des auf diese Weise indirekt bestimmten Valtrats/Isovaltrats beträgt nach Mehrfachbestimmungen 263 ± 2 gegenüber 380,3 bei der direkten Bestimmung. Durch die DC werden auf Kieselgel ca. 30% Valtrat irreversibel festgehalten, bzw. teilweise zersetzt.
Unter Zugrundelegung der experimentell ermittelten durchschnittlichen spezifischen Extinktion von $E^{1\%}_{1\,cm} = 263$ ergibt sich folgende Berechnung:
b: Drogeneinwaage in Gramm.
x: Auftragevolumen der Untersuchungslösung pro Startband in mm^3.

In $b \cdot \frac{x}{5000}$ g Droge sind $\frac{5}{100} \cdot \frac{E}{E^{1\%}_{1\,cm}}$ g Valtrat enthalten.

$$\text{Valtrat } \% = \frac{100 \cdot 5 \cdot E \cdot 5000}{100 \cdot E^{1\%}_{1\,cm} \cdot b \cdot x} = \frac{25000 \cdot E}{E^{1\%}_{1\,cm} \cdot b \cdot x}.$$

Für $E^{1\%}_{1\,cm} = 263$, $x = 10\ mm^3$ und $b = 3{,}000$ g ergibt sich:

$$\text{Valtrat } \% = \frac{25000 \cdot E}{263 \cdot 10 \cdot 3} = 3{,}17 \cdot E.$$

VII. Drogen mit vermifugen oder insektiziden Inhaltsstoffen

1. Cinae flos

Zitwerblüten, Worm Seed, Semen-contra (franz.)

Stammpflanze und Familie: Vor dem Aufblühen geerntete Blüten von *Artemisia cina* (BERG) WILLKOMM. *(Asteraceae)*.

Offizinell: Im ÖAB 9, es wird ein Gehalt von mindestens 2,5% Santonin gefordert.

Inhaltsstoffe: Bis 6,5% l-α-Santonin, ein kristallines, sublimierbares Sesquiterpenlacton, 2,3% ätherisches Öl, darin etwa 80% 1,8-Cineol, neben α-Terpineol, Terpinenol, Carvacrol, Sesquiartemisol, Terpen- und Sesquiterpenkohlenwasserstoffe.
Das Vorkommen «Chemischer Rassen» ist wahrscheinlich. Santonin kommt auch in bestimmten anderen *Artemisia*-Arten vor; von Bedeutung sind außerdem *A. maritima* (Ph. Gall. VIII) und Unterarten sowie Varietäten.

Wirkung und Verwendung: Gutes Mittel gegen Ascariden (vermifuge Wirkung), wenn ausreichende Gallensekretion vorhanden ist. Zum Entfernen der Würmer sind salinische Abführmittel zu geben. Bei Überdosierungen ruft Santonin Farbsehen, zunächst violett, dann gelb, hervor.

Formeln

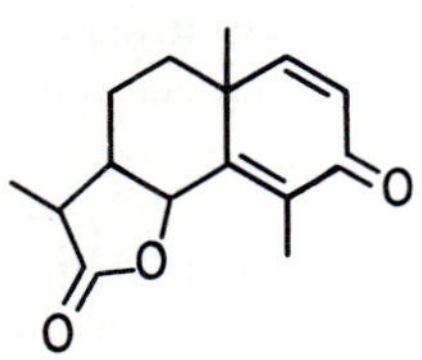

l-α-Santonin

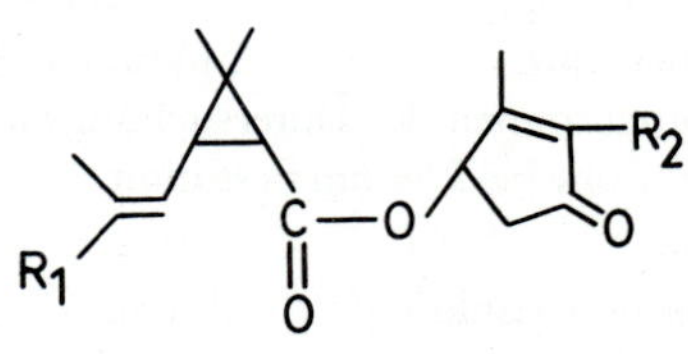

	R_1	R_2
Pyrethrin I	$-CH_3$	$-CH_2-CH{=}CH-CH{=}CH_2$
Pyrethrin II	$-OOC-CH_3$	$-CH_2-CH{=}CH-CH{=}CH_2$
Cinerin I	$-CH_3$	$-CH_2-CH{=}CH-CH_3$
Cinerin II	$-OOC-CH_3$	$-CH_2-CH{=}CH-CH_3$
Jasmolin I	$-CH_3$	$-CH_2-CH{=}CH-CH_2-CH_3$
Jasmolin II	$-OOC-CH_3$	$-CH_2-CH{=}CH-CH_2-CH_3$

2. Pyrethri flos

Insektenblüten, Pyrethrum Flowers, Chrysantheme insecticide

Stammpflanze und Familie: Die im Stadium des Aufblühens gesammelten Blütenstände bestimmter Rassen von *Chrysanthemum cinerariifolium* (TREV.) VISIANI (syn. *Pyrethrum cinerariaefolium* TREV.) liefern die Droge; *(Asteraceae)*.

Offizinell: Im ÖAB 8 und der Ph. Gall. VIII.
Es wird ein Gehalt von mind. 1,0% Pyrethrinen gefordert und die Hälfte dieses Gemisches soll Pyrethrin I sein (ÖAB 9). Die Asche darf nicht mehr als 8,0% und der Etherextrakt der Droge muß mind. 5% betragen.

Inhaltsstoffe: 0,5–1,5% hochwirksame Kontaktinsektizide: Pyrethrin I und II, Cinerin I und II und Jasmolin I und II. Die «I» Verbindungen sind wirksamer als die «II»-Verbindungen, das Pyrethrin I ist am wirksamsten (Formeln s. S. 198). In der Droge sind ferner etwa 0,3% ätherisches Öl, Harze, Wachse und Fette enthalten.

Wirkung und Verwendung: Zur Bekämpfung von Insekten sowie von Haut- und Darmparasiten. Zumeist werden aus der Droge gereinigte Petroletherauszüge mit einem Pyrethringehalt zwischen 20–60% hergestellt und diese dann zur Anwendung stark verdünnt. Sogenannte «Synergisten» wie z. B. Sesamin, Piperonylbutoxid u. a. verstärken die Wirkung.

Dünnschicht-Chromatographie von Cinae- und Pyrethri flos

Arbeitsbedingungen

I. *Standardmethode:* Ja; Abweichungen: s. III/2, Laufstrecke nur 7 cm und NS (!).
II. *Schicht:* Kieselgel GF_{254}.
III. *Fließmittel:* 1. KS: Chloroform-Aceton (95 + 5) 1 × 10 cm (für Cinae flos). 2. NS: Hexan-Essigsäureethylester (90 + 10), 1 × 7 cm (für Pyrethri flos).
IV. *Nachweis:* 1. UV_{254}, Fluoreszenzminderung markieren. 2. Phosphormolybdänsäure (Reag. Nr. 55), 10 min 105 °C. 3. 2,4-Dinitrophenylhydrazin (Reag. Nr. 19), 5 min, 100° (Pyrethrine: orange-gelb).
V. *Untersuchungslösung*
Extrakt: 0,1 g grob zerstoßene Cinae flos werden mit 1 cm^3 Chloroform 10 min unter Schütteln extrahiert, dann durch Watte filtriert. Auftragemenge 5 mm^3 punkt- oder 10 mm^3 bandförmig.
TAS: 3–5 Cinae-Blütenstände (2–3 mg); 2 Kügelchen Molekularsieb 4 Å (= 0,4 nm) wasserdampfgesättigt 220°, 90 s.
TAS: 10 Pyrethrum-Röhrenblüten (4–5 mg); 3–4 Kügelchen Molekularsieb 4 Å (= 0,4 nm) wasserdampfgesättigt, 220°, 90 s.
VI. *Vergleichslösung*
a) Für Cinae flos: Je 10 mg Santonin und 10 mm^3 1,8-Cineol (Eucalyptol) werden in 1,0 cm^3 Toluol gelöst; Auftragemenge 1 mm^3.
b) Für Pyrethri flos: 10 mg Thymol werden in 1,0 cm^3 Toluol gelöst; Auftragemenge 1 mm^3

Auswertung (Abb. 72)

Substanzen	hRf-Werte in II III/1	III/2	Farbe mit IV/1	IV/2
1. Santonin	45–55	–	dunkel	blau
2. 1,8-Cineol	70–75	–	–	rötlich-blau
3. Pyrethrin I	–	65–75	dunkel	blau
4. Cinerin I	–	75–80	dunkel	blau
5. Jasmolin I	–	80–85	dunkel	blau
6. Thymol	–	80–85	dunkel	blau, rötlicher Hof

Chromatogramm (Nachweis IV/2)

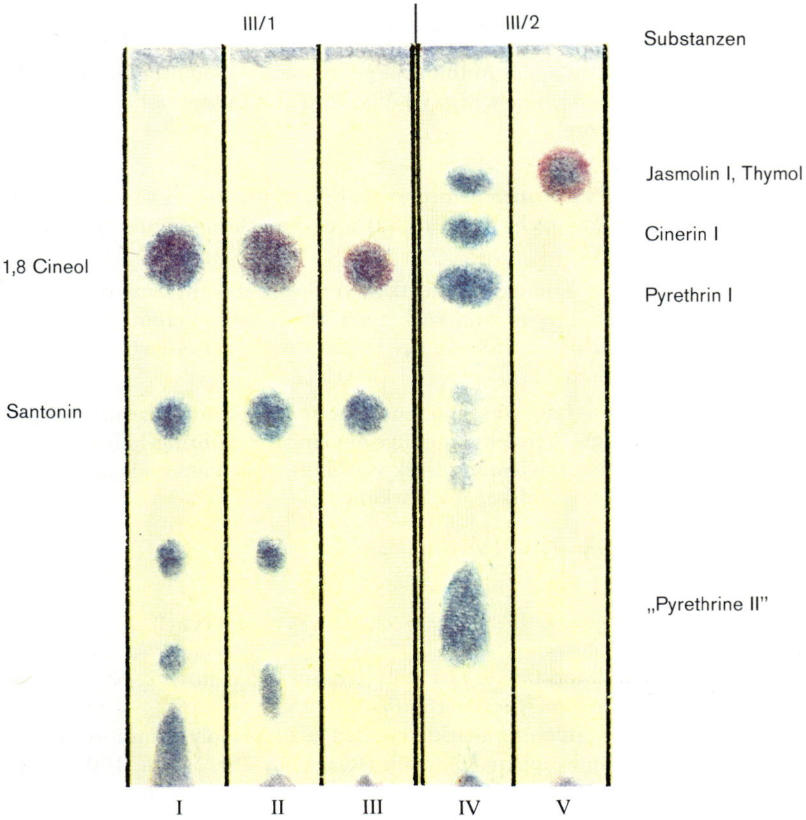

Abb. 72: I: Untersuchungslösung von Cinae flos; II: Cinae flos, TAS; III: Cineol-Santonin-Lösung (a); IV: Pyrethri flos, TAS; V: Thymol-Lösung (b).

3. Filicis rhizoma

Wurmfarnrhizom, Male Fern, Fougère mâle

Stammpflanze und Familie: *Dryopteris filix-mas* (L.) SCHOTT (Versch. Unterarten, evtl. chemische Rassen); *(Polypodiaceae)*.

Offizinell: Ph. Int. II, ÖAB 9, Ph. Helv. VI, Ph. Gall. VIII und B.P. 1968. Zur Wertbestimmung wird ein Etherextrakt hergestellt, die Ausbeute muß mind. 8,0% betragen. Der Extrakt soll mindestens 25,0% Rohfilicin (nach der Baryt-Methode) enthalten.

Inhaltsstoffe: Ein Gemisch aus Phloroglucinbutanonen (Rohfilicin genannt), darin 50–60% Flavaspidsäure (II), ca. 20% Filixsäure (III), ca. 5% Aspidinol (I) u.a. Die Droge enthält ferner fettes Öl, wenig ätherisches Öl (0,04%) und Gerbstoffe.

Wirkung und Verwendung: Phloroglucinbutanone lähmen Bandwürmer (z.B. Taenia-Arten) und töten sie z.T.; sie müssen dann mit Abführmitteln aus dem Darm entfernt werden. Als Anthel-

Formeln

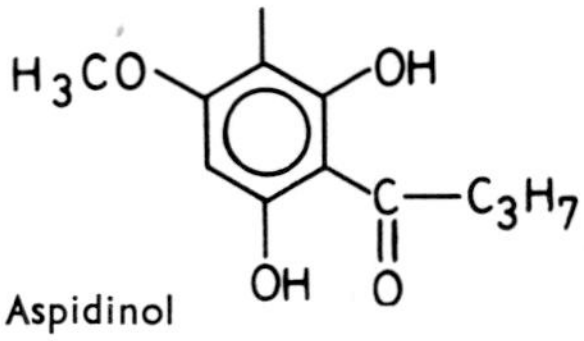

I Aspidinol

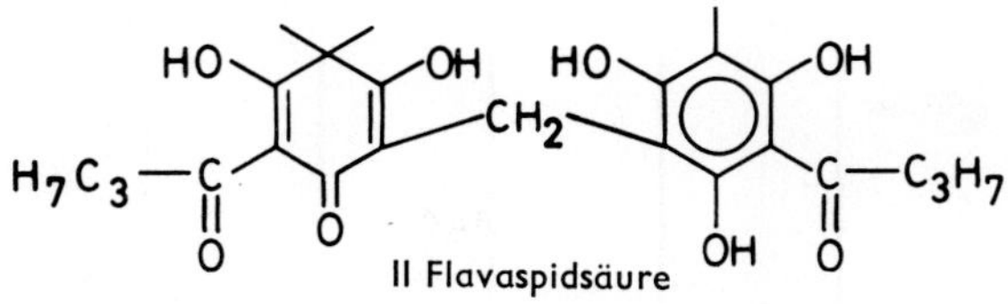

II Flavaspidsäure

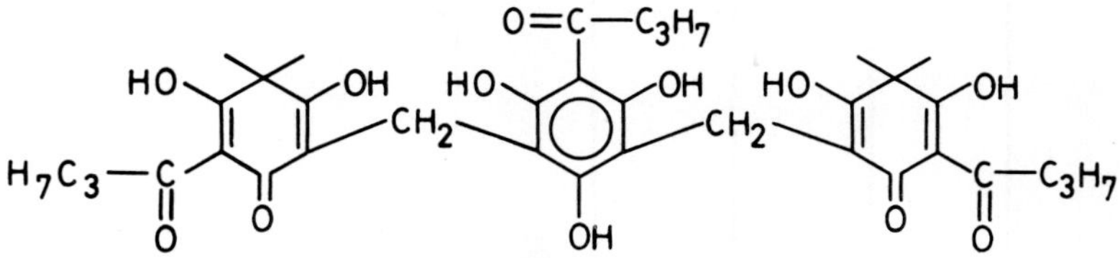

III Filixsäure

minticum werden Ether-Extrakte oder ölige Rohfilicinlösungen («Filmaron») (max. Dos. 10,0 g) verwendet. Bei Überdosierung: Erbrechen, Bewußtlosigkeit, Herzstörungen, Sehschwäche und Blindheit.

Dünnschicht-Chromatographie von Filicis rhizoma und Zubereitungen.

Arbeitsbedingungen

I. Standardmethode: Ja; Abweichungen: alkalische Schicht und Zweifachentwicklung.

II. Schicht: Kieselgel GF_{254} alkalisch. Anstelle von Wasser wird eine 0,3 N-Natriumacetatlösung zur Herstellung der Streichmasse verwendet.

III. Fließmittel: Chloroform-Methanol (85 + 15), 2 × 10 cm mit 5 min Zwischentrocknung an der Luft, KS.

IV. Nachweis: Echtblausalz-B-Lösung (Reag. Nr. 26) und mit 0,1 N Lauge nachsprühen. Im Tageslicht und im UV_{365}-Licht betrachten.

V. Untersuchungslösung

a) *Extrakt aus Droge:* 1,0 g frisch gepulverte Droge 30 min mit 15 cm^3 gesättigter Bariumhydroxid-Lösung schütteln. Filtrat mit verdünnter Salzsäure (12,5%) schwach ansäuern (pH 3–5) und 3mal mit je 5 cm^3 Ether ausschütteln. Etherphase mit etwas Natriumsulfat trocknen, filtrieren und vorsichtig zur Trockne einengen. Rückstand mit 2,0 cm^3 Chloroform aufnehmen und hiervon 5 mm^3 punkt- oder 10 mm^3 bandförmig auftragen.

b) *Extractum Filicis* DAB 6 und ölige Rohfilicinlösung: Zunächst über Baryt-Methode von fettem Öl befreien. Das Rohfilicin 1proz. in Chloroform lösen und 2 mm^3 punkt- oder 5 mm^3 bandförmig auf 1,5 cm auftragen.

VI. Vergleichslösung

Je 10,0 mg Resorcin und Phloroglucin in 10,0 cm^3 Methanol lösen und hiervon 1 mm^3 punktförmig auftragen.

Auswertung (Abb. 73)

Substanzen	hRf-Werte II; III	Farbe mit IV im Tageslicht	im UV_{365}
1. Phloroglucin	25–30	blau-violett	–
2. Resorcin	50–55	rot-violett	–
3. Flavaspidsäure	20–30	orange	orange
4. Filixsäure	50–60	orange	schwarz-orange
5. Aspidinol	80–85	weinrot	–

Chromatogramm (Nachweis IV/Tageslicht)

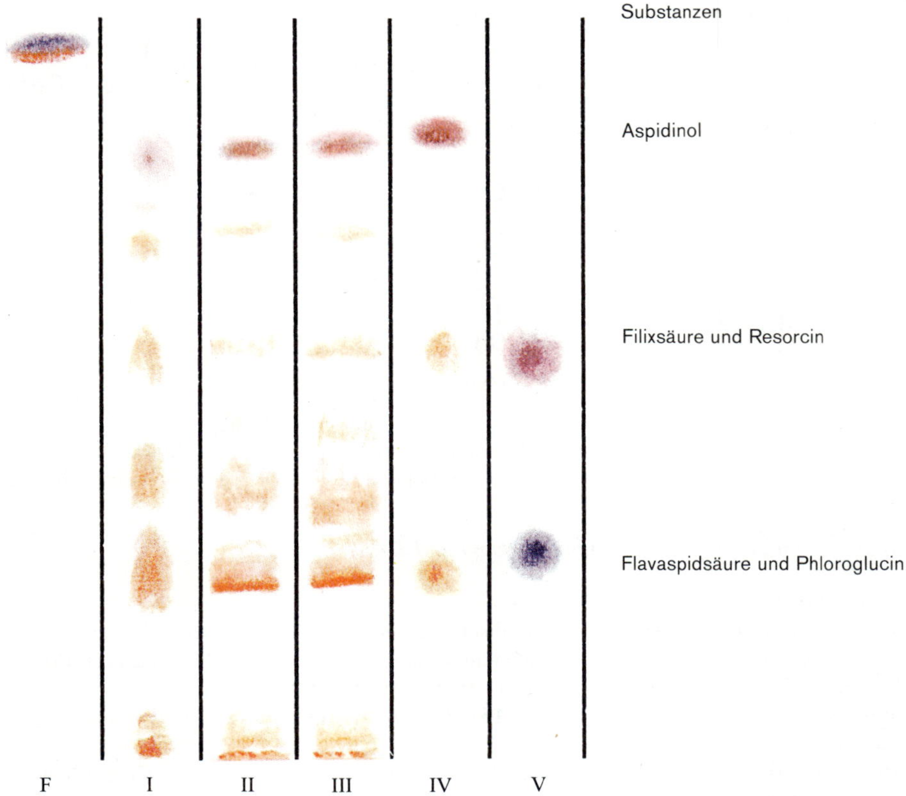

Abb. 73: F: Farbtestlösung: I: Untersuchungslösung von Filicis rhizoma (punktförmig); II: Untersuchungslösung von Filicis rhizoma (bandförmig); III: Rohfilicin (b), strichförmig; IV: Flavaspidsäure, Filixsäure, Aspidinol; V: Resorcin-Phloroglucin-Vergleichslösung

VIII. Drogen mit Pflanzenfarbstoffen und/oder -säuren

1. Croci stigma

Safran, Saffron, Safron

Stammpflanze und Familie: *Crocus sativus* L. *(Iridaceae)*.

Offizinell: Ph. Eur. III.

Inhaltsstoffe: Farbstoffe: Crocin der Digentiobioseester des Crocetins; Geruchs- und Aromastoffe: Picrocrocin, das beim Lagern zunächst zum 4-Hydroxycyclocitral und schließlich zum Safranal abgebaut wird. Ferner 0,5–1,5% ätherisches Öl mit Pinen, Safranal und 1.8-Cineol, ca. 10% fettes Öl, Vitamin B_1 und B_2, 15% Stärke.

Formeln

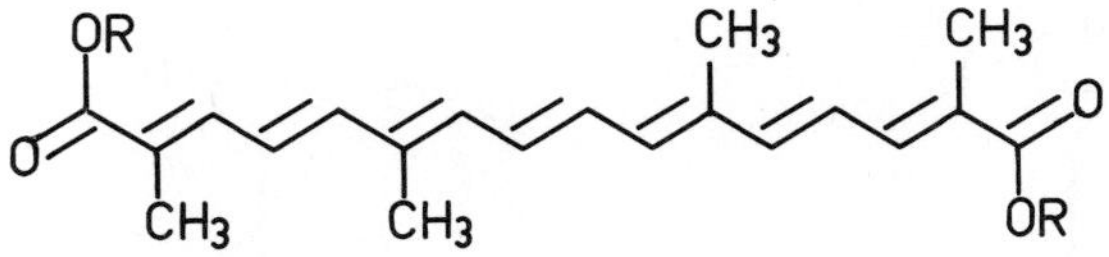

R = H : Crocetin
R = Gentiobiose : Crocin

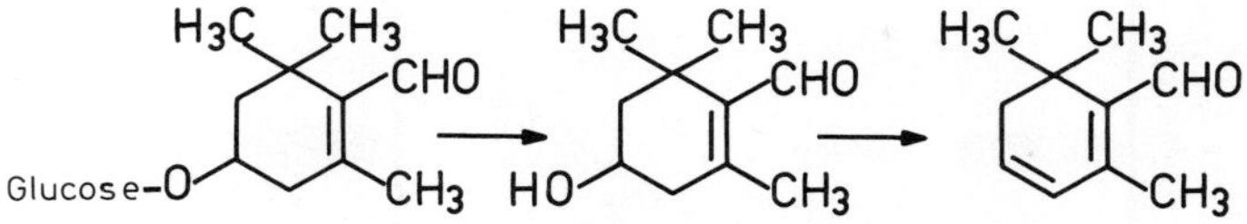

Picrocrocin → 4-Hydroxycyclocitral → Safranal

Wirkung und Verwendung: Als Geschmacks- und Geruchskorrigens sowie Färbemittel für galenische Präparate; früher verwendet als Stimulans, Spasmolyticum, Sedativum. Verwendung als Gewürz und Färbemittel.

Prüfung der Droge
Die dunkelrote Pulverdroge hat einen aromatischen, charakteristischen Geruch und einen würzigen, leicht bitteren, jedoch nicht süßen Geschmack.

Prüfung auf Reinheit

Dünnschicht-Chromatographie
Prinzip: Nachweis von Crocin und Picrocrocin im wäßrig- methanolischen Drogenextrakt. Als Vergleichssubstanzen werden die synthetischen Farbstoffe Naphtholgelb (= Martiusgelb) und Sudanrot G verwendet.

I. *Standardmethode:* Ja.
II. *Schicht:* Kieselgel F_{254}.
III. *Fließmittel:* Essigsäureethylester-Isopropanol-Wasser (65 + 25 + 10), KS, 10 cm.
IV. *Nachweis:* Nach Abdampfen des Fließmittels im Tageslicht betrachten, dann:
  1. UV_{254}: Fluoreszenzmindernde Zonen markieren.
  2. Besprühen mit Anisaldehyd-Schwefelsäure (Reag. Nr. 4) und Erhitzen.
V. *Untersuchungslösung:* 10 mg Droge werden in einem kleinen Reagenzglas mit Hilfe eines Glasstabes sorgfältig zerstoßen und mit einem Tropfen Wasser benetzt. Nach zwei bis drei min wird 1 cm^3 Methanol hinzugefügt, 20 min unter Lichtausschluß stehengelassen und durch Glaswatte abfiltriert. Vom Filtrat trägt man 10 mm^3 bandförmig (20 × 3 mm) auf.
VI. *Vergleichslösung:* 5 mg Naphtholgelb (= Martiusgelb) werden in 5 cm^3 Methanol gelöst. Getrennt werden 5 mg Sudanrot G in 5 cm^3 Chloroform gelöst. Die beiden Lösungen werden vereinigt, davon trägt man 5 mm^3 bandförmig (20 × 3 mm) auf.

Auswertung (Abb. 74)
Beim Betrachten im Tageslicht zeigt das Chromatogramm der Untersuchungslösung im unteren Drittel drei gelbe Zonen, wovon die unterste am stärksten ist (Crocin). Diese Zone entspricht in Farbe und Größe der Martiusgelb-Zone im Chromatogramm der Vergleichslösung. Das Chromatogramm der Untersuchungslösung muß beim Auswerten im ultravioletten Licht bei 254 nm etwa auf der gleichen Höhe eine dunkle Zone zeigen (Picrocrocin). Auf der Höhe von Sudanrot G muß das Chromatogramm der Untersuchungslösung eine weitere fluoreszenzmindernde Zone zeigen (4-Hydroxycyclocitral). Nach Besprühen mit Anisaldehyd-Schwefelsäure-Reagenz und anschließendem Erhitzen sind Crocin und Picrocrocin graublau gefärbt.
Das Chromatogramm der Untersuchungslösung darf vor dem Besprühen keine weiteren gefärbten Zonen (insbesondere gelbe, orange oder rote) in Nähe der Startlinie zeigen (Zersetzungsprodukte von Crocin und/oder fremde Farbstoffe).

Chromatogramm:

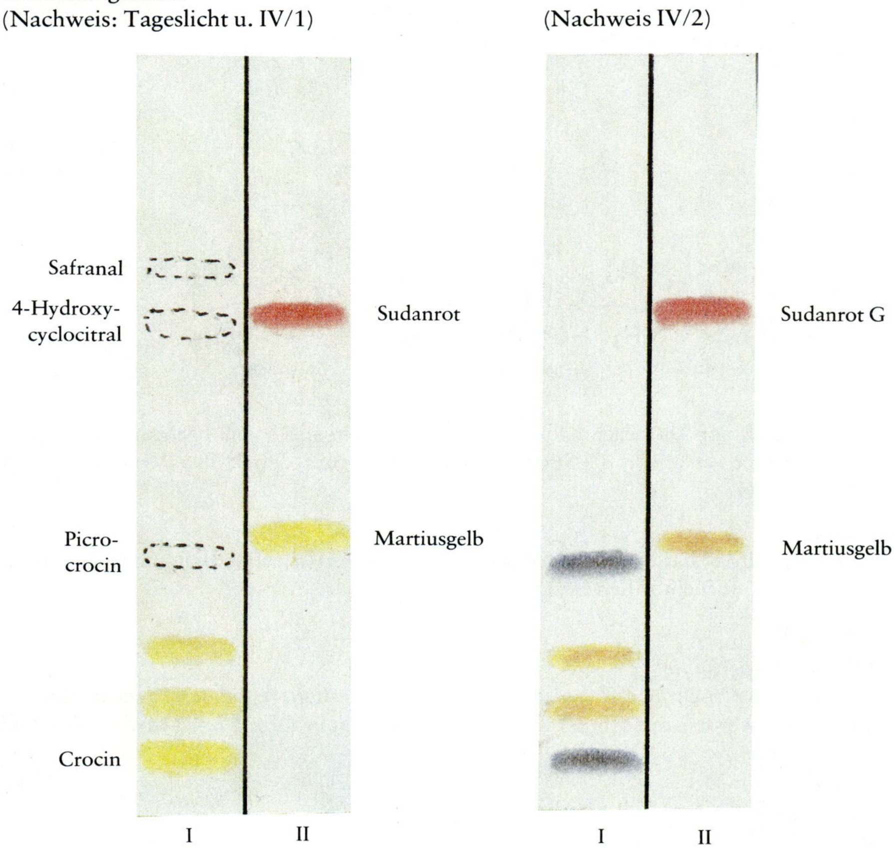

Abb. 74: I: Untersuchungslösung von Croci stigma, 10 mm^3; II: Vergleichslösung, 10 mm^3.

Anmerkung: Die fluoreszenzmindernden Zonen von 4-Hydroxycyclocitral und von Safranal können auch fehlen.

Färbevermögen: 0,10 g gepulverte Droge (355) werden 2 h unter gelegentlichem Schütteln mit 100 cm^3 Wasser extrahiert. Es wird filtriert, 10 cm^3 Filtrat, mit Wasser zu 100 cm^3 verdünnt, dürfen nicht schwächer gefärbt sein als eine 0,05proz. Lösung von Kaliumdichromat.

Trocknungsverlust: Höchstens 10,0%, mit 0,20 g Droge durch Trocknen im Trockenschrank bei 100 bis 105 °C bestimmt.

Sulfatasche: Höchstens 8,0%, mit dem Rückstand der vorhergehenden Prüfung bestimmt.

2. Curcumae xanthorrhizae rhizoma

Javanische Gelbwurz, Temon Lawa, Temoé-lawaq

Stammpflanze und Familie: *Curcuma xanthorrhiza* ROXBURGH (syn. *Curcuma xanthorrhiza* D. DIETRICH); *(Zingiberaceae)*.

Offizinell: DAB 8 (mind. 3.5% *(V/G)* ätherisches Öl und mind. 1,0% Dicinnamoylmethanderivate, berechnet als Curcumin), DAB 7-DDR (6,0–12,0 ml äth. Öl, bezogen auf 100 g Droge und 1,0–1,5% Diferuloylmethanfarbstoffe, berechnet als Curcumin).

Inhaltsstoffe: 5–12% ätherisches Öl mit 85% L-Cycloisoprenmyrcen, 5% Tolylmethylcarbinol, 1–5% Campher und dem Sesquiterpenphenol Xanthorrhizol, ferner Curcumin (Diferuloylmethanfarbstoff) (MG 368,4), und Desmethoxycurcumin (Hydroxycinnamoyl-feruloymethanfarbstoff). Bisdesmethoxycurcumin (Dihydroxy-dicinnamoylmethanfarbstoff) fehlt, ist aber in Curcumae domesticae rhizoma zusätzlich enthalten.

Formeln

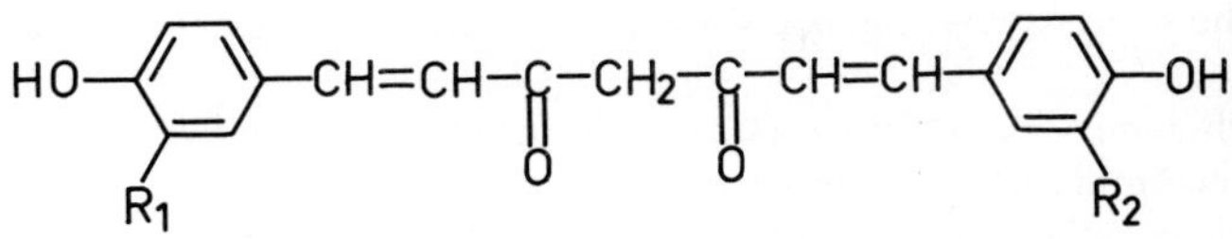

R_1 = OCH_3	R_2 = OCH_3	Curcumin
R_1 = H	R_2 = OCH_3 :	Desmethoxycurcumin
R_1 = H	R_2 = H :	Bisdesmethoxycurcumin

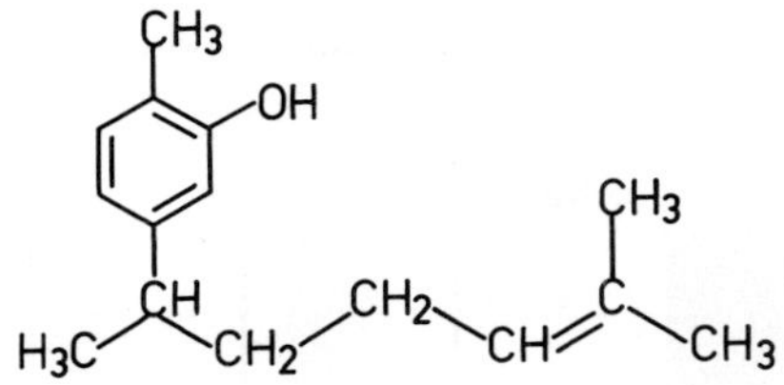

Xanthorrhizol

Wirkung und Verwendung: Curcumin und Desmethoxycurcumin wirken gallensekretionsfördernd, Verwendung bei Leber- und Gallenleiden. Das in der Droge Curcumae domesticae rhizoma zusätzlich enthaltene Bisdesmethoxycurcumin hemmt dagegen den Gallenfluß.

Prüfungen der Droge

Die gelb bis gelbbraune Pulverdroge hat einen aromatischen Geruch und einen leicht bitteren Geschmack. Beim Kauen färbt sich der Speichel gelb.

Prüfung auf Identität

A. *Schnelltest* zur Unterscheidung von Curcumae xanthorrhizae und Curcumae domesticae rhizoma.

Prinzip: Bisdesmethoxycurcumin ergibt mit Acetanhydrid-konz. Schwefelsäure ein rot fluoreszierendes Reaktionsprodukt, wohingegen Curcumin und Desmethoxycurcumin nur schwach grau bis gelblich fluoreszierende Reaktionsprodukte ergeben.

Durchführung: 10 mg gepulverte Droge (500) werden mit 2 cm^3 eines Gemisches aus 9 Volumteilen Acetanhydrid und 1 Volumteil konz. Schwefelsäure (Vorsicht bei der Herstellung) versetzt und geschüttelt. Im langwelligen UV-Licht (365 nm) ist eine schwach graue bis gelbliche Fluoreszenz sichtbar. Eine rote Fluoreszenz weist auf *Curcuma domestica* VALETON (syn. *Curcuma longa* L.) hin.

B. *Dünnschicht-Chromatographie*

Prinzip: Prüfung auf die Farbstoffe Curcumin und Desmethoxycurcumin und auf das Sesquiterpenphenol Xanthorrhizol im methanolischen Drogenextrakt. Als Vergleichssubstanzen für die Farbstoffe dienen die synthetischen Farbstoffe Methylrot und Fluorescein; als Vergleichssubstanz für Xanthorrhizol wird Thymol eingesetzt. Der Nachweis erfolgt zunächst für die Farbstoffe durch Eigenfarbe. Die gelbe Farbe der Diferuloylmethanfarbstoffe, die ebenfalls Phenolderivate sind, wird durch das für kupplungsfähige Phenolderivate spezifische Diazo-

niumsalz-Reagenz (z. B. Echtblausalz B) nach gelbbraun verstärkt. Gleichzeitig färben sich mit diesem Reagenz Xanthorrhizol und Thymol an.
Ein weiteres Chromatogramm wird mit dem Reagenz besprüht, das zum Schnellnachweis (s. oben) beschrieben worden ist.

I. *Standardmethode:* Ja.
II. *Schicht:* Kieselgel F_{254}.
III. *Fließmittel:* Chloroform-Ethanol-Essigsäure 98proz. (94 + 5 + 1), KS, 10 cm.
IV. *Nachweis:* Nach Entfernen des Fließmittels bei 100–105°:
1. Tageslicht: Farbige Zonen markieren.
2. Betrachten im kurzwelligen UV-Licht (254 nm). Fluoreszenzmindernde Zonen markieren.
3. Besprühen mit einer 0,5proz. *(G/V)* wäßrigen Lösung von Echtblausalz B und anschließend mit Ammoniak bedampfen oder
4. Besprühen mit Acetanhydrid-Schwefelsäure-Reagenz (s. Schnelltest, oben). Betrachten im Tageslicht und langwelligen UV-Licht (365 nm).

V. *Untersuchungslösung:* 0,2 g gepulverte Droge (500) werden 30 min mit 1,0 cm^3 Methanol unter Schütteln extrahiert; vom Filtrat trägt man 10 mm^3 bandförmig (20 × 3 mm) auf.
VI. *Vergleichslösung:* 10 mg Fluoreszein, 10 mg Methylrot und 10 mg Thymol werden in 10 cm^3 Methanol gelöst, davon trägt man 10 mm^3 bandförmig (20 × 3 mm) auf.

Chromatogramm

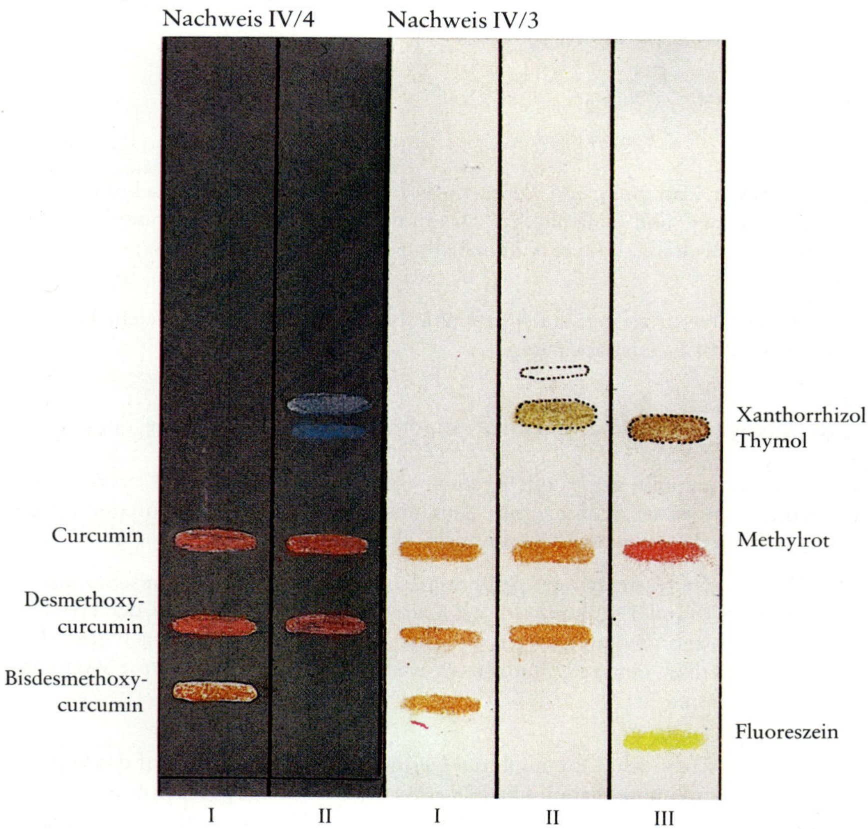

Abb. 75: I: Extrakt von Curcumae domesticae rhizoma, 10 mm^3;
II: Extrakt von Curcumae xanthorrhizae rhizoma, 10 mm^3;
III: Vergleichslösung, 10 mm^3.

Auswertung (Abb. 75)
Beim Betrachten im Tageslicht sind auf dem Chromatogramm der Vergleichslösung (III) zwei Zonen zu erkennen, zwischen diesen liegen im Chromatogramm von C. xanthorrhiza (II) zwei gelbe Farbstoffe und auf dem Chromatogramm von C. domestica noch ein dritter mit tieferem Rf-Wert. Beim Betrachten der unbesprühten Chromatogramme im kurzwelligen UV-Licht ist auf dem Chromatogramm der Vergleichslösung zusätzlich oberhalb der Methylrotzone die fluoreszenzmindernde Zone des Thymols zu sehen. Auf dem Chromatogramm von C. xanth. (II) liegt etwas höher eine ebenfalls fluoreszenzmindernde Zone, die dem Xanthorrhizol zuzuordnen ist. Nach dem Besprühen mit Echtblausalz B-Lösung und anschließendem Bedampfen mit Ammoniak verfärben sich die Zonen der Curcumine nach braungelb. Sowohl die Zone des Thymols der Vergleichslösung als auch die Zone des Xanthorrhizols im Chromatogramm von C. xanth. (II) färben sich braun an.
Beim Besprühen der Chromatogramme einer weiteren Auftragung der Extraktlösungen von C. xanth. und domestica mit dem Acetanhydrid-Schwefelsäure-Reagenz (s. Schnelltest) färben sich die Zonen von Curcumin und Desmethoxycurcumin, die in beiden Chromatogrammen (I) und (II) auftreten grauviolett. Im Chromatogramm von C. domestica (I) färbt sich die tiefer liegende Zone von Bidesmethoxycurcumin, die im Chromatogramm von C. xanth. nicht auftreten darf, tief rotviolett an und zeigt im langwelligen UV-Licht (365 nm) auch eine entsprechende Fluoreszenz.

Anmerkung: Die vorstehende DC-Vorschrift und Auswertung ist gegenüber dem DAB 8 durch Einbeziehen des Nachweises von Xanthorrhizol verbessert. Sie macht praktisch die nachstehende DC des ätherischen Öles überflüssig.

C. *Dünnschicht-Chromatographie des ätherischen Öles*
Prinzip: Prüfung auf Xanthorrhizol im ätherischen Öl, das bei der Gehaltsbestimmung gewonnen wurde. Als Vergleichssubstanz dient das *nicht* in der Droge (bzw. ätherischem Öl) enthaltene Phenolderivat Thymol. Als Nachweis-Reagenz wird ein phenolgruppenspezifisches Diazoniumsalz, z. B. Echtblausalz B, eingesetzt (Bildung eines Azofarbstoffs).

I. *Standardmethode:* Ja.
II. *Schicht:* Kieselgel F_{254}.
III. *Fließmittel:* Chloroform, KS, 10 cm.
IV. *Nachweis:* Nach Abdampfen des Fließmittels:
   1. UV_{254}: Fluoreszenzmindernde Zonen markieren.
   2. Besprühen mit einer 0,5proz. wäßrigen Lösung von Echtblausalz B (Reag. Nr. 26). Nach dem Trocknen wird die Schicht vorsichtig mit Ammoniak bedampft bis zur Braunfärbung, anschließend wird mit einer Mischung aus gleichen Volumteilen Methanol und konz. Salzsäure bis zum Verschwinden der Braunfärbung besprüht.
V. *Untersuchungslösung:* Die bei der Gehaltsbestimmung erhaltene Lösung des ätherischen Öles wird wasserfrei abgelassen; 0,5 cm^3 dieser Lösung werden mit 5 cm^3 Toluol versetzt, davon trägt man 10 mm^3 bandförmig (20 × 3 mm) auf.
VI. *Vergleichslösung:* 10 mg Thymol werden in 10,0 cm^3 Toluol gelöst, davon trägt man 10 mm^3 bandförmig auf (20 × 3 mm).

Auswertung (Abb. 76)
Im kurzwelligen UV-Licht bei 254 nm ist auf dem unbesprühten Chromatogramm der Vergleichslösung die schwach fluoreszenzmindernde Zone des Thymols sichtbar. Im Chromatogramm der Untersuchungslösung sind etwas oberhalb der Zone des Thymols im Chromatogramm der Vergleichslösung eine ebenfalls schwach fluoreszenzmindernde Zone (Xanthorrhizol), 2 weitere im mittleren hRf-Bereich (ca. 50) und eine im oberen hRf-Bereich (ca. 70) zu erkennen. Nach dem Besprühen mit Echtblausalz B-Lösung färbt sich die Zone im Vergleichschromatogramm rotbraun, ebenso die etwas oberhalb dieser Zone liegende Zone (Xanthorrhizol) im Chromatogramm der Untersuchungslösung. Zwei weitere, schwächer gefärbte Zonen treten im Bereich direkt darüber und etwa auf der Höhe der oberen fluoreszenzmindernden Zone

auf; diese Farben verstärken sich beim Behandeln mit Ammoniakdämpfen. Beim Nachsprühen mit der Mischung aus Salzsäure und Methanol färbt sich die Zone des Thymols blauviolett, ebenso die etwas oberhalb des Thymols liegende Zone im Chromatogramm der Untersuchungslösung (Xanthorrhizol). Die etwas darüberliegende Zone zeigt ebenfalls einen Farbumschlag nach braunviolett, während die weiter oben liegende Zone ihre Farbe beibehält. Im unteren hRf-Bereich können ein bis zwei schwach rötlichbraune Zonen sichtbar werden.

Chromatogramm (Nachweis IV/2)

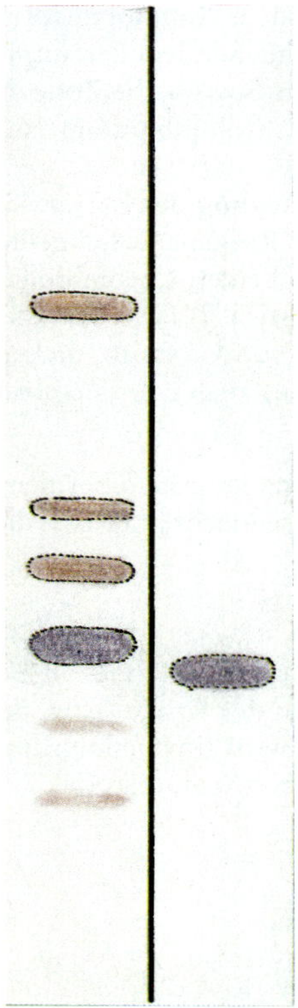

Abb. 76:
I: Untersuchungslösung des ätherischen Öles von Curcumae xanthorrhizae rhizoma, 10 mm^3; II: Vergleichslösung, 10 mm^3.

Gehaltsbestimmung von Curcumae xanthorrhizae rhizoma

A. *Bestimmung der Dicinnamoylmethan-Derivate*

Prinzip: Photometrische Bestimmung der Dicinnamoyl-Derivate durch Auswertung der Farbreaktion mit Bor- und Oxalsäure in essigsaurer Lösung zu Rubrocurcumin, dessen spezifische Extinktion zur Berechnung als Curcumin gegeben ist.

Die Droge wird zunächst mit Essigsäure extrahiert, danach direkt mit Borsäure und Oxalsäure versetzt. Nach dem Erwärmen wird die Extinktion der Lösung bestimmt.

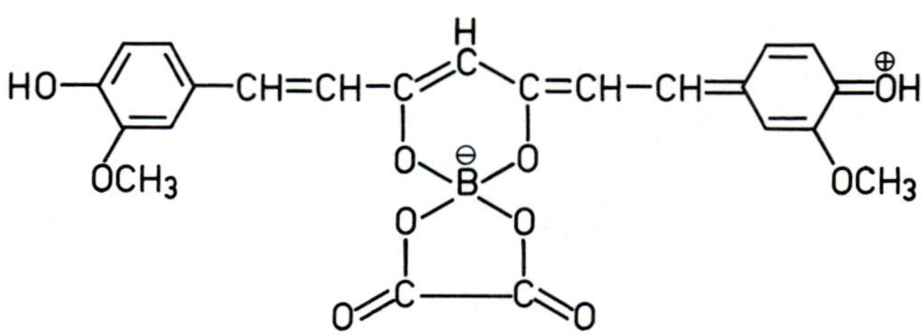

Rubrocurcumin

Durchführung

Chemikalien	Geräte
Curcumae xanthorrhizae rhizoma, pulv. (180), 0,100 g	1 Meßkolben, 100 cm^3
Essigsäure, 98proz. *(G/V)*, 150 cm^3	1 Meßkolben, 50 cm^3
Borsäure, 2,0 g	1 Vollpipette, 5 cm^3
Oxalsäure, 2,0 g	

Allgemeine Geräte
Wasserbad — 2 Glasküvetten, Schichtdicke 1 cm

Vorschrift DAB 8: Etwa 0,100 g gepulverte Droge (180), genau gewogen, werden mit 60 cm^3 Essigsäure, 98proz. *(G/V)* versetzt und 1 h im Wasserbad bei 90° erwärmt. Nach Zusatz von 2,0 g Borsäure und 2,0 g Oxalsäure wird weitere 10 min im Wasserbad von 90° erwärmt. Nach dem Abkühlen auf Raumtemperatur wird mit Essigsäure, 98proz. *(G/V)* zu 100,0 cm^3 verdünnt und gut gemischt. 5,0 cm^3 der überstehenden Lösung werden mit Essigsäure 98proz. *(G/V)* zu 50,0 cm^3 verdünnt. Die Extinktion E dieser Lösung wird bei 530 nm in einer Schichtdicke von 1 cm gegen Essigsäure 98proz. *(G/V)* gemessen.

Berechnung
Der Berechnung des Gehaltes an Dicinnamoylmethan-Derivaten, berechnet als Curcumin, wird eine spezifische Extinktion von $E_{1\,cm}^{1\%} = 2350$ zugrunde gelegt.
E: Extinktion der Untersuchungslösung.
b: Drogeneinwaage in Gramm.

In 50 cm^3 Untersuchungslösung sind $\frac{50}{100} \cdot \frac{E}{E_{1\,cm}^{1\%}}$ g Dicinnamoylmethan-Derivate enthalten, die in einer Drogenmenge von $\frac{5}{100} \cdot b$ g enthalten sind. Daraus folgt:

$$\text{Dicinnamoylmethanderivate } \% = \frac{100 \cdot 50 \cdot E}{E_{1\,cm}^{1\%} \cdot 5 \cdot b \cdot 100} = \frac{1000 \cdot E}{E_{1\,cm}^{1\%} \cdot b}.$$

Für $E_{1\,cm}^{1\%} = 2350$ folgt:

$$\text{Dicinnamoylmethanderivate } \% = 0{,}426\,\frac{E}{b}.$$

B. Bestimmung des Gehaltes an ätherischem Öl
Die Bestimmung wird mit 10,0 g gepulverter Droge (500) und mit 200 cm^3 Wasser als Destillationsflüssigkeit in einem 1000 cm^3-Rundkolben durchgeführt. Die Destillationsdauer beträgt 3 h bei einer Destillationsgeschwindigkeit von 3 bis 4 cm^3 in der Minute, als Vorlage dient 1,00 cm^3 Xylol.

Anmerkung: Bei Verwendung der neuen Apparatur (s. S. 18) mit dem 1,00 cm^3 Meßrohr werden folgende Bedingungen vorgeschlagen:
Einwaage: 5,0 g, Wassermenge: 100 cm^3, Kolbengröße: 250 cm^3.
Xylolvorlage: 0,50 cm^3, Destillationsdauer und -geschwindigkeit bleiben.

Sulfatasche: Höchstens 10,0%, bestimmt an 1,00 g gepulverter Droge.

3. Hibisci flos

Hibiscusblüten, Sudanese Tea, Karkadé

Stammpflanze und Familie: *Hibiscus sabdariffa* L. *(Malvaceae)*.

Offizinell: DAB 8 (mind. 13,5% Säuren, berechnet als Citronensäure).

Inhaltsstoffe: 12–17% Citronensäure (MG 192, 1), ferner Äpfelsäure, Ascorbinsäure, Weinsäure u.a. Pflanzensäuren, 23% Hibiscussäure ((+)-Allo-oxy-citronensäurelacton); Anthocyanglykoside: z.B. Hibiscin (= Delphinidin-3-xylosylglucosid); Flavonderivate: Gossypetin (3,3′,4′,5,7,8-Hexahydroxyflavon), Hibiscetin (3,3′,4′,5,5′,7,8-Heptahydroxyflavon), Hibiscitrin (= Hibiscetin-3-glucosid).

Formeln

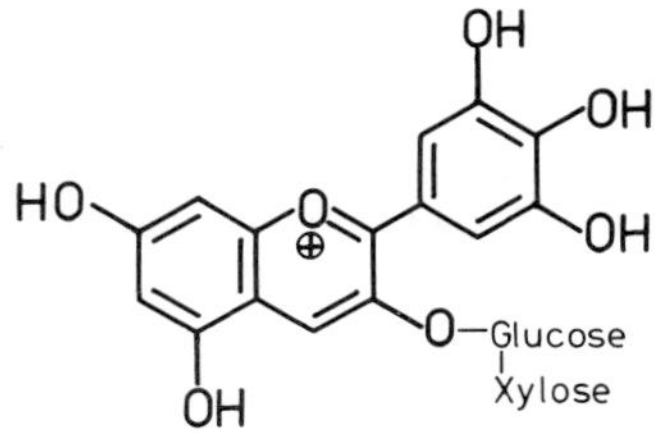

Hibiscin

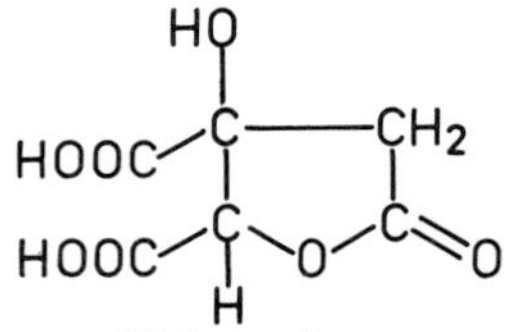

Hibiscussäure

Wirkung und Verwendung: Antispasmodisch auf Eingeweide und Uterus, leicht blutdrucksenkend, therapeutisch kaum verwendet, hauptsächlich als Aromaticum in Teegemischen und in Erfrischungsgetränken.

Prüfungen der Droge
Die rote bis violettrote Pulverdroge hat einen schwachen, eigenartigen Geruch und einen erfrischend säuerlichen Geschmack.

Prüfung auf Identität

Dünnschicht-Chromatographie
Prinzip: Prüfung auf Anthocyanfarbstoffe im methanolisch-salzsauren Drogenextrakt. Als Vergleichssubstanz wird der synthetische Farbstoff Methylenblau verwendet.

I. *Standardmethode:* Ja; Abweichungen: Laufstrecke 15 cm ohne Kammersättigung.
II. *Schicht:* Cellulose, (besser: mikrokristalline Cellulose).
III. *Fließmittel:* n-Butanol-wasserfreie Ameisensäure-Salzsäure, 25proz. *(G/V)*-Wasser (70 + 12 + 12 + 6), NS, 15 cm.
IV. *Nachweis:* Nach Abdampfen des Fließmittels im diffusen Tageslicht, Kennzeichnung der Zonen im Tageslicht.
V. *Untersuchungslösung:* 1 g gepulverte Droge (500) werden mit 6 cm^3 einer Mischung von 90 Volumteilen Methanol und 10 Volumteilen 25proz. *(G/V)* Salzsäure unter Schütteln extrahiert; von dem Filtrat trägt man 20 mm^3 bandförmig (20 × 3 mm) auf.
VI. *Vergleichslösung:* 5 mg Methylenblau werden in 10 cm^3 Methanol gelöst, davon trägt man 10 mm^3 bandförmig (20 × 3 mm) auf.

Auswertung Chromatogramm A (Abb. 77)
Im Tageslicht ist im Chromatogramm der Vergleichslösung die blaugefärbte Zone des Methylenblaus zu erkennen; im Chromatogramm der Untersuchungslösung liegt etwa in der Mitte zwischen Start und dem hRf-Bereich des Methylenblaus eine intensiv gefärbte rotviolette Zone, unmittelbar darüber eine zweite, schwächere, rot gefärbte Zone; im hRf-Bereich über dem Methylenblau sind ein bis zwei ebenfalls rötlich gefärbte Zonen sichtbar; in der Nähe des Startbands kann eine ebenfalls rote Zone auftreten.

Anmerkung: Die nachstehende DC-Vorschrift ergibt mehr Information und ist daher für eine Identitätsprüfung vorteilhaft.

Prinzip: Nachweis der roten Anthocyanfarbstoffe und der Hibiscussäure in der wäßrigen Drogenextraktlösung. Als Vergleichssubstanzen werden Malvin sowie Citronen- und Weinsäure verwendet.

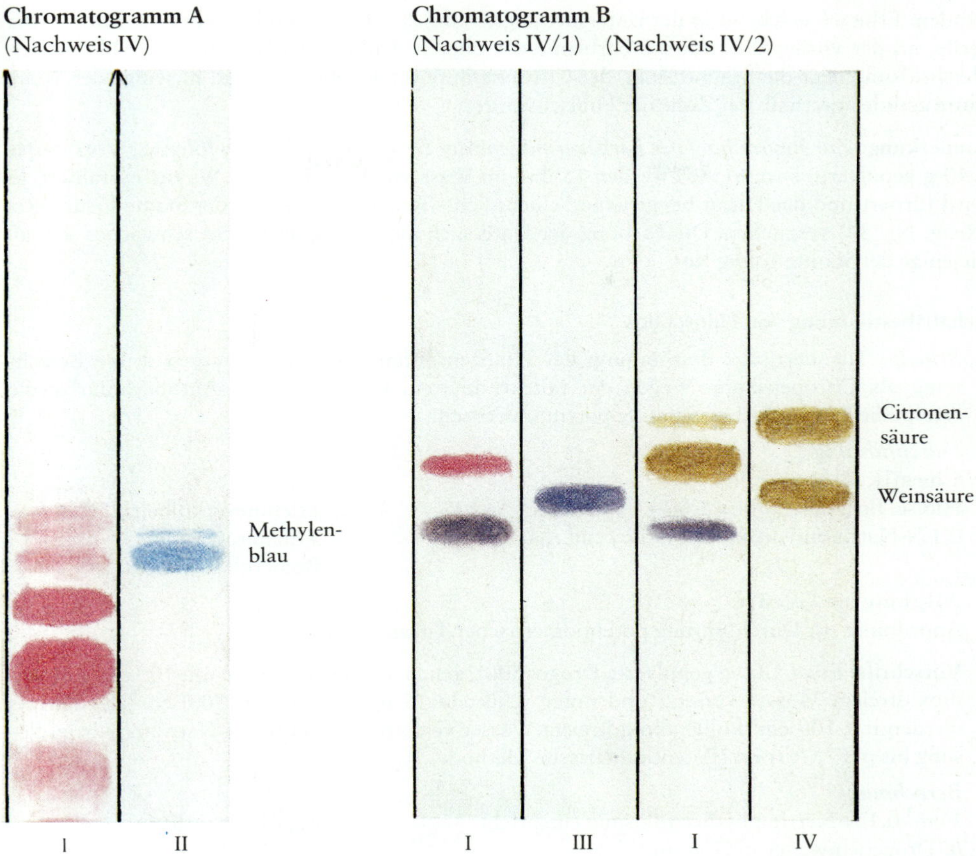

Abb. 77: I: Untersuchungslösung von Hibisci flos, 20 mm^3; II: Vergleichslösung: Methylenblau, 10 mm^3; III: Vergleichslösung: Malvin, 10 mm^3; IV: Vergleichslösung: Citronen- und Weinsäure, 5 mm^3.

I. Standardmethode: Ja.

II. Schicht: Cellulose, mikrokristalline.

III. Fließmittel: n-Butanol-Wasser-Ameisensäure, wasserfrei (40 + 12 + 10); KS, 10 cm Laufstrecke.

IV. Nachweis

1. der Anthocyane: Betrachten und Auswerten im Tageslicht.
2. der Säuren: Nach Abdampfen des Fließmittels wird mit «Schweppes»-Reagenz (Reag. Nr. 61) besprüht und 5 min auf 125 °C unter Beobachtung erhitzt.

V. Untersuchungslösung: 1,0 g gepulverte Droge (500) wird mit 20 cm^3 Wasser 15 min unter Rückfluß gekocht und filtriert. Hiervon werden 10 mm^3 bandförmig (20 × 3 mm) aufgetragen.

VI. Vergleichslösung: Je 10 mg Citronensäure und Weinsäure werden in 1,0 cm^3 Wasser gelöst und 5 mm^3 bandförmig (20 × 3 mm) aufgetragen. Wenn vorhanden, trägt man zum Vergleich 10 mm^3 einer Malvinchloridlösung (2 mg in 1 cm^3 Methanol) bandförmig auf.

Auswertung Chromatogramm B (Abb. 77)

Das Chromatogramm der Untersuchungslösung zeigt in der unteren Hälfte zwei ausgeprägte Farbzonen; die obere, schwächere, ist rosarot, die untere blauviolett. Das Malvin der Vergleichslösung liegt zwischen diesen Zonen. Nach Besprühen mit «Schweppes»-Reagenz und anschließendem Erhitzen erscheint in der Untersuchungslösung die Hibiscussäure als braune Zone an der Stelle, an der vorher die rosarote Farbzone des oberen Anthocyans zu sehen war. In der Vergleichslösung liegt die braune Zone der Citronensäure direkt oberhalb und diejenige der Weinsäure gerade unterhalb der Zone der Hibiscussäure.

Anmerkung: *Zur Beurteilung des Färbevermögens der Droge empfiehlt sich folgende Vorschrift:* 0,40 g gepulverte Droge (355) werden 15 min im Wasserbad mit 100 cm^3 Wasser extrahiert. Es wird filtriert und das Filtrat bei gleicher Schichtdicke (Reagenzgläser) mit der Stammlösung Rot (Reag. Nr. 34) verglichen. Die Färbung der Untersuchungslösung darf nicht schwächer sein als diejenige der Stammlösung Rot.

Gehaltsbestimmung von Hibisci flos

A. *Prinzip:* Titrimetrische Bestimmung der Pflanzensäuren mit Natriumhydroxid und Berechnung als Citronensäure. Wegen der mitextrahierten, wasserlöslichen Anthocyanfarbstoffe erfolgt die Endpunktsbestimmung potentiometrisch.

B. *Durchführung*

Chemikalien
Hibisci flos, pulv. (500), 1,00 g
0,1 N-Natriumhydroxidlösung, 20 cm^3 (Maßlösung)

Geräte
2 Erlenmeyerkolben, 250 cm^3
1 Trichter, ∅ 6 cm
1 Becherglas, 250 cm^3

Allgemeine Geräte
Anordnung zur Durchführung potentiometrischer Titrationen.

Vorschrift: Etwa 1,00 g gepulverte Droge (500), genau gewogen, werden mit 100 cm^3 kohlendioxidfreiem Wasser versetzt und unter Schütteln 15 min extrahiert. 50,0 cm^3 des Filtrats werden mit 100 cm^3 kohlendioxidfreiem Wasser versetzt und mit 0,1 N-Natriumhydroxidlösung bis pH 7,0 titriert (Potentiometrische Methode).

C. *Berechnung*

1 cm^3 0,1 N-Natriumhydroxidlösung entspricht $\frac{192,1}{3 \cdot 10} = 6,40$ mg Citronensäure.
b: Drogeneinwaage in Gramm.
a: Verbrauch an 0,1 N-Natriumhydroxid-Lösung in cm^3.

In $\frac{b \cdot 50}{100}$ g Droge sind $a \cdot 6,40 \cdot 10^{-3}$ g Pflanzensäuren, berechnet als Citronensäure, enthalten.

$$\text{Citronensäure \%} = \frac{100 \cdot a \cdot 6,40 \cdot 100}{1000 \cdot b \cdot 50} = 1,28 \cdot \frac{a}{b}$$

Sulfatasche: Höchstens 13,0%, bestimmt an 1,00 g gepulverter Droge.

IX. Drogen mit ätherischen Ölen

1. Anisi fructus

Anis, Aniseed, Fruit d'anis

Stammpflanze und Familie: *Pimpinella anisum* L. *(Apiaceae).*

Offizinell: Ph. Eur. III (mind. 2,0% *(V/G)* ätherisches Öl), DAB 7-DDR.

Inhaltsstoffe: Ätherisches Öl 1,5–3,0%, darin 70–90% trans-Anethol, ferner Methylchavicol, Anisaldehyd, Dianethol, 2-Methylbuttersäureester des 2-Hydroxy-5-methoxy-trans-propenylbenzols (nicht in Sternanis enthalten); im Endosperm 30% fettes Öl und Proteine.

Formeln

Wirkung und Verwendung: Sekretolytisches Expektorans aufgrund des ätherischen Öles. Die Droge hat ferner eine spasmolytische und karminative Wirkung; sie wird in Teezubereitungen verwendet und zur Gewinnung des ätherischen Öles, das u.a. als Geruchs- und Geschmackskorrigens Anwendung findet.

Prüfungen
Das grünlichgelbe bis bräunlichgrüne Drogenpulver besitzt einen an Anethol erinnernden Geruch und einen süßen, aromatischen Geschmack.

Dünnschicht-Chromatographie
Prinzip: Prüfung auf Anethol im Methylenchlorid-Extrakt unter gleichzeitiger semiquantitativer Bestimmung von Anethol, ferner auf die Zone der Triglyzeride des Endosperms mit Olivenöl als «Vergleichssubstanz».

I. Standardmethode: Ja.
II. Schicht: Kieselgel F_{254}.
III. Fließmittel
Benzol, KS, 10 cm, sollte ersetzt werden durch Toluol oder Dichlormethan, KS, 10 cm.
IV. Nachweis: Nach Abdampfen des Fließmittels:
1. UV_{254}: Fluoreszenzmindernde Zonen markieren.
2. Besprühen mit einer 20proz. *(G/V)* Lösung von Molybdatophosphorsäure in Ethanol (Reag. Nr. 55) und anschließend 5–10 min auf 105–110° erhitzen.

V. Untersuchungslösung
0,10 g gepulverte Droge (300) werden 15 min mit 2 cm^3 Dichlormethan geschüttelt und abfiltriert. Das Filtrat wird im Wasserbad bei 60° vorsichtig zur Trockne eingedampft und in 0,5 cm^3 Toluol gelöst.
Davon trägt man im Abstand von je 2 cm je 2 mm^3 und 3 mm^3 punktförmig auf.
VI. Vergleichslösung
3 mm^3 Anethol und 40 mm^3 Olivenöl werden in 1 cm^3 Toluol gelöst, davon trägt man im Abstand von je 2 cm 1 mm^3, 2 mm^3 und 3 mm^3 punktförmig auf.

Auswertung (Abb. 78)
Beim Betrachten der Chromatogramme im kurzwelligen UV-Licht nach Abdampfen des Fließmittels erkennt man im oberen Drittel der Chromatogramme die fluoreszenzmindernde Zone des Anethols, die sich nach dem Besprühen mit Molybdatophosphorsäure und anschließendem Erhitzen blau auf gelbem Untergrund anfärbt.
Die Größe der Anetholzone bei 2 mm^3 Untersuchungslösung muß zwischen den mit 1 mm^3 und 3 mm^3 erhaltenen Zonen der Vergleichslösung liegen. Das Chromatogramm der Untersuchungslösung muß weiterhin im mittleren Rf-Bereich eine blaue Zone zeigen (Triglyzeride), dessen Rf-Wert ungefähr dem des Chromatogramms der Vergleichslösung (Triglyzeride des Olivenöls) entspricht.

Chromatogramm (Nachweis IV/2)

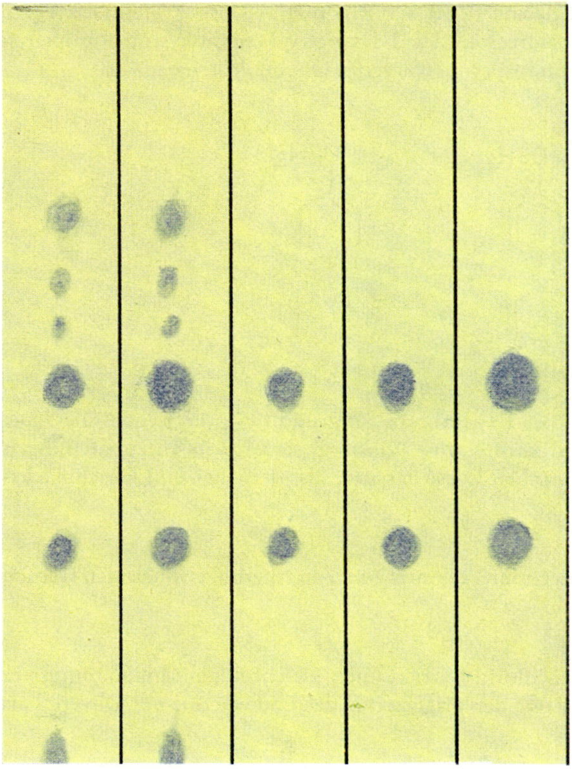

Abb. 78: I: Untersuchungslösung von Anisi fructus, 2 mm³; II: Untersuchungslösung von Anisi fructus, 3 mm³; III: Vergleichslösung, 1 mm³; IV: Vergleichslösung, 2 mm³; V: Vergleichslösung, 3 mm³.

Prüfung auf Reinheit

Wasser: Höchstens 7,0%, mit 20,0 g gepulverter Droge durch azeotrope Destillation bestimmt.
Sulfatasche: Höchstens 12,0%, mit 2,00 g gepulverter Droge bestimmt.
Salzsäureunlösliche Asche: Höchstens 2,5%.

Gehaltsbestimmung

Ätherisches Öl: Die Bestimmung des ätherischen Öls erfolgt mit 25 g der unmittelbar vorher grob gepulverten Droge und mit 200 cm^3 Wasser als Destillationsflüssigkeit in einem 500 cm^3-Rundkolben und der Apparatur zur Bestimmung ätherischer Öle. Es wird 2 h mit einer Destillationsgeschwindigkeit von 2–3 cm^3 je Minute destilliert. Als Vorlage dienen 1,0 cm^3 Xylol.

Anmerkung: Bei Verwendung der neuen Apparatur (s. S. 18) mit dem 1,00 cm^3 Meßrohr werden folgende Bedingungen vorgeschlagen:
Einwaage: 10,0 g, Wassermenge: 100 cm^3, Kolbengröße: 250 cm^3,
Xylolvorlage: 0,50 cm^3, Destillationsdauer und -geschwindigkeit bleiben.

2. Foeniculi fructus

Fenchel, Fennelseed, Fenouil

Stammpflanze und Familie: *Foeniculum vulgare* MILLER *var. vulgare (Apiaceae)*.

Offizinell: DAB 8 (mind. 4,0% *(V/G)* äth. Öl), DAB 7-DDR.

Inhaltsstoffe: Ätherisches Öl: 3,5 bis 6%, darin 50–60% trans-Anethol (Formel s. Anisi fructus S. 213), 10–20% (+)-Fenchon, ferner Foeniculin, Methylchavicol, Anisaldehyd und verschiedene Terpenkohlenwasserstoffe.
Das ätherische Öl der «süßen» Fenchelfrüchte (*Foeniculum vulgare var. dulce* (MILLER) THELLUNG) enthält weniger als 5% Fenchon, aber bis zu 80% trans-Anethol. Der ätherische Ölgehalt des «süßen» Fenchels ist nur halb so groß wie der von *F. vulgare var. vulgare* («Bitterer Fenchel»).

Formeln

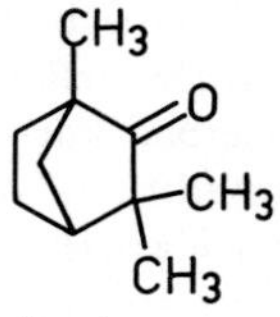

Fenchon

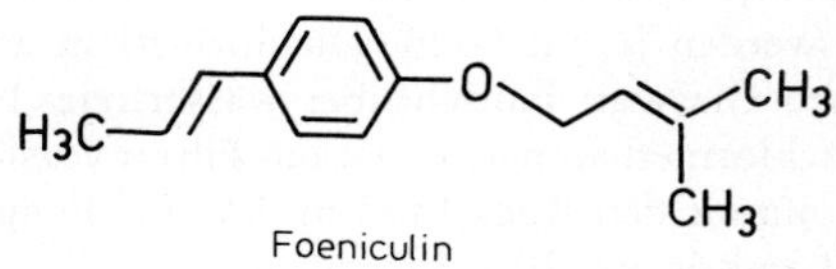

Foeniculin

Wirkung und Verwendung: Sekretolytisch und expektorierend aufgrund des ätherischen Öles, ferner spasmolytische und karminative Wirkung. Die Hauptmenge dient zur Gewinnung des ätherischen Öles, das u. a. als Geruchs- und Geschmackskorrigens verwendet wird.

Prüfungen

Die grünlich bis graubraun gefärbte Pulverdroge hat einen würzigen Geruch und einen etwas süßlichen, später fast brennenden Geschmack.

Prüfung auf Identität

Dünnschicht-Chromatographie von Foeniculi fructus s.unten.

Prüfung auf Reinheit

Wasser: Höchstens 7,0% *(V/G)*, mit 20,0 g gepulverter Droge (710) durch azeotrope Destillation bestimmt.
Sulfatasche: Höchstens 12,0%, mit 1,000 g gepulverter Droge bestimmt.

Gehaltsbestimmung

Ätherisches Öl: Bestimmung mit 10,0 g der unmittelbar vorher grob zerkleinerten Droge (1400) und 200 cm^3 Wasser als Destillationsflüssigkeit in einem 500 cm^3-Rundkolben; Destillation 2 h bei 2–3 cm^3 in der Minute; 1,0 cm^3 Xylol als Vorlage (1. Nachtrag 1980).

Anmerkung: Bei Verwendung der neuen Apparatur (s. S. 18) mit dem 1,00 cm^3 Meßrohr werden folgende Bedingungen vorgeschlagen:
Einwaage: 5,0 g, Wassermenge: 100 cm^3, Kolbengröße: 250 cm^3,
Xylolvorlage: 0,50 cm^3, Destillationsdauer und -geschwindigkeit bleiben.

Dünnschicht-Chromatographie von Foeniculi fructus, Anisi fructus und Anisi stellati fructus und der entsprechenden ätherischen Öle:
Prinzip: Nachweis von Anethol auf den Chromatogrammen der TAS-Auftragungen, der Extrakte und der ätherischen Öle von Anisi, Anisi stellati und Foeniculi fructus; bei entsprechenden Auftragungen von Foeniculi fructus wird zusätzlich noch auf das Vorhandensein von Fenchon geprüft. Ferner wird auf den Chromatogrammen der Extrakte die Zone der Triglyzeride aus dem Endosperm durch «Olivenöl» als Vergleichssubstanz zugeordnet.
Fenchon kann auf dem mit Molybdatophosphorsäure besprühten und erhitzten Chromatogramm erst durch Nachsprühen mit einer Kaliumpermanganat-konz. Schwefelsäure-Lösung sichtbar gemacht werden.

I. *Standardmethode:* Ja.
II. *Schicht:* Kieselgel F_{254}.
III. *Fließmittel:* Dichlormethan, KS, 15 cm.

IV. Nachweis: Nach Abdampfen des Fließmittels:

1. UV_{254}: Fluoreszenzmindernde Zonen markieren.
2. Besprühen mit einer 20proz. *(G/V)* ethanolischen Molybdatophosphorsäurelösung und anschließend 5–10 min auf 110°. Auf die noch heiße Schicht werden 5 cm^3 einer frisch hergestellten Lösung von 0,5 g Kaliumpermanganat in 15 cm^3 konz. Schwefelsäure aufgesprüht und nochmals 5–10 min unter Beobachtung auf 100–105° erhitzt.

V. Untersuchungslösung

a) *TAS-Verfahren:* 5–10 mg frisch gepulverte Anisi fructus oder Foeniculi fructus, oder Anisi stellati fructus, 220°, 90 s, 1 Kügelchen wassergesättigtes Molekularsieb, 4 Å.

b) *Extrakte:* 0,2 frisch gepulverte Droge (Anisi fructus oder Anisi stellati oder Foeniculi fructus) werden je mit 5 cm^3 Dichlormethan auf dem Wasserbad kurz aufgekocht und über einen Glaswattebausch über wasserfreies Natriumsulfat filtriert. Man spült mit ca. 2 cm^3 Dichlormethan nach, engt das Filtrat vorsichtig auf dem Wasserbad bis zur Trockne ein und nimmt den Rückstand in 0,5 cm^3 Essigsäureethylester auf; davon trägt man je 10 mm^3 bandförmig (10 × 3 mm) auf.

c) *Ätherische Öle*
Von den ätherischen Öl-Xylol-Mischungen, die bei den Gehaltsbestimmungen erhalten werden, werden je 0,5 cm^3 mit Essigsäureethylester auf 5 cm^3 aufgefüllt, davon trägt man 10 mm^3 bandförmig (10 × 3 mm) auf, oder je 10 mm^3 Anisi aetheroleum und je 10 mm^3 Foeniculi aetheroleum werden in je 1,0 cm^3 Essigsäureethylester gelöst, davon trägt man je 10 mm^3 bandförmig (10 × 3 mm) auf.

VI. Vergleichslösung: 10 mm^3 Anethol, 10 mm^3 Fenchon, 10 mm^3 Anisaldehyd und 30 mm^3 Olivenöl werden in 2,0 cm^3 Essigsäureethylester gelöst, davon trägt man 10 mm^3 bandförmig (10 × 3 mm) auf.

Auswertung (Abb. 79)
Beim Betrachten im kurzwelligen UV-Licht erkennt man im oberen Drittel der Chromatogramme aller Auftragungen die fluoreszenzmindernde Zone des Anethols und im unteren Drittel der Chromatogramme von Anisi und Anisi stellati fructus die schwach fluoreszenzmindernde Zone von Anisaldehyd. Nach dem Besprühen mit Molybdatophosphorsäure und anschließendem Erhitzen färbt sich die Zone des Anethols blau und diejenige des Anisaldehyds blau-grün an. Auf den Chromatogrammen aller Auftragungen sind weitere sich blau anfärbende Zonen auf gelbem Untergrund zu erkennen. Auf dem Chromatogramm der Vergleichslösung tritt im mittleren Rf-Bereich der Vergleichslösung (X) die Zone der Triglyzeride des Olivenöls auf. Auf gleicher Höhe ist auf den Chromatogrammen der Extrakt-Auftragungen (IV, V und VI) die Zone der entsprechenden Triglyzeride zu erkennen. In den Auftragungen von Anisi stellati fructus hat sich die direkt oberhalb der Anetholzone liegende ebenfalls fluoreszenzmindernde Zone auch blau angefärbt. (*Anmerkung:* Anhand dieser Zone sind die ätherischen Öle von Anisi und Anisi stellati fructus zu unterscheiden.) Nach dem Besprühen (besser nur kurz ansprühen) der heißen, mit Molybdatophosphorsäure besprühten DC-Schicht mit Kaliumpermanganat-Schwefelsäure verschwindet der gelbe Untergrund und im unteren Drittel der Chromatogramme der Vergleichslösung und von Foeniculi fructus tritt die heller blau sich anfärbende Zone des Fenchons auf. Die Anisaldehydzone, die in unmittelbarer Nähe unterhalb der Fenchonzone liegt, färbt sich dabei eindeutig blau an.

Anmerkung: Eine Laufstrecke von 10 cm genügt auch schon zur Auswertung, jedoch liegen die Zonen von Anisaldehyd und Fenchon dichter beieinander. Sind nur die ätherischen Öle dc aufzutrennen, eignet sich das Fließmittel: n-Hexan-Essigsäureethylester (90 + 10), da unter diesen Bedingungen Anisaldehyd und Fenchon deutliche Rf-Wertunterschiede aufweisen. Bei Extrakten liegt jedoch die Zone der Triglyzeride auf Höhe der Fenchonzone, direkt unterhalb der Anetholzone.

Chromatogramm (Nachweis IV/2)

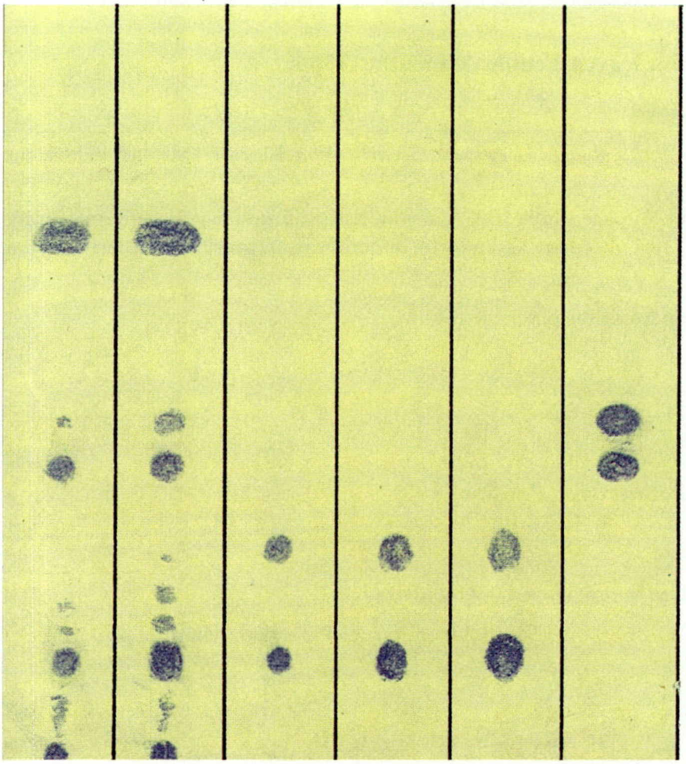

Abb. 81: I: Untersuchungslösung von Menthae piperitae folium, 4 mm^3; II: Untersuchungslösung von Menthae piperitae folium, 8 mm^3; III: Vergleichslösung, 1 mm^3; IV: Vergleichslösung, 2 mm^3; V: Vergleichslösung, 3 mm^3; VI: zusätzlich 5 mm^3 einer 0,2proz. Lösung von Menthon und Menthylacetat in Chloroform.

Zone des Menthols muß etwa die gleiche Größe haben wie die mit 1 mm^3 (0,001 mg Menthol) bis 3 mm^3 (0,003 mg) Vergleichslösung erhaltenen Zonen des Menthols, was einem Gehalt zwischen 20 und 60% Menthol entsprechen würde.
Das Chromatogramm der Untersuchungslösung darf keinen in der Mitte liegenden, dem Carvon oder Pulegon entsprechenden rötlichen Fleck zeigen.

Prüfung auf Reinheit

Sulfatasche: Höchstens 15%, bestimmt mit 1,00 g gepulverter Droge.

Gehaltsbestimmung

Ätherisches Öl: Die Bestimmung des ätherischen Öles erfolgt mit 50 g ganzer oder zerkleinerter Droge und 500 cm^3 Wasser als Destillationsflüssigkeit in einem 1000 cm^3-Rundkolben. Es wird 2 h mit einer Destillationsgeschwindigkeit von 2–3 cm^3 je Minute destilliert. Als Vorlage dienen 1,0 cm^3 Xylol.

Anmerkung: Bei Verwendung der neuen Apparatur (s. S. 18) mit dem 1,00 cm^3 Meßrohr werden folgende Bedingungen vorgeschlagen:
Einwaage: 20,0 g, Wassermenge 250 cm^3, Kolbengröße: 500 cm^3,
Xylolvorlage: 0,50 cm^3, Destillationsdauer und -geschwindigkeit bleiben.

4a. Menthae crispae folium

Krauseminzblätter, Spearmint leaves, Feuille de menthe crêpue

Offizinell: –

Stammpflanze und Familie: *Mentha spicata* L. *emend.* L. *var. crispa* (BENTH) DANERT, zahlreiche Varietäten *(Lamiaceae)*.

Inhaltsstoffe: 1–2,5% äth. Öl ohne Menthol, 50% Carvon, Essigsäureester von Dihydrocuminalkohol und Dihydrocarveol, Terpenkohlenwasserstoffe, in der Droge ferner: Flavonderivate und Gerbstoffe.

Wirkung und Verwendung: Wie Menthae piperitae folium.

4b. Pulegii herba

Poleiminzkraut, European Pennyroyal, Pouliot

Offizinell: –

Stammpflanze und Familie: *Mentha pulegium* L. *(Lamiaceae)*.

Inhaltsstoffe: 1 bis 2% eth. Öl mit 80 bis 95% Pulegon, ferner Piperiton, Menthol und Terpenkohlenwasserstoffe.

Formeln

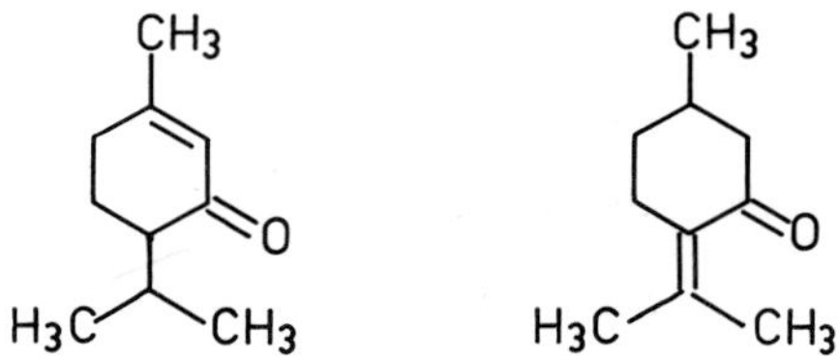

Piperiton Pulegon

Wirkung und Verwendung: Bei Leber- und Gallenleiden. Beachte: Pulegon ist toxisch.

Dünnschicht-Chromatographie von Menthae piperitae folium, Menthae crispae folium und Pulegii herba.
Prinzip: Nachweis von Menthol, Menthylacetat, Menthon und Menthofuran in Menthae piperitae folium, Nachweis von Carvon in Menthae crispae folium und Nachweis von Pulegon in Pulegii herba in den Chromatogrammen der Auftragungen a) nach dem TAS-Verfahren, b) der Dichlormethan-Extrakte und c) der ätherischen Öl-Verdünnungen.

I. *Standardmethode:* Ja; Abweichungen: Laufstrecke 15 cm.
II. *Schicht:* Kieselgel F_{254}.
III. *Fließmittel:* Dichlormethan, KS, 15 cm.
IV. *Nachweis:* Nach Abdampfen des Fließmittels:
   1. UV_{254}: Fluoreszenzmindernde Zonen markieren.
   2. Besprühen mit Anisaldehyd-Schwefelsäure (Reag. Nr. 4) und anschließend 5–10 min auf 105–110° erhitzen.
V. *Untersuchungslösung*
   a) *TAS-Verfahren:* Je 10 mg frisch zerstoßene Droge, 250°, 60 s, 1 Kügelchen Molekularsieb 4 Å (= 0,4 nm), wasserdampfgesättigt.

b) *Extrakte:* Je 0,5 g gepulverte Droge werden mit 5 cm^3 Dichlormethan 2–3 min auf dem Wasserbad erwärmt und über einen Glaswattebausch über wasserfreies Natriumsulfat filtriert. Man spült mit ca. 2 cm^3 Dichlormethan nach, engt das Filtrat vorsichtig auf dem Wasserbad zur Trockne ein und nimmt den Rückstand in 0,5 cm^3 Essigsäurethylester auf, davon trägt man je 10 mm^3 bandförmig (10 × 3 mm) auf.

c) *Ätherische Öle*

1. Menthae piperitae folium: Von der bei der Gehaltsbestimmung anfallenden äth. Öl-Xylol-Mischung werden 0,5 cm^3 mit Essigsäureethylester auf 5 cm^3 aufgefüllt.
2. Menthae crispae folium.
3. Pulegii herba.

Von 2. und 3. werden wie bei 1. (S. 221) ätherische Öl-Xylolgemische hergestellt und entsprechend verdünnt.

Von 1., 2. und 3. trägt man je 10 mm^3 der entsprechenden Verdünnungen bandförmig (10 × 3 mm) auf.

VI. Vergleichslösung: Je 10 mm^3 Menthon, Menthylacetat, Menthofuran, Carvon und 10 mg Menthol werden in 2 cm^3 Essigsäureethylester gelöst, davon trägt man 10 mm^3 bandförmig (10 × 3 mm) auf.

Chromatogramm (Nachweis IV/2)

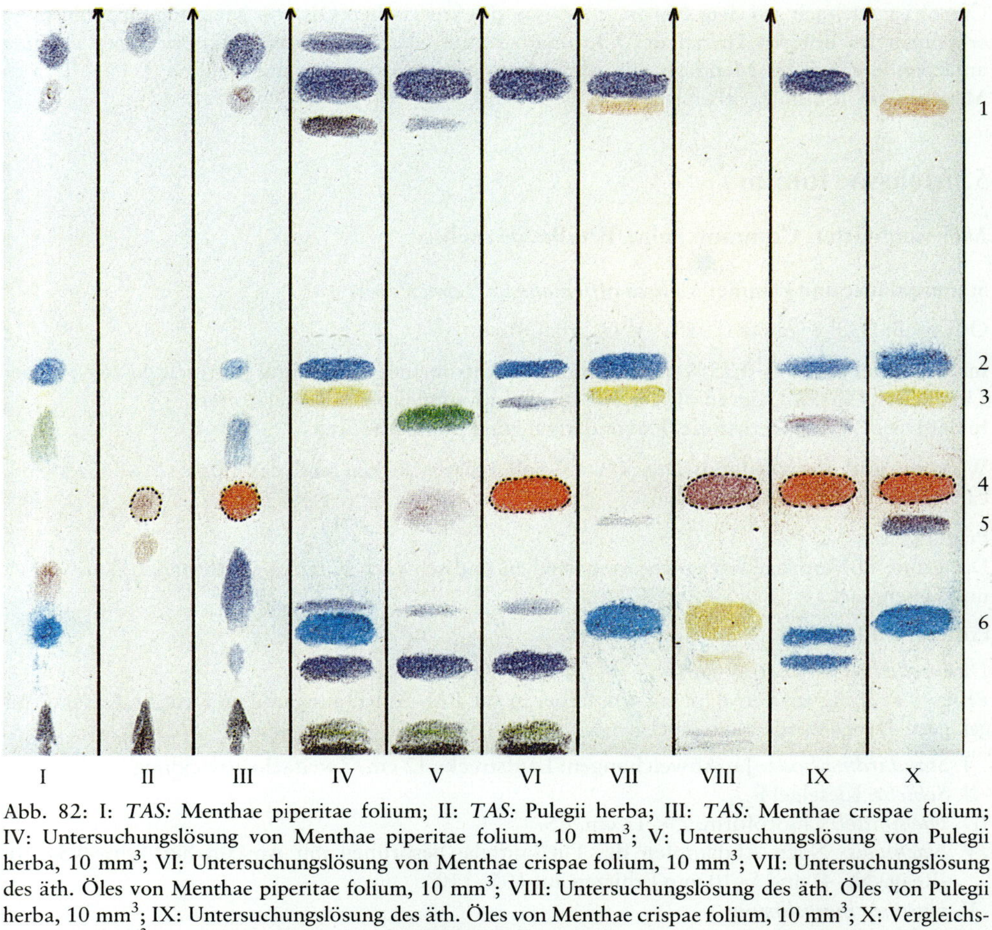

Abb. 82: I: *TAS:* Menthae piperitae folium; II: *TAS:* Pulegii herba; III: *TAS:* Menthae crispae folium; IV: Untersuchungslösung von Menthae piperitae folium, 10 mm^3; V: Untersuchungslösung von Pulegii herba, 10 mm^3; VI: Untersuchungslösung von Menthae crispae folium, 10 mm^3; VII: Untersuchungslösung des äth. Öles von Menthae piperitae folium, 10 mm^3; VIII: Untersuchungslösung des äth. Öles von Pulegii herba, 10 mm^3; IX: Untersuchungslösung des äth. Öles von Menthae crispae folium, 10 mm^3; X: Vergleichslösung, 10 mm^3, 1 = Menthofuran, 2 = Menthylacetat, 3 = Menthon, 4 = Carvon/Pulegon, 5 = 1.8-Cineol, 6 = Menthol.

Auswertung (Abb. 82)
Beim Betrachten der Chromatogramme im kurzwelligen UV-Licht erkennt man im Chromatogramm der Untersuchungslösung von Pulegii herba die fluoreszenzmindernde Zone von Pulegon, im Chromatogramm von Menthae crispae folium die fluoreszenzmindernde Zone des Carvons. Nach dem Besprühen mit Anisaldehyd-Schwefelsäure tritt im oberen Rf-Bereich des Chromatogramms der Vergleichslösung und des Chromatogramms des ätherischen Öls von Menthae piperitae folium die sich orange anfärbende Zone von Menthofuran auf. Beim anschließenden Erhitzen wird diese Zone teilweise von den sich violett anfärbenden Terpenkohlenwasserstoffen überdeckt. Im mittleren Rf-Bereich der Chromatogramme von Menthae piperitae folium (I, IV, VII) und im Chromatogramm der Vergleichslösung tritt die sich blau anfärbende Zone des Menthylacetats auf. Im Chromatogramm der Vergleichslösung liegt unterhalb der Menthylacetatzone eine bräunlich gelbe Zone, die auch in den Chromatogrammen des Extraktes und des ätherischen Öls von Mentha pip. auftritt, und dem Menthon zuzuordnen ist. Unterhalb der Menthonzone ist im Chromatogramm der Vergleichslösung die rotviolette Zone des Carvons zu sehen, die vor dem Besprühen im kurzwelligen UV-Licht eine Fluoreszenzminderung zeigte. Die Carvonzone ist auch in den Chromatogrammen aller Auftragungen (III, VI, IX) von Menthae crispae folium zu erkennen. Die Pulegonzone, die den gleichen Rf-Wert wie die Carvonzone aufweist, ist als violette Zone in den Auftragungen von Pulegii herba (II, V, VIII) zu erkennen. Das direkt unterhalb der Carvonzone im Vergleichschromatogramm liegende sich blauviolett färbende 1,8-Cineol ist schwach auf dem Chromatogramm des ätherischen Öls von Menthae pip. folium zu erkennen. Im unteren Drittel des Chromatogramms der Vergleichslösung tritt die sich blau anfärbende Zone des Menthols auf, die auch in allen Chromatogrammbahnen (I, IV, VII) von Menthae pip. folium zu sehen ist.

5. Melissae folium

Melissenblätter, Common Palm, Feuilles de mélisse

Stammpflanze und Familie: *Melissa officinalis* L. *(Lamiaceae)*.

Offizinell: DAB 8 (mind. 0,05% *(V/G)* äth. Öl).

Inhaltsstoffe: 0,01 bis 0,25% äth. Öl mit 40% Citronellal, 30% Citral (Formeln S. 267), ferner Citronellol, Linalool, Geraniol, Terpen- und Sesquiterpenkohlenwasserstoffe.
In der Droge ferner Gerbstoffe, Flavonderivate und pflanzl. Säuren.

Wirkung und Verwendung: Das äth. Öl soll sedativ wirken und das Infus schweißtreibend, carminativ und krampflösend.

Prüfungen
Die grüne Pulverdroge hat einen aromatischen und schwach würzigen, zitronenartigen Geruch und Geschmack.

Prüfung auf Identität

Dünnschicht-Chromatographie
Prinzip: Prüfung auf Citral im äth. Öl, ferner in der TAS-Auftragung und im Extrakt. Frische und gelagerte Droge werden untersucht.

I. *Standardmethode:* Ja; Abweichungen: Laufstrecke 12 cm, Zweifachentwicklung.
II. *Schicht:* Kieselgel F_{254}.
III. *Fließmittel:* Chloroform, 2 × 12 cm, KS.
IV. *Nachweis:* Nach Abdampfen des Fließmittels; besprühen mit Anisaldehyd-Schwefelsäure (Reag.-Nr. 4) und 5–10 min Erhitzen auf 105–110°.
V. *Untersuchungslösung*
   a) *TAS-Verfahren:* Je 20 mg frisch getrocknete und gelagerte Droge, 220°, 90 s, 1 Kügelchen Molekularsieb, 4 Å (= 0,4 nm) wasserdampfgesättigt.

b) *Extrakt:* Je 0,5 g frisch getrocknete und gelagerte pulverisierte Droge (710) werden mit je 5 cm^3 Dichlormethan kurz auf dem Wasserbad aufgekocht und über Glaswatte über wasserfreies Natriumsulfat filtriert; der Rückstand wird mit 2 cm^3 Dichlormethan nachgespült. Die vereinigten Filtrate werden auf dem Wasserbad zur Trockne eingeengt und der Rückstand in je 0,1 cm^3 Essigsäureethylester gelöst, davon trägt man je 10 mm^3 bandförmig (20 × 3 mm) auf.

c) *ätherische Öle:* (DAB 8)
Von den bei den Gehaltsbestimmungen anfallenden äth. Öl-Xylol-Mischungen der gelagerten und der frisch getrockneten Melissenblätter werden je 0,5 cm^3 mit je 2,0 cm^3 Essigester verdünnt, davon trägt man je 10 mm^3 bandförmig (20 × 3 mm) auf.

VI. Vergleichslösung: 5 mm^3 Citral werden in 5 cm^3 Toluol gelöst, davon trägt man 10 mm^3 bandförmig (20 × 3 mm) auf. Es ist zweckmäßig der Vergleichslösung noch 5 mm^3 Citronellal zuzufügen.

Chromatogramm (Nachweis IV)

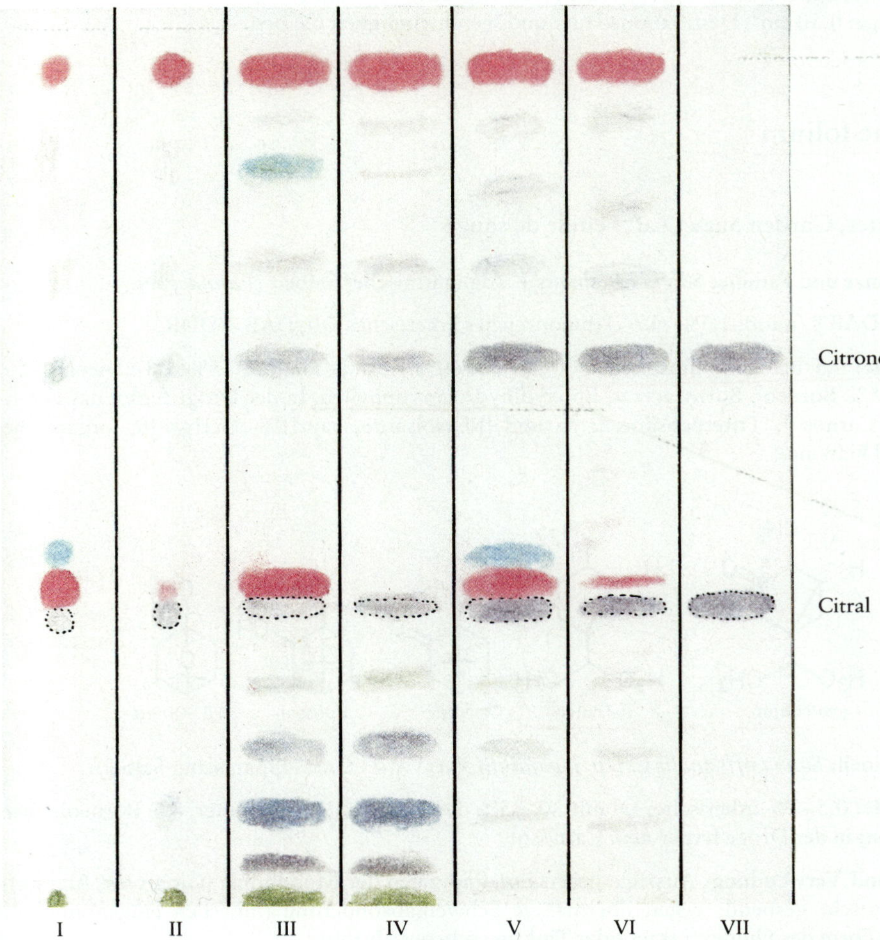

Abb. 83: I: TAS: Melissae folium, gelagert; II: TAS: Melissae folium, frisch getrocknet; III: Untersuchungslösung von Melissae folium, gelagert, 10 mm^3; IV: Untersuchungslösungen Melissae folium, frisch getrocknet, 10 mm^3; V: Untersuchungslösung des äth. Öls von Melissae folium gelagert, 10 mm^3; VI: Untersuchungslösung des äth. Öls von Melissae folium, frisch getrocknet, 10 mm^3; VII: Vergleichslösung, 10 mm^3.

Auswertung (Abb. 83)
Nach dem Besprühen und Erhitzen sind in den Chromatogrammen der Untersuchungslösungen eine Reihe von Zonen sichtbar; eine dieser Zonen liegt in Höhe der Zone des Citrals der Vergleichslösung und die andere in Höhe des Citronellals.

Prüfung auf Reinheit

Sulfatasche: Höchstens 17,0%, mit 1,00 g gepulverter Droge bestimmt.

Salzsäureunlösliche Asche: Höchstens 1,0%.

Gehaltsbestimmung

Ätherisches Öl: Bestimmung mit 40,0 g Droge und 400 cm^3 Wasser als Destillationsflüssigkeit in einem 1000 cm^3-Rundkolben. Destillation 2 h bei 2–3 cm^3 in der Minute; 1,0 cm^3 Xylol als Vorlage. – Bei geringem Gehalt keine auswertbaren Ergebnisse; s. Anmerkung.

Anmerkung: Bei Verwendung der neuen Apparatur (s. S. 18) mit dem 1,00 cm^3 Meßrohr werden folgende Bedingungen vorgeschlagen:
Einwaage: 50,0 g, Wassermenge: 500 cm^3, Kolbengröße: 1000 cm^3,
Xylolvorlage: 0,50 cm^3, Destillationsdauer und -geschwindigkeit bleiben.

6. Salviae folium

Salbeiblätter, Garden Sage Leaf, Feuille de sauge

Stammpflanze und Familie: *Salvia officinalis* L. (dalmatinischer Salbei) (*Lamiaceae*).

Offizinell: DAB 8 (mind. 1,5% *(V/G)* thujonreiches ätherisches Öl), DAB 7-DDR.

Inhaltsstoffe: 0,5 bis 2,5% ätherisches Öl mit 30–60% α- u. β-Thujon, 15% 1.8-Cineol, 10% Campher, 5% Borneol, Bornylacetat, Epoxydihydrocaryophyllen. In der Droge ferner das Diterpenlacton Carnosol; Triterpensäuren: α- und β-Ursolsäure, ca. 10% Gerbstoffe, organische Säuren und Flavone.

Formeln

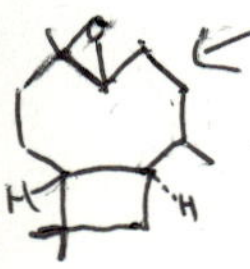

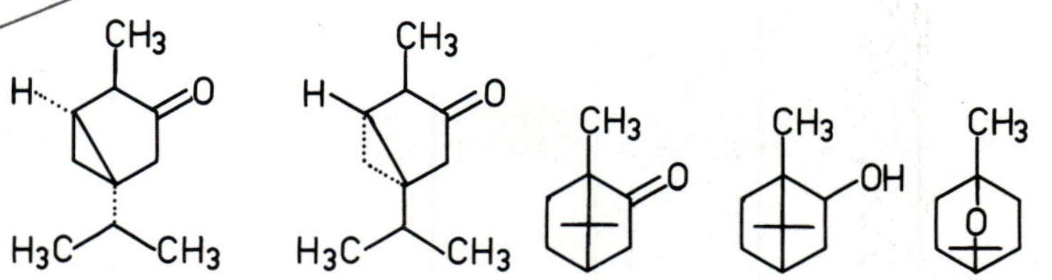

α-Thujon β-Thujon Campher Borneol 1.8 -Cineol

Nicht offizinell: *Salvia officinalis* L. *ssp. lavandulifolia* (VAHL) GAMS (Spanischer Salbei).

Inhaltsstoffe: 0,5–2% ätherisches Öl mit 30–35% 1.8-Cineol, 30% Campher, 8% Borneol, aber *kein* Thujon; in der Droge ferner *kein* Carnosol.

Wirkung und Verwendung: Auszüge gegen Entzündungen der Mundhöhle (Gingivitis, Angina), bakteriostatisch, gerbend; gegen übermäßige Schweißabsonderung (innerlich eingenommen). Zumeist in Form des Fluidextraktes oder Tinktur; seltener als Infus.

Prüfungen
Die Pulverdroge ist hellgrau bis bräunlichgrün, hat einen würzigen Geruch und einen schwach bitteren, würzigen Geschmack.

Prüfung auf Identität

Dünnschicht-Chromatographie: Siehe Seite 228.

Prüfung auf Reinheit

Wasser: Höchstens 8,0 Prozent *(V/G)*, mit 20,0 gepulverter Droge (710) durch azeotrope Destillation bestimmt.

Sulfatasche: Höchstens 12,0%, mit 1,000 g gepulverter Droge bestimmt.

Gehaltsbestimmung

Ätherisches Öl: Bestimmung mit 50,0 g der unmittelbar vorher gepulverten Droge (710) und 500 cm^3 Wasser als Destillationsflüssigkeit in einem 1000 cm^3-Rundkolben; Destillation 90 min bei 2–3 cm^3 in der Minute; 1,0 cm^3 Xylol als Vorlage.

Anmerkung: Bei Verwendung der neuen Apparatur (s. S. 18) mit dem 1,00 cm^3 Meßrohr werden folgende Bedingungen vorgeschlagen:
Einwaage: 20,0 g, Wassermenge: 250 cm^3, Kolbengröße: 500 cm^3,
Xylolvorlage: 0,50 cm^3, Destillationsdauer und -geschwindigkeit bleiben.

7. Salviae trilobae folium

Dreilappiger Salbei (Griechischer Salbei), Greek Sage Leaf, Feuille de sauge grecque

Stammpflanze und Familie: *Salvia triloba* L. fil. *(Lamiaceae)*.

Offizinell: DAB 8 (mind. 1,8% *(V/G)* ätherisches Öl).

Inhaltsstoffe: Ca. 3% ätherisches Öl mit bis zu 75% 1.8-Cineol, 5% Thujon, ferner Campher, Borneol, Bornylacetat, Terpenkohlenwasserstoffe, Sesquiterpenkohlenwasserstoffe: u. a. Caryophyllen, außerdem Epoxydihydrocaryophyllen.
In der Droge ferner: Carnosol, Ursolsäure, Oleanolsäure, Phytosterine, Flavonoide: Salvigenin = 5-Hydroxy-6,7,4′-trimethoxyflavon.

Wirkung und Verwendung: Wie Salviae folium.

Prüfungen

Die graugrüne und filzige Pulverdroge hat einen würzigen, beim Zerreiben an Eucalyptusöl erinnernden Geruch und einen aromatischen, etwas bitteren, leicht zusammenziehenden Geschmack.

Prüfung auf Identität

Dünnschicht-Chromatographie: Siehe Seite 228.

Prüfung auf Reinheit

Wasser: Höchstens 8,0% *(V/G)*, mit 20,0 g gepulverter Droge (710) durch azeotrope Destillation bestimmt.

Sulfatasche: Höchstens 12,0%, mit 1,000 g gepulverter Droge bestimmt.

Gehaltsbestimmung

Ätherisches Öl: Bestimmung mit 50,0 g der unmittelbar vorher gepulverten Droge (710) und 500 cm^3 Wasser als Destillationsflüssigkeit in einem 1000 cm^3-Rundkolben; Destillation 90 min bei 2–3 cm^3 in der Minute; 1,00 cm^3 Xylol als Vorlage.

Anmerkung: Bei Verwendung der neuen Apparatur (s. S. 18) mit dem 1,00 cm^3 Meßrohr werden folgende Bedingungen vorgeschlagen:
Einwaage: 20,0 g, Wassermenge: 250 cm^3, Kolbengröße: 500 cm^3,
Xylolvorlage: 0,50 cm^3, Destillationsdauer und -geschwindigkeit bleiben.

Dünnschicht-Chromatographie von Salviae folium (dalmatinisch = DAB 8), Salviae folium (spanisch) und von Salviae trilobae folium (griechisch = DAB 8)
Prinzip: Salviae folium DAB 8: Prüfung des ätherischen Öles, das bei der Gehaltsbestimmung erhalten wird, auf Thujon und 1.8-Cineol, die als Vergleichssubstanzen eingesetzt werden, und auf Epoxydihydrocaryophyllen, Borneol und Bornylacetat.
Salviae trilobae folium DAB 8: Prüfung des ätherischen Öles, das bei der Gehaltsbestimmung erhalten wird, auf 1.8-Cineol unter gleichzeitiger semiquantitativer Bestimmung durch Vergleich der Zonengröße. Ferner wird auf Borneol und Bornylacetat (Vergleichssubstanzen) und auf Epoxydihydrocaryophyllen geprüft.

I. *Standardmethode:* Ja; Abweichung: Zweifachentwicklung.
II. *Schicht:* Kieselgel F_{254}.
III. *Fließmittel:* Dichlormethan, KS, 2 × 10 cm.
IV. *Nachweis:* Nach Abdampfen des Fließmittels bei Raumtemperatur: Besprühen mit Anisaldehyd-Schwefelsäure (Reag. Nr. 4) und anschließend 5–10 min auf 105–110 °C erhitzen, zunächst im Tageslicht auswerten und danach im langwelligen UV-Licht fluoreszierende Zonen markieren und deren Fluoreszenzfarben beachten.
V. *Untersuchungslösung*
Äth. Öle (DAB 8): Je 0,5 cm^3 der bei den Gehaltsbestimmungen erhaltenen äth. Öl-Xylol-Gemische werden mit 5 cm^3 Essigsäureethylester verdünnt, davon trägt man je 10 mm^3 bandförmig (20 × 3 mm) auf.
Extrakte: 0,5 g frisch gepulverte Droge (300) werden mit 5 cm^3 Dichlormethan versetzt, auf dem Wasserbad kurz aufgekocht und filtriert; das Reagenzglas und der Drogenrückstand werden mit 5 cm^3 Dichlormethan nachgespült. Die vereinigten Filtrate werden am Rotationsverdampfer bis zur Trockne eingeengt. Der Rückstand wird in 0,5 cm^3 Essigsäureethylester aufgenommen. Die Lösung wird durch ein Perkolationsröhrchen über Glaswatte mit Natriumsulfatauflage klar filtriert (gegebenenfalls unter Druck). Von dem Filtrat trägt man 10 mm^3 bandförmig auf.
TAS-Verfahren: 5 mg frisch gepulverte Droge, 250°, 90 s, 1 Kügelchen Molekularsieb, 4 Å, (= 0,4 nm), wasserdampfgesättigt.
VI. *Vergleichslösung*
a) *Salviae folium DAB 8:* 10 mm^3 Thujon und 10 mm^3 1.8-Cineol werden in 1 cm^3 Toluol gelöst, davon trägt man 10 mm^3 bandförmig (20 × 3 mm) auf.
b) *Salviae trilobae folium DAB 8:* 20 mm^3 1.8-Cineol, 10 mg Borneol und 10 mm^3 Bornylacetat werden in 1 cm^3 Toluol gelöst, davon trägt man 10 mm^3 bandförmig (20 × 3 mm) auf.

Auswertung: (Abb. 84)
Nach dem Besprühen mit Anisaldehyd-Schwefelsäure und anschließendem Erhitzen zeigen die Chromatogramme der TAS-Auftragungen, der äth. Öl- und der Extrakt-Untersuchungslösungen eine Reihe rotvioletter Zonen, die im langwelligen UV-Licht fluoreszieren. Im mittleren Bereich des Chromatogramms liegen die ziegelrot fluoreszierenden Zonen der beiden Thujon-Isomere, wovon die oberste in den Chromatogrammen der Untersuchungslösungen von der graugrünen Zone des Bornylacetats meistens überdeckt ist. Die Thujon-Zone ist am stärksten in den Auftragungen von Salviae folium, dalmatinisch. Sie soll bei der Auftragung des äth. Öls von Salviae folium, dalmatinisch (IV) von annähernd gleicher Größe und Fluoreszenzintensität sein, wie die entsprechende Zone auf dem Chromatogramm der Vergleichslösung (VI). Deutlich schwächer tritt die Thujon-Zone in den Auftragungen von Salviae folium, spanisch, und von Salviae trilobae folium auf. Etwas tiefer als die Thujon-Zone liegt die rotviolett gefärbte Zone des Epoxydihydrocaryophyllens, die in den Chromatogrammen der TAS-Auftragungen, der Extrakte und der

Chromatogramm (Nachweis IV)

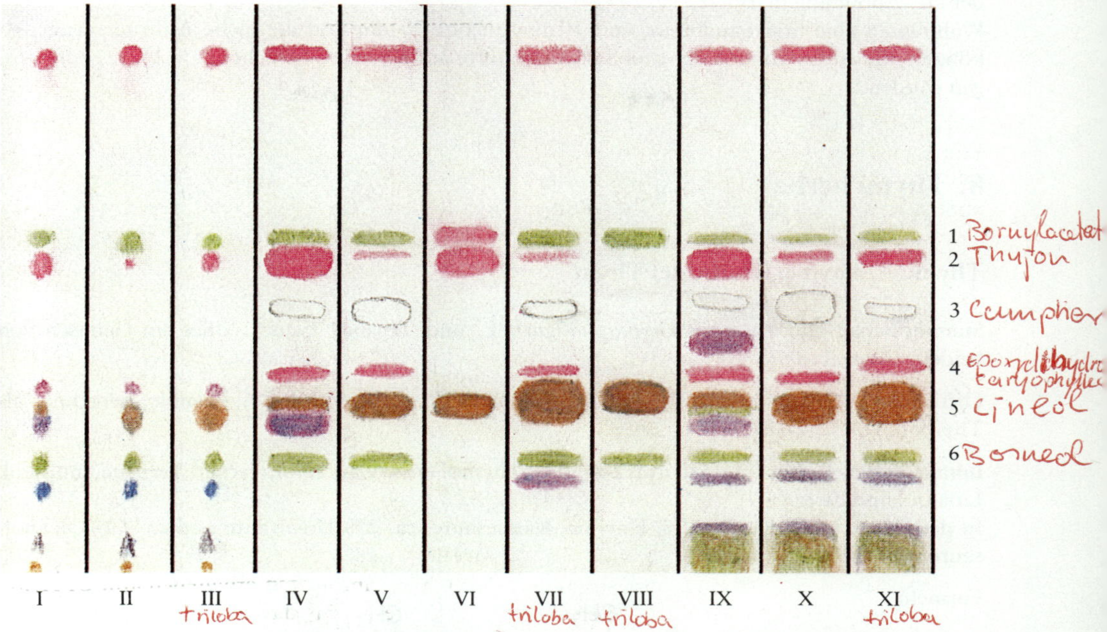

Abb. 84: I–III: TAS: I. Salviae folium, dalmatinisch; II: Salviae folium, spanisch; III: Salviae trilobae folium; IV: Untersuchungslösung des äth. Öles von Salviae folium, dalmatinisch, 10 mm^3; V: Untersuchungslösung des äth. Öles von Salviae folium, spanisch, 10 mm^3; VI: Vergleichslösung: Salviae folium, DAB 8, 10 mm^3; VII: Untersuchungslösung des äth. Öles von Salviae trilobae folium, 10 mm^3; VIII: Vergleichslösung: Salviae trilobae folium, DAB 8, 10 mm^3; IX–XI: Untersuchungslösungen der Extrakte je 10 mm^3 von IX. Salviae folium, dalmatinisch; X. Salviae folium, spanisch; XI. Salviae trilobae folium.
1 = Bornylacetat, 2 = Thujon, 3 = Campher, 4 = Epoxydihydrocaryophyllen, 5 = 1.8-Cineol u. 6 = Borneol.

ätherischen Öle aller Salbeiherkünfte auftritt. Unterhalb dieser Zone liegt die graublaue (bis braune) Zone des 1.8-Cineols. In den Chromatogrammen von Salviae folium, dalmatinisch (I, IV, IX) ist die 1.8-Cineol-Zone teilweise von einer unterhalb liegenden, blauen Zone überdeckt. Am größten ist die 1.8-Cineol-Zone auf den Chromatogrammen von Salviae trilobae folium. Die Größe der 1.8-Cineol-Zone der äth. Öl-Auftragung von Salviae trilobae folium (VII) soll annähernd mit der der Vergleichslösung (VIII) übereinstimmen. Unterhalb der 1.8-Cineol-Zone liegt die graugrün gefärbte Zone des Borneols, die in den Chromatogrammen der TAS-Auftragungen, der Extrakte und der ätherischen Öle aller Salbeiherkünfte auftritt. Auf dem Chromatogramm des äth. Öls von Salviae trilobae folium tritt unterhalb der Borneolzone noch eine weitere graublau gefärbte Zone auf, die schwächer auch auf den Chromatogrammen der TAS-Auftragungen und den Chromatogrammen der Extrakte aller Salbeiherkünfte auftritt.

Anmerkung: Der ebenfalls als charakteristischer Inhaltsstoff in allen Salbeiherkünften, wenn auch in unterschiedlichen Mengenverhältnissen vorkommende Campher ist mit Anisaldehyd-Schwefelsäure (Reg.-Nr. 4) nicht nachweisbar. Verwendet man anstatt dieses Nachweisreagenzes eine Molybatophosphorsäure-Lösung (Reag. Nr. 55) und erhitzt anschließend, so treten zunächst die oben genannten mit Anisaldehyd-Schwefelsäure unterschiedlich angefärbten Substanzen als blaue Zonen auf gelbem Untergrund auf, mit Ausnahme der beiden Zonen der Thujonisomere; diese zeigen eine rotviolette Umrandung. Wird die heiße DC-Schicht mit einer Kaliumpermanganat-konz. Schwefelsäure-Lösung (Reag. Nr. 48) nachbesprüht, so tritt die Campher-Zone als

hellblaue Zone auf, wobei der gelbe Untergrund sich aufhellt. Die Lage der Campher-Zone ist auf der DC-Abbildung markiert.
Wählt man eine Startbandbreite von 10 mm anstatt 20 mm und die halbe Auftragemenge, so können alle Auftragungen der drei Salbeiherkünfte auf einer DC-Schicht (20 × 20 cm) aufgetragen werden.

8. Thymi herba

Thymian, Thyme, (Herbe de) Thym

Stammpflanze und Familie: *Thymus vulgaris* L. und *Thymus zygis* L. oder ein Gemisch von beiden. *(Lamiaceae)*.

Offizinell: DAB 8 (mind. 1,2% *(V/G)* ätherisches Öl und mind. 0,5% Phenole, berechnet als Thymol), DAB 7-DDR.

Inhaltsstoffe: 1–2% äth. Öl mit 20–60% Thymol und Carvacrol, ferner Terpene, Borneol, Linalool und Ester.
In der Droge ferner Gerbstoffe, Flavone, Kaffeesäure, ca. 2% Ursolsäure und ca. 1% Oleanolsäure.

Formeln

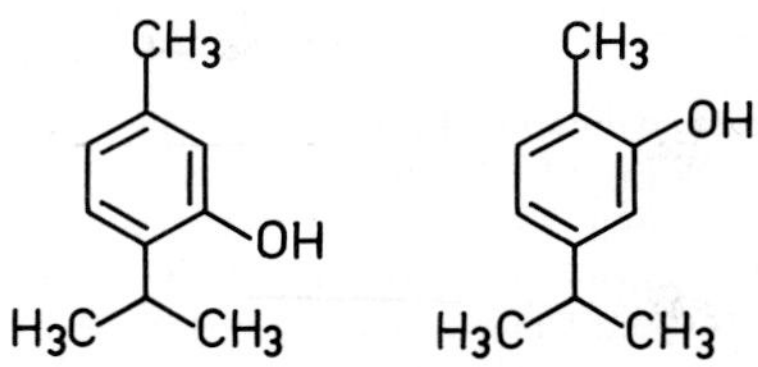

Thymol Carvacrol

Wirkung und Verwendung: Antiseptisch (Phenolderivate!) und sekretomotorisch, daher als Expectorans in Form von Thymianauszügen (Fluid-Extrakt, Sirupus Thymi). Ätherisches Öl desodorierend, schwach anästhesierend; äußerlich in Einreibungen.

Prüfungen
Die grüne bis bräunlichgrüne Pulverdroge hat einen aromatischen Geruch und einen aromatischen, etwas scharfen Geschmack.

Prüfung auf Identität

Dünnschicht-Chromatographie
Prinzip: Nachweis von Thymol im Chloroform-Extrakt unter gleichzeitiger semiquantitativer Abschätzung durch Vergleich der Zonengröße. Als Nachweisreagenz wird das für kupplungsfähige Phenolderivate spezifische, stabile Diazoniumsalz «Echtblausalz B» eingesetzt.

I. *Standardmethode:* Ja.
II. *Schicht:* Kieselgel F_{254}.
III. *Fließmittel:* Chloroform-Benzol (75 + 25), KS, 10 cm. Benzolhaltige Fließmittel sollten vermieden werden. Mit Dichlormethan, KS, 10 cm erhält man gleichgute Ergebnisse (s. DC-Abb.).
IV. *Nachweis:* Nach Abdampfen des Fließmittels:
   1. UV_{254}: Fluoreszenzmindernde Zonen markieren.
   2. Besprühen mit einer 0,5proz. *(G/V)* wäßrigen Lösung von Echtblausalz B (Reag. Nr. 25) und nach dem Trocknen an der Luft mit 0,1 N-ethanolischer Kaliumhydroxidlösung nachsprühen.

3. Anisaldehyd-Schwefelsäure (Reag. Nr. 4) und anschließend 5–10 min auf 105–110° erhitzen.

V. *Untersuchungslösung* (DAB 8)
0,1 g gepulverte Droge (355) werden 10 min mit 2 cm^3 Chloroform geschüttelt; vom Filtrat trägt man 10 mm^3 bandförmig (20 × 3 mm) auf. *TAS:* 5 mg Droge, 250°, 90 s, 1 Kügelchen Molekularsieb 4 Å, (= 0,4 nm) wasserdampfgesättigt.

VI. *Vergleichslösung:*
5 mg Thymol werden in 10 cm^3 Chloroform gelöst, davon trägt man 10 mm^3 bandförmig (20 × 3 mm) auf.

Chromatogramm

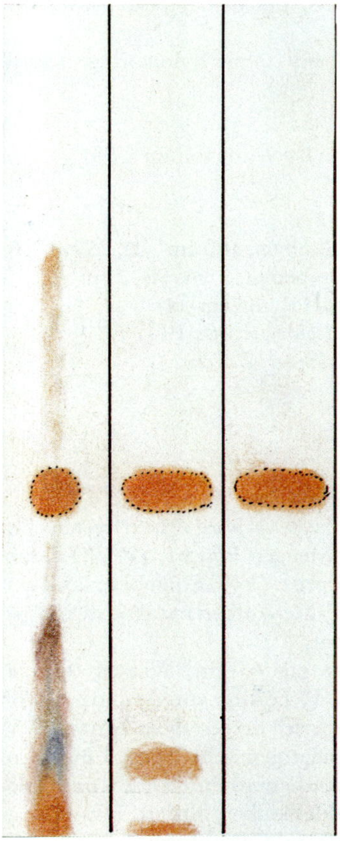

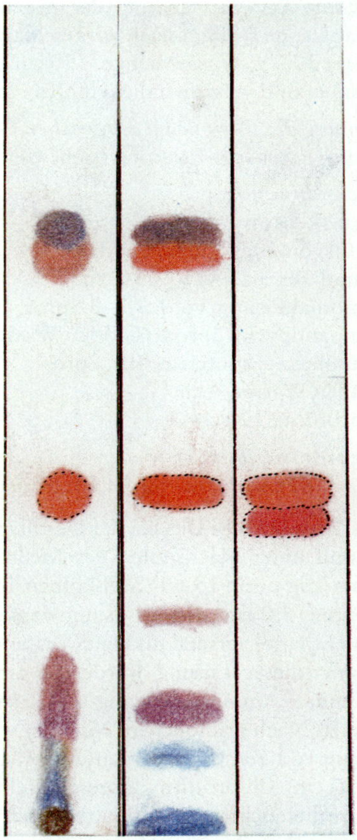

Abb. 85: I: TAS: Thymi herba; II: Untersuchungslösung von Thymi herba, 10 mm^3; III: Vergleichslösung, 10 mm^3.

Auswertung

Beim Betrachten des unbesprühten Chromatogramms im kurzwelligen UV-Licht erkennt man im mittleren Bereich des Chromatogramms der Untersuchungslösung eine fluoreszenzmindernde Zone, die etwa in gleicher Höhe wie die ebenfalls fluoreszenzmindernde Zone der Vergleichslösung (Thymol) liegt. Im Tageslicht färben sich diese Zonen schon beim Aufsprühen der Reagenzlösung rotbraun an. Die Zone im Chromatogramm der Untersuchungslösung soll in Lage, Farbintensität und Größe mit der Zone im Chromatogramm der Vergleichslösung übereinstimmen. Andere gleich große und gleichfarbig reagierende Zonen dürfen nicht vorhanden sein.

Anmerkung: Bei Verwendung des Fließmittels Dichlormethan ist die gleiche Auswertung möglich; Carvacrol färbt sich mit Echtblausalzlösung, wie Thymol, rotbraun an und zeigt einen geringfügig kleineren Rf-Wert, so daß mit Nachweis IV/2 keine Unterscheidung im Gemisch möglich ist. Mit Anisaldehyd-Schwefelsäure-Reagenz zeigt Thymol eine ziegelrote Anfärbung, wohingegen Carvacrol eine violettrote Färbung ergibt.

Gehaltsbestimmung

I. Ätherisches Öl: Bestimmung mit 20,0 g Droge und 300 cm^3 Wasser als Destillationsflüssigkeit in einem 1000 cm^3-Rundkolben; Destillation 2 h bei 2–3 cm^3 in der Minute; ohne Vorlage von Xylol.
Anmerkung: Bei Verwendung der neuen Apparatur (s. S. 18) mit dem 1,00 cm^3-Meßrohr werden folgende Bedingungen vorgeschlagen:
Einwaage: 20,0 g, Wassermenge: 250 cm^3, Kolbengröße: 500 cm^3. Ohne Xylolvorlage. Destillationsdauer und -geschwindigkeit bleiben.

II. Bestimmung der Phenole im ätherischen Öl

A. Prinzip: EMERSON-Reaktion (siehe Gehaltsbestimmung von Uvae ursi folium S. 94).

B. Durchführung

Chemikalien	Geräte:
äth. Öl von 20,0 g Thymi herba	Meßkolben, 100 cm^3 (1), 25 cm^3 (1)
Ethanol 90proz. *(V/V)*, 150 cm^3	Vollpipetten, 5 cm^3 (1), 2 cm^3 (2)
Ammoniaklösung, verd. 3,3–3,5proz. *(G/V)*, 0,5 cm^3	1 cm^3 (1), 0,5 cm^3 (1)
Aminoantipyrin, 2proz. *(G/V)* in Wasser, 1 cm^3	1 Scheidetrichter, 100 cm^3
Kaliumhexacyanoferrat (III), 2proz. *(G/V)* in Wasser, 4 cm^3	1 Trichter, ∅ 5 cm
Chloroform, 100 cm^3	

Allgemeine Geräte
2 Glasküvetten, Schichtdicke 1,0 cm.

Vorschrift DAB 8: Das bei der Destillation erhaltene ätherische Öl wird wasserfrei abgelassen und unter Nachspülen des Meßrohres mit kleinen Mengen 90proz. *(V/V)* Ethanol vollständig in ein 25 cm^3-Meßkolben überführt und mit 90proz. *(V/V)* Ethanol zu 25.0 cm^3 verdünnt. 5,0 cm^3 dieser Lösung werden in einem 100 cm^3-Meßkolben mit 40 cm^3 90proz. *(V/V)* Ethanol versetzt und mit Wasser zu 100 cm^3 verdünnt.
5,0 cm^3 dieser Lösung werden in einem Scheidetrichter mit 45 cm^3 Wasser, 0,5 cm^3 verdünnter Ammoniaklösung und 1 cm^3 einer 2proz. *(G/V)* Lösung von Aminoantipyrin versetzt. Nach gründlichem Mischen wird mit 4 cm^3 einer frisch hergestellten 2proz. *(G/V)* Lösung von Kaliumhexacyanoferrat (III) versetzt und erneut gemischt. Nach 5 min wird mit 25 cm^3 Chloroform ausgeschüttelt. Die Chloroformphase wird durch einen mit Chloroform befeuchteten Glaswattebausch in einen 100 cm^3-Meßkolben filtriert. Die wäßrige Phase wird noch zweimal mit je 25 cm^3 und einmal mit 10 cm^3 Chloroform ausgeschüttelt und die Chloroformauszüge mit Chloroform unter Waschen des Wattebausches zu 100,0 cm^3 verdünnt.
Die Extinktion *E* dieser Untersuchungslösung wird bei 455 nm in einer Schichtdicke von 1 cm gegen Chloroform gemessen.

C. Berechnung

Der Berechnung des Gehalts an Phenolen, berechnet als Thymol, wird eine spezifische Extinktion von $E_{1\,cm}^{1\%} = 805$ zugrunde gelegt.
E: Extinktion der Untersuchungslösung.
b: Drogeneinwaage in Gramm.

In 100 cm³ Untersuchungslösung sind $\frac{E}{E_{1\,cm}^{1\%}}$ g Thymol enthalten, die in einer Drogenmenge von $b \cdot \frac{5 \cdot 5}{25 \cdot 100}$ g enthalten sind.

$$\text{Thymol } \% = \frac{100 \cdot E \cdot 25 \cdot 100}{E_{1\,cm}^{1\%} \cdot b \cdot 5 \cdot 5} = \frac{10000 \cdot E}{E_{1\,cm}^{1\%} \cdot b}.$$

Für $E_{1\,cm}^{1\%} = 805$ und für $b = 20$ g gilt:

$$\text{Thymol } \% = \frac{10000}{805 \cdot 20} E = 0{,}62 \cdot E.$$

Prüfung auf Reinheit

Wasser: Höchstens 10,0% *(V/G)* mit 20,00 g gepulverter Droge (710) durch azeotrope Destillation bestimmt.

Sulfatasche: Höchstens 16,0%, mit 1,00 g gepulverter Droge bestimmt.

9. Matricariae flos

Kamillenblüten, Matricaria Flowers, Fleurs de matricaire

Stammpflanze und Familie: *Matricaria chamomilla* L. (syn. *Chamomilla recutita* (L.) RAUSCHERT); *(Asteraceae)*.

Offizinell: Ph. Eur. III (mind. 0,4% *(V/G)* ätherisches Öl), DAB 7-DDR (0,10–0,16% Matricin).

Inhaltsstoffe: Ätherisches Öl (0,5–1,5%), darin 0–10% Chamazulen, Farnesen, cis- und trans-En-In-Dicycloether, 0–40% (–)α-Bisabolol, α-Bisabololoxid A und B.
In der Droge: die Vorstufe des Chamazulen, das Proazulen Matricin; ferner Cumarinderivate: Herniarin und Flavonderivate.

Formeln

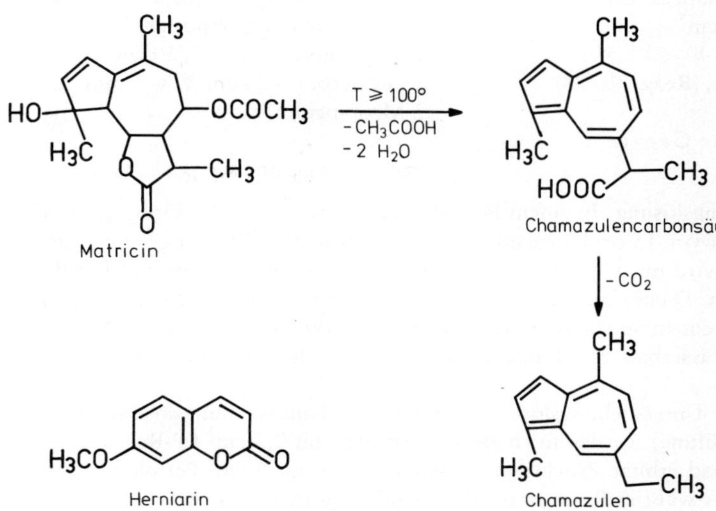

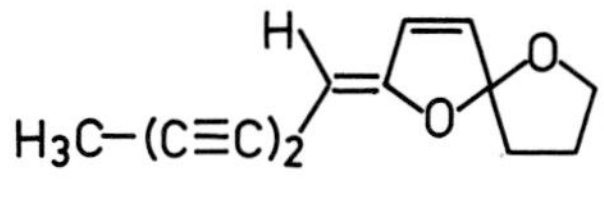

cis-En-In-Dicycloether

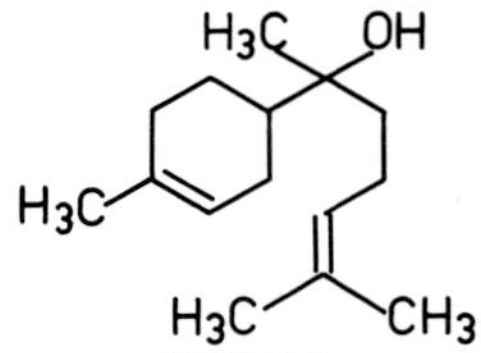

Bisabolol

Wirkung und Verwendung: Spasmolytisch, entzündungswidrig (antiphlogistisch), carminativ; hauptsächlich als Infus. Innerlich bei Erkrankungen des Magen- und Darmkanals und der Gallenwege und äußerlich bei schlecht heilenden Wunden.

Prüfungen
Die dunkelgelbe Pulverdroge hat einen aromatischen, angenehmen, charakteristischen Geruch und einen schwach bitteren Geschmack.

Prüfung auf Identität

Nachweis von Proazulen im Drogenextrakt

A. *Prinzip:* Beim Erhitzen eines Drogenextrakts mit Säuren entsteht aus dem Proazulen Matricin, über die Stufe der Chamazulencarbonsäure das Chamazulen (1,4-Dimethyl-7-ethylazulen), das in saurer Lösung ein blau bis blaugrün gefärbtes Azuleniumkation bildet. Durch Kondensation der Methylenprotonen in 3-Stellung mit Dimethylaminobenzaldehyd entsteht ein intensiver gefärbtes Reaktionsprodukt (Dimethylanilin-Fulven-Derivat). Durch Ausschütteln der Reaktionsmischung mit Petrolether werden gelbe lipophile Farbpigmente extrahiert.

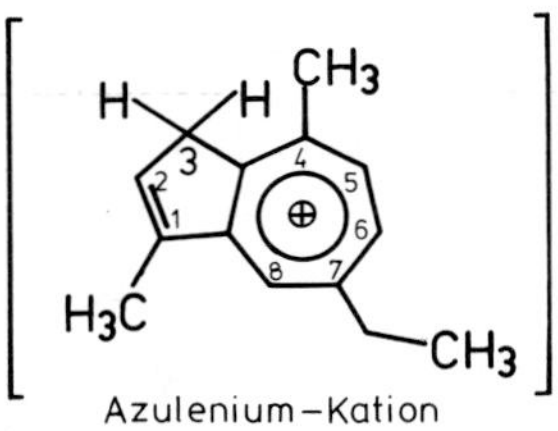

Azulenium-Kation

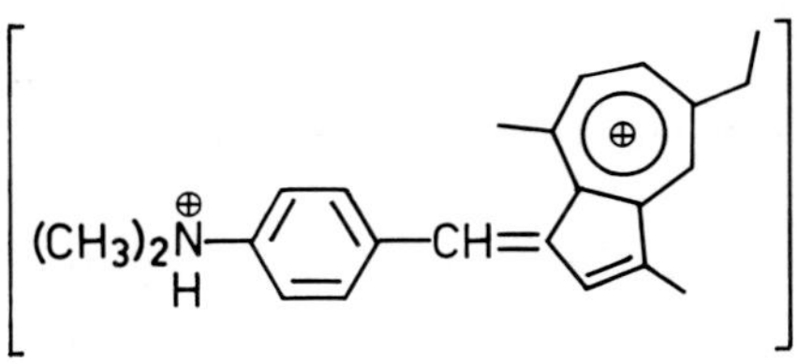

B. *Durchführung*

Chemikalien	Geräte
Matricariae flos, tot, 1 g	1 Porzellanmörser, ∅ 8 cm mit Pistill
Dichlormethan, 20 cm^3	1 Chromatographiesäule, l = 15 cm,
Toluol, 0,2 cm^3	$\varnothing_i$ = 1,5 cm mit grobporiger Fritte
Petrolether (40–60°), 5 cm^3	1 Spitzkolben, NS 14,5, 50 cm^3
EP-Reagenz, (Reag. Nr. 28)	1 Glasstab, l = 25 cm, ∅ = 5 mm
	2 Meßpipetten, 5 cm^3
Allgemeine Geräte	
Wasserbad	Rotationsverdampfer

Untersuchungslösung: In einem Porzellanmörser werden 1,0 g Droge grob zerstoßen und in ein Glasrohr von 15 cm Länge und 1,5 cm Innendurchmesser mit grobporiger Fritte eingefüllt. Die Droge wird mit Hilfe eines Glasstabes eingestampft. Mörser und Pistill werden zweimal mit je 10 cm^3 Dichlormethan gespült. Die Waschflüssigkeit wird nach und nach auf die Säule gegeben. In einem Spitzkolben werden 15 cm^3 Perkolat aufgefangen. Das Lösungsmittel wird auf dem Wasserbad zur Trockne eingeengt und der Rückstand in 0,2 cm^3 Toluol aufgenommen.

0,1 cm^3 der Untersuchungslösung (der Rest der Untersuchungslösung dient zur DC bei der Reinheitsprüfung) werden in einem Reagenzglas mit 2,5 cm^3 EP-Reagenz versetzt und 5 min im Wasserbad erhitzt. Nach dem Abkühlen wird mit 5 cm^3 Petrolether versetzt und umgeschüttelt. Die wäßrige Phase ist deutlich bläulich-grün bis blau gefärbt.

Prüfung auf Reinheit

Dünnschicht-Chromatographie von Matricariae flos

Prinzip: Prüfung auf En-In-Dicycloether und Herniarin im Dichlormethanextrakt (Ph. Eur. III) und zusätzliche Prüfung auf Chamazulen in der Auftragung nach dem TAS-Verfahren und im ätherischen Öl. Als Vergleichssubstanzen dienen die nicht in der Droge enthaltenen Substanzen Guajazulen, Bornylacetat und Borneol.

I. Standardmethode: Ja.

II. Schicht: Kieselgel F_{254}.

III. Fließmittel: Chloroform-Benzol (75 + 25), KS, 10 cm, benzolhaltige Fließmittel sollten vermieden werden. Mit Dichlormethan, KS, 10 cm erhält man gleichgute Ergebnisse (s. DC-Abb.).

IV. Nachweis: Nach Abdampfen des Fließmittels:
1. UV_{254}: Fluoreszenzmindernde Zonen markieren.
2. UV_{365}: Fluoreszierende Zonen markieren.
3. Besprühen mit Anisaldehyd-Schwefelsäure (Reag. Nr. 4) und anschließend 5–10 min auf 105–110° erhitzen.

V. Untersuchungslösung
a) *TAS:* 10 mg Röhrenblüten, 220°, 90 s, 1 Kügelchen Molekularsieb, 4 Å (= 0,4 nm) wasserdampfgesättigt.
b) *Extrakt* (Ph. Eur. III): Siehe bei Prüfung auf Identität. Von dieser Untersuchungslösung trägt man 20 mm^3 bandförmig (20 × 3 mm) auf.
c) *Äth. Öl:* 0,1 cm^3 der bei der Gehaltsbestimmung erhaltenen Xylol-äth. Öl-Mischung werden mit Essigsäureethylester auf 3,0 cm^3 verdünnt, davon trägt man 10 mm^3 bandförmig (20 × 3 mm) auf.

VI. Vergleichslösung: 100 mg Borneol, 80 mg Bornylacetat und 4 mg Guajazulen werden in 10 cm^3 Toluol gelöst, davon trägt man 10 mm^3 bandförmig (20 × 3 mm) auf.

Auswertung (Abb. 86)

Beim Betrachten der Chromatogramme aller Auftragungen im kurzwelligen UV-Licht sind eine Reihe von fluoreszenzmindernden Zonen zu erkennen. Im mittleren Rf-Bereich liegt die Zone des En-in-dicycloethers, der manchmal auch in zwei Zonen aufgetrennt ist (cis-Verbindung: obere Zone; trans-Verbindung: untere). Beim Auswerten im langwelligen UV-Licht fällt im unteren Rf-Bereich die blau fluoreszierende Zone des Herniarins auf. Nach dem Besprühen und Erhitzen sind auf dem Chromatogramm der Vergleichslösung im oberen Rf-Bereich die tiefrote Zone des Guajazulens, im mittleren Rf-Bereich (ungefähr in Höhe vom En-in-dicycloether) die gelbbraune Zone des Bornylacetats und im unteren Rf-Bereich die gelbbraune Zone des Borneols der Vergleichslösung zu erkennen.

Die Chromatogramme der TAS-Auftragung und des äth. Öls zeigen im oberen Rf-Bereich die ebenfalls sich tiefrot anfärbende Zone von Chamazulen, die vor dem Besprühen im Tageslicht schon als schwach blaue Zonen zu erkennen war. Die Anfärbung mit Anisaldehyd-Schwefelsäure wird durch die sich ebenfalls rotviolett anfärbenden Terpenkohlenwasserstoffe überdeckt. Der (bzw. die) En-in-dicycloether färben sich schwach braun an. Eine dunkelrot-violette Zone im unteren Rf-Bereich entspricht dem Bisabolol. Im unteren Rf-Bereich, in Startnähe, tritt eine langgezogene, sich braun anfärbende Zone auf, die sich mit der Zeit nach braungelb verfärbt; sie entspricht den Bisabololoxiden. Auf dem Chromatogramm der Untersuchungslösung (II) tritt in Startnähe direkt nach dem Besprühen mit Anisaldehyd-Schwefelsäure schon bei Zimmertemperatur eine blauviolette Zone auf, die dem Matricin zuzuordnen ist und auf den Chromatogrammen der anderen Auftragungen erwartungsgemäß nicht auftritt.

Anmerkung: Mit dem Fließmittel Dichlormethan erhält man ein DC mit der gleichen Aussagekraft wie mit dem benzolhaltigen Fließmittel. Setzt man dem Fließmittel Dichlormethan noch 2% Ethanol hinzu, so kann man im Chromatogramm des Extrakts im unteren Rf-Bereich deutlich die Matricinzone erkennen, die sich nach dem Besprühen mit Anisaldehyd-Schwefelsäure schon bei Zimmertemperatur sofort blau anfärbt.

Chromatogramm (Nachweis IV/3)

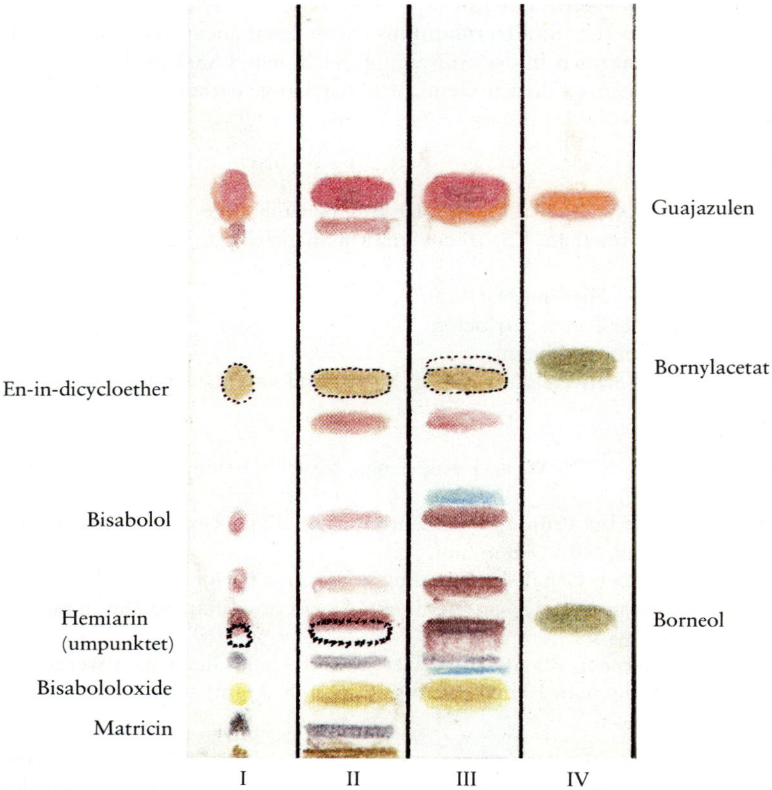

Abb. 86: I: TAS: Matricariae flos; II: Untersuchungslösung von Matricariae flos, 20 mm^3; III: Untersuchungslösung des äth. Öles von Matricariae flos, 10 mm^3; IV: Vergleichslösung 10 mm^3.

Sulfatasche: Höchstens 13,0%, bestimmt mit 1,00 g Droge.

Gehaltsbestimmung

Ätherisches Öl: Die Bestimmung des ätherischen Öles erfolgt mit 50 g Ganzdroge und 500 cm^3 einer 1proz. Lösung *(G/V)* von Natriumchlorid als Destillationsflüssigkeit in einem 1000 cm^3-Rundkolben. 4 h wird mit einer Destillationsgeschwindigkeit von 3–4 cm^3 je min destilliert, als Vorlage dient 1,0 cm^3 Xylol im Meßrohr.

Anmerkung:

1. Bei Verwendung der neuen Apparatur (s. S. 18) mit dem 1,00 cm^3-Meßrohr werden folgende Bedingungen vorgeschlagen:
   Einwaage: 30 g, Wassermenge: 300 cm^3 (keine 1proz. Natriumchloridlösung mehr!)
   Kolbengröße: 1000 cm^3, Xylolvorlage: 0,50 cm^3. Destillationsdauer und -geschwindigkeit bleiben.
2. Erheblich höhere Ausbeuten erhält man bei kleinerer Einwaage (5,0 g) und der diskontinuierlichen Arbeitsweise mit einer einfachen Apparatur (vgl. DAB 6 oder Ph. Helv. VI).

10. Absinthii herba

Wermutkraut, Absinth, Absinthe grande

Stammpflanze und Familie: *Artemisia absinthium* L. *(Asteraceae)*.

Offizinell: DAB 8 (mind. 0,3% *(V/G)* ätherisches Öl und einen Bitterwert von mind. 15000), DAB 7-DDR.

Inhaltsstoffe: 0,1–1,3% ätherisches Öl, darin α- und β-Thujon (Formel S. 226) Thujylalkohole, manchmal etwas Chamazulen, sowie Terpene. Ferner in der Droge: das Proazulen Artabsin (Sesquiterpenlacton), Bitterstoffe: Absinthin und Anabsinthin, außerdem Flavone.

Formeln

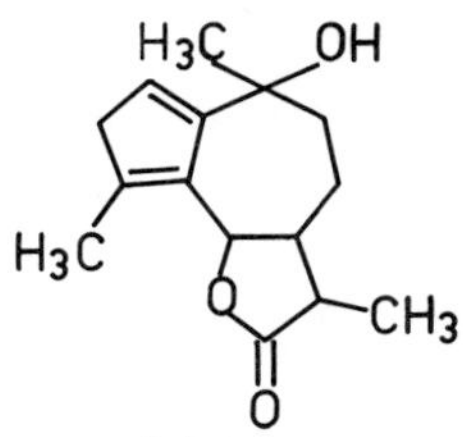

Artabsin

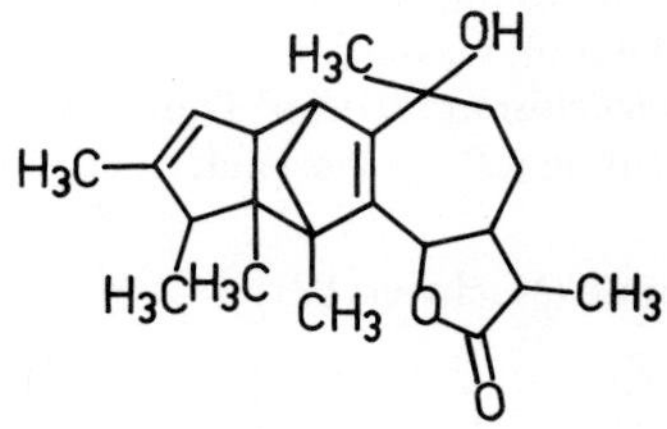

Absinthin

Wirkung und Verwendung: Amarum aromaticum bei Appetitlosigkeit, Stomachicum, Digestivum. Bei Leber- und Gallenleiden als Cholereticum. Beachte: Äth. Wermutöl ist giftig (Thujon), daher Absinthlikör in manchen Ländern verboten.

Prüfungen der Droge
Die grau bis bräunlichgrün gefärbte Pulverdroge hat einen aromatischen Geruch und einen aromatischen, stark bitteren Geschmack.

Prüfung auf Identität

A. *Nachweis von Proazulen* (Artabsin).
Prinzip: Vgl. Matricariae flos (Prüfung auf Reinheit).
Durchführung

Chemikalien	Geräte
Absinthii herba, pulv. (710), 0,1 g	1 Erlenmeyerkolben, 25 cm^3
Chloroform, 10 cm^3	1 Trichter, ∅ 5 cm
EP-Reagenz (Reag. Nr. 28)	

Allgemeine Geräte
Wasserbad

Vorschrift: 0,1 g gepulverte Droge (710) werden 2 min mit 10 cm^3 Chloroform unter häufigem Umschwenken bei Raumtemperatur extrahiert. Das Filtrat wird auf dem Wasserbad auf etwa 1 cm^3 eingeengt und nach Zusatz von 5 cm^3 EP-Reagenz 5 min im siedenden Wasserbad erhitzt. Die Lösung färbt sich blaugrün.

B. *Dünnschicht-Chromatographie von Absinthii herba*
Prinzip: Prüfung auf Thujon a) im ätherischen Öl (DAB 8), b) im Extrakt und c) bei der TAS-Auftragung.

I. *Standardmethode:* Ja; Abweichungen: Laufstrecke 12 cm.
II. *Schicht:* Kieselgel F_{254}.
III. *Fließmittel:* Chloroform-Benzol (75 + 25), KS, 12 cm. Benzolhaltige Fließmittel sollten vermieden werden. Mit Dichlormethan, KS, 10 cm erhält man gleichgute Ergebnisse (s. DC-Abb.).

IV. Nachweis: Nach Abdampfen des Fließmittels:
Besprühen mit Anisaldehyd-Schwefelsäure (Reag. Nr. 4) und anschließend 5–10 min auf 105–110° erhitzen; im Tages- und UV_{365}-Licht auswerten.

V. Untersuchungslösung

1. *Extrakt:* 0,5 g frisch gepulverte (710) Droge werden mit 5 cm^3 Dichlormethan versetzt, kurz auf dem Wasserbad aufgekocht, über Glaswatte mit einer Auflage von wasserfreiem Natriumsulfat filtriert. Der Drogenrückstand wird mit ca. 3 cm^3 Dichlormethan nachgespült und über den gleichen Trichter filtriert. Die vereinigten Filtrate werden auf dem Wasserbad bis fast zur Trockene eingeengt und in 0,2 cm^3 Essigsäureethylester aufgenommen, davon trägt man 10 mm^3 bandförmig (20 × 3 mm) auf.
2. *Ätherisches Öl* (DAB 8): Die unter «Gehaltsbestimmung» erhaltene Lösung des ätherischen Öls in Xylol wird wasserfrei abgelassen; 0,5 cm^3 dieser Lösung werden mit 5 cm^3 Toluol versetzt, davon trägt man 10 mm^3 bandförmig (20 × 3 mm) auf.
3. *TAS:* 5–10 mg Absinthii herba pulv. (710), 220°, 90 s, 2 Kügelchen Molekularsieb 4 Å (= 0,4 nm), wasserdampfgesättigt.

VI. Vergleichslösung: 10 mm^3 Thujon werden in 1,0 cm^3 Toluol gelöst, davon trägt man 10 mm^3 bandförmig (20 × 3 mm) auf.

Chromatogramm (Nachweis IV)

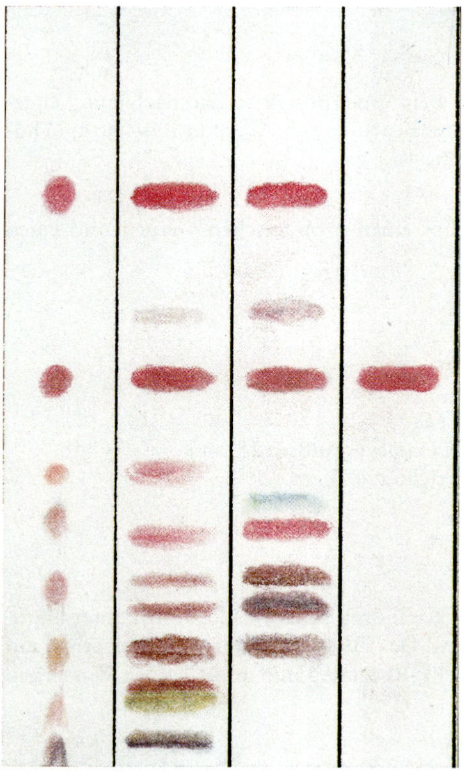

Abb. 87: I: TAS: Absinthii herba; II: Untersuchungslösung von Absinthii herba, 10 mm^3; III: Untersuchungslösung des äth. Öles von Absinthii herba, 10 mm^3; IV: Vergleichslösung, 10 mm^3.

Auswertung

Auf den besprühten und anschließend erhitzten Chromatogrammen sind im Tageslicht eine Reihe meist rötlicher bis rotvioletter Zonen zu erkennen. Die im mittleren Rf-Bereich liegende sich violett bis grauviolett anfärbende Zone von Thujon ist auf dem Chromatogramm der TAS-

Auftragung, des Extraktes und des ätherischen Öles sichtbar. Beim Betrachten der Chromatogramme im langwelligen UV-Licht fluoreszieren einige der Zonen; die Zone des Thujons fluoresziert intensiv ziegelrot.

Prüfung auf Reinheit

Sulfatasche: Höchstens 14,0%, mit 1,000 g gepulverter Droge bestimmt.

Gehaltsbestimmung

Ätherisches Öl: Bestimmung mit 50,0 g Droge und 300 cm^3 Wasser als Destillationsflüssigkeit in einem 1000 cm^3-Rundkolben. Destillation 3 h bei 2–3 cm^3 in der Minute; 1,0 cm^3 Xylol als Vorlage.

Anmerkung: Bei Verwendung der neuen Apparatur (s. S. 18) mit dem 1,00 cm^3 Meßrohr werden folgende Bedingungen vorgeschlagen: Einwaage: 50,0 g, Wassermenge: 500 cm^3, Kolbengröße: 1000 cm^3, Xylolvorlage: 0,50 cm^3, Destillationsdauer und -geschwindigkeit bleiben.

Bitterwert: Mindestens 15 000 (s. S. 4).

11. Juniperi fructus

Wacholderbeeren, Juniper Berries, Baies de genièvre

Stammpflanze und Familie: *Juniperus communis* L. *(Cupressaceae)*.

Offizinell: DAB 8 (mind. 1,0% *(V/G)* ätherisches Öl), DAB 7-DDR.

Inhaltsstoffe: 0,2 bis 2% ätherisches Öl mit ziemlich verschiedener Zusammensetzung: Hauptbestandteile sind Terpenkohlenwasserstoffe, wie z. B. α-Pinen, β-Pinen, Myrcen, Sabinen, Thujen, Limonen, Sesquiterpenkohlenwasserstoffe: Caryophyllen, Cadinen, Elemen u. a.; Terpenalkohole: Terpinen-4-ol. Die Droge enthält ferner Flavonglykoside, Gerbstoffe, bis zu 30% Zucker und ca. 10% harzige und wachsartige Bestandteile.

Formeln

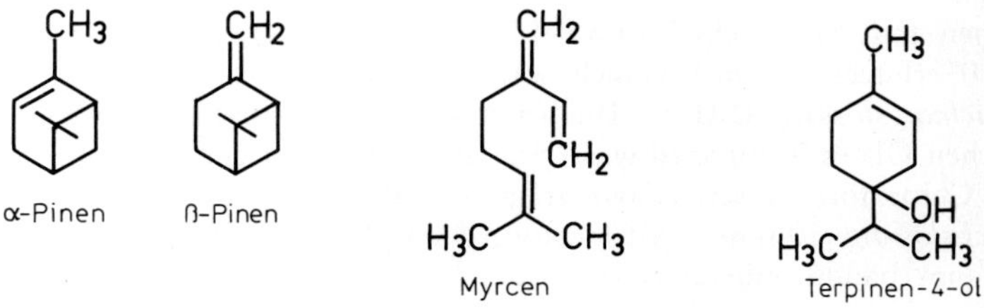

Wirkung und Verwendung: Die Auszüge werden als Diureticum, Stomachicum und Carminativum verwendet; Wacholderöl: Äußerlich in hautreizenden Einreibungen.

Prüfungen der Droge
Die braune Pulverdroge riecht, frisch zerkleinert, stark aromatisch und schmeckt süß und würzig.

Prüfung auf Identität

A. *Nachweis von Leukoanthocyanen*
Prinzip: Ein methanolischer Drogenextrakt wird mit konz. Schwefelsäure versetzt; hierbei bilden die Leukoanthocyane unter Wasserabspaltung in saurer Lösung rot gefärbte Anthocyane.

Durchführung

Chemikalien
Juniperi fructus, pulv. (300), 0,5 g
Methanol, 10 cm^3
konz. Schwefelsäure, 1 cm^3

Geräte:
1 Trichter, ∅ 5 cm
2 Meßpipetten, 1 cm^3

Allgemeine Geräte
Wasserbad

Vorschrift: 0,5 g gepulverte Droge werden mit 10 cm^3 Methanol zum Sieden erhitzt. Die erhaltene Mischung wird filtriert. 1 cm^3 des Filtrats wird vorsichtig mit 1 cm^3 konz. Schwefelsäure versetzt; es entsteht eine rotviolette Färbung.

B. *Nachweis von Flavonoiden*

Prinzip: Der Rückstand eines eingeengten, methanolischen Extrakts wird mit Wasser zum Sieden erhitzt: die Flavonglykoside lösen sich in Wasser, lipophile und harzartige Substanzen bleiben ungelöst. Nach Zusatz von konz. Alkalilösung ergeben die flavonoiden Verbindungen aufgrund der Phenolatbildung eine Gelbfärbung.

Durchführung

Chemikalien
Vgl. A.
Natriumhydroxidlösung, 40proz. *(G/V)*, 1 cm^3

Geräte
1 Trichter, ∅ 5 cm

Allgemeine Geräte
Wasserbad

Vorschrift: Der Rest des Filtrats von A. wird auf dem Wasserbad zur Trockne eingeengt und der Rückstand mit 5 cm^3 Wasser 2 min auf dem Wasserbad erwärmt. Nach dem Abkühlen wird die erhaltene wäßrige Lösung filtriert. 2 cm^3 des Filtrates werden mit 1 cm^3 einer 40proz. *(G/V)* Lösung von Natriumhydroxid versetzt. Es entsteht eine gelborange Färbung.

C. *Dünnschicht-Chromatographie*

Prinzip: Prüfung auf Terpinen-4-ol und andere terpenoide Verbindungen im ätherischen Öl. Als Vergleich dient das *nicht* in der Droge enthaltene 1.8-Cineol.

I. *Standardmethode:* Ja; Abweichung: Laufstrecke 15 cm.
II. *Schicht:* Kieselgel F_{254}.
III. *Fließmittel:* Dichlormethan, KS, 15 cm.
IV. *Nachweis:*
Besprühen mit Anisaldehyd-Schwefelsäure (Reag. Nr. 4), anschließend 5–10 min auf 100–110° erhitzen und im Tageslicht sowie langwelligen UV-Licht bei 365 nm auswerten.
V. *Untersuchungslösung* (DAB 8): Die bei der «Gehaltsbestimmung» erhaltene Lösung des ätherischen Öls in Xylol wird wasserfrei abgelassen; 0,1 cm^3 dieser Lösung werden mit 0,9 cm^3 Chloroform versetzt, davon trägt man 10 mm^3 bandförmig (20 × 3 mm) auf.
VI. *Vergleichslösung:* 10 mm^3 1.8-Cineol werden in 1,0 cm^3 Chloroform gelöst, davon trägt man 10 mm^3 bandförmig (20 × 3 mm) auf.

Auswertung (Abb. 88)

Nach dem Besprühen der Chromatogramme mit Anisaldehyd-Schwefelsäure und anschließendem Erhitzen ist im mittleren hRf-Bereich des Chromatogramms der Vergleichslösung die blaugrau bis rotbraun gefärbte Zone des 1.8-Cineols zu erkennen. Im Chromatogramm der Untersuchungslösung liegen zwischen der Startlinie und dem hRf-Bereich des 1.8-Cineols der Vergleichslösung mindestens vier, im Tageslicht braun bis blau gefärbte, im ultravioletten Licht bei 365 nm rot bis braun fluoreszierende Zonen. Die oberste ist das Terpinen-4-ol. Oberhalb des hRf-Bereichs von 1.8-Cineol liegen drei weitere rotviolette bis blauviolette Zonen, die oberste ist am stärksten sichtbar, zwischen der beschriebenen unteren und mittleren der blauen Zonen liegen noch zwei bis drei sehr schwach sichtbare blaugraue bzw. gelbe Zonen; sie zeigen jedoch im ultravioletten Licht bei 365 nm eine orange bis rosafarbene Fluoreszenz.

Chromatogramm (Nachweis IV)

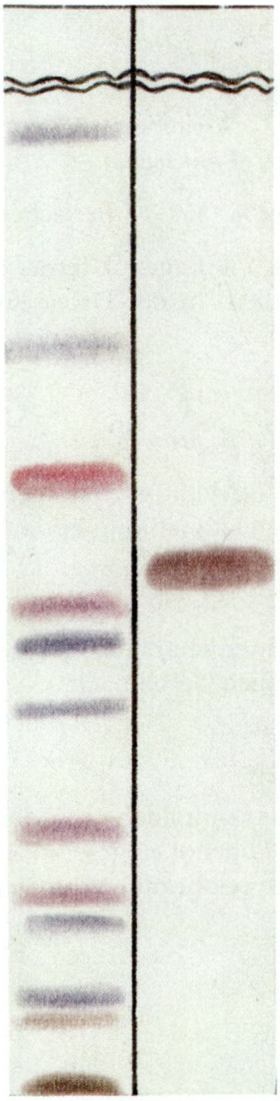

Abb. 88: I: Untersuchungslösung des ätherischen Öles von Juniperi fructus, 10 mm^3; II: Vergleichslösung, 10 mm^3.

Prüfung auf Reinheit

Wasser: Höchstens 15,0% *(V/G)*, mit 10,0 g grob zerstoßener Droge durch azeotrope Destillation bestimmt.

Sulfatasche: Höchstens 6,0%, mit 1,00 g gepulverter Droge bestimmt.

Gehaltsbestimmung

Ätherisches Öl: Bestimmung mit 20,0 g der leicht zerquetschten Droge und 200 cm^3 Wasser als Destillationsflüssigkeit in einem 500 cm^3-Rundkolben. Destillation 1,5 h bei 3–4 cm^3 in der Minute, 1,00 cm^3 Xylol als Vorlage.

Anmerkung: Bei Verwendung der neuen Apparatur (s. S. 18) mit dem 1,00 cm^3 Meßrohr werden folgende Bedingungen vorgeschlagen:
Einwaage: 20 g, Wassermenge: 250 cm^3, Kolbengröße: 500 cm^3,
Xylolvorlage: 0,50 cm^3, Destillationsdauer und -geschwindigkeit bleiben.

12. Cinnamomi cortex

Ceylon-Zimt, Ceylon Cinnamon, Cannelle dite de Ceylon

Stammpflanze und Familie: *Cinnamomum zeylanicum* NEES *(Lauraceae).*

Offizinell: Ph. Eur. (2. Ausgabe, in Vorbereitung), (mind. 1,2% *(V/G)* ätherisches Öl.

Inhaltsstoffe: 0,5–1,5% äth. Öl mit 65–75% Zimtaldehyd, 5% Eugenol, ferner o-Methoxyzimtaldehyd und Terpenkohlenwasserstoffe, z.B. β-Caryophyllen. In der Droge sind ferner Zimtsäure, Gerbstoffe, Schleim und Stärke enthalten.

Nicht offizinell ist Cassia-Zimt oder *Chinesischer Zimt:*

Stammpflanze und Familie: Cinnamomum aromaticum NEES *(Lauraceae).*

Inhaltsstoffe: 1–2% äth. Öl mit 75–90% Zimtaldehyd, o-Methoxyzimtaldehyd, Eugenol ist kaum vorhanden. Ferner enthält die Droge Cumarin, das in Cinnamomi ceylanici cortex nur in Spuren vorkommt.

Prüfungen
Das gelblich bis rotbraune Pulver von Ceylon-Zimt hat einen charakteristischen aromatischen Geruch nach Zimtaldehyd und einen brennenden, süß würzigen Geschmack.

Prüfung auf Identität

Dünnschicht-Chromatographie
Prinzip: Prüfung auf Zimtaldehyd, Eugenol und o-Methoxyzimtaldehyd im Dichlormethanextrakt. Als Vergleichssubstanzen werden Zimtaldehyd und Eugenol eingesetzt. Als Nachweisreagenz wird o-Dianisidin verwendet, das mit Zimtaldehyd eine gelbbraune Schiff'sche Base bildet.

I. *Standardmethode:* Ja.
II. *Schicht:* Kieselgel F_{254}.
III. *Fließmittel:* Dichlormethan, KS, 10 cm.
IV. *Nachweis:* Nach Abdampfen des Fließmittels:
  1. UV_{365}: Fluoreszierende Zonen markieren.
  2. UV_{254}: Fluoreszenzmindernde Zonen markieren.
  3. Besprühen mit einer 10proz. *(G/V)* methanolischen Lösung von Kaliumhydroxid und anschließend im langwelligen UV-Licht auswerten.
  4. Besprühen mit einer 25proz. *(G/V)* Lösung von o-Dianisidin in Eisessig (Reag. Nr. 14).
V. *Untersuchungslösung*
  a) Extrakt 0,1 g gepulverte Zimtrinde (500) wird 15 min mit 2 cm^3 Dichlormethan geschüttelt. Das Filtrat wird zur Trockne eingeengt und der Rückstand in 0,4 cm^3 Toluol aufgenommen, davon trägt man 10 mm^3 bandförmig auf (20 × 3 mm).
  b) Äth. Öl: 0,1 cm^3 des bei der Gehaltsbestimmung erhaltenen äth. Öl-Xylol-Gemischs werden mit 1,0 cm^3 Essigsäureethylester verdünnt, davon trägt man 10 mm^3 bandförmig (20 × 3 mm) auf.
  Oder: 30 mm^3 Cinnamomi aetheroleum werden mit 1,0 cm^3 Essigsäureethylester verdünnt, davon trägt man 10 mm^3 bandförmig (20 × 3 mm) auf.
VI. *Vergleichslösung:* 5 mm^3 Zimtaldehyd und 1 mm^3 Eugenol werden in 1,0 cm^3 Toluol gelöst, davon trägt man 10 mm^3 bandförmig (20 × 3 mm) auf.

Auswertung (Abb. 89)
Beim Betrachten der unbesprühten Chromatogramme im langwelligen UV-Licht erkennt man auf den Chromatogrammen der Untersuchungslösungen der Extrakte (I) und (II) im mittleren Rf-Bereich eine schwach bläulich fluoreszierende Zone, die dem o-Methoxyzimtaldehyd entspricht. Beim Betrachten im kurzwelligen UV-Licht erkennt man direkt oberhalb der o-Methoxyzimt-

Chromatogramm
(Nachweis IV/3) (Nachweis IV/4)

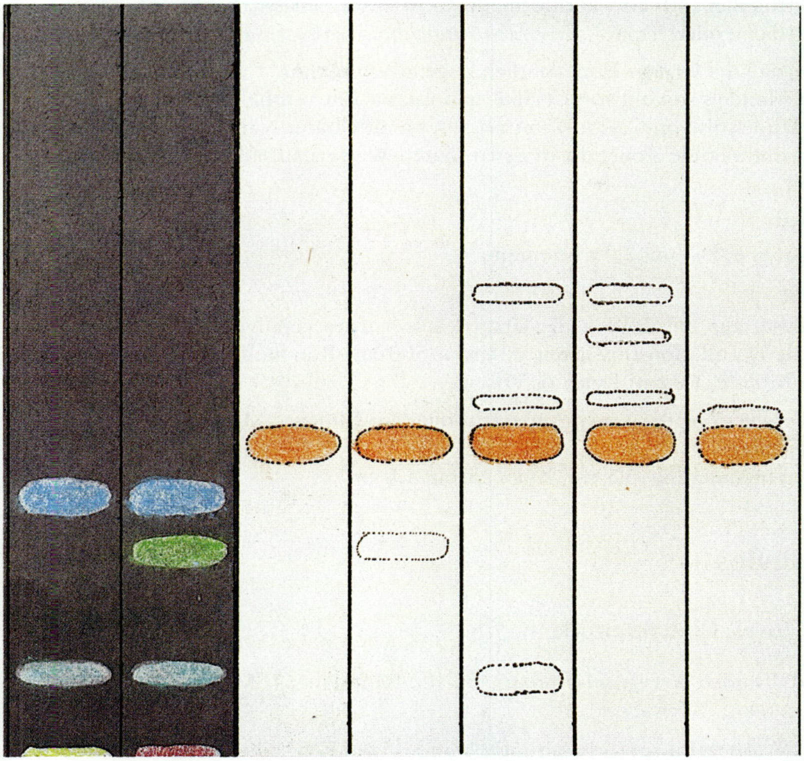

Abb. 89: I: Untersuchungslösung von Cinnamomi ceylanici cortex, 10 mm^3; II: Untersuchungslösung von Cinnamomi aromatici cortex, 10 mm^3; III: Untersuchungslösung des äth. Öles von Cinnamomi ceylanici cortex (Handelsmuster), 10 mm^3; IV: Untersuchungslösung des äth. Öles von Cinnamomi aromatici cortex (Handelsmuster), 10 mm^3; V: Vergleichslösung, 10 mm^3.

aldehyd-Zone auf den Chromatogrammen aller Auftragungen eine fluoreszenzmindernde Zone, die der Zone des Zimtaldehyds im Chromatogramm der Vergleichslösung entspricht. Auf gleicher Höhe liegt im Chromatogramm der Vergleichslösung die ebenfalls, wenn auch schwächer fluoreszenzmindernde Zone des Eugenols, die in den Chromatogrammen der einzelnen Auftragungen nicht zugeordnet werden kann. Nach dem Besprühen mit einer 10proz. *(G/V)* Lösung von Kaliumhydroxid in Methanol und anschließendem Betrachten im langwelligen UV-Licht erkennt man direkt unterhalb der o-Methoxyzimtaldehyd-Zone auf dem Chromatogramm der Untersuchungslösung des Extrakts von Cassia-Zimt (II) eine intensiv grün fluoreszierende Zone, die dem Cumarin zuzuordnen ist. Die Cumarin-Zone kann auf dem Chromatogramm der Untersuchungslösung von Cinnamomi ceylanici cortex (I) ganz schwach zu sehen sein. Nach dem Besprühen mit o-Dianisidin-Lösung färbt sich die Zone des Zimtaldehyds gelb-braun an.

Anmerkung
Zum eindeutigen Nachweis von Eugenol als Inhaltsstoff von Cinnamomi ceylanici cortex kann das Chromatogramm nach dem Besprühen mit methanolischer Kaliumhydroxidlösung und anschließender Auswertung im langwelligen UV-Licht zunächst mit einer 5proz. *(G/V)* wäßrigen Lösung von Echtblausalz besprüht werden. Eugenol, das von Zimtaldehyd kaum getrennt ist, färbt sich rotbraun an. Danach wird das Chromatogramm mit konz. Salzsäure besprüht, bis die

übrige Schicht farblos ist, danach wird mit o-Dianisidin besprüht (siehe oben). Folgende Änderung der DC-Bedingungen ermöglicht die Trennung von Eugenol und Zimtaldehyd:

III. Fließmittel: Petrolether (40–60°)-Dichlormethan (50 + 50), *Zweifachentwicklung* bei Kammersättigung, 10 cm; oder: Toluol, *Zweifachentwicklung* bei Normalsättigung.

Es ergibt sich dann, daß der Ceylon-Zimt deutlich Eugenol enthält und Cassia-Zimt kaum. Ätherische Öle des Handels sowohl von Ceylon- und Cassia-Zimt enthalten Eugenol. Das Chromatogramm des Handelsöls von Ceylon-Zimt zeigt in unmittelbarer Nähe des Startpunktes eine deutlich fluoreszenzmindernde Zone, die in einem durch Wasserdampfdestillation selbst hergestellten äth. Öl fehlt.

Prüfung auf Reinheit

Sulfatasche: Höchstens 6,0%, mit 2,0 g bestimmt.

Gehaltsbestimmung

Ätherisches Öl: Bestimmt mit 25,0 g der unmittelbar vorher gepulverten Droge (500) und 250 cm^3 Wasser als Destillationsflüssigkeit in einem 500 cm^3-Rundkolben. Destillation 2 h bei 2,5–3,5 cm^3 in der Minute, 1,0 cm^3 Xylol als Vorlage.

Anmerkung: Bei Verwendung der neuen Apparatur mit dem 1,00 cm^3-Meßrohr werden folgende Bedingungen vorgeschlagen:
Wie bisher nur mit der Änderung: 0,5 cm^3 Xylol anstatt 1,0 cm^3.

13. Caryophylli flos

Gewürznelken, Cloves, Clou de girofle

Stammpflanze und Familie: *Syzygium aromaticum* (L.) MERILL et L.M. PERRY (syn. *Eugenia caryophyllata* THUNBERG) *(Myrtaceae)*.

Offizinell: Ph. Eur. (2. Ausgabe, in Vorbereitung), (mind. 15% *(V/G)* ätherisches Öl).

Inhaltsstoffe: 15–21% ätherisches Öl, das 70–90% Eugenol, 10–15% Acet(yl)eugenol und 5–10% Terpene und Sesquiterpene wie z. B. β-Caryophyllen und Humulen sowie Epoxydihydrocaryophyllen (syn. Caryophyllenepoxid) enthält.
Ferner 2% Oleanolsäure (Formel S. 399), 10–12% Gallusgerbstoffe, Phytosterine.

Formeln

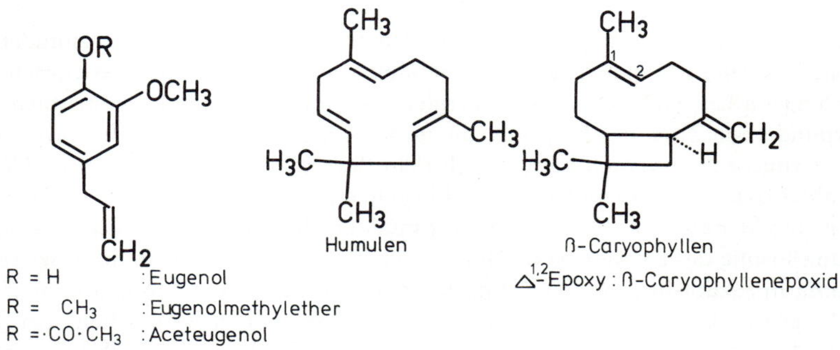

Wirkung und Verwendung: Aufgrund des Eugenolgehaltes wirkt das ätherische Öl desinfizierend und gleichzeitig lokalanaesthesierend. – Ein Auszug aus Nelkenöl und Zinkoxid wird in der Zahnmedizin als provisorisches Plombenmaterial verwendet.

Prüfungen

Die dunkelbraune Pulverdroge hat einen charakteristischen Geruch und einen aromatischen, brennenden Geschmack.

Prüfung auf Identität

Dünnschicht-Chromatographie von Caryophylli flos und ferner von Caryophylli aetheroleum.
Prinzip: Nachweis von Eugenol, Acetyleugenol und Caryophyllenepoxid im Dichlormethan-Extrakt. Als Vergleich wird Eugenol eingesetzt.

I. *Standardmethode:* Ja; Abweichung: Zweifachentwicklung.
II. *Schicht:* Kieselgel F_{254}.
III. *Fließmittel:* Toluol, KS, 2 × 10 cm mit 5 min Zwischentrocknung.
IV. *Nachweis:* Nach vollständigem Abdampfen des Fließmittels im Warmluftstrom:
   1. UV_{254}: Fluoreszenzmindernde Zonen markieren.
   2. UV_{365}: Fluoreszierende Zonen markieren.
   3. Besprühen mit Anisaldehyd-Schwefelsäure (Reag. Nr. 4) und anschließend 5–10 min auf 105–110° erhitzen.
V. *Untersuchungslösung*
   a) *Extrakt:* 0,1 g gepulverte Nelken (500) werden mit 2,0 cm^3 Dichlormethan unter Schütteln 15 min extrahiert. Das Filtrat wird auf dem Wasserbad zur Trockne eingeengt und der Rückstand in 1,0 cm^3 Toluol aufgenommen, davon trägt man 10 mm^3 bandförmig (20 × 3 mm) auf.
   b) *TAS:* 1 mg Droge, 220°, 90 s, 1 Kügelchen Molekularsieb, 4 Å (= 0,4 nm) wasserdampfgesättigt.
   c) *Äth. Öl:* 0,1 cm^3 des bei der Gehaltsbestimmung erhaltenen Xylol-äth. Öl-Gemischs werden mit 0,9 cm^3 Toluol versetzt, davon trägt man 10 mm^3 bandförmig (20 × 3 mm) auf.
VI. *Vergleichslösung:* 10 mm^3 Eugenol werden in 1,0 cm^3 Toluol gelöst, davon trägt man 10 mm^3 bandförmig (20 × 3 mm) auf.

Chromatogramm (Nachweis IV/3)

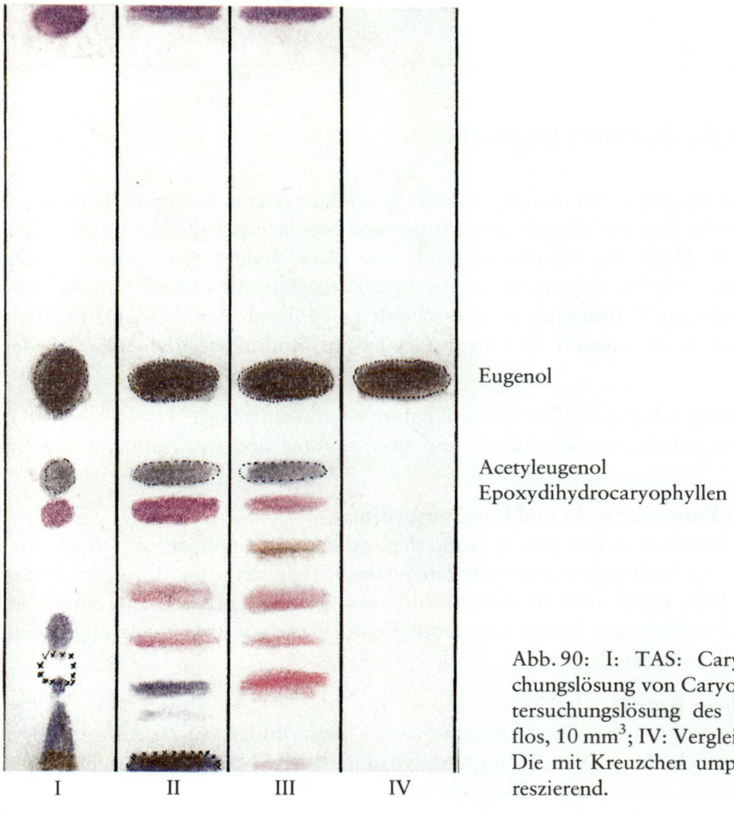

Abb. 90: I: TAS: Caryophylli flos; II: Untersuchungslösung von Caryophylli flos, 10 mm^3; III: Untersuchungslösung des äth. Öles von Caryophylli flos, 10 mm^3; IV: Vergleichslösung, 10 mm^3.
Die mit Kreuzchen umpunktete Zone ist blau fluoreszierend.

Auswertung (Abb. 90)
Beim Betrachten der unbesprühten Chromatogramme im kurzwelligen UV-Licht erkennt man im mittleren Bereich aller Chromatogramme eine fluoreszenzmindernde Zone, die der Vergleichslösung Eugenol entspricht. Unterhalb dieser Zone erkennt man auf den Chromatogrammen aller Auftragungen von Caryophylli flos (I–III) eine deutlich schwächer fluoreszenzmindernde Zone, die dem Aceteugenol zuzuordnen ist. Nach dem Besprühen und Erhitzen färben sich die Zonen des Eugenols braunviolett. Unterhalb der Aceteugenolzone erkennt man auf den Chromatogrammen I–III eine sich violett anfärbende Zone, die dem Epoxydihydrocaryophyllen (= β-Caryophyllenepoxid) zuzuordnen ist. Unterhalb dieser Zone treten noch weitere schwächere sich violett bis blau anfärbende Zonen auf.

Sulfatasche: Höchstens 8,0%, bestimmt mit 1,0 g gepulverter Droge.

Gehaltsbestimmung
Ätherisches Öl: 10 g frisch gepulverte Droge werden mit 10 g Diatomeenerde homogen in einem Mörser verrieben. 6,0 g der Mischung und 200 cm^3 Wasser als Destillationsflüssigkeit in einem 500 cm^3-Rundkolben. Destillation 2 h bei 2–3 cm^3/min; 1,0 cm^3 Xylol als Vorlage.

Anmerkung: Bei Verwendung der neuen Apparatur (S. 18) mit dem 1,00 cm^3 Meßrohr werden folgende Bedingungen vorgeschlagen.
Einwaage: 4,0 g der obigen Mischung, Wassermenge 100 cm^3, Kolbengröße 250 cm^3, Xylolvorlage 0,50 cm^3, Destillationsdauer und -geschwindigkeit bleiben.

X. Aetherolea

Ätherische Öle, Essential Oils, Huiles Essentielles

Als ätherische Öle werden lipophile Naturstoffgemische bezeichnet, deren Bestandteile sich formal vom Isopren ableiten. Es sind zur Hauptsache Mono- und Sesquiterpen-Kohlenwasserstoffe und ihre Derivate, wie z. B. Aldehyde, Ketone, Alkohole und Ester niederer Fettsäuren. Zu den ätherischen Ölen gehören auch Phenylpropanderivate und Phthalide. All diese durch Wasserdampfdestillation abtrennbaren Verbindungen unterscheiden sich durch den Aufbau (offenkettig, mono-, bicyclisch usw.), die Anzahl und Lage der Doppelbindungen sowie die Art der funktionellen Gruppen.

Gewinnung und Bestimmung ätherischer Öle durch Wasserdampfdestillation:
Die Verfahren und Apparaturen zur Gewinnung und Bestimmung sind im Teil A (S. 16–22) beschrieben.

Allgemeine Methoden zur Kennzeichnung und Reinheitsprüfung
Zur Kennzeichnung der ätherischen Öle dienen zumeist physikalische Kennzahlen, wie Dichte, Brechungsindex und optische Drehung. Ferner werden – soweit möglich – die Bestimmung des Erstarrungspunktes, die Jod-, Ester- und Hydroxylzahlen und gegebenenfalls die in einem bestimmten Siedebereich übergehenden Mengen herangezogen. Daneben sind noch allgemeine Reinheitsprüfungen erforderlich, wie z. B.

a) **Prüfung auf wasserlösliche Anteile**
10 cm^3 ätherisches Öl werden vorsichtig in einem 50 cm^3-Meßzylinder auf 20 cm^3 gesättigte Natriumchloridlösung geschichtet. Die Schichtgrenze wird markiert. Nach dem Durchmischen und Absetzenlassen darf das Volumen der Ölschicht nicht verändert sein.

b) Prüfung auf halogenhaltige Verunreinigungen

Prinzip: Chlorierte Kohlenwasserstoffe können als unerlaubte Beimengungen vorhanden sein. Der Nachweis erfolgt durch Verbrennung; die gebildeten Salzsäuredämpfe werden aufgefangen und das Chloridion mit Silbernitratlösung nachgewiesen.

Durchführung

Chemikalien	Geräte
2 Tropfen äth. Öl	2 Porzellanschalen, ∅ 5 cm
Salpetersäure, verd. 12,6proz. *(G/V)*, 1,5 cm^3	2 Bechergläser, 1000 cm^3
Silbernitratlösung, 4,25proz. *(G/V)*, 1,2 cm^3	2 Trichter, ∅ 5 cm
	2 Meßpipetten, 1,0 cm^3

Vorschrift: Ein mit dem ätherischen Öl getränktes, etwa 2 cm^2 großes Stück Filterpapier wird in einer Porzellanschale angezündet. Die Verbrennungsprodukte werden in einem vorher mit Wasser ausgespülten, darüber gehaltenen 1000 cm^3-Becherglas möglichst vollständig aufgefangen. Das Glas wird mit 10 cm^3 Wasser ausgespült. Die filtrierte Waschflüssigkeit wird mit 0,75 cm^3 verdünnter Salpetersäure versetzt und in 0,6 cm^3 Silbernitratlösung gegeben. Sie darf nach 5 min gegenüber einem in gleicher Weise angesetzten Blindversuch kein unterschiedliches Aussehen zeigen.

c) Prüfung auf Schwermetalle

Prinzip: Das ätherische Öl wird mit einer verdünnten Salzsäurelösung geschüttelt. Die wäßrige Phase wird mit einer Thioacetamidlösung versetzt (Bildung von Schwermetallsulfiden). Die Farbe der entstandenen Lösung wird mit derjenigen einer Vergleichslösung verglichen, die mit einer Blei-Standardlösung (2 ppm Pb) hergestellt worden ist.

Durchführung

Chemikalien	Geräte
ätherisches Öl, 7,5 cm^3	1 Scheidetrichter, 50 cm^3
Salzsäure, verd. 7,3proz. *(G/V)*, 0,15 cm^3	1 Trichter, ∅ 5 cm
Thioacetamid-Reagenz: Reag. Nr. 64	2 Bechergläser, 25 cm^3
Pufferlösung pH 3,5: Reag. Nr. 57	Meßkolben, 20 cm^3 (1), 50 cm^3 (1)
Blei-Standardlösung (2 ppm Pb): Reag. Nr. 8	2 Meßpipetten, 2 cm^3
Allgemeine Geräte	
Wasserbad	

Vorschrift: 7,5 cm^3 ätherisches Öl werden mit einer Mischung von 0,15 cm^3 verdünnter Salzsäure und 7,5 cm^3 Wasser kräftig geschüttelt. Die abgetrennte, durch ein mit Wasser befeuchtetes Filter filtrierte wäßrige Lösung wird zu 15 cm^3 verdünnt.

12 cm^3 der Lösung müssen der Grenzprüfung auf Schwermetalle entsprechen. Zur Herstellung der Vergleichslösung wird die Blei-Standardlösung (2 ppm Pb) verwendet.

Grenzprüfung auf Schwermetalle

1,2 cm^3 Thioacetamid-Reagenz werden mit 12 cm^3 des oben erhaltenen Filtrats und 2 cm^3 Pufferlösung pH 3,5 versetzt und sofort gemischt. Die Vergleichslösung wird in der gleichen Weise mit 10 cm^3 Blei-Standardlösung (2 ppm) hergestellt unter Zusatz von 2 cm^3 Prüflösung. Nach 2 min darf die zu untersuchende Lösung nicht stärker braun gefärbt sein als die Vergleichslösung.

d) Prüfung auf fremde Ester

Prinzip: Phthalsäureester können als unerlaubte Beimengungen zugesetzt sein. Nach Zusatz von Kaliumhydroxidlösung in Ethanol fällt kristallines Kaliumphthalat aus.

Durchführung

Chemikalien	Geräte
ätherisches Öl, 1 cm^3	1 Meßpipette, 5 cm^3
Kaliumhydroxidlösung 10proz. *(G/V)* in Ethanol, 96proz. *(V/V)* 3,0 cm^3	
Allgemeine Geräte	
Wasserbad	

Vorschrift: 1 cm^3 ätherisches Öl wird 2 min mit 3,0 cm^3 einer frisch hergestellten 10proz. *(G/V)* Lösung von Kaliumhydroxid in Ethanol, 96proz. *(V/V)* im Wasserbad erwärmt. Innerhalb von 30 min darf kein kristalliner Niederschlag entstehen, auch nicht nach dem Abkühlen.

e) **Prüfung auf fette Öle und verharzte ätherische Öle**
1 Tropfen ätherisches Öl muß sich nach dem Auftropfen auf Filterpapier innerhalb von 24 h verflüchtigen, ohne einen durchscheinenden Fleck oder einen fettartigen Fleck zu hinterlassen.

f) **Prüfung auf Geruch und Geschmack**
Durchführung

Chemikalien	Geräte
äth. Öl, 3 Tropfen	1 Meßzylinder, 50 cm^3
Saccharose, 10 g	mit NS-Schliff und Stopfen
Ethanol, 90proz. *(V/V)*, 5 cm^3	

Vorschrift: 3 Tropfen ätherisches Öl werden mit 5 cm^3 Ethanol, 90proz. *(V/V)* gemischt und mit 10 g gepulverter Saccharose geschüttelt. Geruch und Geschmack müssen denen der Pflanze oder den Teilen der Pflanze ähnlich sein, aus denen das ätherische Öl erhalten wird.

g) **Prüfung auf Wasser**
10 Tropfen ätherisches Öl werden mit 1 cm^3 Schwefelkohlenstoff gemischt. Die Lösung muß beim Stehenlassen klar bleiben.

h) **Bestimmung des Verdampfungsrückstands**
Als Verdampfungsrückstand eines ätherischen Öles wird der in Prozent *(G/G)* angegebene Rückstand bezeichnet, der nach Verdampfen auf dem Wasserbad unter den aufgeführten Bedingungen erhalten wird.
Die Apparatur (Abb. 91) besteht aus:
- einem Wasserbad und Deckel mit Öffnungen von 70 mm Durchmesser;
- einer Abdampfschale aus hitzebeständigem Glas, das nicht von der Substanz angegriffen wird und
- einem Exsikkator.

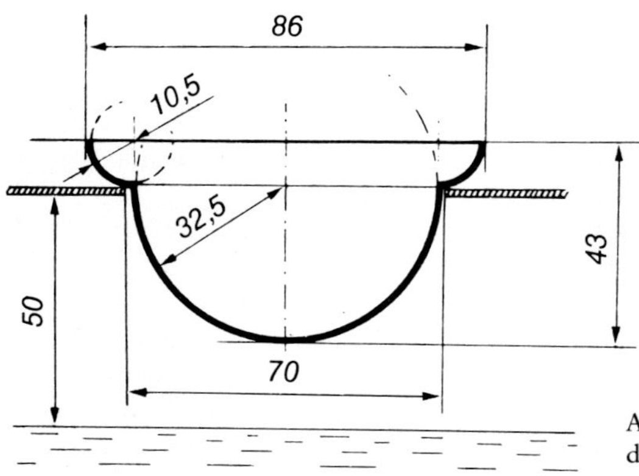

Abb. 91: Apparatur zur Bestimmung des Verdampfungsrückstandes, Längenangaben in mm

Die Abdampfschale wird 1 h auf dem Wasserbad erwärmt, in dem Exsikkator erkalten gelassen und gewogen. Falls nicht anders angegeben, werden 5,00 g ätherisches Öl in die Abdampfschale eingewogen. Das ätherische Öl wird, vor Zugluft geschützt, auf dem Wasserbad die vorgeschriebene Zeit abgedampft, der Rückstand im Exsikkator erkalten gelassen und gewogen.
Während der Bestimmung muß der Abstand zwischen Deckel des Wasserbades und Wasserspiegel etwa 50 mm betragen.

i) **Bestimmung der Löslichkeit in Ethanol**
Prinzip: Auf diese Weise kann eine Verfälschung durch Terpentinöl und Mineralöle nachgewiesen werden.

Vorschrift: In einem 25 bis 30 cm^3-Meßzylinder mit Glasstopfen wird 1 cm^3 ätherisches Öl auf 5 mg genau eingewogen. Der Meßzylinder wird in einen Thermostat bei 20 °C (±0,2) eingestellt. Ethanol, dessen Konzentration in der Monographie angegeben ist, wird mit Hilfe einer Bürette von mindestens 20 cm^3 Inhalt in Anteilen von 0,1 cm^3 bis zur vollständigen Lösung hinzugegeben. Dann wird Ethanol in Anteilen von 0,5 cm^3 bis zu einem Gesamtvolumen von 20 cm^3 unter häufigem und kräftigem Umschütteln hinzugegeben. Ist eine klare Lösung erhalten worden, wird die verbrauchte Volummenge Ethanol abgelesen, und der Zusatz des Lösungsmittels, wie oben beschrieben, fortgesetzt. Entsteht eine trübe oder opaleszierende Lösung, bevor das zusätzliche Volumen Ethanol 20 cm^3 erreicht hat, wird das verbrauchte Volumen beim Auftreten der Trübung und gegebenenfalls beim Verschwinden der Trübung oder Opaleszenz abgelesen.

Wird nach Zusatz von 20 cm^3 Ethanol vorgeschriebener Konzentration keine klare Lösung erhalten, muß die Bestimmung mit Ethanol höherer Konzentration wiederholt werden.

Ein ätherisches Öl wird als «*löslich* in n Volumteilen oder mehr Ethanol der Konzentration t» bezeichnet, wenn die klare Lösung in n Volumteilen Ethanol nach erneutem Zusatz von Ethanol der gleichen Konzentration bis zu einer Höchstmenge von 20 Volumteilen klar bleibt, verglichen mit dem nicht verdünnten ätherischen Öl.

Ein ätherisches Öl wird als «*löslich* in n Volumteilen Ethanol der Konzentration t, aber trübe werdend nach Verdünnung» bezeichnet, wenn die klare Lösung in n Volumteilen Ethanol in n_1 Volumteilen trübe wird (n_1 kleiner als 20) und auch nach weiterem Zusatz von Ethanol der gleichen Konzentration bis zu einer Höchstmenge von 20 Volumteilen trübe bleibt.

Ein ätherisches Öl wird als «*löslich* in n Volumteilen Ethanol der Konzentration t, aber trübe werdend in n_1 Volumteilen» bezeichnet (n_1 kleiner als 20), wenn die klare Lösung in n Volumteilen Ethanol trübe wird und auch nach weiterem Zusatz von Ethanol der gleichen Konzentration bis zu einer Höchstmenge von n_2 Volumteilen Ethanol trübe bleibt (n_2 kleiner als 20).

Die Löslichkeit eines ätherischen Öles in Ethanol der Konzentration t entspricht 1 Volumteil in n Volumteilen Ethanol, mit einer Trübung zwischen n_1 und n_2 Volumteilen.

n = Volumteile in Kubikzentimeter Ethanol der Konzentration t, die notwendig sind, um eine klare Lösung zu erhalten;

n_1 = Volumteile in Kubikzentimeter Ethanol der Konzentration t, die in einer klaren Lösung eine Trübung hervorrufen;

n_2 = Volumteile in Kubikzentimeter Ethanol der Konzentration t, die dem Verschwinden der Trübung entsprechen.

Ein ätherisches Öl wird als «löslich mit Opaleszenz» bezeichnet, wenn die ethanolische Lösung den gleichen bläulichen Farbton wie die folgende, frisch hergestellte opaleszierende Lösung hat: 50 cm^3 einer 0,0012proz. Lösung *(G/V)* von Natriumchlorid werden mit 0,5 cm^3 Silbernitratlösung, 1,7proz. *(G/V)* und 2 Tropfen verdünnter Salpetersäure, 12,6proz. *(G/V)* versetzt. Es wird schwach umgeschwenkt und 5 min stehen gelassen.

j) **Säurezahl**

Die Säurezahl *SZ* gibt an, wieviel Milligramm Kaliumhydroxid zur Neutralisation der in 1 g Substanz vorhandenen freien Säuren notwendig sind.

Die jeweils vorgeschriebene Menge Substanz, genau gewogen, wird in dem genannten Volumen einer Mischung von gleichen Volumteilen Ethanol und Ether gelöst. Das Lösungsmittelgemisch wird zuvor mit 0,1 N-Kaliumhydroxidlösung unter Zusatz von 20 Tropfen Phenolphthaleinlösung (Reag. Nr. 56) neutralisiert. Nach Lösen der Substanz wird mit 0,1 N-Kaliumhydroxidlösung bis zur 15 s lang bestehenden Rosafärbung titriert (Verbrauch an 0,1 N-Kaliumhydroxidlösung: n_1 cm^3).

b: Einwaage der Substanz in Gramm

1 cm^3 0,1 N-Kaliumhydroxidlösung entspricht $\frac{\text{MG (KOH)}}{10} \cdot 10^{-3} = \frac{56{,}1}{10} \cdot 10^{-3}$ g Kaliumhydroxid

$$SZ = \frac{n_1 \cdot 5{,}61}{b}.$$

k) Verseifungszahl

Die Verseifungszahl *VZ* gibt an, wieviel Milligramm Kaliumhydroxid zur Neutralisation der freien Säuren und zur Verseifung der Ester von 1 g Substanz notwendig sind.

Etwa 2,0 g Substanz, genau gewogen, werden in einem 200 cm^3-Kolben mit 25,0 cm^3 0,5 N-ethanolischer Kaliumhydroxidlösung und einigen Siedesteinchen versetzt und 30 min auf dem Wasserbad unter Rückfluß zum Sieden erhitzt. Nach Zusatz von 20 Tropfen Phenolphthaleinlösung (Reag. Nr. 56) wird sofort mit 0,5 N-Salzsäure titriert (Verbrauch an 0,5 N-Salzsäure: n_1 cm^3). Unter gleichen Bedingungen wird ein Blindversuch durchgeführt (Verbrauch an 0,5 N-Salzsäure: n_2 cm^3).

1 cm^3 0,5 N-Kaliumhydroxidlösung entspricht $\frac{MG(KOH)}{2} \cdot 10^{-3} = 28{,}05 \cdot 10^{-3}$ g Kaliumhydroxid.

b: Einwaage der Substanz in Gramm

$$VZ = \frac{(n_2 - n_1) \cdot 28{,}05}{b}.$$

l) Esterzahl

Die Esterzahl *EZ* gibt an, wieviel Milligramm Kaliumhydroxid zur Verseifung der in 1 g Substanz vorhandenen Ester verbraucht werden und errechnet sich aus der Differenz zwischen Verseifungszahl und Säurezahl:

$EZ = VZ - SZ$.

1. Anisi aetheroleum

Anisöl, Anise Oil, Huile essentielle d'anis

Stammpflanze und Familie: *Pimpinella anisum* L. *(Apiaceae).*

Offizinell: DAB 8, (Ph. Eur. 2. Ausgabe in Vorbereitung)

Inhaltsstoffe, Wirkung und Verwendung: Siehe Anisi fructus S. 212.

Prüfungen

Das ätherische Öl ist blaßgelb und erstarrt in der Kälte zu einer weißen Kristallmasse. Der Geruch ist würzig und der Geschmack süßlich aromatisch.

Prüfung auf Reinheit

Erstarrungspunkt: + 15 bis + 19 °C.
Relative Dichte: 0,979 bis 0,994.
Brechungsindex: 1,553 bis 1,561.
Säurezahl: Höchstens 1,0; 5,0 g werden in 50 cm^3 eines Gemisches aus gleichen Volumteilen Ethanol und Ether gelöst.
Löslichkeit: 1,00 cm^3 Substanz muß sich in 1,5 bis 3,0 cm^3 90proz. *(V/V)* Ethanol klar lösen.
Wasserlösliche Anteile: Prüfung nach S. 246.
Fette Öle und verharzte ätherische Öle: Prüfung nach S. 248.
Fremde Ester: Prüfung nach S. 247.
Schwermetalle: Prüfung nach S. 247.
Halogenhaltige Verunreinigungen: Prüfung nach S. 247.

Prüfung auf Identität: Durch Dünnschicht-Chromatographie, siehe Anisi fructus S. 215.

Anmerkung: Es wird angestrebt, auch das äther. Öl des Sternanis (Illicium verum HOOKER fil.) künftig wieder als offizinell gelten zu lassen (s. DAB 6).

2. Foeniculi aetheroleum

Fenchelöl, Fennel Oil, Huile essentielle de fenouil

Stammpflanze und Familie: *Foeniculum vulgare* MILLER *var. vulgare (Apiaceae).*

Offizinell: DAB 8.

Inhaltsstoffe, Wirkung und Verwendung: Siehe Foeniculi fructus S. 214.

Prüfungen
Das ätherische Öl ist farblos bis schwach gelblich. Der Geruch ist würzig, der Geschmack ist zunächst süß, dann bitter und campherartig.

Prüfung auf Reinheit

Erstarrungspunkt: Mind. +5 °C.
Relative Dichte: 0,961 bis 0,972.
Brechungsindex: 1,528 bis 1,539.
Optische Drehung: +10 bis +24 °C.
Säurezahl (nach S. 249): Höchstens 1,0; 5,0 g Substanz werden in 50 cm^3 eines Gemisches aus gleichen Volumteilen Ethanol und Ether gelöst.
Löslichkeit: 2,0 g Substanz müssen sich in 1,0 cm^3 Ethanol, 90proz. *(V/V)* klar lösen.
Wasserlösliche Anteile: Prüfung nach S. 246.
Fette Öle und verharzte ätherische Öle: Prüfung nach S. 248.
Fremde Ester: Prüfung nach S. 247.
Schwermetalle: Prüfung nach S. 247.
Halogenhaltige Verunreinigungen: Prüfung nach S. 247.

Prüfung auf Identität: Durch Dünnschicht-Chromatographie, siehe Foeniculi fructus S. 215.

3. Carvi aetheroleum

Kümmelöl, Caraway Oil, Huile essentielle de carvi

Stammpflanze und Familie: *Carum carvi* L. *(Apiaceae).*

Offizinell: DAB 8 (mind. 50,0 und höchstens 65,0% D-Carvon).

Inhaltsstoffe, Wirkung und Verwendung: Siehe Carvi fructus S. 217.

Prüfungen
Das ätherische Öl ist farblos, bei Lagerung gelb werdend. Der Geruch und der Geschmack sind würzig.

Prüfung auf Reinheit

Relative Dichte: 0,904 bis 0,917.
Brechungsindex: 1,484 bis 1,488.
Optische Drehung: +70 bis +81°.
Säurezahl: Höchstens 1,0; 5,0 g werden in 50 cm^3 eines Gemisches aus gleichen Volumteilen Ethanol und Ether gelöst.
Löslichkeit: 1,0 cm^3 Substanz muß sich in 1,0 cm^3 Ethanol, 90proz. *(V/V)* klar lösen.
Wasserlösliche Anteile: Prüfung nach S. 246.
Fette Öle und verharzte ätherische Öle: Prüfung nach S. 248.

Fremde Ester: Prüfung nach S. 247.
Schwermetalle: Prüfung nach S. 247.
Halogenhaltige Verunreinigungen: Prüfung nach S. 247.

Prüfung auf Identität: Durch Dünnschicht-Chromatographie, siehe bei Carvi fructus S. 218.

Gehaltsbestimmung

Prinzip: Titrimetrische Bestimmung von Carvon durch Bestimmung der Salzsäuremenge, die durch die Oximbildung von Carvon mit Hydroxylaminhydrochlorid freigesetzt wird.
$R_2C{=}O + NH_2OH \cdot HCl \longrightarrow R_2C{=}NOH + H_2O + HCl.$

Durchführung

Chemikalien
Carvi aetheroleum, 1,00 g
Hydroxylaminhydrochloridlösung: Reag. Nr. 38
Bromphenolblaulösung: Reag. Nr. 11
0,5 N-ethanolische Kaliumhydroxidlösung, 20 cm^3.

Geräte
1 Rundkolben, 100 cm^3, NS 29
1 Bürette, 10 cm^3, 0,02 cm^3-Teilung
1 Rückflußkühler, NS 29
1 Vollpipette, 20,0 cm^3
1 Meßpipette, 2,0 cm^3

Allgemeine Geräte
Wasserbad

Vorschrift: Etwa 1,00 g Substanz, genau gewogen, werden in einem 100 cm^3-Kolben mit 20,0 cm^3 Hydroxylaminhydrochloridlösung (Reag. Nr. 38), die vorher unter Zusatz von 1,60 cm^3 Bromphenolblaulösung (Reag. Nr. 11) mit 0,5 N-Kaliumhydroxidlösung neutralisiert wird, im Wasserbad 15 min unter Rückfluß erhitzt. Nach dem Erkalten wird mit 0,5 N-ethanolischer Kaliumhydroxidlösung bis zum Umschlag nach olivgrün titriert, das Gemisch wird erneut 15 min unter Rückfluß erwärmt und nach dem Abkühlen wiederum bis zum Umschlag nach olivgrün titriert. Aus dem Gesamtverbrauch an 0,5 N-ethanolischer Kaliumhydroxidlösung wird der Gehalt berechnet.

Berechnung
1 cm^3 0,5 N-ethanolische Kaliumhydroxidlösung zeigt $\frac{MG}{2} = \frac{150{,}2}{2} = 75{,}1$ mg Carvon an.
a: Verbrauch an 0,5 N-ethanolischer Kaliumhydroxidlösung in cm^3.
b: Einwaage an ätherischem Öl in Gramm.
In *b* g ätherischem Öl sind $a \cdot 75{,}1 \cdot 10^{-3}$ g Carvon enthalten, daraus folgt:

$$\text{Carvon } \% = \frac{100 \cdot a \cdot 75{,}1 \cdot 10^{-3}}{b} = \frac{a \cdot 75{,}1}{10 \cdot b} = 7{,}51 \cdot \frac{a}{b}.$$

4. Menthae piperitae aetheroleum

Pfefferminzöl, Peppermint Oil, Huile essentielle de menthe poivrée

Stammpflanze und Familie: *Mentha piperita* L. *(Lamiaceae)*.

Offizinell: Ph. Eur. III (mind. 4,5 und höchstens 10,0% *(G/G), Ester, berechnet als Menthylacetat, mind. 44,0% (G/G)* freie Alkohole, berechnet als Menthol und mind. 15,0 und höchstens 32,0% *(G/G)* Ketone, berechnet als Menthon. DAB 7-DDR.

Inhaltsstoffe und Verwendung: Siehe Menthae piperitae folium S. 219.

Prüfungen
Das ätherische Öl ist farblos bis schwach gelblich oder gelblichgrün. Der Geruch ist charakteristisch, ebenso der Geschmack, gefolgt von einem Kältegefühl.

Prüfung auf Reinheit

Relative Dichte: 0,900 bis 0,912.
Brechungsindex: 1,460 bis 1,467.
Optische Drehung: −16 bis −30°, in einer Schichtdicke von 1 dm gemessen.
Sauer reagierende Verunreinigungen: 2,00 g ätherisches Öl werden mit 5 Tropfen Phenolphthaleinlösung (Reag. Nr. 56) versetzt. Bis zum Farbumschlag dürfen höchstens 0,1 cm^3 0,5 N-ethanolische Kaliumhydroxidlösung verbraucht sein.
Fette Öle und verharzte ätherische Öle: Prüfung nach S. 248.
Löslichkeit in Ethanol: 1 Teil ätherisches Öl muß sich in 4 Volumteilen 70proz. *(V/V)* Ethanol lösen. Die Lösung kann opaleszierend sein.
Dimethylsulfid: 25 cm^3 ätherisches Öl werden destilliert. Der erste Kubikzentimeter Destillat wird aufgefangen und in einem Reagenzglas vorsichtig über 5 cm^3 einer 6,5proz. *(G/V)* Lösung von Quecksilber (II)chlorid geschichtet. Innerhalb von 1 min darf an der Berührungsfläche der beiden Zonen kein weißer Film auftreten.

Prüfung auf Identität

Dünnschicht-Chromatographie
Prinzip: Prüfung auf Menthol, Menthylacetat, 1.8-Cineol, Menthon und Menthofuran als Inhaltsstoffe; als Vergleichssubstanzen werden Menthol, 1.8-Cineol und Menthylacetat eingesetzt.

I. *Standardmethode:* Ja; Abweichungen: Laufstrecke: 15 cm.
II. *Schicht:* Kieselgel F_{254}.
III. *Fließmittel:* Benzol-Essigsäureethylester (95 + 5), KS, 15 cm. Es ist zweckmäßiger, das gleiche Fließmittel (Chloroform) wie bei Minzöl S. 257 zu verwenden.
IV. *Nachweis:* Nach Abdampfen des Fließmittels besprühen mit Anisaldehyd-Schwefelsäure (Reag. Nr. 4) und anschließend 5–10 min auf 105–110° erhitzen; Auswertung im Tageslicht und danach im langwelligen UV-Licht bei 365 nm die fluoreszierenden Zonen und Fluoreszenzfarben markieren.
V. *Untersuchungslösung:* 0,1 g Menthae piperitae aetheroleum werden in 10 cm^3 Toluol gelöst, davon trägt man 2 mm^3 punktförmig (oder 10 mm^3 bandförmig, 20 × 3 mm) auf.
VI. *Vergleichslösung:* 50 mg Menthol, 10 mm^3 1.8-Cineol und 10 mm^3 Menthylacetat werden in Toluol zu 10 cm^3 gelöst, davon trägt man 5 mm^3 punktförmig oder 20 mm^3 bandförmig (20 × 3 mm) auf.

Auswertung (Abb. 92)
Nach dem Besprühen mit Anisaldehyd-Schwefelsäure zeigt das Chromatogramm der Untersuchungslösung (I) sofort im oberen Rf-Bereich eine orangefarbene Zone von Menthofuran, die beim anschließenden Erhitzen von den Zonen der Terpenkohlenwasserstoffe überdeckt wird. Beim anschließenden Erhitzen auf 105–110° zeigt dann das Chromatogramm der Vergleichslösung im Tageslicht im unteren Drittel des Chromatogramms eine tiefblaue, dem Menthol entsprechende Zone, darüber eine braune bis tiefviolette, dem 1,8-Cineol entsprechende Zone und im oberen Drittel des Chromatogramms eine blaue bis tiefblaue, dem Menthylacetat entsprechende Zone. Das Chromatogramm der Untersuchungslösung zeigt drei entsprechende Zonen mit der gleichen Färbung und den gleichen Rf-Werten, zusätzlich eine schwach bräunlichgelbe, dem Menthon entsprechende Zone im mittleren Rf-Bereich oberhalb der 1,8-Cineol-Zone, sowie eine orangegelbliche, dem Menthofuran entsprechende Zone, die oberhalb der Zone des Menthylacetats liegt.
Der obere Teil der Menthofuranzone ist häufig von einer violetten Terpenzone überdeckt. Weder eine stark orangebraune Zone (Carvon) im mittleren Rf-Bereich noch dunkelbraune, graue oder grünliche Zonen im unteren Drittel des Chromatogramms dürfen anwesend sein.
Beim Betrachten des Chromatogramms im langwelligen UV-Licht bei 365 nm muß die dem Menthol entsprechende Zone eine rote Fluoreszenz zeigen, die dem 1,8-Cineol entsprechende eine grünbraune bis blaue, die dem Menthylacetat entsprechende eine blaurote, die dem Menthon entsprechende eine gelbbraune und die dem Menthofuran entsprechende Zone eine orangefarbene Fluoreszenz.

Chromatogramm (Nachweis IV)

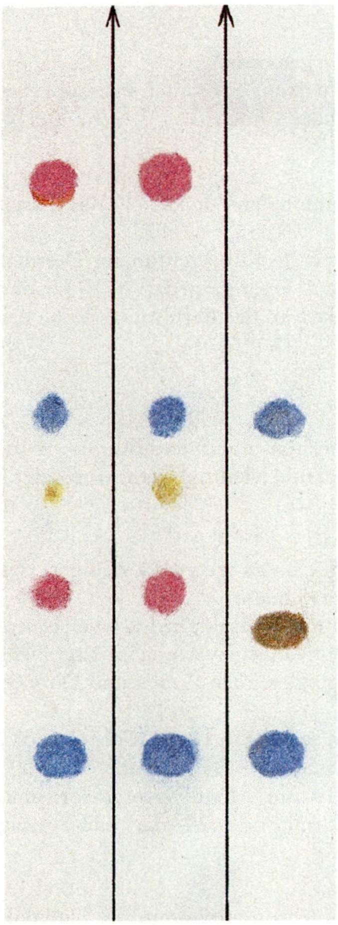

Abb. 92: I: Untersuchungslösung von Menthae piperitae aetheroleum, 2 mm^3; II: Untersuchungslösung von Menthae arvensis aetheroleum, 2 mm^3; III: Vergleichslösung, 5 mm^3.

Zur Identitätsprüfung können auch die DC-Bedingungen von Menthae piperitae folium (S. 222) herangezogen werden.

Gehaltsbestimmung von Menthae piperitae aetheroleum

I. Ester

A. Prinzip: Siehe Gehaltsbestimmung Lavandulae aetheroleum S. 264.

B. Durchführung

Chemikalien

Menthae piperitae aetheroleum, 2,00 g
Phenolphthaleinlösung: Reag. Nr. 56
Ethanol, 90proz. *(V/V)*, 2 cm^3
0,5 N-ethanolische Kaliumhydroxidlösung (Maßlösung), 30 cm^3
0,5 N-Salzsäure (Maßlösung), 30 cm^3

Geräte

1 Rundkolben, NS 29, 200 cm^3
1 Rückflußkühler, NS 29
Vollpipetten, 2 cm^3 (1), 25 cm^3 (1)
1 Feinbürette, 10 cm^3, 0,02 cm^3-Teilung
1 Meßpipette, 1,0 cm^3

Allgemeine Geräte

Wasserbad

Vorschrift: Etwa 2,000 g ätherisches Öl, genau gewogen, werden in einem 200 cm^3-Rundkolben mit 2 cm^3 Ethanol, 90proz. *(V/V)* und 5 Tropfen Phenolphthaleinlösung versetzt und mit 0,5 N-ethanolischer Kaliumhydroxidlösung bis zur schwachen Rosafärbung titriert. Nach Zusatz von 25,0 cm^3 0,5 N-ethanolischer Kaliumhydroxidlösung und einigen Siedesteinchen wird 30 min unter Rückfluß im Wasserbad erhitzt. Nach Zusatz von 1 cm^3 Phenolphthaleinlösung wird sofort mit 0,5 N-Salzsäure rücktitriert (Verbrauch: n_1 cm^3). Unter gleichen Bedingungen wird ein Blindversuch durchgeführt. (Verbrauch an 0,5 N-Salzsäure zur Rücktitration: n_2 cm^3).

C. *Berechnung*

1 cm^3 0,5 N-ethanolische Kaliumhydroxidlösung zeigt

$$\frac{\text{MG (Menthylacetat)}}{2} \cdot 10^{-3} = \frac{198{,}3}{2} \cdot 10^{-3} \text{ g Menthylacetat an.}$$

b: Einwaage an ätherischem Öl in Gramm

$$\text{Menthylacetat \% } (G/G) = \frac{(n_2 - n_1) \cdot 198{,}3 \cdot 10^{-3} \cdot 100}{b \cdot 2} = \frac{(n_2 - n_1) \cdot 9{,}915}{b}$$

II. Freie Alkohole

A. *Prinzip:* Eine bestimmte Menge des ätherischen Öls wird mit einer bestimmten Menge Acetanhydrid in Pyridin unter Rückfluß gekocht; hierbei werden die freien Alkohole verestert und gleichzeitig pro Mol alkoholische Hydroxylgruppe ein Mol Essigsäure freigesetzt, die durch einen Blindversuch titrimetrisch bestimmt wird.

$$R{-}OH + (CH_3CO)_2O \longrightarrow R{-}O{-}CO\,CH_3 + CH_3\,COOH$$

B. *Durchführung*

Chemikalien

Menthae piperitae aetheroleum, 1,000 g
Acetylierungsgemisch: 1 Volumteil Acetanhydrid und 3 Volumteile Pyridin, 6 cm^3
0,5 N-Natriumhydroxidlösung (Maßlösung), 100 cm^3
Phenolphthaleinlösung: Reag. Nr. 56

Geräte

2 Acetylierungskolben, NS 14,5; 125 cm^3 mit Stopfen
2 Rückflußkühler, NS 14,5 mit passendem Trockenrohr
1 Feinbürette, 10 cm^3

Allgemeine Geräte

Wasserbad

Vorschrift: Etwa 1,000 g ätherisches Öl, genau gewogen, werden in einem trockenen Acetylierungskolben von 125–150 cm^3 Inhalt mit 3,0 cm^3 Acetylierungsgemisch, bestehend aus 1 Volumteil Acetanhydrid und 3 Volumteilen Pyridin, versetzt. Das Gewicht der Reagenzlösung wird bis auf 1 Milligramm genau bestimmt. Während des Abwiegens muß der Kolben verschlossen bleiben. Darauf wird dem Kolben ein trockener Rückflußkühler mit Trockenrohr aufgesetzt. Unter Rückfluß wird 3 h im Wasserbad erhitzt, wobei der Flüssigkeitsspiegel im Wasserbad 2 bis 3 cm über dem des Kolbens sein soll. Der Kolben wird aus dem Wasserbad genommen, und durch den Kühler werden 50 cm^3 Wasser gegeben. Der Kühler wird entfernt und die Kolbenwände mit 10 cm^3 Wasser gespült. Nach 15 min wird mit 0,5 N-Natriumhydroxidlösung unter Zusatz von Phenolphthaleinlösung titriert (Verbrauch an 0,5 N-Natriumhydroxidlösung: n_1 cm^3).
Gleichzeitig wird unter gleichen Bedingungen ein Blindversuch durchgeführt (Verbrauch an 0,5 N-Natriumhydroxidlösung: n_2 cm^3).

C. *Berechnung*

1 cm^3 0,5 N-Natriumhydroxidlösung zeigt 0,5 mMol Essigsäure und damit 0,5 mMol Menthol (MG 156,3) = 78,15 mg an.

$$\text{Freie Alkohole (berechnet als Menthol) \%} = \frac{(n_2 - n_1) \cdot 78{,}15 \cdot 10^{-3} \cdot 100}{b} = \frac{(n_2 - n_1)}{b} \cdot 7{,}815\,.$$

b: Einwaage an ätherischem Öl in Gramm.

Wenn die Mengen Acetanhydrid-Pyridin-Lösung bei der Bestimmung und im Blindversuch um mehr als 5 mg voneinander abweichen, wird in der Formel n_2 durch $n_2 \cdot \frac{d}{c}$ ersetzt.

d: Einwaage der Acetanhydrid-Pyridin-Lösung in Gramm bei der Bestimmung.

c: Einwaage der Acetanhydrid-Pyridin-Lösung in Gramm bei dem Blindversuch.

III. Ketone

A. *Prinzip:* Vergleiche Gehaltsbestimmung bei Carvi aetheroleum S. 252.

B. *Durchführung*

Chemikalien	Geräte
Menthae piperitae aetheroleum, 2,000 g	1 Erlenmeyerkolben, NS 29, 100 cm^3
Hydroxylaminhydrochloridlösung:	1 Bürette, 25 cm^3
Reag. Nr. 38, 25 cm^3	1 Feinbürette, 10 cm^3,
0,5 N-ethanolische Kaliumhydroxidlösung, 25 cm^3	0,02 cm^3 Teilung
Bromphenolblaulösung: Reag. Nr. 11, 1,5 cm^3	1 Rückflußkühler, NS 29
	1 Meßpipette, 2 cm^3

Allgemeine Geräte

Wasserbad

Etwa 2,000 g Öl, genau gewogen, werden in einem 100 cm^3-Erlenmeyerkolben eingewogen. Mit Hilfe einer Bürette werden 25,0 cm^3 Hydroxylaminhydrochloridlösung, die vorher unter Zusatz von 1,50 cm^3 Bromphenolblaulösung mit 0,5 N-ethanolischer Kaliumhydroxidlösung neutralisiert werden, hinzugegeben. Im Wasserbad wird 1 h unter Rückfluß erhitzt und nach dem Abkühlen mit 0,5 N-ethanolischer Kaliumhydroxidlösung bis zum Farbumschlag von gelb nach olivgrün titriert (Verbrauch an 0,5 N-ethanolischer Kaliumhydroxidlösung: n_1 cm^3). Das Erhitzen für jeweils 1 h wird so oft wiederholt, bis zur Neutralisation der abgekühlten Lösung höchstens 0,1 cm^3 0,5 N-ethanolische Kaliumhydroxidlösung verbraucht werden. (Zusätzlicher Verbrauch an 0,5 N-ethanolischer Kaliumhydroxidlösung: n_2 cm^3).

C. *Berechnung*

1 cm^3 0,5 N-ethanolischer Kaliumhydroxidlösung entspricht

$$\frac{\text{MG (Menthon)}}{2} \cdot 10^{-3} = \frac{154{,}3}{2} \cdot 10^{-3} = 77{,}15 \cdot 10^{-3} \text{ g Menthon}$$

b: Einwaage an ätherischem Öl in Gramm

$$\text{Ketone (berechnet als Menthon) \%} = \frac{(n_1 + n_2) \cdot 77{,}15 \cdot 10^{-3} \cdot 100}{b} = \frac{(n_1 + n_2)}{b} \cdot 7{,}715.$$

5. Menthae arvensis aetheroleum

Minzöl[1], Arvensis Mint Oil, Huile essentielle de menthe arvensis

Stammpflanze und Familie: *Mentha arvensis* L. *var. piperascens* HOLMES ex CHRISTY *(Lamiaceae)*.

Offizinell: DAB 8 (mind. 3,0 und höchstens 17,0% Ester, berechnet als Menthylacetat, mind. 42,0% freie Alkohole, berechnet als Menthol und mind. 25,0% und höchstens 40,0% Ketone, berechnet als Menthon).

[1] Neue dtsch. Bezeichnung zur klaren Unterscheidung von «Pfefferminzöl»; im Handel werden diese Öle als «japanisches od. brasilianisches Pfefferminzöl» bezeichnet.

Inhaltsstoffe: Nach teilweiser Abtrennung des Menthols: 40–50% Menthol ($C_{10}H_{20}O$; MG 198,3), 3–17% Menthylacetat ($C_{12}H_{22}O_2$; MG 198,3), 25–40% Menthon, aber kein Menthofuran, ferner in geringen Mengen: Thujon, α-Pinen, Limonen, β-Phellandren, Piperiton, Isomenthon, Carvomenthon u. a.

Wirkung und Verwendung: Siehe Menthae piperitae folium S. 220.

Prüfungen
Das ätherische Öl ist farblos, schwach gelb bis grüngelb von charakteristischem Geruch und Geschmack mit nachfolgender, kühlender Wirkung.

Prüfung auf Reinheit

Relative Dichte: 0,893 bis 0,910.
Brechungsindex: 1,458 bis 1,470.
Optische Drehung: −16,0 bis −34,0°.
Löslichkeit: 2,0 cm^3 Substanz müssen sich in 8,0 cm^3 Ethanol, 70proz. *(V/V)* lösen; die Lösung kann opaleszieren.
Sauer reagierende Verbindungen: 2,000 g Substanz dürfen bei der Gehaltsbestimmung der Ester bis zur Neutralisation höchstens 0,1 cm^3 0,5 N-ethanolische Kaliumhydroxidlösung verbrauchen.
Fette Öle und verharzte ätherische Öle: Prüfung nach S. 248.
Dimethylsulfid: Siehe bei Menthae piperitae aetheroleum S. 253.
Menthofuran:

Prinzip: Furanoterpene bilden mit starken Säuren farbige und fluoreszierende Produkte unbekannter Struktur. Hier wird auf Abwesenheit von Menthofuran geprüft.

Durchführung
Chemikalien
Menthae arvensis aetheroleum, 0,1 cm^3,
Trichloressigsäurelösung, 12proz., *(G/V)* in Chloroform, 2 cm^3.

Vorschrift: 0,1 cm^3 ätherisches Öl werden mit 2,0 cm^3 einer 12proz. Lösung *(G/V)* von Trichloressigsäure in Chloroform versetzt. Nach einstündigem Stehenlassen bei Raumtemperatur darf im Tageslicht keine violettblaue Färbung und im ultravioletten Licht bei 365 nm keine rote Fluoreszenz sichtbar sein.

Prüfung auf Identität

Dünnschicht-Chromatographie
Prinzip: Prüfung auf Menthol, Menthylacetat und Menthon und auf Abwesenheit von Carvon (Krauseminzöl) und Menthofuran (Pfefferminzöl). Als Vergleichssubstanz wird neben Menthol und Menthylacetat 1,8-Cineol verwendet.

I. *Standardmethode:* Ja; Abweichung: Laufstrecke 15 cm.
II. *Schicht:* Kieselgel F_{254}.
III. *Fließmittel:* Chloroform, KS, 15 cm.
IV. *Nachweis:* Nach Entfernen des Fließmittels:
  1. Besprühen mit Anisaldehyd-Schwefelsäure (Reag. Nr. 4) und anschließend 5–10 min erhitzen auf 105–110°, danach im Tageslicht auswerten und anschließend
  2. im langwelligen UV-Licht bei 365 nm: Fluoreszierende Zonen und Fluoreszenzfarben markieren.
V. *Untersuchungslösung:* 0,4 g ätherisches Öl werden in 10 cm^3 Toluol gelöst, davon trägt man 10 mm^3 bandförmig (10 × 3 mm) auf.
VI. *Vergleichslösung:* 50 mg Menthol, 10 mm^3 1,8-Cineol und 10 mm^3 Menthylacetat werden in Toluol zu 10,0 cm^3 gelöst, davon trägt man 10 mm^3 bandförmig auf (20 × 3 mm). Zur besseren Zuordnung der Zonen setzt man der Vergleichslösung noch 10 mm^3 Carvon und 10 mm^3 Menthofuran hinzu.

Chromatogramm (Nachweis IV/1)

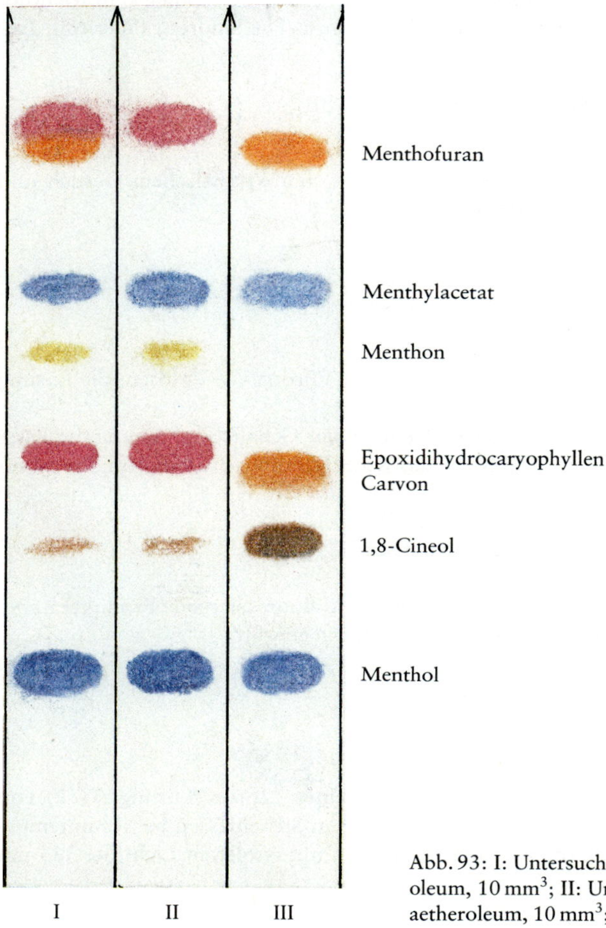

Abb. 93: I: Untersuchungslösung von Menthae piperitae aetheroleum, 10 mm³; II: Untersuchungslösung von Menthae arvensis aetheroleum, 10 mm³; III: Vergleichslösung: 10 mm³.

Auswertung

Nach dem Besprühen mit Anisaldehyd-Schwefelsäure-Reagenz darf im oberen Drittel des Chromatogramms der Untersuchungslösung keine orangefarbene Zone auftreten (Menthofuran). Beim anschließenden Erhitzen sind auf dem Chromatogramm der Vergleichslösung im unteren Drittel des Chromatogramms die tiefblau gefärbte Zone des Menthols, darüber die braun bis tiefblau gefärbte Zone des 1,8-Cineols und im oberen Drittel des Chromatogramms die blau bis dunkelviolett gefärbte Zone des Menthylacetats zu erkennen. Im Chromatogramm der Untersuchungslösung sind gleich gefärbte Zonen in den gleichen Rf-Bereichen, sowie zusätzlich im Rf-Bereich zwischen 1,8-Cineol und Menthylacetat eine schwach braungelb bis violett gefärbte Zone (Menthon) zu erkennen. Nicht auftreten dürfen in Startnähe dunkelbraun, gräulich oder grünlich gefärbte Zonen, im mittleren Rf-Bereich eine stark braunorange Zone (Carvon: ätherisches Öl von Krauseminze) und im oberen Drittel des Chromatogrammes eine gelborange Zone (Menthofuran: ätherisches Öl von Mentha piperita), die durch eine violett gefärbte Zone eines Terpenkohlenwasserstoffs überlagert sein kann.

Im langwelligen UV-Licht bei 365 nm fluoreszieren die Zonen des Menthols rot, des 1,8-Cineols braungrün bis blau, des Menthylacetats rotblau und die des Menthons braungelb. Eine orange fluoreszierende Zone im oberen Drittel des Chromatogramms der Untersuchungslösung (Menthofuran) darf nicht auftreten.

Gehaltsbestimmung
Die Gehaltsbestimmungen werden wie bei Menthae piperitae aetheroleum beschrieben, durchgeführt, S. 254.

6. Rosmarini aetheroleum

Rosmarinöl, Rosemary Oil, Huile essentielle de romarin

Stammpflanze und Familie: *Rosmarinus officinalis* L. *(Lamiaceae)*.

Offizinell: DAB 8, DAB 7-DDR (35–50% 1.8-Cineol und höchstens 15% Campher).

Inhaltsstoffe: 15–50% 1.8-Cineol ($C_{10}H_{18}O$ MG 154,3), 5–10% Campher ($C_{10}H_{16}O$ MG 152,2), bis 20% (+)-Borneol, ferner Bornylacetat, Camphen, α- und β-Pinen.

Formeln

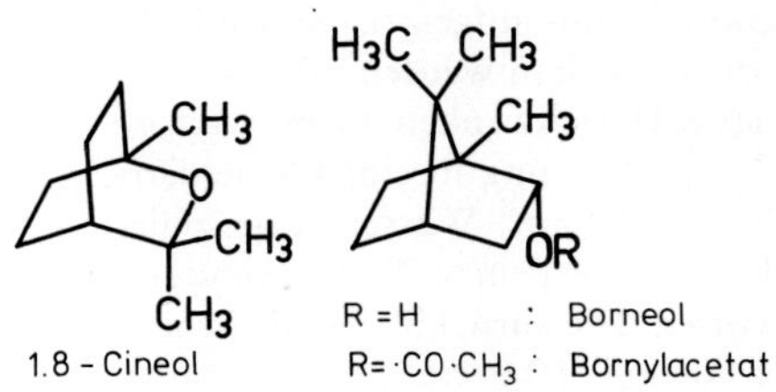

Wirkung und Verwendung: Zu schmerzstillenden Einreibungen bei Muskel- und Gelenkrheumatismus, Zusatz zu Carminativa, Stomachica (Likörherstellung), ferner als Zusatz zu Bademitteln.

Prüfungen
Das ätherische Öl ist nahezu farblos oder schwach gelblich. Der Geruch ist charakteristisch, der Geschmack aromatisch, bitter und kühlend.

Prüfung auf Reinheit
Relative Dichte: 0,891 bis 0,917.
Brechungsindex: 1,465 bis 1,475.
Optische Drehung: −5,0 bis +15,0°.
Löslichkeit: 1,0 cm^3 ätherisches Öl muß sich in 10,0 cm^3 80proz. Ethanol klar lösen.
Wasserlösliche Anteile: Prüfung nach S. 246.
Fette Öle und verharzte ätherische Öle: Prüfung nach S. 248.
Schwermetalle: Prüfung nach S. 247.
Halogenhaltige Verunreinigungen: Prüfung nach S. 247.
Säurezahl: Höchstens 1,0; 5,0 g Substanz werden in 50 cm^3 des vorgeschriebenen Lösungsmittels gelöst (Prüfung nach S. 249).
Esterzahl: 2,0 bis 20,0 (Prüfung nach S. 250).
Esterzahl nach der Acetylierung: Mind. 20,0 und höchstens 75,0.
Prinzip: Das ätherische Öl wird mit Acetanhydrid versetzt und unter Rückfluß erhitzt; hierbei werden die Alkohole im ätherischen Öl verestert. Nach Hydrolyse des überschüssigen Acetanhydrids wird das Reaktionsgemisch mit Natriumcarbonatlösung neutralisiert und die lipophile Phase (äth. Öl einschließlich der neugebildeten Ester) abgetrennt und mehrmals neutral gewaschen. Von diesem lipophilen Gemisch wird nach Verseifung mit Kaliumhydroxid und Rücktitration mit Salzsäure die Esterzahl bestimmt (S. 250).

Durchführung

Chemikalien

Rosmarini aetheroleum, 10,0 cm^3
Acetanhydrid, 10 cm^3
Wasserfreies Natriumacetat, 2,0 g
Gesättigte Natriumchloridlösung, 100 cm^3
Natriumcarbonat-Natriumchlorid-Lösung:
Eine 2,0proz. *(G/V)*-Lösung von Natriumcarbonat wird mit Natriumchlorid gesättigt, 50 cm^3
Wasserfreies Magnesiumsulfat, 12 g
Phenolphthaleinlösung: Reag. Nr. 56
0,1 N-ethanolische Kaliumhydroxidlösung, 25 cm^3 (Reag. Nr. 47)
0,5 N-ethanolische Kaliumhydroxidlösung (Reag. Nr. 46)
0,5 N-Salzsäure

Geräte

1 Acetylierungskolben mit Schliff und pass. Rückflußkühler
1 Scheidetrichter, 100 cm^3
3 Erlenmeyerkolben, 100 cm^3
2 Bechergläser, 250 cm^3
1 Rundkolben, NS 29, 250 cm^3
2 Meßpipetten, 5,0 cm^3
1 Vollpipette, 50 cm^3
2 Büretten, 50 cm^3
2 Trichter, ∅ 3 cm
1 Rückflußkühler, NS 29 mit pass. Trockenrohr, gefüllt mit Natriumhydroxid-Rotulis

Allgemeine Geräte

Wasserbad
Siedesteine

Vorschrift: 10,0 cm^3 ätherisches Öl werden mit 10,0 cm^3 Acetanhydrid und 2 g wasserfreiem Natriumacetat in einem Acetylierungskolben mit aufgesetztem Kühler nach Zusatz einiger Siedesteine 2 h im Sieden gehalten. Nach dem Erkalten werden 50 cm^3 Wasser hinzugefügt, und die Mischung unter wiederholtem, kräftigem Umschwenken 15 min auf 40–50° erhitzt. Nach dem Abkühlen auf Raumtemperatur wird die Mischung in einen Scheidetrichter überführt und der Acetylierungskolben noch zweimal mit je 10 cm^3 Wasser ausgespült; die Waschflüssigkeiten werden zur Mischung in den Scheidetrichter gegeben. Nach Trennung der Schichten wird die wäßrige Schicht abgetrennt und verworfen. Die zurückbleibende Schicht wird nacheinander mit 50,0 cm^3 gesättigter Natriumchlorid-Lösung, 50,0 cm^3 Natriumcarbonat-Natriumchlorid-Lösung und 50,0 cm^3 gesättigter Natriumchloridlösung kräftig und mit 20,0 cm^3 Wasser vorsichtig geschüttelt; die wäßrigen Schichten werden nach dem Abtrennen jeweils verworfen.
Die Schicht der acetylierten Substanzen wird in einem Reagenzglas 15 min unter gelegentlichem Umschütteln mit 3,0 g wasserfreiem Magnesiumsulfat getrocknet, filtriert und das Filtrat erneut mit 3,0 g wasserfreiem Magnesiumsulfat behandelt, bis es wasserfrei ist. Etwa 2,00 g filtrierte, acetylierte Substanz, genau gewogen, werden in einem 250 cm^3-Rundkolben mit 1,5 cm^3 Wasser und 1,0 cm^3 Phenolphthaleinlösung versetzt und mit 0,1 N-ethanolischer Kaliumhydroxidlösung neutralisiert. Anschließend wird der Ansatz mit 50,0 cm^3 0,5 N-ethanolischer Kaliumhydroxidlösung und einigen Siedesteinchen versetzt und unter häufigem Umschwenken auf dem Wasserbad 1 h unter Rückfluß zum Sieden erhitzt. Dabei wird auf den Kühler ein mit Natriumhydroxid gefülltes Trockenrohr aufgesetzt. Nach dem Abkühlen wird mit 0,5 N-Salzsäure titriert. (Verbrauch an 0,5 N-Salzsäure: n_1 cm^3).
Unter den gleichen Bedingungen wird ein Blindversuch durchgeführt (Verbrauch an 0,5 N-Salzsäure: n_2 cm^3).

Berechnung

1 cm^3 0,5 N-Kaliumhydroxid entsprechen 28,05 mg Kaliumhydroxid.

$$\text{Esterzahl nach Acetylierung} = \frac{(n_2 - n_1)}{b} \cdot 28{,}05\,.$$

b: Einwaage an acetylierter Substanz in Gramm.

Prüfung auf Identität

Dünnschicht-Chromatographie

Prinzip: Nachweis von Borneol, Bornylacetat und 1.8-Cineol als Inhaltsstoffe, die auch als Vergleichssubstanzen eingesetzt werden.

I. Standardmethode: Ja; Abweichung: Zweifachentwicklung.
II. Schicht: Kieselgel F_{254}.

III. Fließmittel: Dichlormethan, 2 × 10 cm, KS.

IV. Nachweis: Nach Abdampfen des Fließmittels:
Besprühen mit Anisaldehyd-Schwefelsäure (Reag. Nr. 4) und anschließend 5–10 min auf 105–110° erhitzen.

V. Untersuchungslösung
TAS: 10 mg Rosmarini folium, frisch gepulvert (300), 220°, 90 s, 1 Kügelchen Molekularsieb, 4 Å (= 0,4 nm), wasserdampfgesättigt.
Extrakt: 0,2 g frisch gepulverte Droge (300) werden mit 5 cm^3 Dichlormethan versetzt, auf dem Wasserbad kurz aufgekocht und danach filtriert. Der Filterrückstand wird mit 2 cm^3 Dichlormethan nachgewaschen; die vereinigten Filtrate werden auf dem Wasserbad zur Trockne eingeengt und in 0,1 cm^3 Essigsäureethylester aufgenommen, davon trägt man 10 mm^3 bandförmig (20 × 3 mm) auf.
Äth. Öle: Je 20 mm^3 des selbst gewonnenen ätherischen Öles und des Handelsöls (Rosmarini aetheroleum) werden in je 1 cm^3 Toluol gelöst, davon trägt man je 10 mm^3 bandförmig (20 × 3 mm) auf.

VI. Vergleichslösung: Je 5 mg Borneol und Bornylacetat und 10 mm^3 1.8-Cineol werden in 1 cm^3 Toluol gelöst, davon trägt man 10 mm^3 bandförmig (20 × 3 mm) auf.

Auswertung: Nach dem Besprühen mit Anisaldehyd-Schwefelsäure und anschließendem Erhitzen sind bei Tageslicht im Chromatogramm der Vergleichslösung die blaugrün bis graublau gefärbten Zonen des Borneols im unteren Drittel des Chromatogramms und die des Bornylacetats im

Chromatogramm (Nachweis IV)

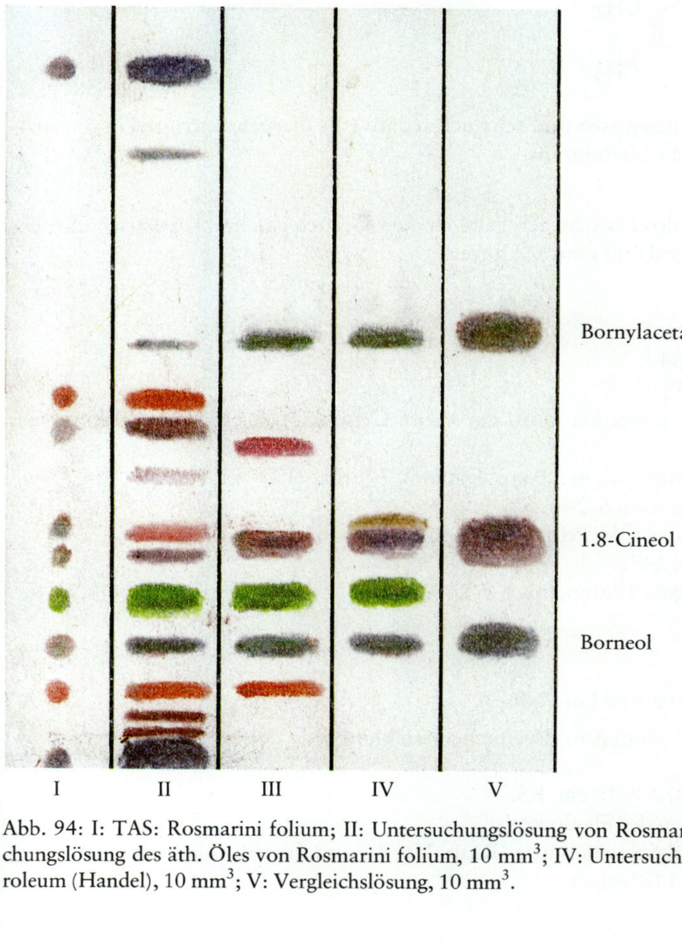

Abb. 94: I: TAS: Rosmarini folium; II: Untersuchungslösung von Rosmarini folium, 10 mm^3; III: Untersuchungslösung des äth. Öles von Rosmarini folium, 10 mm^3; IV: Untersuchungslösung von Rosmarini aetheroleum (Handel), 10 mm^3; V: Vergleichslösung, 10 mm^3.

oberen Drittel des Chromatogramms sowie die blaugrau bis braun gefärbte Zone des 1.8-Cineols zu erkennen. Im Chromatogramm der Untersuchungslösung (TAS, Extrakt, äth. Öl) sind entsprechende Zonen hinsichtlich Rf-Bereich und Farbe in etwa gleicher Intensität sichtbar; weitere, schwach rötlichviolett gefärbte Zonen können auftreten.

7. Lavandulae aetheroleum

Lavendelöl, Lavender Oil, Huile essentielle de lavande

Stammpflanze und Familie: *Lavandula angustifolia* MILLER *(syn. Lavandula officinalis* CHAIX) *(Lamiaceae).*

Offizinell: DAB 8 (mind. 35,0% Ester, berechnet als Linalylacetat).

Inhaltsstoffe: 30–50% Linalylacetat (MG 196,3) (wertbestimmend), 25–45% Linalool, daneben Bornylacetat, Geraniol, Borneol, Nerol, 1.8-Cineol, Campher und Caryophyllenepoxid, ferner Terpen- und Sesquiterpenkohlenwasserstoffe, außerdem ca. 1% Cumarin.

Formeln

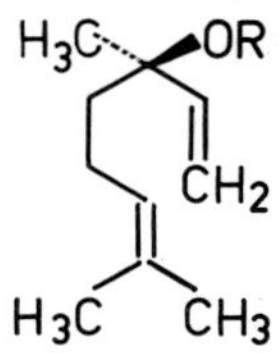

R = H Linalool
R = CO·CH3 Linalylacetat

Wirkung und Verwendung: Antiseptisch und schwach sedativ, als Geruchskorrigens in pharmazeutischen Zubereitungen und als Desodorans.

Prüfungen
Das ätherische Öl ist klar, farblos bis schwach gelblich. Der Geruch ist charakteristisch und der Geschmack aromatisch, brennend und schwach bitter.

Prüfung auf Reinheit
Relative Dichte: 0,876 bis 0,894.
Brechungsindex: 1,457 bis 1,464.
Optische Drehung: −3 bis −11°.
Säurezahl: Höchstens 2,0; 5,0 g werden in 50 cm^3 eines Gemisches aus gleichen Volumteilen Ethanol und Ether.
Löslichkeit: 1,0 cm^3 Substanz muß sich in 3,0 cm^3 Ethanol, 70proz. *(V/V)* klar lösen.
Wasserlösliche Anteile: Prüfung nach S. 246.
Fette Öle und verharzte ätherische Öle: Prüfung nach S. 248.
Schwermetalle: Prüfung nach S. 247.
Halogenhaltige Verunreinigungen: Prüfung nach S. 247.

Prüfung auf Identität

Dünnschicht-Chromatographie
Prinzip: Prüfung auf Linalylacetat und Linalool.

I. *Standardmethode:* Ja, Abweichungen: Zweifachentwicklung.
II. *Schicht:* Kieselgel F_{254}.
III. *Fließmittel:* Dichlormethan, 2 × 10 cm, KS.
IV. *Nachweis:* Nach Abdampfen des Fließmittels:
Besprühen mit Anisaldehyd-Schwefelsäure (Reag. Nr. 4), und anschließend unter Beobachtung 5–10 min auf 100 bis 110° erhitzen.

V. Untersuchungslösung

a) *TAS:* 10 mg Lavandulae flos, 220°, 90 s, 2 Kügelchen wasserdampfgesättigtes Molekularsieb, 4 Å (= 0,4 nm).

b) *Extrakt:* 0,5 g Lavandulae flos, pulv. (300) werden mit 5 cm^3 Dichlormethan versetzt, kurz auf dem Wasserbad erhitzt und filtriert. Das Filtrat wird auf dem Wasserbad zur Trockne eingeengt und in 0,5 cm^3 Essigsäureethylester aufgenommen, davon trägt man 10 mm^3 bandförmig (20 × 3 mm) auf.

c) *Äth. Öl:* 20 mm^3 Lavandulae aetheroleum werden in 1,0 cm^3 Toluol gelöst, davon trägt man 10 mm^3 bandförmig (20 × 3 mm) auf.

VI. Vergleichslösung: je 10 mm^3 Linalool und Linalylacetat werden in 1,0 cm^3 Toluol gelöst, davon trägt man 10 mm^3 bandförmig (20 × 3 mm) auf.

Chromatogramm (Nachweis IV)

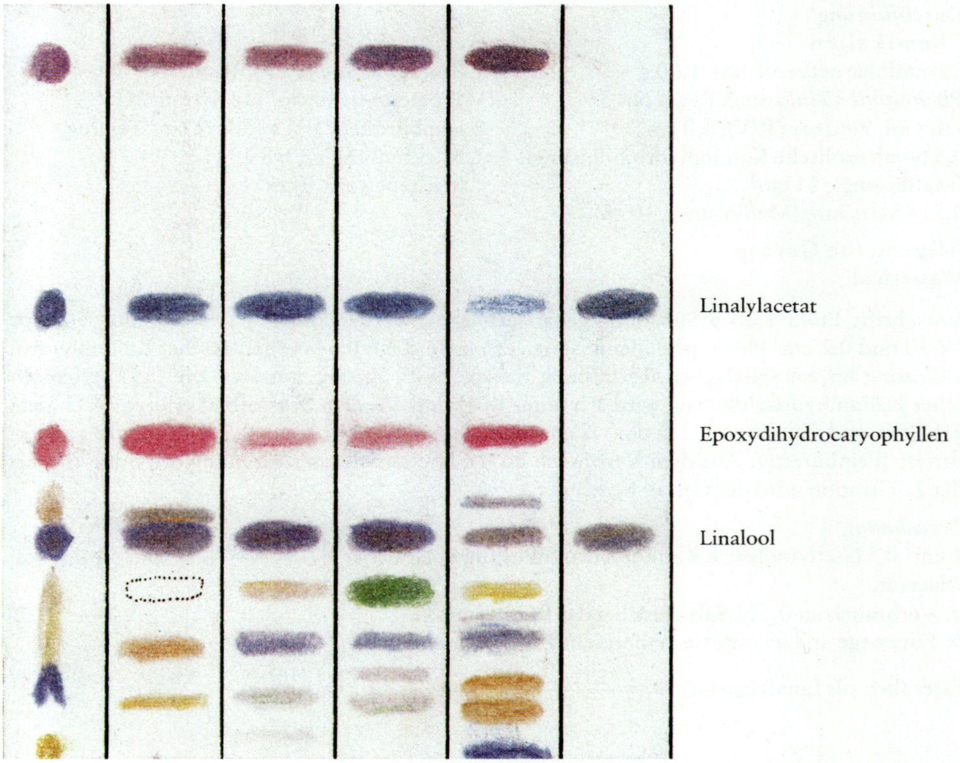

Abb. 95: I: TAS: Lavandulae flos; II: Untersuchungslösung des äth. Öles (frisch gewonnen) von Lavandulae flos, 10 mm^3; III: Untersuchungslösung von Lavandulae aetheroleum (Handelsmuster «Barême») 10 mm^3; IV: Untersuchungslösung von Lavandulae aetheroleum (Handelsmuster «Montblanc»), 10 mm^3; V: Untersuchungslösung von Lavandulae flos, 10 mm^3; VI: Vergleichslösung, 10 mm^3.

Auswertung

Nach dem Besprühen mit Anisaldehyd-Schwefelsäure und anschließendem Erhitzen erscheinen im Chromatogramm der Vergleichslösung (VI) die blau gefärbten Zonen des Linalools (im unteren Drittel des Chromatogrammes) und des Linalylacetats (im oberen Drittel des Chromatogramms). In den Chromatogrammen aller Auftragungen (I–V) erscheinen die gleichen Zonen in etwa gleicher Höhe und von ähnlicher Farbe. Zwischen der Zone des Linalylacetats und des Linalools ist auf allen Chromatogrammen die rotviolette Zone des Caryophyllenepoxids zu erkennen. Unterhalb der Linaloolzone sind bei den einzelnen Auftragungen eine unterschiedliche Anzahl von grünbraun oder rotviolett gefärbten Zonen sichtbar. Auffallend davon ist auf dem Chromatogramm (IV) des Handelsmusters Montblanc eine intensiv grünbraun gefärbte Zone. Im Frontbereich aller Lavendelöle treten violette bis rote Zonen von Terpenkohlenwasserstoffen auf. Die sich braun-violett anfärbende Zone direkt über der Linaloolzone auf den Chromatogrammen (I) der TAS-Auftragungen und (II) des frisch destillierten äth. Öls entspricht 1.8-Cineol.

Gehaltsbestimmung von Lavandulae aetheroleum

A. *Prinzip:* Bestimmung des Estergehalts und Berechnung als Linalylacetat. – Das ätherische Öl wird mit einem Überschuß an Kaliumhydroxidlösung unter Rückfluß gekocht, hierbei werden die Ester verseift, anschließend wird die nicht verbrauchte Kaliumhydroxidmenge durch Rücktitration mit Salzsäurelösung bestimmt. Aus der bei der Verseifung verbrauchten Kaliumhydroxidmenge wird der Estergehalt als Linalylacetat berechnet.

B. *Durchführung*

Chemikalien
Lavandulae aetheroleum, 1,00 g
Phenolphthaleinlösung: Reag. Nr. 56
Ethanol, 90proz. *(V/V)*, 3,0 cm^3
0,5 N-ethanolische Kaliumhydroxidlösung (Maßlösung), 11 cm^3
0,5 N-Salzsäure (Maßlösung), 10 cm^3

Geräte
1 Rundkolben, NS 29, 50 cm^3
Vollpipetten, 3,0 cm^3 (1), 10 cm^3 (1)
2 Feinbüretten, 10 cm^3, 0,02 cm^3 Teilung
1 Rückflußkühler, NS 29
1 Meßpipette: 1,0 cm^3

Allgemeine Geräte
Wasserbad.

Vorschrift: Etwa 1,00 g Substanz, genau gewogen, werden mit 3,0 cm^3 Ethanol, 90proz. *(V/V)* und 0,2 cm^3 Phenolphthaleinlösung versetzt und mit 0,5 N-ethanolischer Kaliumhydroxidlösung bis zur schwachen Rotfärbung titriert. Nach Zusatz von 10,0 cm^3 0,5 N-ethanolischer Kaliumhydroxidlösung wird 1 h unter Rückfluß auf dem Wasserbad erhitzt. Nach dem Erkalten und Zusatz von 1,0 cm^3 Phenolphthaleinlösung wird mit 0,5 N-Salzsäure zurücktitriert (Feinbürette). Aus dem Verbrauch an 0,5 N-ethanolischer Kaliumhydroxidlösung bei der 2. Titration wird der Gehalt berechnet.

C. *Berechnung*

1 cm^3 0,5 N-ethanolische Kaliumhydroxidlösung entspricht $\frac{MG}{2} = \frac{196{,}3}{2} = 98{,}15$ mg Linalylacetat.

a: Verbrauch an 0,5 N-Salzsäure bei der Rücktitration
b: Einwaage an Lavandulae aetheroleum in Gramm

$$\text{Ester (ber. als Linalylacetat) \%} = \frac{(10 - a) \cdot 98{,}1 \cdot 10^{-3}}{b} \cdot 100 = \frac{(10 - a) \cdot 9{,}81}{b}.$$

8. Caryophylli aetheroleum

Nelkenöl, Clove Oil, Huile essentielle de girofle

Stammpflanze und Familie: *Syzygium aromaticum* (L.) MERILL et L.M. PERRY (syn. *Eugenia caroyphyllata* THUNBERG) *(Myrtaceae)*.

Offizinell: DAB 8 (mind. 80,0% *(V/V)* Phenole und Acetyleugenol), DAB 7-DDR.

Inhaltsstoffe, Wirkung und Verwendung: Siehe Caryophylli flos S. 244.

Prüfungen

Das ätherische Öl ist farblos bis gelblich und färbt sich an der Luft braun. Der Geruch ist würzig und der Geschmack brennend.

Prüfung auf Reinheit

Relative Dichte: 1,039 bis 1,065.
Brechungsindex: 1,528 bis 1,537.
Optische Drehung: 0 bis −2,0°.
Sauer oder alkalisch reagierende Verunreinigungen: 0,5 ml Substanz werden mit 10 ml Wasser von 50°C geschüttelt, nach dem Erkalten wird filtriert. 2 ml des Filtrats müssen sich auf Zusatz von 0,1 ml Bromphenolblau-Lösung R1 grün färben und dürfen nicht gelb gefärbt sein (1. Nachtrag DAB 8).
Löslichkeit: 1,0 cm^3 ätherisches Öl muß sich in 2,0 cm^3 70proz. *(V/V)* Ethanol klar lösen.
Fette Öle und verharzte ätherische Öle: Prüfung nach S. 248.
Fremde Ester: Prüfung nach S. 247.
Fremde Phenole: 0,5 cm^3 ätherisches Öl werden mit 10 cm^3 Wasser von 50° geschüttelt; 2,0 cm^3 des Filtrats dürfen sich nach Zusatz von 0,2 cm^3 einer 1,2proz. *(G/V)* Eisen(III)-chlorid-Lösung höchstens vorübergehend graugrünlich, aber nicht blauviolett färben.

Prüfung auf Identität

Dünnschicht-Chromatographie von Caryophylli aetheroleum und zusätzlich von Caryophylli flos.
Prinzip: Prüfung des ätherischen Öles auf Eugenol und Caryophyllen. Als Vergleichssubstanz wird Eugenol verwendet.

I. Standardmethode: Ja.
II. Schicht: Kieselgel F_{254}.
III. Fließmittel: Dichlormethan, KS, 10 cm.
IV. Nachweis: Nach Abdampfen des Fließmittels:
1. UV_{254}: Fluoreszenzmindernde Zonen markieren.
2. UV_{365}: Fluoreszierende Zonen markieren.
3. Besprühen mit Anisaldehyd-Schwefelsäure (Reag. Nr. 4) und anschließend unter Beobachtung 5–10 min auf 105–110° erhitzen.

V. Untersuchungslösung
a) 20 mm^3 Caryophylli aetheroleum werden in 1 cm^3 Toluol gelöst, davon trägt man 10 mm^3 bandförmig (20 × 3 mm) auf.
Anmerkung: Eine stärker verdünnte Auftragslösung ist vorteilhafter: 10 mm^3 Caryophylli aetheroleum in 1 cm^3 Toluol.
b) *TAS:* 1 mg, 220°, 90 s, 1 Kügelchen wasserdampfgesättigtes Molekularsieb, 4 Å (= 0,4 nm).
c) *Extrakt:* 0,1 g gepulverte Droge (300) werden mit 5 cm^3 Dichlormethan versetzt, auf dem Wasserbad kurz aufgekocht und danach filtriert. Das Filtrat wird auf dem Wasserbad zur Trockne eingeengt und in 1 cm^3 Essigsäureethylester aufgenommen, davon trägt man 10 mm^3 bandförmig (20 × 3 mm) auf.

VI. Vergleichslösung: 10 mm^3 Eugenol werden in 1 cm^3 Toluol gelöst, davon trägt man 10 mm^3 bandförmig (20 × 3 mm) auf.

Auswertung (Abb. 96)
Beim Betrachten der unbesprühten Chromatogramme im kurzwelligen UV-Licht erkennt man bei allen Auftragungen im mittleren Rf-Bereich eine fluoreszenzmindernde Zone, die mit der entsprechenden Zone der Vergleichslösung, dem Eugenol, übereinstimmt. Die Eugenolzone färbt sich nach dem Aufsprühen von Anisaldehyd-Schwefelsäure und anschließendem Erhitzen graublau bis braun an. Im oberen Rf-Bereich ist in den Chromatogrammen (I, II und III) eine rotviolette Zone zu erkennen, die dem Caryophyllen entspricht. Im unteren Drittel der Chromatogramme ist die entsprechende, gleich gefärbte Zone des Caryophyllenepoxids sichtbar. In diesem Bereich treten noch weitere rot bis violett sich anfärbende Zonen auf.
Vor dem Besprühen ist auf den Chromatogrammen der Auftragungen nach dem TAS-Verfahren und der Extraktlösung von Caryophylli flos beim Betrachten im langwelligen UV-Licht im unteren Drittel der Chromatogramme noch eine deutlich blau fluoreszierende Zone zu erkennen.

Chromatogramm (Nachweis IV/3)

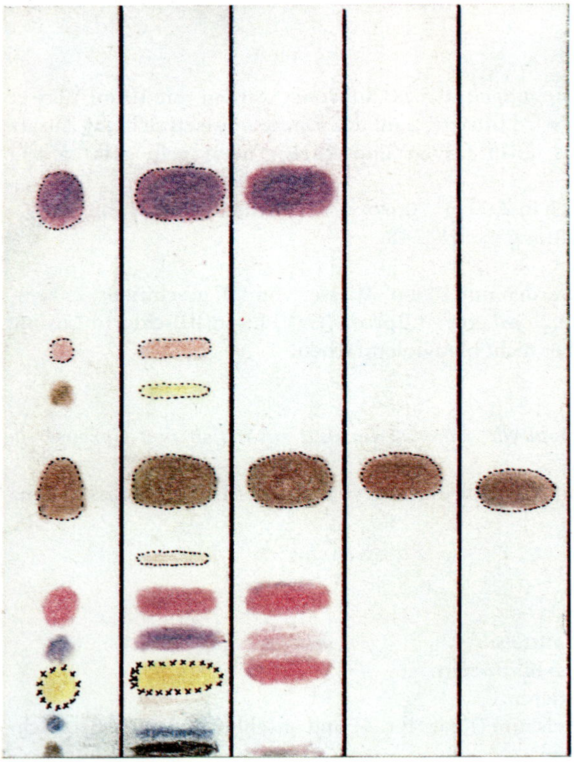

Caryophyllen u. a.
Terpen-KW.

Eugenol
Eugenolmethylether
u. Acetyleugenol

Epoxidihydrocaryophyllen

I II III IV V

Abb. 96: I: TAS: Caryophylli flos; II: Untersuchungslösung von Caryophylli flos, 10 mm³; III: Untersuchungslösung von Caryophylli aetheroleum, 10 mm³; IV: Vergleichslösung 10 mm³; V: Eugenolmethylether und Acetyleugenol 0,5proz. in Essigsäureethylester, 10 mm³. Die mit Kreuzchen umpunkteten Zonen sind blau fluoreszierend.

Anmerkung: Mit diesen DC-Bedingungen wird keine Trennung zwischen Eugenol und Acetyleugenol erreicht, jedoch mit den DC-Bedingungen, die bei Caryophylli flos (S. 245) zur Identitätsprüfung dienen.

Gehaltsbestimmung: nach DAB 8

Bestimmung des Phenol-(Eugenol)-gehalts
Prinzip: Volumetrische Bestimmung: Ein bestimmtes Volumen von Caryophylli aetheroleum wird mit einer Natriumhydroxidlösung geschüttelt, wobei Eugenol als Phenolat in die wäßrige Phase übergeht. Die Volumenabnahme von Caryophylli aetheroleum muß mindestens 80 Volumenprozente betragen, was der Forderung des DAB 8 entspricht.

Durchführung

Chemikalien	Geräte
Caryophylli aetheroleum, 5 cm³	1 Cassiakolben[1]
Natriumhydroxid-Lösung, verd. 8,5proz. *(G/V)* 40 cm³	2 Meßpipetten, 5 cm³
Natriumchlorid, 30 g	

[1] Cassiakolben sind Stehkolben von etwa 100 cm³ Inhalt, deren Hals von 8,0 mm Durchmesser über eine Länge von 120 mm in 0,10 cm³ eingeteilt ist. Der Übergang vom Kolben zum Hals muß konisch verlaufen.

Vorschrift nach DAB 8:
5,0 cm^3 Caryophylli aetheroleum werden im Cassiakolben[1] mit 70 cm^3 einer Mischung aus 1,5 Volumenteilen verdünnter Natriumhydroxid-Lösung und 2,5 Volumenteilen Wasser versetzt und unter häufigem, kräftigem Schütteln 15 min im Wasserbad erhitzt. Durch Zugabe gesättigter Natriumchloridlösung und durch leichtes Klopfen und Drehen des Kolbens wird der nichtgebundene Substanzanteil in den Hals des Kolbens getrieben. Der Kolben wird so lange stehengelassen, bis sich die Substanz von der wäßrigen Flüssigkeit vollständig getrennt hat. Die Menge des nichtgebundenen Substanzanteils darf nach dem Erkalten höchstens 1,0 cm^3 betragen.

9. Citri aetheroleum (Limonis aetheroleum)

Citronenöl, Lemon Oil, Huile essentielle de citron

Stammpflanze und Familie: *Citrus limon* (L.) BURMAN fil. *(syn. Citrus medica* L. *var. limonum* (RISSO) WIGHT et ARNOTT *(Rutaceae)*.

Offizinell: DAB 8 (mind. 3,0%, Carbonylverbindungen, berechnet als Citral), künftig unter der Bezeichnung «Limonis aetheroleum» in Ph. Eur. (2. Ausg.).

Inhaltsstoffe: (Gewonnen durch Auspressen von frischen Fruchtschalen) bis zu 90% Limonen und kleinere Anteile anderer Terpenkohlenwasserstoffe, 3–5% Citral ($C_{10}H_{16}O$, MG 152,2), ferner Citronellal, α-Terpineol, Linalyl- und Geranylacetat und Cumarinderivate wie z.B. Citropten (Limettin), Bergamottin (Bergaptin) (= 5-Geranyloxy-psoralen), Byak-Angelicin usw. *Citri pericarpium:* 6% äth. Öl (siehe oben), zahlreiche Flavonderivate u.a. Hesperidin.

Formeln

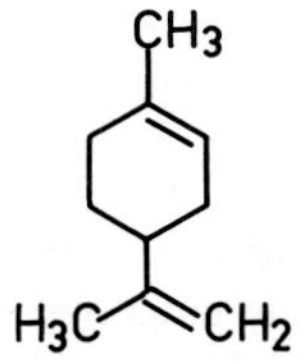

Limonen

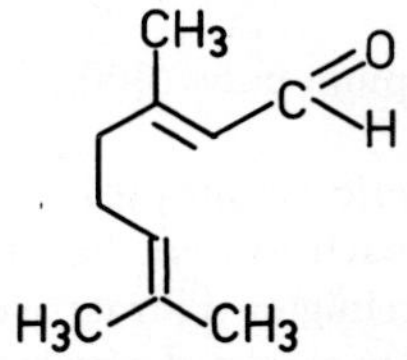

Citral

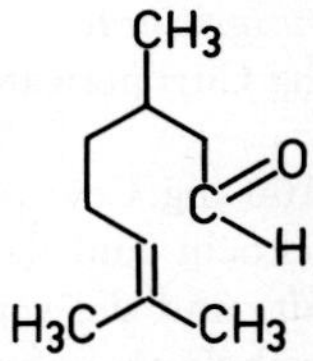

Citronellal

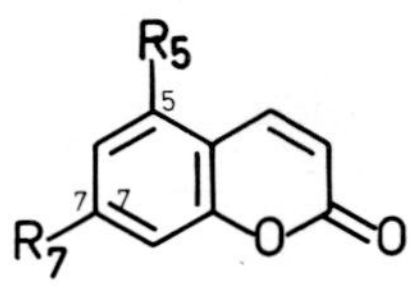

$R_5 = R_7 = OCH_3$ Citropten

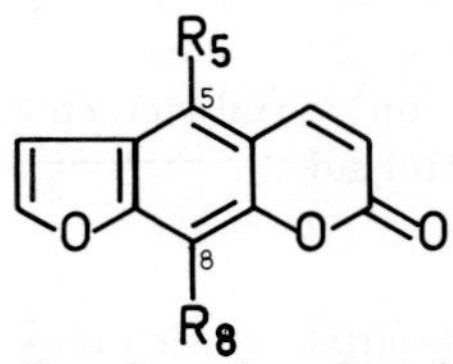

$R_5 = R_8 = H$ Psoralen

$R_5 = OCH_3$
$R_8 = O\text{-}CH_2\text{-}CH(OH)\text{-}C(OH)(CH_3)\text{-}CH_3$ } Byak-Angelicin

Wirkung und Verwendung: Appetitanregendes Aromaticum, Geruchs- und Geschmackskorrigens.

Prüfung von Citri aetheroleum
Das ätherische Öl ist klar, von hellgelber bis grünlichgelber Farbe; es zeigt einen reinen, kräftigen Zitronengeruch und ist von mildem, später bitterem Geschmack.

---

[1] Cassiakolben sind Stehkolben von etwa 100 cm^3 Inhalt, deren Hals von 8,0 mm Durchmesser über eine Länge von 120 mm in 0,10 cm^3 eingeteilt ist. Der Übergang vom Kolben zum Hals muß konisch verlaufen.

Prüfung auf Reinheit

Relative Dichte: 0,851 bis 0,858.
Brechungsindex: 1,474 bis 1,478.
Optische Drehung: +56 bis +65°.
Säurezahl: Höchstens 1,5; 5,0 g äth. Öl werden in 50 cm^3 eines Gemisches aus gleichen Volumteilen Ethanol und Ether gelöst (siehe S. 249).
Löslichkeit: 1,0 cm^3 äth. Öl muß sich in 12,0 cm^3 90proz. Ethanol bis auf eine geringe Ausflokkung klar lösen.
Verdampfungsrückstand: 1,5 bis 4,5 Prozent mit 5,00 g Substanz genau gewogen, durch 5 h Erhitzen bestimmt (siehe S. 248).
Wasserlösliche Anteile: Prüfung nach S. 246.
Fette Öle und verharzte ätherische Öle: Prüfung nach S. 248.
Fremde Ester: Prüfung nach S. 247.
Schwermetalle: Prüfung nach S. 247.
Halogenhaltige Verunreinigungen: Prüfung nach S. 247.

Prüfung auf Identität

Dünnschicht-Chromatographie von Citri aetheroleum und von Citri pericarpium.
Prinzip: Nachweis von Citral.

I. *Standardmethode:* Ja.
II. *Schicht:* Kieselgel F_{254}.
III. *Fließmittel:* Dichlormethan, KS, 10 cm.
IV. *Nachweis:* Nach Abdampfen des Fließmittels:
1. UV_{254}: Fluoreszenzmindernde Zonen markieren.
2. Besprühen mit Anisaldehyd-Schwefelsäure (Reag. Nr. 4) und anschließend 5–10 min auf 105–110° erhitzen.

V. *Untersuchungslösung*
TAS: 10 mg Citri pericarpium pulv. (300), 220°, 90 s, 1 K. Molekularsieb, 4 Å, wassergesättigt.
Extrakt: 100 mg Citri pericarpium pulv. (300) werden mit 2 cm^3 Dichlormethan versetzt, kurz aufgekocht und danach filtriert. Der Filterrückstand wird mit 2 cm^3 Dichlormethan nachgespült, und die vereinigten Filtrate werden zur Trockene eingeengt und in 0,1 cm^3 Essigsäureethylester aufgenommen, davon trägt man 10 mm^3 bandförmig (20 × 3 mm) auf.
Äth. Öl: 0,2 cm^3 Citri (= Limonis) aetheroleum werden in 1,0 cm^3 Toluol gelöst, davon trägt man 10 mm^3 bandförmig (20 × 3 mm) auf.

VI. *Vergleichslösung:* 10 mm^3 Citral werden in 1 cm^3 Toluol gelöst, davon trägt man 10 mm^3 bandförmig (20 × 3 mm) auf.

Auswertung (Abb. 97)
Nach Entfernung des Fließmittels werden im kurzwelligen UV-Licht bei 254 nm die fluoreszierenden und die fluoreszenzmindernden Zonen gekennzeichnet. Im unteren Drittel des Chromatogramms der Vergleichslösung ist die fluoreszenzmindernde Zone des Citrals sichtbar. Im Chromatogramm der Untersuchungslösungen ist bei gleichem Rf-Wert ebenfalls die deutlich fluoreszenzmindernde Zone des Citrals zu erkennen. Dicht darunter liegen zwei deutlich hellblau fluoreszierende Zonen. Ferner treten zwei schwach fluoreszenzmindernde Zonen im Bereich der Startlinie auf. Weitere schwach fluoreszenzmindernde Zonen können in Chromatogrammen der Untersuchungslösungen sichtbar sein.
Nach dem Besprühen mit Anisaldehyd-Schwefelsäure und Erhitzen färbt sich die Zone des Citrals grauviolett an. Im Chromatogramm der Untersuchungslösung (II) kann unmittelbar über der Citral-Zone eine hellblau gefärbte Zone auftreten. Unterhalb des Citrals sind zwei grauviolett gefärbte Zonen sichtbar. Eine intensiv rotviolett gefärbte Zone befindet sich im Bereich der Front. Im Chromatogramm der Untersuchungslösung können weitere farbige Zonen sichtbar sein.

Chromatogramm (Nachweis IV/2)

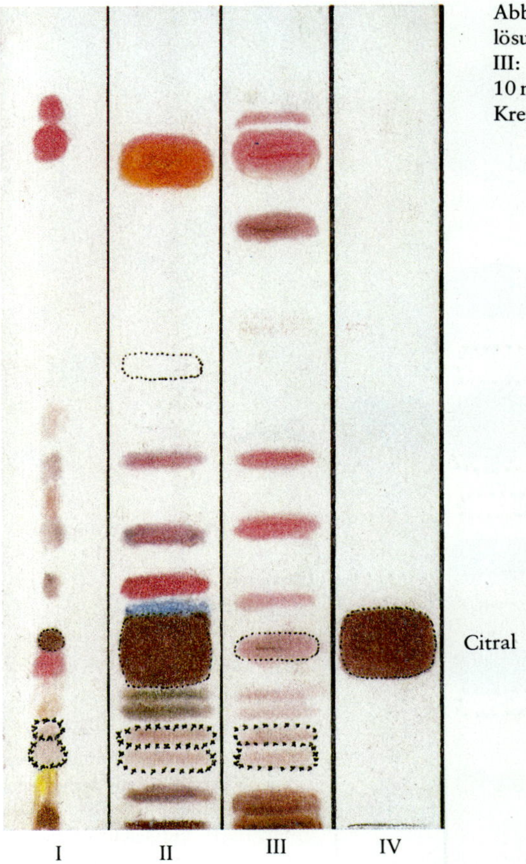

Abb. 97: I: TAS: Citri pericarpium; II: Untersuchungslösung von Citri (= Limonis) aetheroleum, 10 mm^3; III: Untersuchungslösung von Citri pericarpium, 10 mm^3; IV: Vergleichslösung, 10 mm^3. Die mit Kreuzchen umpunkteten Zonen fluoreszieren hellblau.

Prüfung auf Identität (nach Ph. Eur., 2. Ausgabe in Vorbereitung)

Dünnschicht-Chromatographie von Limonis aetheroleum

Prinzip: Nachweis von Citral und den Cumarinderivaten Citropten (Limettin) 5-Geranyloxy-7-methoxycumarin, Bergamottin (Bergaptin), Psoralen-5,8-disubst. und Byak-Angelicin. Prüfung auf Abwesenheit von Anthranilsäure und Salicylsäureester ferner auf Abwesenheit von Chalkonen. Als Vergleichssubstanzen werden Citral und Citropten eingesetzt.

I. Standardmethode: Ja; Abweichung: Laufstrecke 15 cm.

II. Schicht: Kieselgel F_{254}.

III. Fließmittel: Toluol-Essigsäureethylester (85 + 15), KS, 15 cm.

IV. Nachweis: Nach Abdampfen des Fließmittels:

1. UV_{254}: Fluoreszenzmindernde Zonen markieren.
2. UV_{365}: Fluoreszierende Zonen markieren und Fluoreszenzfarbe notieren.
3. Bedampfen mit Salzsäuregas.
4. Besprühen mit Anisaldehyd-Schwefelsäure-Reagenz (Reag. Nr. 4) und Erhitzen.

V. Untersuchungslösung: 0,1 cm^3 Limonis aetheroleum werden mit 0,1 cm^3 Toluol verdünnt, davon trägt man 10 mm^3 bandförmig (20 × 3 mm) auf.

VI. Vergleichslösung: 1 mg Citropten (= Limettin) und 5 mm^3 Citral werden in 1,0 cm^3 Toluol gelöst, davon trägt man 10 mm^3 bandförmig (20 × 3 mm) auf.

Chromatogramm (Nachweis) IV/2 IV/4

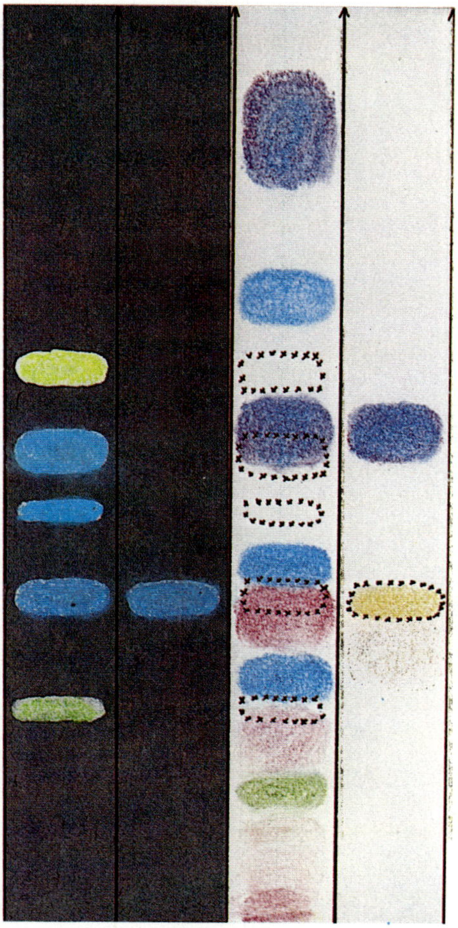

Abb. 98:
I: Untersuchungslösung von Limonis aetheroleum, 10 mm^3;
II: Vergleichslösung, 10 mm^3.
Die umpunkteten Zonen fluoreszieren.

Auswertung
Nach Abdampfen des Fließmittels zeigt das Chromatogramm beim Betrachten im kurzwelligen UV-Licht im mittleren Rf-Bereich eine große fluoreszenzmindernde Zone, die dem Citral entspricht, darüber ganz in der Nähe der Citralzone liegt die ebenfalls fluoreszenzmindernde Zone des Bergamottins (= 5-Geranyloxypsoralen) und direkt unter der Citralzone die hellblau fluoreszierende Zone des 5-Geranyloxy-7-methoxycumarins. Im unteren Drittel des Chromatogramms der Vergleichslösung und der Untersuchungslösung ist die hellblau fluoreszierende Zone des Citroptens zu erkennen und darunter die fluoreszenzmindernde Zone eines 5,8-disubstituierten Psoralenderivates und darunter die Zone des Byak-Angelicins (= Methoxypsoralenderivat) die ebenfalls Fluoreszenzminderung zeigt. Diese Zone kann auch fehlen. Fluoreszenzmindernde Zonen, die im Chromatogramm der Untersuchungslösung einen höheren Rf-Wert zeigen als das Bergamottin, dürfen nicht auftreten (Anthranilsäure- und Salicylsäureester). Eine fluoreszenzmindernde Zone im Chromatogramm der Untersuchungslösung, die im gleichen Rf-Bereich wie das Citropten liegt, darf nicht vorhanden sein (Chalkone).
Im langwelligen UV-Licht fluoresziert Bergamottin gelb, 5-Geranyloxy-7-methoxycumarin hellblau, Citropten leuchtend blauviolett, das 5,8-disubstituierte Psoralen gelbgrün und das unterhalb dieser Zone liegende Byak-Angelicin rot, das auch fehlen kann. Hellblau fluoreszierende

Zonen mit einem höheren Rf-Wert als Bergamottin dürfen auf dem Chromatogramm der Untersuchungslösung nicht auftreten (Anthranilsäure- und Salicylsäureester).
Nach Bedampfen mit Salzsäuregas dürfen in der Mitte und im unteren Drittel des Chromatogramms keine leuchtend rote Zonen (Chalkone) oder andere gelb oder hellblau fluoreszierende Zonen (andere Verunreinigungen) auftreten.
Nach dem Besprühen mit Anisaldehyd-Schwefelsäure und anschließendem Erhitzen färbt sich die Zone des Citrals im Chromatogramm der Vergleichs- und der Untersuchungslösung blauviolett an. Die Zone des Citroptens färbt sich gelb bis hellbraun an. Im Chromatogramm der Untersuchungslösung wird diese Zone von einer anderen, sich rotviolett anfärbenden überdeckt. Die weiteren Cumarinderivate im Chromatogramm der Untersuchungslösung färben sich nicht an; jedoch treten weitere sich rot violett bis blau anfärbende Zonen auf. Auffallend ist die große, intensiv sich blauviolett anfärbende Zone von Limonen im oberen Drittel des Chromatogramms.

Gehaltsbestimmung von Citri (= Limonis)aetheroleum nach DAB 8
Bestimmung der Carbonyl-(Aldehyde und Ketone)-Komponenten und Berechnung als Citral

A. *Prinzip:* Siehe Carvi aetheroleum S. 252.

B. *Durchführung*

Chemikalien	Geräte
Citri aetheroleum, 3,00 g	1 Rundkolben, 100 cm^3
Ethanol, 90proz. *(V/V)*, 10 cm^3	1 Vollpipette, 10 cm^3
Hydroxylaminhydrochloridlösung, Reag. Nr. 38, 10 cm^3	1 Meßpipette, 1,0 cm^3
Bromphenolblaulösung, Reag. Nr. 11, 0,80 cm^3	1 Feinbürette, 10 cm^3
0,5 N-ethanolische Kaliumhydroxidlösung	

Vorschrift: Etwa 3,00 g ätherisches Öl, genau gewogen, werden mit 10 cm^3 90proz. *(V/V)* Ethanol versetzt und mit 10 cm^3 Hydroxylaminhydrochloridlösung, die vorher unter Zusatz von 0,80 cm^3 Bromphenolblaulösung mit 0,5 N-ethanolischer Kaliumhydroxidlösung bis zum Umschlag nach olivgrün neutralisiert werden, versetzt. Die Mischung wird langsam mit 0,5 N-ethanolischer Kaliumhydroxidlösung bis zum Umschlag nach olivgrün titriert (Verbrauch an 0,5 N-ethanolischer Kaliumhydroxydlösung: n_1 cm^3). Bei Raumtemperatur wird 5 min stehen gelassen und, falls die Flüssigkeit wieder gelb wird, nochmals bis zum Umschlag nach olivgrün titriert (Feinbürette) (zusätzlicher Verbrauch an 0,5 N-ethanolischer Kaliumhydroxidlösung: n_2 cm^3).

C. *Berechnung*

1 cm^3 0,5 N-ethanolische Kaliumhydroxidlösung zeigt $\frac{\text{MG Citral}}{2} \cdot 10^{-3} = \frac{152{,}2}{2} \cdot 10^{-3} = 76{,}1 \cdot 10^{-3}$ g Citral an.

b: Einwaage an Citri aetheroleum in Gramm.

$$\text{Citral } \% = \frac{(n_1 + n_2) \cdot 10^{-3} \cdot 100 \cdot 76{,}1}{b} = \frac{(n_1 + n_2)}{b} \cdot 7{,}61 .$$

10. Eucalypti aetheroleum

Eucalyptusöl, Eucalyptus Oil, Huile essentielle d'eucalyptus

Stammpflanze und Familie: *Eucalyptus*-Arten, wie *Eucalyptus globulus* LABILLARDIÈRE, *Eucalyptus fruticetorum* F. VON MUELLER (*syn. Eucalyptus polybractea* R.T. BAKER), *Eucalyptus smithii* R.T. BAKER *(Myrtaceae)*.

Offizinell: Ph. Eur. III (mind. 70% *(G/G)* 1,8-Cineol), DAB 7-DDR.

Inhaltsstoffe: bis zu 80% 1,8-Cineol (Eucalyptol), ferner Piperiton, α-Phellandren (höchstens 5%) und α-Pinen.
Neben diesem offizinellen ätherischen Öl gibt es noch andere Öle nicht offizineller chemischer Rassen, diese können bis zu 80% Phellandren oder etwa 50% Piperiton enthalten.

Formeln

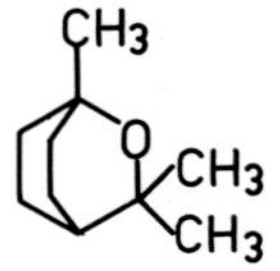

1.8 - Cineol

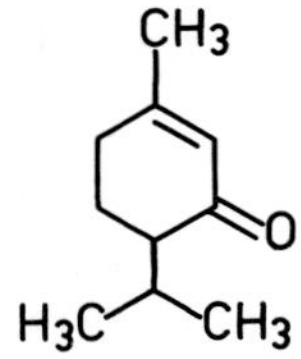

Piperiton

Wirkung und Verwendung: Es wird zumeist im Gemisch mit anderen ätherischen Ölen zur Behandlung von Erkrankungen der Atmungsorgane verwandt. 1,8-Cineol wirkt sekretomotorisch und desinfizierend.

Prüfungen von Eucalypti aetheroleum
Das ätherische Öl ist farblos bis schwach gelb gefärbt; es hat einen aromatischen und campherartigen Geruch; der Geschmack ist brennend, campherartig, dann kühlend.

Prüfung auf Reinheit

Relative Dichte: 0,906 bis 0,925.
Brechungsindex: 1,458 bis 1,470.
Optische Drehung: Zwischen 0 und + 10°, in einer Schichtdicke von 1 dm gemessen.
Löslichkeit in Ethanol: 1 cm^3 ätherisches Öl muß sich in 5 cm^3 70proz. *(V/V)* Ethanol lösen.

Aldehyde

a) Prinzip: Siehe bei Carvi aetheroleum S. 252.

b) Durchführung

Chemikalien	Geräte
Eucalypti aetheroleum, 10 cm^3	1 Reagenzglas mit NS 14,5-Schliff,
Benzol, 5 cm^3	∅ 25 mm, l = 150 mm und pass. Stopfen
Ethanolische Hydroxylaminhydrochlorid-lösung: Reag. Nr. 37	1 Meßpipette, 10 cm^3
0,5 N-Kaliumhydroxidlösung in 60proz. *(V/V)* Ethanol	1 Bürette, 10 cm^3

Vorschrift: In einem Reagenzglas von 150 mm Länge und 25 mm Durchmesser mit Glasstopfen werden 10 cm^3 ätherisches Öl mit 5 cm^3 Benzol und 4 cm^3 ethanolischer Hydroxylaminhydrochloridlösung kräftig geschüttelt. Es wird sofort mit 0,5 N-Kaliumhydroxidlösung in 60proz. *(V/V)* Ethanol bis zum Farbumschlag von Rot nach Gelb titriert. Es wird so lange umgeschüttelt und titriert, bis die Gelbfärbung in der unteren Schicht nach Umschütteln und Trennung der Schichten 2 min bestehen bleibt. Die Reaktion ist nach etwa 15 min beendet.
Die Bestimmung wird mit weiteren 10 cm^3 ätherischem Öl wiederholt, wobei als Vergleichslösung für den Umschlagspunkt die Flüssigkeit der ersten Titration nach Zusatz von 0,5 cm^3 0,5 N-Kaliumhydroxidlösung in 60proz. *(V/V)* Ethanol verwendet wird. Bei der zweiten Bestimmung dürfen höchstens 2,0 cm^3 0,5 N-Kaliumhydroxidlösung in 60proz. *(V/V)* Ethanol verbraucht werden.

Phellandren: (Nicht zulässige Handelsöle («Chemische Rassen») enthalten bis zu 40% Phellandren)

a) Prinzip: Durch 1,4- und 1,2-Addition von Distickstofftrioxid ($NO^+NO_2^-$: Nitrosylnitrit) an die konjugierten Doppelbindungen in α- und β-Phellandren bilden sich gut kristallisierende Nitrosite, die als Gemisch verschiedener, isomerer Formen anfallen.

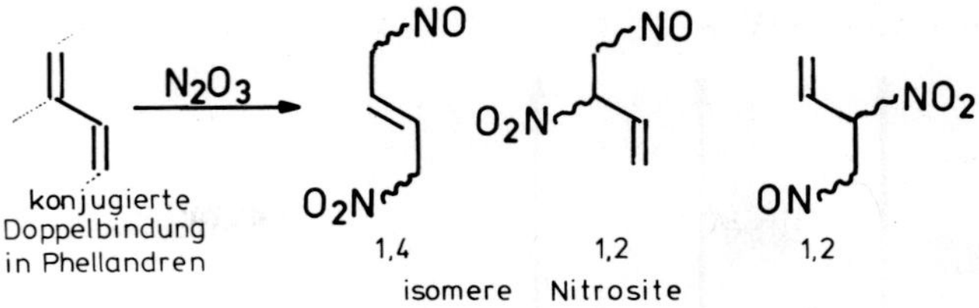

b) Durchführung

Chemikalien
Eucalypti aetheroleum, 1 cm^3
Eisessig, 2 cm^3
Petrolether (40–60°), 5 cm^3
Natriumnitritlösung, gesättigt, 2 cm^3

Geräte
1 Reagenzglas mit Schliff NS 14,5 und pass. Stopfen

Vorschrift: 1 cm^3 ätherisches Öl wird mit 2 cm^3 Eisessig und 5 cm^3 Petrolether gemischt. Nach Zusatz von 2 cm^3 einer gesättigten Lösung von Natriumnitrit wird vorsichtig umgeschüttelt. In der oberen Schicht darf sich innerhalb 1 h keine kristalline Abscheidung bilden.

Löslichkeit in Ethanol: Das ätherische Öl muß sich in 5 Volumteilen 70proz. *(V/V)* Ethanol lösen.

Prüfung auf Identität

Dünnschicht-Chromatographie
Prinzip: Nachweis von 1,8-Cineol und Prüfung auf Abwesenheit von Citronellal, als Vergleichssubstanz wird 1,8-Cineol eingesetzt.

I. *Standardmethode:* Ja; Abweichung: Laufstrecke 15 cm.
II. *Schicht:* Kieselgel F_{254}.
III. *Fließmittel:* Benzol-Essigsäureethylester (90 + 10), KS, 15 cm (Benzol sollte durch Toluol ersetzt werden).
IV. *Nachweis:* Nach Abdampfen des Fließmittels:
  1. Besprühen mit Anisaldehyd-Schwefelsäure (Reag. Nr. 4) und anschließend 5–10 min auf 105–110° erhitzen, im Tageslicht auswerten und
  2. im langwelligen UV-Licht (365 nm) die Farben der fluoreszierenden Zonen notieren.
V. *Untersuchungslösung*
  TAS-Verfahren: 5 mg gepulverte Droge, 220°, 90 s, 1 Kügelchen wasserdampfgesättigtes Molekularsieb 4 Å (= 0,4 nm).
  Extrakt: 0,2 g gepulverte Droge werden mit 5 cm^3 Dichlormethan versetzt, auf dem Wasserbad kurz aufgekocht und filtriert. Der Drogenrückstand wird mit 2 cm^3 Dichlormethan nachgespült. Die vereinigten Filtrate werden auf dem Wasserbad zur Trockne eingeengt und der Rückstand in 0,1 cm^3 Essigsäureethylester aufgenommen, davon trägt man 10 mm^3 bandförmig (20 × 3 mm) auf.
  Eucalypti aetheroleum: 10 mm^3 ätherisches Öl werden in 1 cm^3 Toluol gelöst, davon trägt man 10 mm^3 bandförmig (20 × 3 mm) auf.
VI. *Vergleichslösung:* 10 mm^3 1,8-Cineol werden in 1 cm^3 Toluol gelöst, davon trägt man 10 mm^3 bandförmig (20 × 3 mm) auf. Zur Orientierung über die Lage der Citronellal-Zone, setzt man der Vergleichslösung 10 mm^3 Citronellal zu.

Auswertung (Abb. 99)
Nach Besprühen mit Anisaldehyd-Schwefelsäure und anschließendem Erhitzen zeigen die Chromatogramme aller Auftragungen im mittleren Rf-Bereich eine dunkelbraune bis dunkelblaue Zone, die dem 1,8-Cineol entspricht und im langwelligen UV-Licht eine braune Fluoreszenz zeigt. Das Chromatogramm der Untersuchungslösung von Eucalypti aetheroleum darf im oberen Drittel keine im Tageslicht karminbraune Zone mit grünlichbrauner Fluoreszenz zeigen, die dem

Chromatogramm (Nachweis IV/1)

Abb. 99: I: TAS: Eucalypti folium; II: Untersuchungslösung von Eucalypti folium, 10 mm^3; III: Untersuchungslösung von Eucalypti aetheroleum 1,0 mm^3; IV: Vergleichslösung, 10 mm^3.

Citronellal entsprechen würde. Die Chromatogramme der einzelnen Auftragungen zeigen im unteren und oberen Drittel eine unterschiedliche Anzahl weiterer Zonen.

Anmerkung: Mit dem Fließmittel Chloroform und einer Laufstrecke von nur 10 cm kann ein gleich aussagekräftiges Chromatogramm erhalten werden.

Gehaltsbestimmung von Eucalypti aetheroleum

Bestimmung von 1,8-Cineol

A. *Prinzip:* Der Erstarrungspunkt einer 1,8-Cineol-o-Kresol-Molekülverbindung ist abhängig vom Gehalt an 1,8-Cineol. Nach Bestimmung des Erstarrungspunkts eines äth. Öl-o-Kresol-Gemischs wird anhand einer Tabelle auf den 1,8-Cineol-Gehalt geschlossen.

B. *Durchführung*

Chemikalien
Eucalypti aetheroleum, 3,00 g
1,8-Cineol, 10 g
o-Kresol, 10 g

Allgemeine Geräte
Wasserbad

Geräte
Apparatur zur Bestimmung des Erstarrungspunktes nach Ph. Eur. III (s. Abb. 100).
Bechergläser, 25 cm^3 (3), 1000 cm^3 (1)

Apparatur zur Bestimmung des Erstarrungspunktes[1] nach Ph. Eur. III.
Die Apparatur (Abb. 100) besteht aus 2 koaxial miteinander verbundenen, am unteren Ende halbrund abgeschmolzenen Glasrohren, die am oberen, sich erweiternden Ende zusammengeschmolzen sind und eine flache plangeschliffene Oberfläche bilden. Die Apparatur wird durch eine Klammer mit einer flachen plangeschliffenen Glasscheibe verschlossen, die Bohrungen zum Einführen des Thermometers, des Rührers und der Impfkristalle hat. In die zentrale, leicht konische Bohrung wird ein 0,2° unterteiltes Thermometer so eingeführt, daß sein Quecksilbergefäß sich etwa 6 mm von dem Boden des Gefäßes befindet. Das Thermometer wird mit Hilfe eines Gummischlauches gehalten. Die Apparatur wird in ein 1000 cm^3-Becherglas eingetaucht, das eine geeignete Kühlflüssigkeit enthält.

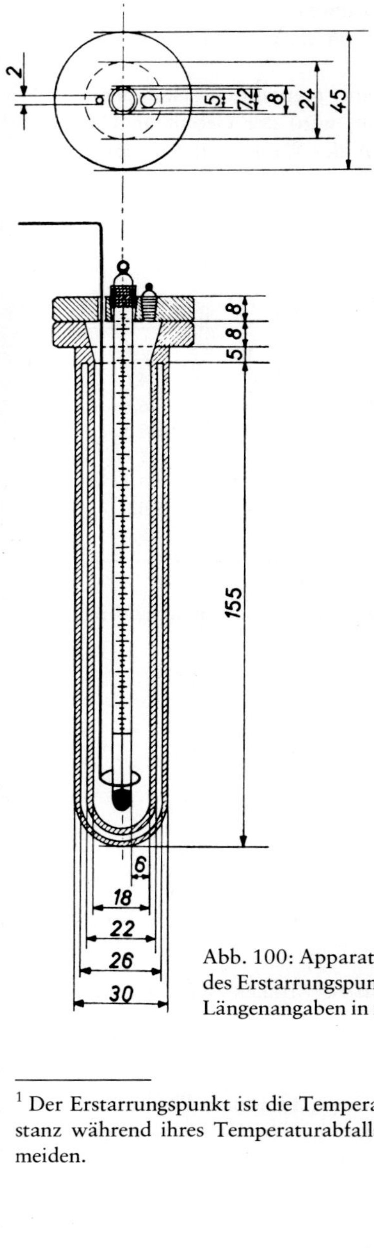

Abb. 100: Apparatur zur Bestimmung des Erstarrungspunktes, Längenangaben in mm.

[1] Der Erstarrungspunkt ist die Temperatur, bei der die Erstarrung einer flüssigen oder geschmolzenen Substanz während ihres Temperaturabfalls beginnt. Während der Bestimmung ist eine Unterkühlung zu vermeiden.

Vorschrift: 3,00 g ätherisches Öl, zuvor über wasserfreiem Natriumsulfat getrocknet, werden in dem inneren Gefäß (Rohr) der Apparatur zur Bestimmung des Erstarrungspunktes mit 2,10 g geschmolzenem o-Kresol versetzt. In der Apparatur wird unter Kühlen und Rühren das Gemisch zur Kristallisation gebracht. Wenn die Kristallisation beginnt, tritt eine leichte Temperaturerhöhung auf. Der Höchstwert t_1 wird abgelesen.
Das Gemisch wird erneut auf dem Wasserbad bei einer Temperatur geschmolzen, die den Wert t_1 höchstens um 5° überschreitet. Die Apparatur wird erneut in ein Wasserbad gebracht, dessen Temperatur 5° unterhalb der Temperatur t_1 gehalten wird. Wenn die Kristallisation beginnt oder wenn die Temperatur des Gemisches auf 3° unterhalb des Wertes t_1 gefallen ist, wird gerührt. Die höchste Temperatur t_2, bei der das Gemisch kristallisiert, wird abgelesen.
Der Vorgang wird wiederholt, bis die zwei höchsten Werte für t_2 um nicht mehr als 0,2° voneinander abweichen. Tritt eine Unterkühlung ein, wird die Kristallisation mit Hilfe eines kleinen Kristalls des Komplexes aus 3,00 g Cineol und 2,10 g geschmolzenem o-Kresol eingeleitet. Ist der Wert t_2 kleiner als 27,4°, muß die Gehaltsbestimmung wiederholt werden, nachdem 5,10 g des Komplexes hinzugesetzt worden sind.
Der Gehalt an Cineol, der der höchsten beobachteten Temperatur t_2 entspricht, ist in der Tabelle angegeben. Sind 5,10 g des Komplexes hinzugesetzt worden, wird der Gehalt an Cineol in Prozent *(G/G)* nach der Formel: 2 (A-50) errechnet, wobei A der Wert ist, der in der Tabelle angegeben ist.

t_2°C	Cineol % *(G/G)*	t_2°C	Cineol % *(G/G)*	t_2°C	Cineol % *(G/G)*	t_2°C	Cineol % *(G/G)*
24	45,5	32	56,0	40	67,0	48	82,0
25	47,0	33	57,0	41	68,5	49	84,0
26	48,5	34	58,5	42	70,0	50	86,0
27	49,5	35	60,0	43	72,5	51	88,5
28	50,5	36	61,0	44	74,0	52	91,0
29	52,0	37	62,5	45	76,0	53	93,5
30	53,5	38	63,5	46	78,0	54	96,0
31	54,5	39	65,0	47	80,0	55	99,0

Der Gehalt an Cineol, der der höchsten beobachteten Temperatur t_2 entspricht, wird, falls erforderlich, durch Interpolation erhalten.

11. Terebinthinae aetheroleum rectificatum

Gereinigtes Terpentinöl, Rectified Turpentine Oil, Huile essentielle de térébenthine purifiée

Stammpflanze und Familie: *Pinus*-Arten, besonders *Pinus palustris* MILLER (syn. *Pinus australis* MICHAUX fil.), *Pinus pinaster* AITON *(Pinaceae)*.

Offizinell: DAB 8, DAB 7-DDR.

Inhaltsstoffe: 80–90% α- und β-Pinen, wovon α-Pinen überwiegt; Limonen, Phellandren u.a. Durch Autoxidation von α-Pinen entsteht α-Pinenepoxid, das u.a. in Verbenol zerfällt. Bei zusätzlicher Wasseraufnahme entsteht durch Autoxidation Pinolhydrat.

Formeln

α-Pinen

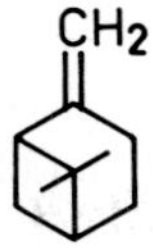

β-Pinen

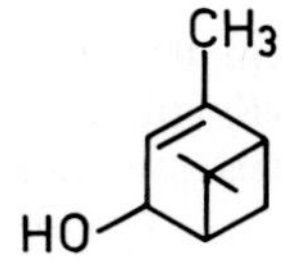

Verbenol

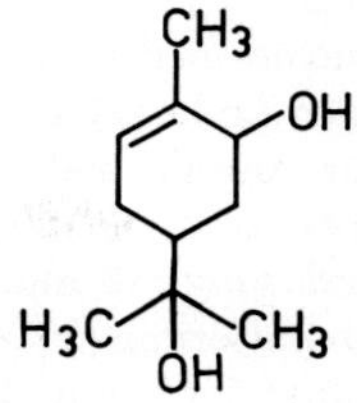

Pinolhydrat

Wirkung und Verwendung: Sekretolytisch durch Reizung der bronchialen Flimmerepithelien; äußerlich in Einreibungen durchblutungsfördernd bei rheumatischen und neuralgischen Schmerzen.

Prüfungen
Das ätherische Öl ist farblos und von eigenartigem Terpentingeruch. Der Geschmack ist scharf, kratzend.

Prüfung auf Reinheit

Relative Dichte: 0,856 bis 0,867.
Brechungsindex: 1,467 bis 1,478.
Optische Drehung: +48 bis −40°.
Löslichkeit: 1,5 cm^3 ätherisches Öl müssen sich in 10,5 cm^3 90proz. *(V/V)* Ethanol klar und farblos lösen.
Sauer reagierende Verunreinigungen: Eine Lösung von 2,5 cm^3 ätherischem Öl in 20 cm^3 wasserfreiem Ethanol darf nach Zusatz von 0,15 cm^3 Phenolpththaleinlösung (Reag. Nr. 56) höchstens 0,3 cm^3 0,1 N-Natriumhydroxidlösung bis zur bleibenden Rotfärbung verbrauchen.

Siedeverhalten:
Prinzip: Da gereinigtes Terpentinöl zu 80% aus α-Pinen (Sdp: 156°) und β-Pinen (Sdp: 164–165°) besteht, müssen 80% des äth. Öles zwischen 155 und 162° überdestillieren.

Vorschrift: Bei der Destillation von 50 cm^3 ätherischem Öl dürfen unterhalb 150° keine Anteile und müssen zwischen 155 und 162° mindestens 40 cm^3 überdestillieren.

Kienöl: Ein erbsengroßes Stück Kaliumhydroxid wird mit 3 cm^3 ätherischem Öl übergossen. Nach 4 h darf weder das Kaliumhydroxid noch die Substanz gelbbraun oder braun gefärbt sein.
Nichtflüchtige Bestandteile: Höchstens 1,0%. 2,00 g ätherisches Öl werden 2 h in einer flachen Porzellanschale auf dem Wasserbad erhitzt. Der Rückstand wird im Exsikkator getrocknet und gewogen.
Wasserlösliche Anteile: Prüfung nach S. 246.
Fette Öle und verharzte ätherische Öle: Prüfung nach S. 248.
Verharztes Öl: 2,0 cm^3 über wasserfreiem Natriumsulfat getrocknetes ätherisches Öl müssen sich in 10,0 cm^3 Petrolether klar lösen und dürfen sich auch nach Zusatz von weiteren 10,0 cm^3 nicht trüben, da eventuell vorhandene Polymerisationsprodukte in Petrolether unlöslich sind.
Fremde Ester: Prüfung nach S. 247.
Schwermetalle: Prüfung nach S. 247.
Halogenhaltige Verunreinigungen: Prüfung nach S. 247.

Prüfung auf Identität

Dünnschicht-Chromatographie
Prinzip: Nachweis von α-Terpineol und von Komponenten, die sich chromatographisch ähnlich verhalten wie die *nicht* in dem ätherischen Öl enthaltenen Substanzen Bornylacetat und 1,8-Cineol; ferner wird als Vergleichssubstanz α-Terpineol eingesetzt.

I. Standardmethode: Ja; Abweichungen: Zweifachentwicklung.
II. Schicht: Kieselgel F_{254}.
III. Fließmittel: Dichlormethan, 2 × 10 cm, KS.
IV. Nachweis: Nach Abdampfen des Fließmittels:
Besprühen mit Anisaldehyd-Schwefelsäure (Reag. Nr. 4) und anschließend 5–10 min auf 105–110° erhitzen.
V. Untersuchungslösung: 50 mm^3 ätherisches Öl werden in 1 cm^3 Toluol gelöst, davon trägt man 10 mm^3 bandförmig (20 × 3 mm) auf.
VI. Vergleichslösung: Je 5 mm^3 Bornylacetat, 1,8-Cineol und 2 mm^3 α-Terpineol werden in 1 cm^3 Toluol gelöst, davon trägt man 10 mm^3 bandförmig auf (20 × 3 mm) auf.

Chromatogramm (Nachweis IV)

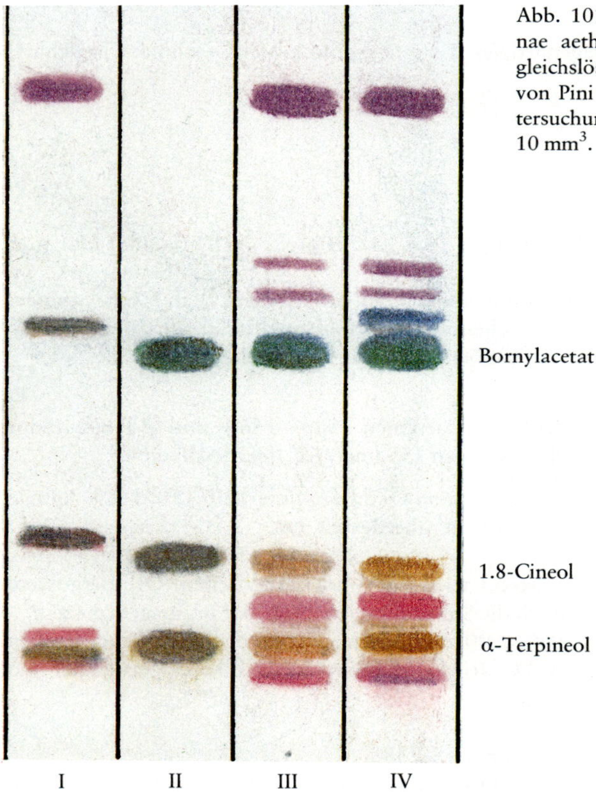

Abb. 101: I: Untersuchungslösung von Terebinthinae aetheroleum, rectificatum, 10 mm^3; II: Vergleichslösung, 10 mm^3; III: Untersuchungslösung von Pini pumilionis aetheroleum, 10 mm^3; IV: Untersuchungslösung von Pini sibirici aetheroleum, 10 mm^3.

Auswertung
Nach dem Besprühen und Erhitzen des Chromatogramms erkennt man im Chromatogramm der Vergleichslösung (II) im unteren Rf-Bereich die braun gefärbte Zone des Terpineols, im mittleren Rf-Bereich die blaugrau gefärbte Zone des 1,8-Cineols und im oberen Rf-Bereich die blaugrün gefärbte Zone des Bornylacetats. Im Chromatogramm der Untersuchungslösung (I) fehlen die Zonen des Bornylacetats und des 1,8-Cineols. Statt dessen findet sich jeweils an etwas höherer Stelle eine graublau gefärbte Zone. Im unteren Rf-Bereich können ein bis zwei weitere Zonen vorhanden sein.
Auf den Chromatogrammen III und IV ist Bornylacetat als charakteristische Zone zu erkennen.

XI. Harze und Balsame

1. Balsamum peruvianum

Perubalsam, Balsam of Peru, Baume de Pérou

Stammpflanze und Familie: *Myroxylon balsamum* (L.) Harms *var. pereira* (Royle) Harms.

Offizinell: DAB 8 (50–70% eines Estergemisches, hauptsächlich von Benzylestern der Benzoe- und Zimtsäure); DAB 7-DDR.

Inhaltsstoffe: 50–70% Cinnamein (Gemisch aus ²/₃ Benzoesäurebenzylester und ¹/₃ Zimtsäurebenzylester), 20–30% Harzsubstanzen, hauptsächlich Zimtsäureester der Peruresinotannolsäure; 10% freie Zimtsäure neben wenig freier Benzoesäure. Für den Geruch sind Nerolidol (= Peruviol), und Spuren von Vanillin verantwortlich.

Formeln

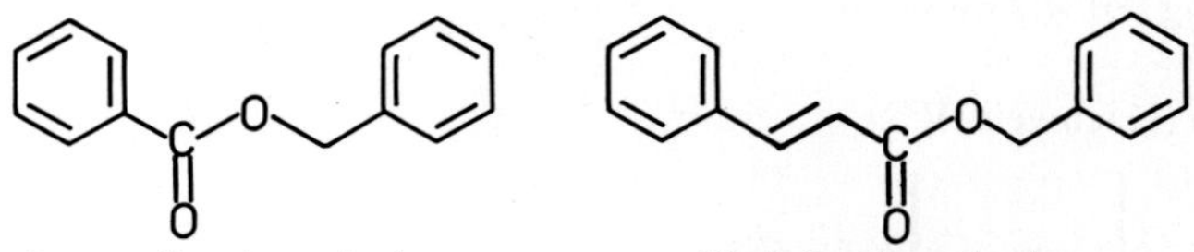

Benzoesäurebenzylester — Zimtsäurebenzylester

Cinnamein

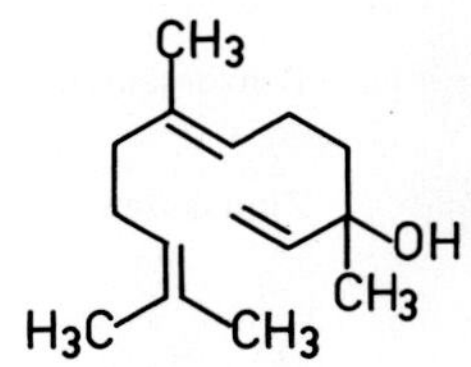

Nerolidol [Peruviol]

Wirkung und Anwendung: Meist äußerlich; wirkt antiseptisch und entzündungswidrig, fördert die Granulation bei offenen Wunden. Selten Allergien. Sehr gut bei Frostschäden der Haut. Innerlich als Expektorans.

Prüfung der Droge

Die zähflüssige dunkelbraune Masse hat einen eigenartig balsamischen, an Vanillin und Benzoe erinnernden Geruch und einen schwach bitteren, zunächst milden und dann kratzenden Geschmack.

Prüfung auf Identität

A. *Nachweis von Zimtsäure und ihren Derivaten*

Prinzip: Durch Oxydation mit Kaliumpermanganat entsteht aus Zimtsäure und ihren Derivaten Benzaldehyd.

Durchführung

Chemikalien	Geräte
Balsamum peruvianum, 1 g	2 Erlenmeyerkolben, 100 cm^3
Kaliumpermanganatlösung, 3proz. *(G/V)*, 2 cm^3	1 Trichter, ∅ 6 cm

Vorschrift: 1 g Perubalsam werden mit 20 cm^3 Wasser zum Sieden erhitzt und heiß filtriert. Nach Zugabe von 2 cm^3 3proz. *(G/V)* Kaliumpermanganatlösung zu dem erkalteten Filtrat tritt der Geruch von Benzaldehyd auf.

B. Dünnschicht-Chromatographie

Prinzip: Nachweis von Benzoesäurebenzylester, Zimtsäurebenzylester und Nerolidol in einem Drogenextrakt mit Essigsäureethylester. Als Vergleichssubstanzen werden Benzoesäurebenzylester, Zimtsäurebenzylester, sowie das *nicht* in der Droge vorkommende Eugenol eingesetzt.

I. Standardmethode: Ja; Abweichungen: Zweifachentwicklung.
II. Schicht: Kieselgel F_{254}.
III. Fließmittel: Petrolether (40–60°)-Ether (70 + 30), KS, 2 × 10 cm.
IV. Nachweis: Nach Abdampfen des Fließmittels:
1. UV_{254}: Fluoreszenzmindernde Zonen markieren.
2. Besprühen mit Molybdatophosphorsäurelösung (Reag. Nr. 55) und anschließend 10 min auf 105–110° erhitzen.

V. Untersuchungslösung: 50 mg Perubalsam werden in 1,0 cm^3 Essigsäureethylester gelöst, davon trägt man 10 mm^3 bandförmig (20 × 3 mm) auf.
VI. Vergleichslösung: 40 mm^3 Benzoesäurebenzylester, 15 mm^3 Zimtsäurebenzylester und 2 mm^3 Eugenol werden in 5,0 cm^3 Essigsäureethylester gelöst, davon trägt man 10 mm^3 bandförmig (20 × 3 mm) auf.

Chromatogramm (Nachweis IV/2)

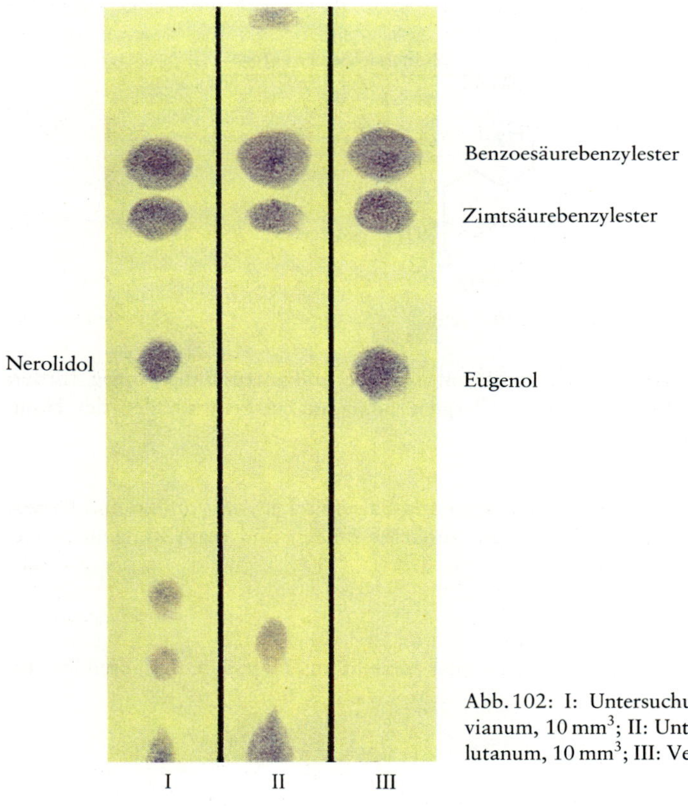

Abb. 102: I: Untersuchungslösung von Balsamum peruvianum, 10 mm^3; II: Untersuchungslösung von Benzoe tolutanum, 10 mm^3; III: Vergleichslösung, 10 mm^3.

Auswertung

Im Chromatogramm der Vergleichslösung sind in der oberen Hälfte des Chromatogramms die fluoreszenzmindernden Zonen von Benzoesäurebenzylester und Zimtsäurebenzylester (niedrigerer hRf-Bereich) zu erkennen. Im Chromatogramm der beiden Untersuchungslösungen (I) und (II) sind auf gleicher Höhe ebenfalls zwei fluoreszenzmindernde Zonen zu erkennen. Sie entsprechen in Größe und Farbintensitäten etwa den Zonen der Vergleichslösung. Nach dem Besprühen und Erhitzen färben sich diese Zonen blau. Auch hier entsprechen Farbe und Intensität im Chromatogramm der Untersuchungslösung annähernd denen im Chromatogramm der Vergleichslösung. Im Chromatogramm der Vergleichslösung färbt sich im mittleren Chromatogrammbereich (hRf-Bereich 50) außerdem die Zone des Eugenols. Auf gleicher Höhe ist im Chromatogramm der Untersuchungslösung von Balsamum peruvianum (I) die Zone des Nerolidols in ähnlicher Farbe und Intensität zu erkennen. Im unteren und oberen Bereich der Chromatogramme der Untersuchungslösungen können einige weitere, jedoch nur schwach sichtbare Zonen auftreten.

Prüfung auf Reinheit

A. *Bestimmung der relativen Dichte:* 1,14 bis 1,17
Verfälschungen sind an der abweichenden relativen Dichte zu erkennen.

B. *Prüfung auf fette Öle*
Perubalsam mischt sich nicht mit fetten Ölen mit Ausnahme von Ricinusöl. Perubalsam kann bis zu 15% Ricinusöl aufnehmen.
1,0 g Substanz muß sich in einer Lösung von 2 g Chloralhydrat in 2,0 cm^3 Wasser klar lösen. Bei Anwesenheit von fetten Ölen tritt eine Trübung ein.

C. *Prüfung auf künstliche Balsame*
Beim Schütteln von 0,2 g Substanz mit 6 cm^3 Petrolether müssen sich die unlöslichen Teile des Balsams als klebrige Masse an der Glaswand festsetzen und dürfen nicht ganz oder teilweise pulvrig zu Boden sinken. Die Petroletherlösung muß klar und farblos sein.

D. *Prüfung auf Kolophonium*
1 cm^3 der filtrierten Petroletherlösung der vorhergehenden Prüfung darf sich beim Schütteln mit 1 cm^3 einer 0,1proz. *(G/V)* Kupfersulfatlösung nicht grün oder braun färben.

E. *Prüfung auf Terpentinöl*
Der Abdampfrückstand von 4 cm^3 der Petroletherlösung aus der Prüfung auf «Künstliche Balsame» darf nicht nach Terpentinöl riechen.

F. *Bestimmung der Verseifungszahl*
Die Verseifungszahl gibt an, wieviel Milligramm Kaliumhydroxid zur Neutralisation der freien Säuren und zur Verseifung der Ester von 1 g Substanz notwendig sind.
Die Verseifungszahl des Estergemischs von Perubalsam soll 235 bis 255 betragen. (Durchführung: Siehe Gehaltsbestimmung II).

Gehaltsbestimmung von Balsamum peruvianum

I. *Bestimmung des Estergemischs*

A. *Prinzip:* Gravimetrische Bestimmung des Estergemischs nach Abtrennung der freien Säuren.
Eine etherische Lösung des Perubalsams wird mit verd. Natriumhydroxidlösung geschüttelt. Die freien Säuren werden als Na-Salze in die wäßrige Phase überführt, die verworfen wird. Der Eindampfrückstand der Etherphase wird als reines Estergemisch betrachtet und ausgewogen.

B. *Durchführung*

Chemikalien	Geräte
Balsamum peruvianum, 2,5 g	1 Scheidetrichter, 100 cm^3
Natriumhydroxidlösung, verd. 8,5proz. *(G/V)*, 7,5 cm^3	1 Becherglas, 50 cm^3
Ether, 120 cm^3	1 Erlenmeyerkolben, 250 cm^3
Natriumsulfat, wasserfrei, 10 g	1 Rundkolben, NS 29, 100 cm^3

Allgemeine Geräte
Wasserbad — Rotationsverdampfer

Vorschrift DAB 8: Etwa 2,5 g Perubalsam, genau gewogen, werden mit 7,5 cm^3 verd. Natriumhydroxidlösung und 40 cm^3 Ether in einem 100 cm^3-Scheidetrichter 10 min kräftig geschüttelt. Die Etherphase wird abgetrennt und die alkalische Lösung noch dreimal mit je 15 cm^3 Ether ausgeschüttelt. Die vereinigten Etherausschüttelungen werden mit 10 g wasserfreiem Natriumsulfat getrocknet und filtriert. Das Natriumsulfat wird zweimal mit je 10 cm^3 Ether nachgewaschen. Der gesamte Etherauszug wird portionsweise eingedampft und der Rückstand 30 min bei 100–105° getrocknet und danach gewogen.

C. *Berechnung*

a: Menge des eingeengten Etherextrakts in Gramm.
b: Drogeneinwaage in Gramm.

$$\text{Estergemisch \%} = \frac{100 \cdot a}{b}.$$

II. *Bestimmung der Verseifungszahl des Estergemischs*

A. *Prinzip:* Siehe Prüfung auf Reinheit *F*.

B. *Durchführung*

Chemikalien
Rückstand der Etherausschüttelung von I
0,5 N-ethanolische Kaliumhydroxidlösung, 25 cm^3 (Maßlösung)
0,5 N-Salzsäure (Maßlösung)
Phenolphthaleinlösung, Reag. Nr. 56

Geräte
2 Rundkolben, NS 29, 250 cm^3
2 Rückflußkühler, NS 29

Vorschrift: Der Rückstand der Etherausschüttelung von I. wird mit 25,0 cm^3 0,5 N-ethanolischer Kaliumhydroxidlösung und einigen Siedesteinchen versetzt und 30 min auf dem Wasserbad unter Rückfluß gekocht. Nach Zusatz von 20 Tropfen Phenolphthaleinlösung wird sofort mit 0,5 N-Salzsäure titriert.
Unter gleichen Bedingungen wird ein Blindversuch durchgeführt.

C. *Berechnung*

n_1: Verbrauch an 0,5 N-Salzsäure in cm^3 zur Rücktitration des Verseifungsgemisches.
n_2: Verbrauch an 0,5 N-Salzsäure zur Rücktitration beim Blindversuch.
b: Einwaage der Droge in Gramm.

$$VZ = \frac{(n_2 - n_1) \cdot 28{,}05}{b}.$$

2. Benzoe tonkinensis

Benzoe (Siam), Benzoin (Siam), Benjoin de Siam

Stammpflanze und Familie: *Styrax tonkinensis* (PIERRE) CRAIB ex HARTWICH; *(Styracaceae)*

Offizinell: Ph. Eur. III (mind. 25,0% freie oder gebundene Säuren, bestimmt als Benzoesäure).

Inhaltsstoffe: 60–80% kristallisiertes Coniferylbenzoat, ferner flüssiger Benzoesäurecinnamylester, 6% α-Siaresinolsäure (19-Hydroxyoleanolsäure), bis zu 20% freie Benzoesäure und etwa 0,3% Vanillin (Oxydationsprodukt von Coniferylalkohol).

Formel

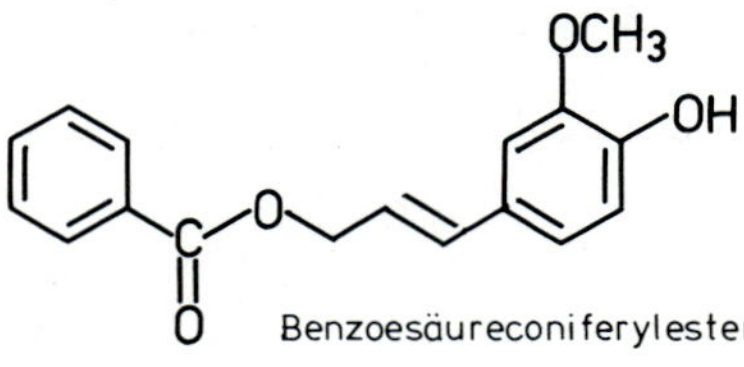

Benzoesäureconiferylester

2 a Benzoe Sumatra

Sumatra Benzoeharz, Benzoin (Sumatra), Benjoin de Sumatra

Stammpflanze und Familie: *Styrax benzoin* DRYANDER; *(Styracaceae).*

Offizinell: BP 58, Ned. 6.

Inhaltsstoffe: 70–80% Coniferylbenzoat und -cinnamat, daneben Zimtsäurecinnamylester (Styracin), ca. 10% freie Zimtsäure neben etwas Benzoesäure, ca. 1% Vanillin und Zimtsäurephenylpropylester; ferner Sumaresinol(säure) (= 6-Hydroxyoleanolsäure).

Formel

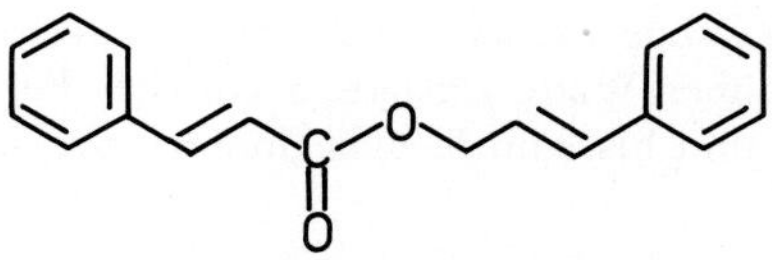

Zimtsäurecinnamylester [Styracin]

Wirkung und Verwendung: (für beide Benzoe-Arten gleich). Als Expektorans und Desinfiziens in Wundpinselungen, häufig in kosmetischen Zubereitungen.

Prüfungen der Drogen

Benzoe tonkinensis: Die aus gelblichweiß bis rötlich gefärbten Stücken bestehende Droge hat einen intensiven Geruch nach Vanille und einen schwachen, zuerst süßen, dann scharfen Geschmack.
Benzoe sumatrae: Die Droge besteht aus einer grau-rötlichbraunen Grundmasse, die mehr oder weniger gelblichweiße Körner eingeschlossen hat. Die Droge hat einen angenehmen balsamischen Geruch und einen leicht säuerlichen Geschmack.

Unterscheidung mittels TAS-Verfahren: 10 mg gepulverte Droge werden im TAS-Ofen 30–50 s auf 150° erhitzt. Im Abstand von 1 mm wird anstelle einer DC-Platte ein Objektträger gehaltert. Beim Vorliegen von Siam-Benzoe-Harz beobachtet man ein weißes Sublimat (Benzoesäure). Unter dem Mikroskop erkennt man flache leistenförmige Kristalle, die unregelmäßig angeordnet sind.
Unter den gleichen Bedingungen erhält man bei Sumatra-Benzoe nur einen nicht kristallisierenden tröpfchenartigen Beschlag.

Prüfung auf Identität

Benzoe tonkinensis
A. Nachweis von freier Benzoesäure

1. *Prinzip:* Benzoesäure ist in Ethanol gut- und in Wasser schwerlöslich, daher fällt beim Eingießen einer ethanolischen Lösung von Benzoe in Wasser Benzoesäure aus, und durch die in Wasser teilweise gelöste Benzoesäure reagiert die wäßrige Lösung sauer.

   Durchführung

Chemikalien	Geräte
Benzoe tonkinensis, 1 g	2 Bechergläser, 100 cm^3
Ethanol, 80proz. *(V/V)*, 10 cm^3	
pH-Papier (blaues Lackmuspapier)	

   Vorschrift: 1 g Droge werden in 10 cm^3 Ethanol, 80proz. *(V/V)* gelöst. Beim Eingießen der Lösung in Wasser entsteht eine weiße, gegen blaues Lackmuspapier sauer reagierende Suspension.

2. *Prinzip:* Benzoesäure ist sublimierbar (s. TAS-Verfahren). Beim Erhitzen von Benzoeharz schlägt sich an den kalten Wänden ein weißes Sublimat nieder.

Vorschrift: 0,25 g Droge werden in einem Reagenzglas erhitzt. Es entstehen weiße, kratzende Dämpfe, und an den kalten Teilen des Reagenzglases scheidet sich Benzoesäure ab, die nach dem Abkühlen in langen Nadeln kristallisiert.

B. *Nachweis von Phenolderivaten* (Coniferylalkohol in Coniferylbenzoat).

Prinzip: Phenole ergeben mit MILLONS Reagenz beim Erhitzen eine rote bis purpurne Färbung.

Durchführung

Chemikalien	Geräte
Benzoe tonkinensis, 0,5 g	2 Bechergläser, 100 cm^3
MILLONS Reagenz: Reag. Nr. 54	1 Vollpipette, 5 cm^3
	1 Trichter, ∅ 5 cm

Vorschrift: 0,5 g gepulverte Droge werden mit 25 cm^3 Wasser zum Sieden erhitzt. Es wird 2 bis 3 min geschüttelt und über Watte filtriert. 5 cm^3 des Filtrats werden mit 4 Tropfen MILLONS Reagenz versetzt und bis zum Siedebeginn erhitzt, dabei entsteht eine bleibende Purpurfärbung.

Prüfung auf Reinheit

Dünnschicht-Chromatographie

Prinzip: Prüfung auf Reinheit mittels DC als «fingerprint»; zum Vergleich dienen Eugenol und Brenzcatechin, die in der Droge *nicht* enthalten sind.

I. *Standardmethode:* Ja.

II. *Schicht:* Kieselgel F_{254}.

III. *Fließmittel:* Dichlormethan-Ethanol (95 + 5), KS, 10 cm.

IV. *Nachweis:* Nach Abdampfen des Fließmittels:

1. UV_{254}: Fluoreszenzmindernde Zonen markieren.
2. Besprühen mit Anisaldehyd-Schwefelsäure (Reag. Nr. 4) und anschließend 5–10 min bei 100–105° erhitzen:
   a) Auswerten im Tageslicht und b) im langwelligen UV-Licht.

Oder:

3. Besprühen mit Molybdatophosphorsäure (Reag. Nr. 55) und anschließend 5–10 min auf 110° erhitzen.

V. *Untersuchungslösung*

a) *TAS-Verfahren:* 3 mg, 220°, 90 s, 1 Kügelchen Molekularsieb, 4 Å (= 0,4 nm) wasserdampfgesättigt.

b) *Extrakt:* 0,1 g gepulverte Droge werden 5 min mit 2 cm^3 Essigsäureethylester geschüttelt. Nach dem Absitzenlassen werden von der überstehenden Lösung 10 mm^3 bandförmig (20 × 3 mm) aufgetragen.

VI. *Vergleichslösung:* 10 mg Brenzcatechin und 10 mg Eugenol werden in 2 cm^3 einer Mischung aus gleichen Volumteilen Chloroform und Methanol gelöst, davon trägt man 10 mm^3 bandförmig (20 × 3 mm) auf.

Auswertung: Beim Betrachten im kurzwelligen UV-Licht zeigen die Chromatogramme aller Auftragungen mehrere fluoreszenzmindernde Zonen. Im mittleren Rf-Bereich des Chromatogramms der Vergleichslösung ist die fluoreszenzmindernde Zone des Eugenols zu erkennen. In den Chromatogrammen der verschiedenen Auftragungen von Benzoe tonkinensis und von Benzoe Sumatra liegt auf gleicher Höhe eine ebenfalls fluoreszenzmindernde Zone, die dem Coniferylbenzoat entspricht. Nach dem Besprühen mit Anisaldehyd-Schwefelsäure und anschließendem Erhitzen färbt sich die Zone des Coniferylbenzoats rotviolett an, die des Eugenols auf dem Chromatogramm der Vergleichslösung graugrün. Auf den unbesprühten Chromatogrammen der TAS-Auftragungen erkennt man eine flammenförmige fluoreszenzmindernde Zone (Benzoesäure), die sich über das erste Drittel der Chromatogramme erstreckt. Nach dem Besprühen und Erhitzen fällt auf dem Chromatogramm der Untersuchungslösung von Benzoe tonkinensis im unteren Drittel eine sich grün anfärbende Zone auf, deren gelbgrüne Fluoreszenz im langwelligen UV-

Chromatogramm (Nachweis IV/2)

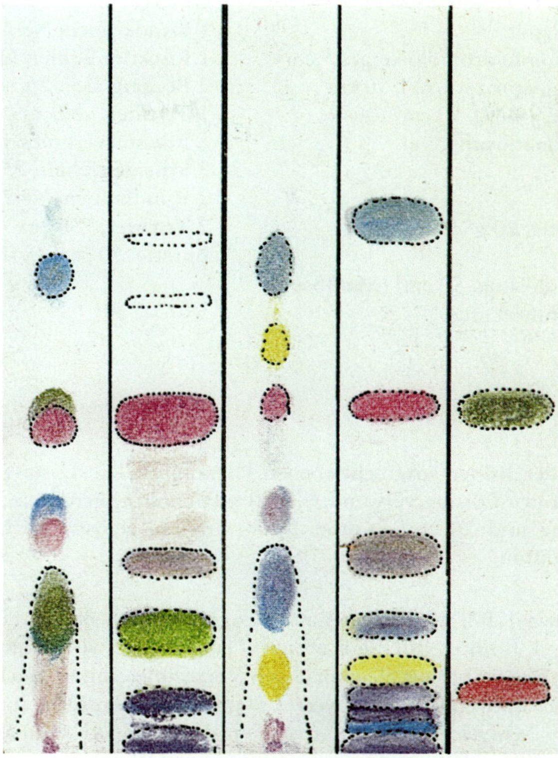

Abb. 103: I: TAS: Benzoe tonkinensis; II: Untersuchungslösung von Benzoe tonkinensis, 10 mm^3; III: TAS: Benzoe Sumatra; IV: Untersuchungslösung von Benzoe Sumatra, 10 mm^3; V: Vergleichslösung, 10 mm^3. Auswertung S. 284.

Licht mit der Zeit nachläßt. Diese Zone liegt etwas oberhalb der Brenzcatechinzone in Chromatogramm der Vergleichslösung. Mit dem Sprühreagenz färbt sich die Brenzcatechinzone rot an.

Ethanolunlösliche Stoffe: Höchstens 5%.
2,0 g gepulverte Droge werden mit 25 cm^3 Ethanol, 90proz. *(V/V)* zum Sieden erhitzt und abfiltriert. Der Rückstand, mit siedendem Ethanol 90proz. *(V/V)* bis zur vollständigen Extraktion gewaschen und bei 100–105° getrocknet, darf höchstens 0,10 g betragen.

Gehaltsbestimmung von Benzoe tonkinensis

A. *Prinzip:* Bestimmung von freien und gebundenen Säuren nach Verseifung der Ester durch Titration und Berechnung als Benzoesäure.
Die Droge wird mit ethanolischer Kaliumhydroxidlösung zur Verseifung der Ester unter Rückfluß gekocht; die bei der Esterspaltung und durch Neutralisation der freien Säuren gebildeten Kaliumsalze werden mit Salzsäure angesäuert. Die gebildeten organischen Säuren werden mit Ether aus dem Reaktionsgemisch ausgeschüttelt; eine weitere Aufreinigung erfolgt durch Überführung der in Ether gelösten Säuren in wasserlösliche Natriumsalze durch Ausschütteln der Etherphase mit einer wäßrigen Natriumhydrogencarbonatlösung, in der die Phenole nicht löslich sind. Aus der wäßrigen Phase werden die organischen Säuren nach Ansäuerung mit Salzsäure mit Chloroform ausgeschüttelt. Nach Abdampfen des Chloroforms werden die Säuren mit einer Natriumhydroxidlösung titriert.

B. Durchführung

Chemikalien

Benzoe tonkinensis, 1,5 g
0,5 N-ethanolische Kaliumhydroxidlösung, 25 cm^3
Magnesiumsulfatlösung, 3proz. *(G/V)*, 50 cm^3
Salzsäure, konz. 36proz. *(G/V)*, 50 cm^3
Natriumhydrogencarbonatlösung, 5proz. *(G/V)*, 70 cm^3
Ether, 160 cm^3
Natriumsulfat, wasserfrei, 20 g
Chloroform, 80 cm^3
0,1 N-Natriumhydroxidlösung, 50 cm^3 (Maßlösung)
Phenolrot-Lösung, s. Anmerkung
pH-Papier

Geräte

1 Rundkolben, NS 29, 100 cm^3
1 Rückflußkühler, NS 29
2 Bechergläser, 250 cm^3
1 Trichter, ∅ 7 cm
2 Erlenmeyerkolben, 250 cm^3
3 Scheidetrichter, 250 cm^3
2 Rundkolben, NS 29, 250 cm^3
2 Trichter, ∅ 6 cm
Bürette, 50 cm^3, 0,02 cm^3-Teilung

Allgemeine Geräte

Wasserbad
Rotationsverdampfer

Anmerkung: Anstelle der früher vorgeschriebenen Phenolphthalein-Lösung wird nach dem 1. Nachtrag eine Phenolrot-Lösung verwendet: 0,10 g Phenolrot werden in 2,82 cm^3 0,1 N-Natriumhydroxidlösung und 20 cm^3 96proz. *(V/V)* Ethanol gelöst. Die Lösung wird mit Wasser zu 100 cm^3 verdünnt.

Vorschrift Ph. Eur.: Etwa 1,500 g Droge, genau gewogen, werden mit 25 cm^3 ethanolischer Kaliumhydroxidlösung 1 h unter Rückfluß erhitzt. Das Ethanol wird abgedampft und der Rückstand mit 50 cm^3 Wasser bis zur gleichmäßigen Verteilung erhitzt. Nach dem Abkühlen werden 80 cm^3 Wasser und eine Lösung von 1,5 g Magnesiumsulfat in 50 cm^3 Wasser hinzugefügt. Nach dem Mischen wird 10 min stehengelassen, durch ein Faltenfilter filtriert und der Rückstand mit 20 cm^3 Wasser gewaschen. Filtrat und Waschwasser werden vereinigt, mit konz. Salzsäure angesäuert und viermal mit je 40 cm^3 Ether ausgeschüttelt. Die wäßrige Phase wird verworfen. Die vereinigten Etherauszüge werden zweimal mit je 20 cm^3 und dreimal mit je 10 cm^3 einer 5proz. *(G/V)* Lösung von Natriumhydrogencarbonat ausgeschüttelt. Die Etherphase wird verworfen. Die wäßrigen Auszüge werden vereinigt, mit Salzsäure, konz. angesäuert und mit 30 cm^3, zweimal je 20 cm^3 und 10 cm^3 Chloroform ausgeschüttelt, wobei jeder Chloroformauszug über Watte filtriert wird, die mit einer Schicht von wasserfreiem Natriumsulfat bedeckt ist. Das Chloroform wird bis auf ca. 10 cm^3 abdestilliert und anschließend mit Hilfe eines Luftstromes vorsichtig entfernt. Der Rückstand wird unter Erhitzen in 10 cm^3 Ethanol, 98proz. *(V/V)* gelöst, das gegen Phenolrot-Lösung neutralisiert wurde. Nach dem Abkühlen wird mit 0,1 N-Natriumhydroxidlösung unter Zusatz des gleichen Indikators titriert.

C. Berechnung

1 cm^3 0,1 N-Natriumhydroxidlösung entspricht 12,21 mg Gesamtsäuren, berechnet als Benzoesäure.
b: Drogeneinwaage in Gramm.
a: Verbrauch an 0,1 N-Natriumhydroxidlösung in cm^3.
In *b* g Droge sind $a \cdot 12{,}21 \cdot 10^{-3}$ g Gesamtsäuren, berechnet als Benzoesäure enthalten.

$$\text{Gesamtsäuren } \% = \frac{100 \cdot a \cdot 12{,}21}{1000 \cdot b} = 1{,}221 \cdot \frac{a}{b}$$

Sulfatasche: Höchstens 2,0%, bestimmt mit 1,00 g Droge.

3. Myrrha

Myrrhe, Myrrh, Myrrhe

Stammpflanze und Familie: *Commiphora molmol* ENGLER und andere *Commiphora*-Arten; *(Burseraceae)*.
Das aus der Rinde ausgetretene und an der Luft getrocknete Gummiharz.

Offizinell: DAB 8, DAB 7-DDR.

Inhaltsstoffe: 2–10% äth. Öl mit Zimtaldehyd, Cuminaldehyd, m-Kresol, sowie Mono- und Sesquiterpenkohlenwasserstoffen; 25–40% ethanollösliches Harz (Diterpensäuren und -ester); 50–60% ethanolunlösliches Gummi, das sich aus 18% Eiweißstoffen und ca. 65% Rohschleim zusammensetzt, der bei der Hydrolyse Arabinose, Galaktose und 4-O-Methylglucuronsäure ergibt.

Wirkung und Verwendung: Desinfiziens, Desodorans und Adstringens bei Entzündungen der Mundhöhle, besonders in Form der Tinctura Myrrhae.

Prüfungen
Die gelbliche Pulverdroge hat einen schwach aromatischen Geruch und einen aromatischen, bitteren und kratzenden Geschmack und klebt beim Kauen an den Zähnen.

Chromatogramm (Nachweis IV)

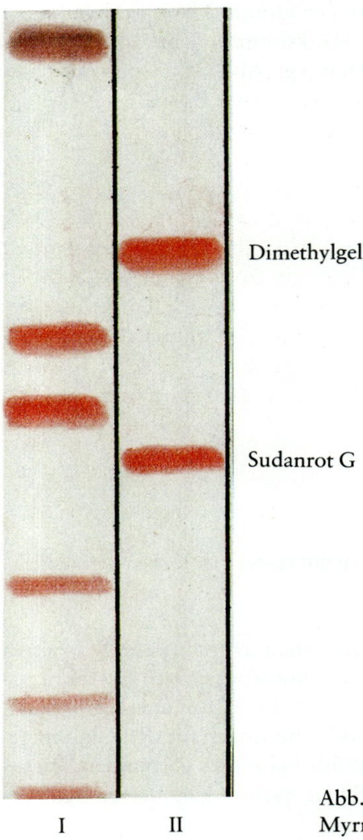

Abb. 104: I: Untersuchungslösung (= ethanollösliche Fraktion) von Myrrhe, 10 mm³; II: Vergleichslösung: 10 mm³.

Prüfung auf Identität

Dünnschicht-Chromatographie

Prinzip: Nachweis zweier Substanzen, die nicht zugeordnet werden, in der ethanollöslichen Fraktion von Myrrha, mit Hilfe zweier synthetischer Farbstoffe als Vergleichssubstanzen.

I. Standardmethode: Ja; Abweichung: Laufstrecke 12 cm.

II. Schicht: Kieselgel F_{254}.

III. Fließmittel: Chloroform-Benzol (50 + 50), KS 12 cm, benzolhaltige Fließmittel sollten vermieden werden. Mit Dichlormethan, KS 10 cm erhält man etwa gleiche Resultate.

IV. Nachweis: Nach Abdampfen des Fließmittels, besprühen mit einer 1,0proz. Lösung *(G/V)* von Vanillin in 90proz. *(G/V)* Ethanol und anschließend mit konz. Salzsäure bis zum Auftreten roter Zonen.

V. Untersuchungslösung: 0,1 g gepulverte Droge werden in 1,0 cm^3 96proz. *(G/V)* Ethanol digeriert, von der überstehenden Lösung trägt man 20 mm^3 bandförmig (20 × 3 mm) auf.

VI. Vergleichslösung: Je 5 mg Dimethylgelb und Sudan-III (= Sudanrot G) werden in 10 cm^3 Chloroform gelöst, davon trägt man 10 mm^3 bandförmig (20 × 3 mm) auf.

Auswertung (Abb. 104)

Nach dem Besprühen mit einer Vanillinlösung und anschließend mit konz. Salzsäure, treten rote Zonen auf. Im mittleren Rf-Bereich des Chromatogramms der Untersuchungslösung, etwa in Höhe der beiden Zonen der Vergleichslösung, befinden sich zwei gleich große dicht beieinander liegende rote Zonen. Im Bereich der Fließmittelfront können eine oder zwei dunkelrote Zonen auftreten. Im unteren Rf-Bereich des Chromatogramms können noch weitere rote Zonen liegen.

Prüfung auf Reinheit

Bestimmung der unlöslichen Bestandteile: Höchstens 65,0%. 1,00 g gepulverte Droge (335), genau gewogen, wird mit 100 cm^3 Ethanol bei 50–80 Tropfen in der Minute 3 h extrahiert.
Die Bestimmung der unlöslichen Bestandteile erfolgt in einer Extraktionsvorrichtung aus widerstandsfähigem Geräteglas mit geringem Ausdehnungskoeffizienten (vgl. Abb. 38).

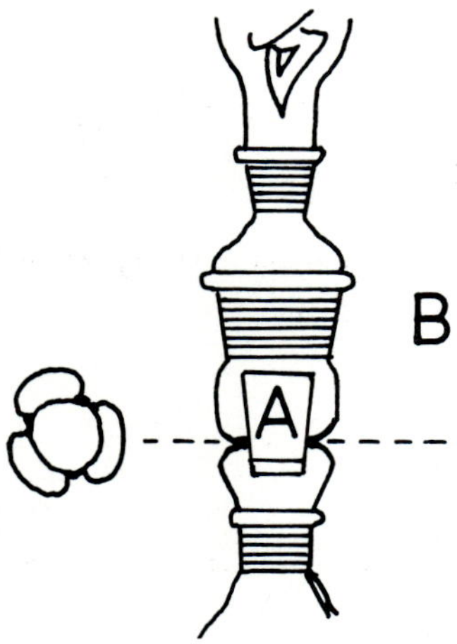

Abb. 104 a: Apparatur zur Bestimmung der unlöslichen Bestandteile.

Ein Glassintertiegel (A) der Porosität 160, dessen Sinterplatte einen Durchmesser von etwa 30 mm hat, befindet sich in einem aus zwei Übergangsstücken zusammengesetzten Extraktionsaufsatz (B). Das untere Übergangsstück ist über einem Glasschliff NS 29/32 mit einem Kurzhals-Rundkolben verbunden und hat drei konische Einstülpungen als Halterungen für den Glassintertiegel. Es ist mit dem oberen Übergangsstück über einen Glasschliff NS 60/46 verbunden. Dieses ist über einen Glasschliff NS 29/32 mit einem Dimroth-Kühler verbunden, dessen Kühlerschlange zu einer Abtropfspitze ausgezogen ist.

Verdorbenheit: Die Substanz darf nicht ranzig riechen und schmecken. Im Zweifelsfall darf die Peroxidzahl (siehe S. 291) nicht größer als 3 sein und bei der Prüfung auf Verdorbenheit nach S. 292 die wäßrige Schicht nicht stärker gefärbt sein als 1,0 cm^3 einer Mischung von 0,05 cm^3 0,01 N-Kaliumpermanganatlösung mit 9,95 cm^3 Wasser.

Prüfung auf Identität: Siehe DC der fetten Öle S. 298.

3. Olivae oleum

Olivenöl, Olive Oil, Huile d'olive

Stammpflanze und Familie: *Olea europaea* L. *(Oleaceae)*.

Offizinell: DAB 8, DAB 7-DDR.

Inhaltsstoffe: Triglyzeride, die sich zu 80–85% aus Ölsäure, zu 8–15% aus Palmitinsäure und zu 5–10% aus Linolsäure aufbauen, bis zu 2% Squalen.

Verwendung: Hauptmenge als Speiseöl, pharmazeutisch als Arzneiträger und zur Herstellung von Salben, Pflastern.

Prüfungen: Olivenöl ist klar, gelb bis gelbgrün, von charakteristischem Olivengeschmack und -geruch.

Prüfung auf Reinheit

Relative Dichte: 0,911 bis 0,917.
Brechungsindex: 1,468 bis 1,471.
Säurezahl: (Siehe S. 249) Höchstens 2; 10,0 g Substanz werden in 50 cm^3 des vorgeschriebenen Lösungsmittelgemisches gelöst.
Jodzahl: (Siehe S. 291) 78 bis 90.
Verseifungszahl: (Siehe S. 250) 187 bis 196.
Unverseifbare Anteile: (Siehe S. 291) Höchstens 1,5%.
Raffiniertes Öl: Die spezifische Extinktion bei 270 nm, gemessen in Cyclohexan darf höchstens 0,20 betragen; das Verhältnis der Extinktion bei 232 nm zu der bei 270 nm muß größer als 8 sein.

Fremde Öle

a) *Prinzip:* Die Farbbildung ist ungeklärt, vermutlich wird sie von den unverseifbaren Anteilen der Nicht-Olivenöle verursacht.
Durchführung: 2 g Substanz werden 1 min mit 2 cm^3 konz. Salpetersäure geschüttelt. Innerhalb von 2 min muß ein grünlich-weißes Gemisch entstehen, jedoch darf keine rote oder braune Färbung auftreten.

b) *Prinzip:* Prüfung auf Verschnitt durch fette Öle mit Triglyzeriden der Arachin- und Lignocerinsäure (z. B. Arachidis oleum). Die Schwerlöslichkeit der beiden Säuren in verd. Ethanol nach der Verseifung wird zum Nachweis herangezogen.

Durchführung

Chemikalien	Geräte
Olivae oleum, 1,0 g	1 Rundkolben, NS 14,5, 50 cm^3
0,5 N-ethanolische Kaliumhydroxidlösung, 15 cm^3: Reag. Nr. 46	1 Rückflußkühler, NS 14,5
Essigsäure, 98proz. *(G/V)*, 2,5 cm^3	Wasserbad
Ethanol, 70proz. *(V/V)*, 40 cm^3	1 Thermometer

Vorschrift nach DAB 8: 1,0 g Olivenöl wird mit 15,0 cm^3 0,5 N-ethanolischer Kaliumhydroxidlösung auf dem Wasserbad unter Rückfluß 10 min erhitzt und die Lösung nach dem Erkalten mit 2,5 cm^3 98proz. *(G/V)* Essigsäure und 40 cm^3 70proz. *(V/V)* Ethanol versetzt. Eine Trübung wird durch schwaches Erhitzen beseitigt. Unter Umrühren mit einem Thermometer wird die Lösung so abkühlen gelassen, daß die Temperatur um 1°/min sinkt. Die Lösung darf sich oberhalb von 17° nicht trüben.

Verdorbenheit
Die Ölprobe darf nicht ranzig riechen und schmecken. Im Zweifelsfall darf die Peroxidzahl (siehe S. 291) nicht größer als 15 sein und bei der Prüfung auf Verdorbenheit nach S. 292 die wäßrige Schicht nicht stärker gefärbt sein als 1 cm^3 einer Mischung von 0,1 cm^3 einer 0,01 N-Kaliumpermanganatlösung mit 9,9 cm^3 Wasser.

Prüfung auf Identität: Siehe DC der fetten Öle S. 298.

4. Ricini oleum

Rizinusöl, Castor Oil, Huile de ricin

Stammpflanze und Familie: *Ricinus communis* L. *(Euphorbiaceae)*. Das aus den Samen durch Kaltpreßung gewonnene fette Öl.

Offizinell: Ph. Eur. III, DAB 8: Ricini oleum raffinatum, DAB 7-DDR.

Inhaltsstoffe: Zu 80% aus dem Triglyzerid Triricinolin, das als Säurekomponente Ricinolsäure, eine 12-Hydroxylölsäure, enthält. Die restlichen Triglyzeride sind aus Ölsäure, Linolsäure, Palmitinsäure und Stearinsäure aufgebaut.

Prüfungen
Rizinusöl ist eine dickflüssige, fast farblose oder schwach gelb gefärbte Flüssigkeit mit einem sehr schwachen, charakteristischen Geruch und mildem, später kratzendem Geschmack.

Prüfung auf Reinheit
Relative Dichte: 0,952 bis 0,965.
Brechungsindex: 1,477 bis 1,481.
Optische Drehung: +3,5 bis +6,0°, in einer Schichtdicke von 1 dm gemessen.
Säurezahl: (S. 249) Höchstens 2,0, bestimmt mit 5,0 g Öl, gelöst in 25 cm^3 eines Gemisches aus gleichen Volumenteilen Ethanol und Ether (1. Nachtrag 1980).
Hydroxylzahl: Mindestens 150.
Jodzahl: (S. 291) 82 bis 90.
Peroxidzahl: (S. 291) Höchstens 5,0.
Verseifungszahl: (S. 250) 176 bis 187.
Unverseifbare Anteile: (S. 291) Höchstens 0,6% *(G/G)*.
Fremde Öle
a) Eine Mischung von 2 cm^3 Öl und 8 cm^3 Ethanol, 96proz. *(V/V)* muß klar sein.
b) 10,0 cm^3 Öl werden mit 20,0 cm^3 Petrolether geschüttelt. Nach Trennung der Schichten muß die untere Schicht mindestens 16,0 cm^3 betragen.
Extinktion: Die Extinktion einer 1proz. *(V/V)* Lösung des Öls in Ethanol, 96proz. *(V/V)* im Absorptionsmaximum zwischen 268 und 270 nm in einer Schichtdicke von 1 cm gemessen, darf höchstens 0,8 betragen.

Prüfung auf Identität: Siehe DC der fetten Öle S. 298.

5. Sesami oleum

Sesamöl, Sesame Oil, Huile de sésame

Stammpflanze und Familie: *Sesamum indicum* L. *(Pedaliaceae)*.

Offizinell: Ph. Eur. III.

Inhaltsstoffe: Triglyzeride, die folgende Anteile veresterter Fettsäuren enthalten: Ölsäure 35–60%, Linolsäure 35–60%, Palmitinsäure 8–10%, Stearinsäure 5%.
In geringen Mengen die Lignane: Sesamin, Episesamin und das Lignanderivat Sesamolin.

Formeln

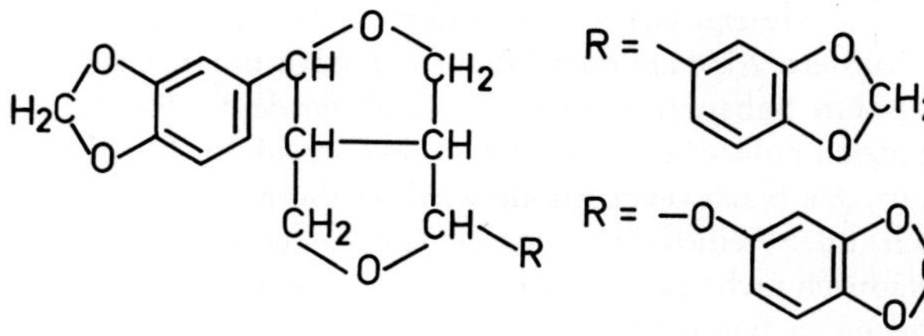

Wirkung und Verwendung: Arzneiliche Verwendung: Innerlich als mildes Laxans, äußerlich zur Herstellung von Linimenten und Pflastern. – Zusatz zu Pyrethrum-Extrakten wegen der synergistischen Wirkung von Sesamin und Sesamolin. – Die größte Menge wird als Speiseöl, zur Margarineherstellung, verwendet.

Prüfungen
Das Sesamöl ist eine klare, hellgelbe, fast geruchlose Flüssigkeit.

Prüfung auf Identität

A. *Prüfung auf Sesamin:* (nach PAVOLINI)

Prinzip: Beim Versetzen eines Gemisches von Sesamöl, Acetanhydrid und Furfural mit konz. Schwefelsäure entsteht eine bläulichgrüne Färbung. Der Reaktionsmechanismus ist noch unbekannt.

Durchführung

Chemikalien	Geräte
Sesami oleum, 10 g	1 Mischzylinder mit Glasstopfen, 25 cm^3
Acetanhydrid, 5 cm^3	Meßpipetten, 5 cm^3 (1), 1 cm^3 (1)
0,35proz. *(V/V)* Furfural in Acetanhydrid, 0,5 cm^3	1 Vollpipette, 0,5 cm^3
Schwefelsäure, konz., 1 cm^3	

Vorschrift: In einem Mischzylinder mit Glasstopfen werden 10 cm^3 Sesamöl etwa 1 min mit 5 cm^3 einer Mischung aus 4,5 Volumteilen Acetanhydrid und 0,5 Volumteilen einer 0,35proz. *(V/V)* Lösung von Furfural in Acetanhydrid geschüttelt. Nach dem Filtrieren durch ein mit Acetanhydrid befeuchtetes Filterpapier und Versetzen des Filtrats mit 6 bis 7 Tropfen konz. Schwefelsäure entsteht eine bläulichgrüne Färbung.

B. *Prüfung durch Dünnschicht-Chromatographie:* Siehe Fette Öle S. 298.

Prüfung auf Reinheit

Relative Dichte: 0,915 bis 0,923.
Brechungsindex: 1,472 bis 1,476.
Säurezahl: (Siehe S. 249) Höchstens 0,6, bestimmt mit 10,0 g Öl, gelöst in 50 cm^3 eines Gemischs aus gleichen Volumteilen Ethanol und Ether.
Jodzahl: (Siehe S. 291) 104 bis 120.
Peroxidzahl: (Siehe S. 291) Höchstens 5,0.

Verseifungszahl: (Siehe S. 250) 187 bis 195.
Unverseifbare Anteile: (Siehe S. 291) Höchstens 1,8% *(G/G)*.
Fremde fette Öle: (Siehe S. 298).
Die Prüfung wird mit Hilfe der Dünnschicht-Chromatographie der durch Hydrolyse erhaltenen Fettsäuren durchgeführt. Der der Linolsäure entsprechende Fleck muß etwa so intensiv gefärbt sein wie der der Ölsäure. Der der Linolensäure entsprechende Fleck darf nur sehr schwach sichtbar sein (Abb. 106/V).

Prüfung fetter Öle auf Identität

Dünnschicht-Chromatographie
Prinzip: «Phasenumkehr»: Eine Kieselgurschicht wird durch «Aufsteigenlassen» einer Paraffinlösung in Petrolether lipophilisiert. Als Fließmittel dient der stark polare Eisessig. Unter diesen DC-Bedingungen wandern polare Substanzen (hier z.B. Triglyzeride der Ricinolsäure) weiter als unpolare Substanzen. Fast gleich polare Substanzen werden nach ihrem Molekulargewicht, d.h. nach der C-Zahl aufgetrennt. Als Nachweismethode wird die Addition von Jod an ungesättigte Fettsäuren eingesetzt. Misch- oder Reintriglyzeride, die sich ausschließlich aus gesättigten Fettsäuren aufbauen, werden dadurch nicht nachgewiesen. Zur Fixierung und zur besseren Sichtbarmachung wird mit Stärkelösung nachgesprüht.

DC-Bedingungen
I. *Standardmethode:* Ja; Abweichungen: «Phasenumkehr» durch Lipophilisierung der Schicht, Trennstrecke: 12 cm.

Chromatogramm (Nachweis IV)

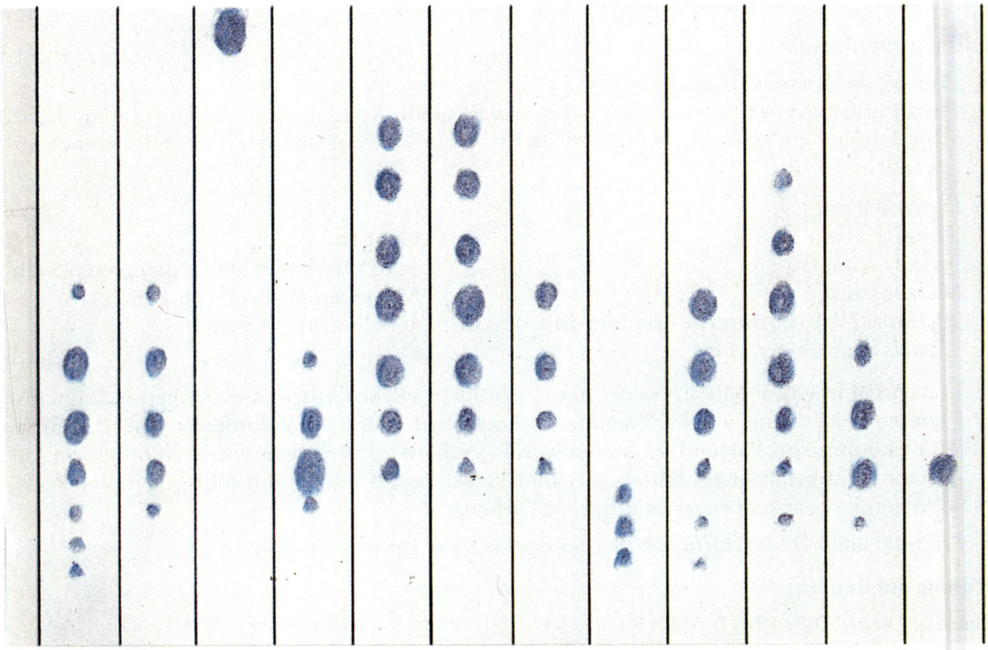

I II III IV V VI VII VIII IX X XI XII

Abb. 105: I–XI: Untersuchungslösungen, je 1 mm³ von I: Arachidis oleum; II: Sesami oleum; III: Ricini oleum; IV: Olivae oleum; V: Lini semen; VI: Lini oleum; VII: Maydis embryonis oleum; VIII: Cacao oleum; IX: Helianthi oleum; X: Rapae oleum; XI: Amygdalae oleum; XII: Vergleichslösung, 1 mm³ (= Triolein).

II. Schicht: Kieselgur G, aktiviert 30–45 min bei 110°, dann nach dem Erkalten erfolgt die Imprägnierung durch 15 cm hohes Aufsteigenlassen von Paraffimum subliquidum-Petrolether (40–60°) (5 + 95), anschließend 5 min Abdampfen des Petrolethers.

III. Fließmittel: Eisessig, KS, 12 cm.

IV. Nachweis: Nach Abdampfen des Fließmittels im Abzug auf einer Heizplatte bei 60–80° und Abkühlenlassen auf Zimmertemperatur kurze Zeit in eine Jodkammer (Reag. Nr. 40) stellen (gelbe bis braune Zonen) und nach kurzem Warten Stärkelösung (Reag. Nr. 63) aufsprühen.

V. Untersuchungslösung:

a) *Lini semen:* 0,25 g frisch zerquetschte oder gepulverte Droge werden 2 bis 3 min mit 15 cm^3 Chloroform geschüttelt und anschließend abfiltriert, davon trägt man 10 mm^3 bandförmig auf (20 × 3 mm), oder 1 mm^3 punktförmig.

b) *Fette Öle:* Von den fetten Ölen werden jeweils 1proz. *(V/V)* Lösungen in Chloroform hergestellt und hiervon wird je 1 mm^3 punktförmig aufgetragen.

VI. Vergleichslösung: 1proz. *(V/V)* Lösung von Maiskeimöl in Chloroform, 10 mm^3 bandförmig (20 × 3 mm) oder 1 mm^3 punktförmig oder, wenn vorhanden, 1proz. Trioleinlösung in Chloroform.

Auswertung: Nach dem Besprühen treten auf den Chromatogrammen der fetten Öle in unterschiedlicher Anzahl und Größe auf der feuchten Schicht zunächst blaue Zonen und nach dem Trocknen braunviolette Zonen auf. Die Chromatogramme eignen sich als «fingerprint» für die botanische Zuordnung eines fetten Öles nur bedingt, da sich einige Chromatogramme kaum unterscheiden (II: Sesamöl, VII: Maiskeimöl, XI: Mandelöl). Leinöl (V und VI) zeigt die meisten Zonen (8) und Ricinusöl (III) zeigt nur eine intensiv gefärbte Zone in der Front.

Prüfung auf fremde fette Öle durch Dünnschicht-Chromatographie

Prinzip: Nachweis der ungesättigten Fettsäuren nach Verseifung der Triglyzeride. Durch Ansäuern werden aus den Alkalisalzen die Fettsäuren freigesetzt und anschließend mit einem lipophilen Lösungsmittel (Ether) extrahiert. Der eingeengte Extrakt dient als Untersuchungslösung zur DC. Das Prinzip der DC-Bedingungen ist das gleiche wie bei der DC der Triglyzeride (siehe S. 298). Als Vergleichslösung wird das Fettsäuregemisch des verseiften Maisöls und des verseiften Rapsöls eingesetzt.

DC-Bedingungen

I. Standardmethode: Ja; Abweichungen: «Phasenumkehr» durch Lipophilisierung der Schicht, Trennstrecke: 8 cm.

II. Schicht: Kieselgur G, aktiviert 30–40 min bei 110°, dann nach dem Erkalten erfolgt die Imprägnierung durch 14 cm hohes Aufsteigenlassen von Paraffinum subliquidum-Petrolether (40–60°) (5 + 95), anschließend 5 min Abdampfen des Petrolethers.

III. Fließmittel: Eisessig-Wasser (90 + 10), KS, 8 cm.

IV. Nachweis: Nach Abdampfen des Fließmittels im Abzug auf einer Wärmeplatte von 60–80° und Abkühlenlassen auf Zimmertemperatur kurze Zeit in eine Jodkammer (Reag. Nr. 40) stellen, bis die Zonen der ungesättigten Fettsäuren eine Gelb- bis Braunfärbung zeigen, danach mit Stärkelösung (Reag. Nr. 63) nachsprühen.

V. Untersuchungslösung: Etwa 2 g fettes Öl werden mit 30 cm^3 0,5 N-ethanolischer Kaliumhydroxidlösung 45 min unter Rückfluß gekocht. Die Lösung wird mit 50 cm^3 Wasser versetzt, erkalten gelassen und in einem Scheidetrichter dreimal mit je 50 cm^3 Ether ausgeschüttelt. Die Etherphasen werden verworfen. Die wäßrige Phase wird mit konz. Salzsäure angesäuert und dreimal mit je 50 cm^3 Ether ausgeschüttelt. Die Etherphasen werden vereinigt und dreimal mit je 10 cm^3 Wasser gewaschen. Das Waschwasser wird verworfen. Der Etherextrakt wird über wasserfreiem Natriumsulfat getrocknet, filtriert und auf dem Wasserbad eingeengt. 40 mg des Rückstandes (Fettsäuregemisch) werden in 4 cm^3 Chloroform gelöst, davon trägt man 3 mm^3 punktförmig auf.

VI. Vergleichslösung: 40 mg des Fettsäuregemischs, aus 19 Teilen Maisöl und 1 Teil Rapsöl erhalten, werden in 4 cm^3 Chloroform gelöst, davon trägt man 3 mm^3 punktförmig auf.

Chromatogramm (Nachweis IV)

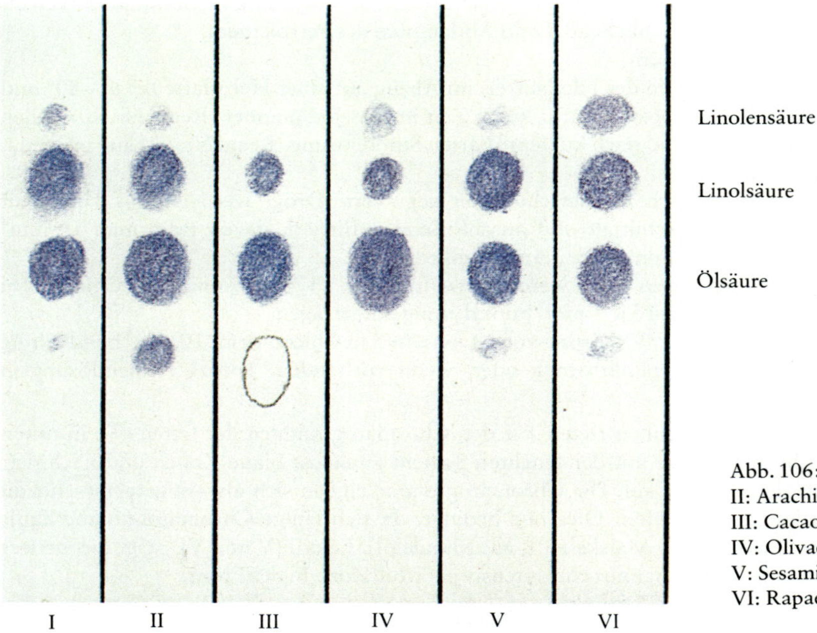

Abb. 106: I: Maydis oleum; II: Arachidis oleum; III: Cacao oleum; IV: Olivae oleum; V: Sesami oleum; VI: Rapae oleum.

Auswertung
Nach dem Besprühen treten auf den Chromatogrammen der einzelnen Fettsäuregemische vor allem zwei Zonen im mittleren Bereich bis oberen Drittel auf, wovon die untere der Ölsäure und die darüberliegende der Linolsäure entspricht. Die sich schwächer anfärbende oberhalb der Linolsäurezone liegende Zone entspricht der Linolensäure. Liegt Rapsöl heute nicht mehr angebauter Kultursorten mit hohem Erucasäureanteil vor, so ist auf dem entsprechenden Chromatogramm im unteren Rf-Bereich des Chromatogramms die Zone der Erucasäure zu erkennen. Das handelsübliche Rapsöl (VI) neuer Kultursorten setzt sich in der Hauptsache aus Triglyzeriden der Ölsäure und der Linolsäure zusammen und kaum mehr aus denen der Erucasäure. Auf dem feuchten Chromatogramm von Cacao oleum (III) erkennt man unterhalb der Ölsäurezone eine nichttransparente Zone einer gesättigten Fettsäure.

XIV. Wachse, Cera, Wax, Cire

Wachse sind ebenfalls Fettsäureester, allerdings nicht mit Glycerin sondern mit einem einwertigen höheren Alkohol. Daneben können die Wachse freie Fettsäuren, freie Wachsalkohole und Kohlenwasserstoffe enthalten.

1. Cera flava

Gelbes Wachs (Bienenwachs), Yellow Beeswax, Cire jaune

Es wird durch schonendes Ausschmelzen der entleerten Bienenwaben gewonnen. Zum Bau der Waben dient das von den Arbeitsbienen (*Apis mellifica* L. = Honigbiene) abgesonderte Exkret.

Durch Bleichen an der Sonne erhält man aus dem gelben Bienenwachs *Cera alba* (gebleichtes Wachs, White Beeswax, Cire blanche).

Offizinell: DAB 8, beide Wachse.
Sie werden zur Herstellung von Salben fester Konsistenz und von Pflastern verwendet.

Tab. 11: Hauptbestandteile der natürlichen Wachse.

Wachse	Ester	freie Fettsäuren	freie Alkohole	Kohlen-wasserstoffe
Cera alba *Cera flava*	Palmitinsäure-myricylester	15% Cerotin-säure	Myricylalkohol	feste KW
Lanae cera	Stearin-, Olein-, Lanocerin-, Cerotin-, Cholesteryl-, Ceryl- und Carnaubylester	–	Cholesterol, Lanolin-, Ceryl- und Carnaubylalkohol	
Cetaceum	40% Palmitinsäurecetylester 40% Myristin- und Laurinsäure-glycerinester	–	–	20% KW
Carnaubae cera (Palmarum cera)	Cerotinsäuremyricylester und -melissylester, ca. 80%	Cerotin- und Car-naubasäure	Melissyl- und Ceryl-alkohol	

Tab. 12: Kennzahlen der natürlichen Wachse nach DAB 8.

Wachs	Erstarrungs- bzw. Tropfpunkt	Dichte ϱ (20°)	Brechungs-index $n_D^{75°}$	*VZ*	*EZ*	*JZ*	*SZ*	Bemerkungen
C. alba	Erstarrungspunkt 61–66°	0,957 bis 0,968	1,438 bis 1,445	83 bis 106	66 bis 82	(5 bis 11)	17 bis 24	Buchner-Zahl max. 6,3, Peroxidzahl max. 10
C. flava (Bienen-wachs)		0,951 bis 0,968	1,438 bis 1,445	83 bis 104	66 bis 82	(5 bis 11)	17 bis 22	
Lanae cera (Woll-wachs)	Tropfpunkt 36–42°	(0,960 bis 0,980)	–	88 bis 102	(90 bis 100)	(18 bis 28)	max. 0,5	Hydroxylzahl 20–40
Cetaceum (Walrat)	Tropfpunkt 43–48°	(0,943 bis 0,960)	1,430 bis 1,435	118 bis 129	(125 bis 130)	max. 5,0	max. 1,0	Unverseifbare Anteile 45–52%, Peroxidzahl max. 8
Carnaubae cera (Carnauba-wachs)	Schmelzbereich (79–85°)	(0,940 bis 0,995)	–	(78 bis 84)	(75 bis 85)		(1 bis 8)	(Unverseifbare Anteile 50–55%)

Die Werte in () stammen nicht aus dem DAB 8; V = Verseifung, E = Ester, J = Jod, S = Säure und Z = Zahl.

2. Lanae cera

Wollwachs (Adeps Lanae anhydricus), Wool Fat, Lanoléine

Das Wachs fällt bei der Aufbereitung der Schafwolle an und bildet nach der Reinigung eine hellgelbe bis bräunlichgelbe zähe Masse von schwachem, charakteristischen Geruch.

Offizinell: DAB 8.
Es wird zur Herstellung von Salben verwendet.

3. Cetaceum

Walrat, Cetaceum, Blanc de baleine

Das gereinigte und durch Abscheiden in der Kälte erhaltene weiße, großblättrig kristalline Wachsgemisch aus den Kopfhöhlen des Pottwals (*Physeter macrocephalus* LACEPADE, u.a.).

Offizinell: DAB 8.
Es wird zur Herstellung von Salben (Ungt. leniens) verwendet.

4. Carnaubae cera (Palmarum cera)

Carnaubawachs, Carnauba Wax, Cire de carnauba

Das gereinigte Wachs von den Blättern der brasilianischen Wachs-Palme, *Copernicia cerifera* MART. (*Arecaceae,* früher *Palmae*) ist eine leicht braune bis blaßgelbe Masse bzw. ein grobes Pulver oder Flocken. Es hat einen schwachen, charakteristischen, faden Geruch, der aber nicht ranzig sein soll.

Offizinell: DAB 7-DDR, für das DAB 9 vorgesehen.
Es dient als Hilfsstoff in der pharmazeutischen Technologie (Tabletten- und Drageeherstellung), daneben findet es vielfache Verwendung in Industrieprodukten.

Dünnschicht-Chromatographie von Wachsen (Cera alba, Cera flava, Lanae cera, Cetaceum und Carnaubae cera)

Prinzip: Nachweis der Wachsester. Als Vergleichssubstanz wird das in den Wachsen nicht enthaltene Triolein eingesetzt.

I. *Standardmethode:* Ja.
II. *Schicht:* Kieselgel F_{254}.
III. *Fließmittel:* n-Hexan-Diethylether-Eisessig (90 + 10 + 1), KS, 10 cm, beachte: für Carnaubae cera Chloroform, KS, 10 cm.
IV. *Nachweis:* Nach Abdampfen des Fließmittels:
   1. Joddämpfe (Jodkammer), anschließend zur Fixierung nachsprühen mit Stärkelösung (Reag. Nr. 40 u. 63) oder
   2. Molybdatophosphorsäure (Reag. Nr. 55), anschließend 5–10 min auf 105° erhitzen oder
   3. ANSA-Reagenz (Reag. Nr. 5), auswerten im langwelligen UV-Licht (365 nm).
V. *Untersuchungslösung:* Von den einzelnen Wachsen werden 1proz. *(G/V)* Lösungen in Chloroform hergestellt, davon trägt man 10 mm^3 (bandförmig (20 × 3 mm) auf; von der Carnaubawachslösung 20 mm^3.
VI. *Vergleichslösung:* 5 mm^3 Triolein werden in 1 cm^3 Chloroform gelöst, davon trägt man 10 mm^3 bandförmig (20 × 3 mm) auf. Für Carnaubae cera wird eine 0,05proz. Lösung von Buttergelb, Sudanrot G und Indophenol in Toluol verwendet.

Chromatogramm A (Nachweis IV/2)

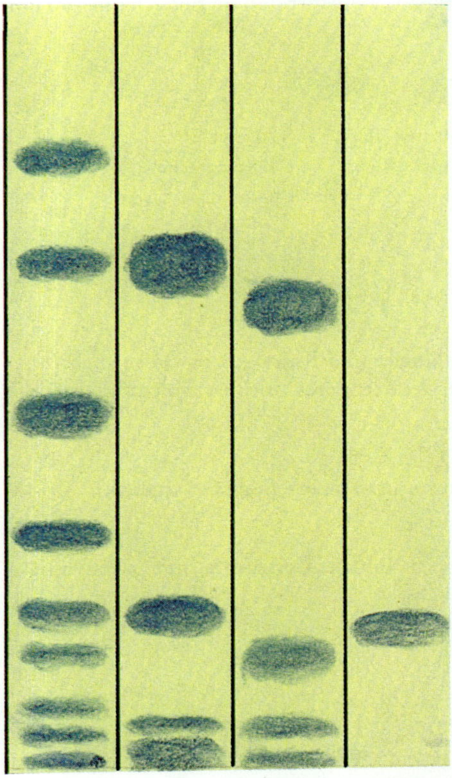

Chromatogramm B (Nachweis IV/2)
Fließmittel: Chloroform

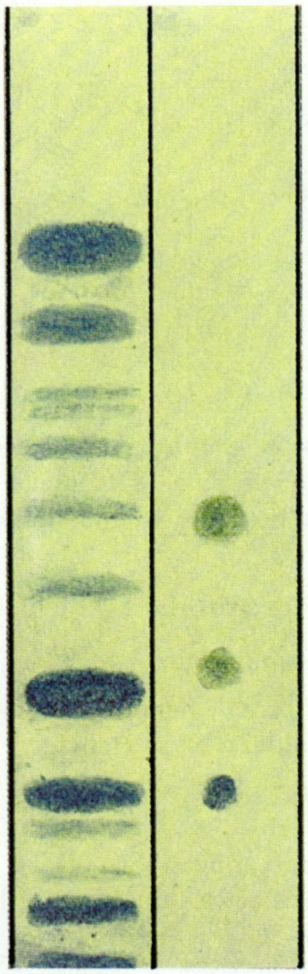

Abb. 107: I: Untersuchungslösung von Cera alba oder Cera flava, 10 mm^3; II: Untersuchungslösung von Lanae cera, 10 mm^3; III: Untersuchungslösung von Cetaceum, 10 mm^3; IV: Vergleichslösung, 10 mm^3; V: Untersuchungslösung von Carnaubae cera 20 mm^3; VI: Farbstoff-Testgemisch, 2 mm^3.

XV. Drogen mit Gerbstoffen

1. Ratanhiae radix

Ratanhiawurzel, Rhatany Root, Racine de ratanhia

Stammpflanze und Familie: *Krameria triandra* RUIZ et PAVON *(Krameriaceae)*.

Offizinell: Ph. Eur. II (mind. 10% Gerbstoffe); DAB 7-DDR (mind. 2% Gerbstoffe, berechnet als Pyrogallol).

Inhaltsstoffe: 8–15% Gerbstoffe, die überwiegend zu den kondensierten Gerbstoffen (Catechin-Gerbstoffe) gehören, die durch Oxidation leicht in wirkungsloses, dunkelrotes Phlobaphen übergehen. Die monomolekularen Verbindungen (Epi-)Catechin und Leukocyanidin sind die Vorstufen der polymeren Catechin-Gerbstoffe. Außerdem enthält die Droge ca. 0,1% lipophile Phenolderivate vom 2-Phenyl-Benzofuran-Typ mit einer starken UV-Absorption im Bereich um 300 nm.

Formeln

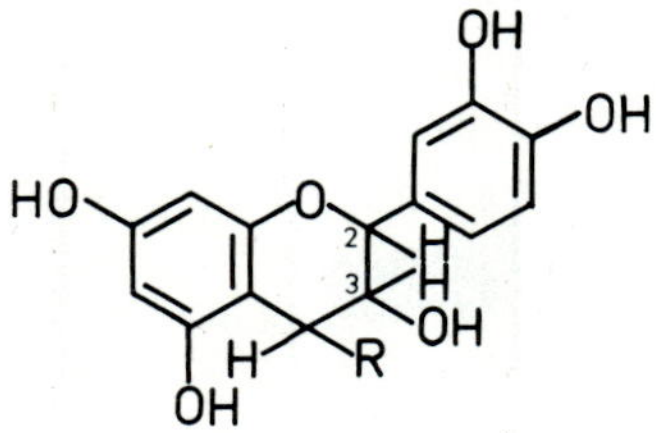

2,3 trans R = H : (+)-Catechin
2,3 cis R = H : (-)-Epicatechin
R = OH : Leukoanthocyanidin

Wirkung und Verwendung: Adstringens, das Schwellungen und Rötungen sowie vermehrte Sekretion zurückgehen läßt. Wird meist als Dekokt verwendet; gutes Antidiarrhoicum, ferner zur Behandlung von Frostbeulen und Hämorrhoiden.

Prüfungen
Die braunrote Pulverdroge ist geruchlos und hat einen zusammenziehenden Geschmack.

Prüfung auf Identität

A. *Prinzip:* Aufgrund der phenolischen OH-Gruppen bilden Gerbstoffe mit zweiwertigen Schwermetallionen Niederschläge.

Durchführung

Chemikalien
Ratanhiae radix, pulv. (180) 0,10 g
Ammoniumeisen(II)sulfat-Lösung, 10proz. *(G/V)*, 2 cm^3

Geräte:
1 Trichter, ∅ 5 cm

Vorschrift: 0,10 g gepulverte Droge werden mit 10 cm^3 Wasser 1 h mazeriert und anschließend filtriert. Zum Filtrat werden 2 cm^3 einer 10proz. *(G/V)* Lösung von Ammoniumeisen(II)-sulfat zugesetzt. Die Flüssigkeit wird trüb und färbt sich dunkelgrau. Nach dem Absetzen ist die überstehende Lösung graugrün.

B. *Prinzip:* Eisen(III)ionen bilden mit Gerbstoffen in alkoholischen Lösungen aufgrund der phenolischen Hydroxylgruppen Färbungen (Catechingerbstoffe: hell-dunkelgrüne Färbungen, Gallotannine: blaue Färbungen). Diese Färbungen sind in ethanolischer Lösung klarer und stabiler als in wäßriger Lösung.

Durchführung

Chemikalien
Ratanhiae radix, pulv. (180), 0,50 g
Ethanol, 96proz. *(V/V)*, 110 cm^3
10proz. *(G/V)* ethanolische Lösung von Eisen(III)chlorid

Geräte
1 Trichter, ∅ 5 cm
1 Erlenmeyerkolben, 100 cm^3

Vorschrift: 0,50 g gepulverte (180) Droge werden mit 5 cm^3 Ethanol unter häufigem Schütteln 2 h mazeriert und anschließend filtriert. 1 cm^3 des braunroten Filtrats wird mit Ethanol zu 100 cm^3 verdünnt und nach dem Zufügen einiger Tropfen einer 10proz. *(G/V)* ethanolischen Lösung von Eisen(III)chlorid geschüttelt. Die Farbe der Flüssigkeit schlägt nach grün um.

Gehaltsbestimmung

Bestimmung der Gerbstoffe

A. *Prinzip:* «Hautpulvermethode» kombiniert mit photometrischer Bestimmung. Als Farbreaktion wird die Reduktion von Wolframatophosphorsäure zu «Wolframblau» durch die phenolischen Hydroxylgruppen eingesetzt.

$$\overset{3(+6)}{H_3[P(W_3O_{10})_4]} + e \longrightarrow \underset{\text{blau}}{\overset{2(+6)\ +5}{H_3[P(W_2WO_{10})_4]^{\ominus}}} \quad \overset{e}{\curvearrowright}\ \text{[Charge transfer]}$$

Ein aliquoter Teil des wäßrigen Drogenextrakts wird zur Bestimmung aller reduzierenden Inhaltsstoffe mit Wolframatophosphorsäure umgesetzt und die Extinktion der Reaktionslösung bei der Wellenlänge des Absorptionsmaximums bestimmt (E_1). Ein gleich großer aliquoter Teil wird mit «Hautpulver» behandelt. Die Gerbstoffe werden an Hautpulver gebunden und gefällt. Das Filtrat, das die reduzierenden «Nichtgerbstoffe» enthält, wird mit Wolframatophosphorsäure umgesetzt und die Extinktion der Reaktionslösung bei der gleichen Wellenlänge bestimmt (E_2).
Aus der Differenz der beiden Extinktionen (E_1–E_2) wird der Gerbstoffgehalt berechnet in bezug auf Pyrogallol, indem eine bestimmte Menge Pyrogallol unter den gleichen Bedingungen mit Wolframatophosphorsäure umgesetzt wird (E_3). Die auf Pyrogallol bezogene Gerbstoffmenge wird mit dem Faktor 4,2 multipliziert, der durch Vergleich der Ergebnisse der photometrischen Gehaltsbestimmung mit denen der klassischen, gravimetrischen Methode erhalten wurde.

B. *Durchführung*

Chemikalien
Ratanhiae radix, pulv. (180), 0,750 g
Wolframatophosphorsäure-Lösung:
Reag. Nr. 67
Natriumcarbonatlösung (38proz. *(G/V)*:
38 g Natriumcarbonat-deka-hydrat werden in 100 cm^3 Wasser gelöst. 60 cm^3
Pyrogallol, 50,0 mg
Hautpulver, 0,10 g

Geräte
Erlenmeyerkolben, 250 cm^3 (1), 50 cm^3 (3)
Meßkolben, 250 cm^3 (1), 100 cm^3 (3), 25 cm^3 (3)
Vollpipetten, 10 cm^3 (1), 5 cm^3 (3), 1 cm^3 (1), 2 cm^3 (1)
Trichter, ∅ 7 cm (1); ∅ 5 cm (1)
Meßpipette, 20 cm^3
1 Rundkolben, NS 29, 250 cm^3
1 Rückflußkühler, NS 29

Allgemeine Geräte
1 Heizpilz (250 cm^3)
4 Glasküvetten, Schichtdicke 1 cm
Wasserbad
Schüttelmaschine

Vorschrift Ph. Eur.: Etwa 0,750 g gepulverte Droge (180), genau gewogen, werden in einem 250 cm^3-Erlenmeyerkolben mit 150 cm^3 Wasser versetzt, zum Sieden erhitzt und danach 30 min (Neuvorschlag: Ph. Eur. 2. Ausgabe: nur 15 min) auf dem Wasserbad belassen. Die unter fließendem Wasser abgekühlte Mischung wird in einen 250 cm^3-Meßkolben gebracht und mit Wasser auf 250,0 cm^3 ergänzt. Nach dem Absetzen wird die Flüssigkeit durch ein Papierfilter von 12 cm filtriert. Die ersten 50 cm^3 Filtrat werden verworfen und der Rest für die Gehaltsbestimmung verwendet.

Bestimmung der «Gesamtgerbstoffe»: 5,0 cm^3 Filtrat werden in einem Meßkolben mit Wasser zu 25 cm^3 verdünnt. 2,0 cm^3 dieser Lösung werden mit 1,0 cm^3 Wolframatophosphorsäure-Lösung und 17,0 cm^3 einer 38proz. *(G/V)* Lösung von Natriumcarbonat versetzt. Die Extinktion wird genau 2 min (besser 1 min) nach dem letzten Reagenzzusatz bei 750 nm in einer Schichtdicke von 1 cm gegen Wasser gemessen (E_1).

Bestimmung der durch Hautpulver nicht gefällten Gerbstoffe: 10,0 cm^3 Filtrat werden mit 0,10 g Hautpulver versetzt und 60 min kräftig geschüttelt. Nach dem Filtrieren werden 5,0 cm^3 Filtrat in einem Meßkolben mit Wasser zu 25,0 cm^3 verdünnt. 2,0 cm^3 dieser Lösung werden mit den oben erwähnten Reagenzmengen versetzt und die Extinktion unter gleichen Bedingungen gemessen (E_2).

Vergleichslösung: 50 mg Pyrogallol, genau gewogen, werden in einem 100 cm^3-Meßkolben mit Wasser zu 100 cm^3 gelöst. In einem zweiten 100 cm^3-Meßkolben werden 5,0 cm^3 der

Lösung mit Wasser zu 100 cm^3 verdünnt. 2,0 cm^3 dieser Lösung werden mit den oben erwähnten Reagenzmengen versetzt und die Extinktion unter gleichen Bedingungen gemessen (E_3).
Die Lösung ist während der Bestimmung vor Licht und Luft geschützt aufzubewahren. Die Extinktion muß innerhalb von 30 min nach Herstellen der Lösung gemessen werden.

C. *Berechnung:* (als Pyrogallol)
E_0: spezifische Extinktion des Reaktionsprodukts mit Pyrogallol.
b: Drogeneinwaage in Gramm.
x: Menge in Gramm an reduzierenden Substanzen in 20 cm^3 Meßlösung.
y: Menge in Gramm an reduzierenden Substanzen, die nicht mit Hautpulver gefällt werden, in 20 cm^3 Meßlösung.
$(x–y)$: Menge an Gerbstoffen, berechnet als Pyrogallol in 20 cm^3 Meßlösung, die einer Drogenmenge von $b \cdot \frac{5 \cdot 2}{250 \cdot 25}$ g entspricht.

$$\text{(I)} \quad E_1 = E_0 \cdot \frac{100}{20} \cdot x \,. \qquad \text{(II)} \quad E_2 = E_0 \cdot \frac{100}{20} \cdot y \,.$$

$$\text{(I)–(II)} \quad (x - y) = \frac{20}{100 \cdot E_0} (E_1 - E_2) \,.$$

Berechnung von E_0
In 20 cm^3 Meßlösung der Vergleichslösung sind $\frac{0{,}05 \cdot 5 \cdot 2}{100 \cdot 100}$ g Pyrogallol enthalten. Für die gemessene Extinktion E_3 gilt:

$$E_3 = E_0 \cdot \frac{100}{20} \cdot \frac{0{,}05 \cdot 5 \cdot 2}{100 \cdot 100} = \frac{0{,}25}{1000} E_0 \,.$$

$$E_0 = 4000 \cdot E_3 \,.$$

$$E_0 \text{ in (I)–(II)}: \quad (x - y) = \frac{20 \cdot (E_1 - E_2)}{100 \cdot 4000 \cdot E_3} \,.$$

In einer Drogenmenge von $b \cdot \frac{5}{250} \cdot \frac{2}{25} = \frac{b}{625}$ g sind $\frac{20(E_1 - E_2)}{100 \cdot 4000 \cdot E_3} = \frac{(E_1 - E_2)}{20000 \cdot E_3}$ g Pyrogallol äquivalente Gerbstoffe enthalten.

$$\text{«Pyrogallol» \%} = \frac{100 \cdot (E_1 - E_2) \cdot 625}{20000 \cdot b \cdot E_3} = 3{,}125 \frac{(E_1 - E_2)}{b \cdot E_3} \,.$$

Multipliziert mit dem empirischen Faktor 4,2 ergibt sich:

$$\text{Gerbstoffe \%} = 4{,}2 \cdot 3{,}125 \cdot \frac{(E_1 - E_2)}{b \cdot E_3} = 13{,}125 \cdot \frac{(E_1 - E_2)}{b \cdot E_3} \,.$$

Sulfatasche: Höchstens 6,0%, bestimmt mit 1,00 g gepulverter Droge.

Anmerkungen
Die Schwierigkeiten exakter Gerbstoffbestimmungen sind bekannt (vgl. STEINEGGER, E. und R. BRENNEISEN, Pharm. Acta Helv. 55, 20–26 (1980)).
Bei der vorstehend beschriebenen photometrischen Gerbstoffbestimmung tritt es oft ein, daß die Extinktion schon nach 80–100 sec durch den Ausfall eines kolloidalen Niederschlags erheblich zunimmt. Dies beeinträchtigt die Reproduzierbarkeit der Messungen.
Eine echte Alternative zur vorstehenden Methode ist die klassische, gravimetrische Gerbstoffbestimmung *mit geringer Einwaage.* Bei der Verwendung einer Analysenwaage mit einer Genauigkeit von ±0,1 mg kann dann mit der gleichen Drogen-Einwaage gearbeitet werden wie bei der photometrischen Methode der Ph. Eur.

Vorschrift

a) Die Herstellung der Gerbstofflösung erfolgt analog der Vorschrift der Ph. Eur. (S. 305).

b) *Bestimmung der Gesamtgerbstoffe*
25 cm^3 Filtrat werden in einem genau gewogenen 50 cm^3-Becherglas bei 70° zur Trockne eingedampft (Rückstand in mg = G_1). Vor der Wägung des Trockenrückstandes ist das Becherglas 1 h unter gleichen Bedingungen von Temperatur und Luftfeuchtigkeit aufzubewahren wie vor der Bestimmung des Leergewichtes.

c) *Bestimmung der durch Hautpulver nicht gefällten Substanzen*
100 cm^3 des Filtrates der Gerbstofflösung werden mit 1,0 g Hautpulver versetzt und 60 min kräftig geschüttelt. Nach dem Filtrieren werden 25 cm^3 des Filtrates in einem genau gewogenen 50 cm^3-Becherglas bei 70° zur Trockne eingedampft (Rückstand in mg = G_2).
Es werden Doppelbestimmungen ausgeführt; die Berechnung des Gerbstoffgehaltes erfolgt aus den Mittelwerten.

$$\text{Gerbstoffe \%} = \frac{(G_1 - G_2) \cdot 1000}{\text{Einwaage (in mg)}}.$$

Die mit dieser einfachen Methode erhaltenen Werte sind gut reproduzierbar.

Tab. 13: Zusammenstellung von Gerbstoffdrogen.

Droge	Stammpflanze, Familie	Gerbstoffgehalt	Hauptinhaltsstoffe
Castaneae folium, Kastanienblatt	*Castanea sativa* MILLER; *Fagaceae*	9%	Gerbstoffe unbek. Konstitution
Catechu, Katechu	*Acacia catechu* (LINNE fil.) WILLDENOW; *Mimosaceae*	25–40%	Catechingerbstoffe
Galla, Gallapfel	auf *Quercus infectoria* OLIV. *(Fagaceae)* nach Einstich der Gallwespe *Cynips tinctoria* (L.)	40–75%	Gallotannine
Hamamelidis folium, Hamamelisblatt	*Hamamelis virginiana* L.; *Hamamelidaceae*	ca. 3%	Hamamelitannine, ca. 12% Digalloylhexose
Juglandis folium Walnußblatt	*Juglans regia* L.; *Juglandaceae*	ca. 5%	Gallus- und Ellagsäure und Juglon
Myrtilli fructus, Heidelbeere	*Vaccinium myrtillus* L.; *Ericaceae*	5–10%	Gerbstoffe unbek. Konstitution
Quercus cortex, Eichenrinde	*Quercus robur* L.; *Q. petraea* (MATTUSCHKA) LIEBLEIN; *Fagaceae*	10–20%	Gerbstoffe, Konstitution nur z. T. bekannt
Ratanhiae radix, Ratanhiawurzel (s. S. 303)	*Krameria triandra* RUIZ et PAVON; *Krameriaceae (früher Caesalpiniaceae)*	8–10% (Wurzelrinde 18–30%)	Catechingerbstoffe
Rubi fruticosi folium, Brombeerblatt	*Rubus fruticosus* L.s.l. *Rosaceae*	5–10%	Gerbstoffe unbek. Konstitution
Theae nigrae folium, Schwarzer Tee	*Camellia sinensis* (L.) O. KUNTZE – *Theaceae*	10–25%	Gerbstoffe und Coffein
Tormentillae rhizoma, Tormentillwurzel	*Potentilla erecta* (L.) RAEUSCHEL (= *Potentilla tormentilla* SCHRANK) *Rosaceae*	15–20%	Catechingerbstoffe

XVI. Drogen mit Kohlenhydraten

1. Acaciae gummi (Gummi arabicum)

Arabisches Gummi, Acacia, Gomme arabique

Stammpflanze und Familie: *Acacia senegal* (L.) WILLDENOW und andere afrikanische *Acacia*-Arten *(Mimosaceae)*.

Offizinell: Ph. Eur. I.

Inhaltsstoffe: Polysaccharide, die vorwiegend als Calcium-, Magnesium- und Kaliumsalze der Arabinsäure vorliegen. Dieses sog. Arabin ergibt bei der Hydrolyse D-Galaktose, L-Arabinose, D-Glucuronsäure, L-Rhamnose und 4–O-Methylglucuronsäure, etwa im Verhältnis 40 : 30 : 15 : 14 : 1. Man stellt sich das Molekül etwa wie folgt vor:

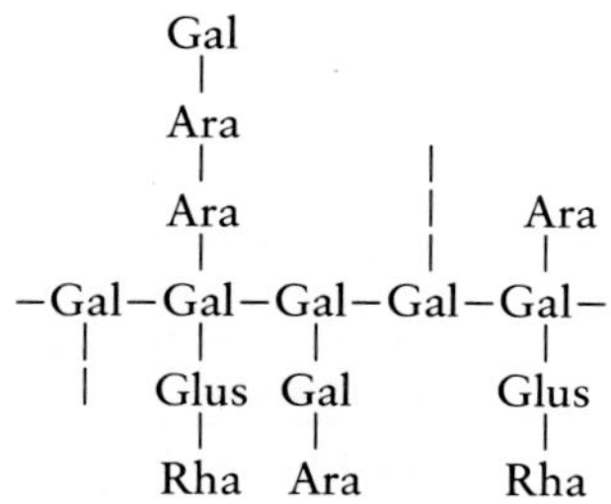

Ara = Arabinoserest
Gal = Galaktoserest
Glus = Glucuronsäure- oder Methylglucuronsäurerest
Rha = Rhamnoserest

Arabin, Teilstruktur, Zucker 1,3 – verknüpft (Grundkette), Seitenkette 1,6 – verknüpft.

Daneben etwa 1% eines quellbaren, aber nicht wasserlöslichen Polysaccharides, ferner geringe Mengen stickstoffhaltiger Substanzen und Fermente, insbesondere Oxidasen und Peroxidasen.

Wirkung und Verwendung: Reizmilderndes Mittel bei Entzündung der Schleimhäute (Mucilaginosum) und in der Rezeptur als anionenaktiver Emulgator und Stabilisator. In der Technik und Nahrungsmittelzubereitung wird es als Klebe-, Binde- und Verdickungsmittel häufig gebraucht.

Prüfung der Droge
Die Droge ist geruch- und geschmacklos, klebt an der Zunge; das Pulver ist weiß oder gelblichweiß. Es löst sich langsam, aber vollständig in der doppelten Gewichtsmenge Wasser. Diese Lösung reagiert schwach sauer.

Prüfung auf Identität
In der Ph. Eur. werden mehrere Prüfungen angegeben:

A. 1 g gepulverte Droge wird in 2 cm^3 Wasser gelöst, und es werden 2 cm^3 Ethanol, 96proz. *(V/V)* zugefügt. Nach dem Schütteln erhält man einen weißen, gelatinösen Schleim, der sich nach Zufügen von 10 cm^3 Wasser verflüssigt.

B. *Prüfung auf Arabin, Arabinsäure und Calciumionen:* 5 cm^3 Prüflösung (s. Prüfung auf Reinheit) werden nach und nach unter Schütteln mit 10 cm^3 Ethanol, 96proz. *(V/V)* versetzt, die Flüssigkeit trübt sich (Arabin). Nach Zusatz von 0,5 cm^3 Essigsäure (30proz.) entsteht ein weißer Niederschlag (Arabinsäure). Das klare Filtrat wird auf Zusatz einiger cm^3 Ammoniumoxalatlösung (4proz.) trüb (Calciumionen) (vgl. 1. Nachtrag 1980).

C. *Prüfung auf Oxidasen und Peroxidasen:* 0,25 g gepulverte Droge werden in 5 cm^3 frisch aufgekochtem und wieder abgekühltem Wasser unter Schütteln gelöst. Dann werden 0,5 cm^3 verdünnte Wasserstoffperoxidlösung (3%) und 0,5 cm^3 Guajak-Tinktur (2proz. *(G/V)* Gua-

jakharz in 80% *(V/V)* Alkohol) zugefügt und geschüttelt. Innerhalb weniger Minuten entsteht eine bläulich-grüne bis tiefblaue Färbung.
Beachte: Im Fall von sprühgetrocknetem Acaciae gummi kann dieser Test negativ ausfallen!

D. *Prüfung auf Arabinsäure:* Eine Lösung, selbst in starker Verdünnung (1 : 10000) gibt nach Zufügen von einigen cm^3 einer basischen Bleiacetatlösung nach einigen Minuten einen Niederschlag (Bleisalz der Arabinsäure).

E. Eine 10proz. Lösung *(G/V)* ist linksdrehend $[\alpha]_D^{20}$: −25° bis −39°. Andere Acacia-Gummen drehen rechts.

F. *Dünnschicht-Chromatographie zur Prüfung der in der Arabinsäure enthaltenen Zucker (2. Ausg.)*
Prinzip: Die Droge wird sauer hydrolysiert und das entstandene Zuckergemisch dc getrennt und identifiziert. Die DC für Acaciae gummi-, Agar- und Tragacantha-Hydrolysat erfolgt unter den gleichen Bedingungen. Vergleichsweise wurden Hydrolysate von Sterculiagummi, Guarmehl und Methylzellulose sowie die entsprechenden Zucker mitchromatographiert (Abb. S. 310).

I. *Standardmethode:* Ja; Abweichungen: Imprägnierte Schicht, Zweifachentwicklung 1 × 10 cm, dann 1 × 15 cm.

II. *Schicht:* Kieselgur G zur DC; zur Herstellung wird anstelle von Wasser eine 1,6proz. Lösung von Natriumdihydrogenphosphat verwendet.

III. *Fließmittel:* n-Butanol-Aceton-1,6proz. Natriumdihydrogenphosphatlösung (40 + 50 + 10). Zwischentrocknung nach der 1. Entwicklung (10 cm) für einige min im Warmluftstrom. Nach Erkalten 2. Entwicklung 15 cm.

IV. *Nachweis:* Nach ca. 10 min Trocknung bei 110° sprüht man Aminohippursäure-Reagenz (Reag. Nr. 2) auf und erhitzt ca. 10 min unter Beobachtung auf 110°.
Anmerkung: Nach der Auswertung im Tageslicht sollte ein Betrachten des Chromatogrammes im UV_{365}-Licht erfolgen: Die Hexosen (hier: Galaktose, Glucose, Fucose, Rhamnose u. Mannose) zeigen eine intensive grüngelbe, die Pentosen (hier: Arabinose und Xylose) eine rosarote Fluoreszenz.

V. *Untersuchungslösung:* Man erhitzt 1 g gepulverte Droge in 25 cm^3 4proz. Schwefelsäure unter Rückfluß 90 min im Wasserbad. Danach neutralisiert man mit 2 g Bariumkarbonat, schüttelt ca. 90 min und filtriert. 1 cm^3 des Filtrats löst man in 9 cm^3 Methanol und zentrifugiert. Hiervon trägt man 10 mm^3 bandförmig (20 mm lang, max. 3 mm breit) auf.

VI. *Vergleichslösung:* V1: Man löst je 10 mg Galaktose, Glucose, Arabinose und Rhamnose in 1 cm^3 Wasser und füllt dann mit Methanol auf 10 cm^3 auf. Hiervon trägt man 10 mm^3 bandförmig auf (20 × 3 mm).
V2: Folgende Zusammensetzung: Galaktose, Arabinose, Xylose und Fucose, sonst gleich V1.

Auswertung: Betrachtung im Tageslicht und UV_{365}-Licht (s. Anmerkung S. 311).

Acaciae gummi: Das Chromatogramm der Vergleichslösung (V1) zeigt mit zunehmendem Rf-Wert 4 deutlich getrennte Zonen: Galaktose (gelblich-braun), Glucose (gelblich-braun), Arabinose (rötlich-braun) und Rhamnose (gelb). Im Chromatogramm der Untersuchungslösung fehlt die Glucosezone. Weitere Zonen insbesondere im oberen Teil des Chromatogramms sind nicht sichtbar.

Tragacantha: Das Chromatogramm der Vergleichslösung (V2) zeigt mit steigendem Rf-Wert folgende Zonen: Galaktose (gelblich-braun), Arabinose (rötlich-braun), Xylose (rötlich-braun) und Fucose (gelb). Das Chromatogramm der Untersuchungslösung zeigt 4 entsprechende Zonen, sowie eine schwach gelbliche Zone im Frontbereich und eine gelbe Zone zwischen der Galaktose- und der Arabinosezone (Glucose). Eine rote Zone im Frontbereich darf nicht sichtbar sein. (Methylcellulose-Abbauprodukt).

Agar: Das Chromatogramm der Vergleichslösung (V1) zeigt in der Reihenfolge zunehmender Rf-Werte vier gutgetrennte Farbzonen, und zwar von Galaktose (gelblich-braun), Glucose (gelblich-braun), Arabinose (rötlich-braun) und Rhamnose (gelb). Im Chromatogramm der Untersu-

Chromatogramm (Nachweis IV, Tageslicht)

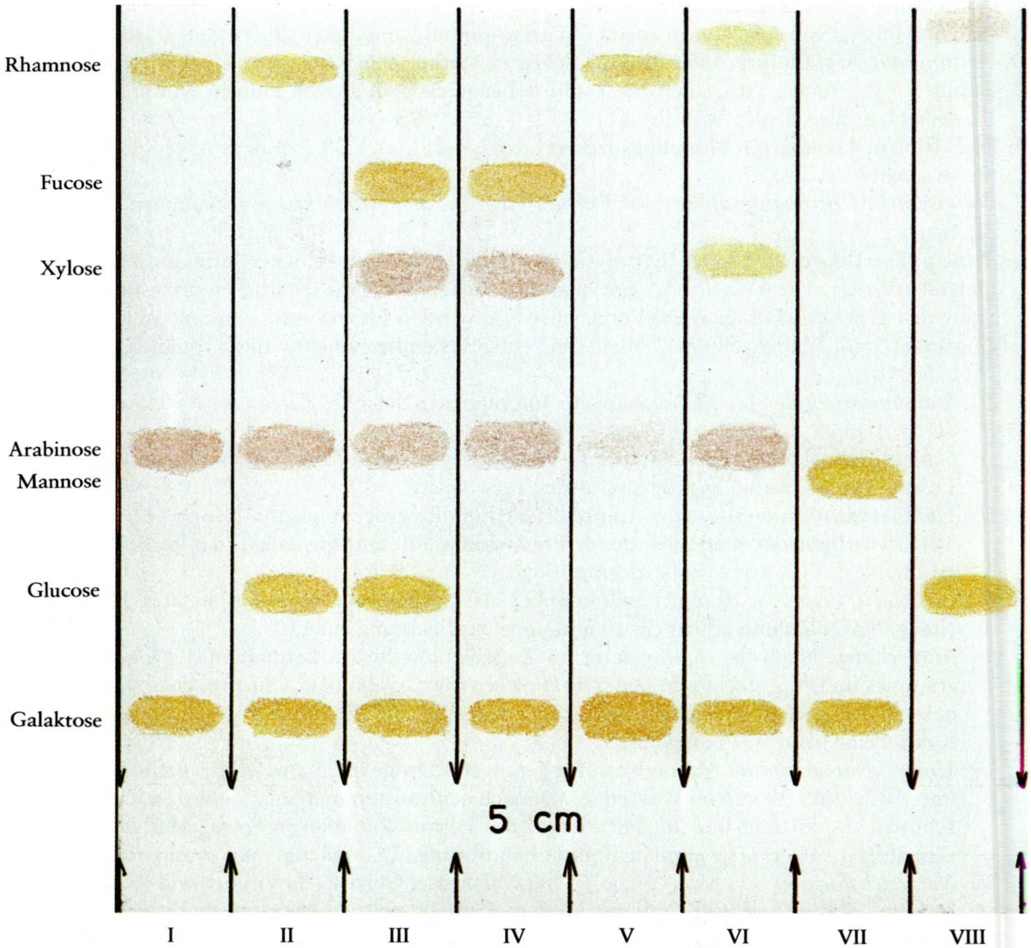

Abb. 108: I: Acaciae gummi-Hydrolysat, 10 mm^3; II: Vergleichslösung V1, 10 mm^3; III: Traganth-Hydrolysat, 10 mm^3; IV: Vergleichslösung V2, 10 mm^3; V: Sterculia gummi-Hydrolysat 10 mm^3; VI: Agar-Hydrolysat, 5 mm^3; VII: Guarmehl-Hydrolysat, 5 mm^3; VIII: Methylcellulose-Hydrolsat, 10 mm^3.

chungslösung erkennt man eine Zone, die der von Galaktose entspricht und eine diffuse Zone im Rf-Bereich zwischen der Arabinose- und der Rhamnosezone des Chromatogramms der Vergleichslösung. Eine weitere gelbe Zone ist im oberen Teil des Chromatogramms zu sehen, und zwar im Rf-Bereich oberhalb der Rhamnosezone des Chromatogramms der Vergleichslösung. Eine der Glucose entsprechende Zone fehlt.

Sterculiae gummi (Karayae gummi, «Indischer Tragant»): Das Chromatogramm der Vergleichslösung (V1) zeigt mit zunehmendem Rf-Wert vier deutlich getrennte Zonen (s. II). Im Chromatogramm der Untersuchungslösung (Bereitung wie bei Acaciae gummi) tritt die Galaktose stark hervor. Eine schwache Zone liegt in Höhe der Arabinose und eine deutlich hervortretende in Höhe der Rhamnose. Weitere Zonen sind nicht erkennbar.

Guarmehl (Guarbohnenmehl): Das Chromatogramm der Vergleichslösung (V1) zeigt mit zunehmendem Rf-Wert vier deutlich getrennte Zonen (s. II). Im Chromatogramm der Untersuchungslösung (Bereitung wie bei Acaciae gummi) treten in Höhe der Arabinose die bräunlich-gelbe Zone der Mannose stark hervor und etwas schwächer die tiefer liegende Zone der Galaktose.

Anmerkung: Ein ähnliches Chromatogramm liefert das Johannisbrotkernmehl (Ceratoniae semen), auch hier überwiegt die Mannose (ca. 80%), daneben findet sich im Hydrolysat ca. 20% Galaktose.

Prüfung von Acaciae gummi auf Reinheit

Prüflösung: 3 g gepulverte Droge werden in Wasser gelöst und damit auf 30 cm^3 aufgefüllt.
Agar und Tragant: 2 cm^3 Prüflösung werden mit 8 cm^3 Wasser und 0,2 cm^3 Blei(II)acetatlösung versetzt. Beim Schütteln darf keine Trübung auftreten. 0,1 g gepulverte Droge werden mit 1 cm^3 0,02 N-Jodlösung versetzt. Es darf keine rote oder olivgrüne Färbung auftreten.
Agar und Sterculia-Gummi: Eine kleine Menge gepulverte Droge wird mit einigen Tropfen frisch hergestellter Rutheniumrotlösung (Reag. Nr. 60) versetzt und unter dem Mikroskop geprüft. Die Teilchen dürfen nicht rot gefärbt sein (Pektine).
Stärke und Dextrin: 10 cm^3 aufgekochte und wieder abgekühlte Prüflösung werden mit 0,1 cm^3 0,1 N-Jodlösung versetzt. Es darf keine blaue oder bräunlichrote Färbung auftreten.
Saccharose und Fructose: 1 cm^3 Prüflösung wird mit 4 cm^3 Wasser, 0,1 g Resorcin R und 2 cm^3 Salzsäure versetzt. Beim Erhitzen im Wasserbad darf keine gelbe oder rosa Färbung auftreten (Hydroxymethylfurfuralbildung; Farbreaktion nach SELIWANOFF).
Tannin: 10 cm^3 Prüflösung werden mit 0,1 cm^3 Eisen(III)chloridlösung (10,5%) versetzt. Es entsteht ein gallertartiger Niederschlag. Es darf keine Färbung oder ein tiefblauer Niederschlag auftreten.
Unlösliche Stoffe: Höchstens 0,5%; 5,0 g gepulverte Droge werden mit 100 cm^3 Wasser und 14 cm^3 verdünnter Salzsäure (7,3proz.) versetzt. Die Mischung wird unter häufigem Umschütteln 15 min zum schwachen Sieden erhitzt. Die heiße Lösung wird durch einen zuvor gewogenen Glassintertiegel (160) filtriert. Der Niederschlag wird mit heißem Wasser ausgewaschen und bei 100 bis 105° getrocknet.
Trocknungsverlust: Höchstens 15,0%, bestimmt mit 1,0 g gepulverter Droge durch Trocknen im Trockenschrank bei 100 bis 105°.

Sulfatasche: Höchstens 5,0%, bestimmt mit dem Rückstand der vorhergehenden Prüfung und berechnet auf die luftgetrocknete Droge.

2. Agar

Früher als Agar-Agar bezeichnet.

Stammpflanze und Familie: Verschiedene Rotalgen, zumeist aus der Gattung *Gelidium (Gelidiaceae).*

Offizinell: Ph. Eur., 2. Ausgabe in Vorbereitung.

Inhaltsstoffe: Etwa 90% eines Polysaccharidgemisches, das in Wasser stark quillt, beim Erwärmen ein Sol bildet und beim Abkühlen ein Gel. Hauptbestandteil ist die Agarose, die aus Agarobioseeinheiten (Formel) aufgebaut ist. Diese Disaccharideinheiten bestehen aus D-Galactose und 3,6-Anhydro-L-Galactose.

Formel

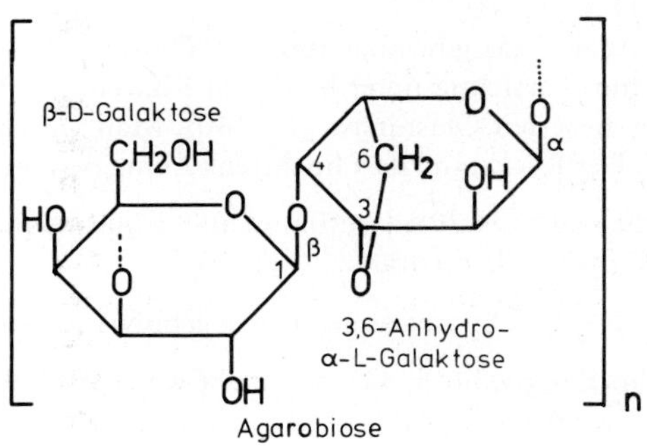

Daneben ist im Gemisch das sauer reagierende Agaropektin enthalten. Es besteht aus Galactose- und Galacturonsäure-Resten, die teilweise mit Schwefelsäure verestert sind. Die sauren Gruppen sind zumeist an Calcium, Magnesium, Natrium und Kalium gebunden.

Wirkung und Verwendung

Aufgrund seines Quellvermögens als Füllperistalticum (mildes Laxans) gebraucht. In der pharmaz. Technologie zur Herstellung von Suppositorien, Vaginalkugeln, Emulsionen und fettfreien Salbengrundlagen verwendet, ferner als Tablettensprengmittel. Viel benutzt in der Bakteriologie zur Verfestigung von Nährböden («Agarplatten, Schrägagar»), meist in einer Konzentration von 2%. Die Polygalactoside des Agars werden von Mikroorganismen nicht abgebaut und hemmen die Entwicklung von Viren.

In der Elektrophorese als Trägermaterial zur Herstellung von Gelschichten.

Prüfung der Droge

Agar ist geruch- und geschmacklos; es erzeugt beim Probieren ein schleimiges Gefühl. Die Droge besteht zumeist aus 2–5 mm breiten, farblosen und brüchigen, runzeligen und oft zusammengeklebten Streifen, oder aus leichten Flocken. In dickeren Lagen ist die Droge farblos bis blaßgelb. Das Pulver ist weiß bis gelblich-weiß.

Prüfung auf Identität

A. *Farbreaktion:* 0,10 g Agar werden durch Erhitzen in 50 cm^3 Wasser gelöst. Zu 1 cm^3 der Lösung fügt man 9 cm^3 Wasser und 0,1 cm^3 einer 0,1 N-Jodlösung. An der Berührungszone entsteht eine dunkelbraun-violette Farbe. Mischt man die Flüssigkeit, so wird sie blaßgelb bis blaßgelblich-braun.

B. *Sulfatprüfung:* Von der unter A. hergestellten Agarlösung entnimmt man 5 cm^3 und erhitzt im Wasserbad mit 0,5 cm^3 Salzsäure (35–38%) 30 min. Dann fügt man 1 cm^3 Bariumchloridlösung (6,1%) hinzu. Es entsteht eine weiße Trübung, die sich beim Stehenlassen als Niederschlag absetzt (Bariumsulfat).

C. *Dünnschicht-Chromatographie der nach Hydrolyse entstandenen Zucker:*
Prinzip: Siehe Acaciae gummi S. 309.
Methode: Siehe Acaciae gummi S. 309.
Vergleichslösung: Wie bei Acaciae gummi S. 309.
Untersuchungslösung: Wie bei Acaciae gummi S. 309, Auftragemenge: 5 mm^3 (!).
Auswertung: Siehe S. 309 und Abb. S. 310.

Prüfung auf Reinheit

Gelierung und Verflüssigung einer wäßrigen Agarlösung: Man löst 0,50 g Agar in 50 cm^3 Wasser unter Erhitzen im Wasserbad. Nur wenige Bruchstücke sind unlöslich. Beim Abkühlen auf 35–30 °C geliert die Lösung; das so erhaltene elastische Gel wird erst beim Erwärmen auf 80 °C vollständig flüssig.

Gelatine: Man löst 1,00 g Agar in 100 cm^3 Wasser unter Erhitzen im Wasserbad. Danach kühlt man auf 50 °C ab und fügt 5 cm^3 Pikrinsäurelösung (1%) zu. Innerhalb von 10 min darf keine Trübung erscheinen.

Unlösliche Fremdstoffe: Höchstens 0,5%.

Zu 5,00 g gepulvertem Agar (315) gibt man 100 cm^3 Wasser und 14 cm^3 verdünnte Salzsäure (7,3%). Man kocht 15 min vorsichtig unter häufigem Rühren. Die noch heiße Lösung filtriert man durch einen vorher tarierten Glasfiltertiegel (160). Man wäscht mit heißem Wasser und trocknet bei 100–105 °C. Der Rückstand darf höchstens 25 mg betragen.

Trocknungsverlust: Nicht mehr als 20%, bestimmt mit 1,00 g gepulvertem Agar (315) durch Trocknen bei 100–105 °C im Trockenschrank.

Sulfatasche: Nicht mehr als 4,5%, bestimmt mit 1,00 g gepulverter Droge (315).

Wertbestimmung: Die Quellungszahl (S. 11) darf nicht weniger als 15 für die gepulverte Droge (315) betragen.

3. Tragacantha

Tragant, Tragacanth, Gomme adragante

Stammpflanze und Familie: *Astragalus gummifer* LABILLARDIÈRE und bestimmte andere westasiatische *Astragalus*-Arten *(Fabaceae)*.

Offizinell: Ph. Eur. III.

Inhaltsstoffe: Komplexes Polysaccharidgemisch, das vorwiegend (60–75%) aus wasserunlöslichen, kettenförmigen, stark anionischen Makromolekülen (s. Teilformel) besteht. Diese bilden viskose Kolloidlösungen.

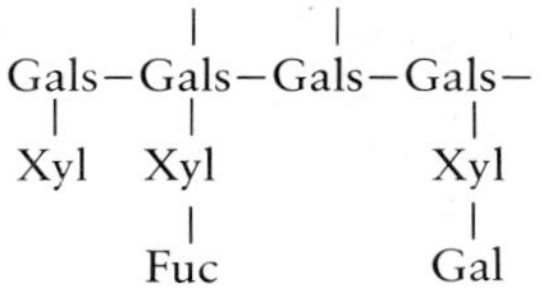

Gals = Galakturonsäurerest
Gal = Galaktoserest
Xyl = Xyloserest
Fuc = Fucoserest

Daneben sind neutrale Polysaccharide (25–40%) vom Typ der Arabinogalactane enthalten, die wasserlöslich sind. Die Droge enthält ferner glykosidische Substanzen, 1–3% Stärke, 1–3% Cellulose und Spuren von Peroxidasen.

Wirkung und Verwendung: Stark quellende Schleimdroge; im neutralen und basischen Milieu Volumenzunahme um ca. das 40fache. Daher als Füllperistalticum (mildes Laxans) geeignet. In der pharmaz. Technologie als anionenaktiver Stabilisator von Emulsionen, zur Herstellung von Cremes, gebraucht. Haftmittel für Gebisse, Wasserbindemittel usw. In großen Mengen in der Nahrungsmittel- und Textilindustrie verwendet. Starke Unterschiede in der Qualität.

Prüfung der gepulverten Droge nach DAB 8

Weißes bis fast weißes, geruchloses Pulver von fadem, schleimigem Geschmack, wenig löslich in Wasser, bei Quellung ein gleichmäßiges, klebendes Gel bildend.

Anmerkung: Die Bewertung der Droge kann nach der «Viskosität» einer wäßrigen Suspension, d. h. der Bestimmung der «Auslaufzeit» erfolgen (s. dort).

Prüfung auf Identität

A. *Farbreaktion:* 0,5 g gepulverte Droge werden mit 1 cm^3 Alkohol (96%, *V/V*) benetzt und in kleinen Anteilen und unter Schütteln mit insgesamt 50 cm^3 Wasser versetzt, bis ein homogener Schleim erhalten ist. 5 cm^3 Schleim werden mit 5 cm^3 Wasser und 2 cm^3 Bariumhydroxidlösung versetzt, wobei ein leichter, flockiger Niederschlag entsteht. Wird 10 min im Wasserbad erwärmt, entsteht eine intensive Gelbfärbung.
Mit Natron- oder Kalilauge fällt diese Farbreaktion schwächer aus. Die Ursache der Farbreaktion sind wahrscheinlich die Galacturonsäuren. Die Glucuronsäuren des Acaciae gummi ergeben diese Farbreaktion nicht.

B. *Nachweis reduzierender Zucker nach saurer Hydrolyse*
Eine Mischung von 4 cm^3 einer 0,5proz. *(G/V)* Anschüttelung der Droge und 0,5 cm^3 Salzsäure (35%) wird 30 min im Wasserbad erwärmt. Die Flüssigkeit wird in 2 gleiche Teile geteilt. Ein Teil wird mit 1,5 cm^3 konzentrierter Natriumhydroxidlösung alkalisch gemacht, mit 3 cm^3 FEHLINGscher Lösung (Reag. Nr. 36) versetzt und im Wasserbad erhitzt, wobei ein braunroter Niederschlag entsteht.
Diese Prüfung ist an sich überflüssig, wenn man die nach Hydrolyse entstandenen Zucker dc nachweist (s. C).

C. *Dünnschicht-Chromatographie der nach Hydrolyse aufgetretenen Zucker*
Prinzip: Siehe Acaciae gummi, S. 309.
Methode: Desgl., nur die Abweichungen werden nachstehend beschrieben:

Vergleichslösung: Je 10 mg Arabinose, Fucose, Galaktose und Xylose werden in 1 cm^3 Wasser gelöst und mit Methanol auf 10 cm^3 aufgefüllt.
Auftragemenge: 10 mm^3 bandförmig (20 × 3 mm).
Auswertung: S. 310 und Abb. 108.

Prüfung auf Reinheit

Agar: Man verwendet einen Teil der sauren Hydrolyselösung, die man bei der Identitätsprüfung *B* erhält und versetzt mit einigen Tropfen Bariumchloridlösung (3,65%). Es darf kein Niederschlag auftreten (Schwefel- und andere Säuren aus dem Agaropektin).
Dextrin: Bei mikroskopischer Beobachtung eines Glycerin-Wasserpräparates dürfen nach Zusatz von 0,1 N-Jodlösung keine braungelb oder violett gefärbten Körner sichtbar sein.
Arabisches Gummi oder ähnliche lösliche Gummen: 50 mg gepulverte Droge (355) werden in 20 cm^3 frisch ausgekochtem und wieder abgekühltem Wasser suspendiert. Nach Zusatz von 10 cm^3 Blei(II)acetatlösung (9,5%) entsteht ein flockiger Niederschlag (Tragantbestandteile). Nach Filtration wird das Filtrat mit 10 cm^3 *basischer* Bleiacetatlösung (ca. 17%) versetzt. Es darf zwar eine schwache Trübung, aber kein Niederschlag auftreten (vgl. Identitätsprüfung D bei Acaciae gummi S. 309).
Sterculia Gummi: Diese Droge ist auch unter der Bezeichnung «Indischer Tragant» im Handel und eine häufige Verfälschung des echten Tragants. Diese Droge ist oft etwas rötlich gefärbt und riecht meist schwach nach Essigsäure. Sie unterscheidet sich ferner im Quellungsvermögen. Folgende Prüfungen sind deshalb vorgeschrieben:

a) In einem 10 cm^3-Meßzylinder (Einteilung in 0,1 cm^3) werden 0,2 g gepulverte Droge (355) mit 10 cm^3 Ethanol 60 Prozent *(V/V)* geschüttelt. Das Volumen des Schleims darf nicht größer als 1,5 cm^3 sein.
b) 1,0 g gepulverte Droge (355) wird mit 99 cm^3 Wasser geschüttelt. Der Schleim wird unter Zusatz von Methylrotlösung mit 0,01 N-Natriumhydroxidlösung neutralisiert. Bis zum Farbumschlag dürfen höchstens 5,0 cm^3 0,01 N-Natriumhydroxidlösung verbraucht werden.

Fremde Stoffe: Höchstens 1,0%.
Die Vorschrift Ph. Eur. wurde revidiert und lautet nun (Entwurf):
2,0 g Tragantpulver werden in einem 250 cm^3 Rundkolben zunächst mit 50 cm^3 Methanol versetzt. Nach dem Durchfeuchten und langsamen Umschütteln fügt man eine Mischung aus 33 cm^3 Wasser und 70 cm^3 25proz. Salzsäure zu. Nach Zugabe einiger Glasperlen von ca. 4 mm Durchmesser wird die Suspension auf dem Wasserbad 3 h unter Rückfluß gekocht. Gelegentlich wird der Kolben langsam umgeschwenkt. Die noch heiße Suspension wird dann unter Zurücklassung der Glasperlen im Kolben durch einen vorher gewogenen Glasfiltertiegel (Porösität 160) gesaugt. Der Rundkolben wird mit wenig destilliertem Wasser nachgespült. Anschließend wird der Rückstand im Glasfiltertiegel mit etwa 20 cm^3 Methanol nachgewaschen und dann bei 110 °C bis zur Gewichtskonstanz (ca. 1 h) getrocknet. Das Abkühlen erfolgt im Exsikkator bei Raumtemperatur. Der Trockenrückstand darf höchstens 20 mg betragen.

Sulfatasche: Höchstens 4,0%, mit 1,0 g gepulverter Droge bestimmt.

Prüfung der Auslaufzeit (Vorschlag von STAHL)

Prinzip: Ein Glasrohr mit 2 Marken im Abstand von 10 cm wird mit der zu prüfenden Tragantsuspension gefüllt. Dann bestimmt man die Zeit in s, die zum Durchlaufen der 10-cm-Meßstrecke benötigt wird. Die so ermittelte «Auslaufzeit» ist ein Anhaltspunkt für die Qualität des für Emulsionen benötigten Tragants.

Durchführung

Chemikalien	Geräte
Tragacantha pulv. (125–250 µm)	1 Rundkolben, 1 l mit NS 29-Stopfen
Alkohol (96proz. *(V/V)*, 8 cm^3	1 Meßrohr, 200 mm (s. unten)
	1 Zylinder, 50 cm^3 (z. B. Meßzylinder)
	1 Korkscheibe mit Bohrung zur Halterung des Meßrohrs
	1 Stoppuhr

Beschreibung des Meßrohrs
Als Meßrohr dient ein Glasrohr von 6,0 mm Innendurchmesser und einer Länge von 200 mm. Auf dem Meßrohr befinden sich 2 Marken, die im Abstand von 20 mm und 120 mm vom unteren Rohrende angebracht sind. Die Meßstrecke beträgt demnach 100 mm. Die Reinigung des Glasrohrs soll mit einem nicht oberflächenaktiven Reinigungsmittel erfolgen.

Herstellung der Untersuchungslösung
1,0 g gepulvertes Tragant (Korngrößenbereich 125–250 µm) werden in einem 1 l-Rundkolben mit Schliffstopfen mit 8,0 cm^3 Alkohol (96%) versetzt. Durch Umschwenken wird die entstandene Suspension – ohne den Stopfen zu benetzen – über die Innenwand des Kolbens verteilt. Danach gibt man 72,0 cm^3 Wasser in einem Zuge in den Kolben, verschließt diesen und schüttelt 3 min kräftig. Danach läßt man 24 h bei Raumtemperatur (20 °C) stehen und schüttelt nochmals 3 min kräftig. Dann werden die entstehenden Luftblasen aus der viskosen Lösung durch ca. 5 min Evakuieren (Wasserstrahlvakuum) entfernt. Die Lösung füllt man anschließend in einen 50 cm^3-Standzylinder.

Durchführung der Messung:
Das Meßrohr wird bis zur 12 cm-Marke in die im Standzylinder befindliche Lösung eingetaucht. Nachdem die 12 cm-Marke erreicht ist, wird das Meßrohr mit dem Zeigefinger verschlossen. Nach Herausnahme wird geöffnet und gleichzeitig die Zeit ermittelt, die die Lösung zum Durchlaufen bis zur unteren 10 cm-Marke benötigt. Die Messung wird viermal wiederholt, und von den letzten drei wird der Mittelwert berechnet.

Bewertung der Auslaufzeiten

Ausgezeichnete Sorten:	über 150 s
Sehr gute Sorten:	40–150 s[1]
Gute Sorten:	5–40 s
Schlechte Sorten:	1–5 s
Sehr schlechte Sorten:	unter 1 s[2]

4. Fucus

Tang, Fucus (Rockweed), Fucus

Stammpflanze und Familie: *Fucus vesiculosus* L. (Blasentang) und/oder *Ascophyllum nodosum* LE JOLIS (Knotentang), *(Fucaceae)*.

Offizinell: DAB 8 (s. hierzu Dtsch. Apoth. Ztg., *115, 116;* 1893 und 51 (1975–76)

Inhaltsstoffe: Jod in anorganischer und organischer Bindung (Gesamtgehalt 0,03–0,1%). Der Anteil an proteingebundenem Jod liegt zumeist zwischen 40 und 80%. Die Hauptmenge der Droge besteht aus dem Polysaccharid Fucoidin, das bei der Hydrolyse über 40% L-Fucose neben Schwefelsäure ergibt. Daneben sind Alginate, Mannit und z. T. an Eiweiß gebundene Carotinoide enthalten.

Wirkung und Verwendung: Die Hauptmenge der Droge wird zur Herstellung von Entfettungs- und Schlankheitspräparaten verwendet. Durch die zusätzliche Zufuhr von Jod kommt es anscheinend zu einer allgemeinen Steigerung des Grundumsatzes. So können Depotfette abgebaut und eine Gewichtsabnahme erzielt werden. Auch bei Schilddrüsenunterfunktion ergibt sich eine Anwendung. Es ist nicht ratsam, größere Mengen der Droge über längere Zeit als Entfettungsmittel zu nehmen, da mit Nebenwirkungen (Hyperthyreose, Thyreotoxikose) zu rechnen ist.

---

[1] Diese Drogen entsprechen etwa der Forderung der Ph. Helv. VI für Tragacantha ad emulsionem.
[2] Diese Drogen sollten nicht für pharmazeutische Zwecke verwendet werden.

Prüfung der Droge
Das grünlichblaue bis graubraune Pulver hat einen schleimigen, salzigen Geschmack und einen unangenehmen, fischartigen Geruch.

Prüfung auf Reinheit

Sulfatasche: Höchstens 25%, mit 1,00 g gepulverter Droge bestimmt.

Anmerkung: Wichtig wäre die zusätzliche Bestimmung der Salzsäure-unlöslichen Asche (Sand), der Gehalt sollte höchstens 4% betragen.

Gehaltsbestimmung
Bestimmung des Gesamtjodgehaltes und des proteingebundenen Jods.

Prinzip: Bestimmung des Gesamtjodgehaltes: Die fein pulverisierte Droge wird alkalisch verascht. Durch Zugabe von Schwefelsäure entsteht aus den Alkalijodiden Jodwasserstoff. Dieser wird mit Brom zur Jodsäure oxidiert. Den Überschuß an Brom entfernt man mit Phenol. Die Jodsäure ergibt mit Jodwasserstoffsäure, die aus zugesetztem Kaliumjodid entsteht, freies Jod.

$$HJO_3 + 5\,HJ \longrightarrow 3\,J_2 + 3\,H_2O$$

Dieses wird mit 0,01 N-Natriumthiosulfatlösung in üblicher Weise titriert.

Bestimmung des proteingebundenen Jods: Proteinjodverbindungen werden mit Trichloressigsäure ausgefällt. Anorganisches Jod befindet sich im Filtrat, das verworfen wird. Der Niederschlag wird mehrmals mit Wasser gewaschen und danach, wie bei der Gesamtjodbestimmung beschrieben, alkalisch verascht und weiter aufgearbeitet.

Durchführung

Chemikalien
Fucus, pulv. (180), 2 g
Kaliumhydroxid, 5 g
Kaliumcarbonat · 1,5 H_2O, 2 g
Phenollösung, 5proz. *(G/G)*, 1,2 cm^3
Schwefelsäure verd., 9,8proz. *(G/V)*, 6 cm^3
Bromwasser, 3proz. *(V/V)*, 2 cm^3
Kaliumjodid, 0,4 g
Phosphorsäure, 85proz. *(G/G)*, 10 cm^3
Methylorangelösung, Reag. Nr. 52
Stärkelösung, Reag. Nr. 63
0,01 N-Natriumthiosulfatlösung, 50 cm^3 (Maßlösung)
Trichloressigsäurelösung, 10proz. *(G/V)*, 40 cm^3

Geräte
2 Porzellanschalen, ∅ 8 cm
2 Trichter, ∅ 7 cm
2 Erlenmeyerkolben, NS 29, 250 cm^3
2 Schliffstopfen, NS 29
1 Feinbürette, 10 cm^3, 0,01 cm^3 Teilung
2 Bechergläser, 100 cm^3
2 Zentrifugengläser, 30 cm^3
2 Magnesiastäbchen
2 Glasstäbe

Allgemeine Geräte
1 kleiner Bunsenbrenner mit Dreifuß und Drahtnetz
1 Muffelofen, bis 1000° erhitzbar

Vorschrift nach DAB 8

A. Gesamtjod: Etwa 1,00 g gepulverte Droge (180), genau gewogen, wird in einer Porzellanschale von 8 cm Durchmesser mit 2,5 g Kaliumhydroxid und 3 cm^3 Wasser versetzt, mit einem Magnesiastäbchen gut durchmischt und auf einem Drahtnetz mit kleiner Flamme erhitzt; dabei darf nicht bis zur Trockne eingedampft werden.

Nach Zugabe von 1 g Kaliumcarbonat wird gut durchgemischt und langsam zur Trockne erhitzt. Anschließend wird stärker erhitzt, wobei darauf zu achten ist, daß das Material sich nicht entzündet. Danach wird bei 900° etwa 10 min geglüht, bis ein glatter Schmelzfluß entstanden ist. Nach dem Erkalten der Porzellanschale wird der Inhalt mit 20 cm^3 Wasser versetzt und unter Rühren mit einem Glasstab vorsichtig zum Sieden erhitzt. Die noch heiße Flüssigkeit wird durch ein glattes Filter in einen mit einem Glasstopfen verschließbaren 250 cm^3-Erlenmeyerkolben filtriert. Der in der Schale verbliebene Rückstand wird viermal in der gleichen Weise mit je 20 cm^3 Wasser behandelt. Schale und Filter werden anschließend mit

50 cm^3 heißem Wasser nachgewaschen. Das Filtrat muß klar und farblos sein. Nach Zugabe von 3 Tropfen Methylorangelösung wird mit verdünnter Schwefelsäure neutralisiert und nach dem Indikatorumschlag noch mit 3 cm^3 verdünnter Schwefelsäure und 1 cm^3 Bromwasser versetzt. Die Lösung muß sich deutlich gelb färben. Nach 5 min werden 0,6 cm^3 Phenollösung hinzugefügt, dabei darf keine Trübung auftreten. Nach dem Ansäuern mit 5 cm^3 Phosphorsäure wird mit 0,2 g Kaliumjodid versetzt, 5 min im Dunkeln stehengelassen und nach Zusatz von Stärkelösung mit 0,01 N-Natriumthiosulfatlösung titriert.
Verbrauch an 0,01 N-Natriumthiosulfatlösung: a cm^3.

B. Proteingebundenes Jod: Etwa 1,00 g gepulverte Droge (180), genau gewogen, wird mit 20 cm^3 Trichloressigsäurelösung (10proz., *G/V*) versetzt und 5 min unter Rühren extrahiert. Anschließend wird 5–10 min zentrifugiert. Die überstehende Lösung wird vorsichtig dekantiert und verworfen. Der Rückstand wird noch einmal mit 20 cm^3 Trichloressigsäurelösung und 2mal mit je 10 cm^3 Wasser in der gleichen Weise extrahiert.
Anschließend wird der Rückstand vollständig mit Hilfe von 2mal 3 cm^3 Wasser in eine Porzellanschale von 8 cm Durchmesser überführt und nach Zugabe von 2,5 g Kaliumhydroxid mit einem Magnesiastäbchen gut durchgemischt und auf einem Drahtnetz mit kleiner Flamme erhitzt, dabei darf nicht bis zur Trockne eingedampft werden. Anschließend wird wie unter *A*, 2. Absatz, weiterverfahren.
Verbrauch an 0,01 N-Natriumthiosulfatlösung: b cm^3

Berechnung

Nach der Reaktionsgleichung (vgl. Prinzip) entsprechen 6 Grammäquivalente Jod einem Grammäquivalent Jod in Jodsäure.

1 cm^3 0,01 N-Natriumthiosulfat zeigt daher $\frac{126{,}9 \cdot 10^{-2} \cdot 10^{-3}}{6} = 0{,}2115 \cdot 10^{-3}\,\text{g} = 0{,}2115$ mg Jod in Fucus an. (126,9: Atomgewicht von Jod).

A. **Gesamtjod**
a: Verbrauch an 0,01 N-Natriumthiosulfatlösung.
e: Einwaage in Gramm.

$$\text{Gesamtjod } \% = \frac{a \cdot 0{,}2115 \cdot 10^{-3} \cdot 100}{e} = \frac{a \cdot 0{,}02115}{e}.$$

B. **Proteingebundenes Jod**
b: Verbrauch an 0,01 N-Natriumthiosulfatlösung.
e: Einwaage in Gramm.

$$\text{Proteingebundenes Jod } \% = \frac{b \cdot 0{,}02115}{e}.$$

5. Lichen islandicus

Isländisch Moos, Iceland Moss, Lichen d'Islande

Stammpflanze und Familie: *Cetraria islandica* (L.) ACHARIUS s.l., im 2. Arzneibuch der DDR ist auch die am gleichen Standort vorkommende, kleinere Flechte *Cetraria tenuifolia* (RETZ.) HOWE, eine frühere Varietät von *C. islandica,* als Stammpflanze zugelassen *(Parmeliaceae).*

Offizinell: DAB 9 in Vorbereitung, Ph. Helv. VI, 2. AB-DDR.

Inhaltsstoffe: Über 55% eines quellenden Polysaccharidgemisches, das aus Lichenin und Isolichenin besteht. Lichenin ist celluloseähnlich aus einer unverzweigten β-Glucopyranosekette aufgebaut, löst sich nur in heißem Wasser und gibt keine Jodfärbung. Isolichenin hat einen stärkeähnlichen Aufbau, löst sich bereits im kalten Wasser und gibt mit Jodlösung eine Blaufärbung. Weitere Inhaltsstoffe sind die z.T. bitter schmeckenden Flechtensäuren: Fumarprotocetrarsäure (nativ), Protocetrarsäure und Cetrarsäure (zusammen 2–3%) neben wenig Usninsäure (umstritten). Ferner ist die Protolichesterinsäure in Mengen von 1–2% enthalten, die sich bei der Aufarbeitung in Lichesterinsäure umwandelt. Auf marinen Böden speichert der Thallus relativ viel Jod.

Formeln

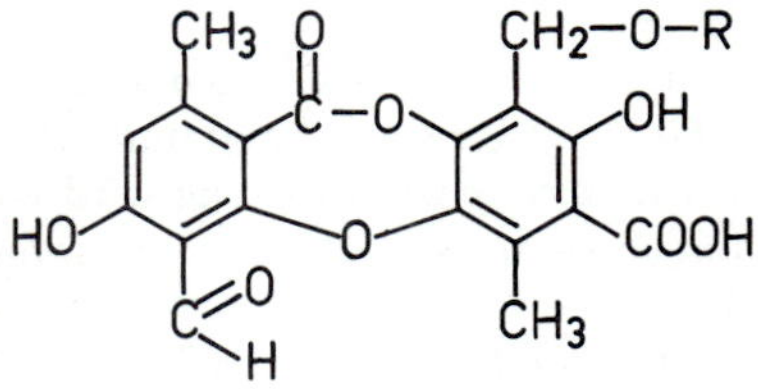

R = -CO-CH=CH-COOH
Fumarprotocetrarsäure

R = $-C_2H_5$
Cetrarsäure

R = -H
Protocetrarsäure

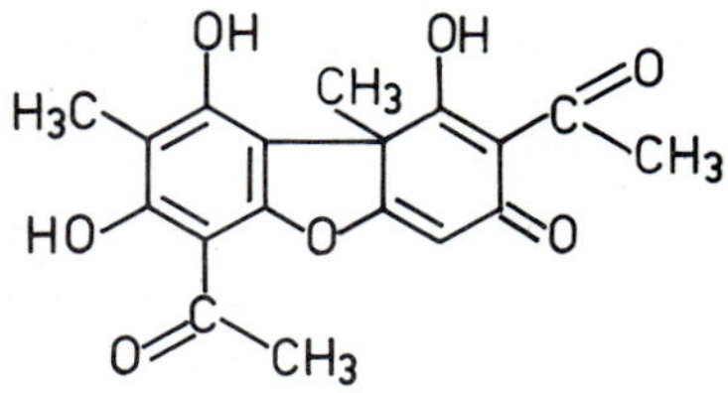

Usninsäure

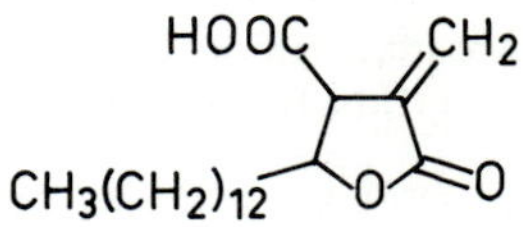

Protolichesterinsäure

Wirkung und Verwendung: Die Droge wird vorzugsweise als Mucilaginosum bei Husten und Gastroenteritiden angewandt, ferner als Bittertonikum und um den Geschmack von Brechreiz erzeugenden Arzneizubereitungen zu verbergen; äußerlich bei schlecht heilenden Wunden (Usninsäure und Fumarprotocetrarsäure wirken antimikrobiell).

Prüfung der Droge
Das hellgrau-bräunliche Pulver riecht schwach und eigenartig, der Geschmack ist schwach bitter und beim Kauen etwas schleimig.

Prüfung auf Identität

Dünnschicht-Chromatographie zur Prüfung auf Flechtensäuren
Prinzip: Die Droge wird mit heißem Methanol kurz extrahiert und filtriert.
Auf dem Chromatogramm lassen sich dann mit p-Phenylendiamin die Flechtensäuren, insbesondere die Fumarprotocetrarsäure als gelb- bis ockerfarben fluoreszierende Kondensationsprodukte im langwelligen UV-Licht (365 nm) nachweisen. Es reagieren Depsidone vom Orcin-Typ, die eine Aldehydgruppe in o-Stellung zu einer Hydroxylgruppe aufweisen.

I. *Standard-Methode:* Ja.
II. *Schicht:* Kieselgel F_{254} («Fertigplatte»).
III. *Fließmittel:* Chloroform-Methanol-Eisessig (85 + 10 + 5), KS, 10 cm.
IV. *Nachweis:* Nach Abdampfen des Fließmittels betrachte man das Chromatogramm im kurzwelligen UV-Licht (254 nm), danach sprühe man folgende Lösung auf:
   1. 0,1proz. Lösung von p-Phenylendiamin im Ethanol (frisch bereiten); man betrachte im langwelligen UV-Licht (365 nm).
      Ein weiteres Chromatogramm besprühe man mit:
   2. Anisaldehyd-Schwefelsäure (Reag. Nr. 4) und erhitze 5–10 min auf 110°. Betrachtung im Tageslicht.
V. *Untersuchungslösung:* 2 g gepulverte Droge (500) werden in 5 cm^3 Methanol etwa 1 min im Wasserbad zum Sieden erhitzt. Anschließend wird filtriert. Von dieser Lösung werden 10 mm^3 bandförmig (20 mm × 3 mm) aufgetragen.

VI. Vergleichslösung: 5 mg Fluorescein und 5 mg Methylenblau werden in 10 cm^3 Isopropanol gelöst. Hiervon trägt man entweder 2 mm^3 punktförmig oder 10 mm^3 bandförmig (20 × 3 mm) auf.
Als weitere Vergleichslösung hat sich bewährt: 5 mg Kaffeesäure und 10 mg Ferulasäure in 1 cm^3 Methanol. Hiervon trägt man 5 mm^3 bandförmig (20 × 3 mm) auf.

Anmerkung
Bei selbst hergestellten Schichten verwende man ein weniger polares Fließmittel, z.B. Chloroform-Methanol-Eisessig (90 + 5 + 5).

Chromatogramm
Nachweis IV/1 Nachweis IV/2

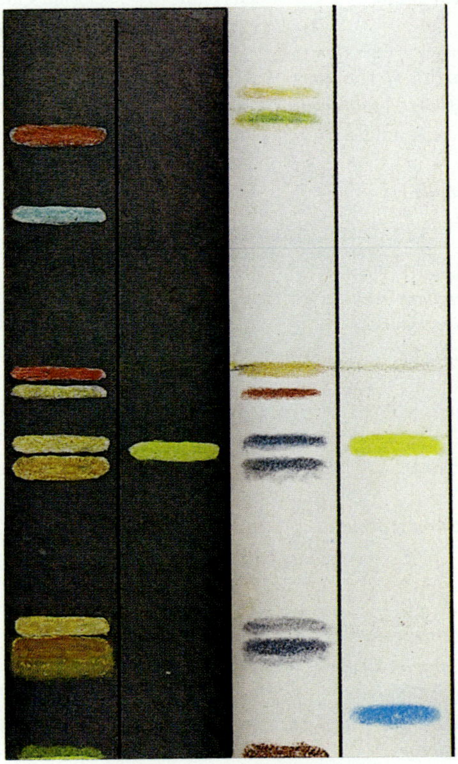

Abb. 109:
I: Untersuchungslösung von Lichen islandicus, 10 mm^3;
II: Vergleichslösung, 10 mm^3.

Auswertung: Auf dem unbesprühten Chromatogramm der Untersuchungslösung erkennt man im unteren Drittel die im kurzwelligen UV-Licht fluoreszenzmindernde Zone der Fumarprotocetrarsäure. Sie liegt etwa in Höhe des Methylenblaus und der ebenfalls fluoreszenzmindernden Zone der Kaffeesäure. Nach dem Besprühen mit p-Phenylendiaminlösung färbt sich die Fumarprotocetrarsäure ockerfarben an und zeigt im langwelligen UV-Licht (365 nm) eine intensive, gleichfarbige Fluoreszenz. Im Bereich zwischen dem Methylenblau und dem Fluorescein resp. der Kaffeesäure und der Ferulasäure der Vergleichslösung sind im Chromatogramm der Untersuchungslösung weitere Zonen von gelb bis ockerfarben angefärbten Flechtensäuren zu erkennen.

Besprüht man das zweite Chromatogramm mit dem Anisaldehyd-Schwefelsäure-Reagenz, so färben sich die Zonen der Fumarprotocetrarsäure und der anderen Säuren nach Erhitzen graublau an, ebenfalls die Kaffeesäure und die Ferulasäure.

Sulfatasche: Nicht mehr als 3,0%, bestimmt mit 1,00 g gepulverter Droge.

Wertbestimmung: Die Quellungszahl (S. 11) darf nicht weniger als 4,5 für die gepulverte Droge (500) betragen.

Tab. 14: Schleimstoff-Drogen.

Droge	Stammpflanze, Familie	Herkunft	Quellungszahl, mindestens
Acaciae gummi (s. S. 308)	*Acacia senegal* (L.) WILLDENOW u. a. Acacia-Arten; *Mimosaceae*	Afrika, Sudan	–
Agar (s. S. 311)	Gelidium-Arten, Rotalgen; *Gelidiaceae*	Pazif. u. ind. Ozean, Japan	15
Althaeae radix Althaeae folium Althaeae flos	*Althaea officinalis* L.; *Malvaceae*	Europa	8–10 – 12
Carrageen	*Chondrus crispus* (L.) STACKH. u. *Gigartina stellata* STACKH.; (Rotalgen) *Gigartinaceae*	Küsten der Nordsee und des Atl. Ozeans	–
Ceratoniae fruct.	*Ceratonia siliqua* L.; *Fabaceae*	Mittelmeerländer	–
Cydoniae semen	*Cydonia oblonga* MILL.; *Rosaceae*	Mittelmeerländer Iran	12
Farfarae folium Farfarae flos	*Tussilago farfara* L.; *Asteraceae*	Europa und Asien	– 15
Foenugraeci semen	*Trigonella foenum graecum* L.; *Fabaceae*	Mittelmeerländer u. aus Kulturen Indiens u. Marokkos	6
Lichen islandicus (s. S. 317)	*Cetraria islandica* (L.) ACHARIUS; *Parmeliaceae*	Europa, Mittel- und Hochgebirge	4,5
Lini semen (s. S. 289)	*Linum usitatissimum* L. *var. macrospermum; Linaceae*	Europa u. a. Kulturen gem. Klimazonen	4,0–4,5
Malvae flos Malvae folium	*Malva silvestris* L. u. *M. neglecta* WALLR.; *Malvaceae*	Europa	15 6
Plantaginis folium Plantaginis herba	*Plantago lanceolata* L.; *Plantaginaceae*	Europa	– –
Psylli semen	*Plantago psyllium* L. u. *P. indica* L.; *Plantaginaceae*	Mittelmeerländer, Indien	10
Salep tuber	versch. Orchideenarten; *Orchidaceae*	Kleinasien und Griechenland	–
Tiliae flos (s. S. 139)	*Tilia cordata* MILLER u. *T. platyphyllos* SCOPOLI; *Tiliaceae*	Europa, Nördl. UdSSR	12
Tragacantha (s. S. 313)	Astragalus-Arten; *Fabaceae*	Kleinasien, Iran	–

Teil C:
Isolierung und Kennzeichnung von Naturstoffen

Allgemeines

Naturstoffisolierungen geben einen anschaulichen, praktischen Einblick in die Verfahrenstechniken und führen zu einer Wertschätzung derartiger Produkte. Die Isolierung von Einzelsubstanzen bzw. Wirkstoffen ist in der Regel aufwendig, kostspielig und setzt praktische Erfahrungen voraus. Das gute Gelingen, d.h. die Höhe der Ausbeute an einer sauberen Substanz ist jedoch nicht nur von der Geschicklichkeit und Ausdauer des Bearbeiters abhängig. Es muß auch eine in bezug auf den Gehalt vollwertige Droge zur Verfügung stehen. Oftmals sind für das gute oder schlechte Gelingen Drogenbegleitstoffe mitverantwortlich. Auch die Lagerzeit und -art spielen neben dem optimalen Zerkleinerungsgrad eine wichtige Rolle in diesem Zusammenhang. Vielfach müssen dann auftretende Schwierigkeiten durch Änderungen der Arbeitsweise behoben werden.

Zur Stoffauswahl

Aus der großen Zahl an Möglichkeiten wurden nur solche Stoffe zur Isolierung ausgewählt, die von pharmazeutischem Interesse sind, und deren Gewinnung in ihrem Schwierigkeitsgrad, Aufwand und Zeitbedarf in einem Praktikum realisierbar ist. Hierbei mußten zahlreiche Kompromisse geschlossen und manche interessanten Isolierungen ausgeschlossen werden. Von der nachstehenden Auswahl kann ein Anfänger jeweils 2–3 Isolierungen pro Woche ausführen. Man findet jeweils eine oder mehrere erprobte Isolierungsvorschriften aus den verschiedenen Stoffgruppen (Alkaloide, Glykoside, Anthrachinone, äther. Öle usw.), es wurde ferner Wert darauf gelegt, die verschiedenartigen Isolierungstechniken zu zeigen.
Die Vorschriften lehnen sich z.T. an das Buch von Ikan an, an ein Manuskript von Prof. Dr. H. Wagner (Institut für Arzneimittellehre, München), an eine ältere Auflage des Buches von Winterfeld und an Untersuchungen, die im eigenen Arbeitskreise durchgeführt wurden. Sie wurden alle mehrfach überarbeitet und den speziellen Forderungen angepaßt. Weitere Verbesserungen sind sicher möglich.

Zur Organisation (Zielvorstellung)

1. Zu jedem Präparat sollte ein kompletter Geräte- und Chemikaliensatz in einem Kunststoffstapelkasten zur Verfügung gestellt werden, der nach Gebrauch wieder zurückgegeben wird. Meßgeräte (Waagen, Meßzylinder, Pipetten), Rotationsverdampfer, Fraktionssammler und optische Geräte sollten gesondert zur Verfügung gestellt werden.
2. Je 2 Studierende sollten 2–3 Isolierungen gemeinsam in *einer* Arbeitswoche bearbeiten. Bei der Abgabe der Präparate mit beigefügten Protokollen erfolgt zweckmäßigerweise eine Besprechung der aufgetretenen Schwierigkeiten.
3. Neben dem Kursleiter sollte pro 10 Studenten ein Betreuer vorgesehen werden, der über Erfahrungen auf dem Gebiet der Naturstoffisolierungen verfügt, damit er ständig beraten, Fehler korrigieren und Anregungen zu evtl. notwendigen Änderungen geben kann.

Anmerkung: Eine abschließende DC soll die Hinführung zum reinen Naturstoff zeigen, daher sind von den «DC-Lösungen ..» jeweils mindestens 0,5 cm^3 für die entsprechende DC aufzubewahren.

Literatur:
Ikan, R.: Natural Products. (Israel Universities Press, Jersalem (1969)).
Wagner, H., und H. Glasl: Phytochemisches Praktikum, 4. verbesserte und ergänzte Ausgabe SS 1974, Manuskript des Instituts für Pharmazeutische Arzneimittellehre der Universität München.
Winterfeld, K.: Einführung in die organisch-präparative Pharmazeutische Chemie, 2. Aufl. Steinkopff, Dresden u. Leipzig (1947).

1. Isolierung von Aescin aus geschälten Roßkastaniensamen

Prinzip: Die grobgepulverten, lufttrockenen und geschälten Samen der Roßkastanie (*Aesculus hippocastanum* L.) werden mit Dichlormethan entfettet und anschließend mit verdünntem Methanol mazeriert. Aus dem eingeengten Extrakt fällt nach Ansäuern und Aufkochen das Aescin aus. Es wird durch Umkristallisation gereinigt.

Gehalt: 3–6%.

Strukturformel: Aescin ist ein Gemisch verwandter Saponine, deren Aglyka hauptsächlich O-acylierte Derivate von Protoaescigenin und Barringtogenol-C darstellen. Am C-21-β-OH ist der Tiglin- bzw. Angelicasäurerest und am C-22-α-OH ein Acetylrest esterartig gebunden. Die Kohlenhydratkomponente am C-3 wird von einer mit zwei Mol D-Glucose substituierten D-Glucuronsäure gebildet.

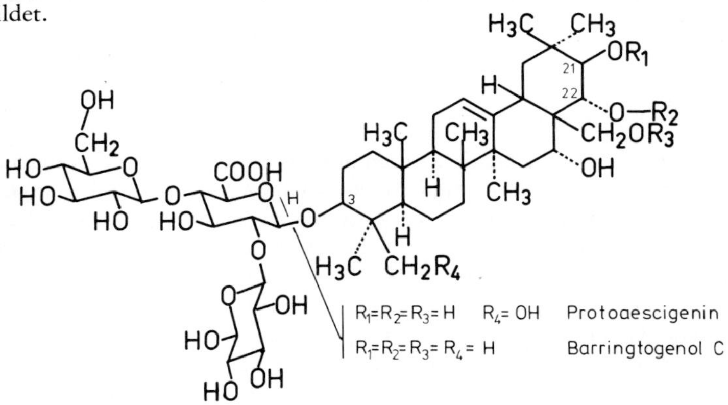

R_1 = Angelica- oder Tiglin- oder i-Butter- oder α-Methylbuttersäure-Reste.
R_2 = Acetyl; R_3 = H; R_4 = H bzw. OH. } β-Aescin

R_1 = Tiglin- oder Angelica- oder α-Methylbuttersäure-Reste.
R_2 = H; R_3 = Acetyl; R_4 = H bzw. OH. } Kryptoaescin

Smp: 235 °C (ohne Verkohlung).

Chemikalien

Hippocastani semen excort. pulv. (300), 100 g
Dichlormethan, 700 cm³
Methanol 65proz. *(V/V)*, 550 cm³
Ether, peroxidfrei, 50 cm³
Ethanol 70proz. *(V/V)*, 20 cm³
n-Butanol, 50 cm³
Essigsäure 98proz., 10 cm³
Schwefelsäure 1 N, 50 cm³
Kieselgel DC-Schicht, 20 × 20 cm
Saponin (Merck), 10 mg (Vergleich)
Aescin, 10 mg (Vergleich)
Primulae Radix pulv. (300), 1 g
Polygalae Radix pulv. (300), 1 g

Geräte

1 Extraktionsapparatur nach Soxhlet, 250 cm³ mit Rundkolben, 1000 cm³, NS 29 und pass. Rückflußkühler
Rundkolben, NS 29, 1000 cm³ (1), 100 cm³ (1)
1 Glasstab, 5 × 300 mm
Bechergläser, 250 cm³ (1), 100 cm³ (1)
1 Erlenmeyer-Kolben, NS 29, 1000 cm³ mit 1 Schliffstopfen, NS 29
1 Glasfiltertrichter, D3, ∅ 5 cm mit pass. Guko zu Saugflasche, 250 cm³
Trichter, ∅ 5 cm (2), ∅ 10 cm (1)
1 Kristallisierschale, ∅ 5 cm
1 Spezialindikatorpapier (pH 0-2,5)

Reagenzien

Anisaldehyd-Schwefelsäure (Reag. Nr. 4)

Allgemeine Geräte

Heizpilz, 1000 cm³
Magnetrührer mit Heizung und Rührstäbchen
Rotationsverdampfer
DC-Grundausrüstung
Schüttelmaschine
Scheidetrichter, 100 cm³

Durchführung

100 g Hippocastani semen excort. pulv. (300) werden in einer Soxhlet-Extraktionsapparatur 48 h mit 700 cm^3 Dichlormethan entfettet. Die Extraktlösung (= DC-Lösung a) wird verworfen. Der Drogenrückstand wird an der Luft getrocknet und anschließend 24 h mit 500 cm^3 65proz. *(V/V)* Methanol unter häufigem Umschütteln mazeriert. Die überstehende honiggelbe Lösung wird dekantiert und über ein Faltenfilter filtriert. Das klare Filtrat wird am Rotationsverdampfer bis auf 100 cm^3 eingeengt (= DC-Lösung b). Um ein zu starkes Schäumen beim Einengen zu verhindern, gibt man vor dem Einengen des Filtrates noch die gleiche Menge Methanol hinzu und reguliert das Vakuum entsprechend. Die eingeengte Lösung wird in ein Becherglas überführt und tropfenweise mit 1 N-Schwefelsäure auf pH 1,5–2 (Spezialindikatorpapier) gebracht.
Die Lösung wird anschließend langsam unter Rühren zum Sieden erhitzt, wobei sich ein farbloser Niederschlag von Roh-Aescin bildet. Die Lösung wird 5 min aufgekocht und *langsam* abkühlen gelassen und schließlich über Nacht bei 4° aufbewahrt. Das ausgefallene Roh-Aescin wird über einen Glasfiltertiegel D3 abgesaugt (Mutterlauge = DC-Lösung c) und in 20 cm^3 Methanol wieder gelöst. Zu dieser Lösung gibt man so viel Ether, bis gerade eine Trübung entsteht, die beim Aufkochen im Wasserbad wieder verschwindet. Die warme klare Lösung wird abgekühlt und bei 4° über Nacht im Kühlschrank aufbewahrt. Das ausgefallene Aescin wird abgesaugt (Mutterlauge = DC-Lösung d) und 12 h im Vakuumexsikkator über Blaugel getrocknet. Gallertartig ausgefallenes Aescin wird in der gleichen Weise getrocknet und wird hierbei zu einem farblosen amorphen Pulver.
Ausbeute: 0,8–1,2 g.
Zeitdauer: 4–5 Tage.

Auswertung

1. *Dünnschicht-Chromatographie*

   I. *Standardmethode:* Ja; Abweichung: Laufstrecke 12 cm.

   II. *Schicht:* Kieselgel F_{254}.

   III. *Fließmittel:* Oberphase eines Gemisches aus n-Butanol-Eisessig-Wasser (40 + 10 + 50), KS, 12 cm.

   IV. *Nachweis:* Nach Abdampfen des Fließmittels bei 100–105°:
   a) UV_{254}: Fluoreszenzmindernde Zonen markieren.
   b) UV_{365}: Fluoreszierende Zonen markieren.
   c) Anisaldehyd-Schwefelsäure (Reag. Nr. 4), 5–10 min auf 105–110° erhitzen (s. Abb. 64, I).

   V. *Untersuchungslösung:* Bandförmige Auftragung 10 × 3 mm.
   a) DC-Lösung a 10 mm^3.
   b) DC-Lösung b 10 mm^3.
   c) DC-Lösung c 10 mm^3.
   d) DC-Lösung d 10 mm^3.
   e) Roh-Aescin: 5 mg werden in 0,5 cm^3 70proz. *(V/V)* Ethanol gelöst, davon 10 mm^3 auftragen.
   f) Rein-Aescin: wie e).
   g) Extrakt von Primulae radix: 0,5 g gepulverte Droge (300) werden mit 0,5 cm^3 70proz. *(V/V)* Ethanol versetzt, von dem Filtrat 10 mm^3 auftragen.
   h) Extrakt von Polygalae radix: wie g).

   VI. *Vergleichslösung*
   1) 5 mg Saponin (Merck) werden in 0,5 cm^3 70proz. *(V/V)* Ethanol gelöst.
   2) 5 mg Aescin, Handelsprodukt, werden in 0,5 cm^3 70proz. *(V/V)* Ethanol gelöst.
   Von den Lösungen 1 und 2 werden je 10 mm^3 bandförmig (10 × 3 mm) aufgetragen.

2. Das IR-Spektrum des isolierten Aescins ist aufzunehmen, mit dem abgebildeten Spektrum und den wiedergegebenen Daten zu vergleichen.

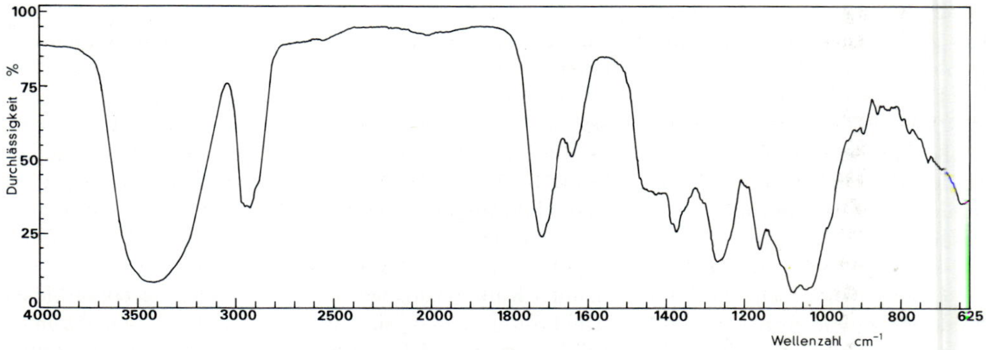

IR-Spektrum von Aescin (2 mg/200 mg Kaliumbromid).

Wellenzahl cm^1	Zuordnung	Schwingungsart
3420	$-OH$	OH-Streckschwingung
2960–2920	$-CH_3$, $>CH_2$ und $-\overset{\mid}{\underset{\mid}{C}}-H$	CH-Streckschwingung
1720	$>C=O$	C=O-Streckschwingung
1390–1370	$-CH_3$ und $-OH$	sym. CH-Beugeschwingung und assoz. OH-Beugeschwingung
1265	Ester (Acetat) und $-OH$	CO-Streckschwingung und C−CO−O-Gerüstschwingung freie OH-Beugeschwingung
1160, 1070–1020	$-\overset{\mid}{\underset{\mid}{C}}-OH$ und Ether	CO-Streckschwingung

3. Der *Schmelzpunkt* des isolierten Aescins ist zu bestimmen.

Weitere Aufgaben
a) Welche Grundtypen von Saponinen unterscheidet man und wozu gehört das Aescin?
b) Welche Eigenschaften sind für Saponine zumeist typisch?
c) Nenne weitere Saponindrogen und ihre Verwendung.
d) Was versteht man unter α- und β-Aescin?
c) Welche Wertbestimmungsmethoden für Saponin-Drogen kennen Sie?

2. Isolierung von Amygdalin aus bitteren Mandeln

Prinzip: Gepulverte bittere Mandeln (*Prunus amygdalus* BATSCH *var. amara* (DC.) FOCKE) werden mit Dichlormethan entfettet; aus dem Drogenrückstand wird das Amygdalin mit heißem Ethanol extrahiert, aus dem eingeengten Extrakt mit Ether ausgefällt und aus Aceton umkristallisiert.
Gehalt: 3–5%.
Strukturformel

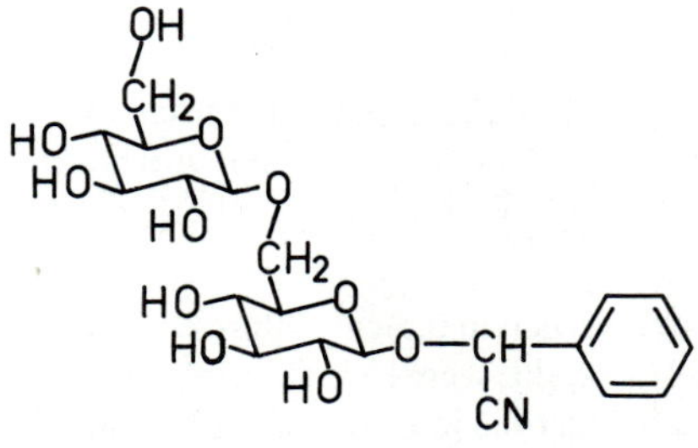

Amygdalin (D(−)-Mandelsäurenitril-(=Benzaldehydcyanhydrin-)-β-gentiobiosid)
$C_{20}H_{27}O_{11}N$ MG 457,4 Smp: 125–130 °C $[\alpha]_D^{11} = -41°$ (c = 1, in Wasser)

Aus wäßrigen Lösungen auskristallisiertes und wasserfreies Amygdalin zeigt einen Schmelzpunkt von 215–220 °C, der nach dem Wiedererhitzen der erstarrten Schmelze auf 125–130 °C fällt.

Chemikalien

Amygdalae amarae semen, pulv. (710), 50 g
Dichlormethan, 500 cm^3
Ethanol, 96 proz. *(V/V)*, 750 cm^3
Ether, wasser- und peroxidfrei, 100 cm^3
Aceton, 100 cm^3
Essigsäure, 10 cm^3
n-Butanol, 40 cm^3
2 N-Schwefelsäure, 2 cm^3
Natriumhydrogencarbonat, 5 g
Natriumsulfat, wasserfrei, 5 g
Kaliumhydrogensulfat, 5 mg
DC-Schichten: Kieselgel F_{254}
10 × 20 und 20 × 20 cm
Amygdalin, 5 mg (Vergleich)
Gentiobiose, 5 mg (Vergleich)
Glucose, 5 mg (Vergleich)
Benzaldehyd, 10 mm^3 (Vergleich)

Geräte

Extraktionsapparatur nach Soxhlet,
150 cm^3, mit Rundkolben NS 29; 500 cm^3
1 Zweihals-Rundkolben, NS 29, 500 cm^3
Calciumchlorid-Rohr, NS 29
Rundkolben, NS 29: 250 cm^3 (1), 100 cm^3 (1)
1 Rückflußkühler, NS 29
Becherglas, 150 cm^3 (1), 100 cm^3 (1)
1 Büchner-Trichter, ∅ 12 cm mit
pass. Guko zu Saugflasche, 500 cm^3
1 Glasfiltertrichter, D 3, ∅ 4 cm,
mit pass. Guko zu Saugrohr, 20 cm^3
Trichter: ∅ 5 cm (1), ∅ 4 cm (1)
1 Kristallisierschale, ∅ 4 cm

Reagenzien

Anisaldehyd-Schwefelsäure (Reag. Nr. 4)
o-Dianisidin (Reag. Nr. 14)

Allgemeine Geräte:

Heizpilz, 500 cm^3, 100 cm^3
Wasserbad
KPG-Rührer mit Motor
Rotationsverdampfer
pH-Papier
Exsikkator
TAS-Ofen mit Zubehör
DC-Grundausrüstung

Durchführung

50 g bittere Mandeln werden unzerkleinert 3 h im Trockenschrank auf 120° erhitzt. Nach dem Abkühlen werden die Samen pulverisiert (710) und mit 400 cm^3 Dichlormethan in einer Soxhlet-Apparatur 24 h extrahiert. Die Extraktlösung (= DC-Lösung a) wird verworfen. Zur Entfernung des anhaftenden Dichlormethans wird der Drogenrückstand an der Luft (Abzug!) ausgebreitet. Der lufttrockene Drogenrückstand wird in einem 500 cm^3 Zweihals-Rundkolben mit 300 cm^3 96proz. *(V/V)* Ethanol 2 h unter Rückfluß gekocht. Die noch heiße Suspension wird durch einen Büchner-Trichter abgesaugt (Vorsicht: Schäumen) und das Filtrat (= DC-Lösung b) portionsweise in einem 250 cm^3 Rundkolben am Rotationsverdampfer bis zu einem Volumen von ca. 10 cm^3 eingeengt. – Zur Erhöhung der Ausbeute an Rohamygdalin kann der Drogenrückstand in der gleichen Weise noch einmal mit 300 cm^3 96proz. *(V/V)* Ethanol extrahiert werden. – Nach dem Erkalten setzt man dem eingeengten Filtrat ca. 5 cm^3 Ether hinzu. Das ausgefallene Rohamygdalin wird über einen Glasfiltertrichter abgesaugt und mehrmals mit wenig Ether gewaschen (Mutterlauge = DC-Lösung c).

Ausbeute an Rohamygdalin: ca. 2 g.

Das gelbliche Rohamygdalin wird in ca. 50 cm^3 96proz. *(V/V)* Ethanol unter Erhitzen auf dem Wasserbad gelöst. Die klare, gegebenenfalls filtrierte Lösung wird über Nacht in den Kühlschrank bei 4° gestellt. Danach wird das ausgefallene fast farblose Amygdalin über einen Glasfiltertrichter abgesaugt. – Aus der Mutterlauge kann durch Stehenlassen im Tiefkühlfach eines Kühlschrankes die Ausbeute an Amygdalin erhöht werden.

Ausbeute der 1. Kristallisation ca. 1 g; Ausbeute der 2. Kristallisation ca. 0,4 g. Enthält das Produkt nach der dc Analyse noch geringe Mengen an Glucose und Gentiobiose, wird erneut in der gleichen Weise umkristallisiert (Herstellung einer bei 75° gesättigten Lösung vom isolierten

Produkt in 96proz. *(V/V)* Ethanol). Das ebenfalls über einen Glasfiltertrichter abgesaugte Produkt der 2. Umkristallisation wird mit ca. 5 cm^3 Ether gewaschen und anschließend im Vakuumexsikkator getrocknet.
Ausbeute: 0,7 g.
Zeitbedarf: 1,5 Tage.

Auswertung

1. *Dünnschicht-Chromatographie*
   I. Standardmethode: Ja.
   II. Schicht: Kieselgel F_{254}.
   III. Fließmittel: Oberphase von Wasser-n-Butanol-Essigsäure (50 + 40 + 10), KS, 10 cm.
   IV. Nachweis: Nach Abdampfen des Fließmittels, besprühen mit Anisaldehyd-Schwefelsäure (Reag. Nr. 4) und anschließend 5–10 min auf 110° erhitzen (Amygdalin hRf = 30, Glucose hRf = 20, Gentiobiose hRf = 5 färben sich graublau an).
   V. Untersuchungslösung: bandförmige Auftragung (10 × 3 mm)
   a) DC-Lösung a, 10 mm^3.
   b) DC-Lösung b, 10 mm^3.
   c) Roh-Amygdalin: 5 mg werden in 0,5 cm^3 Ethanol-Wasser (1: 1) gelöst, davon werden 5 mm^3 aufgetragen.
   d) DC-Lösung c: 5 mm^3.
   e) Rein-Amygdalin: wie Roh-Amygdalin.
   f) DC-Lösung d: (= Hydrolysat, siehe: Hydrolyse 2, V a).
   VI. Vergleichslösung: bandförmige Auftragung (10 × 3 mm).
   a) Amygdalin, 5 mg
   b) Gentiobiose, 5 mg
   c) Glucose, 5 mg
   } werden in je 1,0 cm^3 Ethanol-Wasser (1 + 1) gelöst, davon werden je 5 mm^3 aufgetragen.

2. *Hydrolytische und thermische Spaltung von Amygdalin* (Nachweis von Benzaldehyd)
   DC-Bedingungen
   I. Standardmethode: Ja.
   II. Schicht: Kieselgel F_{254}.
   III. Fließmittel: Dichlormethan, KS.
   IV. Nachweis
   a) UV_{254}: Fluoreszenzmindernde Zonen markieren; Benzaldehyd im oberen Drittel des Chromatogramms zeigt Fluoreszenzminderung.
   b) Besprühen mit o-Dianisidin (Reag. Nr. 14). Die Benzaldehydzone färbt sich gelb.
   V. Untersuchungslösung:
   a) *Hydrolyse:* 20 mg Amygdalin werden mit 2 cm^3 2N-Schwefelsäure in einem Reagenzglas 10 min auf dem Wasserbad erhitzt. Die Lösung wird mit festem Natriumhydrogencarbonat neutralisiert und danach dreimal mit je 2 cm^3 Ether ausgeschüttelt. Die überstehenden Etherphasen werden jeweils abpipettiert, über wasserfreiem Natriumsulfat getrocknet und auf dem Wasserbad auf ca. 0,2 cm^3 eingeengt, davon werden 10 mm^3 bandförmig (10 × 3 mm) aufgetragen. (= DC-Lösung d, vgl. Auswertung Punkt 1).
   b) *TAS-Verfahren:* 5 mg Amygdalin und 10 mg Kaliumhydrogensulfat werden gut gemischt, 1 Kügelchen Molekularsieb, 4 Å (0,4 nm), wasserdampfgesättigt, 250°, 90 s.
   VI. Vergleichslösung: 1 mm^3 Benzaldehyd wird in 1,0 cm^3 Chloroform gelöst, davon trägt man 5 mm^3 bandförmig auf (10 × 3 mm).

3. Das *IR-Spektrum* des isolierten Amygdalins ist aufzunehmen, mit dem abgebildeten Spektrum und den wiedergegebenen Daten zu vergleichen.

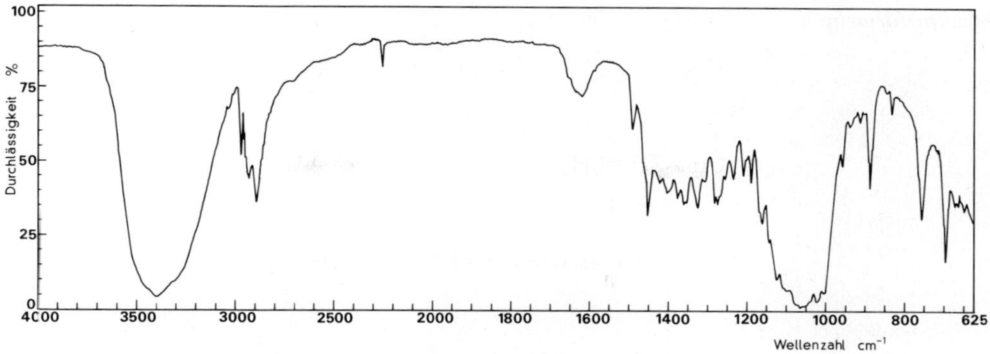

IR-Spektrum von Amygdalin (2 mg/200 mg Kaliumbromid).

Wellenzahl cm^{-1}	Zuordnung	Schwingungsart
3400	$-OH$	OH-Streckschwingung
2965–2890	$\geq CH_2$ und $-\overset{\mid}{\underset{\mid}{C}}-H$	CH-Streckschwingung
2250	$-CN$	CN-Streckschwingung
1652–1616	Aromat	CC-Streckschwingung
1490	Aromat	CC-Streckschwingung
1450–1360	Aromat und $-OH$	CC-Streckschwingung und assoz. OH-Beugeschwingung
1235	$-OH$	freie OH-Beugeschwingung
1105	Ethergruppen	asym. CO-Streckschwingung
1080–988	$-\overset{\mid}{\underset{\mid}{C}}-OH$	CO-Streckschwingung
758–700	monosubst. Aromat	CH-Beugeschwingung

4. Das *UV-Spektrum* des isolierten Amygdalins ist aufzunehmen (15 mg Amygdalin in 25,0 cm^3 Ethanol-Wasser (1 + 1).
   $\lambda_{max} = 252$ nm ($\varepsilon = 1852$).
   $\lambda_{max} = 258$ nm ($\varepsilon = 2700$).
   $\lambda_{max} = 263$ nm ($\varepsilon = 2845$).
   $\lambda_{max} = 269$ nm ($\varepsilon = 1945$).

5. Der *Schmelzpunkt* des isolierten Amygdalins ist zu bestimmen.

Weitere Aufgaben

a) Wie sind die natürlichen Blausäureglykoside chemisch aufgebaut? – Nenne die verschiedenen Blausäureglykoside; in welchen Pflanzen (Stammpflanze, Familie) kommen sie vor?
b) Welches ist die biogenetische Ausgangssubstanz der Benzaldehydcyanhydringlykoside?
c) Welche Gefahr bilden «bittere Mandeln»? – Nenne die Zusammenhänge.
d) Welche Disaccharide kennen Sie, die aus 2 Molekülen Glucose aufgebaut sind? – Geben Sie die unterschiedlichen Verknüpfungen an.

3. Isolierung von Anethol und Fenchon aus Fenchelfrüchten

Prinzip: Gewinnung des ätherischen Öls aus zerkleinerten Fenchelfrüchten (*Foeniculum vulgare* MILLER *var. vulgare*) durch Wasserdampfdestillation, anschließend säulenchromatographische Auftrennung des ätherischen Öles an Kieselgel als stationärer Phase.
Gehalt: Äth. Öl 4–6% *(V/G)*, darin: 50–60% Anethol und 10–20% Fenchon

Strukturformeln

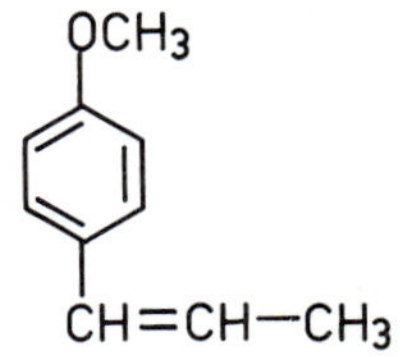

Anethol

$C_{10}H_{12}O$, MG 148,1, Smp: 21–23 °C;

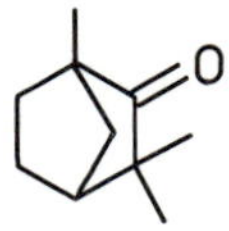

Fenchon

$C_{10}H_{16}O$, MG 152,2, Smp: 5–6 °C
Sdp: 195 °C
d– $[\alpha]_D^{20} = +72°$, l– $[\alpha]_D^{20} = -67°$
(c = 1 in Ethanol)

Chemikalien
Foeniculi fructus, pulv. (710), 50 g
Pentan, 20 cm^3
Petrolether (40–60°), 500 cm^3
Dichlormethan, 700 cm^3
Essigsäureethylester, 300 cm^3
Kieselgel zur SC (0,063–0,2 mm), 100 g
Seesand, 20 g
DC-Schichten: Kieselgel F_{254}, 20 × 20 cm
Anethol, 10 mm^3 (Vergleich)
Fenchon, 10 mm^3 (Vergleich)

Geräte
Apparatur zur Gehaltsbestimmung von äth. Ölen in Drogen nach Ph. Eur.
Rundkolben, NS 29: 1000 cm^3 (1) 250 cm^3 (2)
2 Spitzkolben, NS 14,5, 10 cm^3 mit Stopfen NS 14,5
2 Trichter, ∅ 5 cm
2 Mikrofilternutschen, 2 cm^3
1 äth. Ölkölbchen, 5 cm^3, s. S. 20
1 Chromatographiesäule, l = 120 cm, $\varnothing_i$ = 1,5 cm

Reagenzien
Molybdatophosphorsäure (Reag. Nr. 55).
Kaliumpermanganat-Schwefelsäure (Reag. Nr. 48)

Allgemeine Geräte
Heizpilz, 1000 cm^3
Wärmeplatte bis 60 °C
Rotationsverdampfer
Fraktionssammler mit Zubehör
DC-Grundausrüstung

Durchführung

A. *Gewinnung des ätherischen Öles*

50 g frisch gepulverte Fenchelfrüchte werden mit 600 cm^3 Wasser versetzt und 4 h einer Wasserdampfdestillation unterzogen. Als Vorlage werden 2 cm^3 Pentan eingesetzt. Das ätherische Öl-Pentan-Gemisch wird wasserfrei abgelassen und auf einer Wärmeplatte bei 50 °C vom Lösungsmittel befreit.
Ausbeute: 2–3 g.

B. *Säulenchromatographie*

Allgemeine Durchführung: Siehe S. 28: «Säulenchromatographische Trennungen».
Chromatographiesäule: l = 120 cm, $\varnothing_i$ = 1,5 cm.
Stationäre Phase: Kieselgel zur SC, 0,063–0,2 mm, 100 g.
Elutionsmittelfolge
200 cm^3 Petrolether (40–60°)
200 cm^3 Petrolether (40–60°) – Dichlormethan (75 + 25).
100 cm^3 Petrolether (40–60°) – Dichlormethan (50 + 50).
100 cm^3 Petrolether (40–60°) – Dichlormethan (25 + 75).
200 cm^3 Dichlormethan.
200 cm^3 Dichlormethan-Essigsäureethylester (75 + 25).

Aufgabemenge: 1,5 g äth. Öl.
Tropfgeschwindigkeit: 2–3 Tropfen/s.
Fraktionen: ca. 10 cm^3.

C. *Dünnschicht-Chromatographie*
 I. *Standardmethode:* Ja.
 II. *Schicht:* Kieselgel F_{254}.
 III. *Fließmittel:* Dichlormethan, KS, 10 cm.
 IV. *Nachweis:*
  a) UV_{254}: Fluoreszenzmindernde Zonen markieren (Anethol ist im oberen Drittel des Chromatogramms als fluoreszenzmindernde Zone zu erkennen).
  b) Besprühen mit Molybdatophosphorsäure (Reag. Nr. 55) bis der Untergrund deutlich gelb ist, 5–10 min bei 110 °C erhitzen (Zonen markieren) und auf die heiße DC-Schicht Kaliumpermanganat-Schwefelsäure (Reag. Nr. 48) nachsprühen. (Die Anethol-Zone im oberen Drittel des Chromatogramms färbt sich schon nach kurzem Erhitzen blau auf gelbem Untergrund. Nach dem Nachsprühen wird der Untergrund farblos, und es tritt im mittleren Rf-Bereich die sich hellblau anfärbende Zone des Fenchons auf.)
 V. Untersuchungslösung: Punktförmige Auftragung
  a) 10 mm^3 äth. Öl werden in 2,0 cm^3 Chloroform gelöst, davon 5 mm^3
  b) Ab Fraktion 10 von jeder Fraktion 5–10 mm^3.
 VI. *Vergleichslösung:* Je 2 mm^3 Anethol und Fenchon werden in je 1,0 cm^3 Chloroform gelöst, davon trägt man je 5 mm^3 punktförmig auf.

Auswertung

1. Es sind die *IR-Spektren* des isolierten Anethols und des isolierten Fenchons aufzunehmen, mit den abgebildeten Spektren und den wiedergegebenen Daten zu vergleichen:

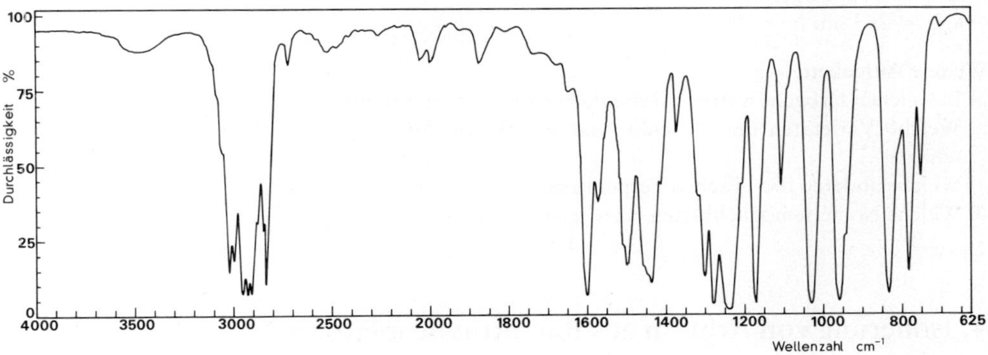

IR-Spektrum von Anethol (als Film zwischen Kaliumbromid-Preßlingen).

Wellenzahl cm^{-1}	Zuordnung	Schwingungsart
3020, 3000	–C=C– und Aromat	CH-Streckschwingung
2960–2910	$-CH_3$	CH-Streckschwingung
2835	$-OCH_3$	CH-Streckschwingung
1600, 1500	Aromat	CC-Streckschwingung
1450	$-CH_3$	asym. CH-Beugeschwingung
1430	$-OCH_3$	asym. CH-Beugeschwingung
1232	aromat-aliphat. Ether	asym. CO-Streckschwingung
1040	aromat-aliphat. Ether	sym. CO-Streckschwingung
960	disubst. Doppelbind.	CH-Beugeschwingung
835	Subst. am Aromat, para	CH-Beugeschwingung

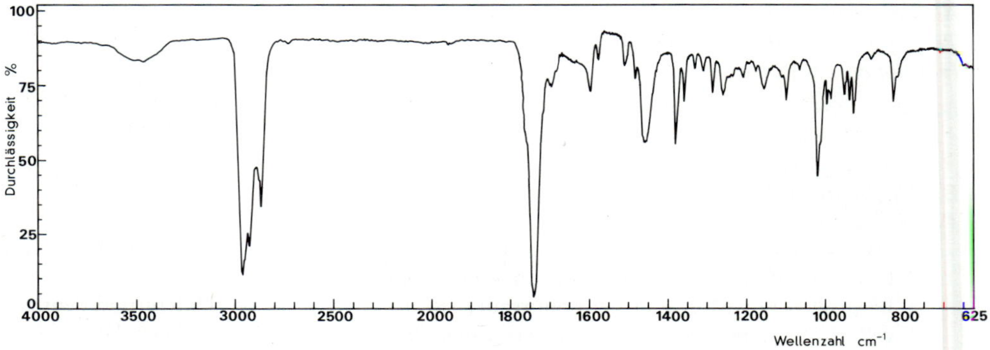

IR-Spektrum von Fenchon (als Film zwischen Kaliumbromid-Preßlingen).

Wellenzahl cm^{-1}	Zuordnung	Schwingungsart
2980–2870	$-CH_3$, $>CH_2$, $-\overset{\vert}{\underset{\vert}{C}}-H$	CH-Streckschwingung
1740	$>C=O$ (cycl. Keton)	C=O-Streckschwingung
1460	$-CH_3$, $>CH_2$	CH-Beugeschwingung
1383, 1360	gem. Dimethyl	sym. CH-Beugeschwingung

2. Das *UV-Spektrum* des isolierten Anethols ist aufzunehmen:
   10 mg Anethol werden in 100,0 cm^3 Chloroform gelöst, davon wird 1,0 cm^3 zu 25,0 cm^3 mit Chloroform aufgefüllt.
   $\lambda_{max} = 263$ nm ($\varepsilon = 19630$).

Weitere Aufgaben

a) In welchen Drogen ist Anethol ebenfalls enthalten (Stammpflanze, Familie)?
b) Welche Varietäten unterscheidet man bei *Foeniculum vulgare?* – Worin besteht der Unterschied?
c) Welche anderen bicyclischen Terpenketone als Bestandteile ätherischer Öle kennen Sie?
d) Welche Isomeriemöglichkeiten bestehen bei Anethol?

4. Isolierung von Arbutin aus Bärentraubenblättern

Prinzip: Aus grob gepulverten Bärentraubenblättern (*Arctostaphylos uvae-ursi* (L.) SPRENGEL) wird Arbutin mit heißem Wasser extrahiert; die mitextrahierten Gerbstoffe und Flavonoide werden mit Bleiacetat ausgefällt. Aus dem eingeengten Filtrat fällt Arbutin aus, gegebenenfalls muß eine säulenchromatographische Abtrennung erfolgen.
Gehalt: 3–12% (mind. 6,0% DAB 8).
Strukturformel

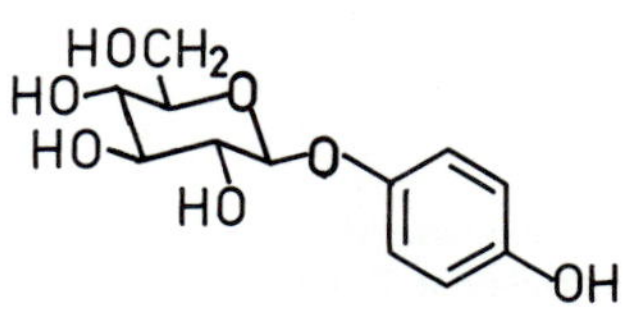

Arbutin (4-Hydroxyphenyl-β-D-glucopyranosid)
$C_{12}H_{16}O_7$, MG 272,3; Smp: ca. 200 °C, $[\alpha]_D^{20} = 63,5°$ (c = 2proz. in Wasser)

Chemikalien
Uvae ursi folium, pulv. (700), 20 g
Ether, 25 cm^3
Essigsäureethylester, 90 cm^3
Ameisensäure, 10 cm^3
Blei(II)acetat, 5 g
Ammoniumsulfat, 5 g
Aktivkohle, 2 g
3 DC-Schichten: Kieselgel F_{254} (20 × 20 cm)
Arbutin, 10 mg (Vergleich)
Essigsäureethylester, 400 cm^3
Methanol, 150 cm^3
Kieselgel zur SC (0,063–0,2 mm), 100 g

Geräte
Rundkolben, NS 29: 500 cm^3 (1), 1000 cm^3 (1)
1 Rückflußkühler, NS 29
Bechergläser: 1000 cm^3 (1), 100 cm^3 (2), 50 cm^3 (1)
1 Büchner-Trichter, ∅ 10 cm mit pass. Guko zu Saugflasche, 1000 cm^3
1 Glasfiltertrichter D 3, ∅ 5 cm mit pass. Guko zu Saugflasche, 100 cm^3
Trichter, ∅ 8 cm (1), ∅ 4 cm (1)
Kristallisierschale, ∅ 6 cm
1 Spitzkolben, NS 14,5, 50 cm^3
1 Chromatographiesäule, l = 50 cm, $\varnothing_i$ = 2,5 cm

Reagenzien: Aluminiumchlorid (Reag. Nr. 1)
2,6-Dichlorchinonchlorimid (Reag. Nr. 16)

Allgemeine Geräte
Heizpilz, 500 cm^3
Magnetrührer mit Heizung und Rührstäbchen, 30 mm
DC-Grundausrüstung
Wasserbad
Thermometer 0–100 °C
Rotationsverdampfer
Fraktionssammler mit Zubehör

Durchführung

20 g Uvae ursi folium, pulv. (700) werden in einem 500 cm^3 Rundkolben mit 300 cm^3 Wasser 15 min unter Rückfluß gekocht. Danach wird heiß filtriert und der Rückstand nochmals im gleichen Kolben mit 150 cm^3 Wasser weitere 15 min gekocht und anschließend filtriert. Zu den vereinigten Filtraten (DC-Lösung a) setzt man 20 cm^3 einer Lösung von 5 g Bleiacetat in 30 cm^3 Wasser und erwärmt unter Rühren 2–3 min auf dem Wasserbad bei 60–70 °C.

Der Niederschlag wird abgesaugt und das Filtrat auf vollständige Fällung geprüft. Ist diese noch nicht vollständig, so setzt man so lange Bleiacetatlösung hinzu, filtriert und prüft das Filtrat, bis keine Fällung mehr auftritt. Zum Entfernen der überschüssigen Bleiionen setzt man zum Filtrat tropfenweise eine gesättigte wäßrige Ammoniumsulfatlösung hinzu und erwärmt hierbei auf dem Wasserbad einige min auf 60–70 °C. Nach Filtration prüft man durch Zugabe von wenig Ammoniumsulfatlösung, ob die Fällung vollständig ist. Gegebenenfalls fügt man weitere Ammoniumsulfatlösung hinzu, ein Überschuß ist zu vermeiden. Die klar filtrierte Lösung (DC-Lösung b) wird dann in einem 1000 cm^3 Rundkolben am Rotationsverdampfer bei etwa 40 °C auf 2–3 cm^3 eingeengt. Danach beläßt man den Kolben über Nacht bei 4–5 °C und saugt danach die ausgefallenen Arbutinkristalle ab. Zum Nachwaschen verwendet man 15–20 cm^3 Ether. Ist das Arbutin gelblich, so wird es unter Erwärmen in wenig Wasser aufgenommen, eine Spatelspitze Aktivkohle zugefügt, kurz aufgekocht und filtriert. Das nach längerem Stehenlassen wieder ausgefallene Arbutin wird über einen Glasfiltertrichter abgesaugt und im Dunkeln in einem Vakuumexsikkator getrocknet.

Falls über Nacht Arbutin nicht auskristallisiert, ist zunächst dc zu testen, ob in der Lösung überhaupt Arbutin enthalten ist. Wenn ja, dann ist eine säulenchromatographische Trennung durchzuführen.

Säulenchromatographie
Allgemeine Durchführung: Siehe S. 28: «Säulenchromatographische Trennungen».
Chromatographiesäule: l = 50 cm, $\varnothing_i$ = 2,5 cm.
Stationäre Phase: Kieselgel zur SC (0,063–0,2 mm), 100 g.
Elutionsmittel: Essigsäureethylester-Methanol-Wasser (75 + 15 + 10), 500 cm^3.
Aufgabemenge: eingeengter wäßriger Extrakt.
Tropfgeschwindigkeit: 2–3 Tropfen/s.
Fraktionen: ca. 15 cm^3.
Ausbeute: ca. 600 mg.

DC-Bedingungen: Siehe *Auswertung* Punkt 1, S. unten.

V. Untersuchungslösung

1) 5 mm^3 des eingeengten Extraktes werden in 1 cm^3 Methanol gelöst, davon trägt man 5 mm^3 punktförmig auf.
2) Ab Fraktion 10 von jeder 3. Fraktion 10 mm^3.

Zeitdauer: 2 Tage.

Auswertung

1. *Dünnschicht-Chromatographie*

I. Standardmethode: Ja; Abweichung: Laufstrecke 15 cm.

II. Schicht: Kieselgel F_{254}.

III. Fließmittel: Essigsäureethylester-Ameisensäure-Wasser (88 + 6 + 6), KS, 15 cm.

IV. Nachweis: Nach Abdampfen des Fließmittels bei 110 °C

1. UV_{254}: Fluoreszenzmindernde Zonen markieren (Arbutin im unteren Drittel des Chromatogramms zeigt Fluoreszenzminderung).
2. a) (Unter Abdeckung des rechten Chromatogramms) gesättigte Aluminiumchloridlösung in Methanol, anschließend Markierung der im UV_{365} fluoreszierenden Zonen (Flavonderivate).

   b) (Unter Abdeckung des besprühten linken Chromatogramms) 2,6-Dichlorchinonchlorimid, 1proz. *(G/V)* in Methanol, anschließend mit Ammoniak bedampfen (Arbutin färbt sich blau).

V. Untersuchungslösung: bandförmige Auftragung (10 × 3 mm)

a) DC-Lösung a, 10 mm^3.
b) DC-Lösung b, 10 mm^3.
c) Isoliertes Arbutin, 5 mg werden in 2,0 cm^3 Methanol gelöst, davon 10 mm^3.

Thermische Spaltung des Arbutins im TAS-Ofen

TAS-Bedingungen: a) 5 mg gepulverte Droge und b) 0,5 mg Arbutin auf Quarzwolle, 250°, 90 s, 2 Kügelchen wasserdampfgesättigtes Molekularsieb 4 Å (0,4 nm).

DC-Bedingungen s. oben. Es erfolgt eine glatte Spaltung zu Hydrochinon. Methylarbutin liefert Hydrochinonmonomethylether.

VI. Vergleichslösung: 5 mg Arbutin werden in 2,0 cm^3 Methanol gelöst, davon trägt man 10 mm^3 bandförmig (10 × 3 mm) auf. 5 mg Hydrochinon werden in 2,0 cm^3 Methanol gelöst, davon trägt man 2 mm^3 punktförmig auf.

Auftrageschema

———	———	———	———	———	———	———	———	·
a	b	c	Vergl.	a	b	c	Vergl.	Hydrochinon

2. Das *IR-Spektrum* des isolierten Arbutins ist aufzunehmen, mit dem abgebildeten Spektrum und den wiedergegebenen Daten zu vergleichen.

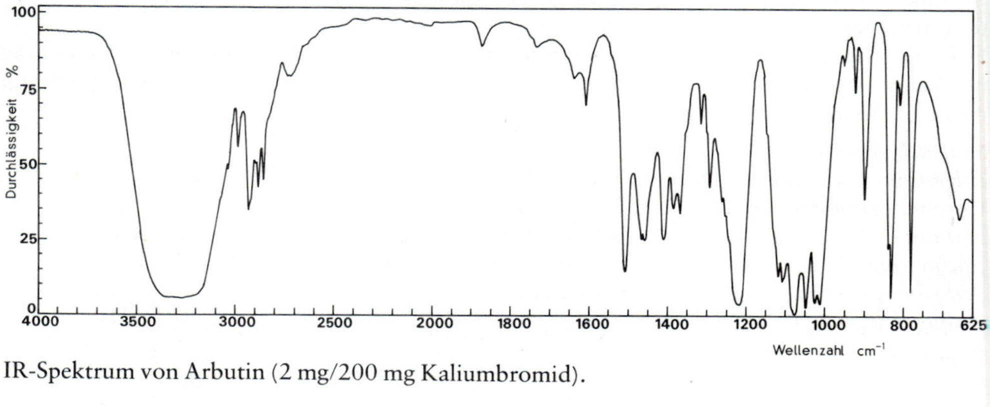

IR-Spektrum von Arbutin (2 mg/200 mg Kaliumbromid).

Wellenzahl in cm^{-1}	Zuordnung	Schwingungsart
3300	−OH am Aromat u. Glucose	OH-Streckschwingung
2942–2897	$>CH_2$ und $-\overset{|}{\underset{|}{C}}-H$	CH-Streckschwingung
1603	Aromat	CC-Streckschwingung
1510	Aromat	CC-Streckschwingung
1440	$>CH_2$	asym. CH-Beugeschwingung
1372	−OH am Aromat	OH-Beugeschwingung
1240–1195	Aliph.-arom. Ether u. −OH	CO-Streckschwingung
1110	Ethergruppe der Glucose	CO-Streckschwingung
1070–1060	Aliph.-aromat. Ether	CO-Streckschwingung
1020–1000	−OH der Glucose	CO-Streckschwingung
834	Aromat, p-disubst.	CH-Beugeschwingung

3. Das *UV-Spektrum* des isolierten Arbutins ist aufzunehmen (2 mg Arbutin in 25 cm^3 Methanol).

   λ_{max} = 287 nm (ε = 2620).

4. Der *Schmelzpunkt* des isolierten Arbutins ist zu bestimmen.

Weitere Aufgaben

a) In welchen anderen Drogen bzw. Pflanzen ist Arbutin enthalten?
b) Welche anderen Phenolglykoside kennen Sie? In welchen entsprechenden Drogen sind diese enthalten?
c) Wie wird im DAB 8 Arbutin in Uvae ursi folium quantitativ bestimmt? – Geben Sie das Prinzip dieser Methode an!
d) Auf welcher Reaktion beruht der dc Nachweis von Arbutin mit 2,6-Dichlorchinonchlorimid? Welche andere Sprühreagenzien kann man gleichfalls einsetzen?

5. Isolierung von Barbaloin aus Kap-Aloe

Prinzip: Aus gepulverter Kap-Aloe (*Aloe ferox* MILLER und deren Hybriden) werden die Glykoside und Aglyka durch Auskochen mit Methanol von den Harzbestandteilen abgetrennt. Aus dem eingeengten Methanol-Extrakt wird Barbaloin (= Aloin) säulenchromatographisch oder durch Umkristallisieren abgetrennt.
Gehalt: 18–20%.
Strukturformel

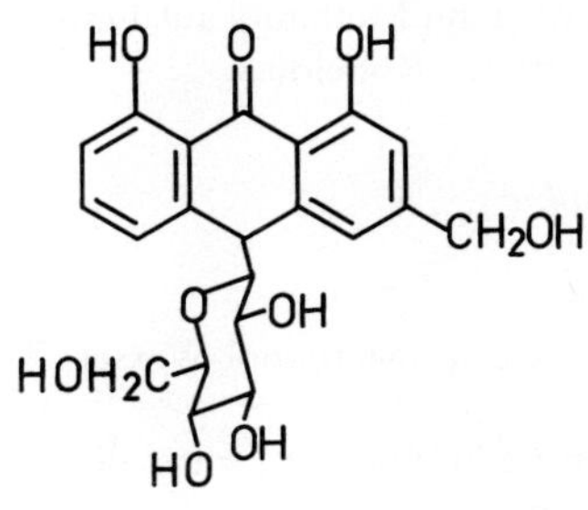

Barbaloin [=1,8-Dihydroxy-3-hydroxymethyl-10-(β)-D-(glucopyranosyl)anthron]
$C_{21}H_{22}O_9$, MG 418,4; Smp: 147–148 °C (Aloin A), $[\alpha]_D^{30}$ = +10,2° (in Methanol)
Smp: 138–140 °C (Aloin B), $[\alpha]_D^{30}$ = −73,0° (in Methanol)

A. Isolierung durch säulenchromatographische Abtrennung

Chemikalien	Geräte
Kap-Aloe, pulv. (180), 2,5 g	Rundkolben, NS 29, 250 cm^3 (1), 100 cm^3 (1)
Methanol, 400 cm^3	1 Spitzkolben, NS 14,5, 50 cm^3
Essigsäureethylester, 500 cm^3	1 Erlenmeyerkolben, 500 cm^3
Chloroform, 10 cm^3	2 Bechergläser, 50 cm^3
Seesand, 50 g	1 Trichter ∅ 8 cm
Kieselgel zur SC (0,063–0,2 mm), 100 g	1 Glasfiltertrichter D3, ∅ 4 cm mit pass. Guko zu Saugrohr, 25 cm^3
DC-Schichten: Kieselgel F_{254}	1 Chromatographiesäule, $l = 130$ cm, $\varnothing_i = 1{,}5$ cm
Barbaloin: 5 mg (Vergleich)	

Reagenzien: 10proz. *(G/V)* methanolische Kaliumhydroxidlösung

Allgemeine Geräte	
Magnetrührer mit Heizung und Stäbchen	Fraktionssammler mit Zubehör
Wasserbad	DC-Grundausrüstung

Durchführung

a) Extrakt: 2,5 g Aloe capensis pulv. (180) werden in einem 500 cm^3-Erlenmeyerkolben mit 250 cm^3 Methanol versetzt und unter Rühren zum Sieden erhitzt; das Filtrat (DC-Lösung a) wird portionsweise in einem 250 cm^3-Rundkolben bis zur Sirupkonsistenz eingeengt und im Kolben mit ca. 20 g Seesand verrieben, so daß eine schüttfähige Masse entsteht.

b) Säulenchromatographie

Allgemeine Durchführung: Siehe S. 28 «Säulenchromatographische Trennungen».
Chromatographiesäule: $l = 130$ cm, $\varnothing_i = 1{,}5$ cm
Stationäre Phase: Kieselgel zur SC (0,063–0,2 mm), 100 g.
Elutionsmittel:
Essigsäureethylester-Methanol-Wasser (90 + 5 + 5), 200 cm^3.
Essigsäureethylester-Methanol-Wasser (85 + 10 + 5), 300 cm^3.
Aufgabemenge: Extrakt a) in Seesand.
Tropfgeschwindigkeit: 2–3 Tropfen/s.

Die hauptsächlich aloinhaltigen Fraktionen werden vollständig eingeengt. Das an der Kolbenwand glasartig erstarrte Rohaloin, das noch eine Begleitsubstanz enthält, die auf dem DC direkt oberhalb der Aloinzone liegt, wird abgeschabt und anschließend umkristallisiert.
Ausbeute an Rohaloin: 300–400 mg.

Das Rohaloin wird mit der fünf- bis achtfachen Menge eines Gemisches aus Methanol-Chloroform (1 + 2) auf dem Wasserbad bis zur Auflösung erhitzt. Die Lösung wird dann bei −5 °C (Gefrierfach eines Kühlschranks) stehen gelassen. Nach 2–3 h ist hellgelbes Barbaloin auskristallisiert, das über einen Glasfiltertrichter abgesaugt und mit ca. 1 cm^3 eines eiskalten Gemisches aus Methanol und Chloroform (1 + 2) nachgewaschen wird. 0,1 cm^3 der Mutterlauge werden mit Methanol auf 1 cm^3 ergänzt (= DC-Lösung b).
Ausbeute: ca. 30% des eingesetzten Rohaloins.
Zeitdauer: 2 Tage.

c) Dünnschicht-Chromatographie

I. Standardmethode: Ja.
II. Schicht: Kieselgel F_{254}.
III. Fließmittel: Essigsäureethylester-Methanol-Wasser (77 + 13 + 10), KS.
IV. Nachweis:

a) Tageslicht: Barbaloin ist im unteren Drittel des Chromatogramms (hRf 30–35) als gelbe Zone zu erkennen.
b) UV_{254}: Fluoreszenzmindernde Zonen markieren: Barbaloin und die Begleitsubstanzen zeigen Fluoreszenzminderung.
c) UV_{365}: Fluoreszierende Zonen markieren. Barbaloin zeigt eine gelbe Eigenfluoreszenz.

d) 10proz. *(G/V)* methanolische Kaliumhydroxidlösung aufsprühen und anschließend im UV_{365} fluoreszierende Zonen markieren. (Barbaloin ist als intensiv gelb-fluoreszierende Zone zu erkennen.)

V. Untersuchungslösung: Punktförmige Auftragung:
a) DC-Lösung a: 5 mm^3.
b) Ab Fraktion 10 von jeder 3. Fraktion 5 mm^3.

VI. Vergleichslösung: 5 mg Barbaloin werden in 1,0 cm^3 Methanol gelöst, davon trägt man 2 mm^3 punktförmig auf.

Auswertung

I. Abschließende DC
DC-Bedingungen I, II, III, IV und VI wie *c)*.

V. Untersuchungslösung: Bandförmige Auftragung (20 × 3 mm) je 10 mm^3:
a) DC-Lösung a.
b) Rohbarbaloin: 5 mg werden in 1,0 cm^3 Methanol gelöst.
c) Isoliertes Barbaloin: 5 mg werden in 1,0 cm^3 Methanol gelöst.
d) DC-Lösung b (= Mutterlauge).

VI. Vergleichslösung: Wie bei *c)*, davon 10 mm^3 bandförmig.

Oder

B. Isolierung durch Umkristallisation

Chemikalien	Geräte
Kap-Aloe, pulv. (180), 10 g	Bechergläser: 250 cm^3 (2), 100 cm^3 (2), 50 cm^3 (3)
Chloroform, 500 cm^3	Rundkolben, NS 29: 250 cm^3 (2), 100 cm^3 (1), 50 cm^3 (1)
Methanol, 200 cm^3	1 Rückflußkühler, NS 29
Aktivkohle, 1 g	1 Büchnertrichter, ∅ 10 cm mit pass. Guko zu Saugflasche, 500 cm^3
Ether, 5 cm^3	2 Trichter, ∅ 6 cm
	1 Glasfiltertrichter, D 3, ∅ 5 cm mit pass. Guko zu Saugrohr, 20 cm^3
	1 Glasschliffstopfen, NS 29

Durchführung: 10 g gepulverte Kap-Aloe (180) werden in einem 250 cm^3-Rundkolben mit 100 cm^3 Chloroform und 50 cm^3 Methanol versetzt. Die Mischung wird unter Rühren auf dem Wasserbad 2 h unter Rückfluß in Stickstoffatmosphäre gekocht. Danach wird die Lösung über ein hartes Filterpapier abgesaugt. Das Filtrat (= DC-Lösung c) wird mit 500 mg Aktivkohle versetzt und aufgekocht, danach wird die Lösung über ein hartes Filterpapier abgesaugt. Das Filtrat wird in einem zuvor gewogenen 250 cm^3-Rundkolben am Rotationsverdampfer bei Wasserstrahlvakuum zur Trockne eingeengt. Die Extraktmenge wird bestimmt (= *a* g). Der Rückstand wird mit *a* cm^3 Methanol und 6 *a* cm^3 Chloroform versetzt und in einer Stickstoffatmosphäre 2 h auf dem Wasserbad unter Rückfluß gekocht. Danach wird der Kolben verschlossen und über Nacht im Kühlschrank aufbewahrt. Dann wird die überstehende gelbe bis braune Lösung über ein Faltenfilter filtriert und von dem schwarzen, schmierigen Bodensatz abgetrennt. Dieses Filtrat (= DC-Lösung d) wird in einem zuvor gewogenen Rundkolben am Rotationsverdampfer bei Wasserstrahlvakuum zur Trockne eingeengt. Der Rückstand wird in fünf- bis zehnfacher Menge eines Gemisches aus 1 Volumteil Methanol und 3 Volumteilen Chloroform unter Erhitzen auf dem Wasserbad gelöst. Der Rundkolben wird verschlossen in das Gefrierfach eines Kühlschranks gestellt. Nach 2–3 Stunden sind gelbe Kristalle ausgefallen, die über einen Glasfiltertrichter abgesaugt werden. (Durch weiteres Stehenlassen der Mutterlauge (= DC-Lösung e) im Kühlschrank fällt noch mehr Aloin aus.) Das in dem Glasfiltertrichter gesammelte erste Kristallisat wird mit ca. 1 cm^3 eines eisgekühlten Gemisches aus 1 Volumteil Methanol und 5 Volumteilen Chloroform gewaschen und anschließend mit 1 cm^3 Ether. Das Reinprodukt wird im Vakuumexsikkator getrocknet.

Ausbeute: ca. 500 mg.

Zeitdauer: 2 Tage

Dünnschicht-Chromatographie der Isolierungsschritte
DC-Bedingungen: Siehe S. 336.
Untersuchungslösung
Von den DC-Lösungen c, d, und e werden jeweils 10 mm^3 mit 0,1 cm^3 Methanol verdünnt. Von diesen Verdünnungen werden jeweils 10 mm^3 bandförmig (10 × 3 mm) aufgetragen.
Reinsubstanz: 5 mg Barbaloin werden in 1,0 cm^3 Methanol gelöst, davon trägt man 10 mm^3 bandförmig (10 × 3 mm) auf.

2. Das ***IR-Spektrum*** des isolierten Barbaloins ist aufzunehmen, mit dem abgebildeten Spektrum und den wiedergegebenen Daten zu vergleichen.

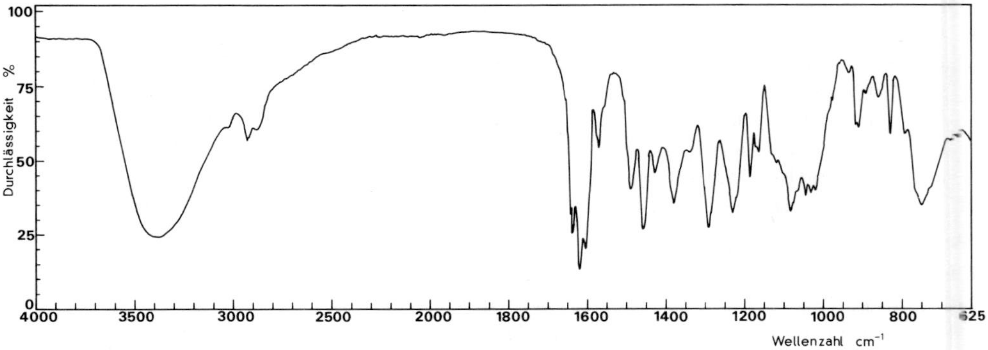

IR-Spektrum von Barbaloin (2 mg/200 mg Kaliumbromid).

Wellenzahl cm^{-1}	Zuordnung	Schwingungsart
3400	–OH	OH-Streckschwingung
2920	$\geq CH_2$ und –CH	CH-Streckschwingung
1640–1600	$\geq$C=O und Aromat	CO-Streckschwingung und CC-Streckschwingung
1512	Aromat	CC-Streckschwingung
1490–1450	$\geq CH_2$ und Aromat	CH-Beugeschwingung und CC-Streckschwingung
1380	–OH in $-CH_2OH$ und Phenol	assoz. OH-Beugeschwingung
1290 oder 1225	–OH in $-CH_2OH$ und Phenol	freie OH-Beugeschwingung
1165–1000	–C–OH in Phenol und Zucker	CO-Streckschwingung
	und cycl. Ether	CO-Streckschwingung
830	Substit. an den arom. Ringen	CH-Beugeschwingung

3. Das *UV-Spektrum* des isolierten Barbaloins ist aufzunehmen.
   (5 mg Barbaloin werden in 10,0 cm^3 Methanol gelöst, davon wird 1 cm^3 mit Methanol auf 25 cm^3 aufgefüllt.)
   λ_{max} = 269 nm (ε = 7800).
   λ_{max} = 297 nm (ε = 9000).
   λ_{max} = 354 nm (ε = 11000).
4. Der *Schmelzpunkt* des isolierten Barbaloins ist zu bestimmen.

Weitere Aufgaben

a) Geben Sie die Unterscheidungsmerkmale von Kap- und Barbados-Aloe an.
b) Was sind Aloinoside und Aloe(re)sine?
c) Welche Glykosid- und Aglyka-Typen kommen in anthracenderivathaltigen Drogen vor?
d) Welche weiteren C-Glykoside kennen Sie?
e) Wie kann man aus Barbaloin das Aloe-Emodin herstellen?
f) Wie unterscheidet sich Aloin A von Aloin B?

6. Isolierung von Capsanthin aus Edelsüß-Paprika

Prinzip: Aus Edelsüß-Paprikapulver (*Capsicum annuum* L.) werden durch Mazeration mit Petrolether der Capsanthinfettsäureester und andere lipophile Inhaltsstoffe extrahiert. Aus dem eingeengten Extrakt wird Capsanthin durch Verseifung freigesetzt und aus dem Reaktionsgemisch mit Ether extrahiert. Aus dessen eingeengtem Extrakt wird Capsanthin säulenchromatographisch abgetrennt.
Gehalt: 0,05–0,1%.
Strukturformel

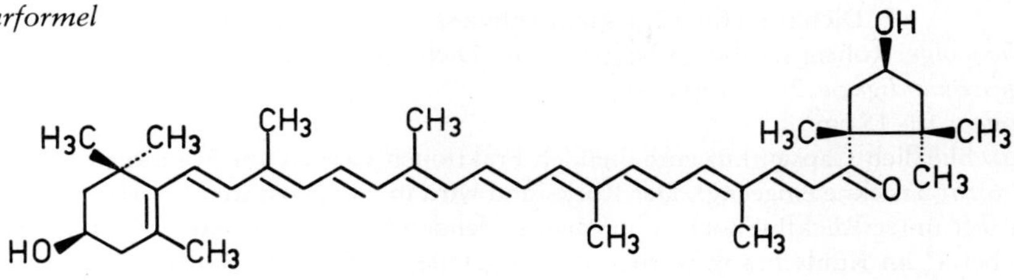

Capsanthin

$C_{40}H_{58}O_3$, MG 586,86; Smp: 175–176 °C, $[\alpha]_D^{20}$ = 36° (in Chloroform)

Chemikalien
Capsici fructus, «Edelsüß» pulv. (180), 100 g
Petrolether (40–60°), 350 cm³
Ether, 600 cm³
Dichlormethan, 350 cm³
Essigsäureethylester, 300 cm³
Methanol, 100 cm³
Schwefelkohlenstoff, 30 cm³
Kaliumhydroxid, 30 g
Natriumsulfat, wasserfrei, 50 g
Kieselgel zur SC, 0,063–0,2 mm, 50 g
Seesand, 20 g
DC-Schichten, Kieselgel F_{254}
Coffein (Vergleich), 5 mg

Geräte
Erlenmeyerkolben: 500 cm³ (2), 1000 cm³ (1)
1 Büchnertrichter, ∅ 10 cm mit pass. Guko zu Saugflasche, 500 cm³
1 Scheidetrichter, 1000 cm³
1 Rundkolben, NS 29, 250 cm³
Spitzkolben, NS 14,5, 100 cm³ (2)
2 Glasfiltertrichter, ∅ 4 cm, D 3, mit pass. Guko zu Saugrohr, 20 cm³
1 Spitzkolben, NS 14,5, 50 cm³
1 Rückflußkühler, NS 14,5
1 Erlenmeyerkolben, NS 29, 2000 cm³
1 Trichter, ∅ 6 cm
1 Schliffstopfen, NS 29
1 Chromatographiesäule, l = 80 cm, $\varnothing_i$ = 1,5 cm

Reagenzien: Antimon(III)chlorid (Reag. Nr. 6)

Allgemeine Geräte
Wasserbad
Magnetrührer mit Rührstäbchen, 40 mm
Fraktionssammler mit Zubehör
Rotationsverdampfer
DC-Grundausrüstung
Vakuumexsikkator

Durchführung
Beachte: Die einzelnen Isolierungsschritte sind im diffusen Tageslicht durchzuführen!

a) *Extrakt:* 100 g Capsici fructus pulv. (180) «Edelsüß» werden mit 250 cm³ Petrolether (40–60°) 4 h bei Zimmertemperatur gerührt und danach über einen Büchnertrichter abgesaugt. Der Drogenrückstand wird mit 100 cm³ Petrolether (40–60°) nachgewaschen. Das rotgefärbte Filtrat (= DC-Lösung a) wird mit 600 cm³ Ether aufgefüllt, mit 100 cm³ 30proz. *(G/V)* methanolischer Kaliumhydroxidlösung versetzt und 8 h gerührt. Die Lösung wird dann in einen 1000 cm³-Scheidetrichter überführt und mit gerade so viel Wasser versetzt, bis eine Phasentrennung auftritt. Die untere wäßrig-methanolische Lösung wird verworfen. Die obere (etherische) Phase (= DC-Lösung b) wird mit ca. 50 cm³ Wasser gewaschen, über Natriumsulfat getrocknet und am Rotationsverdampfer im Vakuum portionsweise in einem 250 cm³-

Rundkolben bis zu einem Volumen von ca. 20 cm^3 eingeengt. Die eingeengte Lösung wird mit ca. 50–60 cm^3 Petrolether (40–60°) versetzt und bei 4° im Kühlschrank aufbewahrt. Nach 24 h wird das auskristallisierte Rohcapsanthin (ca. 30 mg) über einen Glasfiltertrichter abgesaugt (Mutterlauge = DC-Lösung c).

b) *Säulenchromatographie*

Allgemeine Durchführung: Siehe S. 28, «Säulenchromatographische Trennungen»
Chromatographiesäule: $l = 80$ cm, $\varnothing_i = 1{,}5$ cm.
Stationäre Phase: Kieselgel zur SC, 50 g.
Elutionsmittel: 1. Dichlormethan, 50 cm^3.
2. Dichlormethan-Essigsäureethylester (50 + 50), 500 cm^3.
Aufgabemenge: Rohcapsanthin (30 mg) in 5 cm^3 Dichlormethan.
Tropfgeschwindigkeit: 2–3 Tropfen/s.
Fraktionen: 10–15 cm^3.

Die ausschließlich Capsanthin enthaltenden Fraktionen werden am Rotationsverdampfer im Vakuum zur Trockne eingeengt. Der Rückstand wird in möglichst wenig siedendem Schwefelkohlenstoff unter Rückflußkochen auf dem siedenden Wasserbad gelöst. Nach 24stündigem Stehen bei 4° im Kühlschrank werden die ausgefallenen Kristalle über einen Glasfiltertiegel abgesaugt und im Vakuumexsikkator getrocknet, bis der Geruch nach Schwefelkohlenstoff verschwunden ist.

Ausbeute: 10 mg.
Zeitbedarf: 2,5 Tage.

c) *Dünnschicht-Chromatographie*

I. Standardmethode: Ja; Abweichung: Laufstrecke 15 cm.
II. Schicht: Kieselgel F_{254}.
III. Fließmittel: Dichlormethan-Essigsäureethylester (80 + 20), KS, 15 cm.
IV. Nachweis: Nach Abdampfen des Fließmittels:
a) Tageslicht.
b) UV_{254}: Fluoreszenzmindernde Zonen markieren.
c) Besprühen mit einer 25proz. *(G/G)* Lösung von Antimon(III)-chlorid in Chloroform (Reag. Nr. 6) und anschließend 10 min auf 110° erhitzen.
V. Untersuchungslösung
Nach Austreten der 1. farbigen Fraktion von jeder Fraktion 5 mm^3 punktförmig.
Von der Rohcapsanthin-Lösung zur SC: 2 mm^3 punktförmig.
VI. Vergleichslösung: 0,5proz. Lösung von Coffein in Methanol: 2 mm^3 punktförmig.

Auswertung des Dünnschicht-Chromatogramms
Die rote Zone im unteren Drittel des Chromatogramms der Untersuchungslösung entspricht dem Capsanthin. Etwas unterhalb dieser Zone erkennt man im kurzwelligen UV-Licht auf dem Chromatogramm der Vergleichslösung die fluoreszenzmindernde Zone des Coffeins.

Abschließende Dünnschicht-Chromatographie
Verfolgung der Isolierungsschritte:
DC-Bedingungen: I., II., III., IV. und VI. wie bei c).
V: Untersuchungslösung: (Bandförmige Auftragung: 10 × 3 mm);
DC-Lösung a: 5 mm^3.
DC-Lösung b: 5 mm^3.
DC-Lösung c: 5 mm^3.
Rohcapsanthin: 5 mm^3 der Aufgabelösung zur SC.
Reincapsanthin: 1 mg wird in 1 cm^3 Essigsäureethylester gelöst, davon 5 mm^3.
Mutterlauge von Reincapsanthin: 0,1 cm^3 werden mit 0,2 cm^3 Essigester verdünnt, davon 5 mm^3 auftragen.

Auswertung

1. Das *IR-Spektrum* des isolierten Capsanthins ist aufzunehmen, mit dem abgebildeten Spektrum und den wiedergegebenen Daten zu vergleichen.

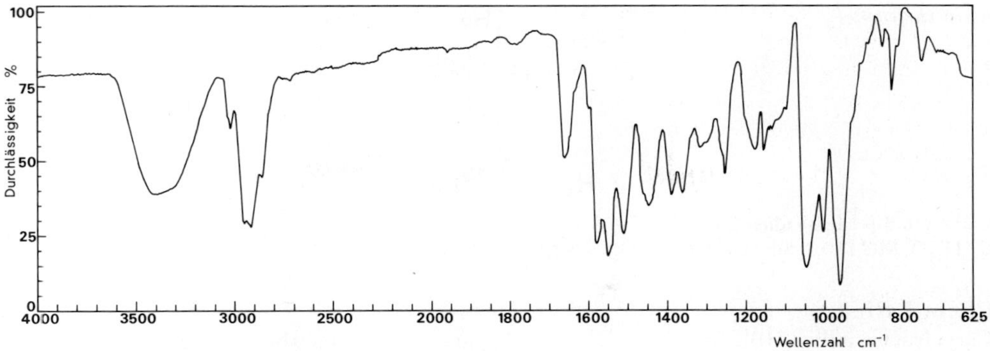

IR-Spektrum von Capsanthin (2 mg/200 mg Kaliumbromid).

Wellenzahl cm^{-1}	Zuordnung	Schwingungsart
3400, 3300	–OH	OH-Streckschwingung
3020	olefin. Doppelbindung	CH-Streckschwingung
2960–2860	$-CH_3$, $>CH_2$, $-\overset{\vert}{\underset{\vert}{C}}-H$	CH-Streckschwingung
1660	C=O (konj.)	CO-Streckschwingung
1580, 1550, 1510	vermutl. –C=C–C=C– (konj.) –C=C–C=O (Konj.)	C=C-Streckschwingung
1460, 1440	$-CH_3$, $>CH_2$	CH-Beugeschwingung
1390, 1360	$>C<^{CH_3}_{CH_3}$ gem. Dimethyl	sym. CH-Beugeschwingung
1310	trans disubst. Doppelb.	CH-Beugeschwingung
1250	vermutl. C–C in Ketonen	CC-Beugeschwingung
1045, 1000	>CHOH	CO-Streckschwingung
960	trans disubst. Doppelb.	CH-Beugeschwingung

2. Das *VIS-UV-Spektrum* des isolierten Capsanthins ist aufzunehmen. (1 mg Capsanthin wird in 25 cm^3 Dichlormethan gelöst, 5 cm^3 dieser Lösung werden mit Dichlormethan auf 50 cm^3 aufgefüllt.)
λ_{max} = 483 nm (ε = 98 500).

3. Der *Schmelzpunkt* des isolierten Capsanthins ist zu bestimmen.

Weitere Aufgaben

a) Zeigen Sie an der Strukturformel von Capsanthin den Aufbau und die Verknüpfungsweise?
b) Welche weiteren Carotinoide sind noch in Capsici fructus enthalten?
c) Wie werden die Carotinoide ihren funktionellen Gruppen nach bezeichnet? – Geben Sie zu jeder Gruppe ein Beispiel an.
d) Welche strukturellen Voraussetzungen müssen Carotinoide aufweisen, damit sie als Vitamin-A-Vorstufen fungieren können?

7. Isolierung von d-Carvon aus Kümmelfrüchten

Prinzip: Aus frisch gepulverten Kümmelfrüchten (*Carum carvi* L.) wird durch Wasserdampfdestillation das ätherische Öl gewonnen. Aus dem ätherischen Öl wird das Carvon säulenchromatographisch abgetrennt.
Gehalt: äth. Öl: 3–4%, darin 50–80% Carvon.

Strukturformel

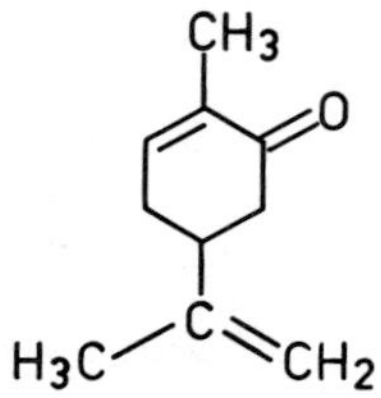

Carvon (6,8-p-Menthadien-2-on)
$C_{10}H_{14}O$, MG 150,2; Sdp: ca. 230 °C, $[\alpha]_D^{20} = 62,5°$ (D-Form)

Chemikalien
Carvi fructus pulv. (710), 50 g
Pentan, 20 cm^3
Petrolether (40–60°), 400 cm^3
Dichlormethan, 700 cm^3
Dimethylsulfoxid, 10 cm^3
Ethanol, 96proz. *(V/V)*, 10 cm^3
Salzsäure, konz., 1 cm^3
2,4-Dinitrophenylhydrazin, 1 g
Kieselgel zur SC (0,063–0,2 mm), 100 g
Seesand, 10 g
DC-Schichten: Kieselgel F_{254}, 20 × 20 cm
Carvon, 10 mm^3 (Vergleich)

Reagenzien
Anisaldehyd-Schwefelsäure (Reag. Nr. 4)

Geräte
Apparatur zur Gehaltsbestimmung von ätherischen Ölen nach Ph. Eur. III
Rundkolben, NS 29: 1000 cm^3 (1), 250 cm^3 (2)
Spitzkolben, NS 14,5, 25 cm^3
Erlenmeyerkolben, 10 cm^3
1 Mikrofilternutsche, D 3, 2 cm^3
1 Glasfiltertrichter, D 3, ∅ 4 cm mit pass. Guko zu Saugrohr, 25 cm^3
Chromatographiesäule l = 120 cm, $\varnothing_i$ = 1,5 cm

Allgemeine Geräte
Heizpilz, 1000 cm^3
Wärmeplatte bis 60 °C
Rotationsverdampfer
Fraktionssammler mit Zubehör
DC-Grundausrüstung

Durchführung

a) *Gewinnung des ätherischen Öles:* 50 g Carvi fructus werden in einem Mixer zerkleinert und mit 500 cm^3 Wasser in einem 1000 cm^3 Kolben 6 h einer kontinuierlichen Wasserdampfdestillation unterworfen. Als Vorlage dienen 2 cm^3 Pentan. Das ätherische Öl-Pentan-Gemisch wird wasserfrei in einen 10 cm^3-Erlenmeyerkolben abgelassen. Das Pentan wird auf einer Wärmeplatte bei 50° entfernt und der ätherische Ölgehalt gravimetrisch bestimmt.
Ausbeute: Je nach Gehalt 1,5–2 g.

b) *Säulenchromatographie*
Allgemeine Durchführung: Siehe S. 28, «Säulenchromatographische Trennungen».
Chromatographiesäule: l = 120 cm, $\varnothing_i$ = 1,5 cm.
Stationäre Phase: Kieselgel zur SC (0,063–0,2 mm), 100 g.
Elutionsmittel: Petrolether (40–60°), 100 cm^3.
Petrolether (40–60°) – Dichlormethan (50 + 50), 100 cm^3.
Dichlormethan, 600 cm^3.
Aufgabemenge: 1 g äth. Öl.
Tropfgeschwindigkeit: 2–3 Tropfen/s.
Fraktionen: ca. 10 cm^3.
Ausbeute: ca. 500 mg.
Zeitbedarf: 1,5 Tage.

c) *Dünnschicht-Chromatographie*
I. Standardmethode: Ja.
II. Schicht: Kieselgel F_{254}.

III. Fließmittel: Dichlormethan, KS.

IV. Nachweis

1. UV_{254}: Fluoreszenzmindernde Zonen markieren (Carvon im mittleren hRf-Bereich des Chromatogramms zeigt Fluoreszenzminderung).
2. Anisaldehyd-Schwefelsäure (Reag. Nr. 4), 5–10 min auf 110 °C (Carvon färbt sich rosafarben an).

V. Untersuchungslösung: Punktförmige Auftragung:

a) 10 mm^3 äth. Öl werden in 2,0 cm^3 Chloroform gelöst, davon 5 mm^3.

b) Ab Fraktion 10 von jeder 3. Fraktion 5–10 mm^3.

VI. Vergleichslösung

2 mm^3 Carvon werden in 1,0 cm^3 Chloroform gelöst, davon trägt man 5 mm^3 punktförmig auf.

Auswertung

1. *Herstellung des 2,4-Dinitrophenylhydrazons* (2,4-DNPH)
   0,5 g 2,4-Dinitrophenylhydrazin werden im Reagenzglas in 10 cm^3 Dimethylsulfoxid gelöst, 0,1 cm^3 des isolierten Carvons zugegeben und geschüttelt. Nach Zugabe von 1–2 Tropfen konz. Salzsäure fällt das entsprechende Hydrazon aus. Zur Kristallisation fügt man 2 cm^3 Ethanol zu, schüttelt und läßt 1–2 h bei 4° stehen. Die feinen Kristalle saugt man auf einem Glasfiltertrichter ab und wäscht mit 2 cm^3 Ethanol nach. Nach dem Trocknen liegt der Smp. bei 190°.

2. Das *IR-Spektrum* des isolierten Carvons ist aufzunehmen, mit dem abgebildeten Spektrum und den wiedergegebenen Daten zu vergleichen.

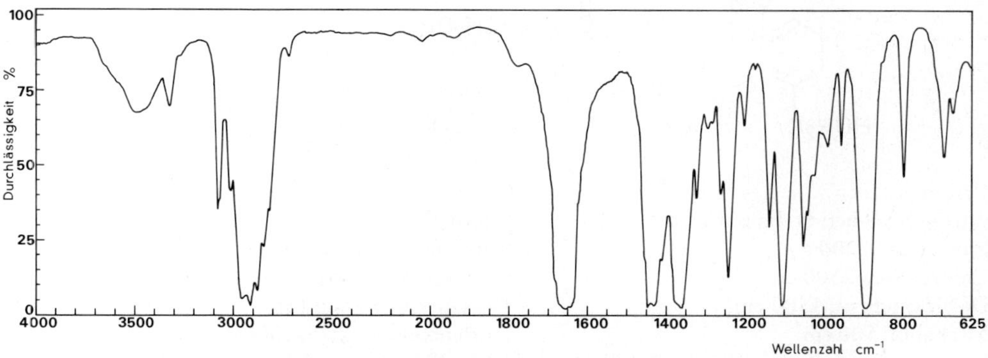

IR-Spektrum von Carvon (als Film zwischen zwei Kaliumbromidpreßlingen).

Wellenzahl cm^{-1}	Zuordnung	Schwingungsart
3320	$>C=O$	Oberschwingung von C=O
3080	exocycl. Doppelbindung	CH-Streckschwingung
3020	endocycl. Doppelbindung	CH-Streckschwingung
2985–2815	$-CH_3$, $>CH_2$, $-\overset{\vert}{\underset{\vert}{C}}-H$	CH-Streckschwingung
1660	$>C=O$ (verschoben wegen Konjugation)	C=O-Streckschwingung
1644	exocycl. Doppelbindung	C=C-Streckschwingung
1448	$-CH_3$ und $>CH_2$ (in α-Stellung zu der Doppelbindung)	CH-Beugeschwingung
1431	$>CH_2$ (in α-Stellung zu C=O)	CH-Beugeschwingung
1364	vermutl. $-CH_3$	sym. CH-Beugeschwingung
1244	$>C=O$	vermutl. CC-Schwingung in Ketonen
895	exocycl. Doppelbindung	CH-Beugeschwingung
800	endocycl. Doppelbindung	CH-Beugeschwingung

3. Das *UV-Spektrum* des isolierten Carvons ist aufzunehmen (10 mg Carvon werden in 25 cm³ Ethanol gelöst, davon wird 1,0 cm³ mit Ethanol auf 25,0 cm³ aufgefüllt).
λ_{max} = 235 nm (ε = 8500).
λ_{max} = 318 nm (ε = 420).

Weitere Aufgaben

a) Welcher Terpenkohlenwasserstoff, der die gleiche Grundstruktur wie Carvon aufweist, ist im ätherischen Kümmelöl enthalten? – In welchem ätherischen Öl anderer Drogen bzw. Nutzpflanzen ist dieser Kohlenwasserstoff hauptsächlich enthalten?
b) Nennen Sie weitere Drogen (Stammpflanze, Familie), die ebenfalls Carvon enthalten!
c) Was ist «Kreuz»- oder «Mutter»-kümmel? Geben Sie die Stammpflanze, Familie und einen charakteristischen Inhaltsstoff an.
d) Geben Sie Beispiele für acyclische, monocyclische (außer Carvon) und bicyclische Monoterpenketone an!
e) Mit welchem gruppenspezifischen Sprühreagenz kann man Ketone und Aldehyde auf der DC-Schicht nachweisen?

8. Isolierung von Cnicin aus Kardobenediktenkraut

Prinzip: Grob gepulvertes Kardobenediktenkraut (*Cnicus benedictus* L.) werden mit einem Gemisch von Chloroform und Methanol perkoliert. Aus dem eingeengten Perkolat wird Cnicin säulenchromatographisch abgetrennt und durch Umkristallisation rein dargestellt.

Gehalt: 0,3%.

Strukturformel

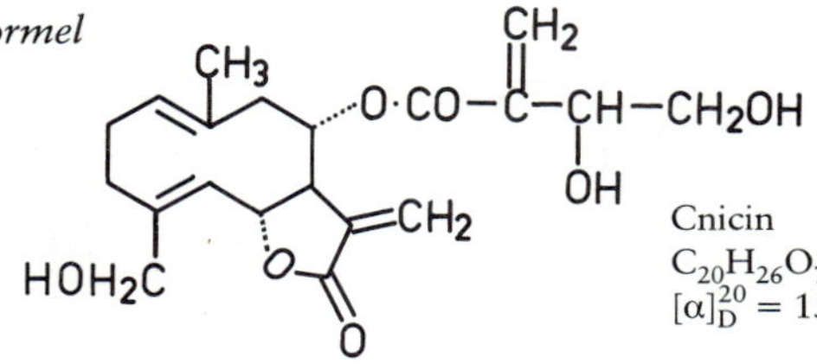

Cnicin
$C_{20}H_{26}O_7$, MG 378,4; Smp: 143 °C, 330° (Zersetzung)
$[\alpha]_D^{20}$ = 158° (c = 2,3 in Ethanol)

Chemikalien
Cardui benedicti herba pulv. gross. (700), 200 g
Chloroform, 2500 cm³
Dichlormethan, 1500 cm³
Methanol, 500 cm³
Kieselgel zur SC (0,063–0,2 mm), 220 g
Seesand, 100 g
DC-Schichten: Kieselgel F_{254}
Cnicin, 5 mg (Vergleich)
Hydrochinon, 5 mg (Leitsubstanz)

Geräte
Rundkolben, NS 29, 500 cm³ (1), 250 cm³ (1)
Spitzkolben, NS 14,5, 100 cm³ (1)
Bechergläser: 2000 cm³ (1), 250 cm³ (1), 100 cm³ (2), 50 cm³ (1)
1 Erlenmeyerkolben, 1000 cm³
1 Glasfiltertrichter, D3, ∅ 4 cm, mit pass. Guko zu Saugrohr, 25 cm
1 Trichter, ∅ 4 cm
1 Perkolationsrohr, l = 120 cm, $\varnothing_i$ = 5 cm
1 Chromatographiesäule, l = 150 cm, $\varnothing_i$ = 2 cm

Reagenzien
Anisaldehyd-Schwefelsäure (Reag. Nr. 4)

Allgemeine Geräte
Wasserbad
Fraktionssammler mit Zubehör
Rotationsverdampfer
DC-Grundausrüstung

Durchführung

a) *Extrakt:* 200 g Cardui benedicti herba pulv. gross. werden portionsweise mit 2000 cm³ eines Gemisches aus Chloroform-Methanol (90 + 10) in das Perkolationsrohr eingeschlämmt und über Nacht stehen gelassen. Danach wird mit weiteren 500 cm³ des Gemisches perkoliert. Das Perkolat wird portionsweise in einem 500 cm³ Rundkolben am Rotationsverdampfer bei Temperaturen unter 50 °C eingeengt. 10 mm³ werden in 1,0 cm³ Chloroform-Methanol (9 + 1) gelöst (= DC-Lösung a).

b) *Säulen-Chromatographie*
Allgemeine Durchführung: Siehe «Säulenchromatographische Trennungen», S. 28.
Chromatographiesäule: $l = 150$ cm, $\varnothing_i = 2$ cm.
Stationäre Phase: Kieselgel zur SC, 220 g.
Elutionsmittel: 1. Dichlormethan-Methanol (98 + 2), 200 cm^3.
2. Dichlormethan-Methanol (95 + 5), 300 cm^3.
3. Dichlormethan-Methanol (90 + 10), ca. 800 cm^3.
Aufgabemenge: Eingeengter Extrakt (a), in Seesand verrieben.
Tropfgeschwindigkeit: 2–3 Tropfen/s.
Fraktionen: 10–15 cm^3.
Die hauptsächlich Cnicin enthaltenden Fraktionen, die meist noch grünlich-grau gefärbt sind, werden vereinigt, am Rotationsverdampfer bis zu einem Volumen von ca. 10 cm^3 eingeengt. Die eingeengte Lösung wird in ein 100 cm^3 Becherglas überführt, der Kolben mit wenig Methanol nachgespült. Die vereinigten Lösungen werden mit ca. 100 mg Aktivkohle versetzt, auf dem Wasserbad aufgekocht und heiß filtriert. Aus dem schwach gelben Filtrat kristallisiert beim Stehenlassen über Nacht Cnicin aus. Die farblosen Kristalle werden über einen Glasfiltertrichter abgesaugt und mit wenig Chloroform gewaschen.
Ausbeute: 0,3–0,6 g.

c) *Dünnschicht-Chromatographie*
I. Standardmethode: Ja.
II. Schicht: Kieselgel F_{254}.
III. Fließmittel: Dichlormethan-Methanol (90 + 10), KS.
IV. Nachweis
1. UV_{254}: Fluoreszenzmindernde Zonen markieren (Cnicin zeigt im unteren Drittel des Chromatogramms eine schwache Fluoreszenzminderung, ebenso die auf gleicher Höhe im Chromatogramm liegende Vergleichssubstanz Hydrochinon).
2. Anisaldehyd-Schwefelsäure (Reag. Nr. 4), 5–10 min auf 110 °C. Die Cnicinzone färbt sich bräunlich an; die Vergleichssubstanz Hydrochinon färbt sich gelbbraun an.

V. Untersuchungslösung: Punktförmige Auftragung.
1. DC-Lösung a, 10 mm^3.
2. von jeder 3. Fraktion 5–10 mm^3.

VI. Vergleichslösung: 5 mg Cnicin werden in 1 cm^3 Methanol gelöst, davon trägt man 3 mm^3 punktförmig auf.
Oder: 5 mg Hydrochinon werden in 1 cm^3 Methanol gelöst, davon trägt man 3 mm^3 punktförmig auf.

Auswertung

1. Das *IR-Spektrum* des isolierten Cnicins ist aufzunehmen, mit dem abgebildeten Spektrum und den wiedergegebenen Daten zu vergleichen.

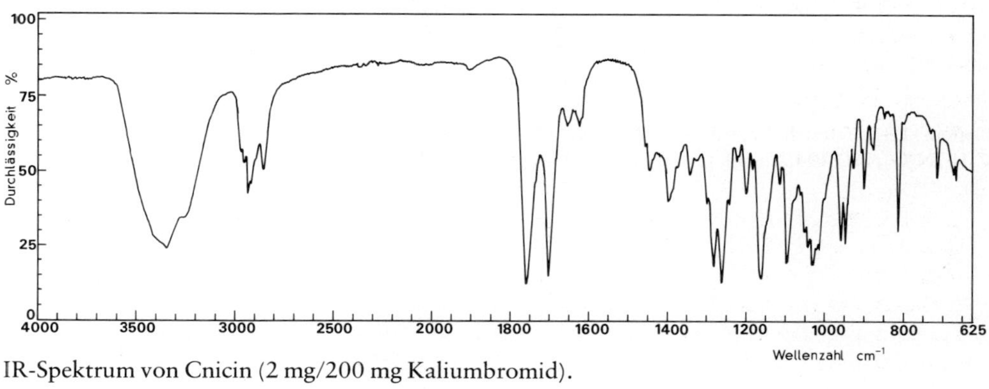

IR-Spektrum von Cnicin (2 mg/200 mg Kaliumbromid).

Wellenzahlen cm^{-1}	Zuordnung	Schwingungsart
3350	$-OH$	OH-Streckschwingung
3260	$>C=O$ (vermutl.)	C=O-Oberschwingung
2980–2870	$-CH_3$, $>CH_2$ u. $-\overset{\vert}{\underset{\vert}{C}}-H$	CH-Streckschwingung
1760	$>C=O$, im Lacton	C=O-Streckschwingung
1703	$>C=O$, im Ester	C=O-Streckschwingung
1655	endocycl. Doppelbindung und Doppelbindung in der Kette	CH-Streckschwingung
1625	exocycl. Doppelbindung	C=C-Streckschwingung
1460–1450	$-CH_3$ u. $>CH_2$	asym. CH-Beugeschwingung
1400	$-OH$ in $-CH_2OH$	assoz. OH-Beugeschwingung
1280, 1260	$>C-O$ im Ester	CO-Streckschw. u. C−CO−O-Gerüstschwingung
und 1162	$-OH$ in $-CH_2OH$	freie OH-Beugeschwingung
1050–1014	$-CH_2OH$	CO-Streckschwingung
897	exocycl. Doppelbindung	CH-Beugeschwingung
813	trisubst. Doppelbindung	CH-Beugeschwingung

2. Der *Schmelzpunkt* (bzw. Zersetzungspunkt) des isolierten Cnicins ist zu bestimmen.

Weitere Aufgaben

a) Welche Sesquiterpengrundstrukturen sind in Naturstoffen vertreten? – Zu welchen gehört Cnicin?

b) Welche anderen Sesquiterpenlactone aus Drogen kennen Sie?

c) Welche anderen Bitterstoffe kennen Sie? Zu welchen chemischen Stoffgruppen gehören diese und in welchen Drogen (Stammpflanze, Familie) sind diese enthalten?

9. Isolierung von Coffein aus schwarzem Tee

Prinzip: Aus grob gepulverten Teeblättern (*Camellia sinensis* (L.) O. KUNTZE) wird mit siedendem Wasser Coffein extrahiert. Die mitextrahierten Gerbstoffe werden mit Bleiacetatlösung gefällt. Überschüssige Bleiionen werden mit verdünnter Schwefelsäure ausgefällt; aus diesem mit Ammoniaklösung neutralisierten Filtrat wird Coffein mit Chloroform extrahiert.

Gehalt: 2–4%.

Strukturformel

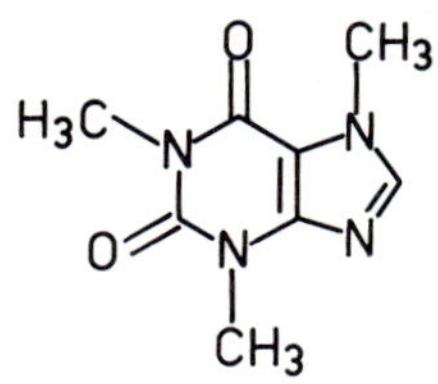

Coffein (1,3,7-Trimethyl-2,6-dioxo-1,2,3,6-tetrahydropurin)
$C_8H_{10}N_4O_2$, MG 194,2; Subl. p: 180°, Smp: 235–238°

Chemikalien
Theae folium pulv. gross. (710), 50 g
Chloroform, 200 cm^3
Ethanol, 50 cm^3
Petrolether (40–60°), 150 cm^3
Dichlormethan, 150 cm^3
Ammoniaklösung 25proz. *(G/V)*, 30 cm^3
Schwefelsäure 20proz. *(G/V)*, 30 cm^3
basisches Bleiacetat, 10 g
Natriumsulfat, wasserfrei, 20 g
DC-Schicht: Kieselgel F_{254}, 20 × 20 cm
Coffein, 5 mg (Vergleich)
Theobromin, 5 mg (Vergleich)
Theophyllin, 5 mg (Vergleich)
Maté folium pulv. (300), 50 mg
Colae semen pulv. (300), 50 mg
Coffeae semen pulv. (300), 50 mg

Geräte
Rundkolben, NS 29, 1000 cm^3 (1), 250 cm^3 (1)
Bechergläser, 1000 cm^3 (1), 600 cm^3 (2), 100 cm^3 (2),
2 Erlenmeyerkolben, 200 cm^3
1 Scheidetrichter, 500 cm^3
1 Büchner-Trichter, ∅ 10 cm mit pass. Guko zu Saugflasche, 1000 cm^3
1 Glasfiltertrichter, D 3, ∅ 4 cm mit pass. Guko zu Saugrohr, 25 cm^3
2 Trichter, ∅ 5 cm
1 Glasstab, 8 × 350 mm
Objektträger
Gazesäckchen

Reagenzien
Jod-Salzsäure (Reag. Nr. 43)

Allgemeine Geräte
Heizplatte
Drogenpresse
Rotationsverdampfer
TAS-Ofen mit Zubehör
DC-Grundausrüstung

Durchführung

50 g grob gepulverte Teeblätter und 350 cm^3 destilliertes Wasser werden unter öfterem Rühren in einem 600 cm^3-Becherglas 15 min gekocht. Das Blattmaterial wird in einem Gazesäckchen in einer Drogenpresse stark ausgepreßt und nochmals mit 250 cm^3 destilliertem Wasser aufgekocht und erneut abgepreßt. Zu den vereinigten Wasserauszügen (= DC-Lösung a) gibt man nach Erwärmen auf 60–70 °C ca. 60–80 cm^3 10proz. *(G/V)* Bleiacetatlösung, bis sich die Lösung über dem Niederschlag klärt. Der braune Niederschlag wird nach Filtrieren in 200 cm^3 Wasser aufgekocht, nochmals filtriert und verworfen.

Man erhitzt die vereinigten, orangeroten klaren Filtrate zum Sieden und versetzt sie unter Rühren mit 20 cm^3 20proz. *(G/V)* Schwefelsäure. Nach Absetzen des weißen Bleisulfat-Niederschlags wird durch nochmalige Zugabe von wenig Schwefelsäure auf Vollständigkeit der Fällung geprüft. Die filtrierte Lösung (= DC-Lösung b) wird am Rotationsverdampfer auf 250 cm^3 eingeengt, abgenutscht und der Rückstand verworfen. Nach dem Abkühlen alkalisiert man mit etwa 20 cm^3 25proz. *(G/G)* Ammoniaklösung, überführt in einen Scheidetrichter und schüttelt 5× mit je 20 cm^3 Chloroform vorsichtig aus (= DC-Lösung c). Die vereinigten, über wasserfreiem Natriumsulfat getrockneten Chloroformextrakte werden am Rotationsverdampfer im Vakuum bis fast zur Trockne eingeengt. (Vorsicht beim Belüften des Rotationsverdampfers!) Der grauweiße Rückstand wird unter Erhitzen auf dem Wasserbad in möglichst wenig Dichlormethan aufgelöst und unter Nachspülen mit Dichlormethan in ein 100 cm^3 Becherglas filtriert. Man engt die filtrierte Lösung auf dem Wasserbad soweit ein, bis nach Zugabe von 1–2 cm^3 Petrolether (40–60°) eine Trübung eintritt. Man setzt in der Hitze einige Tropfen Dichlormethan hinzu, bis die Lösung wieder klar geworden ist. Bei längerem Stehen bei 4 °C fällt Coffein kristallin aus, das über einen Glasfiltertrichter abgesaugt wird.

Ausbeute: 0,3–0,5 g.
Zeitbedarf: 1 Tag.

Auswertung

1. *Dünnschicht-Chromatographie*

I. Standardmethode: Ja.
II. Schicht: Kieselgel F_{254}.

III. Fließmittel: Chloroform-Ethanol-konz. Ammoniaklösung (98 + 1 + 1), KS, 10 cm.

IV. Nachweis

a) UV_{254}: Fluoreszenzmindernde Zonen markieren (Coffein im mittleren Rf-Bereich, Theobromin (hRf 35) und Theophyllin (hRf 15) zeigen Fluoreszenzminderung).

b) Jod-Salzsäure (Reag. Nr. 43): Coffein färbt sich rotbraun an, Theobromin blauviolett und Theophyllin violett.

V. Untersuchungslösung

a) TAS-Verfahren: Je 10 mg von Theae folium, Colae semen, Coffeae semen und Maté folium, *Verweilzeit:* 2 min, *Temperatur:* 250 °C.

b) bandförmige Auftragung (10 × 3 mm)

a) DC-Lösung a: 10 mm^3
b) DC-Lösung b: 10 mm^3 } unter Warmluftstrom auftragen.
c) DC-Lösung c: 5 mm^3

d) isoliertes Coffein: 5 mg in 5 cm^3 Ethanol, davon trägt man 5 mm^3 auf.

VI. Vergleichslösung: Je 5 mg Coffein, Theobromin und Theophyllin werden in je 5 cm^3 Ethanol gelöst, davon trägt man 10 mm^3 bandförmig (10 × 3 mm) auf.

2. Das *IR-Spektrum* des isolierten Coffeins ist aufzunehmen, mit dem abgebildeten Spektrum und den wiedergegebenen Daten zu vergleichen.

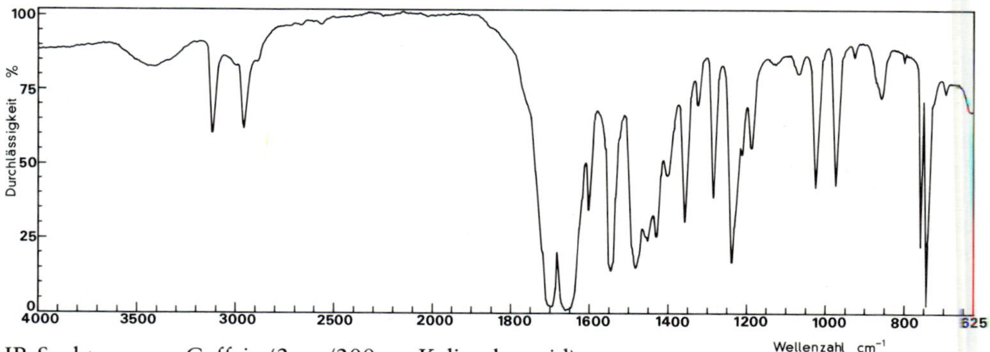

IR-Spektrum von Coffein (2 mg/200 mg Kaliumbromid).

Wellenzahl cm^{-1}	Zuordnung	Schwingungsart
3120	vermutl. –N=C– mit –H am C	CH-Streckschwingung
2950	$-CH_3$	CH-Streckschwingung
1695	>C=O (Carbonamid)	C=O-Streckschwingung
1655	>C=O Vinyloges Carbonamid und evtl. N–CO–N	C=O-Streckschwingung
1595, 1550 und 1450	Pyrimidin-System	C=N-Streckschwingung
1479	$-CH_3$	asym. CH-Beugeschwingung
1355	$-CH_3$	sym. CH-Beugeschwingung
1236, 1185 und 1022	–CH(=N–)–	C=N-Streckschwingung
744	–C(–)H im Fünfring (?)	CH-Beugeschwingung

3. Das *UV-Spektrum* des isolierten Coffeins ist aufzunehmen (50 mg Coffein werden in 50,0 cm^3 Wasser gelöst, davon wird 1 cm^3 mit Wasser auf 100 cm^3 aufgefüllt).
$\lambda_{max} = 274$ nm ($\varepsilon = 10000$).

4. Der *Schmelzpunkt* des isolierten Coffeins ist im geschlossenen Schmelzpunktsröhrchen zu bestimmen.

Weitere Aufgaben

a) Welche weiteren xanthinderivathaltigen Drogen kennen Sie?
b) Was sind die Unterschiede zwischen grünem und schwarzem Tee?
c) Welche Gerbstofftypen sind in Theae folium enthalten?
d) Wie unterscheiden sich die pK_s und pK_b-Werte der drei Xanthinderivate?
e) Wie kann man außer durch chromatographische Verfahren Theophyllin neben Theobromin und Coffein nachweisen?
f) Welche Herkünfte und Arten von Coffea sind von weltwirtschaftlicher Bedeutung? Wie hoch ist der durchschnittliche Coffeingehalt in geröstetem Kaffee?

10. Isolierung von Colchicin aus Herbstzeitlosensamen

Beachte: Colchicin gehört zu den am stärksten wirkenden Giften!

Prinzip: Zerstoßene Herbstzeitlosensamen (*Colchicum autumnale* L.) werden mit Ethanol extrahiert. Zur Abtrennung der mitextrahierten fetten Öle wird Colchicin aus dem eingeengten Extrakt mit heißem Wasser entzogen. Aus der wäßrigen Phase wird Colchicin mit Chloroform extrahiert. Aus dem eingeengten Chloroform-Extrakt wird Colchicin säulenchromatographisch abgetrennt.

Gehalt: 0,2–0,6%.

Strukturformel

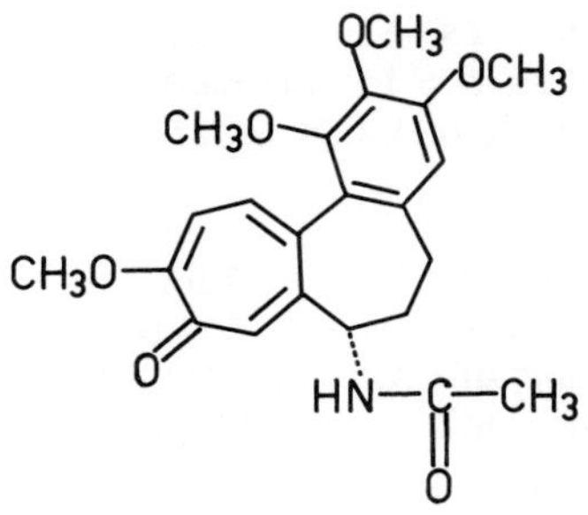

Colchicin
$C_{22}H_{25}NO_6$, MG 399,4; Smp: 155–157 °C, 160–164 °C (DAB 8)
$[\alpha]_D^{20} = -235$ bis $-245°$ (c = 0,5proz. in Ethanol)

Chemikalien
Colchici semen contus., 100 g
Ethanol, 90proz. *(V/V)*, 1000 cm^3
Chloroform, 1500 cm^3
Ether, 50 cm^3
Aceton, 150 cm^3
Diethylamin, 30 cm^3
Natriumsulfat, wasserfrei, 10 g
Aktivkohle, 1 g
Kieselgel zur SC (0,063–0,2 mm), 20 g
Seesand, 10 g
DC-Schichten: Kieselgel F_{254}, (20 × 20 cm)
Colchicin, 5 mg (Vergleich)

Geräte
1 Zweihals-Rundkolben, 2 × NS 29, 500 cm^3
1 Rückflußkühler, NS 29
Rundkolben, NS 29, 500 cm^3 (2), 250 cm^3 (1)
Spitzkolben, NS 14,5, 100 cm^3 (2), 50 cm^3 (1)
Bechergläser, 600 cm^3 (1), 400 cm^3 (1), 100 cm^3 (1)
Erlenmeyerkolben, 1000 cm^3 (1), 500 cm^3 (1)
1 Scheidetrichter, 500 cm^3
1 Trichter, Ø 8 cm
1 Perkolationsrohr, 4 × 40 cm ohne Hahn mit pass. Guko zu Saugflasche, 1000 cm^3
1 Glasfiltertrichter, Ø 5 cm mit pass. Guko zu Saugrohr, 25 cm^3
1 Glasstab
1 Chromatographiesäule, $l = 50$ cm, $\varnothing_i = 1{,}0$ cm

Reagenzien: Konz. Salzsäure

Allgemeine Geräte

Heizpilz, 500 cm^3

Magnetrührer mit Stäbchen 30 mm

Rotationsverdampfer

Fraktionssammler mit Zubehör

Wasserbad

Rührwerk f. 500 cm^3 Rundkolben mit Motor

DC-Grundausrüstung

Durchführung: (im diffusen Tageslicht) – Colchicin ist lichtempfindlich.

a) *Extrakt:* 100 g Colchici semen contus. werden in einem 500 cm^3 Zweihalskolben mit 350 cm^3 Ethanol 90proz. *(V/V)* 3 h unter Rühren und Rückfluß gekocht. Die noch heiße Suspension wird in das mit einem Glaswattebausch verschlossene Perkolationsrohr geschüttet und abgesaugt. Anschließend perkoliert man portionsweise mit 300 cm^3 heißem Ethanol 90proz. *(V/V)* nach. Die vereinigten Ethanolextrakte engt man am Rotationsverdampfer bei 50° vollständig ein (2 mm^3 werden in 0,2 cm^3 Ethanol gelöst = DC-Lösung a). Der gelb-braune harzige Rückstand wird mit 250 cm^3 heißem Wasser 10 min gerührt und die entstandene Suspension durch ein Faltenfilter filtriert. Gegebenenfalls muß der Filter mehrmals gewechselt werden. Das wäßrige Filtrat wird viermal mit je 100 cm^3 Chloroform ausgeschüttelt. Die vereinigten Chloroformphasen trocknet man mit wasserfreiem Natriumsulfat und engt sie auf 50 cm^3 ein (= DC-Lösung b). Dieser Lösung setzt man eine Spatelspitze Aktivkohle zu, kocht auf, filtriert und engt das Filtrat weitgehend ein. Nach Zusatz von 1–2 cm^3 Ether und Rühren mit einem Glasstab fällt das Rohcolchicin amorph aus, das über einen Glasfiltertrichter abgesaugt wird. Eine weitere Aufreinigung erfolgt über die Säulenchromatographie.

b) *Säulenchromatographie* (im abgedunkelten Raum)

Allgemeine Durchführung: Siehe S. 28, «Säulenchromatographische Isolierungen».

Chromatographiesäule: l = 50 cm, $\varnothing_i$ = 1,0 cm (mit Aluminiumfolie ummantelt)

Stationäre Phase: Kieselgel zur SC (0,063–0,2 mm), 20 g.

Elutionsmittel:

Chloroform, 50 cm^3.

Chloroform-Aceton-Diethylamin (40 + 9 + 1), 50 cm^3.

Chloroform-Aceton-Diethylamin (35 + 14 + 1), 50 cm^3.

Chloroform-Aceton-Diethylamin (30 + 18 + 2), 100 cm^3.

Chloroform-Aceton-Diethylamin (30 + 15 + 5), 50 cm^3.

Chloroform-Aceton-Diethylamin (25 + 20 + 10), 100 cm^3.

Aufgabemenge: 150 mg Rohcolchicin in 0,5 cm^3 Chloroform gelöst.

Tropfgeschwindigkeit: 2 Tropfen/s.

Fraktionen: ca. 5 cm^3.

Die Colchicin-haltigen Fraktionen werden vollständig eingeengt, bis der Geruch nach Diethylamin verschwunden ist, in ca. 1 cm^3 Chloroform aufgenommen, in ein Becherglas von 50 cm^3 überführt, auf dem Wasserbad weitgehend eingeengt und unter Rühren mit ca. 5 cm^3 Ether versetzt. Das Colchicin fällt als gelblich-weißer amorpher Niederschlag aus, der über einen Glasfiltertrichter abgesaugt und im Dunkeln an der Luft getrocknet wird.

Ausbeute: 100 mg.

Zeitbedarf: 2 Tage.

c) *Dünnschicht-Chromatographie*

I. Standardmethode: Ja.

II. Schicht: Kieselgel F_{254}.

III. Fließmittel: Chloroform-Aceton-Diethylamin (50 + 40 + 10), KS.

IV. Nachweis: Abdampfen des Fließmittels bei 110 °C:

1. UV_{254}: Fluoreszenzmindernde Zonen markieren (Colchicin im mittleren Rf-Bereich als Hauptzone und kleinere Zonen der Nebenalkaloide oberhalb und unterhalb der Colchicinzone zeigen Fluoreszenzminderung).
2. UV_{365}: Fluoreszierende Zonen markieren (Colchicin zeigt eine ockergelbe Fluoreszenz; eine blau fluoreszierende Zone in Startpunktnähe entspricht dem Colchicein).
3. Besprühen mit konz. Salzsäure (Colchicin färbt sich gelb an).

V. Untersuchungslösung: Punktförmige Auftragung:

1. Rohcolchicin: 5 mg werden in 1,0 cm^3 Chloroform gelöst, davon 5 mm^3.
2. Ab Fraktion 10 von jeder 3. Fraktion 5–10 mm^3.

VI. Vergleichslösung: 5 mg Colchicin werden in 1,0 cm^3 Chloroform gelöst, davon trägt man 5 mm^3 punktförmig auf.

Auswertung

1. *Abschließende DC*
   DC-Bedingungen I.–IV. und VI. wie oben unter c).
   V. Untersuchungslösung: Bandförmige Auftragung (3 × 10 mm):
   a) DC-Lösung a, 10 mm^3.
   b) DC-Lösung b, 10 mm^3.
   c) Rohcolchicin, s. c), *V*, 1., 10 mm^3.
   d) Rein-Colchicin: 5 mg werden in 1,0 cm^3 Chloroform gelöst, davon trägt man 10 mm^3 auf.
2. Das *IR-Spektrum* des isolierten Colchicins ist aufzunehmen, mit dem abgebildeten Spektrum und den wiedergegebenen Daten zu vergleichen.

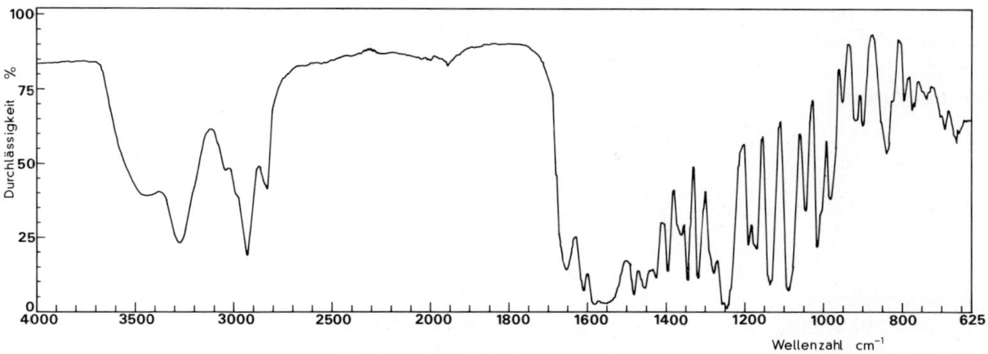

IR-Spektrum von Colchicin (2 mg/200 mg Kaliumbromid).

Wellenzahl cm^{-1}	Zuordnung	Schwingungsart
3450	$-NH-$	freie NH-Streckschwingung
3250	$-NH-$	assoz. NH-Streckschwingung
3050	Aromat	CH-Streckschwingung
2940	$-CH_3$ und $>CH_2$	CH-Streckschwingung
2840	$-OCH_3$	CH-Streckschwingung
1660	$>C=O$ (in $-NH-CO-CH_3$)	C = O-Streckschwingung
1615	$>C=O$ im Tropolon-Ring	C = O-Streckschwingung
1590–1485	Aromat und $-NH-CO-CH_3$	CC-Streckschw., NH-Beugeschw. oder sym. O = C−N-Streckschwing.
1459	$-OCH_3$	asym. CH-Beugeschwingung
1430	$-CH_3$ in $(-CO-CH_3)$	asym. CH-Beugeschwingung
1350	$-CH_3$ in $(-CO-CH_3)$	sym. CH-Beugeschwingung
1250	$Ar-OCH_3$ (arom.-aliph. Ether)	asym. CO-Streckschwingung
1020	vermutl. $Ar-O-CH_3$	sym. CO-Streckschwingung
845–830	isol. H am Aromat sowie 2 benachbarte H am Aromat	CH-Beugeschwingung

3. Das *UV-Spektrum* des isolierten Colchicins ist aufzunehmen (5 mg werden in 25 cm^3 Ethanol gelöst, davon wird 1 cm^3 mit Ethanol auf 25 cm^3 aufgefüllt).
   $\lambda_{max} = 350$ nm ($\varepsilon = 16000$).
   $\lambda_{max} = 240$ nm ($\varepsilon = 29000$).

4. Der *Schmelzpunkt* des isolierten Colchicins ist zu bestimmen.
Beachte: Die letzten Reste des Chloroforms werden hartnäckig festgehalten, so daß der Schmelzbereich niedriger liegt (148–153 °C); durch Trocknen in der Vakuumpistole bei 80 °C wird ein höherer Schmelzpunkt erreicht.

Weitere Aufgaben

a) Welche Nebenalkaloide sind in Colchici semen noch enthalten? Wie unterscheiden sie sich strukturell?
b) Wozu wird Colchicin therapeutisch verwendet? Wie wirkt Colchicin außerdem?
c) Welche Ringsysteme weist das Colchicin-Molekül auf?
d) Von welcher Aminosäure kann Colchicin biogenetisch abgeleitet werden?
e) Worauf beruht die Identitätsprüfung von Colchicin mit Salzsäure und Eisen(III)chlorid nach DAB 8?

11. Isolierung von Cubebin aus Kubebenpfeffer

Prinzip: Gepulverte Kubeben (*Piper cubeba* L. fil.) werden zur Entfernung des ätherischen Öles mit Wasserdampf destilliert. Den getrockneten Drogenrückstand extrahiert man dann mit Chloroform. Aus dem eingeengten Extrakt wird Cubebin säulenchromatographisch abgetrennt und anschließend umkristallisiert.

Gehalt: 2,5%.

Strukturformel

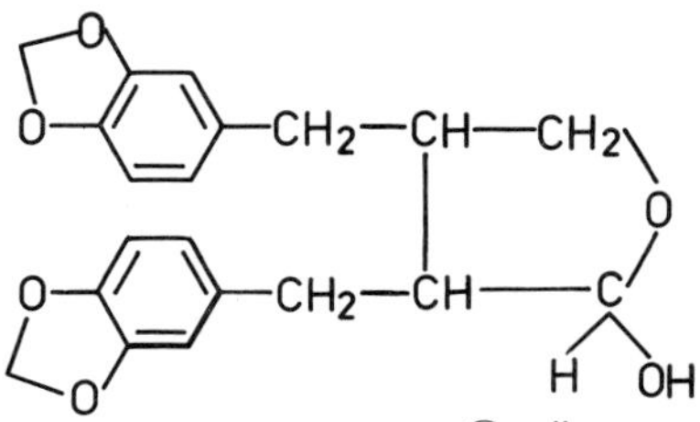

Cubebin
$C_{20}H_{20}O_6$, MG 356,4; Smp: 131–132 °C
$[\alpha]_D^{25} = -45{,}6°$ (c = 5 in Chloroform)

Chemikalien

Cubebae fructus pulv. gross. (710), 100 g
Chloroform, 2500 cm³
Petrolether (40–60°), 100 cm³
Essigsäureethylester, 1000 cm³
Schwefelsäure 80proz. *(G/V)*, 10 cm³
Kieselgel zur SC (0,063–0,2 mm), 650 g
Seesand, 50 g
Natriumsulfat, wasserfrei, 50 g
Aktivkohle, 5 g
DC-Schichten: Kieselgel F_{254}, 20 × 20 cm
Cubebin, 5 mg (Vergleich)
Piperin, 5 mg (Vergleich)

Geräte

Rundkolben, NS 29, 1000 cm³ (1), 500 cm³ (1)
1 Zwei- bzw. Dreihalskolben, 500 cm³
2 Spitzkolben, NS 14,5, 100 cm³
1 Wasserdampfeinleitungsrohr, pass. in
1 Rundkolben, NS 29, 1000 cm³
1 Liebig-Kühler, 40 cm
1 Rückflußkühler, 40 cm
Bechergläser: 600 cm³ (1), 250 cm³ (2), 100 cm³ (3), 50 cm³ (2)
2 Erlenmeyerkolben, 1000 cm³
Trichter: ∅ 8 cm, ∅ 6 cm (je 1), ∅ 5 cm (2)
1 Scheidetrichter, 100 cm³
1 Glasfiltertrichter, D3, ∅ 6 cm
mit pass. Guko für Saugrohr, 20 cm³
1 Porzellanschale, ∅ 25 cm
1 Perkolationssäule, l = 50 cm, $\varnothing_i$ = 5 cm
1 Mörser, ∅ 8 cm mit Pistill
1 Chromatographiesäule, l = 120 cm, $\varnothing_i$ = 2,5 cm

Reagenzien: Anisaldehyd-Schwefelsäure (Reag. Nr. 4)

Allgemeine Geräte

1 Heizpilz, 500 cm³
Wasserdampfentwicklungsapparat mit Steigrohr und Heizplatte
Rührwerk mit Motor
Rotationsverdampfer
Wasserbad
DC-Grundausrüstung

Gaswaschflaschenaufsatz. Falls keine Chlorwasserstoff-Gasflasche zur Verfügung steht, wird aus einer Gasentwicklungsapparatur, bestehend aus einem 500 cm^3-Dreihals-Rundkolben mit passendem Gasableitungsrohr und einem 100 cm^3-Tropftrichter durch tropfenweise Zugabe von 20 cm^3 konz. Schwefelsäure zu 10 g Kochsalz Chlorwasserstoff entwickelt. Über PVC-Schlauchverbindungen durchströmt das Gas zum Trocknen erst eine mit 50 cm^3 konz. Schwefelsäure beschickte Waschflasche. Nach Passieren einer nachgeschalteten Sicherheitswaschflasche wird der getrocknete Chlorwasserstoff in die etherische Alkaloidbasenlösung eingeleitet. Der überschüssige Chlorwasserstoff wird in eine Waschflasche mit 10proz. Natronlauge geleitet. Nach etwa 10 min bildet sich in der etherischen Lösung infolge Fällung der Alkaloidhydrochloride ein schmutzigweißer Niederschlag von Ephedrinhydrochlorid neben Hydrochloriden der Begleitalkaloide. Daraufhin wird die Chlorwasserstoffzufuhr abgebrochen und sämtliche Schlauchverbindungen der Gasentwicklungsapparatur gelöst, um ein Zurücksaugen der Sperrflüssigkeiten zu vermeiden. Das Rohalkaloidgemisch wird über einen Büchner-Trichter abgesaugt [10 mm^3 der Mutterlauge werden mit 0,1 cm^3 Chloroform verdünnt = DC-Lösung c]. – Das Rohalkaloidgemisch (5 mg in 1,0 cm^3 Methanol = DC-Lösung d) wird in einem 250 cm^3 Becherglas mit ca. 30 cm^3 Aceton versetzt, auf dem Wasserbad unter Zusatz von Methanol (ca. 10 cm^3) erhitzt, bis es sich vollständig aufgelöst hat. Man gibt dann eine Spatelspitze Aktivkohle hinzu, kocht auf und filtriert. Zu dem Filtrat gibt man gerade so viel Aceton, bis das Ausfallen der Kristalle beginnt. Das beim Abkühlen nach längerer Zeit (6 h) ausgefallene kristalline Produkt wird über einen Glasfiltertrichter abgesaugt, mit wenig Aceton gewaschen und an der Luft getrocknet. – Falls noch kein dc-einheitliches Produkt vorliegt, wird fraktioniert umkristallisiert; dazu wird das erhaltene Produkt in der 15fachen Menge Methanol gelöst, mit der 100fachen Menge Aceton versetzt und ca. 6 h bei 4° stehen gelassen. Die danach ausgefallenen Kristalle werden über einen Glasfiltertrichter abgesaugt. (Nach ein- bis zweimaligem Umkristallisieren wird ein dc-einheitliches Ephedrin-Hydrochlorid erhalten.)
Ausbeute: 0,5–1,5 g.
Zeitbedarf: 2 Tage.

Auswertung

1. *Dünnschicht-Chromatographie*

   I. Standardmethode: Ja.
   II. Schicht: Kieselgel F_{254}.
   III. Fließmittel: Ethanol-Chloroform-konz. Ammoniaklösung. (49 + 49 + 2), KS, 10 cm
   IV. Nachweis
   1. UV_{254}: Fluoreszenzmindernde Zonen markieren (Ephedrin im unteren Drittel des Chromatogramms (hRf 20–25) und darüber ein Begleitalkaloid (hRf 35–40) zeigen eine schwache Fluoreszenzminderung).
   2. Ninhydrin-Reagenz (Reag. Nr. 49), 5–10 min auf 110° erhitzen. (Ephedrin und die Begleitalkaloide färben sich tiefrot an).

   V. Untersuchungslösung: (Bandförmige Auftragung, 10 × 3 mm)
   Je 10 mm^3 der DC-Lösungen a-d.
   VI. Vergleichslösung:
   5 mg Ephedrinhydrochlorid werden in 1,0 cm^3 Methanol gelöst, davon trägt man 10 mm^3 bandförmig (10 × 3 mm) auf.

2. Das *IR-Spektrum* des isolierten Ephedrinhydrochlorids ist aufzunehmen, mit dem abgebildeten Spektrum und den wiedergegebenen Daten zu vergleichen.

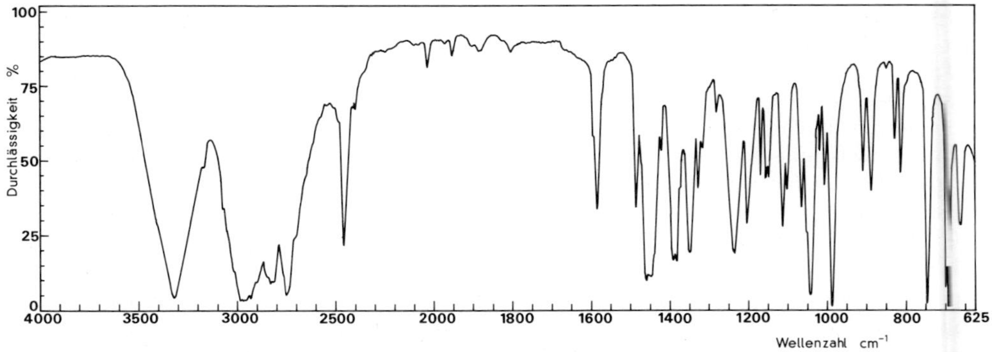

IR-Spektrum von Ephedrinhydrochlorid (2 mg/200 mg Kaliumbromid).

Wellenzahl cm^{-1}	Zuordnung	Schwingungsart
3325	–OH und sek. Amin	NH- u. OH-Streckschwingung
2990–2938	$-CH_3$ und $-\overset{|}{\underset{|}{C}}-H$	CH-Streckschwingung
2835	$-CH_3$ (am N)	CH-Streckschwingung
2765 und 2460	$-\overset{|}{N}H$	NH-Streckschwingung
1590	Aromat und $-\overset{|}{N}H$	CC-Streckschwingung und –NH-Beugeschwingung
1490	Aromat	CC-Streckschwingung
1470–1450	$-CH_3$ (am C u. N) und Aromat	asym. C–H-Beugeschwingung und CC-Streckschwingung
1420	–OH	assoz. –OH-Beugeschwingung
1385	$-CH_3$	sym. CH-Beugeschwingung
1240 oder 1205	–OH	freie OH-Beugeschwingung
1115 oder 1050	$-\overset{|}{\underset{|}{C}}-OH$	CO-Streckschwingung
750 und 695	monosubst. Aromat	CH-Beugeschwingung
695	vermutl. auch $-\overset{|}{N}H$	NH-Deformationsschwingung

3. Das *UV-Spektrum* des isolierten Ephedrinhydrochlorids ist aufzunehmen (5 mg in 25 cm^3 Methanol).
   $\lambda_{max} = 252$ nm ($\varepsilon = 140–160$).
   $\lambda_{max} = 258$ nm ($\varepsilon = 180–200$).
   $\lambda_{max} = 264$ nm ($\varepsilon = 140–160$).
4. Die *Schmelzpunkte* des isolierten Ephedrinhydrochlorids und der einzelnen Umkristallisationsprodukte sind zu bestimmen.

Weitere Aufgaben

a) Welche Stereoisomeren von Ephedrin gibt es? Erläutern Sie die Zusammenhänge zwischen den einzelnen.

b) Welche Nebenalkaloide kommen in Ephedrae herba vor? Geben Sie die Strukturunterschiede an.

c) Wodurch unterscheiden sich Adrenalin und Ephedrin strukturell? Wie unterscheiden sie sich in der Wirkung?

14. Isolierung von Eugenol aus Gewürznelken

Prinzip: Aus dem bei der Oleanolsäuregewinnung (s. S. 399) anfallenden Petroletherextrakt von Gewürznelken (*Syzygium aromaticum* (L.) Merill et L. M. Perry) wird das Eugenol mit Lauge als Phenolat abgetrennt. Nach dem Ansäuern der wäßrig-alkalischen Phase wird es mit Petrol-

ether ausgeschüttelt. Nach Abdestillieren des Petrolethers wird aus dem Rückstand durch Mikrodestillation im Vakuum das Eugenol gewonnen.
Gehalt: 15%.
Strukturformel

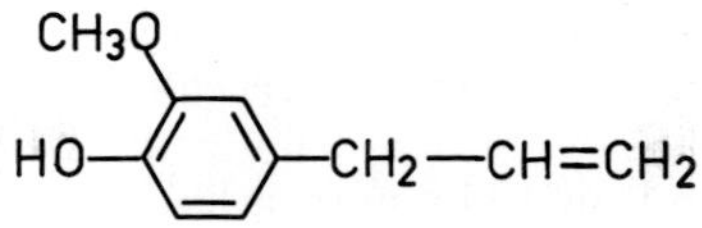

Eugenol (4-Allyl-2-methoxyphenol)
$C_{10}H_{12}O_2$, MG 164,2; $Sdp_{14\ Torr\ (\sim 18\ mbar)}$: 125°

Chemikalien
Petroletherextrakt der Oleanolsäure-Isolierung
Natriumhydrogencarbonat, 1,5 g
Natriumhydroxid, 20 g
Salzsäure, conc., 30 cm^3
Petrolether (Kp. 40–60°), 200 cm^3
Natriumsulfat, wasserfrei, 10 g
Toluol, 100 cm^3
DC-Schicht, Kieselgel F_{254}, 20 × 20 cm
Eugenol, 5 mg (Vergleich)
Eiswürfel

Geräte
1 Mikro-Vakuum-Destillationsanlage mit drehbarem Fraktionieransatz
Spitzkolben, NS 14,5, 100 cm^3 (1), 20 cm^3 (1)
2 Erlenmeyerkolben, 500 cm^3
1 Trichter, 5 cm ∅
1 Scheidetrichter, 500 cm^3

Reagenzien
Anisaldehyd-Schwefelsäure (Reag. Nr. 4)

Allgemeine Geräte
1 Ölbad mit Magnetrührer
Rotationsverdampfer
1 Quecksilbermanometer
pH-Papier
DC-Grundausrüstung

Durchführung
Der Petroletherextrakt (s. S. 399, Oleanolsäureisolierung) wird am Rotationsverdampfer auf etwa 200 cm^3 (DC-Lösung a) eingeengt. Er wird dann im Scheidetrichter 2× mit je 50 cm^3 einer 1proz. wäßrigen Natriumhydrogencarbonatlösung ausgeschüttelt (Entfernen von Säuren). Anschließend wird er 4× mit je 50 cm^3 einer 5proz. Natronlauge ausgeschüttelt. Die wäßrige Phenolatlösung des Eugenols wird anschließend nach Zugabe einiger Eiswürfel mit 30 cm^3 konzentrierter Salzsäure angesäuert (pH-Wert überprüfen) und im Scheidetrichter 4× mit je 50 cm^3 Petrolether ausgeschüttelt. Die Petroletherextrakte werden mit 50 cm^3 einer 1proz. wäßrigen Natriumhydrogencarbonatlösung säurefrei gewaschen, über wasserfreiem Natriumsulfat getrocknet und bis zur öligen Konsistenz am Rotationsverdampfer eingeengt (Roh-Eugenol 10 g).
Mittels einer Mikrodestillationsapparatur mit Fraktionieransatz wird dann das Roh-Eugenol im Vakuum destilliert. Nach einem Vorlauf von etwa 0,5 cm^3 fängt man die bei 125 °C und 14 Torr siedende Fraktion auf.
Ausbeute: ca. 4 g Eugenol.
Zeitbedarf: 1/2 Tag.

Auswertung
1. *Dünnschicht-Chromatographie*
   I. *Standardmethode:* Ja.
   II. *Schicht:* Kieselgel F_{254}.
   III. *Fließmittel:* Toluol, KS.
   IV. *Nachweis*
      a) UV_{254}: Fluoreszenzmindernde Zonen nach Abdampfen des Fließmittels markieren (Eugenol im unteren Drittel des Chromatogramms zeigt Fluoreszenzminderung).

b) Anisaldehyd-Schwefelsäure (Reag. Nr. 4) 5–10 min auf 110 °C. Eugenol färbt sich graublau-graubraun an.

V. Untersuchungslösung

Je 2 mm^3 der Vor- und Hauptfraktionen werden in 0,5 cm^3 Toluol gelöst, davon trägt man je 10 mm^3 bandförmig (10 × 3 mm) auf, ebenso 10 mm^3 der DC-Lösung a.

VI. Vergleichslösung

2 mm^3 Eugenol werden in 1 cm^3 Chloroform gelöst, davon trägt man 10 mm^3 bandförmig (10 × 3 mm) auf.

2. Das *IR-Spektrum* des isolierten Eugenols ist aufzunehmen, mit dem abgebildeten Spektrum und den wiedergegebenen Daten zu vergleichen.

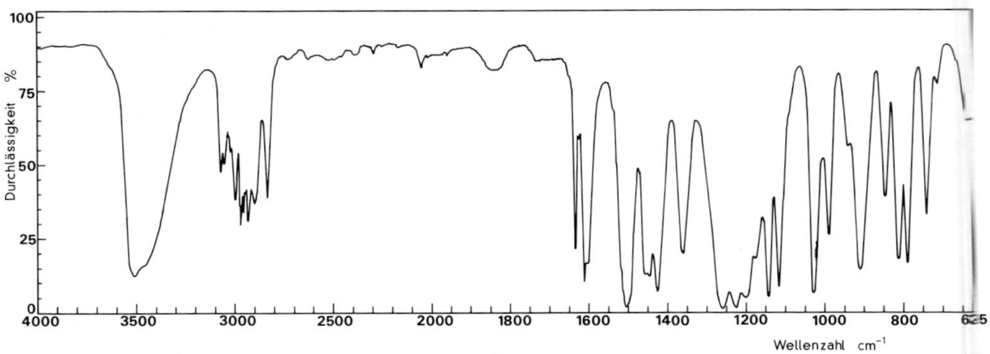

IR-Spektrum von Eugenol, als Film zwischen zwei Kaliumbromidpreßlingen.

Wellenzahl cm^{-1}	Zuordnung	Schwingungsart
3520–3440	$-OH$	OH-Streckschwingung
3075 und 3060	monosubst. Doppelbindung	CH-Streckschwingung
3000–2910	$>CH_2$ und $-\overset{\vert}{\underset{\vert}{C}}-H$	CH-Streckschwingung
2820	$-OCH_3$	CH-Streckschwingung
1638	monosubst. Doppelbindung	C=C-Streckschwingung
1610 und 1510	Aromat	CC-Streckschwingung
1460–1450 und 1430	$>CH_2$, $-OCH_3$ und Aromat	asym. CH-Beugeschwingung und CC-Streckschwingung
1367	$-OH$	assoz. OH-Beugeschwingung
1270–1200	$-\overset{\vert}{\underset{\vert}{C}}-OH$	freie OH-Streckschwingung und CO-Streckschwingung
995 und 914	monosubst. Doppelbindung	CH-Beugeschwingung
912 oder 850	Subst. am Aromat (isol. H)	CH-Beugeschwingung
818 oder 793	Subst. am Aromat (2 benachb. H)	CH-Beugeschwingung

3. Das *UV-Spektrum* des isolierten Eugenols ist aufzunehmen (5 mg Eugenol in 10 cm^3 Chloroform, davon 1 cm^3 auf 25 cm^3).
λ_{max} = 280–282 nm (ε = 3150).

Weitere Aufgaben

a) Wegen welcher Eigenschaften wird Eugenol in der Pharmazie verwendet?
b) Welche anderen Drogen bzw. Pflanzen (Stammpflanzen und Familien) enthalten Eugenol bzw. dessen Methylether?
c) Nennen Sie weitere Drogen, die andere flüchtige Phenolderivate enthalten.

15. Isolierung von Fumarprotocetrarsäure aus isländischem Moos

Prinzip: Aus gepulvertem isländischem Moos (*Lichen islandicus* (L.) ACHARIUS) wird durch fraktionierte Extraktion mit Aceton zunächst das Chlorophyll entfernt und dann die Hauptmenge der Fumarprotocetrarsäure gewonnen. Aus dem stark eingeengten Extrakt fällt die Säure beim Stehen im Kühlschrank aus. Nach der Umkristallisation aus Aceton wird sie in reiner Form erhalten.
Gehalt: 1–2%.
Strukturformel

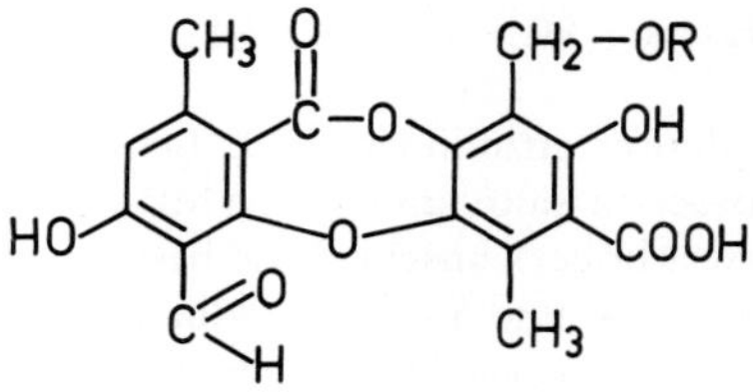

R = -CO-CH=CH-COOH
Fumarprotocetrarsäure
R = $-C_2H_5$
Cetrarsäure
R = -H
Protocetrarsäure

Fumarprotocetrarsäure
$C_{22}H_{16}O_{12}$, MG 472,4; Smp: ca. 250°, braunschwarz ohne zu schmelzen

Chemikalien
Lichen islandicus, pulv. (420), 100 g
Aceton dest., 2000 cm^3
Ether, 20 cm^3
Chloroform, 80 cm^3
Methanol, 60 cm^3
Eisessig, 10 cm^3
Ethanol, absolut, 50 cm^3
DC-Schicht: Kieselgel 60 F_{254}, 20 × 20 cm
Kaffesäure, 5 mg (Vergleich)

Anisaldehyd-Schwefelsäure (Reag. Nr. 4)

Geräte
1 Extraktionsapparatur nach Soxhlet (300 cm^3)
Rundkolben NS 29: 1000 cm^3 (2), 100 cm^3 (1)
1 Rückflußkühler NS 29
1 Glasfiltertrichter D3 mit passendem Guko zu
1 Saugflasche, 100 cm^3
2 Kristallisierschalen, ∅ 5 cm

Allgemeine Geräte
Wasserbad
Rotationsverdampfer
Vakuum-Exsikkator mit Blaugel
Magnetrührer mit Rührstäbchen
TAS-Ofen mit Röhrchen
Mikroskop und Objektträger

Durchführung
100 g Lichen islandicus, pulv. (420) werden in der Soxhletapparatur 2 h mit 600 cm^3 Aceton bei einer Wasserbadtemperatur von 70°C extrahiert. Der erste, grünschwarze Extrakt (= DC-Lösung a) wird verworfen. Mit weiteren 600 cm^3 Aceton wird nun 12 h weiter extrahiert, wobei stärkere Lichteinwirkung vermieden werden soll.
Die aus der zweiten Extraktion erhaltene gelbe Lösung (= DC-Lösung b) wird unter Lichtschutz am Rotationsverdampfer bis auf 20–30 cm^3 eingeengt und über Nacht im Kühlschrank aufbewahrt. Die entstandene weißliche Fällung von Fumarprotocetrarsäure (Rohprodukt) wird abgesaugt und im Vakuum-Exsikkator über Blaugel getrocknet (Mutterlauge = DC-Lösung c).
Ausbeute: 1,2–2 g
Für die Umkristallisation werden 500 mg getrocknetes Rohprodukt in einem 1 *l*-Rundkolben mit 600 cm^3 Aceton versetzt und 4 h unter Rückflußkühlung und Rühren (Magnetrührer) unter Lichtschutz auf dem Wasserbad bei 70°C gekocht. Die noch warme, schwach gelblich und trübe Lösung wird filtriert und am Rotationsverdampfer bis auf ca. 30 cm^3 eingeengt. Der Kolben wird über Nacht in den Kühlschrank gestellt und die abgesaugte weißliche Fällung mit 10–20 cm^3 Ether gewaschen. Nach dem Trocknen im Vakuum-Exsikkator über Blaugel erhält man ca. 0,2 g praktisch farblose Fumarprotocetrarsäure.

Anmerkung: Starkes Licht muß vermieden werden, da sonst die Lösung blaugrün wird. Wird nicht in der Abenddämmerung oder an einem sehr trüben Tag ohne künstliches Licht gearbeitet, muß die Lösung durch Alufolie geschützt werden, ebenso Hülsenbehälter und Kolben der Soxhletapparatur.

Auswertung

1. Dünnschicht-Chromatographie

   I. Standardmethode: Ja.

   II. Schicht: Kieselgel 60 F_{254} («Fertigplatte»).

   III. Fließmittel: Chloroform-Methanol-Eisessig (80 + 10 + 10), KS, 10 cm.

   IV. Nachweis

   a) Betrachten im UV_{254}-Licht und fluoreszenzmindernde Zonen nach Abdampfen des Fließmittels markieren (Fumarprotocetrarsäure im unteren hRf-Bereich 30–40; Kaffeesäure der Vergleichslösung liegt etwas höher), anschließend besprühen mit:

   b) Anisaldehyd-Schwefelsäure (Reag. Nr. 4) und 5–10 min erhitzen auf 110°. Die Fumarprotocetrarsäure färbt sich graublau an, ebenso die Zone der Kaffeesäure.

   V. Untersuchungslösung: Man trage bandförmig (20 × 3 mm) auf:

   a) DC-Lösung a, 20 mm^3

   b) DC-Lösung b, 20 mm^3

   c) DC-Lösung c, 20 mm^3

   d) Rohprodukt, 20 mm^3

   e) umkristallisiertes Produkt, 20 mm^3; d) und e) jeweils 2 mg in 1 cm^3 Aceton gelöst.

   VI. Vergleichslösung: 2 mg reine Fumarprotocetrarsäure werden in 1 cm^3 Aceton gelöst, davon trägt man 20 mm^3 bandförmig (20 × 3 mm) auf.
   Oder: 5 mg Kaffeesäure werden in 1 cm^3 Methanol gelöst, davon trägt man 5 mm^3 bandförmig auf (20 × 3 mm).

   Anmerkung
   Bei selbst hergestellten Schichten verwende man ein weniger polares Fließmittel, z.B. Chloroform-Methanol-Eisessig (90 + 5 + 5).

2. Das *IR-Spektrum* der isolierten und umkristallisierten Fumarprotocetrarsäure ist aufzunehmen und mit dem abgebildeten Spektrum und den wiedergegebenen Daten zu vergleichen.

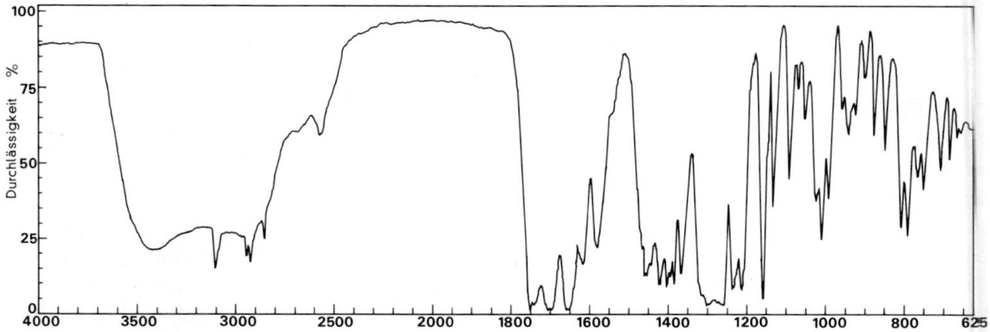

IR-Spektrum von Fumarprotocetrarsäure (2 mg/200 mg Kaliumbromid).

Wellenzahl cm^{-1}	Zuordnung	Schwingungsart
3400	$-OH$	OH-Streckschwingung
3100	olefin. Doppelbindung (verschoben durch Konj.)	CH-Streckschwingung
2940	$-CH_3$ und $>CH_2$	CH-Streckschwingung
2920 und 2855	Aldehyd	CH-Streckschwingung
1750	$>C=O$, in konj. Ester	C=O-Streckschwingung
1740	$>C=O$, in konj. Ester	C=O-Streckschwingung
1705	$>C=O$, in konj. Carbonsäuren	C=O-Streckschwingung
1695	$>C=O$, in konj. Carbonsäuren	C=O-Streckschwingung
1650	$>C=O$, in konj. Aldehyd	C=O-Streckschwingung
1615	olefin. Doppelbindung (zu längerwell. verschoben durch Konj.)	C=C-Streckschwingung
1580	Aromat	CC-Streckschwingung
1455	$-CH_3$ und Aromat	asym. CH-Beugeschwingung und CC-Streckschwingung
1440	$>CH_2$	CH-Beugeschwingung
1420	$-COOH$	OH-Beugeschwingung
1400–1365	Phenol	assoz. OH-Beugeschwingung
1330–1260	Ester und Phenol	CO-Streckschwingung, C–CO–C-Gerüstschwingung und freie OH-Beugeschwingung
1230 und/oder 1210	Phenol	CO-Streckschwingung
1160	vermutl. cycl. Ether	asym. CO-Streckschwingung
1005	olefin. Doppelbindung	CH-Beugeschwingung

3. Das *UV-Spektrum* der isolierten und umkristallisierten Fumarprotocetrarsäure in Methanol ist aufzunehmen (2 mg Fumarprotocetrarsäure in 50,0 cm^3 Methanol).
$\lambda_{max} = 238–239$ nm ($\varepsilon = 6092$) $\lambda_{max} = 315–316$ nm ($\varepsilon = 1150$).

Weitere Aufgaben

1. Bildung von Cetrarsäure aus Fumarprotocetrarsäure
Durchführung: 50 mg Fumarprotocetrarsäure werden in einem 100 cm^3 Schliffkolben mit 50 cm^3 absolutem Ethanol versetzt und 3 h unter Rückflußkühlung bei ca. 70 °C unter Rühren (Magnetrührer) gekocht. 10 mm^3 des Reaktionsproduktes werden dc unter den vorstehenden DC-Bedingungen mit Fumarprotocetrarsäure verglichen. Die gebildete Cetrarsäure liegt im hRf-Bereich 60–70 und färbt sich mit Anisaldehyd-Schwefelsäure ebenfalls graublau an. Ferulasäure kann als Vergleichssubstanz dienen; sie färbt sich gleich an und liegt etwa in gleicher Höhe.

2. Thermische Abspaltung von Fumarsäure aus Fumarprotocetrarsäure
2 mg Fumarprotocetrarsäure werden in einer Aluminiumkartusche ohne Glaswatte in die TAS-Patrone gesteckt und in den TAS-Ofen (250 °C) gebracht. Auf einem davor gehalterten Objektträger wird die abgespaltene Fumarsäure 3 min lang aufgefangen. Der weiße Fleck wird mikroskopisch im Auflicht, also ohne eingeschaltete Lampe im Tageslicht, bei 32- und 100-facher Vergrößerung betrachtet. Man erkennt reinweiße Kristalle, die einzeln oder zu Büscheln zusammenliegen.

Folgende Fragen sind zu beantworten
1. Was sind Flechten, botanisch gesehen?
2. Welche Inhaltsstoffe sind typisch für Flechten?
3. Was versteht man unter irländischem und was unter isländischem Moos?
4. Welche weiteren Inhaltsstoffe enthält isländisches Moos und wie kann man darauf prüfen?
5. Nennen Sie die therapeutische Hauptanwendung von isländischem Moos.

16. Isolierung von Gallusgerbstoff (Tannin) aus Galläpfeln

Prinzip: Aus gepulverten Galläpfeln (Gallae von *Quercus infectoria* OLIVIER) werden die Gerbstoffe mit Methanol extrahiert. Nach Einengen und Zusatz von Ether werden sie mit Wasser ausgeschüttelt. Die wäßrige Phase engt man zur Trockne ein und erhält so ein Rohtannin. Nachweis der Phenole nach thermischer Spaltung (TAS).
Gehalt: 35–45%.
Strukturformel

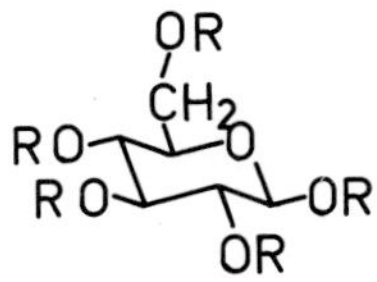

Gallusgerbstoff: R = Galloyl- und/oder Digalloylreste
Gemisch von Estern der D-Glucose mit Gallussäure und Galloyl-gallussäure

Chemikalien
Gallae pulv. gross. (710), 15 g
Methanol, 300 cm^3
Ether, 200 cm^3
Aktivkohle, 1 g
Chloroform, 100 cm^3
Toluol, 60 cm^3
Ameisensäure, 2 cm^3
DC-Schicht: Kieselgel F_{254}, 20 × 20 cm
Pyrogallol, 10 mg (Vergleich)
Resorcin, 10 mg (Vergleich)
Gallussäure, 10 mg (Vergleich)

Geräte
1 Soxhletapparatur, 50 cm^3 mit Rundkolben NS 29, 500 cm^3
1 Rundkolben NS 29, 250 cm^3
2 Erlenmeyerkolben, 500 cm^3
1 Scheidetrichter, 500 cm^3
1 Analysentrichter, ∅ 11 cm
2 Glasplatten, 20 × 20 cm
1 Porzellanreibschale, ∅ 12 cm mit Pistill

Allgemeine Geräte
Heizpilz, 500 cm^3
Rotationsverdampfer
TAS-Ofen mit Zubehör

Reagenzien
Echtblausalz B (Reag. Nr. 26)

Durchführung
15 g Gallae pulv. (710) werden mit 250 cm^3 Methanol in einer Soxhletapparatur 3 × 7 h extrahiert. Danach wird die Lösung am Rotationsverdampfer auf 50 cm^3 eingeengt und nach Erkalten mit 200 cm^3 Ether versetzt. Diese Suspension schüttelt man in einem 500 cm^3-Scheidetrichter 4 × mit je 50 cm^3 Wasser aus. Die vereinigten wäßrigen Phasen werden danach mit 50 cm^3 Ether ausgeschüttelt. Zur wäßrigen Phase gibt man 1 g Aktivkohle und läßt unter gelegentlichem Schütteln einige h stehen; dann wird filtriert. Das Filtrat engt man portionsweise in einem 250 cm^3-Rundkolben am Rotationsverdampfer bis zur sirupösen Konsistenz ein und streicht den Sirup auf Glasplatten. Man trocknet im Warmluftstrom, schabt danach die Masse ab und pulverisiert.
Ausbeute: 5–7 g hellbraunes Rohtannin.
Zeitbedarf: 4 Tage.

Auswertung
1. *Dünnschicht-Chromatographie*
   I. *Standardmethode:* Ja.
   II. *Schicht:* Kieselgel F_{254}.
   III. *Fließmittel:* Toluol-Ameisensäureethylester-Ameisensäure (60 + 38 + 2), KS.
   IV. *Nachweis*
      a) UV_{254}: Fluoreszenzmindernde Zonen markieren (Resorcin, hRf 25–30; Pyrogallol, hRf 20–25; Gallussäure, hRf 5–10 zeigen Fluoreszenzminderung).

b) Echtblausalz B-Lösung (Reag. Nr. 26), Nachbedampfen mit Ammoniak, danach mit Salzsäuredämpfen, bis der Untergrund farblos ist. (Resorcin färbt sich violett, Pyrogallol und Gallussäure färben sich braun an.)

V. TAS-Bedingungen:

Einwaagen: Jeweils 1 mg isoliertes Rohtannin, 3 mg extrahierte Droge, 3 mg Ausgangsdroge.

Temperatur: 250 °C.

Verweilzeit: 3 min.

Treibmittel: wasserdampfgesättigtes Molekularsieb 4 Å (= 0,4 nm) 2–3 Kügelchen.

VI. Vergleichslösung: Je 5 mg Resorcin, Pyrogallol und Gallussäure werden in je 2,0 cm^3 Methanol gelöst, davon trägt man je 2 mm^3 punktförmig auf.

2. Das *IR-Spektrum* des isolierten Tannins ist aufzunehmen, mit dem abgebildeten Spektrum und den wiedergegebenen Daten zu vergleichen.

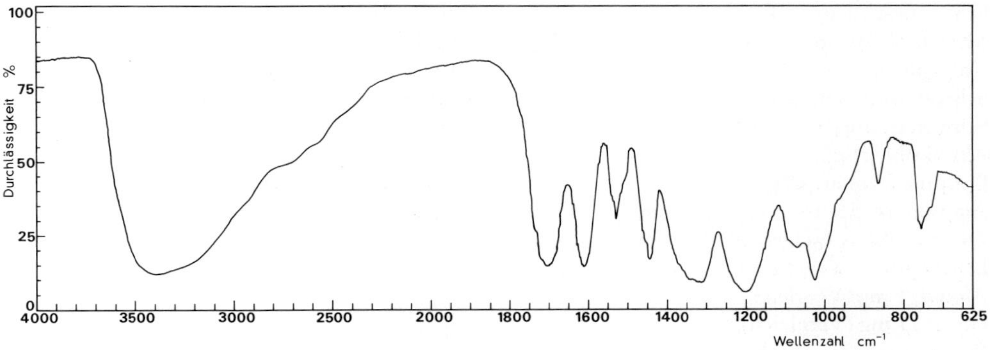

IR-Spektrum von Tannin (2 mg/200 mg Kaliumbromid).

Wellenzahl cm^{-1}	Zuordnung	Schwingungsart
3380	−OH	OH-Streckschwingung
1705	>C=O	C=O-Streckschwingung
1610, 1532 und 1445	Aromat	CC-Streckschwingung
1340–1315	−OH	OH-Beugeschwingung
	und Ester	CO-Streckschwingung und C−CO−O-Gerüstschwingung
1200	−C−OH (mit zwei weiteren Bindungen am C)	CO-Streckschwingung
1028	vermutlich Ether	CO-Streckschwingung
867	Subst. am Aromat	CH-Beugeschwingung

Weitere Aufgaben

a) Welche Gerbstoffarten kennen Sie?

b) Was versteht man unter gerben? Erläutern Sie die chemischen Vorgänge hierbei.

c) Welche Methoden zur Gerbstoffbestimmung kennen Sie und auf welchem Prinzip basieren sie?

d) Nennen Sie Gerbstoffdrogen, die Art ihres Gerbstoffs, den Gehalt und die Verwendung der Droge.

17. Isolierung von Gelatine aus Schweineschwarte

Prinzip: Aus kollagenhaltigem tierischem Material (Knochen, Haut, Bindegewebe usw.) wird nach saurer (Typ A) oder alkalischer (Typ B) Teilhydrolyse und Extrahieren mit heißem Wasser ein Protein mit Molekulargewichten zwischen 40000 und 100000 erhalten. Es löst sich nach

Aufquellen in kaltem Wasser beim Erhitzen (Sol-Zustand) und erstarrt beim Erkalten (Gel-Zustand). Bei der Hydrolyse erhält man die für Gelatine typischen Aminosäuren: Glycin, Prolin, Oxyprolin, Alanin, Arginin und Leucin. Es fehlen Cystin, Cystein, Tryptophan und andere. In der nachstehenden Vorschrift wird aus Schweineschwarte (*Sus scrofa* L. *var. domesticus* GRAY) nach Säurebehandlung eine Gelatine des A-Typs gewonnen.

Strukturformel

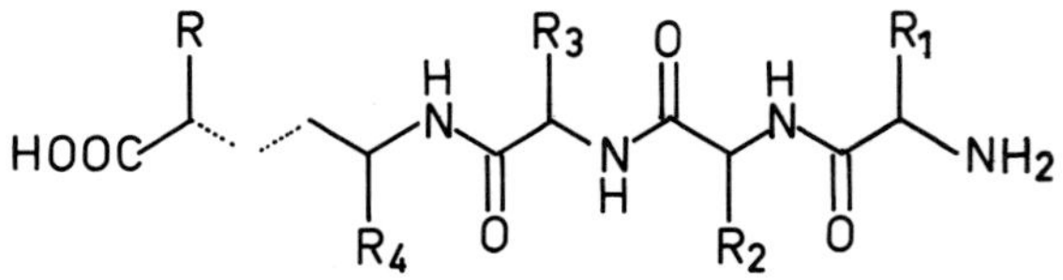

Gelatine, ein Protein mit Amidbindungen: R_1–R_4 = Substituenten der Aminosäuren.

Chemikalien
Schweineschwarte, 200 g
Methanol, 50 cm^3
Chloroform, 50 cm^3
Schwefelsäure, 9,8proz. *(G/V)*, 10 cm^3
Schwefelsäure ca. 8 N, 10 cm^3
Aktivkohle, 1 g
Bariumcarbonat, 10 g
Ammoniak, 25proz. *(G/V)*, 20 cm^3
DC-Schicht: Kieselgel, 20 × 20 cm
Leucin, 1 mg (Vergleich)
Alanin, 1 mg (Vergleich)
Glycin, 1 mg (Vergleich)
Prolin, 1 mg (Vergleich)
Arginin, 1 mg (Vergleich)

Geräte
Rundkolben, NS 29, 1000 cm^3 (1), 50 cm^3 (1)
1 Becherglas, 1000 cm
1 Rückflußkühler, NS 29
Trichter: ∅ 10 cm (1), ∅ 5 cm (1)
Porzellanabdampfschalen:
∅ 25 und 30 cm (je 1)
1 Glasstab, 300 × 8 mm
Verbandsmull, 65 mm breit, ca. 2 m

Reagenzien: Ninhydrin-Reagenz (Reag. Nr. 49)

Allgemeine Geräte
Spezial-pH-Papier (pH = 1–5)
Heizplatte
Heißwassertrichter
1 Thermometer 0–100 °C
Rotationsverdampfer
DC-Grundausrüstung
Wasserbad
Zentrifuge

Durchführung

200 g Schweineschwarte werden zu ca. 5 mm großen Würfeln zerkleinert und in einem 1000 cm^3-Becherglas mit 600 cm^3 Wasser versetzt, das mit verdünnter Schwefelsäure auf ein pH von 3,8 eingestellt wurde. Man läßt 8 h stehen, dekantiert oder gießt gegebenenfalls durch eine Mull-Lage ab. Nun wird nochmals mit der gleichen Menge Wasser und verdünnter Schwefelsäure (pH 3,8) versetzt und weitere 16 h stehen gelassen. Danach wird dekantiert und die säurebehandelte Schweineschwarte zweimal mit 800 cm^3 Wasser gewaschen. Dann erhitzt man mit 600 cm^3 Wasser unter langsamem Rühren 3–4 h auf 70 °C. Anschließend wird durch eine doppelte Lage Mull filtriert und das Filtrat abgekühlt. Das an der Oberfläche abgeschiedene Fett wird entfernt und wiederum auf 70 °C erhitzt, mit 1 g Aktivkohle versetzt, 15 min gerührt und heiß in eine Porzellanschale filtriert. (Die Abtrennung der Aktivkohle aus der viskosen Lösung erfolgt schneller durch Zentrifugation.) Zum Abdampfen des Wassers stellt man das Filtrat in einen Trockenschrank oder auf ein Wasserbad bei Temperaturen von ca. 65 °C. Die verbliebenen Schweineschwartenwürfel werden nochmals mit 600 cm^3 Wasser 3 h auf nunmehr 90 °C erhitzt. Anschließend wird heiß filtriert und das Filtrat am Rotationsverdampfer bis zu einer viskosen Lösung eingeengt und in einer Porzellanschale auf dem Wasserbad zur Trockne eingedampft.

Gesamtausbeute: ca. 15 g.

Zeitbedarf: 2½ Tage.

Auswertung

1. *Dünnschicht-Chromatographie der Hydrolyseprodukte*
   I. Standardmethode: Ja; Abweichung: 15 cm Laufstrecke.
   II. Schicht: Kieselgel F_{254}.
   III. Fließmittel: Methanol-Chloroform-Ammoniaklösung, 25proz. (45 + 45 + 10), KS.
   IV. Nachweis: Ninhydrin-Reagenz (Reag. Nr. 49) und anschließend 5–10 min auf 110 °C.

	hRf-Werte	Farbe mit Ninhydrin
Leucin	70–75	rot
Alanin	40–45	rot
Prolin	30–35	gelb
Glycin	25–30	rot
Arginin	0–5	rot

   V. Untersuchungslösung: 50 mg gepulverte Gelatine werden mit 25 cm^3 8 N-Schwefelsäure 6 h unter Rückfluß auf dem Wasserbad gekocht. Zu 10 cm^3 der schwefelsauren Lösung gebe man 10 cm^3 Wasser und neutralisiere unter Erwärmen (50–60°) mit 9 g Bariumcarbonat. Nach 30 min wird die Neutralisation mit konz. Ammoniaklösung (etwa 1 cm^3) vervollständigt. Die neutrale Lösung wird filtriert und 5 cm^3 des Filtrates vorsichtig zur Trockne eingeengt. Den Rückstand löst man in 1 cm^3 Methanol, davon trägt man 10 mm^3 bandförmig (20 × 3 mm) auf. Beachte: Der Rückstand im Kolben besteht aus Ammoniumsulfat.
   VI. Vergleichslösung: Je 1 mg Glycin, Prolin, Alanin, Arginin und Leucin werden in je 1 cm^3 Methanol unter Erwärmen gelöst. Auftragemenge: 10 mm^3 bandförmig (20 × 3 mm).
2. *Gelierungsversuch*
   Je 0,05 g; 0,1 g; 0,2 g bis 0,5 g gepulverte Gelatine werden in einem Reagenzglas mit 10 cm^3 kaltem Wasser 10 min vorgequollen und dann im siedenden Wasserbad zur Lösung gebracht. Man kühlt dann mit Leitungswasser ab und stellt fest, bei welcher Konzentration ein vollständiges Erstarren der Lösung eingetreten ist.

Weitere Aufgaben

a) Auf welche Fremdstoffe muß handelsübliche Gelatine geprüft werden?
b) Wie lassen sich die beiden Gelatinetypen A und B physikalisch und chemisch kennzeichnen?
c) Untergliedern Sie die Proteine, und nennen Sie Proteinklassen mit typischen Vertretern.
d) Wie läßt sich der Aufbau von Eiweißkörpern ermitteln?

18. Isolierung von 18 β-Glycyrrhetinsäure aus geschälter Süßholzwurzel

Prinzip: Aus geschälter und gepulverter Süßholzwurzel (*Glycyrrhiza glabra* L.) werden zunächst lipophile Inhaltsstoffe mit Chloroform extrahiert. Der Drogenrückstand wird mit verdünnter Schwefelsäure aufgekocht, hierbei erfolgt eine Spaltung von Glycyrrhizin, des β-Glucuronosyl-D-Glucuronsäureglykosids der Glycyrrhetinsäure. Aus dem Hydrolysat wird die entstandene 18 β-Glycyrrhetinsäure mit Chloroform extrahiert und aus dem eingeengten Extrakt säulenchromatographisch abgetrennt.
Gehalt: 2–14% (Glycyrrhizin).
Strukturformel

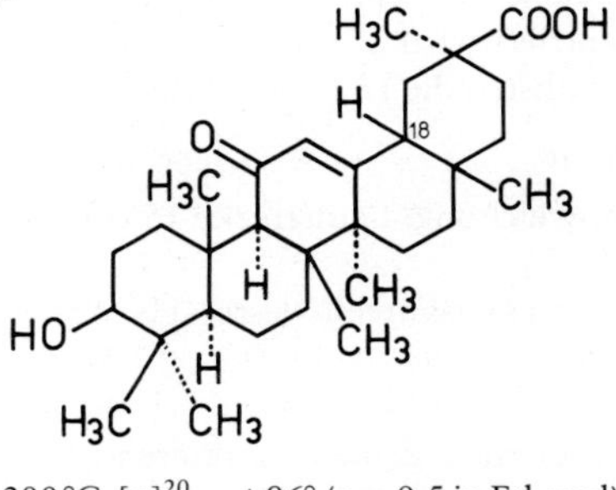

18 β-Glycyrrhetinsäure
$C_{30}H_{46}O_4$, MG 470,7; Smp: 297–300 °C, $[\alpha]_D^{20}$ = +86° (c = 0,5 in Ethanol)

Chemikalien
Liquiritiae mund. radix pulv. (300), 100 g
Chloroform, 1000 cm^3
Dichlormethan, 1000 cm^3
Ethanol, 50 cm^3
Hexan, 10 cm^3
Methanol, 200 cm^3
Schwefelsäure ca. 1 N, 500 cm^3
Natriumsulfat, wasserfrei, 50 g
Aktivkohle, 2 g
Kieselgel zur SC (0,063–0,2 mm), 220 g
DC-Schichten, Kieselgel F_{254}, (20 × 20 cm)
18 β-Glycyrrhetinsäure, 5 mg (Vergleich)

Geräte
1 Extraktionsapparatur nach Soxhlet, 500 cm^3
Rundkolben, NS 29, 1000 cm^3 (2), 250 cm^3 (2)
1 Rückflußkühler, NS 29
1 Erlenmeyerkolben, 1000 cm^3
Bechergläser, 600 cm^3 (1), 100 cm^3 (2), 50 cm^3 (2)
1 Scheidetrichter, 1000 cm^3
Glastrichter: ∅ 7 cm und 5 cm je 2
Glasfiltertrichter, D 3, ∅ 5 cm mit pass. Guko zu Saugrohr, 20 cm^3
Chromatographiesäule, l = 150 cm, $\varnothing_i$ = 2 cm

Reagenzien: Anisaldehyd-Schwefelsäure (Reag. Nr. 4)

Allgemeine Geräte
Heizpilz, 1000 cm^3
Wasserbad
Rotationsverdampfer
Fraktionssammler mit Zubehör
DC-Grundausrüstung

Durchführung

a) *Extrakt:* 100 g gepulverte Süßholzwurzeln werden 6 h in einer Soxhlet-Apparatur (500 cm^3) mit 400 cm^3 Chloroform in einem 1000 cm^3-Rundkolben extrahiert. Der Chloroform-Extrakt (DC-Lösung a) wird verworfen. Der Drogenrückstand wird an der Luft getrocknet, danach in einen 1000 cm^3-Rundkolben überführt, mit 500 cm^3 ca. 1 N-Schwefelsäure versetzt und 1 h unter Rückfluß gekocht. Das nicht filtrierte Hydrolysat wird nach dem Erkalten in einen 1000 cm^3-Scheidetrichter überführt und sechsmal mit je 100 cm^3 Chloroform extrahiert. Die gelb gefärbten Chloroform-Extrakte werden in einem 1000 cm^3-Erlenmeyerkolben gesammelt und mit ca. 20 g wasserfreiem Natriumsulfat getrocknet. Der Chloroformextrakt wird portionsweise über einen Glaswattebausch in einen 250 cm^3-Rundkolben filtriert und am Rotationsverdampfer eingeengt bis zu einem Volumen von ca. 5 cm^3 (10 mm^3 werden in 1 cm^3 Chloroform gelöst = DC-Lösung b).

b) *Säulenchromatographie*
Allgemeine Durchführung: Siehe S. 28, «Säulenchromatographische Trennungen».
Chromatographiesäule: l = 150 cm, $\varnothing_i$ = 2 cm.
Stationäre Phase: Kieselgel zur SC (0,063–0,2 mm), 220 g.
Elutionsmittelfolge: Dichlormethan-Methanol (95 + 5), 200 cm^3.
Dichlormethan-Methanol (90 + 10), 800 cm^3.
Aufgabemenge: eingeengter Extrakt a) ca. 5 g.
Tropfgeschwindigkeit: 2–3 Tropfen/s.
Fraktionen: ca. 15 cm^3.
Nach vollständigem Einengen der 18 β-glycyrrhetinhaltigen Fraktionen erhält man eine noch gelbliche, viskose Lösung, die mit ca. 5 cm^3 Ethanol und einer Spatelspitze Aktivkohle versetzt wird, kurz aufgekocht und filtriert wird. Zu der klaren Lösung setzt man ca. 5–10 cm^3 Hexan hinzu, aus dieser Lösung kristallisiert die 18 β-Glycyrrhetinsäure bei 4 °C. Ausbeute ca. 300 mg.

c) *Dünnschicht-Chromatographie*

I. Standardmethode: Ja; Abweichung: Laufstrecke 15 cm.
II. Schicht: Kieselgel F_{254}.
III. Fließmittel: Oberphase von Essigsäureethylester-1 N-Ammoniaklösung-Ethanol (60 + 27 + 13), Ks, 15 cm.
IV. Nachweis:
a) UV_{254}: Fluoreszenzmindernde Zonen markieren (18 β-Glycyrrhetinsäure im unteren Drittel des Chromatogramms zeigt eine Fluoreszenzminderung).

b) Anisaldehyd-Schwefelsäure-Reagenz (Reag. Nr. 4) 5–10 min auf 110 °C (18β-Glycyrrhetinsäure färbt sich blauviolett).

V. *Untersuchungslösung:* Punktförmige Auftragung:
a) DC-Lösung b, 5 mm^3.
b) Ab Fraktion 20 von jeder 3. Fraktion 5–10 mm^3.

VI. *Vergleichslösung:* 5 mg 18β-Glycyrrhetinsäure werden in 1,0 cm^3 Chloroform gelöst, davon trägt man 5 mm^3 punktförmig auf.

Auswertung

1. *Abschließende Dünnschicht-Chromatographie*
DC-Bedingungen: I, II, III, IV und VI wie c).
V. *Untersuchungslösung:* Bandförmige Auftragung (20 × 3 mm):
a) DC-Lösung a, 20 mm^3.
b) DC-Lösung b, 10 mm^3.
c) Isolierte 18β-Glycyrrhetinsäure: 5 mg werden in 1,0 cm^3 Chloroform gelöst, davon trägt man 10 mm^3 auf.

2. Es ist das *IR-Spektrum* der isolierten 18β-Glycyrrhetinsäure aufzunehmen, mit dem abgebildeten Spektrum und den wiedergegebenen Daten zu vergleichen.

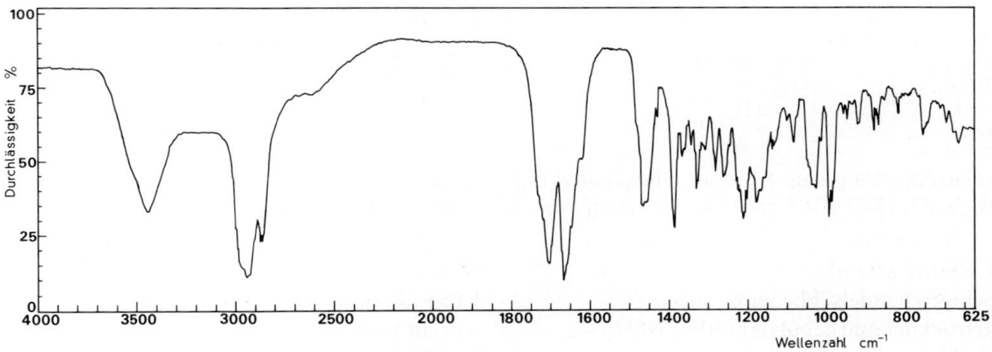

IR-Spektrum von 18β-Glycyrrhetinsäure (2 mg/200 mg KBr).

Wellenzahl cm^{-1}	Zuordnung	Schwingungsart
3450	–OH-Gruppen	OH-Streckschwingung
2980–2864	$-CH_3$, $>CH_2$ und $-\overset{|}{\underset{|}{C}}-H$	CH-Streckschwingung
1700	$>C=O$ (von –COOH)	CO-Streckschwingung
1650	$>C=O$ (α,β-ungesättigt)	CO-Streckschwingung
1465–1450	$-CH_3$ und $>CH_2$	asym. CH-Beugeschwingung
1385	$-CH_3$	sym. CH-Beugeschwingung
1365 und 1360	Geminal-Dimethyl	sym. CH-Beugeschwingung
1323 oder 1280	–OH	assoz. OH-Beugeschwingung
1037	$>CHOH$	CO-Streckschwingung
818	trisubst. Doppelbindung	CH-Beugeschwingung

3. Das *UV-Spektrum* der isolierten 18β-Glycyrrhetinsäure ist aufzunehmen. (8 mg werden in 10,0 cm^3 Ethanol gelöst, davon werden 1,0 cm^3 mit Ethanol auf 25,0 cm^3 aufgefüllt.)
λ_{max} = 242 nm (ε = 12 300).

4. Der *Schmelzpunkt* der isolierten 18β-Glycyrrhetinsäure ist zu bestimmen.

Weitere Aufgaben
a) Zu welcher Naturstoffgruppe gehört 18 β-Glycyrrhetinsäure?
b) Welche Eigenschaft dieser Naturstoffklasse weist 18 β-Glycyrrhetinsäure nicht auf?
c) Wodurch unterscheiden sich die α- und β-Form?
d) Wie hoch ist die Süßkraft des Glycyrrhizins im Vergleich zu der des Rohrzuckers?

19. Isolierung von Hesperidin aus Orangenschalen

Prinzip: Getrocknete und gepulverte Orangenschalen (*Citrus sinensis* (L.) OSBECK) werden durch kontinuierliche Extraktion mit Dichlormethan vom ätherischen Öl befreit. Aus dem Drogenrückstand wird das Hesperidin mit Methanol extrahiert und durch Umkristallisation rein dargestellt.
Gehalt: 5–8%.
Strukturformel

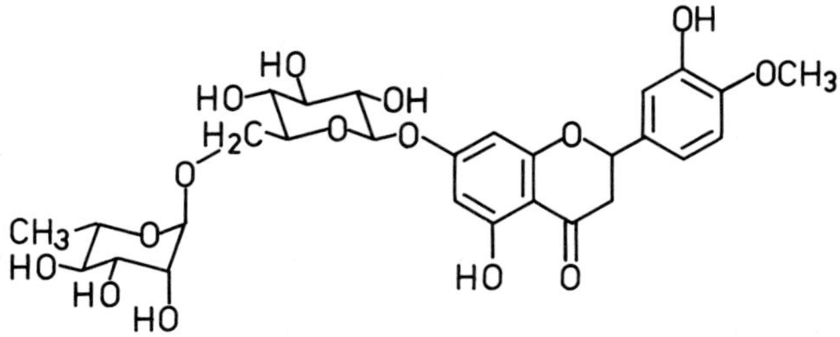

Hesperidin (Hesperetin-7-(β-L-Rhamnosido-6-β-D-glucosid))
$C_{28}H_{34}O_{15}$, MG 610; Smp: 262–263 °C, $[\alpha]_D^{20}$ = − 76,8 bis 80° (in Ethanol)

Chemikalien
Schalen handelsüblicher Orangen, getrocknet und gepulvert (300), 100 g
Dichlormethan, 800 cm³
Methanol, 1000 cm³
Essigsäure, 6proz. *(V/V)*, 150 cm³
Dimethylsulfoxid, 50 cm³
Essigsäureethylester, 70 cm³
Isopropanol, 100 cm³
DC-Schicht: Kieselgel F_{254}, 20 × 20 cm
Hesperidin, 10 mg (Vergleich)

Geräte
1 Extraktionsapparatur n. Soxhlet, 500 cm³, mit 1000 cm³-Rundkolben, NS 29 und pass. Rückflußkühler
1 Becherglas, 250 cm³
Erlenmeyerkolben, 100 cm³ (1), 250 cm³ (1)
1 Büchner-Trichter, ∅ 8 cm mit pass. Guko zu 250 cm³ Saugflasche
1 Glasfiltertrichter, D 3, ∅ 4 cm mit pass. Guko zu 250 cm³ Saugflasche
1 Kristallisierschale, ∅ 8 cm

Reagenzien
Aluminiumchloridlösung (Reag. Nr. 1)

Allgemeine Geräte
Heizpilz, 1000 cm³
Magnetrührer mit Heizung und Stäbchen, 30 mm
Thermometer 0–100 °C
Rotationsverdampfer
DC-Grundausrüstung
Vakuumexsikkator

Durchführung
100 g getrocknete und gepulverte Orangenschalen (300) werden in einer Extraktionsapparatur nach Soxhlet mit 800 cm³ Dichlormethan 24 h extrahiert. Der Extrakt (= DC-Lösung a) wird verworfen. Der Drogenrückstand wird zur Entfernung des anhaftenden Dichlormethans an der Luft ausgebreitet (Abzug!). Der trockene Drogenrückstand wird in der gleichen Extraktionsappa-

ratur 3 h mit 800 cm^3 Methanol extrahiert. Der Methanolextrakt (= DC-Lösung b) wird bei Wasserstrahlvakuum am Rotationsverdampfer bis zur Sirupkonsistenz eingeengt. Der Rückstand wird in 50 cm^3 Essigsäure, 6proz., aufgenommen. Der ausgefallene Niederschlag wird über einen Büchner-Trichter abgesaugt, mit 6proz. Essigsäure gewaschen und im Trockenschrank bei 60 °C getrocknet (Mutterlauge = DC-Lösung c). Der Schmelzpunkt des getrockneten Roh-Hesperidins soll zwischen 235 und 245 °C liegen. Zur Umkristallisation wird eine ca. 5proz. Lösung des Roh-Hesperidins in einem 250 cm^3 Becherglas mit Dimethylsulfoxid unter Rühren und Erwärmen auf 60–80 °C hergestellt (Abzug!). Danach setzt man unter Rühren langsam das gleiche Volumen Wasser hinzu. Beim Abkühlen auf Zimmertemperatur fällt Hesperidin aus; dieses wird über einen Glasfiltertrichter abgesaugt, zunächst mit wenig heißem Wasser und dann mit Isopropanol gewaschen. Das farblose Rein-Hesperidin wird in einem Vakuumexsikkator bis zur Gewichtskonstanz getrocknet.
Ausbeute: ca. 2 g.
Zeitbedarf: 1,5 Tage.

Auswertung

1. *Dünnschicht-Chromatographie*
   I. *Standardmethode:* Ja.
   II. *Schicht:* Kieselgel F_{254}.
   III. *Fließmittel:* Oberphase von Butanol-Eisessig-Wasser (40 + 10 + 50), KS, 10 cm.
   IV. *Nachweis:*
      a) UV_{254}: Fluoreszenzmindernde Zonen markieren (Hesperidin im mittleren hRf-Bereich zeigt Fluoreszenzminderung).
      b) Besprühen mit Aluminiumchloridlösung (Reag. Nr. 1) und anschließend im UV_{365} betrachten. (Hesperidin zeigt eine gelbe bis türkisfarbene Fluoreszenz.)
   V. *Untersuchungslösung:* Bandförmige Auftragung (15 × 3 mm):
      a) DC-Lösung a, 10 mm^3.
      b) DC-Lösung b, 10 mm^3.
      c) 0,1 cm^3 DC-Lösung c mit Methanol auf 1,0 cm^3 auffüllen, davon 10 mm^3.
      d) Roh-Hesperidin: 5 mg werden in 5 cm^3 Methanol unter Erwärmen auf dem Wasserbad gelöst, davon 10 mm^3.
      e) Rein-Hesperidin: Wie vorstehend.
   VI. *Vergleichslösung:* 5 mg Hesperidin werden in 5 cm^3 Methanol unter Erwärmen gelöst, davon 10 mm^3 bandförmig (15 × 3 mm).

2. Das *IR-Spektrum* des isolierten Hesperidins ist aufzunehmen, mit dem abgebildeten Spektrum und den wiedergegebenen Daten zu vergleichen.

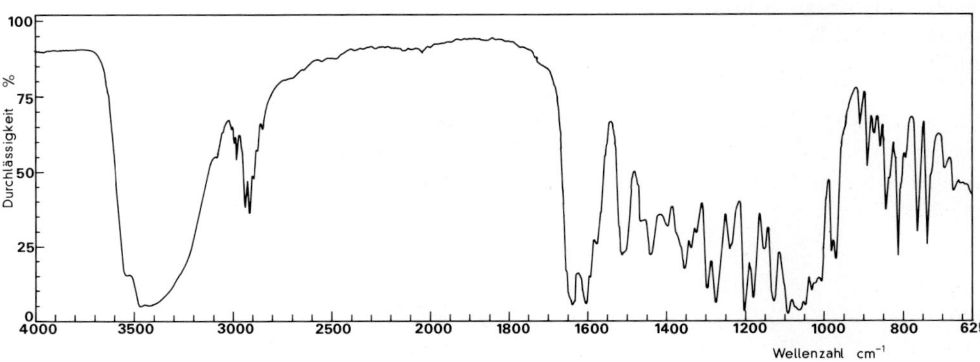

IR-Spektrum von Hesperidin (2 mg/200 mg Kaliumbromid).

Wellenzahl cm^{-1}	Zuordnung	Schwingungsart
3450	$-OH$	OH-Streckschwingung
3080 und 3010	Aromat	CH-Streckschwingung
2980–2865	$-CH_3$, $>CH_2$ und $-\overset{\vert}{\underset{\vert}{C}}H$	CH-Streckschwingung
2850	$-OCH_3$	CH-Streckschwingung
1650	$>C=O$	CO-Streckschwingung
1610, 1518–1500	Aromat	CC-Streckschwingung
1470 oder 1445	$-OCH_3$ und Aromat	asym. CH-Beugeschwingung und CC-Streckschwingung
1445	$-CH_3$ und $>CH_2$	asym. CH-Beugeschwingung
1445–1276	sek. OH	assoz. OH-Beugeschwingung
1358	$-CH_3$	sym. CH-Beugeschwingung
1358–1326	phenolische und alkoholische OH-Gruppe	assoz. OH-Beugeschwingung
1276–1000	phenolische, alkoholische OH-Gruppe, Ether	CO-Streckschwingung und freie OH-Beugeschwingung
1080–975	alkoholisches OH	CO-Streckschwingung

3. Das *UV-Spektrum* des isolierten Hesperidins in Methanol ist aufzunehmen. (1 mg Hesperidin in 50,0 cm^3 Methanol.)
   $\lambda_{max} = 283$ nm ($\varepsilon = 16\,820$).
4. Der *Schmelzpunkt* des isolierten Hesperidins ist zu bestimmen.

Weitere Aufgaben

a) Wodurch unterscheiden sich Flavonoide, Isoflavonoide und Neoflavonoide?
b) Welches chemische Bauprinzip liegt den Flavonoiden zugrunde?
c) Welche Grundtypen von Flavonoiden unterscheidet man (Strukturformeln)?

20. Isolierung von L-Hyoscyamin aus Belladonna-Blättern

Prinzip: Grob gepulverte Belladonna-Blätter (*Atropa belladonna* L.) werden zur Entfernung lipophiler Ballaststoffe (Blattwachse u.ä.) mit Petrolether extrahiert. Aus der anschließend alkalisierten Droge werden die Alkaloide mit Dichlormethan extrahiert. Zur weiteren Abtrennung von Ballaststoffen werden die Alkaloide als Salze in die wäßrige Phase überführt, aus der sie anschließend nach Alkalisierung wieder in die organische Phase überführt werden, aus der nach Einengung L-Hyoscyamin auskristallisiert.

Gehalt: 0,1–1,2%.

Strukturformel

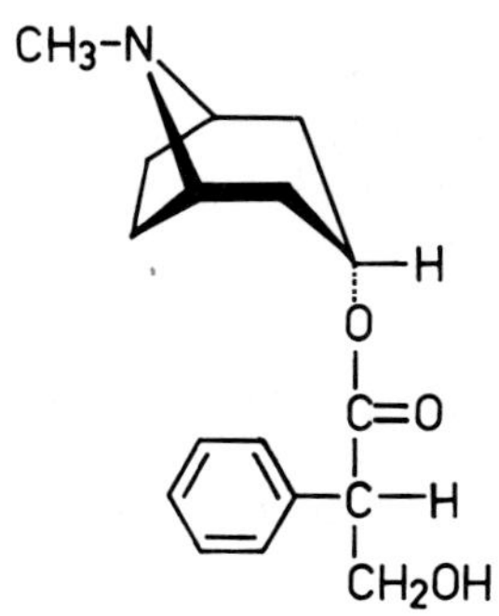

L-Hyoscyamin

$C_{17}H_{23}O_3N$, MG 289,4; Smp: 108–109 °C, $[\alpha]_D^{20} = -22°$ (in 50proz. Ethanol)

Chemikalien
Belladonnae folium pulv. (710–300), 100 g
Petrolether (40–60 °C), 300 cm^3
Dichlormethan, 1500 cm^3
Aceton, 200 cm^3
Methanol, 10 cm^3
Ammoniaklösung, konz., 15 cm^3
Schwefelsäure, ca. 0,5 N, 50 cm^3
Natriumhydroxid, 20 g
Aktivkohle, 2 g
Natriumsulfat, wasserfrei, 20 g
DC-Schicht: Kieselgel F_{254}, 20 × 20 cm
Atropin, 10 mg (Vergleich)

Geräte
1 Perkolationsrohr, l = 50 cm, $\varnothing_i$ = 5 cm
Rundkolben, NS 29, 100 cm^3 (1), 1000 cm^3 (1)
Bechergläser, 50 cm^3 (2), 100 cm^3 (2), 1000 cm^3 (1)
2 Erlenmeyerkolben, 200 cm^3
Trichter, ∅ 5 cm (2), ∅ 3 cm (2)
Scheidetrichter, 100 cm^3
1 Glasfiltertrichter, D 3, ∅ 4 cm mit pass. Guko zu Saugrohr, 20 cm^3

Reagenzien
Dragendorff-Reag. nach PUECH (Reag. Nr. 25)

Allgemeine Geräte
Rotationsverdampfer
pH-Papier
Zentrifuge
DC-Grundausrüstung
Alufolie, 30 × 30 cm
Wärmeplatte

Durchführung
100 g grob (710) bis mittelfein (300) gepulverte Belladonna-Blätter werden in einem Becherglas (1000 cm^3) mit 100 cm^3 Petrolether (40–60 °C) durchfeuchtet, danach in ein mit 50 cm^3 Petrolether (40–60 °C) gefülltes Perkolationsrohr überführt und anschließend mit 150 cm^3 Petrolether perkoliert. Das Perkolat (= DC-Lösung a) wird verworfen. Der Drogenrückstand wird an der Luft (Abzug!) getrocknet, bis der Petrolethergeruch verschwunden ist. Anschließend wird der Drogenrückstand in einem Becherglas (1000 cm^3) unter kräftigem Rühren mit einer Mischung aus 10 cm^3 Ammoniaklösung, konz. in 100 cm^3 Aceton gleichmäßig durchfeuchtet und danach auf Alu-Folie ausgebreitet (Abzug!). Nachdem der Geruch nach Aceton verschwunden ist, wird der Drogenrückstand in ein mit 100 cm^3 Dichlormethan gefülltes Perkolationsrohr gegeben, wobei darauf zu achten ist, daß die Droge stets von Dichlormethan umgeben ist (d. h. gegebenenfalls muß Dichlormethan nachgefüllt werden, damit sich die Droge luftblasenfrei im Perkolationsrohr absetzen kann). Die Droge wird bei langsamer Tropfgeschwindigkeit mit insgesamt 1500 cm^3 Dichlormethan perkoliert. Das Perkolat (= DC-Lösung b) wird am Rotationsverdampfer im Vakuum bei 40–50 °C Wasserbadtemperatur eingeengt bis zu einem Volumen von ca. 50 cm^3. Dieses eingeengte Perkolat wird in einen Scheidetrichter überführt und dreimal mit je 15 cm^3 ca. 0,5 N-Schwefelsäure ausgeschüttelt. Die gelbe, wäßrige Alkaloidsalzlösung wird in einen Scheidetrichter über Glaswatte filtriert und tropfenweise mit 20proz. Natriumhydroxidlösung schwach alkalisiert. Aus dieser Lösung schüttelt man *sofort* die freien Alkaloidbasen mit dreimal je 30 cm^3 Dichlormethan aus. – Gegebenenfalls muß durch Zentrifugieren eine Phasentrennung herbeigeführt werden. – Die Dichlormethanlösung (= DC-Lösung c) wird über wasserfreiem Natriumsulfat getrocknet und am Rotationsverdampfer bis zu einem Volumen von ca. 20 cm^3 eingeengt, dann mit einer Spatelspitze Aktivkohle versetzt, auf dem Wasserbad kurz aufgekocht und filtriert. Der Kolben wird mit 5 cm^3 Dichlormethan nachgespült. Die vereinigten klaren Dichlormethanfiltrate werden auf dem Wasserbad bis zur Hälfte eingeengt, dann gibt man gerade so viel Petrolether (40–60 °C) zu, bis eine leichte Trübung entsteht, die beim Erhitzen auf dem Wasserbad wieder verschwinden soll; falls nicht: Zugabe einiger Tropfen Dichlormethan. – Man läßt die Lösung dann mehrere Stunden bei 4 °C stehen und saugt das ausgeschiedene Hyoscyamin über einen Glasfiltertrichter ab. (Mutterlauge = DC-Lösung d). Bei weiterem Verdunsten des Lösungsmittels kann aus der Mutterlauge noch weiteres Hyoscyamin gewonnen werden.
Ausbeute: ca. 100 mg.
Zeitbedarf: 1,5 Tage.

Auswertung

1. *Dünnschicht-Chromatographie*
   I. Standardmethode: Ja.
   II. Schicht: Kieselgel F_{254}.
   III. Fließmittel: Aceton-Wasser-Ammoniaklösung, konz. (90 + 7 + 3), KS, 10 cm.
   IV. Nachweis: Nach Abdampfen des Fließmittels auf der Wärmeplatte:
   a) UV_{254}: Fluoreszenzmindernde Zonen markieren. (Im unteren Drittel des Chromatogramms ist die fluoreszenzmindernde Zone des L-Hyoscyamins zu erkennen.)
   b) UV_{365}: Fluoreszierende Zonen markieren. (Oberhalb der L-Hyoscyamin-Zone liegt die fluoreszierende Zone des Scopoletins.)
   c) Dragendorff-Reagenz nach Puech (Reag. Nr. 25) mit anschließendem Nachsprühen mit einer 10proz. *(G/V)* Lösung von Natriumnitrit bis zur Transparenz: Nach ca. 15 min färbt sich die Atropinzone blaugrau und die des Hyoscyamins rotbraun an.
   V. Untersuchungslösung: Bandförmige Auftragung (15 × 3 mm):
   a) DC-Lösung a: 20 mm^3.
   b) DC-Lösung b: 30 mm^3.
   c) DC-Lösung c: 5 mm^3.
   d) DC-Lösung d: 0,1 cm^3 werden mit 0,4 cm^3 Methanol verdünnt, davon 10 mm^3.
   e) Isoliertes Hyoscyamin: 5 mg werden in 2,0 cm^3 Methanol gelöst, davon 10 mm^3.
   VI. Vergleichslösung: 5 mg Atropin werden in 2,0 cm^3 Methanol gelöst, davon werden 10 mm^3 bandförmig (15 × 3 mm) aufgetragen.
2. Das *IR-Spektrum* des isolierten Hyoscyamins ist aufzunehmen, mit dem abgebildeten Spektrum und den wiedergegebenen Daten zu vergleichen.

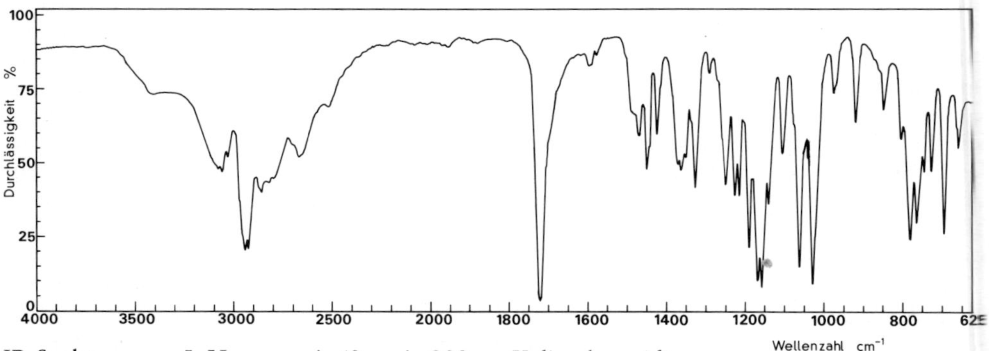

IR-Spektrum von L-Hyoscyamin (2 mg in 200 mg Kaliumbromid).

Wellenzahl cm^{-1}	Zuordnung	Schwingungsart
3400	$-OH$	OH-Streckschwingung
3025, 3080 u. 3060	Aromat	CH-Streckschwingung
2940, 2950	$-CH_3,\ \overset{\mid}{\underset{\mid}{C}}H_2,\ -\overset{\mid}{\underset{\mid}{C}}H$	CH-Streckschwingung
1725	$\succ C{=}O$	CO-Streckschwingung
1600, 1470	Aromat	CC-Streckschwingung
1450–1445	$\succ CH_2$	CH-Beugeschwingung
1425	$-CH_3$ an N	asym. Beugeschwingung
1375–1325	$-OH$	assoz. OH-Beugeschwingung
1250–1215	$-OH$	freie OH-Beugeschwingung
1175–1160	$-C-CO-O$(?)	CO-Streck- und C–CO–O-Gerüstschwingung
1065 oder 1025	$-\overset{\mid}{\underset{\mid}{C}}-OH$	CO-Streckschwingung
770–730 und 695	monosubst. Aromat	CH-Beugeschwingung

fer bei Wasserbadtemperaturen zwischen 50 und 60 °C eingeengt. Der eingeengte Extrakt wird portionsweise dreimal mit je 70 cm^3 Wasser aufgekocht und über ein Faltenfilter filtriert. Bei Stockung der Filtration ist das Faltenfilter zu erneuern. Die Filtration kann auch über einen Glaswattebausch erfolgen, über dem eine 1,5–2 cm dicke Schicht von Cellulose-Linters liegt. Die wäßrigen Lösungen werden vereinigt und fünfmal mit je 50 cm^3 Chloroform extrahiert. Die Chloroform-Phasen werden vereinigt, über wasserfreiem Natriumsulfat getrocknet und in einem 100 cm^3-Spitzkolben portionsweise am Rotationsverdampfer bis auf etwa 1 cm^3 eingeengt (DC-Lösung b).

a) *Säulen-Chromatographie*
   Allgemeine Durchführung: Siehe S. 28, «Säulenchromatographische Trennungen».
   Chromatographie-Säule: l = 130 cm, $\varnothing_i$ = 1,5 cm
   Stationäre Phase: Kieselgel zur SC, 0,063–0,2 mm.
   Elutionsmittelfolge: Petrolether (40–60°)-Dichlormethan (50 + 50), 200 cm^3.
   Dichlormethan, 200 cm^3.
   Dichlormethan-Essigsäureethylester (70 + 30), 200 cm^3.
   Dichlormethan-Essigsäureethylester (50 + 50), 500 cm^3.
   Aufgabemenge: Eingeengter Chloroformextrakt (Lösung b).
   Tropfgeschwindigkeit: 2–3 Tropfen/s.
   Fraktionen: 10–15 cm^3.
   Nach der dc Untersuchung der einzelnen Fraktionen werden vereinigt:
   a) Fraktionen, die ausschließlich Khellin enthalten (= DC-Lösung c).
   b) Fraktionen, die Khellin und Visnagin enthalten (= DC-Lösung d).
   c) Fraktionen, die ausschließlich Visnagin enthalten (= DC-Lösung e).
   Ausbeuten: 200 mg Khellin (DC-Lösung c).
   50–150 mg Khellin und Visnagin (DC-Lösung d).
   150–250 mg Visnagin (DC-Lösung e).
   Zeitbedarf: 2 Tage.

b) *Dünnschicht-Chromatographie*
   I. *Standardmethode:* Ja.
   II. *Schicht:* Kieselgel F_{254}.
   III. *Fließmittel:* Essigsäureethylester, KS, 10 cm.
   IV. *Nachweis*
      a) UV_{254}: Fluoreszenzmindernde Zonen markieren. (Khellin hRf 25–30 und Visnagin hRf 20–25 sind als fluoreszenzmindernde Zonen im unteren Drittel des Chromatogramms zu erkennen.)
      b) UV_{365}: Fluoreszierende Zonen markieren. (Khellin fluoresziert gelb, Visnagin fluoresziert blau.)
      c) konz. Salzsäure (Khellin färbt sich deutlich gelb, Visnagin schwach gelb.)
   V. *Untersuchungslösung:* Punktförmige Auftragung:
      a) DC-Lösung b: 5 mm^3 werden in 1 cm^3 Chloroform gelöst, davon werden 5 mm^3 aufgetragen.
      b) Jede 3. Fraktion ab der 20. Fraktion, Auftragemenge 5 mm^3.
   VI. *Vergleichslösung:* Je 5 mg Khellin und Visnagin werden in je 2 cm^3 Chloroform gelöst, davon werden je 5 mm^3 punktförmig aufgetragen.

Auswertung

1. Abschließende DC
   DC-Bedingungen: I–IV und VI wie b)
   V. *Untersuchungslösung:* Bandförmige Auftragung (3 × 15 mm).
   a) DC-Lösung a, 10 mm^3
   b) DC-Lösung b, vgl. oben b), V, a
   c) DC-Lösung c
   d) DC-Lösung d
   e) DC-Lösung e
   } Je 5 mg werden in je 2 cm^3 Chloroform gelöst.

2. Die *IR-Spektrum* des isolierten Khellins und des isolierten Visnagins sind aufzunehmen, mit den abgebildeten Spektren und den wiedergegebenen Daten zu vergleichen.

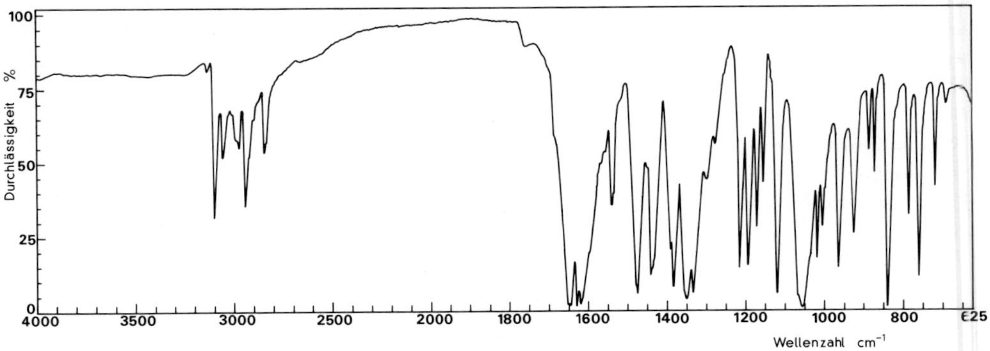

IR-Spektrum von Khellin (2 mg/200 mg Kaliumbromid).

Wellenzahl cm^{-1}	Zuordnung	Schwingungsart
3100–3050	CH in Aromaten	CH-Streckschwingung
2990, 2940	$-CH_3$	CH-Streckschwingung
2848	$-O-CH_3$	CH-Streckschwingung
1647	konj. $>C=O$	C=O-Streckschwingung
1630	2 H an Doppelbindung	C=C-Streckschwingung
1618	Aromat	CC-Streckschwingung
1541	Aromat	CC-Streckschwingung
1478	Aromat	CC-Streckschwingung
1441	$>CH_2$ in α-Stellung zu $>C=O$	CH-Beugeschwingung
	sowie $-OCH_3$	asym. CH-Beugeschwingung
1385	$-CH_3$	sym. CH-Beugeschwingung
1216 und 1195	Aliphat. arom. Ether (CH_3-O-Ar)	asym. CH-Beugeschwingung
1121 und 1058	Ether des 5er und 6er Ringes	asym. CH-Beugeschwingung
1020 und 1005	Aliphat. arom. Ether (CH_3-O-Ar)	sym. CH-Beugeschwingung
967	2 H an Doppelbind. (trans)	CH-Beugeschwingung
965–762	Ether des 5er und 6er Ringes	sym. CO-Streckschwingung

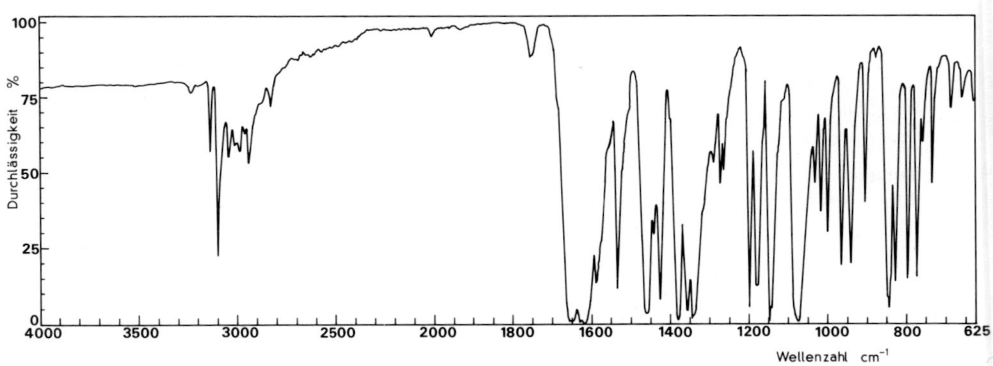

IR-Spektrum von Visnagin (2 mg/200 mg Kaliumbromid).

Wellenzahl cm^{-1}	Zuordnung	Schwingungsart
3140, 3100, 3040 u. 3010	CH in Aromaten	CH-Streckschwingung
2990–2940	$-CH_3$ und $>CH_2$	CH-Streckschwingung
2841	$-OCH_3$	CH-Streckschwingung
1648	konj. $>C=O$	C=O-Streckschwingung
1630	2 H an der Doppelbind.	C=C-Streckschwingung
1648, 1535	Aromat	CC-Streckschwingung
1468–1460	Aromat	CC-Streckschwingung
1435	$>CH_2$ in α-Stellung zu $>C=O$	CH-Beugeschwingung
1381	$-CH_3$	sym. CH-Beugeschwingung
1196 und 1178	Aliphat. arom. Ether (CH_3-O-Ar)	asym. CO-Streckschwingung
1146–1075	Ether des 5er und 6er Rings	asym. CO-Streckschwingung
1031–1000	aliphat. arom. Ether (CH_3-O-Ar)	sym. CO-Streckschwingung
967	2 H an der Doppelbind. (trans.)	CH-Beugeschwingung
845	Aromat (pentasubst.)	CH-Beugeschwingung
828–774	Ether des 5er und 6er Rings	sym. CO-Streckschwingung

3. Die *UV-Spektren* des isolierten Khellins und Visnagins sind aufzunehmen. (Je 10 mg in je 50 cm^3 Ethanol, davon je 1 cm^3 mit Ethanol zu 25 cm^3 auffüllen.)
   Khellin: $\lambda_{max} = 250$ nm ($\varepsilon = 28\,000$).
   $\lambda_{max} = 340$ nm ($\varepsilon = 4000$) (Schulter).
   Visnagin: $\lambda_{max} = 245$ nm ($\varepsilon = 30\,000$).
   $\lambda_{max} = 320$ nm ($\varepsilon = 4000$).

4. Die *Schmelzpunkte* des isolierten Khellins und Visnagins sind zu bestimmen.

Weitere Aufgaben

a) Zu welcher Naturstoffgruppe gehören Khellin und Visnagin?
b) Was sind Furanocumarine? – Geben Sie Drogen an, die diese enthalten.
c) Wie kann man Ammi visnagae und Ammi majus-Früchte unterscheiden?
d) Worauf beruht der Nachweis von Khellin und Visnagin mit konzentrierter Salzsäure?

23. Isolierung von Khellinin (= Khellolglucosid) aus Ammi visnaga-Früchten

Prinzip: Der Drogenrückstand von Ammi visnaga-Früchten, der bei der Isolierung von Khellin und Visnagin anfällt, wird mit siedendem Ethanol extrahiert. Aus dem eingeengten ethanolischen Extrakt wird Khellinin durch Umkristallisation rein dargestellt.
Gehalt: 1%.
Strukturformel

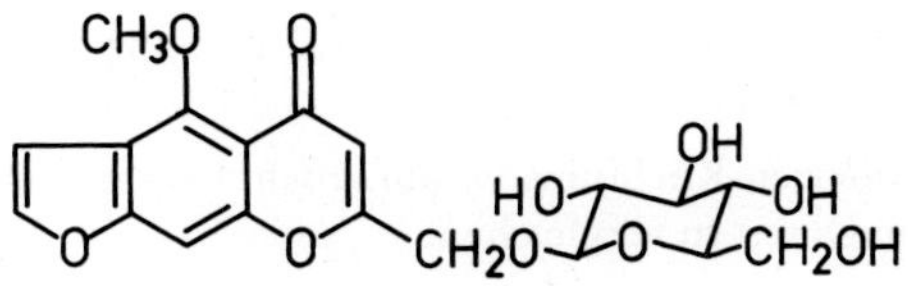

Khellinin (Khellolglucosid)
$C_{19}H_{20}O_{10}$, MG 408,37; Smp: 174–176 °C

Chemikalien
Drogenrückstand aus der Khellin-Visnagin-Isolierung
Ethanol, 500 cm^3
Aktivkohle, 1 g
n-Butanol, 40 cm^3
Essigsäure, wasserfrei, 10 cm^3
DC-Schicht: Kieselgel F_{254}, 20 × 20 cm
Khellinin, 5 mg (Vergleich)

Geräte
1 Zweihals-Rundkolben, NS 29, 500 cm^3
1 Rundkolben, NS 29, 250 cm^3
1 Rückflußkühler, NS 29
2 Bechergläser, 100 cm^3
1 Büchner-Trichter, ∅ 7 cm mit pass. Guko zu Saugflasche, 500 cm^3
1 Glasfiltertrichter, ∅ 5 cm, D3, mit pass. Guko zu Saugrohr, 25 cm
2 Trichter, ∅ 4 cm

Reagenzien
konzentrierte Salzsäure

Allgemeine Geräte
Heizpilz, 500 cm^3
Wasserbad
KPG-Rührer mit Motor für Rundkolben, 500 cm^3
Rotationsverdampfer
DC-Grundausrüstung

Durchführung

Der bei der Extraktion von Khellin und Visnagin verbleibende Drogenrückstand (s. S. 380) wird an der Luft getrocknet, bis der Chloroformgeruch verschwunden ist. Anschließend wird er in einen 500 cm^3-Rundkolben überführt, mit 350 cm^3 Ethanol versetzt und 30 min unter Rückfluß und Rühren gekocht. Die heiße ethanolische Lösung wird über einen Büchner-Trichter abgesaugt und mit 50 cm^3 heißem Ethanol nachgewaschen. Die vereinigten Ethanol-Extrakte (DC-Lösung a) werden am Rotationsverdampfer eingeengt bis zu einem Volumen von ca. 10 cm^3 und in ein 100 cm^3-Becherglas überführt unter Verwendung von 5 cm^3 Ethanol als Spülflüssigkeit. Beim Stehen an der Luft scheiden sich nach mehreren Stunden Kristalle von Khellinin aus, die über einen Glasfiltertrichter abgesaugt werden (Mutterlauge, DC-Lösung b). Falls sich keine Kristalle ausscheiden, wird die Lösung mit Aktivkohle (ca. 200 mg) kurz aufgekocht und klar filtriert (Papierfilter).
Ausbeute: 200 mg.
Zeitbedarf: 1 Tag.

Auswertung

1. *Dünnschicht-Chromatographie*
   - I. *Standardmethode:* Ja.
   - II. *Schicht:* Kieselgel F_{254}.
   - III. *Fließmittel:* Oberphase von Wasser-n-Butanol-Eisessig (50 + 40 + 10), KS.
   - IV. *Nachweis:* Nach Abdampfen des Fließmittels bei 100 °C:
     - a) UV_{254}: Fluoreszenzmindernde Zonen markieren. (Die im mittleren hRf-Bereich liegende Zone des Khellinins zeigt Fluoreszenzminderung.)
     - b) UV_{365}: Fluoreszierende Zonen markieren. (Khellinin zeigt eine blaue Fluoreszenz.)
     - c) Konz. Salzsäure: Khellinin färbt sich gelb an.
   - V. *Untersuchungslösung:* Bandförmige Auftragung (15 × 3 mm):
     - a) DC-Lösung a: 10 mm^3.
     - b) DC-Lösung b: 0,1 cm^3 werden mit Ethanol auf 2,0 cm^3 aufgefüllt, davon 10 mm^3.
     - c) isoliertes Khellinin: 5 mg werden in 1,0 cm^3 Ethanol gelöst, davon 10 mm^3.
   - VI. *Vergleichslösung:* 5 mg Khellinin werden in 1,0 cm^3 Ethanol gelöst, davon trägt man 10 mm^3 bandförmig (15 × 3 mm) auf.
2. Das *IR-Spektrum* des isolierten Khellinins ist aufzunehmen, mit dem abgebildeten Spektrum und den wiedergegebenen Daten zu vergleichen.

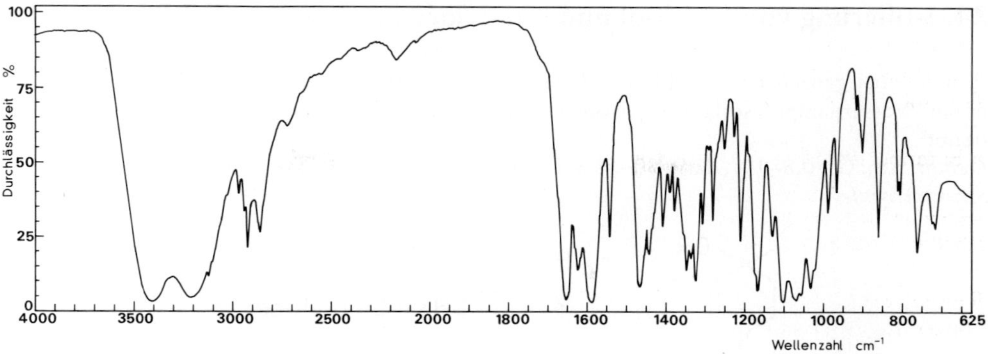

IR-Spektrum von Khellinin (2 mg/200 mg Kaliumbromid).

Wellenzahl cm^{-1}	Zuordnung	Schwingungsart
3410–3200	–OH des Zuckerrestes	OH-Streckschwingung
3122	2 H an der Doppelbindung	CH-Streckschwingung
2968–2922	$>CH_2$ und $-\overset{\mid}{\underset{\mid}{C}}-H$	CH-Streckschwingung
2860	$-OCH_3$	CH-Streckschwingung
1660–1650	konj. $>C=O$	C=O-Streckschwingung
1624	2 H an der Doppelbindung	C=C-Streckschwingung
1590, 1542, 1472	Aromat	CC-Streckschwingung
1449–1445	$-OCH_3$	asym. Beugeschwingung
1407	$>CH_2$ in α-Stellung zu $>C=O$	CH-Beugeschwingung
1378	$-CH_3$	sym. CH-Beugeschwingung
1348–1304	sek. und tert. OH	assoz. und freie OH-Beugeschwingung
1210	aliphat. arom. Ether (CH_3-O-Ar)	asym. CO-Streckschwingung
1169–990	Ether der 5er und 6er Ringe,	sym. CO- Streckschwingung
	aliphat. arom. Ether (CH_3-O-Ar)	sym. CO-Streckschwingung
	sek. und tert. OH-Gruppen	sym. CO-Streckschwingung
965	2 H an der Doppelbindung (trans.)	CH-Beugeschwingung
900 und 860	Aromat (pentasubstituiert)	CH-Beugeschwingung
810 und 761	Ether der 5er und 6er Ringe	sym. CO-Streckschwingung

3. Das *UV-Spektrum* des isolierten Khellinins ist aufzunehmen (1 mg in 25 cm^3 Ethanol).
   λ_{max} = 245 nm (ε = 12000).
   λ_{max} = 325 nm (ε = 1200).

4. Der *Schmelzpunkt* des isolierten Khellinins ist zu bestimmen.

Weitere Aufgaben

a) Welche O-Glykoside kann man den Grundstrukturen der Aglyka nach unterscheiden?
b) Nach welcher Methode kann man Khellinin quantitativ bestimmen?
c) Welche weiteren Inhaltsstoffe sind in Ammeos visnagae fructus enthalten?

24. Isolierung von Linalool und Linalylacetat aus Lavendelblüten

Prinzip: Aus ganzen Lavendelblüten (*Lavandula angustifolia* MILLER) wird das ätherische Öl durch Wasserdampfdestillation gewonnen und anschließend säulenchromatographisch aufgetrennt.
Gehalt: Äth. Öl: 0,8–1%, darin 30–50% Linalylacetat und 25–40% Linalool.
Strukturformel

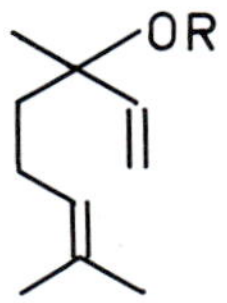

R = H Linalool
R = ·OC·CH₃ Linalylacetat

Linalool: $C_{10}H_{18}O$, MG 154,2; $Sdp_{14\ Torr}$: 86–87 °C, $[\alpha]_D^{20} = -20°$
Linalylacetat: $C_{12}H_{20}O_2$, MG 196,3; $Sdp_{25\ Torr}$: 115–116 °C, $[\alpha]_D^{20} = -9°$

Chemikalien
Lavandulae flos, tot. 150 g
Pentan, 10 cm³
Petrolether (40–60 °C), 200 cm³
Dichlormethan, 2000 cm³
Ether, peroxidfrei, 30 cm³
Salzsäure, 10proz. *(G/V)*, 10 cm³
Natriumsulfat, wasserfrei, 20 g
DC-Schichten Kieselgel F_{254},
10 × 20 und 20 × 20 cm
Natriumhydrogencarbonat, 1 g
Lithiumaluminiumhydrid, 50 mg
Kieselgel zur SC, 0,063–0,2 mm, 100 g
Seesand, 50 g

Geräte
Apparatur zur Gehaltsbestimmung von ätherischen Ölen n. Ph. Eur. III oder «Karlsruher Apparatur»
Rundkolben, NS 29, 2000 cm³ (1), 250 cm³ (1)
2 Spitzkolben: 10 cm³, NS 14,5 mit passendem NS-Stopfen
1 Erlenmeyerkolben, 10 cm³
2 Mikrofilternutschen, D3, 2 cm³
1 Trichter, ∅ 4 cm
Chromatographiesäule, $l = 120$ cm, $\varnothing_i = 1{,}5$ cm

Reagenzien
Anisaldehyd-Schwefelsäure (Reag. Nr. 4)

Allgemeine Geräte
Heizpilz, 2000 cm³
Wasserbad
Wärmeplatte bis 60 °C
Rotationsverdampfer
pH-Papier
Fraktionssammler mit Zubehör
DC-Grundausrüstung

Durchführung

a) *Gewinnung des ätherischen Öles:* 150 g Lavendelblüten werden mit 1200 cm³ Wasser in einem 2000 cm³-Rundkolben 4 h einer kontinuierlichen Wasserdampfdestillation unterworfen. Als Vorlage dienen 2 cm³ Pentan. Das Pentan-äth. Öl-Gemisch wird nach Beendigung der Destillation wasserfrei in einen 10 cm³-Erlenmeyerkolben abgelassen. Das Pentan wird auf einer Wärmeplatte bei 50 °C verdampft und anschließend der äth. Ölgehalt gravimetrisch bestimmt.
Ausbeute: ca. 1 g.

b) *Säulenchromatographie*
Allgemeine Durchführung: Siehe S. 28, «Säulenchromatographische Trennungen».
Chromatographiesäule: $l = 120$ cm, $\varnothing_i = 1{,}5$ cm.
Stationäre Phase: Kieselgel zur SC, 0,063–0,2 mm, 100 g.
Elutionsmittel: Petrolether-Dichlormethan (50 + 50), 300 cm³, Dichlormethan, 1500 cm³.

Aufgabemenge: 1 g äth. Öl.
Tropfgeschwindigkeit: 2–3 Tropfen/s.
Fraktionen: ca. 10 cm^3.
Ausbeuten: Linalylacetat: 300–450 mg } je nach Droge verschieden.
Linalool: 150–250 mg

Anmerkung: Gelegentlich kommt es vor, daß das Linalylacetat von einer geringen Menge einer bei der DC fluoreszenzmindernden Zone begleitet ist.

c) *Dünnschicht-Chromatographie*

I. Standardmethode: Ja.
II. Schicht: Kieselgel F_{254}.
III. Fließmittel: Dichlormethan, KS.
IV. Nachweis
a) UV_{254}: Fluoreszenzmindernde Zonen markieren (Begleitstoffe).
b) Besprühen mit Anisaldehyd-Schwefelsäure, anschließend 5–10 min auf 110 °C. (Sowohl Linalylacetat (hRf 50–60) als auch Linalool (hRf 25–30) färben sich rotbraun an.)
V. Untersuchungslösung: punktförmige Auftragung.
a) 10 mm^3 äth. Öl werden in 2,0 cm^3 Chloroform gelöst, davon 5 mm^3.
b) Ab Fraktion 10 von jeder Fraktion 5–10 mm^3.
VI. Vergleichslösung: Je 2 mm^3 Linalool und Linalylacetat werden in je 1,0 cm^3 Dichlormethan gelöst, davon trägt man je 5 mm^3 punktförmig auf.

Auswertung

1. *Überführung von Linalylacetat in Linalool*
Prinzip: Reduktion des Esters mit Lithiumaluminiumhydrid.
Durchführung: 10 mm^3 Linalylacetat werden in einem Reagenzglas in 2 cm^3 Ether gelöst, dazu gibt man eine Spatelspitze (ca. 50 mg) Lithiumaluminiumhydrid (VORSICHT: langsame Zugabe, da heftige Reaktion mit Restfeuchtigkeit!). Danach erwärmt man vorsichtig einige min auf dem Wasserbad, ergänzt den verdampfenden Ether. Nun wird vorsichtig durch tropfenweise Zugabe von 10proz. Salzsäure hydrolysiert, bis eine klare Lösung entstanden ist und der pH-Wert ungefähr 1 beträgt. Die überstehende Etherphase wird abpipettiert und in einem Reagenzglas durch Schütteln mit 2 cm^3 einer 5proz. Natriumhydrogencarbonatlösung neutralisiert. Die Etherphase wird abpipettiert und über einen Glaswattebausch mit Natriumsulfatauflage filtriert und auf dem Wasserbad weitgehend eingeengt. Davon trägt man 5 und 10 mm^3 punktförmig zur DC auf.
DC-Bedingungen: Siehe Punkt c).
Änderung: Kieselgelschicht: 10 × 20 cm.
2. Die *IR-Spektren* des isolierten Linalools und Linalylacetats sind aufzunehmen, mit den abgebildeten Spektren und den wiedergegebenen Daten zu vergleichen.

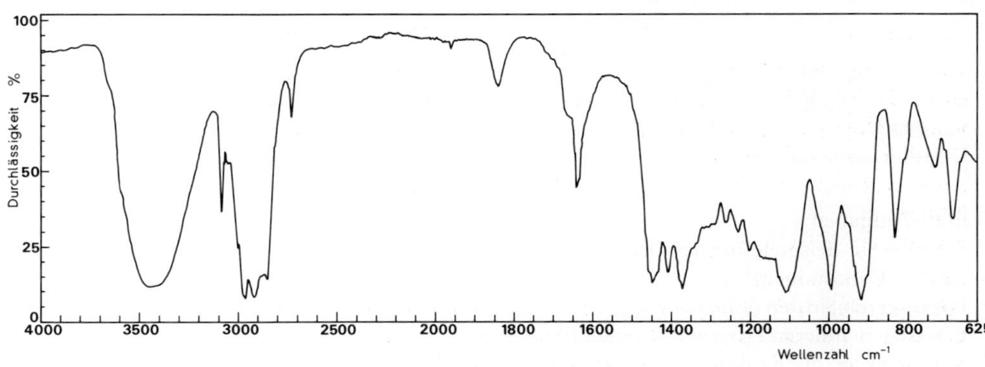

IR-Spektrum von Linalool (als Film zwischen Kaliumbromidpreßlingen).

Wellenzahl cm^{-1}	Zuordnung	Schwingungsart
3440	$-OH$	OH-Streckschwingung
3080	monosubst. Doppelbind.	CH-Streckschwingung
2970–2860	$-CH_3$, $>CH_2$, $-\overset{\mid}{\underset{\mid}{C}}-H$	CH-Streckschwingung
1840	monosubst. Doppelbind.	CH-Oberschwingung
1674	trisubst. Doppelbind.	CC-Streckschwingung
1640	monosubst. Doppelbind.	CC-Streckschwingung
1450	$-CH_3$ und $>CH_2$	asym. CH-Beuge- und CH-Beugeschw.
1375	$=C(CH_3)_2$	sym. CH-Beugeschwingung
1110	$-\overset{\mid}{\underset{\mid}{C}}-OH$	CO-Streckschwingung
993 und 920	monosubst. Doppelbind.	CH-Beugeschwingung
835	trisubst. Doppelbind.	CH-Beugeschwingung
685	$-OH$	OH-Beugeschwingung

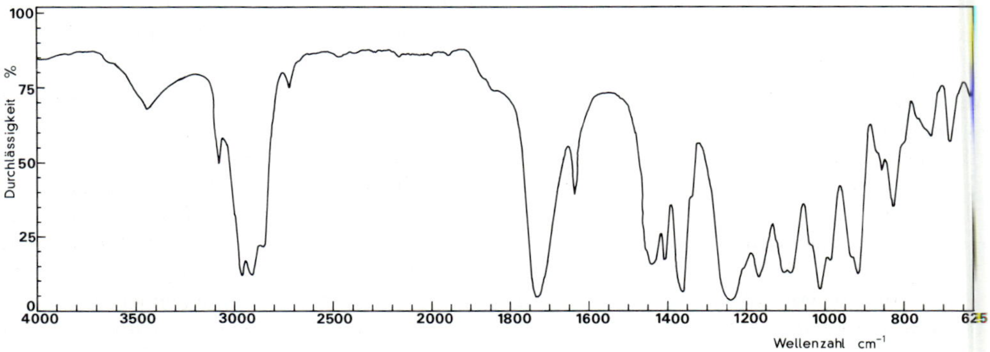

IR-Spektrum von Linalylacetat (als Film zwischen Kaliumbromidpreßlingen).

Wellenzahl cm^{-1}	Zuordnung	Schwingungsart
3080	monosubst. Doppelbind.	CH-Streckschwingung
2960–2860	$-CH_3$, $>CH_2$, $-\overset{\mid}{\underset{\mid}{C}}-H$	CH-Streckschwingung
1735	$>C=O$	C=O-Streckschwinung
1640	monosubst. Doppelbind.	C=C-Streckschwingung
1445	$-CH_3$, $>CH_2$	asym. CH-Beuge- und CH-Beugeschwingung
1410	monosubst. Doppelbind.	CH-Beugeschwingung
1365	$=C(CH_3)_2$	sym. CH-Beugeschwingung
1240	$-CO-O-$	CO-Streck- und C–CO–O-Gerüstschwingung
985 und 920	monosubst. Doppelbind.	CH-Beugeschwingung

Weitere Aufgaben

a) Nennen Sie Beispiele für acyclische, monocyclische und bicyclische (Mono-) Terpenalkohole und ihr Vorkommen.
b) Formulieren Sie den üblichen Biogeneseweg für Terpene.
c) In welchen anderen Pflanzen ist Linalool noch enthalten?
d) Schreiben Sie die Reaktionsgleichung für die Reduktion des Linalylacetats mit Lithiumaluminiumhydrid.

25. Isolierung von Malvinchlorid aus wilden Malvenblüten

Prinzip: Aus gepulverten Blüten der wilden Malve (*Malva sylvestris* L.) werden das Glucosid Malvin und andere in geringeren Mengen vorkommende Anthocyanglykoside in Form der Chloride mit methanolischer Salzsäure durch Perkolation extrahiert und aus dem eingeengten Extrakt mit Ether gefällt.
Gehalt: bis zu 10%.
Strukturformel

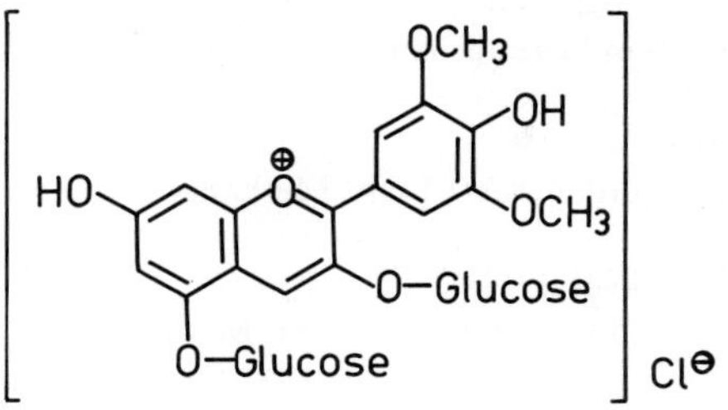

Malvinchlorid
$C_{29}H_{35}O_{17}$, MG 691; Smp: 165–170 °C (Zersetzung)

Chemikalien
Malvae silvestris flos, pulv. (710), 10 g
Methanol, 300 cm^3
Ether, 250 cm^3
Salzsäure, konz., 15 cm^3
n-Butanol, 40 cm^3
Eisessig, 10 cm^3
DC-Schicht: Cellulose, mikrokristallin, 20 × 20 cm
Malvinchlorid, 1 mg (Vergleich)
(Handelsprodukte oft unrein!)

Geräte
2 Bechergläser, 250 cm^3
1 Perkolationssäule, l = 50 cm, $\varnothing_i$ = 3,5 cm
1 Glasstab, 6 × 250 mm
2 Erlenmeyerkolben, 500 cm^3
Rundkolben, NS 29, 250 cm^3 (1), 100 cm^3 (3) mit pass. Schliffstopfen
1 Büchnertrichter, ∅ 8 cm mit pass. Guko zu
1 Saugflasche, 500 cm^3
1 Glasfiltertrichter, D3, ∅ 5 cm mit pass. Guko zu Saugrohr, 25 cm^3

Allgemeine Geräte
Rotationsverdampfer
Wärmeplatte
Schüttelmaschine
DC-Grundausrüstung

Durchführung
10 g Malvae silvestris flos, pulv. (710) werden in einem 250 cm^3-Becherglas mit so viel methanolischer Salzsäure (Methanol-konz. Salzsäure, 95 + 5 Volumteile) übergossen, daß das Blütenpulver gerade bedeckt ist. Man rührt gelegentlich um, nach 30 min schüttet man den Brei in ein Perkolationsrohr und perkoliert mit 150 cm^3 methanolischer Salzsäure, bis das Perkolat nur noch schwach rot gefärbt ist. Das Perkolat wird portionsweise in einem 250 cm^3-Rundkolben im Vakuum am Rotationsverdampfer bei Wasserbadtemperaturen von ca. 50° bis zu einem Volumen von ca. 40 cm^3 eingeengt (=DC-Lösung a). Nach dem Erkalten setzt man 120 cm^3 Ether hinzu und läßt über Nacht stehen. Es scheidet sich ein harziger, schwarzroter Niederschlag ab, der über einen Büchnertrichter abgesaugt wird (Filtrat = DC-Lösung b). Der Niederschlag wird in 15 cm^3 Methanol aufgenommen und 2 h geschüttelt (= DC-Lösung c). Die erhaltene Suspension wird mit 50 cm^3 Ether versetzt und bei 4° über Nacht aufbewahrt. Danach wird der erneut ausgefallene Niederschlag über einen Büchnertrichter abgesaugt (Filtrat = DC-Lösung d). Der feste Rückstand wird abermals in 15 cm^3 Methanol aufgenommen und 2 h geschüttelt (= DC-Lösung e). Danach setzt man 50 cm^3 Ether hinzu und läßt erneut über Nacht bei 4° stehen. Der ausgefallene dunkelrote kristalline Niederschlag von Malvinchlorid wird über einen Glasfiltertrichter abgesaugt und 2 h bei 45° getrocknet.
Ausbeute: 0,8–1 g (das isolierte Produkt ist von geringen Mengen anderer Anthocyanglykoside begleitet).
Zeitbedarf: 3 Tage.

Auswertung

1. Dünnschicht-Chromatographie

I. Standardmethode: Ja.

II. Schicht: Cellulose, mikrokristallin.

III. Fließmittel: Oberphase von n-Butanol-Eisessig-Wasser (40 + 10 + 50), KS, 10 cm.

IV. Nachweis: Nach Abdampfen des Fließmittels auf der Wärmeplatte im Tageslicht auswerten und anschließend mit Ammoniakdämpfen behandeln.

V. Untersuchungslösung: Bandförmige Auftragung (10 × 3 mm):
DC-Lösung a: 5 mm^3.
DC-Lösung b: 10 mm^3.
DC-Lösung c: 0,1 cm^3 werden mit 0,1 cm^3 Methanol verdünnt, davon 5 mm^3.
DC-Lösung d: 15 mm^3.
DC-Lösung e: vgl. DC-Lösung c.
Isoliertes Malvinchlorid: 5 mg werden in 1 cm^3 Methanol gelöst, davon 5 mm^3.
Untersuchungslösungen von Malvae silvestris flos, Malvae arboreae sine calycibus und Hibisci flos:
Je 1 g gepulverte Droge wird mit 6 cm^3 einer Mischung von 90 Volumteilen Methanol und 10 Volumteilen 25proz. *(G/V)* Salzsäure versetzt und 15 min geschüttelt. Von den Filtraten trägt man je 10 mm^3 bandförmig (10 × 3 mm) auf.

VI. Vergleichslösung: 5 mg Malvinchlorid werden in 1 cm^3 Methanol gelöst, davon trägt man 5 mm^3 bandförmig (10 × 3 mm) auf.

2. Das *IR-Spektrum* des isolierten Malvinchlorids ist aufzunehmen und mit dem abgebildeten Spektrum und den entsprechenden Daten zu vergleichen.

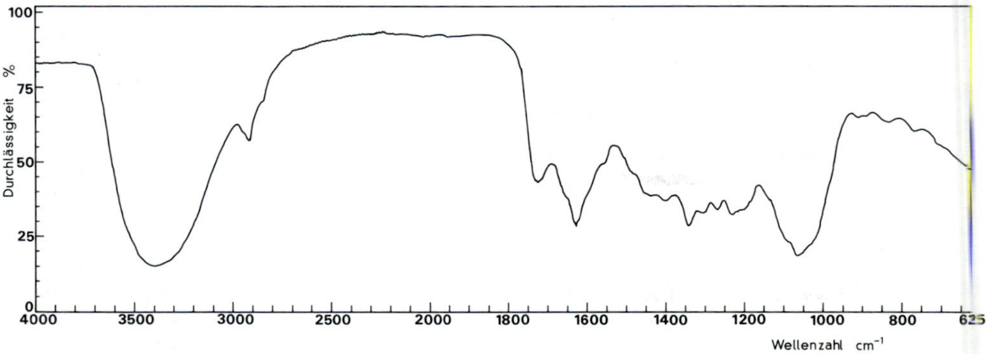

IR-Spektrum von Malvinchlorid (4 mg/200 mg Kaliumbromid).

Wellenzahl cm^{-1}	Zuordnung	Schwingungsart
3400	$-OH$	OH-Streckschwingung
2920	$-CH_3$, $>CH_2$ und $-\overset{\vert}{\underset{\vert}{C}}-H$	CH-Streckschwingung
2850	$-OCH_3$	CH-Streckschwingung
1635	Aromat	CC-Streckschwingung
1468–1455	$-CH_3$ und $>CH_2$	CH-Beugeschwingung
1350–1200	$-OH$	OH-Beugeschwingung
1200	aliphat-aromat. Ether	CO-Streckschwingung
1100	cycl. Ether	CO-Streckschwingung
1060	aliphat-aromat. Ether	CO-Streckschwingung

3. Das *VIS-UV-Spektrum* des isolierten Malvinchlorids ist aufzunehmen.
   Lösungsmittel: 44 Volumteile Methanol und 1 Volumteil verd. Salzsäure, 25proz. *(G/V)*.
   3 mg Malvinchlorid werden in 10 cm^3 gelöst, davon wird 1 cm^3 zu 10 cm^3 verdünnt.
   $\lambda_{max} = 540$ nm ($\varepsilon = 14500$).
   $\lambda_{max} = 274$ nm ($\varepsilon = 7200$).
4. Der *Zersetzungspunkt* des isolierten Malvinchlorids ist zu bestimmen.

Weitere Aufgaben

a) Welche strukturellen Zusammenhänge bestehen zwischen Anthocyanidinen und Flavonen?
b) Worauf beruhen die Indikatoreigenschaften der Anthocyane?
c) Welche anderen pflanzlichen Farbstoffe kennen Sie? Geben Sie Beispiele zu den einzelnen Gruppen an. Nennen Sie entsprechende Drogen und die Verwendung der entsprechenden Farbstoffe.
d) Welche weiteren Arznei- und Nutzpflanzen aus der Familie der Malvaceae kennen Sie?

26. Isolierung von Matricin aus Kamillenblüten

Prinzip: Kamillenblüten (*Matricaria chamomilla* L.) werden kurz mit Chloroform extrahiert. Hierbei platzen die ätherischen Öldrüsen mit dem darin enthaltenen Matricin. Der Extrakt wird dann in Petrolether eingerührt, um einen Teil der polaren Stoffe auszufällen. Aus der Petroletherlösung läßt sich das Matricin mit Kaliumhydrogencarbonatlösung ausschütteln. Hieraus kann es dann mit Ether extrahiert werden. Beim Einengen fällt es in kristalliner Form aus.
Gehalt: 0,06% je nach Droge; beachte, es gibt «Chem. Rassen».
Strukturformel

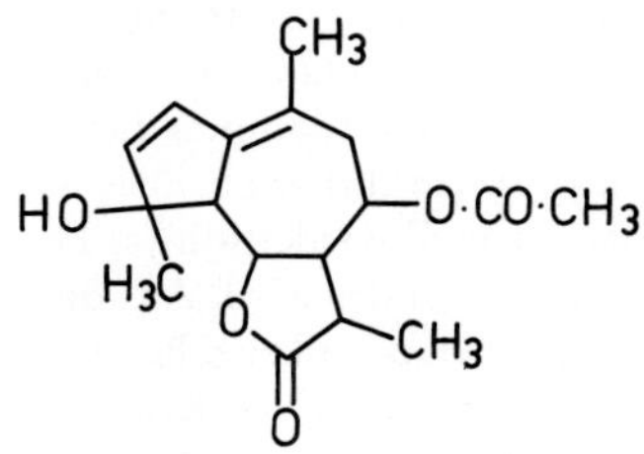

Matricin
$C_{17}H_{22}O_5$, MG 306,35; Smp: 158–160 °C (bei schnellem Erhitzen), $[\alpha]_D^{20} = -122°$

Chemikalien
Matricariae flos, tot. einer proazulenreichen Sorte, 500 g
Chloroform, 6000 cm^3
Petrolether, 400 cm^3
Kaliumhydrogencarbonat, 2 g
Diethylether, 2000 cm^3
Natriumsulfat (wasserfrei), 100 g
Dichlormethan, 100 cm^3
Ethanol, 2 cm^3
n-Hexan, 100 cm^3
Natriumchlorid, 105 g
Pentan, 100 cm^3
Schwefelsäure 0,1 N, 500 cm^3
DC-Schicht: Kieselgel F_{254}, 20 × 20 cm,
u. Aluminiumoxid, neutral, 20 × 20 cm
Matricin, 1 mg (Vergleich)

Geräte
Becherglas, 5000 cm^3
Erlenmeyerkolben, 2000 cm^3
Drogenpresse, großer Aufsatz
Rundkolben, 1000 cm^3
Magnetrührer
Bechergläser, je 1× 600, 400, 100 cm^3
Büchnertrichter mit pass.
Guko zu Saugflasche, 500 cm^3
Scheidetrichter, 1000 cm^3
Trichter, ∅ 5 cm
2 Spitzkolben, 100 cm^3
Spitzkolben, 50, 25 cm^3
1 Äther. Ölkölbchen, 5 cm^3, s. S. 20

Reagenzien
Anisaldehyd-Schwefelsäure (Reag. Nr. 4)

Allgemeine Geräte
Wasserbad
TASOMAT oder TAS-Ofen, komplett
Rotationsverdampfer
DC-Grundausrüstung
Glasküvetten, Schichtdicke 1 cm

Durchführung
250 g unzerkleinerte Kamillenblüten werden in einem 5000 cm^3 Becherglas vollständig mit Chloroform (ca. 1500 cm^3) bedeckt. Man läßt 3 min unter gelegentlichem Umrühren stehen. Dann preßt man vom Lösungsmittel, welches dabei über Glaswatte filtriert wird, bis zu einem Druck von 50 kg/cm^2 ($\approx 5 \cdot 10^6$ Pa) ab. Der Drogenrückstand wird noch ein zweites Mal auf diese Weise behandelt. Anschließend werden weitere 250 g Droge wie oben extrahiert. Die Chloroformextrakte werden jeweils am Rotationsverdampfer bei Zimmertemperatur in einem 1000 cm^3-Rundkolben eingeengt. Man erhält so ca. 100 g eines zähflüssigen, dunkelgrünen Extraktes. Diesen läßt man unter kräftigem Rühren in 400 cm^3 Petrolether (40–60°) einfließen (= DC-Lösung a). Zur restlosen Überführung des Kolbeninhaltes wird zunächst mehrmals mit einem Teil des Petrolethers und schließlich 2mal mit je 10 cm^3 Chloroform nachgespült. Der Extrakt muß dann vollständig in den Petrolether überführt sein. In diesem bildet sich eine braungrüne Ausfällung (ca. 3 g), welche abgesaugt und verworfen wird. Man gibt dann die Petroletherlösung in einen 1000 cm^3-Scheidetrichter und schüttelt sie mit 100 cm^3 2proz. *(G/V)* Kaliumhydrogencarbonatlösung vorsichtig aus. Die in der wäßrigen Phase entstehende Emulsion entmischt sich nur langsam (Beschleunigung durch Zentrifugieren – 1 Std. bei 9000 Umdrehungen/min – möglich). Es bleibt jedoch auch nach vollständiger Entmischung immer eine dünne gallertige Schicht an der Phasengrenze erhalten. Diese wird getrennt abgelassen und verworfen. Die klare, hellgelbe wäßrige Phase wird dann 3mal mit je 50 cm^3 peroxidfreiem Ether extrahiert. Die Etherfraktionen werden über 8 g wasserfreies Natriumsulfat in einen 100 cm^3-Spitzkolben abgelassen und in diesem jeweils am Rotationsverdampfer bei Zimmertemperatur eingeengt. Das Natriumsulfat wird dann 2mal mit je 10 cm^3 Ether nachgewaschen. Die beschriebene Extraktion der Petroletherlösung wird insgesamt 10mal wiederholt (= DC-Lösung b), wobei die Kaliumhydrogencarbonatlösung jeweils wiederverwendet wird. Aus der wasserfreien Etherlösung (= DC-Lösung c) scheiden sich beim Einengen Matricinkristalle ab. Die Reinigung erfolgt, indem man vollständig einengt, wenig Ether (5–10 cm^3) auf die Kristalle gibt und vorsichtig umschwenkt. Die überstehende Etherlösung wird dann mit einer fein ausgezogenen Tropfpipette in einen zweiten 100 cm^3-Spitzkolben abgehoben. Dieses Waschen wiederholt man, bis die Kristalle (= DC-Lösung d) weiß sind und die überstehende Lösung farblos ist.

Beim Einengen der Waschflüssigkeit bilden sich erneut Kristalle, welche wie vorher gereinigt werden. Man wiederholt diesen Vorgang, bis sich beim Einengen der Waschflüssigkeit keine Kristalle mehr bilden.
Bilden sich aus dem Etherextrakt beim Abdampfen des Ethers keine Kristalle, so läßt man über den an der Kolbenwand haftenden Extrakt vorsichtig wenig Ether laufen. Es kommt dann augenblicklich zur Kristallbildung.
Die erhaltenen Kristalle werden jeweils ausgekratzt und an der Luft getrocknet.

Ausbeute: 180–190 mg (je nach Matricingehalt der Droge verschieden).
Zeitbedarf: 2–3 Tage.

Auswertung
1. *Dünnschicht-Chromatographie*
   I. Standardmethode: Ja.
   II. Schicht: Kieselgel F_{254}.
   III. Fließmittel: Dichlormethan-Ethanol, (98 + 2).
   IV. Nachweis

a) UV_{254}: Matricin (hRf-Bereich 20–25) und En-in-dicycloether (hRf-Bereich 75–80) zeigen Fluoreszenzminderung.
b) UV_{366}: Herniarin zeigt blaue Eigenfluoreszenz.
c) Besprühen mit Anisaldehyd-Schwefelsäure, Reag. Nr. 4, 110 °C, 5 min. Matricin färbt sich bereits bei Zimmertemperatur blau-violett; En-in-dicycloether färbt sich gelbbraun und Herniarin zeigt keine Färbung.

V. *Untersuchungslösung*
a) DC-Lösung a: 1 mm^3 punktförmig.
b) DC-Lösung b: 1 mm^3 der 10mal extrahierten Petroletherlösung punktförmig.
c) DC-Lösung c: 1 mm^3 punktförmig, vor dem letzten Einengen.
d) DC d: 1 mg isoliertes Matricin in 1 cm^3 Chloroform lösen, 5 mm^3 punktförmig auftragen.

2. Das *IR-Spektrum* des isolierten Matricins ist aufzunehmen, mit dem abgebildeten Spektrum und den wiedergegebenen Daten zu vergleichen.

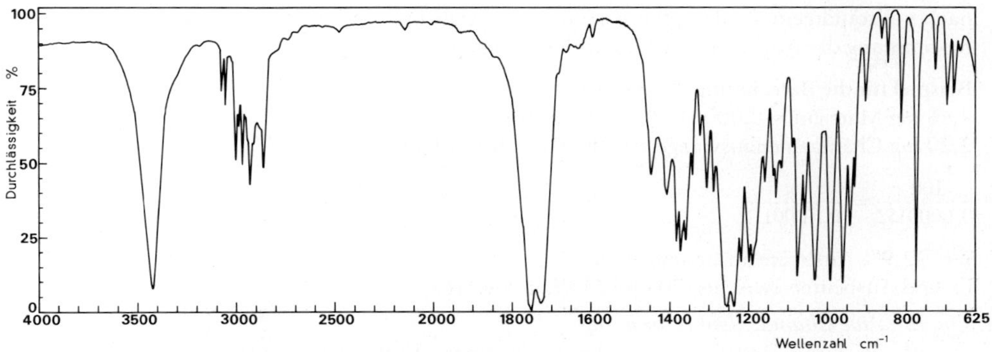

IR-Spektrum von Matricin (1 mg/100 mg Kaliumbromid).

Wellenzahl cm^{-1}	Zuordnung	Schwingungsart
3420	$-OH$	OH-Streckschwingung
3070 und 3050	olefin. Doppelbind.	CH-Streckschwingung
3000–2860	$-CH_3$, $>CH_2$, $-\overset{\vert}{\underset{\vert}{C}}-H$	CH-Streckschwingung
1750	$>C=O$ (Lacton)	C=O-Streckschwingung
1725	$>C=O$ (gesätt. Ester)	C=O-Streckschwingung
1450, 1410	$-CH_3$ und $>CH_2$	asym. CH-Beugeschwingung
1385, 1375, 1360	$-CH_3$	sym. CH-Beugeschwingung
1255 und 1240	Ester (Acetat)	CO-Streckschwingung und C–CO–O-Gerüstschwingung
1200 und 1190	Lacton	CO-Beugeschwingung
1075	$-\overset{\vert}{\underset{\vert}{C}}-OH$	CO-Streckschwingung
780	vermutl. olef. Doppelbindung (cis u. konj.)	CH-Beugeschwingung

3. *Der Schmelzpunkt und der Zersetzungsbereich* des isolierten Matricins sind zu bestimmen (Schmelzpunkt-Mikroskop).

4. *Thermolyse des Matricins zu Chamazulen*
0,5 mg Matricin werden mittels eines TASOMATs auf eine neutrale Al_2O_3-DC-Schicht thermolysiert. Man beginnt bei 50 °C und unterbricht den Vorgang bei einer Temperatur von 250 °C. Die Aufheizrate beträgt 8°/min, der Vorschub 2 (= 0,56 cm/min). Als Trägergas wird Stickstoff eingesetzt (15 cm^3/min). Ab einer Temperatur von 200 °C erscheint das blaue

Chamazulenband auf der DC-Schicht. Man entwickelt mit Hexan unter Standardbedingungen. Der hRf-Bereich der Chamazulenzone liegt bei 60–70. Als Nachweis dient die blaue Eigenfarbe, welche sich nach Besprühen mit EP-Reagenz ins Dunkelblaue vertieft, wenn die Zone angehaucht (Wasserdampf) wird.
Ist nur ein TAS-Ofen vorhanden, stellt man diesen auf 220 °C und trägt punktförmig auf eine neutrale Al_2O_3-DC-Schicht auf.

5. *Wasserdampfdestillation von Matricin*
Die Destillation erfolgt in Anlehnung an die Pharmakopoea Helvetica VI, Seite 559. 500 cm^3 0,1 N-Schwefelsäure werden mit ca. 5 mg Matricin, genau gewogen, in einen 2000 cm^3-Rundkolben gegeben. Es werden 400 cm^3 Flüssigkeit in einen 1000 cm^3-Scheidetrichter überdestilliert. Man gibt 100 g Natriumchlorid in den Scheidetrichter und schüttelt, bis sich dieses aufgelöst hat. Dann schüttelt man 3mal mit je 30 cm^3 Pentan aus, das zuvor zum Spülen der Destillationsapparatur verwendet wurde. Die vereinigten Auszüge werden über 2 g wasserfreies Natriumsulfat in einen 250 cm^3-Erlenmeyerkolben filtriert. Man dampft teilweise ein bei 45 °C und überführt vollständig in ein vorher tariertes ätherisches Ölkölbchen. Dieses wird nach vollständigem Verdampfen des Lösungsmittels bis zur Gewichtskonstanz gewogen. Die Bestimmung der Ausbeute an Chamazulen erfolgt gravimetrisch.

Beispiel für die Berechnung der Ausbeute
4,66 mg Matricin = 0,0000152 Mol Matricin.
2,20 mg Chamazulenauswaage = 0,0000111 Mol Chamazulen.

$$\frac{100}{0,0000152} = \frac{x}{0,0000111}$$

x = 72,9% Ausbeute an Chamazulen.
Es sind Ausbeuten zwischen 70 und 75% zu erwarten.

6. *Quantitative Chamazulenbestimmung*
Sie erfolgt durch Destillation der Droge in einer «Karlsruher Apparatur» nach STAHL (s. S. 20) und anschließender photometrischer Gehaltsbestimmung. In einem 1000 cm^3-Rundkolben werden 5 g Natriumchlorid in 500 cm^3 destilliertem Wasser gelöst. Anschließend werden 10 g Kamillenblüten zu dieser Lösung gegeben. Man destilliert 4 h mit einer Destillationsgeschwindigkeit von 3,5 cm^3/min. Als organisches Lösungsmittel, in dem sich das Chamazulen und das ätherische Öl bei der Umlaufdestillation löst, dient 1 cm^3 Pentan. Nach Beendigung der Destillation läßt man das Pentan in ein ätherisches Ölkölbchen nach STAHL ab. Aus diesem wird bei 45 °C das Pentan vollständig verdampft. Dann überführt man den Inhalt des Ölkölbchens mittels Dichlormethan vollständig in einen 10 cm^3-Meßkolben und füllt diesen bis zur Marke auf. Die quantitative Bestimmung des Chamazulens erfolgt nun photometrisch.
Gemessen wird bei einer Wellenlänge von 603 nm. Der molare Extinktionskoeffizient des Chamazulens beträgt hier $\varepsilon = 420$.
Bei Extinktionen größer als $E = 0,8$ wird 1 : 10 verdünnt. Bei Extinktionen kleiner als $E = 0,$[illegible] wird konzentriert.

Berechnung

$$E = \varepsilon \cdot c \cdot d .$$

$$c = \frac{E \cdot MG}{\varepsilon \cdot d} \quad [\text{mg/cm}^3]$$

$$d = 1 \text{ cm} .$$

In 10 cm^3 der äth. Öl-Lösung in Dichlormethan, die 10 g Droge entsprechen, sind $\frac{10 \cdot E \cdot 184,3}{420} \cdot 10^{-3}$ g Chamazulen enthalten.

$$\text{Chamazulen } \% = \frac{10 \cdot 10 \cdot E \cdot 184,3}{420 \cdot 10^3} = E \cdot 0,044 .$$

Weitere Aufgaben

a) Formulieren Sie den Übergang vom Matricin zum Chamazulen.
b) Nennen Sie die Unterschiede zwischen Proazulenen und azulenogenen Verbindungen.
c) Welche Drogen liefern azulenhaltige ätherische Öle?
d) Nennen Sie einen Schnellnachweis für proazulenhaltiges Drogenmaterial.

27. Isolierung von Myristicin oder Apiol oder Allyltetramethoxybenzol aus Petersilienfrüchten

Prinzip: Aus Petersilienfrüchten (*Petroselinum hortense* HOFFM.), einer zuvor ausgewählten chemischen Rasse, wird auf dem Wege der Wasserdampfdestillation das äth. Öl gewonnen. Hieraus isoliert man säulenchromatographisch das Myristicin oder das (Petersilien)-Apiol oder das Allyltetramethoxybenzol.

Gehalt

Äth. Öl (Myristicin-Rasse): 2–5% – darin 55–75% Myristicin.
Äth. Öl (Apiol-Rasse): 2–5% – darin 60–80% Apiol.
Äth. Öl (Allyltetramethoxybenzol-Rasse): 2–5% – darin 55% Allyltetramethoxybenzol.

Strukturformeln

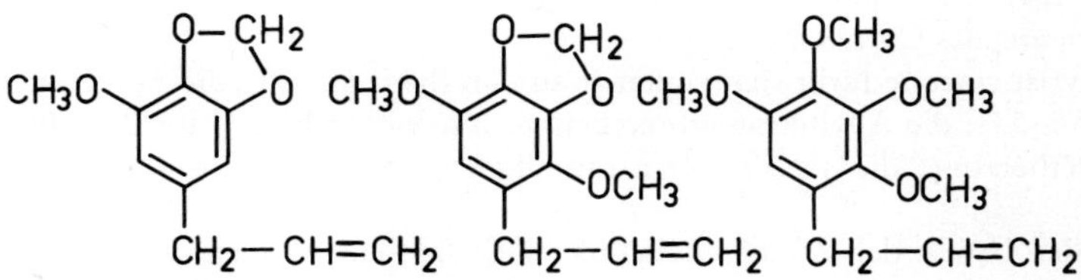

Myristicin	(Petersilien)-Apiol	Allyltetramethoxybenzol
$C_{11}H_{12}O_3$ flüssig	$C_{12}H_{14}O_4$	$C_{13}H_{18}O_4$
MG 192,2; Sdp: 150 °C	MG 222,2; Smp: 30 °C	MG 238,3; Smp: 25 °C

Chemikalien
Petroselini fructus, plv. (710), 75 g
Kieselgel zur SC, 0,063–0,2 mm, 100 g
Petrolether (40–60 °C), 1500 cm^3
Dichlormethan, 2000 cm^3
Pentan, 10 cm^3
Natriumsulfat, wasserfrei, 20 g
Eugenolmethylether, 5 mm^3 (Vergleich)
Seesand, 10 g
DC-Schichten: Kieselgel F_{254},
20 × 20 cm, 10 × 20 cm

Geräte
Apparatur zur Gehaltsbestimmung
äth. Öle in Drogen nach Ph. Eur. III
1 Mikrokölbchen, 5 cm^3
1 Rundkolben, 1000 cm^3
1 Trichter, ∅ 3 cm
3 Spitzkolben, NS 14,5, 50 cm^3,
25 cm^3, 100 cm^3 mit Stopfen
1 Chromatographiesäule mit Kühlmantel,
l = 120 cm, $\varnothing_i$ = 1,5 cm

Reagenzien
Anisaldehyd-Schwefelsäure (Reag. Nr. 4)

Allgemeine Geräte
Wasserbad
Rotationsverdampfer
DC-Grundausrüstung
Heizpilz, 1000 cm^3
TAS-Ofen mit Zubehör
Wärmeplatte bis 60°

Durchführung

A. *Schnelltest zur Auswahl der speziellen chemischen Rasse*
Dünnschicht-Chromatographie
I. *Standardmethode:* Ja.
II. *Schicht:* Kieselgel F_{254}.
III. *Fließmittel:* Dichlormethan, KS, 10 cm.
IV. *Nachweis*
a) UV_{254}: Fluoreszenzmindernde Zonen markieren.
b) Besprühen mit Anisaldehyd-Schwefelsäure (Reag. Nr. 4) und anschließend Erhitzen auf 110 °C.
V. *Untersuchungslösung*
a) *Extraktionsverfahren:* 0,1 g frisch gepulverte Petersilienfrüchte werden in einem Reagenzglas mit 4 cm^3 Dichlormethan auf dem Wasserbad bei ca. 40 °C mazeriert. Danach wird über Glaswatte mit Natriumsulfatauflage filtriert; das Filtrat auf ca. 0,5 cm^3 eingeengt, davon trägt man 5 mm^3 punktförmig auf.
b) *TAS-Verfahren:* Einwaage: 15 mg frisch gepulverte Petersilienfrüchte; Temperatur: 200 °C, Verweilzeit: 90 s, 2 Kügelchen wasserdampfgesättigtes Molekularsieb 4 Å (= 0,4 nm).
VI. *Vergleichslösung*
5 mm^3 Eugenolmethylether werden in 1,0 cm^3 Chloroform gelöst, davon trägt man 2 mm^3 auf.
(bzw. sofern zur Verfügung stehen: Je 5 mm^3 Myristicin, Apiol oder Allyltetramethoxybenzol in 1,0 cm^3 Chloroform, davon trägt man 2 mm^3 auf.)
Auswertung des Chromatogramms
Die Myristicinzone färbt sich violett-braun an (hRf: 60–70), die Apiolzone violett-braun (hRf: 50–55); die Allyltetramethoxybenzolzone violett-blau (hRf: 20–30). Die Eugenolmethyletherzone, die als Vergleich mitaufgetragen wurde, färbt sich violett-grau (hRf: 35–45).
Nach der Größe der Zonen zueinander läßt sich entscheiden, welche chemische Rasse vorliegt.

B. *Gewinnung des ätherischen Öles*
75 g frisch zerkleinerte Petersilienfrüchte werden mit 600 cm^3 Wasser in einem 1000 cm^3-Rundkolben 4 Stunden einer kontinuierlichen Wasserdampfdestillation unterworfen. Als Vorlage dient 1 cm^3 Pentan. Nach beendeter Destillation wird das äth. Öl-Pentan-Gemisch wasserfrei abgelassen und danach das Pentan auf der Wärmeplatte bei 50 °C verdampft.

C. *Säulenchromatographie*
Allgemeine Durchführung: Siehe S. 28, «Säulenchromatographische Trennungen».
Chromatographiesäule: l = 120 cm, $\varnothing_i$ = 1,5 cm mit Kühlmantel.
Stationäre Phase: Kieselgel zur SC (0,063–0,2 mm), 100 g.
Elutionsmittelfolge
Petrolether (40–60°) 300 cm^3.
Petrolether (40–60°) – Dichlormethan (50 + 50), 500 cm^3.
Dichlormethan, 1000 cm^3.
Aufgabemenge: 1 cm^3 ätherisches Öl.
Tropfgeschwindigkeit: 2–3 Tropfen/s.
Fraktionen: ca. 10–15 cm^3.

D. *Dünnschicht-Chromatographie*
DC-Bedingungen: wie unter A. (Schnelltest) beschrieben.
Untersuchungslösung: punktförmige Auftragung.
a) 10 mm^3 äth. Öl werden in 2,0 cm^3 Chloroform gelöst, davon 5 mm^3.
b) Ab Fraktion 10 von jeder 3. Fraktion 5–10 mm^3.

Auswertung

1. Das *IR-Spektrum* der isolierten Substanz ist aufzunehmen und mit den abgebildeten Spektren und mit den wiedergegebenen Daten zu vergleichen.

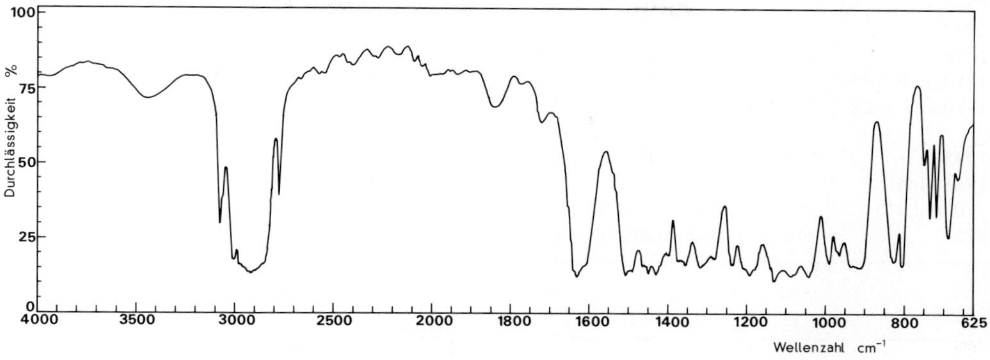

IR-Spektrum von Myristicin (als Film zwischen 2 Kaliumbromid-Preßlingen).

Wellenzahl cm^{-1}	Zuordnung	Schwingungsart
3080	monosubst. Doppelbindung	CH-Streckschwingung
3005–2850	$-CH_3$, $>CH_2$ und $-\overset{\vert}{\underset{\vert}{C}}-H$	CH-Streckschwingung
2777	$-O-CH_2-O-$	CH-Streckschwingung
1640–1600	monosubst. Doppelbindung und Aromat	C=C-Streckschwingung
1505	Aromat	CC-Streckschwingung
1450–1430	Aromat und $O-CH_3$	CC-Streckschwingung und asym. CO-Streckschwingung
1240–1233 und 1042	Ether ($R-O-CH_3$)	CO-Streckschwingung
990 und 920–910	monosubst. Doppelbindung	CH-Beugeschwingung

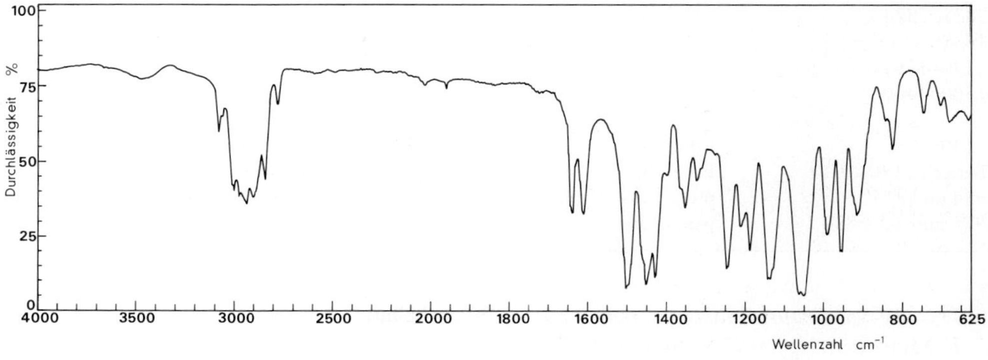

IR-Spektrum von Petersilienapiol (als Film zwischen zwei Kaliumbromid-Preßlingen).

Wellenzahl cm^{-1}	Zuordnung	Schwingungsart
3078	monosubst. Doppelbindung	CH-Streckschwingung
3000–2900	$-CH_3$, $>CH_2$ und $-\overset{\vert}{\underset{\vert}{C}}-H$	CH-Streckschwingung
2840	$-OCH_3$	CH-Streckschwingung
2770	$-O-CH_2-O-$	CH-Streckschwingung
1638	monosubst. Doppelbindung	C=C-Streckschwingung
1610 und 1500	Aromat	CC-Streckschwingung
1450 und 1428	Aromat u. $O-CH_3$	CC-Streckschwingung und asym. C–O-Streckschwingung
1245	Ether ($R-O-CH_3$)	CO-Streckschwingung
1065–1050	Ether ($R-O-CH_3$)	CO-Streckschwingung
990 und 915	monosubst. Doppelbindung	CH-Beugeschwingung
825	pentasubst. Aromat (vermutl.)	CH-Beugeschwingung

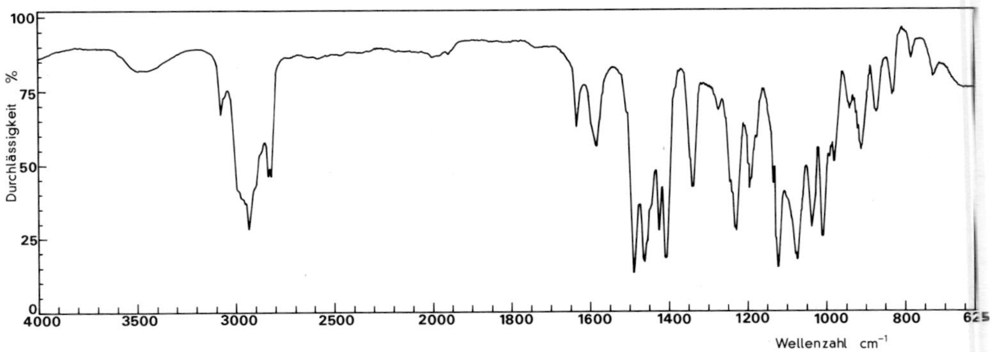

IR-Spektrum von Allyltetramethoxybenzol (als Film zwischen zwei Kaliumbromid-Preßlingen).

Wellenzahl cm^{-1}	Zuordnung	Schwingungsart
3078	monosubst. Doppelbindung	CH-Streckschwingung
3000–2870	$-CH_3$, $>CH_2$ u. $-\overset{\vert}{\underset{\vert}{C}}-H$	CH-Streckschwingung
2838–2824	$-OCH_3$	CH-Streckschwingung
1638	monosubst. Doppelbindung	C=C-Streckschwingung
1590–1585	Aromat	CC-Streckschwingung
1500–1400	Aromat und $-OCH_3$	CC-Streckschwingung und asym. CH-Beugeschwingung
1230	Ether ($R-O-CH_3$)	CO-Streckschwingung
Bereich 1130–1010	Ether ($R-O-CH_3$)	CO-Streckschwingung
984 und 915	monosubst. Doppelbindung	CH-Beugeschwingung
875 und/oder 834	pentasubst. Aromat	CH-Beugeschwingung

2. Das *UV-Spektrum* ist aufzunehmen (1 mg in 100 cm^3 Chloroform) von:
   a) Myristicin: λ_{max} = 278 nm (ε = 1910).
   b) (Petersilien)-Apiol: λ_{max} = 280 nm (ε = 1150).
   c) Allyltetramethoxybenzol: λ_{max} = 282 nm (ε = 2920).

Weitere Aufgaben

a) Formulieren Sie den Biosyntheseweg von Phenylpropanderivaten.
b) Welche Strukturisomeren von Phenylpropanderivaten kommen in Drogen vor?
c) Was versteht man unter chemischen Rassen bei Arzneipflanzen? – Geben Sie weitere Beispiele an.
d) Welches andere Apiol gibt es noch? Nennen Sie den Strukturunterschied.

28. Isolierung von Oleanolsäure aus Gewürznelken

Prinzip: Gewürznelkenpulver (*Syzygium aromaticum* (L.) MERRILL et L.M. PERRY) wird zunächst mit Petrolether entfettet und danach mit Ether extrahiert. Aus dem eingeengten Etherextrakt wird die Oleanolsäure säulenchromatographisch abgetrennt. Der von der Entfettung her verbliebene Petroletherrückstand wird zur Isolierung von Eugenol (s. dort) verwendet.
Gehalt: 2%.
Strukturformel

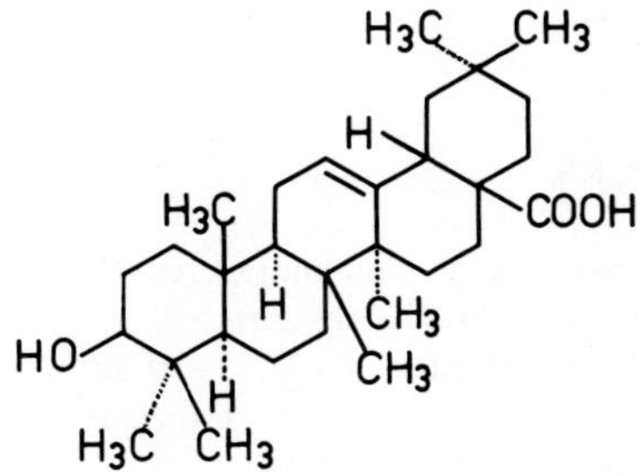

Oleanolsäure
$C_{30}H_{48}O_3$, MG 456,68; Smp: 307–312 °C, $[\alpha]_D^{20} = +80°$ (in Methanol)

Chemikalien
Caryophylli flos, pulv. (300), 50 g
Petrolether (40–60°), 450 cm^3
Diethylether, 2000 cm^3, vorher unbedingt auf Peroxidfreiheit prüfen (Testpapier)
Methanol, 50 cm^3
Kieselgel zur SC (0,063–0,2 mm), 150 g
Seesand, 20 g
DC-Schicht: Kieselgel F_{254}, 20 × 20 cm
Oleanolsäure, 5 mg (Vergleich)
Vanillin, 5 mg (Vergleich)

Reagenzien
Anisaldehyd-Schwefelsäure (Reag. Nr. 4)

Geräte
Extraktionsapparatur nach Soxhlet, 100 cm^3 mit Rundkolben, NS 29, 500 cm^3
Rundkolben, NS 29, 500 cm^3 und Stopfen, NS 29
1 Glasfiltertrichter, D 3, ca. 4 cm ∅ mit Saugflasche, 250 cm^3
Bechergläser, 500 cm^3 (1), 125 cm^3 (1)
1 Kristallisierschale, ca. 5 cm ∅
1 Chromatographiesäule mit Kühlmantel, $l = 100$ cm, $\varnothing_i = 2$ cm

Allgemeine Geräte
Heizpilz, 500 cm^3
Rotationsverdampfer
Vakuumexsikkator
Fraktionssammler mit Zubehör
DC-Grundausrüstung

Durchführung

A. Gewinnung der Roholeanolsäure

50 g gepulverte Nelken (300) werden mit 400 cm^3 Petrolether in einer Soxhletapparatur 6 h extrahiert. Der Petroletherextrakt (DC-Lösung a) wird in dem 500 cm^3-Rundkolben für die Eugenolgewinnung (S. 360) aufbewahrt. Danach wird die vorextrahierte Droge mit 400 cm^3

peroxidfreiem Diethylether in der gleichen Soxhletapparatur 6 h extrahiert (DC-Lösung b). Anschließend engt man den Etherextrakt am Rotationsverdampfer schonend auf ca. 30 cm^3 ein. Die ausgefallene rohe Oleanolsäure wird über einen Glasfiltertrichter abgesaugt und portionsweise mit 50 cm^3 Petrolether nachgewaschen.
Die Ausbeute an Roholeanolsäure beträgt 1,5 bis 2 g. (2 mg Roholeanolsäure zur DC aufbewahren).

B. *Säulenchromatographie*

Allgemeine Durchführung: Siehe S. 28, «Säulenchromatographische Trennungen».
Chromatographiesäule: $l = 100$ cm, $\varnothing_i = 2$ cm mit Kühlmantel.
Stationäre Phase: Kieselgel zur SC, 0,063–0,2 mm, 150 g.
Elutionsmittel: Diethylether, 1000 cm^3.
Aufgabemenge: Die isolierte Roholeanolsäure in 5 cm^3 Chloroform.
Tropfgeschwindigkeit: 2–3 Tropfen/s.
Fraktionen: 10–15 cm^3.
Ausbeute: ca. 500 mg.
Zeitbedarf: 2 Tage.

C. *Dünnschicht-Chromatographie*

I. *Standardmethode:* Ja.
II. *Schicht:* Kieselgel F_{254}.
III. *Fließmittel:* Diethylether, KS.
IV. *Nachweis*
a) UV_{254}: Fluoreszenzmindernde Zonen markieren (Die Vergleichssubstanz Vanillin im mittleren Rf-Bereich mindert die Fluoreszenz).
b) Anisaldehyd-Schwefelsäure (Reag. Nr. 4), 5–10 min, 110 °C (Oleanolsäure liegt im mittleren Rf-Bereich und färbt sich rotviolett an, auf gleicher Höhe liegt die Vergleichssubstanz Vanillin, die sich bräunlich anfärbt).
c) UV_{365}: Die Oleanolsäurezone auf der besprühten DC-Schicht zeigt eine grünlich-gelbe Fluoreszenz.
V. *Untersuchungslösung:* Punktförmige Auftragung:
a) 2 mg Roholeanolsäure werden in 1 cm^3 Chloroform gelöst, davon trägt man 5 mm^3 auf.
b) Ab Fraktion 10 von jeder 2. Fraktion 10 mm^3.
VI. *Vergleichslösung*
2 mg Vanillin werden in 1 cm^3 Methanol gelöst, davon trägt man 5 mm^3 punktförmig auf.

Auswertung

1. *Abschließende DC:* (Punktförmige Auftragung; DC-Bedingungen s. oben unter C).
Untersuchungslösung:
a) Drogenextrakt: 0,1 g gepulverte Nelken werden in 5 cm^3 Ether 10 min unter Schütteln mazeriert. Vom Filtrat trägt man 10 mm^3 punktförmig auf.
b) DC-Lösung a: 0,1 cm^3 werden mit Chloroform ad 0,5 cm^3 aufgefüllt, davon trägt man 10 mm^3 punktförmig auf.
c) DC-Lösung b: 5 mm^3.
d) Roholeanolsäure: 2 mg werden in 1 cm^3 Chloroform gelöst. Davon trägt man 5 mm^3 auf.
e) Isolierte Oleanolsäure: Wie d).

2. Das *IR-Spektrum* der isolierten Oleanolsäure ist aufzunehmen, mit dem abgebildeten Spektrum und den wiedergegebenen Daten zu vergleichen.

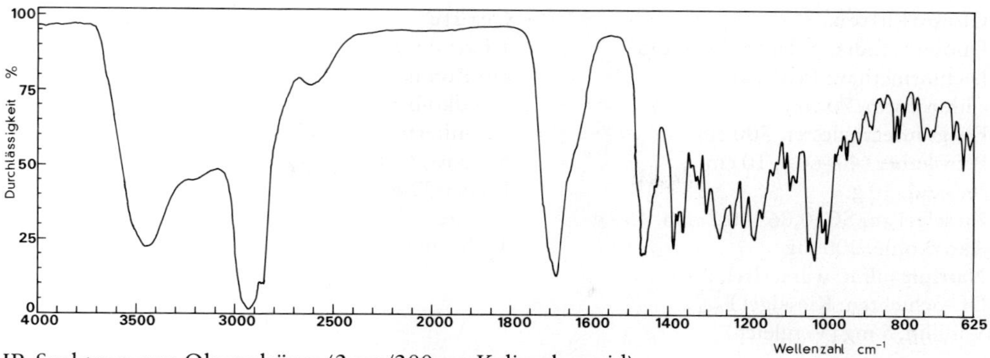

IR-Spektrum von Oleanolsäure (2 mg/200 mg Kaliumbromid).

Wellenzahl cm^{-1}	Zuordnung	Schwingungsart
3440	$-OH$	OH-Streckschwingung
2970–2850	$-CH_3$, $\geq CH_2$, $-\overset{\vert}{\underset{\vert}{C}}-H$	CH-Streckschwingung
1685	$\geq C=O$	C=O-Streckschwingung
1468–1455	$-CH_3$ und $\geq CH_2$	asym. CH-Beugeschwingung und CH-Beugeschwingung
1385 u. 1362	gem. Dimethyl	sym. CH-Beugeschwingung
1043–996	$-\overset{\vert}{\underset{\vert}{C}}-OH$ (sek.)	CO-Streckschwingung
825 oder 814	trisub. Doppelbindung	CH-Beugeschwingung

3. Der *Schmelzpunkt* der isolierten Oleanolsäure ist zu bestimmen. – Gegebenenfalls ist das isolierte Produkt aus Methanol umzukristallisieren und im Vakuum zu trocknen.

Weitere Aufgaben

a) In welche Stoffklasse ist die Oleanolsäure einzuordnen?

b) Nennen Sie vier weitere weitverbreitete Verbindungen dieser Stoffklasse.

c) Welche Eigenschaften können die am C-3 glykosidierten Verbindungen dieser Stoffklasse haben?

29. Isolierung von Onocol (α-Onocerin) aus Hauhechelwurzel

Prinzip: Aus gepulverter Hauhechelwurzel (*Ononis spinosa* L.) werden durch kontinuierliche Extraktion mit Dichlormethan Onocol und andere lipophile Inhaltsstoffe extrahiert. Aus dem eingeengten Extrakt wird Onocol säulenchromatographisch abgetrennt und durch Umkristallisation rein erhalten.

Gehalt: 0,2%.

Strukturformel

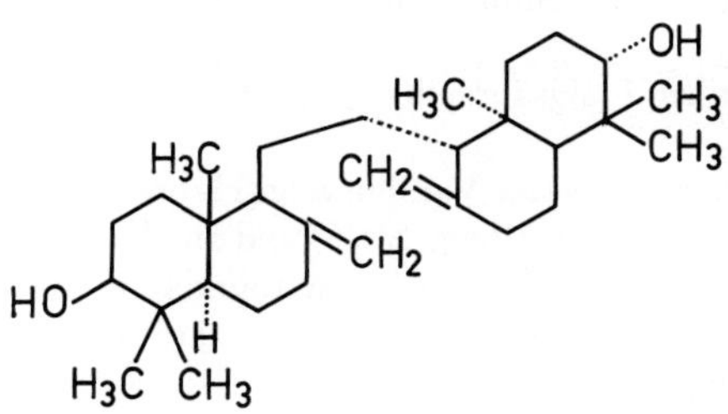

Onocol (α-Onocerin)

$C_{30}H_{50}O_2$, MG 442,7; Smp: 235–238 °C, $[\alpha]_D^{20} = +18°$ (in Chloroform)

Chemikalien
Ononidis radix, pulv. (300), 100 g
Dichlormethan, 1100 cm^3
Chloroform, 70 cm^3
Essigsäureethylester, 500 cm^3
Petrolether (40–60°), 10 cm^3
Seesand, 50 g
Kieselgel zur SC, 0,063–0,2 mm, 150 g
Aktivkohle, 200 mg
Natriumsulfat, wasserfrei, 20 g
DC-Schichten: Kieselgel F_{254}
Vanillin, 5 mg (Vergleich)

Reagenzien
Anisaldehyd-Schwefelsäure (Reag. Nr. 4)

Geräte
1 Extraktionsapparatur nach Soxhlet (250 cm^3),
mit Rundkolben, 1000 cm^3
Rundkolben, NS 29, 250 cm^3 (1), 100 cm^3 (1)
Glasfiltertrichter, D 3, ∅ 5 cm
mit pass. Guko zu Saugrohr, 25 cm^3
Bechergläser, 50 cm^3 (2), 100 cm^3 (2)
Trichter, ∅ 5 cm (2), ∅ 8 cm (2)
1 Chromatographiesäule, l = 120 cm, $\varnothing_i$ = 2 cm

Allgemeine Geräte
Wasserbad
DC-Grundausrüstung
Rotationsverdampfer
Fraktionssammler mit Zubehör

Durchführung

a) *Extrakt:* 100 g Ononidis radix, pulv. (300) werden in einer Soxhlet-Extraktionsapparatur mit 600 cm^3 Dichlormethan 4 h extrahiert. Der dunkelbraune, trübe Extrakt wird zunächst über Seesand und danach über wasserfreies Natriumsulfat filtriert (= DC-Lösung a). In einem 250 cm^3-Rundkolben wird der Extrakt portionsweise im Vakuum am Rotationsverdampfer eingeengt bis zu einem Volumen von ca. 5 cm^3.

b) *Säulen-Chromatographie*
Allgemeine Durchführung: Siehe S. 28, «Säulenchromatographische Trennungen».
Chromatographiesäule: l = 120 cm, $\varnothing_i$ = 2 cm.
Stationäre Phase: Kieselgel zur SC, 150 g.
Elutionsmittel: Dichlormethan-Essigsäureethylester (50 + 50), 800 cm^3.
Aufgabemenge: Der eingeengte Extrakt (a).
Tropfgeschwindigkeit: 2–3 Tropfen/s.
Fraktionen: 10–15 cm^3.
Die hauptsächlich Onocol enthaltenden Fraktionen werden vereinigt und im Vakuum am Rotationsverdampfer eingeengt bis zu einem Volumen von ca. 10 cm^3. Nach Stehenlassen bei 4° über Nacht haben sich aus der gelblichen Lösung farblose Kristalle von Onocol ausgeschieden, die über einen Glasfiltertrichter abgesaugt und mit ca. 1 cm^3 Petrolether (40–60°) gewaschen werden. Die gelbe Mutterlauge wird mit einer Spatelspitze Aktivkohle versetzt, kurz aufgekocht, filtriert und zur Hälfte auf dem Wasserbad eingeengt. Die eingeengte Mutterlauge wird über Nacht zur weiteren Auskristallisation von Onocol bei 4° aufbewahrt.
Ausbeute: 1. Kristallisat: 200–300 mg; 2. Kristallisat: 30 mg.
Zeitdauer: 2 Tage.

c) *Dünnschicht-Chromatographie*
I. Standardmethode: Ja; Abweichung: Laufstrecke 15 cm.
II. Schicht: Kieselgel F_{254}.
III. Fließmittel: Chloroform-Essigsäureethylester (70 + 30), KS, 15 cm.
IV. Nachweis
1. UV_{254}: Die Vergleichssubstanz Vanillin zeigt Fluoreszenzminderung.
2. Anisaldehyd-Schwefelsäure (Reag. Nr. 4) und anschließend 5–10 min auf 110° erhitzen. (Onocol im unteren Drittel des Chromatogramms färbt sich rosarot an. Die etwas oberhalb liegende Vergleichssubstanz Vanillin färbt sich bräunlich an.)

V. Untersuchungslösung
Jede 2. Fraktion ab Fraktion 15: 5–10 mm^3 punktförmig.
DC-Lösung a: 10 mm^3 punktförmig.

VI. Vergleichslösung: 5 mg Vanillin werden in 1,0 cm^3 Essigsäureethylester gelöst, davon trägt man 2–3 mm^3 punktförmig auf.

Auswertung

1. Das *IR-Spektrum* des isolierten Onocols ist aufzunehmen, mit dem abgebildeten Spektrum und den wiedergegebenen Daten zu vergleichen.

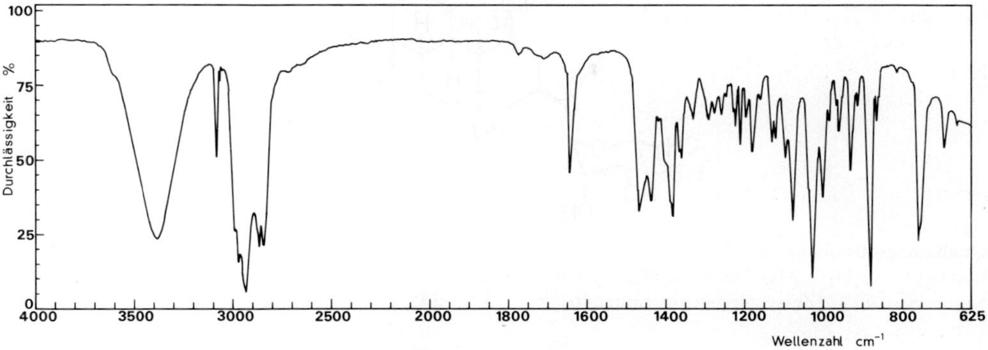

IR-Spektrum von Onocol (2 mg/200 mg Kaliumbromid).

Wellenzahl cm^{-1}	Zuordnung	Schwingungsart
3380	$-OH$	OH-Streckschwingung
3080	exocycl. Doppelbind.	CH-Streckschwingung
2990–2850	$-CH_3$, $>CH_2$, $-\overset{\vert}{\underset{\vert}{C}}-H$	CH-Streckschwingung
1780	exocycl. Doppelbind.	Oberschwingung des Signals bei 885
1645	exocycl. Doppelbind.	C=C-Streckschwingung
1470, 1440	$-CH_3$, $>CH_2$	CH-Beugeschwingung
1390–1385	geminale Dimethyl	sym. CH-Beugeschwingung
1370–1365		
1030	sek. $-\overset{\vert}{\underset{\vert}{C}}-OH$	CO-Streckschwingung
885	exocycl. Doppelbind.	CH-Beugeschwingung

2. Der *Schmelzpunkt* des isolierten Onocols ist zu bestimmen.

Weitere Aufgaben

a) Zu welcher Gruppe von Naturstoffen gehört Onocol? Wodurch unterscheidet sich die Struktur des Onocols von der charakteristischen Grundstruktur dieser Stoffklasse?
b) Beschreiben Sie den Schnellnachweis von Onocol in Ononidis radix.
c) Welche weiteren Inhaltsstoffe sind in Ononidis radix beschrieben?

30. Isolierung von Ouabain (g-Strophanthin) aus Strophanthus gratus-Samen

Vorsicht: Ouabain ist giftig!

Prinzip: Die gepulverten g-Strophanthus Samen (*Strophanthus gratus* (Wall et Hook) Franch.) werden mit Dichlormethan entfettet und danach mit Ethanol extrahiert. Aus der eingeengten

Extraktlösung werden die Harze und Eiweißstoffe mit Bleiacetat ausgefällt. Bei weiterem Einengen des Filtrats scheidet sich das Ouabain aus.
Gehalt: 4–8%.
Strukturformel

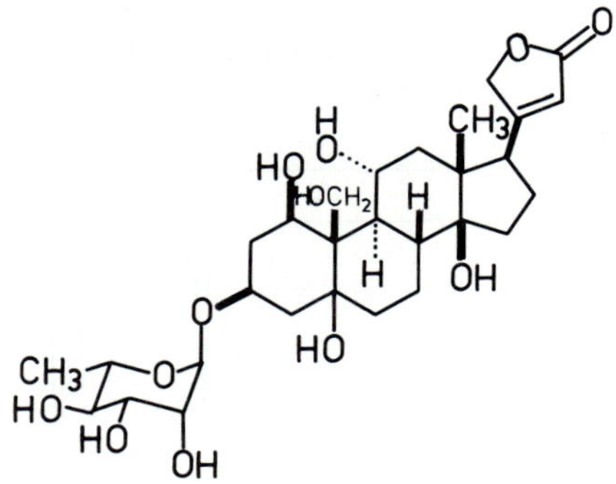

Ouabain (g-Strophanthin)
$C_{29}H_{44}O_{12} \cdot 8\ H_2O$, MG 728,8, $C_{29}H_{44}O_{12}$, MG 584,7;
Smp: 190–200 °C (Zersetzungstemperatur), $[\alpha]_D^{20} = -30° - 33°$ (c = 1, in Wasser)

Chemikalien
g-Strophanthi semen pulv. (710), 25 g
Dichlormethan, 400 cm³
Ethanol, 90proz. *(V/V)*, 400 cm³
Blei(II)acetat, 2 g
n-Butanol, 40 cm³
Essigsäure, 10 cm³
Ammoniumsulfat, 1 g
DC-Schicht: Kieselgel F_{254}, 20 × 20 cm
Ouabain, 5 mg (Vergleich)

Reagenzien
Anisaldehyd-Schwefelsäure (Reag. Nr. 4)

Allgemeine Geräte
Heizpilz, 500 cm³
Wasserbad
Rotationsverdampfer
Thermometer 0–100 °C
DC-Grundausrüstung
Scheidetrichter mit Stopfen,
100 cm³ zur Fließmittelzubereitung

Geräte
Extraktionsapparatur nach Soxhlet,
150 cm³ mit 500 cm³-Rundkolben,
NS 29 und pass. Rückflußkühler
1 Rückflußkühler, NS 29
Rundkolben NS 29, 100 cm³ (1),
250 cm³ (1), 500 cm³ (1)
2 Bechergläser, 100 cm³
Büchner-Trichter, ∅ 8 cm mit
pass. Guko zu Saugflasche, 500 cm³
2 Trichter, ∅ 5 cm
Glasfiltertrichter, D3, ∅ 4 cm mit
pass. Guko zu Saugrohr, 20 cm³

Durchführung
25 g Strophanthi grati semen, pulv. gross. (710) werden in einer Soxhlet-Apparatur mit 400 cm³ Dichlormethan 6 h extrahiert. Der Extrakt (= DC-Lösung a) wird verworfen. Den Drogenrückstand trocknet man an der Luft (Abzug!), bis der Geruch nach Dichlormethan verschwunden ist. Der Drogenrückstand wird danach in einem Rundkolben, 500 cm³, mit 300 cm³ Ethanol, 90proz. *(V/V)*, 30 min unter Rückfluß gekocht und heiß abgesaugt. Mit 100 cm³ Ethanol spült man den Kolben aus und wäscht den Drogenrückstand mit der Spülflüssigkeit nach. Das gelbe Filtrat (= DC-Lösung b) wird portionsweise in einem zuvor gewogenen Rundkolben, 250 cm³, am Rotationsverdampfer vorsichtig eingeengt (Schäumen!) bis zu einem Gewicht von ca. 5 g. Man füllt den Rückstand im Wasser auf 10 g auf, erhitzt auf ca. 70 °C und gibt zunächst 5 Tropfen gesättigte Blei(II)-acetatlösung hinzu. Der ausgefallene Niederschlag wird abgesaugt. Vom Filtrat entnimmt man einige Tropfen und prüft durch Zusatz von einem Tropfen gesättigter Ammoniumsulfatlösung auf das Vorhandensein freier Bleiionen. Sind diese nicht vorhanden, so fügt man dem Filtrat noch 1–2 Tropfen Bleiacetatlösung zu und prüft nach Filtration in der beschriebenen Weise, bis keine Fällung mehr auftritt. – Einen Überschuß an Bleiionen entfernt

man aus der Glykosidlösung durch vorsichtige tropfenweise Zugabe von gesättigter Ammoniumsulfatlösung. Die klar filtrierte Lösung (= DC-Lösung c) wird am Rotationsverdampfer so weit eingeengt, bis eine Trübung auftritt. Beim Stehenlassen dieser Lösung bei 4°C scheiden sich Kristalle von g-Strophanthin aus, die über einen Glasfiltertrichter abgesaugt werden. Aus der Mutterlauge (= DC-Lösung d) kann nach weiterem Einengen noch weiteres g-Strophanthin gewonnen werden.
Ausbeute: 0,3–0,6 g.
Zeitbedarf: 2 Tage.

Auswertung

1. *Dünnschicht-Chromatographie*

   I. Standardmethode: Ja.
   II. Schicht: Kieselgel F_{254}.
   III. Fließmittel: Oberphase von n-Butanol-Eisessig-Wasser (40 + 10 + 50), KS, 10 cm.
   IV. Nachweis: Nach Abdampfen des Fließmittels bei 110°C
   a) UV_{254}: Fluoreszenzmindernde Zonen markieren. (Die im hRf-Bereich 35–40 liegende Zone von Ouabain zeigt eine schwache Fluoreszenzminderung.)
   b) Anisaldehyd-Schwefelsäure (Reag. Nr. 4) 110°C, 5 min. (Die Ouabainzone färbt sich gelbgrün an, die beim anschließenden Betrachten im UV_{365} eine gelbe Fluoreszenz zeigt.)
   V. Untersuchungslösung: Bandförmige Auftragung (20 × 3 mm) von
   a) DC-Lösung a: 10 mm^3.
   b) DC-Lösung b: 10 mm^3.
   c) DC-Lösung c: 10 mm^3 Lösung werden in 0,1 cm^3 Ethanol gelöst, davon 10 mm^3 aufgetragen.
   d) DC-Lösung d (Mutterlauge): 5 mm^3 werden in 0,1 cm^3 Ethanol gelöst, davon 10 mm^3 aufgetragen.
   e) isoliertes g-Strophanthin: 5 mg werden in 2 cm^3 Ethanol gelöst, davon 10 mm^3 aufgetragen.
   VI. Vergleichslösung: 5 mg Ouabain werden in 2 cm^3 Ethanol gelöst, davon trägt man 10 mm^3 bandförmig (20 × 3 mm) auf.
   Anmerkung: Gleiche Resultate bei kürzerer Laufzeit:
   i-Propanol-Butylacetat-Wasser (50 + 30 + 20), KS, 10 cm.

2. Das *IR-Spektrum* des isolierten g-Strophanthins ist aufzunehmen, mit dem abgebildeten Spektrum und den wiedergegebenen Daten zu vergleichen.

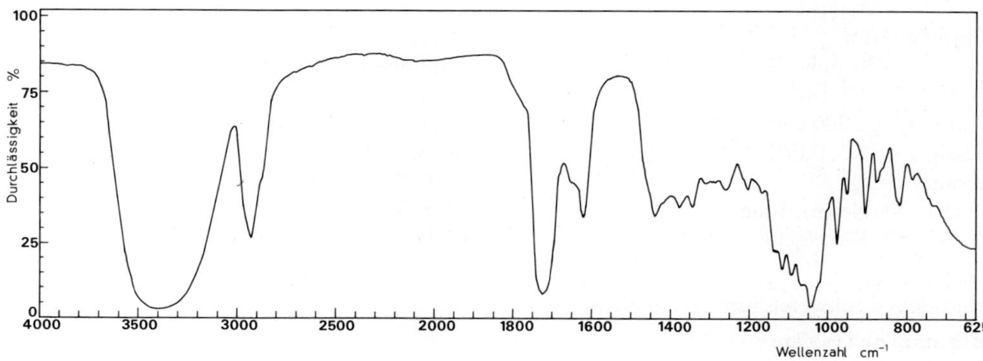

IR-Spektrum von Ouabain (g-Strophanthin) (2 mg/200 mg Kaliumbromid).

Wellenzahl cm^{-1}	Zuordnung	Schwingungsart
3400	−OH	OH-Streckschwingung
2940	$-CH_3$, $>CH_2$, $-\overset{|}{\underset{|}{C}}-H$	CH-Streckschwingung
1725	>C=O (Lacton)	CO-Streckschwingung
1625	endocycl. trisubst. Doppelb.	CC-Streckschwingung
1450–1440	$-CH_3$, $>CH_2$	CH-Beugeschwingung
1350	−OH	assoz. OH-Beugeschwingung
1120	aliphat. Ether	asym. CO-Streckschwingung
1075	aliphat. cycl. Ether	asym. CO-Streckschwingung
1040–1030	−OH	assoz. OH-Beugeschwingung
915 und 880	aliphat. Ether und aliphat. cycl. Ether	sym. CO-Streckschwingung
830–820	trisubst. Doppelbindung	CH-Beugeschwingung

3. Die *Zersetzungstemperatur* des isolierten Ouabains ist zu bestimmen.

Weitere Aufgaben
a) Wie prüft das DAB 8 Ouabain auf Identität und Reinheit?
b) Welche Wirkungsunterschiede bestehen zwischen g- und k-Strophanthin?
c) Wie kann man g- und k-Strophanthin chemisch unterscheiden?
d) Welche Gruppen von Herzglykosiden unterscheidet man?
e) In welchen anderen Herzglykosiden ist Rhamnose ebenfalls die Zuckerkomponente?

31. Isolierung von Paeoniflorin aus Pfingstrosenwurzel

Prinzip: Gepulverte Pfingstrosenwurzel (*Paeonia officinalis* L.) werden mit heißem Methanol extrahiert. Aus dem eingeengten Extrakt wird Paeoniflorin mittels Säulenchromatographie isoliert.
Gehalt: 1–2%.
Strukturformel

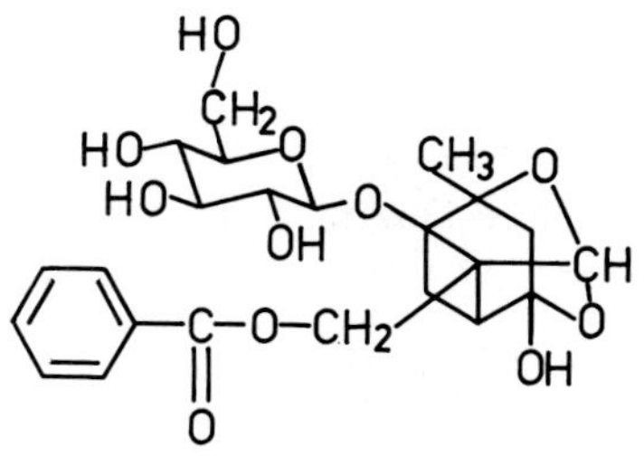

Paeoniflorin
$C_{23}H_{28}O_{11}$, MG 380,5; Smp: 135 °C, $[\alpha]_D^{16} = -12{,}8°$ (in Methanol)

Chemikalien
Paeoniae radix pulv. (300), 200 g
Methanol, 1000 cm^3
Chloroform, 2000 cm^3
Kieselgel zur SC, 0,063–0,2 mm, 250 g
Seesand, 100 g
Fuchsin (Vergleich), 5 mg
DC-Schicht: Kieselgel F_{254}, 20 × 20 cm

Geräte
Rundkolben NS 29, 1000 cm^3 (1), 500 cm^3 (1), 250 cm^3 (1)
1 Rückflußkühler, NS 29
1 Büchner-Trichter, ∅ 10 cm mit pass. Guko zu Saugflasche, 1000 cm^3
1 Mörser, ∅ 12 cm mit Pistill
1 Chromatographiesäule, $l = 100$ cm, $\varnothing_i = 3$ cm

Reagenzien
Anisaldehyd-Schwefelsäure (Reag. Nr. 4)

Allgemeine Geräte
Heizpilz, 1000 cm^3
Rotationsverdampfer
Fraktionssammler mit Zubehör
DC-Grundausrüstung

Durchführung

a) *Extrakt:* 200 g Paeoniae radix pulv. (300) werden in einem $1000\,cm^3$-Rundkolben mit 500 cm^3 Methanol versetzt und 1 h unter Rückfluß gekocht. Danach wird über einen Büchnertrichter abgesaugt und das klare Filtrat (DC-Lösung a) portionsweise am Rotationsverdampfer auf ca. 10–15 cm^3 eingeengt. Dieser eingeengte Extrakt wird in einen Mörser überführt und mit 100 g Seesand gut durchmischt.

b) *Säulenchromatographie*
Allgemeine Durchführung: Siehe S. 28, «Säulenchromatographische Trennungen».
Chromatographiesäule: $l = 100$ cm, $\varnothing_i = 3$ cm.
Stationäre Phase: Kieselgel zur SC, 0,063–0,2 mm, 250 g.
Elutionsmittelfolge: Chloroform-Methanol (90 + 10), 1000 cm^3.
Chloroform-Methanol (80 + 20), 1500 cm^3.
Auftragemenge: Die mit dem eingeengten Extrakt imprägnierte Seesand-Schicht wird auf die stat. Phase in der Säule gegeben.
Tropfgeschwindigkeit: 2–3 Tropfen/s.
Nach dem Durchlauf von 500 cm^3 Elutionsmittel beginnt man mit dem Auffangen von Fraktionen von ca. 15 cm^3.
Ausbeute: 2,5–3 g.

c) *Dünnschicht-Chromatographie*
I. Standardmethode: Ja.
II. Schicht: Kieselgel F_{254}.
III. Fließmittel: Chloroform-Methanol (70 + 30), KS, 10 cm.
IV. Nachweis:
a) UV_{254}: Fluoreszenzmindernde Zonen markieren (Paeoniflorin ist im hRf-Bereich 35–45 als fluoreszenzmindernde Zone zu erkennen).
b) Anisaldehyd-Schwefelsäure (Reag. Nr. 4) 5–10 min auf 110 °C (Paeoniflorin färbt sich violett).
V. Untersuchungslösung: Punktförmige Auftragung
a) DC-Lösung a: 10 mm^3.
b) Jede 3. Fraktion 5–10 mm^3.
VI. Vergleichslösung: 5 mg Fuchsin werden in 5 cm^3 Methanol gelöst, davon trägt man 2 mm^3 punktförmig auf (hRf-Bereich 50–60).

Auswertung

1. Das *IR-Spektrum* des isolierten Paeoniflorins ist aufzunehmen, mit dem abgebildeten Spektrum und den wiedergegebenen Daten zu vergleichen.

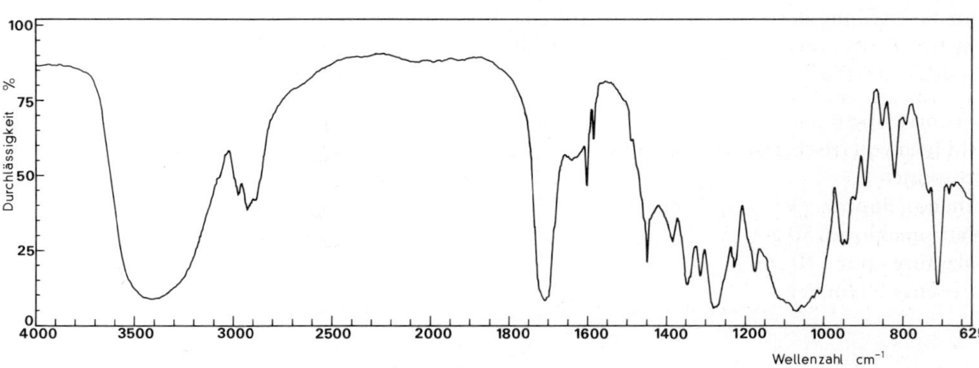

IR-Spektrum von Paeoniflorin (2 mg/200 mg Kaliumbromid).

Wellenzahl cm^{-1}	Zuordnung	Schwingungsart
3400	$-OH$-Gruppen	OH-Streckschwingung
2975–2880	$-CH_3$, $>CH_2$ und $-\overset{\mid}{\underset{\mid}{C}}-H$	CH-Streckschwingung
1710	$>C=O$	C=O-Streckschwingung
1600 und 1585	Aromat	CC-Streckschwingung
1450	$-CH_3$ und $>CH_2$	asym. CH-Beugeschwingung
1385	$-CH_3$	sym. CH-Beugeschwingung
1345 und 1315	$-OH$	freie und assoz. OH-Beugeschwingung
1275	Ester	CO-Streckschwingung und $-C-CO-O$-Gerüstschwingung
1178	tert. $-OH$	CO-Streckschwingung
1120–1010	$-OH$ und Ethergruppen	freie OH-Beugeschwingung und asym. CO-Streckschwingung
712	monosubst. Aromat	CH-Beugeschwingung

2. Das *UV-Spektrum* des isolierten Paeoniflorins ist aufzunehmen (10 mg Paeoniflorin/100 cm^3 Ethanol).
   $\lambda_{max} = 230$ nm ($\varepsilon = 13\,000$).
   $\lambda_{max} = 274$ nm ($\varepsilon = 1490$).

3. Der *Schmelzpunkt* des isolierten Paeoniflorins ist zu bestimmen.

Weitere Aufgaben:
a) Wie kann man in einem Glykosid die Zuckerkomponente ermitteln?
b) Welche wichtigen Glykosidtypen kann man den Aglyka nach unterscheiden?
c) Geben Sie weitere Beispiele für Terpenglykoside an.

32. Isolierung von Pepsin aus Schweinemagen

Prinzip: Die pepsinhaltige, rötliche Fundusschleimhaut des Schweinemagens wird mit Wasser extrahiert. Nach Einengung des wäßrigen Auszugs fällt man das Pepsin durch Zusatz von Kochsalz. Die Fällung wird in Wasser aufgenommen, und zur Entfernung des Kochsalzes wird dialysiert. Nach dem Einengen verbleibt das Rohpepsin.
Zur Feststellung der Enzymaktivität wird eine Verdünnungsreihe hergestellt und ermittelt, welche Konzentration eine bestimmte Menge Hühnereiweiß in einer vorgegebenen Zeit verdaut.
Gehalt: 0,001%.

Chemikalien
2 Mägen von frisch geschlachteten Schweinen
Ethanol, 96proz. *(V/V)*, 100 cm^3
Natriumchlorid, 50 g
Salzsäure konz., 10 cm^3
1 frisches Hühnerei

Geräte
Bechergläser, 100 cm^3 (1), 400 cm^3 (1), 1000 cm^3 (3)
2 Trichter, ∅ 10 cm
Rundkolben, NS 29, 1000 cm^3 (1), 100 cm^3 (1), mit Schliffstopfen
Erlenmeyerkolben, 50 cm^3 (5), 100 cm^3 (2)
Meßpipetten, 0,1 cm^3 (1), 1 cm^3 (1)
Verbandmull, 65 × 200 cm
Dialysierschlauch Visking 27/32, 60 cm lang, ∅ ca. 21 mm, 34 mm flach
(Lieferant: Fa. Serva, Heidelberg)

Allgemeine Geräte

Kunststoffwanne, 5 l
Fleischwolf (Mixer)
Prüfsieb, 0,8 mm Maschenweite
Magnetrührer mit Stäbchen, 30 mm
Zentrifuge mit Zentrifugengläser, 20 cm^3
Schüttelmaschine
Wasserbad

Durchführung

Von dem umgestülpten, entleerten und kurz mit wenig Wasser gewaschenen Schweinemagen (je etwa 1 kg schwer) wird die rötliche Fundusschleimhaut von dem darunter liegenden Fleisch abgeschnitten oder abgerissen (ca. 200 g) und in einem Fleischwolf fein zermahlen. Dann werden 600 cm^3 Wasser, dem 30 cm^3 Ethanol zugesetzt wurde, hinzugefügt und unter schwachem Rühren 45 min mazeriert. Anschließend wird durch eine zweifache Lage Mull filtriert. Die zurückbleibenden Schleimhautreste werden mit 200 cm^3 Wasser, das wiederum 5% Ethanol enthält, suspendiert und 15 min mazeriert. Danach wird wie oben filtriert. Die vereinigten Filtrate werden, falls notwendig, nochmals durch eine vierfache Lage Mull filtriert. Das gereinigte Filtrat engt man bei 40° am Rotationsverdampfer zur Trockne ein. Der Rückstand wird mit 30 cm^3 Wasser versetzt und unter Schütteln mit einer entsprechenden Schüttelmaschine unter mehrmaligem Drehen des Kolbens zum Teil gelöst. Evtl. verbleibende Rückstände werden nach Abkratzen von der Wand in weiteren 30 cm^3 Wasser suspendiert. Die vereinigten trüben Lösungen werden ca. 5 min zentrifugiert und die überstehende Lösung nach Abgießen mit Kochsalz unter Rühren gesättigt. Das ausgefallene Pepsin wird abzentrifugiert und in 40 cm^3 Wasser gelöst. Falls sich der Niederschlag nicht vollständig löst, wird nochmals zentrifugiert. Die klare Lösung wird dann in einen Visking-Dialysierschlauch gegeben und über Nacht gegen fließendes Wasser dialysiert und so das überschüssige Kochsalz entfernt. Die Lösung des so gereinigten Pepsins dampft man am Rotationsverdampfer bei max. 40° zur Trockne ein.
Ausbeute: Ca. 20 mg.
Zeitdauer: 2 Tage.

Aktivitätsbestimmung

Ein frisches Hühnerei wird 10 min gekocht, abgekühlt, geschält und der Eidotter entfernt. Das verbleibende Eiweiß drückt man durch ein Sieb der Maschenweite 0,8 mm. Für die Teste wird jeweils 1 g Eiweiß verwendet. Das gewonnene Pepsin (ca. 20 mg) wird in 100facher Menge Wasser (2 cm^3) gelöst.
Ansatz: In fünf 50 cm^3-Erlenmeyerkolben wird jeweils 1 g zerkleinertes Eiweiß gegeben und 10 cm^3 verdünnte Salzsäure (0,5 cm^3 konz. Salzsäure auf 100 cm^3 Wasser) zugefügt. Dann versetzt man die Kolben mit steigenden Mengen der Pepsinlösung, und zwar den Kolben 1 mit 0,02 cm^3, Kolben 2 mit 0,05 cm^3, Kolben 3 mit 0,1 cm^3, Kolben 4 mit 0,3 cm^3 und Kolben 5 mit 0,5 cm^3. Die Kolben werden dann im Trockenschrank oder in einem thermostatisierten Wasserbad bei einer Temperatur von 45° belassen. Die Ansätze schüttelt man alle 15 min um. Nach 3 h wird das Ergebnis protokolliert.
Man stellt fest, bei welcher Konzentration sich das Eiweiß bis auf wenige weißgelbe Häutchen gelöst hat. Die Aktivität des Pepsins wird angegeben durch das Verhältnis der Pepsinmenge zum verdauten Eiweiß. Bei einem Pepsin «1:100» verdauen 10 mg 1 g Hühnereiweiß. Bei einem Präparat «1:1000» wird 1 g Hühnereiweiß von 1 mg Pepsin verdaut.

Auswertung

a) Wie bestimmt das DAB 8 den Wirkwert von Pepsin?
b) Wie ist ein Ferment oder Enzym zusammengesetzt?
c) Welche speziellen Eigenschaften haben Fermente?
d) Nennen Sie wichtige Fermentarten und ihre Eigenschaften.
e) Nennen Sie handelsübliche Fermentpräparate, ihre Herkunft und ihre Verwendung.

33. Isolierung von Piperin aus schwarzem Pfeffer

Prinzip: Gepulverter schwarzer Pfeffer (*Piper nigrum* L.) wird mit Chloroform extrahiert. Zur Entfernung der mitextrahierten fetten Öle wird der eingeengte Extrakt mit ethanolischer Kalilauge versetzt. Aus dem Filtrat kristallisiert Piperin aus.
Gehalt: 5–9%.
Strukturformel

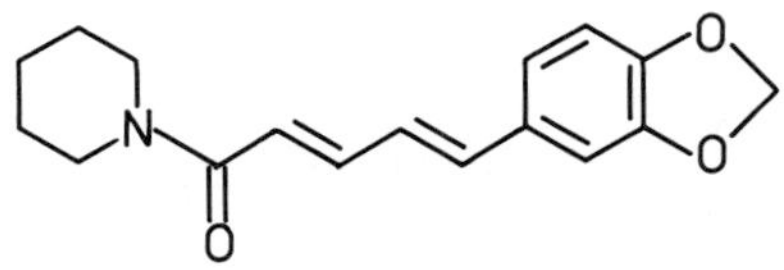

Piperin
$C_{17}H_{19}O_3N$, MG 285,35; Smp: 128–130 °C

Chemikalien
Piperis nigri fructus pulv. (300), 20 g
Chloroform, 250 cm^3
Dichlormethan, 150 cm^3
Essigsäureethylester, 50 cm^3
Petrolether (40–60°), 100 cm^3
Kaliumhydroxid, 10proz. *(G/V)* in 50proz. Ethanol *(V/V)*, 15 cm^3
Natriumsulfat, wasserfrei, 2 g
DC-Schicht: Kieselgel F_{254}, 20 × 20 cm
Piperin, 10 mg (Vergleich)

Geräte
1 Extraktionsapparatur nach Soxhlet, 70 cm^3 mit pass. Rückflußkühler
1 Rundkolben, NS 29, 250 cm^3
3 Bechergläser, 50 cm^3
Trichter, 5 cm ∅ (1), 3 cm ∅ (1)
1 Glasfiltertrichter, D3, ∅ 4 cm mit pass. Guko zu Saugrohr, 25 cm^3

Reagenzien
Anisaldehyd-Schwefelsäure (Reag. Nr. 4)

Allgemeine Geräte
Heizpilz, 250 cm^3
DC-Grundausrüstung
Wasserbad
Rotationsverdampfer

Durchführung

20 g gepulverter schwarzer Pfeffer (300) werden in einer Soxhlet-Extraktionsapparatur mit 200 cm^3 Chloroform 6 Stunden lang extrahiert. Der Extrakt (= DC-Lösung a) wird am Rotationsverdampfer vollständig eingeengt und mit 15 cm^3 einer 10proz. ethanolisch-wäßrigen (1 + 1) Kaliumhydroxidlösung versetzt. Die Mischung wird filtriert. Aus dem Filtrat scheiden sich beim Stehenlassen bei 0–4 °C gelbe Kristalle von Piperin aus, die über einen Glasfiltertrichter abgesaugt werden und mit wenig (1–2 cm^3) Wasser gewaschen werden.
Gegebenenfalls muß das Piperin umkristallisiert werden. Dazu wird das Rohprodukt in möglichst wenig Dichlormethan unter Erhitzen auf dem Wasserbad aufgelöst. Nach der vollständigen Auflösung wird über wasserfreiem Natriumsulfat getrocknet. Dem Filtrat setzt man gerade so viel Petrolether (40–60 °C) hinzu, bis eine leichte Trübung eingetreten ist und kocht im Wasserbad kurz auf, bis die Lösung wieder klar ist. Beim Abkühlen und Stehenlassen im Kühlschrank fällt Piperin kristallin aus, das wieder über einen Glasfiltertrichter abgesaugt wird.
Ausbeute: 0,5 g.
Zeitbedarf: 1 Tag.

Auswertung

1. *Dünnschicht-Chromatographie*
   I. Standardmethode: Ja.
   II. Schicht: Kieselgel F_{254}.
   III. Fließmittel: Dichlormethan-Essigsäureethylester (75 + 25), KS.

IV. Nachweis

a) UV_{254}: Fluoreszenzmindernde Zonen markieren (Piperin im mittleren Rf-Bereich zeigt Fluoreszenzminderung).

b) UV_{365}: Fluoreszierende Zonen markieren (Piperin zeigt blaue Eigenfluoreszenz).

c) Besprühen mit Anisaldehyd-Schwefelsäure (Reag. Nr. 4) anschließend 5–10 min auf 110 °C erhitzen (Piperin färbt sich bei Zimmertemperatur sofort gelb, beim Erhitzen braun an).

V. Untersuchungslösung: Bandförmige Auftragung (15 × 3 mm):

a) DC-Lösung a, 10 mm^3.

b) Rohpiperin } Je 2 mg in 1,0 cm^3 Chloroform,

c) Umkrist. Piperin } davon je 10 mm^3 auftragen.

VI. Vergleichslösung: 2 mg Piperin werden in 1,0 cm^3 Chloroform gelöst, davon trägt man 10 mm^3 bandförmig (15 × 3 mm) auf.

2. Das *IR-Spektrum* des isolierten Piperins ist aufzunehmen, mit dem abgebildeten Spektrum und den wiedergegebenen Daten zu vergleichen.

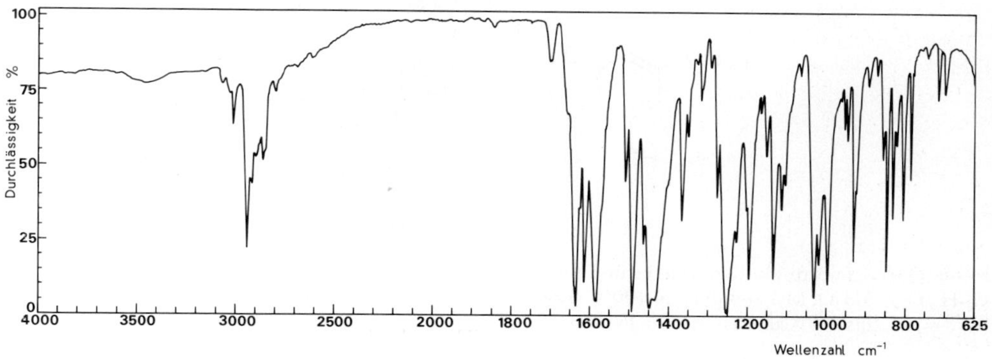

IR-Spektrum von Piperin (2 mg/200 mg Kaliumbromid).

Wellenzahl cm^{-1}	Zuordnung	Schwingungsart
3065–3010	Aromat und olef. Doppelbindung	CH-Streckschwingung
2940–2850	$>CH_2$ und $-\overset{\vert}{\underset{\vert}{C}}-H$	CH-Streckschwingung
2800	$-O-CH_2-O-$	CH-Streckschwingung
1630	$>N-CO-$	C=O-Streckschwingung
1630–1580	olef. Doppelbindung und Aromat	CC-Streckschwingung
1485	Aromat	CC-Streckschwingung
1440–1430	$>CH_2$ und Aromat	CC-Streck-, CH-Beugeschwingung
1250, 1190, 1030	Ether	CO-Streckschwingung
995	disubst. olef. Doppelbindungen (trans.)	CH-Beugeschwingung
855–700	asym. subst. Aromat	CH-Beugeschwingung

3. Das *UV-Spektrum* des isolierten Piperins ist aufzunehmen (10 mg in 50 cm^3 Ethanol, davon 1,0 cm^3 zu 25 cm^3 mit Ethanol auffüllen).
λ_{max} = 343–345 nm (ε = 32 000).

4. Der *Schmelzpunkt* des isolierten Piperins ist zu bestimmen.

Weitere Aufgaben

a) Welche Strukturelemente sind für die Scharfstoffe Capsaicin und Piperin charakteristisch?
b) Welche stereoisomeren Verbindungen sind von Piperin denkbar, welche davon kommen ebenfalls in Pfeffer vor?
c) Was sind die Unterschiede zwischen weißem, schwarzem und grünem Pfeffer?
d) Welche andere pflanzliche Scharfstoffe gibt es? Wo kommen sie vor und wie sind sie chemisch aufgebaut?

34. Isolierung von Rutin aus Weinrautenkraut (Rutae herba)

Prinzip: Gepulvertes Weinrautenkraut (*Ruta graveolens* L.) wird zur Extraktion der lipophilen Begleitstoffe kontinuierlich mit Dichlormethan extrahiert. Aus dem Drogenrückstand wird Rutin durch kontinuierliche Extraktion mit Methanol extrahiert. Aus dem eingeengten Extrakt wird Rutin durch Umkristallisation mit Wasser rein dargestellt.

Gehalt: 7–8%.

Strukturformel

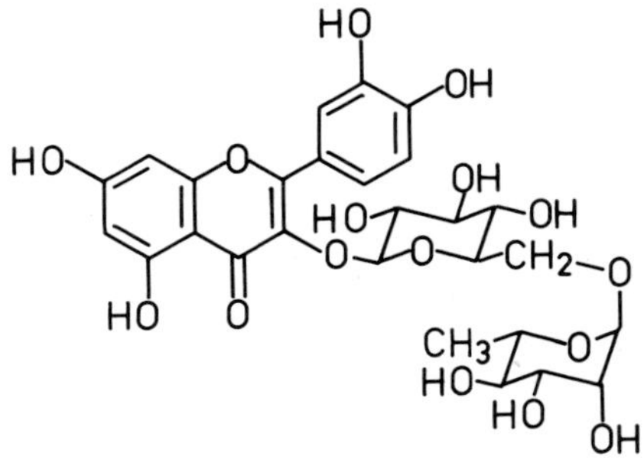

Rutin (Quercetin-3-rutinosid = Quercetin-3-(α-L-Rhamnosido-6-β-D-glucosid))
$C_{27}H_{30}O_{16} \cdot 3H_2O$, MG 664,6; Smp: 190 °C (Erweichung), 215 °C (Zersetzung)
$[\alpha]_D^{20} = -37$ bis $-40°$ (in wasserfreiem Pyridin)

Chemikalien

Rutae herba, pulv. (300), 50 g
Dichlormethan, 400 cm^3
Methanol, 400 cm^3
Aktivkohle, 2 g
Schwefelsäure, 4proz. *(G/V)*, 1 cm^3
Natriumcarbonat, 5 g
Dichlorethan, 55 cm^3
Eisessig, 30 cm^3
Ameisensäure, 15 cm^3
Essigsäureethylester, 65 cm^3
DC-Schichten Kieselgel F_{254}, 20 × 20 cm
Rutin, 5 mg (Vergleich)
Quercetin, 5 mg (Vergleich)
Rhamnose, 5 mg (Vergleich)
Glucose, 5 mg (Vergleich)

Geräte

1 Soxhlet-Extraktionsapparatur, 250 cm^3 mit 500 cm^3-Rundkolben
1 Rundkolben, NS 29, 500 cm^3
Bechergläser, 400 cm^3 (2), 250 cm^3 (2)
2 Trichter, ∅ 8 cm
1 Glasfiltertrichter, D3, ∅ 5 cm mit pass. Guko zu
1 Saugflasche, 500 cm^3

Reagenzien

a) Diphenylboryloxyethylamin-Reagenz (Reag. Nr. 23) = Naturstoff-Reagenz
b) Diphenylamin-Reagenz (Reag. Nr. 22)

Allgemeine Geräte

1 Heizpilz, 500 cm^3
DC-Grundausrüstung
Heizplatte
Rotationsverdampfer
Wasserbad

Durchführung

50 g Rutae herba pulv. (300) werden in einer 250 cm^3-Soxhlet-Extraktionsapparatur mit 400 cm^3 Dichlormethan 8 h extrahiert, bis das rücklaufende Eluat fast farblos ist. Der Extrakt (= DC-Lösung a) wird verworfen. Der Drogenrückstand wird an der Luft getrocknet und danach in der gleichen Soxhlet-Extraktionsapparatur mit 400 cm^3 Methanol 5 h extrahiert. Der methanolische Extrakt (= DC-Lösung b) wird am Rotationsverdampfer im Vakuum zur Trockne eingeengt. Der Rückstand wird in 100–150 cm^3 siedendem Wasser gelöst, mit 2–3 Spatelspitzen Aktivkohle versetzt, kurz aufgekocht und heiß filtriert. Beim Abkühlen über Nacht im Kühlschrank bei 4° fällt ein gelblicher Niederschlag (= Roh-Rutin) aus, der abgesaugt wird (Mutterlauge = DC-Lösung c). Der Niederschlag von Roh-Rutin wird in möglichst wenig siedendem Wasser aufgelöst, mit 1–2 Spatelspitzen Aktivkohle versetzt, kurz aufgekocht und heiß filtriert. Aus dem Filtrat scheidet sich beim Abkühlen über Nacht im Kühlschrank reines Rutin aus, das über einen Glasfiltertrichter abgesaugt, mit 5–10 cm^3 kaltem Wasser gewaschen und im Vakuumexsikkator über Blaugel getrocknet wird.

Ausbeute: 100–200 mg.

Zeitdauer: 2–3 Tage.

Auswertung

1. *Dünnschicht-Chromatographie*

A. *Verfolgung der Isolierungsschritte*

I. *Standardmethode:* Ja.

II. *Schicht:* Kieselgel F_{254}.

III. *Fließmittel:* Essigsäureethylester-Ameisensäure-Wasser (65 + 15 + 20), KS, 10 cm.

IV. *Nachweis:* Nach Abdampfen des Fließmittels bei 100°:

1. UV_{254}: Fluoreszenzmindernde Zonen markieren.
2. UV_{365}: Fluoreszierende Zonen markieren (Rutin fluoresziert gelb).
3. Besprühen mit Diphenylboryloxyethylamin-Reagenz (Reag. Nr. 23) und anschließend im UV_{365} die fluoreszierenden Zonen markieren. (Die gelbe Eigenfluoreszenz von Rutin wird nach orange verstärkt.)

V. *Untersuchungslösung:* Bandförmige Auftragung (20 × 3 mm):

1. DC-Lösung a: 10 mm^3.
2. DC-Lösung b: 10 mm^3.
3. Roh-Rutin: 1 mg wird in 2 cm^3 Methanol gelöst, davon 10 mm^3.
4. DC-Lösung c: 10 mm^3.
5. Rein-Rutin: 1 mg wird in 2 cm^3 Methanol gelöst, davon 10 mm^3.

VI. *Vergleichslösung:* 5 mg Rutin werden in 10 cm^3 Methanol gelöst, davon trägt man 10 mm^3 bandförmig (25 × 3 mm) auf.

B. *Nachweis der Hydrolyseprodukte:* (Quercetin, Rhamnose, Glucose, Rutinose)

I. *Standardmethode:* Ja; Abweichung: Laufstrecke 15 cm.

II. *Schicht:* Kieselgel F_{254}, 20 × 20 cm.

III. *Fließmittel:* Dichlorethan-Eisessig-Methanol-Wasser (54 + 28 + 11 + 7), KS, 15 cm.

IV. *Nachweis:* Nach Abdampfen des Fließmittels bei 110 °C:

1. UV_{254}: Fluoreszenzmindernde Zonen markieren (die im mittleren Rf-Bereich liegende Zone von Quercetin zeigt Fluoreszenzminderung).
2. UV_{365}: Fluoreszierende Zonen markieren (die Quercetin-Zone zeigt eine hellgrüne Fluoreszenz).
3. Diphenylamin-Reagenz (Reag. Nr. 22) und 10 min 110 °C: Rhamnose (hRf: 35–40); Rutin (hRf: 25–30); Glucose (hRf: 20–25) und Rutinose (hRf: 15–20) färben sich grau-blau an.

V. *Untersuchungslösung:* 50 mg Rutin werden mit 1,0 cm^3 4proz. Schwefelsäure versetzt und 5 min auf dem siedenden Wasserbad erhitzt (besser mit Bunsenbrenner). Nach dem Abkühlen wird mit festem Natriumcarbonat neutralisiert und mit Methanol im Verhältnis 1 : 1 verdünnt; davon trägt man 10 mm^3 bandförmig (20 × 3 mm) auf.

VI. Vergleichslösung: Je 5 mg Glucose und Rhamnose werden in je 5 cm^3 Methanol-Wasser (1 + 1) gelöst, davon trägt man je 10 mm^3 bandförmig auf. 5 mg Rutin und 5 mg Quercetin werden in 10 cm^3 Methanol gelöst, davon trägt man 10 mm^3 bandförmig (20 × 3 mm) auf.

Anmerkung: Die DC-Schicht ist zur Entwicklung erst in die Kammer zu stellen, nachdem mit Hilfe eines Warmluftstromes das Lösungsmittel an der Startzone verdampft ist.

2. Das *IR-Spektrum* des isolierten Rutins ist aufzunehmen, mit dem abgebildeten Spektrum und den wiedergegebenen Daten zu vergleichen.

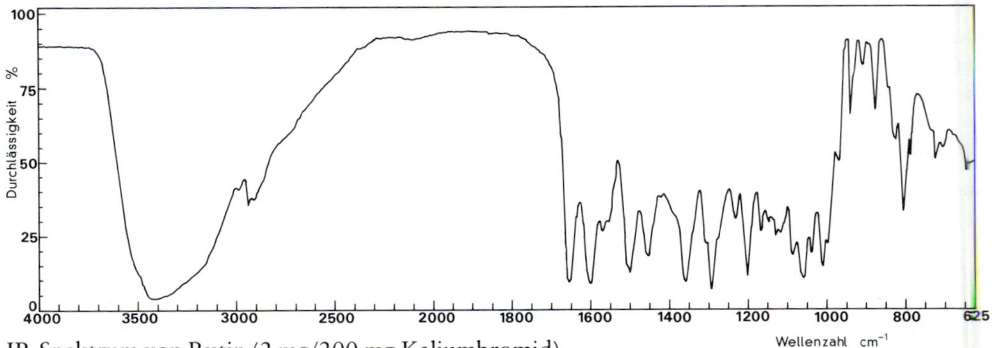

IR-Spektrum von Rutin (2 mg/200 mg Kaliumbromid).

Wellenzahl cm^{-1}	Zuordnung	Schwingungsart
3400	alkoh. und phenol. –OH	OH-Streckschwingung
2990–2810	$-CH_3$, $>CH_2$, $-\overset{|}{\underset{|}{C}}H$	CH-Streckschwingung
1655	beidseitig konj. $>C{=}O$	C=O-Streckschwingung
1597, 1570, 1500	Aromat	CC-Streckschwingung
1452	Aromat, $-CH_3$, $>CH_2$	asym. CH-Beugeschwingung
1360	phenol.-OH	assoz. OH-Beugeschwingung
1295	alkohol. und phenol. –OH	und CO-Streckschwingung
1203	phenol.-OH	CO-Streckschwingung
	arom.-aliphat. Ether	asym. CO-Streckschwingung
1090	cycl. Ether	asym. CO-Streckschwingung
1060–1010	alkohol.-OH	CO-Streckschwingung
1060	arom.-aliphat. Ether	sym. CO-Streckschwingung
880	asym. 1, 2, 4. Subst. am Aromat und 1, 2, 3, 5 Subst.	CH-Beugeschwingung

3. Das *UV-Spektrum* des isolierten Rutins ist aufzunehmen (1 mg/50 cm^3 Methanol)
λ_{max} = 259 nm (ε = 21660). λ = 266 nm (Schulter).
λ_{max} = 359 nm (ε = 18230). λ = 299 nm (Schulter).

4. Der *Schmelzpunkt* des isolierten Rutins ist zu bestimmen!

Weitere Aufgaben

a) In welchen Drogen und Nutzpflanzen ist Rutin in größeren Mengen ferner enthalten? Angabe der Stammpflanze und Familie.
b) Welche Flavonoidgrundstrukturen kann man unterscheiden, zu welcher gehört Rutin?
c) Welche anderen Glykoside (1 Beispiel) kennen Sie, die als Zuckerkomponente ebenfalls Rutinose enthalten?
d) Welche anderen Flavonglykoside kennen Sie, die das gleiche Aglykon wie Rutin aufweisen?
e) Geben Sie Zucker an, die häufig in Glykosiden vorkommen.

35. Isolierung von α-Santonin aus Zitwerblüten

Prinzip: Die gepulverten Zitwerblüten (*Artemisia cina* (BERG) WILLKOMM) werden mit einer Calciumhydroxidlösung gekocht. Hierbei öffnet sich der Lactonring des Santonins und das Calciumsalz geht in die wäßrige Lösung. Nach Ansäuern (Rückbildung des Lactonrings) wird das Santonin mit Chloroform extrahiert. Aus dem Chloroformextrakt wird das Santonin kristallin isoliert.
Gehalt: 2%.
Strukturformel

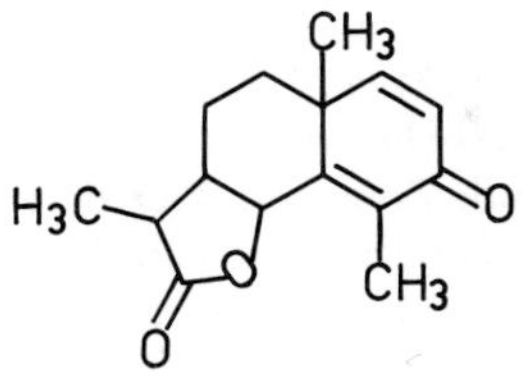

α-Santonin
$C_{15}H_{18}O_3$, MG 246,3; Smp: 170 °C, $[\alpha]_D^{18} = -173°$ (in Ethanol)

Chemikalien
Cinae flos, pulv. (300), 20 g
Calciumhydroxid, 4 g
Salzsäure, konz., 10 cm^3
Natriumhydrogencarbonatlösung, 4proz. *(G/V)*, 100 cm^3
Aktivkohle, 1 g
Natriumsulfat, wasserfrei, 10 g
Chloroform, 500 cm^3
Petrolether (40–60°), 30 cm^3
Dichlormethan, 100 cm^3
Aceton, 10 cm^3
DC-Schicht: Kieselgel F_{254}, 20 × 20 cm
Vanillin, 5 mg (Vergleich)

Geräte
Bechergläser: 1000 cm^3 (2), 100 cm^3 (2)
1 Büchnertrichter, ∅ 8 cm mit pass. Guko zu
1 Saugflasche, 1000 cm^3
1 Scheidetrichter, 1000 cm^3
1 Erlenmeyerkolben, 500 cm^3
2 Trichter, ∅ 6 cm
1 Rundkolben, NS 29, 500 cm^3
1 Glasfiltertrichter, D 3, ∅ 5 cm mit pass. Guko zu Saugrohr, 25 cm^3

Reagenzien
Anisaldehyd-Schwefelsäure (Reag. Nr. 4)
oder Molybdatophosphorsäure (Reag. Nr. 55)

Allgemeine Geräte
Rotationsverdampfer
DC-Grundausrüstung
Indikatorpapier
Magnetrührer mit Stäbchen, 30 mm
Wasserbad

Durchführung
20 g Cinae flos, pulv. (300) werden mit 4 g Calciumhydroxid in 500 cm^3 Wasser unter Rühren 15 min gekocht. Die heiße Suspension wird abgesaugt über einen Büchnertrichter. Der Drogenrückstand wird portionsweise mit 200 cm^3 heißem Wasser nachgewaschen. Das wäßrige Filtrat wird mit konz. Salzsäure auf pH = 1 angesäuert. Die saure wäßrige Lösung wird sechsmal mit je 50 cm^3 Chloroform extrahiert. Die vereinigten Chloroformphasen werden zweimal mit je 50 cm^3 einer 4proz. *(G/V)* Natriumhydrogencarbonatlösung ausgeschüttelt (= DC-Lösung a), anschließend mit 1–2 Spatelspitzen Aktivkohle versetzt, kurz aufgekocht und über wasserfreies Natriumsulfat filtriert (= DC-Lösung b). Die getrocknete Chloroformphase wird portionsweise am Rotationsverdampfer im Vakuum eingeengt bis zu einem Volumen von ca. 5 cm^3. Man versetzt die Lösung mit gerade so viel Petrolether, bis eine leichte Trübung eintritt, die beim Erhitzen im Wasserbad wieder verschwindet und stellt die Lösung über Nacht in den Kühlschrank. Die danach ausgefallenen Kristalle von Santonin werden über einen Glasfiltertrichter abgesaugt (Mutterlauge = DC-Lösung c).

Falls das Produkt noch nicht dc rein ist, wird erneut aus Chloroform und Petrolether umkristallisiert.
Ausbeute: 200–500 mg.
Zeitdauer: 1,5 Tage.

Auswertung

1. *Dünnschicht-Chromatographie*

   I. Standardmethode: Ja.
   II. Schicht: Kieselgel F_{254}.
   III. Fließmittel: Chloroform-Aceton (95 + 5), KS, 10 cm.
   IV. Nachweis: Nach Abdampfen des Fließmittels:
   1. UV_{254}: Fluoreszenzmindernde Zonen markieren. (Santonin im mittleren Rf-Bereich und die direkt darunterliegende Vergleichssubstanz Vanillin zeigen Fluoreszenzminderung).
   2. Anisaldehyd-Schwefelsäure (Reag. Nr. 4) und anschließend 5–10 min auf 100–110° erhitzen. (Santonin färbt sich gelb und nach längerem Lagern rosa an) oder
   3. Molybdatophosphorsäure (Reag. Nr. 55) und anschließend 5–10 min auf 105–110° erhitzen (Blaufärbung).

   V. Untersuchungslösung
   a) Cinae flos-Extrakt: 0,1 g Cinae flos pulv. werden mit 1,0 cm^3 Chloroform unter Schütteln 10 min extrahiert, vom Filtrat trägt man 10 mm^3 bandförmig (15 × 3 mm) auf.
   b) DC-Lösung a } Je 20 mm^3 bandförmig (15 × 3 mm).
   c) DC-Lösung b }
   d) Isoliertes Santonin: 5 mg werden in 1,0 cm^3 Chloroform gelöst, davon trägt man 10 mm^3 bandförmig (15 × 3 mm) auf.
   e) DC-Lösung c: 5 mm^3 bandförmig (15 × 3 mm).

   VI. Vergleichslösung: 5 mg Santonin und 5 mm^3 1.8-Cineol werden in 1,0 cm^3 Chloroform gelöst, davon trägt man 10 mm^3 bandförmig (15 × 3 mm) auf. (Falls Santonin nicht zur Verfügung steht, kann Vanillin eingesetzt werden.)

2. Das *IR-Spektrum* des isolierten α-Santonins ist aufzunehmen, mit dem abgebildeten Spektrum und den wiedergegebenen Daten zu vergleichen.

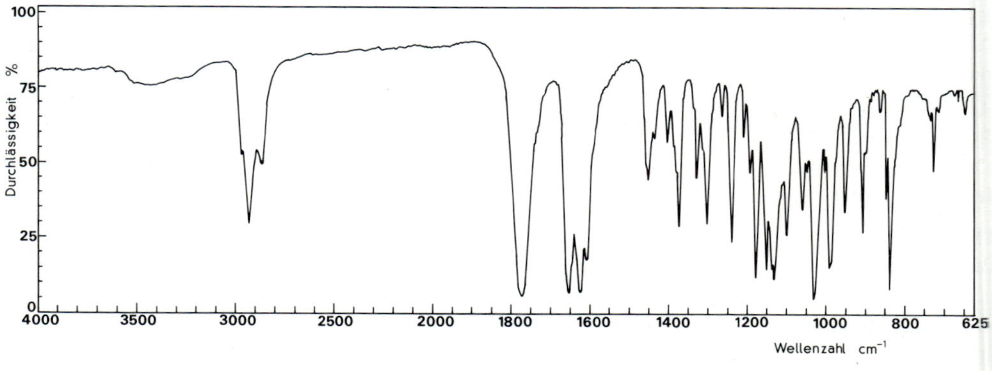

IR-Spektrum von α-Santonin (2 mg/200 mg Kaliumbromid).

38. Isolierung von Spiraeosid aus Blüten der Spierstaude

Prinzip: Gepulverte Spierblumen (*Filipendula ulmaria* (L.) MAXIM) werden zur Extraktion der lipophilen Begleitstoffe kontinuierlich mit Dichlormethan extrahiert. Aus dem Drogenrückstand wird Spiraeosid neben anderen lipophilen Begleitstoffen durch kontinuierliche Extraktion mit Methanol ausgezogen. Die Abtrennung von Spiraeosid aus dem eingeengten Extrakt erfolgt durch Säulenchromatographie.
Gehalt: 1,2%
Strukturformel

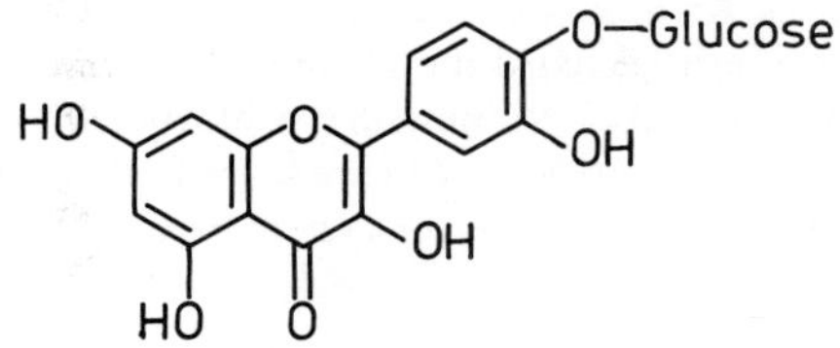

Spiraeosid (Quercetin-4′-glucosid)
$C_{21}H_{20}O_{12}$, MG 464,4; Smp: 209–211 °C (aus verd. Aceton),
$[\alpha]_D^{17} = -69°$ (in Methanol)

Chemikalien
Spiraeae flos, pulv. (300), 50 g
Dichlormethan, 1500 cm^3
Methanol, 1000 cm^3
Aceton, 50 cm^3
Kieselgel zur SC (0,063–0,2 mm), 150 g
Seesand, 80 g
DC-Schicht, Kieselgel F_{254}, 20 × 20 cm
Aktivkohle, 1 g
Rutin, 5 mg (Vergleich)

Geräte
1 Extraktionsapparatur nach Soxhlet, 250 cm^3 mit 500 cm^3-Rundkolben
Rundkolben, NS 29, 250 cm^3 (1), 100 cm^3 (1)
Bechergläser, 250 cm^3 (2), 100 cm^3 (2), 50 cm^3 (2)
1 Mörser, ∅ 6 cm mit Pistill
1 Trichter, ∅ 6 cm
1 Kristallisierschale, ∅ 8 cm
1 Glasfiltertrichter, ∅ 5 cm mit pass. Guko zu 1 Saugrohr, 25 cm^3
1 Chromatographiesäule, l = 120 cm, $\varnothing_i$ = 2 cm

Reagenzien: Naturstoff-Reagenz (= Diphenylboryloxyethylamin, Reag. Nr. 23)

Allgemeine Geräte
Rotationsverdampfer
DC-Grundausrüstung
Wärmeplatte
Vakuumexsikkator
Heizpilz, 500 cm^3

Durchführung

a) *Extrakt:* 50 g Spiraeae flos, pulv. (300) werden in einer 250 cm^3-Soxhlet-Extraktionsapparatur mit 400 cm^3 Dichlormethan 8 h extrahiert. Der Extrakt (= DC-Lösung a) wird verworfen. Der Drogenrückstand wird an der Luft getrocknet und danach in der gleichen Soxhlet-Extraktionsapparatur mit 400 cm^3 Methanol 8 h extrahiert. Der methanolische Extrakt (= DC-Lösung b) wird am Rotationsverdampfer weitgehend eingeengt bis zur beginnenden Ausfällung (ca. 10 g sirupöser Extrakt).
b) *Säulenchromatographie*
Allgemeine Durchführung: Siehe S. 28, «Säulenchromatographische Trennungen».
Chromatographiesäule: l = 120 cm, $\varnothing_i$ = 2 cm
Stationäre Phase: Kieselgel zur SC (0,063–0,2 mm), 150 g.
Elutionsmittel: Dichlormethan-Methanol (80 + 20), 1200 cm^3.
Dichlormethan-Methanol (70 + 30), 500 cm^3.
Aufgabemenge: Der sirupartige Extrakt (a) wird mit ca. 50 g Seesand in einer Kristallisierschale verrieben und die Mischung auf dem Wasserbad zur Trockne eingedampft. Diese Mischung wird in einem Mörser verrieben und die pulvrige Masse wird auf die Kieselgel-

schicht in der Chromatographiesäule derart aufgegeben, daß sie vom überstehenden Elutionsmittel stets sofort befeuchtet wird.
Tropfgeschwindigkeit: 2–3 Tropfen/s.
Fraktionen: 15 cm^3.
Nach Einengen der Spiraeosid-haltigen Fraktionen zur Trockne fällt Spiraeosid als gelbe, amorphe, pulvrige Masse an. Das noch wenig Begleitsubstanzen enthaltende Produkt wird in der vierfachen Menge von 75proz. *(V/V)* Aceton gelöst, mit einer Spatelspitze Aktivkohle versetzt, kurz auf dem Wasserbad aufgekocht und abfiltriert. Beim Einengen im Vakuumexsikkator scheiden sich gelbe Kristalle aus, die über einen Glasfiltertrichter abgesaugt werden. Falls keine Auskristallisation erfolgt, wird die Lösung erneut zur Trockne eingeengt und mit gerade so viel eines Gemischs aus 5 Volumteilen Chloroform und 1 Volumteil Methanol versetzt, bis beim Erhitzen auf dem Wasserbad eine klare Lösung entsteht. Diese Lösung wird wiederum mit einer Spatelspitze Aktivkohle versetzt, kurz auf dem Wasserbad aufgekocht und filtriert. Beim Abkühlen im Kühlschrank scheidet sich Spiraeosid amorph aus.
Ausbeute: 200–300 mg.
Zeitdauer: 3–4 Tage.

c) *Dünnschicht-Chromatographie*

I. Standardmethode: Ja.
II. Schicht: Kieselgel F_{254}.
III. Fließmittel: Essigsäureethylester-Ameisensäure-Wasser (65 + 15 + 20), KS, 10 cm.
IV. Nachweis: Nach Abdampfen des Fließmittels auf der Wärmeplatte:
a) UV_{254}: Fluoreszenzmindernde Zonen markieren.
b) UV_{365}: Fluoreszierende Zonen markieren.
c) Besprühen mit Naturstoffreagenz (= Diphenylboryloxyethylamin, Reag. Nr. 23) und anschließend im langwelligen UV-Licht auswerten. (Spiraeosid im mittleren Rf-Bereich des Chromatogramms zeigt eine deutliche gelbgrüne Fluoreszenz. Die im unteren Drittel des Chromatogramms liegende Vergleichssubstanz Rutin zeigt eine orangefarbene Fluoreszenz).
V. Untersuchungslösung
a) 10 mm^3 des eingeengten Extrakts (a) (= DC-Lösung b) werden in 0,1 cm^3 Methanol gelöst, davon trägt man 5 mm^3 punktförmig auf.
b) Ab Fraktion 20 trägt man von jeder 3. Fraktion 5–10 mm^3 punktförmig auf.
VI. Vergleichslösung: 5 mg Rutin werden in 1,0 cm^3 Methanol gelöst, davon trägt man 2 mm^3 punktförmig auf.

Auswertung

1. *Abschließende Dünnschicht-Chromatographie*

DC-Bedingungen: I., II., III., IV. und VI. wie bei c)
V. Untersuchungslösung: Bandförmige Auftragung (20 × 3 mm):
a) Spiraeae flos-Extrakt: 0,5 g Spiraeae flos pulv. (300) werden mit 5 cm^3 Methanol kurz auf dem Wasserbad aufgekocht und danach filtriert. Vom Filtrat trägt man 10 mm^3 auf.
b) DC-Lösung a: 10 mm^3.
c) DC-Lösung b: Verdünnung 1 : 10 (vgl. c, V, a) 10 mm^3.
d) Isoliertes Spiraeosid: 5 mg werden in 1,0 cm^3 Methanol gelöst, davon 10 mm^3.
VI. Vergleichslösung: Siehe *c, VI:* 10 mm^3 werden bandförmig (20 × 3 mm) aufgetragen.

2. Das *IR-Spektrum* des isolierten Spiraeosids ist aufzunehmen, mit dem abgebildeten Spektrum und den wiedergegebenen Daten zu vergleichen.

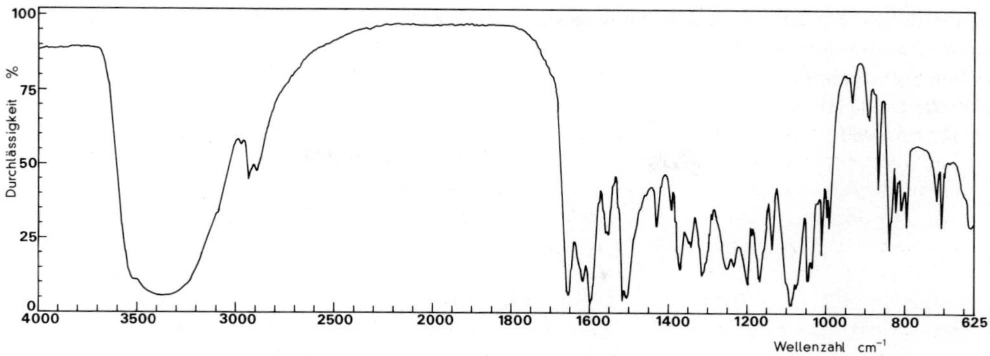

IR-Spektrum von Spiraeosid (2 mg/200 mg Kaliumbromid).

Wellenzahl cm^{-1}	Zuordnung	Schwingungsart
3540–3100	alkohol. und phenol. –OH	OH-Streckschwingung
2930–2890	$>CH_2$	CH-Streckschwingung
1657	$>C=O$	C=O-Streckschwingung
1619	trisubst. olef. Doppelbind. (konj.)	C=C-Streckschwingung
1598, 1556, 1520–1505	Aromat	CC-Streckschwingung
1430	$>CH_2$, Aromat	CH-Beugeschwingung
	und prim. Alkohol	CC-Streckschwingung
		assoz. OH-Beugeschw.
1370	phenol. OH	OH-Beugeschwingung
1345	trisub. olef. Doppelbindung	CH-Beugeschwingung
1315	phenol. OH	freie OH-Beugeschw.
1250–1170	alkohol. und	freie OH-Beugeschw.
	phenol. OH	CO-Streckschwingung
1050–1010	alkohol. OH	CO-Streckschwingung
1088	Ether	asym. CO-Streckschw.
890–790	Ether, Subst. am Aromat	sym. CO-Streckschw.
	und trisub. olef. Doppelbind.	CH-Beugeschwingung

3. Das *UV-Spektrum* des isolierten Spiraeosids ist aufzunehmen. (5 mg Spiraeosid werden in 100 cm^3 Methanol gelöst, davon werden 10 cm^3 mit Methanol auf 25 cm^3 aufgefüllt.)
   $\lambda_{max} = 366$ nm ($\varepsilon = 14900$).
   $\lambda_{max} = 254$ nm ($\varepsilon = 14300$).
4. Der *Schmelzpunkt* des isolierten Spiraeosids ist zu bestimmen.

Weitere Aufgaben

a) Welche weitere Quercetinglykoside kommen als Pflanzeninhaltsstoffe vor? Geben Sie entsprechende Drogen an. Geben Sie die entsprechenden Zuckerkomponenten und deren Substitutionsstellen an.
b) Was sind Iso- und Neoflavone?
c) Geben Sie weitere natürlich vorkommende flavonoide Strukturen an.

39. Isolierung von Strychnin und Brucin aus Strychnos-Samen

Vorsicht: Strychnin ist sehr giftig!

Prinzip: Die gepulverten Strychnossamen (Strychnos nux-vomica LINNÉ) werden mit Petrolether entfettet und anschließend alkalisiert; daraus werden die Alkaloidbasen mit Chloroform extrahiert. Aus dem Chloroformextrakt werden die Alkaloide mit verdünnter Säure als Salze abge-

trennt. Nach Alkalisieren fallen die wasserunlöslichen Alkaloidbasen kristallin aus. Eine Trennung erfolgt aufgrund der unterschiedlichen Löslichkeiten in 50proz. Ethanol; Brucin ist besser löslich als Strychnin.
Gehalt: 2–3% Alkaloide; davon ca. 50% Strychnin und ca. 40% Brucin.
Strukturformel

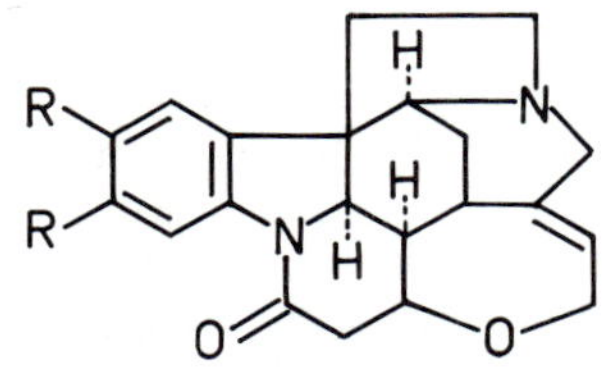

R = H: Strychnin, $C_{21}H_{22}N_2O_2$, MG 334,4;
Smp: 286–288 °C, $[\alpha]_D^{18} = -139{,}3°$ (Chloroform)
R = OCH_3: Brucin, $C_{23}H_{26}N_2O_4$, MG 394,4;
Smp: 176–178 °C, $[\alpha]_D^{20} = -149{,}5°$ (Chloroform)

Chemikalien
Strychni semen pulv. (710), 100 g
Petrolether (40–60°), 1000 cm^3
Chloroform, 1200 cm^3
Ethanol, 50proz. *(V/V)*, 100 cm^3
Aceton, 20 cm^3
Calciumhydroxid, 20 g
Schwefelsäure, 5proz. *(G/V)*, 100 cm^3
Schwefelsäure, 16proz. *(G/V)*, 100 cm^3
Natriumhydroxid, 10 g
Aktivkohle, 1 g
Natriumcarbonat, 10 g
Methanol, 100 cm^3
Natriumsulfat, wasserfrei, 10 g
konz. Ammoniaklösung, 5 cm^3
DC-Schicht: Kieselgel F_{254}, 20 × 20 cm
Strychnin, 2 mg (Vergleich)
Brucin, 2 mg (Vergleich)

Geräte
1 Extraktionsapparatur nach Soxhlet, 500 cm^3 mit 1000 cm^3 Rundkolben, NS 29 und pass. Rückflußkühler
Rundkolben NS 29, 1000 cm^3 (1), 100 cm^3 (2), 50 cm^3 (2)
Erlenmeyerkolben, 50 cm^3 (2)
Bechergläser, 400 cm^3 (1), 250 cm^3 (1), 100 cm^3 (2), 50 cm^3 (2)
Trichter, ∅ 7 cm (1), ∅ 5 cm (2)
1 Scheidetrichter, 500 cm^3
2 Glasfiltertrichter, D 3, ∅ 4 cm mit pass. Guko zu Saugrohr, 25 cm^3
1 Porzellanabdampfschale, ∅ 20 cm

Reagenzien: Dragendorff-Reagenz (Reag. Nr. 24)

Allgemeine Geräte
Heizpilz, 1000 cm^3
Rotationsverdampfer
pH-Papier
Wasserbad
Magnetrührer mit Stäbchen, 10 mm
DC-Grundausrüstung

Durchführung

a) *Strychnin-Isolierung:* 100 g Strychni semen plv. gross. werden in einer Soxhletapparatur mit 900 cm^3 Petrolether 5–6 h extrahiert (DC-Lösung a). Den Drogenrückstand trocknet man im Abzug auf Filterpapier und mischt ihn danach in einer Porzellanabdampfschale mit 200 cm^3 einer 10proz. wäßrigen Calciumhydroxid-Suspension innig durch. Nach mehrstündigem Stehen füllt man die Masse in eine Soxhletapparatur und extrahiert 3 h mit 900 cm^3 Chloroform. Den Chloroformextrakt (DC-Lösung b) engt man am Rotationsverdampfer auf 200 cm^3 ein und schüttelt 3× mit je 25 cm^3 5proz. Schwefelsäure aus. Die wäßrigen Phasen und die Emulsionsschichten werden vereinigt und mit 10proz. Natronlauge alkalisiert. Die beim mehrstündigen Kühlen ausfallenden Kristalle nutscht man ab (2 mg der Kristalle werden in 1,0 cm^3 Chloroform gelöst = DC-Lösung c). In einem 100 cm^3-Rundkolben werden die Kristalle in 20 cm^3 50proz. Ethanol unter Schütteln am Rückfluß unter Zusatz von 0,5 g Aktivkohle bis

zur Lösung erhitzt. Dann wird heiß filtriert (0,1 cm^3 des Filtrats werden mit 0,1 cm^3 Chloroform verdünnt = DC-Lösung d) und das Filtrat einige h bei 4°C kaltgestellt. Die Kristalle werden abgenutscht und mit wenig kaltem 50proz. *(V/V)* Ethanol gewaschen. (0,1 cm^3 des Filtrats werden mit 0,1 cm^3 Chloroform verdünnt = DC-Lösung f.)
Ausbeute: 150–200 mg Roh-Strychnin (2 mg in 0,5 cm^3 Chloroform = DC-Lösung e). Die Mutterlauge dient zur Gewinnung des Brucins.

Reinigung des Roh-Strychnins über das Sulfat: 200 mg Strychnin werden in einem 50 cm^3 Erlenmeyerkolben in 2 cm^3 kochendem Wasser aufgenommen und unter Rühren (Magnetrührer) tropfenweise 16proz. *(G/V)* Schwefelsäure zugegeben, bis sich die Kristalle gerade eben gelöst haben. Nach Zugabe einer Spatelspitze Aktivkohle wird heiß filtriert. Nach längerem Stehenlassen im Kühlschrank fällt das Strychninsulfat aus und wird abgenutscht. Das Strychninsulfat wird unter Erwärmen in einigen cm^3 Wasser gelöst und mit 10proz. *(G/V)* Natriumcarbonatlösung alkalisiert. Beim Kühlen fällt die Strychninbase aus. Sie wird abgesaugt und mit wenig Eiswasser gewaschen und dann aus heißem Ethanol umkristallisiert.
Ausbeute: Ca. 120 mg.

b) *Brucin-Isolierung:* Aus der Mutterlauge der Strychnin-Isolierung wird am Rotationsverdampfer der Alkohol entfernt und danach mit verdünnter Schwefelsäure auf ein pH von 5–6 angesäuert. Anschließend konzentriert man weiter auf 1–2 cm^3. Nach längerem Stehen bei 4° kristallisiert Brucinsulfat aus. Man saugt ab und wäscht mit wenigen cm^3 Eiswasser nach. Die Reinigung und Überführung in die Base kann in gleicher Weise wie beim Strychninsulfat erfolgen. Eine Umkristallisation der Brucinbase erfolgt in einem Aceton-Wasser-Gemisch (1 + 1).
Ausbeute: Ca. 100 mg.
Zeitbedarf: 2 Tage.

Auswertung

1. *Dünnschicht-Chromatographie*
   I. Standardmethode: Ja.
   II. Schicht: Kieselgel F_{254}.
   III. Fließmittel: Methanol-Ammoniaklösung, konz. (95 + 5), KS.
   IV. Nachweis
      1. UV_{254}: Fluoreszenzmindernde Zonen markieren. (Strychnin (hRf 50–60) und Brucin (hRf 40–50) zeigen Fluoreszenzminderung).
      2. Dragendorff-Reagenz (Reag. Nr. 24) und mit ca. 0,1 N Schwefelsäure nachsprühen. (Strychnin und Brucin färben sich braun an).
   V. Untersuchungslösung: Bandförmige Auftragung (3 × 15 mm) je 10 mm^3:
      1. DC-Lösung a
      2. DC-Lösung b
      3. DC-Lösung c (Brucin/Strychnin-Kristallisat)
      4. DC-Lösung d
      5. DC-Lösung e (Roh-Strychnin)
      6. DC-Lösung f
      7. isoliertes Strychnin } je 2 mg werden in 1,0 cm^3 Chloroform gelöst.
      8. isoliertes Brucin }
   VI. Vergleichslösung: Je 2 mg Strychnin und Brucin werden in je 1,0 cm^3 Chloroform gelöst, davon trägt man 10 mm^3 bandförmig auf.
2. Die *IR-Spektren* des isolierten Strychnins und Brucins sind aufzunehmen, mit den abgebildeten Spektren und den wiedergegebenen Daten zu vergleichen.

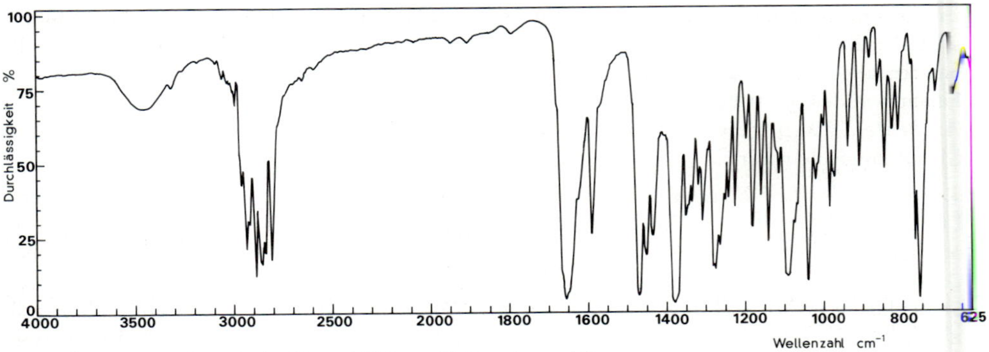

IR-Spektrum von Strychnin (2 mg/200 mg Kaliumbromid).

Wellenzahl cm^{-1}	Zuordnung	Schwingungsart
3100–3000	Aromat	CH-Streckschwingung
2965–2850	$>CH_2$	CH-Streckschwingung
2812	$>CH_2$ benachbart zu $-NR_2$	CH-Streckschwingung
1655	$>C{=}O$ (in tert. Amid)	C=O-Streckschwingung
1594, 1473, 1455	Aromat	CC-Streckschwingung
1439	$>CH_2$ in α-Stellung zu $>C{=}O$	CH-Beugeschwingung
1100	cycl. Ether	asym. CO-Streckschwingung
834 und/oder 817	endocycl. trisubst. Doppelbindung	CH-Beugeschwingung
774–760	ortho-disubst. Aromat	CH-Beugeschwingung

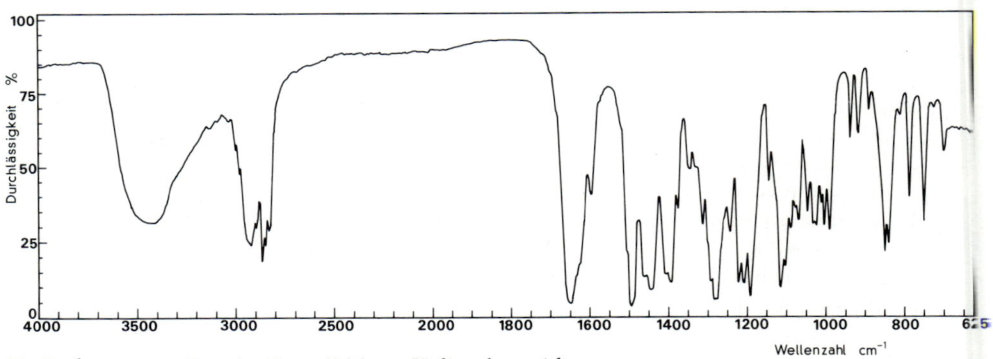

IR-Spektrum von Brucin (2 mg/200 mg Kaliumbromid).

Wellenzahl cm^{-1}	Zuordnung	Schwingungsart
2940–2848	$>CH_2$	CH-Streckschwingung
2868 und 2852	$-CH_3$ (als $-O-CH_3$)	CH-Streckschwingung
2832	$>CH_2$ benachbart zu $-NR_2$	CH-Streckschwingung
1654	$>C{=}O$ (in tert. Amid)	C=O-Streckschwingung
1620, 1596, 1495 und 1460	Aromat	CC-Streckschwingung
1448	$>CH_2$	CH-Beugeschwingung
1435	$>CH_2$ in α-Stellung zu $>C{=}O$	CH-Beugeschwingung
1110	cycl. Ether	asym. CO-Streckschwingung
846	tetra-subst. Aromat	CH-Beugeschwingung
837 und/oder 735	endocycl. trisubst. Doppelbindung	CH-Beugeschwingung

3. Die *UV-Spektren* des isolierten Strychnins und Brucins sind aufzunehmen. (Je 5 mg werden in je 10,0 cm^3 Ethanol gelöst, davon wird je 1 cm^3 auf je 25,0 cm^3 Ethanol aufgefüllt.)
   Strychnin: λ_{max} = 255 nm (ε = 12600).
   Brucin: λ_{max} = 264 nm (ε = 10300).
   λ_{max} = 301 nm (ε = 8700).

4. Die *Schmelzpunkte* des isolierten Strychnins und Brucins sind zu bestimmen.

Weitere Aufgaben

a) Zu welcher Gruppe von Alkaloiden gehören Strychnin und Brucin der Biogenese nach? – Welche anderen Alkaloide gehören in diese Gruppe?
b) Worauf beruht die unterschiedliche Farbausbildung von Strychnin und Brucin nach Zugabe von konzentrierter Salpetersäure?
c) Wie unterscheiden sich Strychnin und Brucin in ihrer Toxizität?

40. Isolierung von Trimyristin aus Muskatnuß

Prinzip: Gepulverte Muskatnüsse (*Myristica fragrans* Houtt.) werden mit Dichlormethan extrahiert. Aus dem eingeengten Extrakt kristallisiert das rohe Trimyristin aus, das mehrmals in Ethanol umkristallisiert wird.
Gehalt: Ca. 25%
Strukturformel

$CH_2—O—CO·CH_2·(CH_2)_{11}·CH_3$
|
$CH—O—CO·CH_2·(CH_2)_{11}·CH_3$
|
$CH_2—O—CO·CH_2(CH_2)_{11}·CH_3$

Trimyristin
$C_{45}H_{86}O_6$, MG 723,04; Smp: 56–57°C

Chemikalien
Myristicae semen, pulv. (710), 25 g
Dichlormethan, 300 cm^3
Ethanol, 300 cm^3
1 N-ethanolische Kaliumhydroxidlösung, 25 cm^3
Salzsäure, konz., 10 cm^3
DC-Schicht: Kieselgel, 20 × 20 cm
Petrolether (40–60°), 90 cm^3
Ether, 20 cm^3
Eisessig, 2 cm^3

Geräte
2 Rundkolben, NS 29, 500 cm^3
1 Rückflußkühler, NS 29
1 Büchner-Trichter, ∅ 8 cm mit pass. Guko zu Saugflasche, 100 cm^3
2 Trichter, ∅ 10 cm und 8 cm
2 Erlenmeyerkolben-Weithals, 250 cm^3
2 Bechergläser, 250 cm^3

Reagenzien:
2′, 7′-Dichlorfluorescein (Reag. Nr. 17) oder ANSA (Reag. Nr. 5)

Allgemeine Geräte
Heizpilz, 500 cm^3
Wasserbad
Rotationsverdampfer
pH-Papier

Durchführung

25 g gepulverte Muskatnußsamen (710) werden in einem 500 cm^3-Rundkolben mit 300 cm^3 Dichlormethan 2 h unter Rückfluß gekocht und mit 50 cm^3 Dichlormethan nachgewaschen. Das vereinigte Filtrat (=DC-Lösung a) wird in einem 500 cm^3-Rundkolben am Rotationsverdampfer weitgehend eingeengt. Nach Zugabe von 50 cm^3 Ethanol erhitzt man bis zur Lösung des ausgefallenen Trimyristins, läßt ca. 30 min bei 4°C abkühlen und saugt den entstandenen Kristallbrei ab. Anschließend wird in der gleichen Weise umkristallisiert, bis das Produkt geruchlos ist.
Ausbeute: 5 g.
Zeitbedarf: 1 Tag.

Auswertung

1. Verseifung von Trimyristin zu Myristinsäure.
   ($CH_3 \cdot (CH_2)_{11} \cdot CH_2 \cdot COOH$, $C_{14}H_{28}O_2$, MG 228, 36; Smp: 51–52 °C)

   Durchführung: 2,5 g Trimyristin werden in einem 100 cm^3-Rundkolben mit 25 cm^3 1 N-ethanolischer Kaliumhydroxidlösung 1 h unter Rückfluß gekocht. Man fügt danach 50 cm^3 Wasser hinzu und säuert mit konzentrierter Salzsäure auf pH 1 an. Nach mehrstündigem Stehenlassen bei 4 °C wird der Niederschlag abgesaugt und aus Ethanol unter Zugabe von Wasser umkristallisiert.
   Ausbeute: 2 g
   Zeitbedarf: 5–6 h.

2. *Dünnschicht-Chromatographie*
   I. Standardmethode: Ja.
   II. Schicht: Kieselgel.
   III. Fließmittel: Petrolether (40–60 °C)-Ether-Eisessig (84 + 15 + 1), KS, 10 cm.
   IV. Nachweis: 0,2proz. *(G/V)* 2',7'-Dichlorfluorescein oder ANSA-Reag., anschließend im langwelligem UV-Licht betrachten (Trimyristin, hRf 30–40 und Myristinsäure, hRf 10–20).
   V. Untersuchungslösung: Bandförmige Auftragung (15 × 3 mm):
   1. DC-Lösung a: 10 mm^3.
   2. Isoliertes Trimyristin: 10 mg werden in 1,0 cm^3 Chloroform gelöst, davon 10 mm^3.
   3. Isolierte Myristinsäure: 10 mg werden in 1,0 cm^3 Chloroform gelöst, davon 10 mm^3.

   VI. Vergleichslösung: Je 10 mg Trimyristin und 10 mg Myristinsäure werden in 1,0 cm^3 Chloroform gelöst, davon je 10 mm^3 bandförmig (15 × 3 mm).

3. Die *IR-Spektren* des isolierten Trimyristins und der hergestellten Myristinsäure sind aufzunehmen, mit den abgebildeten Spektren und den wiedergegebenen Daten zu vergleichen.

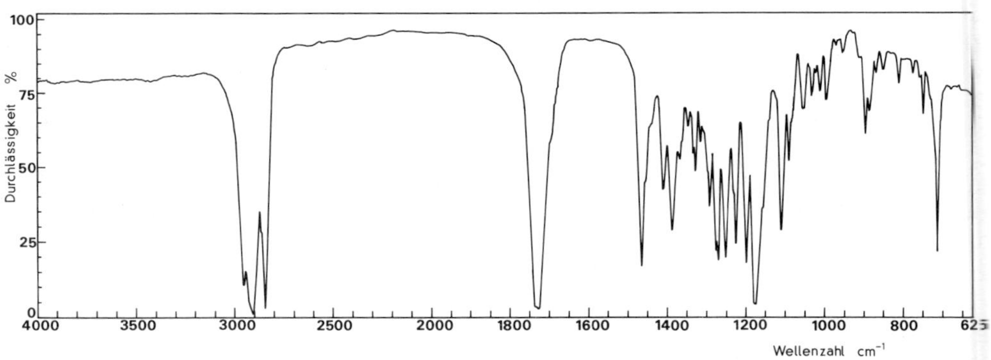

IR-Spektrum von Trimyristin (2 mg/200 mg Kaliumbromid).

Wellenzahl cm^{-1}	Zuordnung	Schwingungsart
2950–2850	$-CH_3$ und $>CH_2$	CH-Streckschwingung
1730	$>C=O$ (Ester)	C=O-Streckschwingung
1470–1455	$-CH_3$ und $>CH_2$	asym. CH-Beugeschwingung
1388	$-CH_3$	sym. CH-Beugeschwingung
1271–1291	$>CH_2$	CH_2-Kippschwingung
1250 oder 1198, 1180, 1110	$-\overset{\mid}{\underset{\mid}{C}}-O-$ (Ester)	CO-Streckschwingung und C−CO−O-Gerüstschwingung
710	$>CH_2$	Schaukelschwingung

Teil D:
Reagenzien-Verzeichnis

1. **Aluminiumchlorid-Reagenz:** Zur Flavonol-Bestimmung in Betulae folium und Crataegi flos.
   2,0 g Aluminiumchloridhexahydrat werden in 100 cm^3 5proz. *(V/V)* methanolischer Essigsäurelösung gelöst.
2. **Aminohippursäure:** Zum Zuckernachweis.
   3,0 g Phthalsäure und 0,3 g Aminohippursäure werden in Alkohol (96% *V/V*) gelöst und damit auf 100,0 cm^3 aufgefüllt. Auch im UV_{365}-Licht Fluoreszenzfarben betrachten.
3. **Anisaldehyd-Essigsäure-Lösung:** Zum Petasin- und Isopetasin-Nachweis.
   0,5 g Anisaldehyd werden in 10 cm^3 Eisessig gelöst.
4. **Anisaldehyd-Schwefelsäure:** Zum Nachweis diverser Naturstoffe, insbesondere für Terpenderivate geeignet.
   0,5 cm^3 Anisaldehyd werden mit 10 cm^3 Eisessig, 85 cm^3 Methanol und 5 cm^3 konz. Schwefelsäure in der angegebenen Reihenfolge gemischt. Nur begrenzt haltbar. Beim Auftreten einer Rot-Violettfärbung ist das Reagenz zu verwerfen.
5. **ANSA-Reagenz:** Fluoreszenzindikator für Lipide.
   0,1 g 8-Anilino-1-Naphthalinsulfonsäure (Fa. Sigma) werden in 100 cm^3 Wasser gelöst. Stabil bei 4 °C in brauner Flasche für einige Wochen. Aufsprühen und Betrachten im langwelligen UV-Licht 365 nm. Nachweisempfindlichkeit 0,05 bis 0,2 µg.
6. **Antimon(III)-chlorid:** Für Terpenderivate (Mono- bis Polyterpene, Steroide).
   25,0 g Antimon(III)-chlorid werden in 100 cm^3 Chloroform oder Tetrachlorkohlenstoff gelöst. Nach dem Aufsprühen von 10 cm^3 der Lösung erhitzt man 10 min auf 100–110 °C. Die Auswertung erfolgt im Tages- und im UV_{365}-Licht.
7. **Blei(II)acetat:** Als Fällungsreagenz für Begleitstoffe.
   10,0 g Blei(II)-acetat werden in 100 cm^3 Wasser gelöst. Nach Zusatz der Lösung fallen Ballaststoffe wie z. B. Phenolderivate aus und man erhält so bei Digitalis und Uvae ursi folium vorgereinigte Auftragelösungen.
8. **Blei-Standardlösung (2 ppm Pb):**
   1,598 g Blei(II)-nitrat werden in Wasser zu 1000,0 cm^3 gelöst. 0,1 cm^3 werden mit Wasser zu 50,0 cm^3 verdünnt.
9. **Blutgelatine:** Zum dc Nachweis von hämolysierenden Saponinen.
   a) Zu 4,5 g Gelatine-Pulver werden 100 cm^3 0,9proz. Natriumchloridlösung gegeben und nach 30 min Quellzeit die Gallerte im Wasserbad unter Rühren auf etwa 80 °C erhitzt.
   b) Nach dem Abkühlen der Gelatine-Lösung (a) auf 40 °C fügt man unter Rühren 6 cm^3 defibriniertes Rinderblut (s. unten) zu und gießt 50 cm^3 dieser Blut-Gelatine-Suspension sofort in dünner Schicht auf das zu testende Dünnschicht-Chromatogramm. Um ein seitliches Herunterlaufen der Blutgelatine zu verhindern, umklebt man den Plattenrand mit einer etwa 1 cm breiten Klebefolie in der Weise, daß hierdurch ein Trog entsteht. Nach dem Aufgießen legt man die Platte genau waagerecht – am besten auf einen Kühlblock –, bis die Schicht erstarrt ist. Nach längstens 1 Std. wird die rote Blutgelatine-Schicht an den Stellen durchsichtig (lackfarben), wo sich auf dem Chromatogramm Saponine befinden, während die übrige Schicht undurchsichtig und rot bleibt (deckfarben).
   Anmerkung: Bei Verwendung saurer oder basischer Fließmittel müssen diese vor dem Aufgießen der Blutgelatine restlos von der Sorptionsschicht entfernt werden.
   Defibriniertes Blut: Von einem frisch geschlachteten Rind fängt man in einem 1 l-Weithalskolben etwa 200 cm^3 Blut auf und rührt dies sofort kräftig mit einem Holzstab so lange durch, bis das Fibrin gallertartig ausfällt. Die Gallertrückstände entfernt man durch «Filtration» über einige Lagen Mull. Das so defibrinierte Blut kann man 1–2 Tage bei 3–4 °C aufbewahren. Sobald die an sich trübe «Lösung» durchscheinend wird, ist sie unbrauchbar (Hämolyse).
10. **Borsäure-Methanol:** Zur Unterscheidung der Curcumine.
    3,0 g Borsäure werden in 100 cm^3 Methanol gelöst und 0,5 cm^3 25proz. Salzsäure zugefügt. Man sprüht 10 cm^3 auf und betrachtet die Farben im Tages- und UV_{365}-Licht.
11. **Bromphenolblaulösung:** Als Indikator für Säure-Base-Titrationen.
    0,1 g Bromphenolblau werden in 1,5 cm^3 0,1 N-Natriumhydroxidlösung und 20 cm^3 Ethanol gelöst. Die Mischung wird mit Wasser zu 100 cm^3 verdünnt.

12. Chloramin-Trichloressigsäure: Für Digitalis-Glykoside.
10 cm^3 einer frisch bereiteten 3proz. *(G/V)* wäßrigen Chloramin-Lösung werden mit 40 cm^3 einer 25proz. *(G/V)* Trichloressigsäure-Alkohol-Lösung gemischt. Hiervon 10 cm^3 aufsprühen, anschließend wird 5–10 min auf 100–110°C erwärmt und im langwelligen UV-Licht ausgewertet.

13. Chromotropsäure-Reagenz: Zum Nachweis von Formaldehyd (Chelidonin-Gehaltsbestimmung).
0,50 g Chromotropsäure werden in 50 cm^3 konz. Schwefelsäure gelöst. (Auch lichtgeschützt nur höchstens vier Wochen haltbar.)

14. Dianisidin: Für Aldehyde und Ketone.
2,5 g 3,3′-Dimethoxybenzidin (o-Dianisidin) werden in 10 cm^3 Eisessig gelöst und aufgesprüht. Die Farbdifferenzierung tritt ohne Erwärmen ein.

15. Diazobenzolsulfonsäure-Lösung: Kupplungsreagenz für Phenole.
0,9 g Sulfanilsäure werden in einer Mischung von 30 cm^3 verdünnter Salzsäure, 7,3proz. *(G/V)* und 70 cm^3 Wasser gelöst. 3 cm^3 dieser Lösung werden mit 3 cm^3 einer 5proz. *(G/V)* Lösung von Natriumnitrit versetzt. Die Lösung wird 5 min in einer Eis-Wasser-Mischung gekühlt, mit 12 cm^3 der Natriumnitrit-Lösung versetzt und erneut gekühlt. Anschließend wird die Lösung mit Wasser zu 100 cm^3 verdünnt und das Reagenz in einer Eis-Wasser-Mischung aufbewahrt. (Bei Bedarf frisch herzustellen; nur 15 min haltbar.)

16. Dichlorchinonchlorimid-Reagenz: Zum Nachweis von Arbutin und Capsaicin.
100 mg 2,6-Dichlorchinonchlorimid werden in 10 cm^3 Methanol gelöst. Nach dem Aufsprühen wird mit Ammoniak bedampft. Arbutin und Capsaicin färben sich blau.

17. Dichlorfluoreszein: Fluoreszenzindikator für Lipide (s. Reag. Nr. 5).
0,2 g 2′,7′-Dichlorfluoreszein werden in 100 cm^3 Ethanol gelöst und hiervon 10 cm^3 auf die DC-Schicht gesprüht. Eine verbesserte Erkennung ergibt sich, wenn man die danach im Warmluftstrom getrocknete Schicht über Wasserdampf hält oder vorsichtig Wasser aufsprüht. Man betrachtet die Fluoreszenz im UV_{365}-Licht.

18. Dinitrobenzoesäure: Nachweis des Butenolidringes in Herzglykosiden (KEDDE-Reaktion).
0,1 g 3,5-Dinitrobenzoesäure wird in 10 cm^3 Methanol gelöst (immer frisch bereiten). Zum Rückstand der Untersuchungslösung gibt man 2 cm^3 vom Reagenz und 1 cm^3 1 N-Natronlauge. Die Reaktion ist positiv, wenn innerhalb 5 min eine rotviolette Farbe eintritt.

19. Dinitrophenylhydrazin: Für Keto- und Aldehydgruppen.
0,1 g 2,4-Dinitrophenylhydrazin wird in 100 cm^3 Methanol gelöst und 1,0 cm^3 Salzsäure, 36proz. zugesetzt. Die Verbindungen reagieren in der Kälte unter Gelborange-Färbung.

20. DNPH-Eisessig-Salzsäure: Für Valepotriate (Baldrian).
In einem Gemisch aus 40 cm^3 Eisessig, 40 cm^3 25proz. *(G/V)* Salzsäure und 20 cm^3 Methanol werden 0,2 g 2,4-Dinitrophenylhydrazin gelöst; 10 cm^3 aufsprühen. Chromogene Valepotriate reagieren bereits bei Zimmertemperatur, anschließend 5–10 min auf 105° erhitzen.

21. Dinitrophenylhydrazin-Schwefelsäure-Reagenz: Zur Silybin-Bestimmung.
1,00 g 2,4-Dinitrophenylhydrazin, das 8 h im Exsikkator bei etwa 30 mbar getrocknet wurde, werden in 2 cm^3 konz. Schwefelsäure gelöst und mit Methanol auf 100 cm^3 aufgefüllt.

22. Diphenylamin-Reagenz: Zum dc Nachweis von Zuckern und Glykolipiden.
500 mg Diphenylamin werden in 25 cm^3 Aceton gelöst, mit 2,5 cm^3 o-Phosphorsäure, 85proz. *(G/G)* und mit 0,5 cm^3 Anilin versetzt. Nach dem Aufsprühen wird 5–10 min auf 110° erhitzt. Anschließend im Tageslicht und im langwelligen UV-Licht betrachten.

23. Diphenylboryloxyethylamin-Reagenz (Naturstoff-Reag. nach NEU) zum Nachweis von α- und γ-Pyronen.
100 mg Diphenylboryloxyethylamin werden in 10 cm^3 Methanol gelöst. Nach dem Aufsprühen betrachtet man die Fluoreszenz im UV_{365}-Licht.

24. Dragendorff-Reag. (mod.) (Natriumwismutjodid-Lösung; Natriumtetrajodobismutat (III)): Zum Nachweis N-haltiger Verbindungen, insbesondere von Alkaloiden.
Stammlösung: Eine Mischung von 2,6 g basischem Wismutcarbonat, 7,0 g Natriumjodid und 25 cm^3 Eisessig wird einige min zum Sieden erhitzt. Nach 12 h wird, falls erforderlich, durch ein Glassintertiegel filtriert. 20 cm^3 Filtrat werden mit 80 cm^3 Essigsäureethylester versetzt.

Sprühlösung: 2 cm^3 Stammlösung werden mit 20 cm^3 Eisessig und 40 cm^3 Essigsäureethylester gemischt.
Diese Lösung wird auf das Chromatogramm gesprüht, anschließend vorsichtig unter Beobachtung eine 0,4proz. *(G/V)* Lösung von Schwefelsäure; hierdurch wird die Empfindlichkeit erhöht.

25. **Dragendorff-Reagenz nach Puech:** Zum Nachweis von Alkaloiden.
Stammlösung: 1,7 g basisches Wismutnitrat und 20 g Weinsäure werden in 40,0 cm^3 Wasser gelöst und mit einer Mischung von 16,0 g Kaliumjodid in 40,0 cm^3 Wasser 1 h unter Rühren gemischt. Die Lösung wird anschließend filtriert. (Diese Stammlösung ist in brauner Flasche einige Tage haltbar.)
Sprühlösung: 5 cm^3 Stammlösung werden mit 15 cm^3 Wasser gemischt (jeweils frisch bereiten). Anschließend sprüht man mit einer Natriumnitrit-Lösung nach. Man löse hierzu jeweils frisch 1,0 g Natriumnitrit in 10 cm^3 Wasser.
26. **Echtblausalz B:** Für Phenole und andere kupplungsfähige Verbindungen.
50 mg Echtblausalz B werden jeweils vor Gebrauch in 10 cm^3 Wasser gelöst und aufgesprüht. Nach dem Abtrocknen der Schicht sprüht man 0,1 N-alkoholische oder wäßrige Alkalilauge nach.
27. **Eisen(III)chlorid-Essigsäure-Reagenz:** Zur Aescin-Bestimmung in Hippocastani semen.
75 mg Eisen(III)chlorid werden in 50 cm^3 wasserfreier Essigsäure gelöst und unter guter Kühlung mit 50 cm^3 konz. Schwefelsäure versetzt. (Frisch herzustellen).
28. **EP-Reagenz nach Stahl:** Für Proazulene und Azulene.
0,25 g 4-Dimethylaminobenzaldehyd werden in einer Mischung aus 45 cm^3 Eisessig, 5 cm^3 o-Phosphorsäure, 85proz. und 45 cm^3 Wasser gelöst. Azulene reagieren hiermit bereits in der Kälte mit starker Farbintensivierung (blau); Proazulene erst nach 3–5 min Erhitzen auf 100 °C.
29. **Essigsäureanhydrid-Schwefelsäure:** Zur Unterscheidung von Curcuma-Drogen.
In 9 cm^3 Essigsäureanhydrid gibt man langsam 1 cm^3 konz. Schwefelsäure. Auf die DC-Schicht werden 10 cm^3 aufgesprüht und die Fluoreszenz im UV_{365}-Licht betrachtet.
30. **Essigsäure-Salzsäure:** Für chromogene Valepotriate.
5 cm^3 Eisessig werden mit 5 cm^3 Salzsäure, 25proz. gemischt. Innerhalb 15 min bei 20 °C tritt beim Vorliegen chromogener Valepotriate eine Blaufärbung auf.
31. **Ethanol, aldehydfrei**
1200 cm^3 Ethanol werden mit einer Lösung von 2 g Silbernitrat in 5 cm^3 Wasser und einer abgekühlten Lösung von 5 g Kaliumhydroxid in 10 cm^3 Wasser gemischt und einige Tage lang stehengelassen. Vor Gebrauch wird filtriert und destilliert.
32. **Farb-Stammlösung BLAU** (Ph. Eur. I)
6,3 g Kupfer(II)sulfat werden in etwa 90 cm^3 einer Mischung von 2,5 cm^3 Salzsäure, 35proz. und 97,5 cm^3 Wasser gelöst und mit dieser Mischung zu 100,0 cm^3 verdünnt.
33. **Farb-Stammlösung GELB** (Ph. Eur. I)
4,6 g Eisen(III)chlorid werden in etwa 90 cm^3 einer Mischung von 2,5 cm^3 Salzsäure, 35proz. und 97,5 cm^3 Wasser gelöst und mit dieser Mischung zu 100,0 cm^3 verdünnt.
34. **Farb-Stammlösung ROT** (Ph. Eur. I): Zum Farbvergleich bei Hibisci flos.
3 g Kobalt(II)chlorid werden in etwa 45 cm^3 einer Mischung von 1 cm^3 Salzsäure, 35proz. und 49 cm^3 Wasser gelöst und mit dieser Mischung zu 50 cm^3 verdünnt.
35. **Farbstoffgemisch-Lösung zur Aktivitätsbestimmung nach Stahl**
Je 60 mg 4-N,N′-Dimethylaminoazobenzol (Buttergelb), Ceresrot BB und Indophenol, sowie 40 mg Guajazulen werden in 100 cm^3 reinem und wasserfreiem Tetrachlorkohlenstoff gelöst.
Anmerkung: Früher wurde ein Konzentrat dieser Lösung geliefert mit einem entsprechenden «Testschieber»; dies wurde inzwischen eingestellt.
36. **Fehlingsche Lösung:** Für reduzierende Zucker.
Lösung I: 34,6 g Kupfer(II)sulfat werden in Wasser gelöst. Die Lösung wird mit Wasser zu 500 cm^3 verdünnt.
Lösung II: 173 g Kaliumnatriumtartrat und 50 g Natriumhydroxid werden in 400 cm^3

Wasser gelöst. Die Lösung wird zum Sieden erhitzt und nach dem Abkühlen mit frisch ausgekochtem und wieder abgekühltem Wasser zu 500 cm^3 verdünnt. Bei Bedarf sind gleiche Volumteile Lösung I und II zu mischen.

37. **Hydroxylaminhydrochloridlösung, ethanolisch:** Zur Aldehydbestimmung in Eucalypti aetheroleum.
3,5 g Hydroxylaminhydrochlorid werden in 95 cm^3 60proz. *(V/V)* Ethanol gelöst. Nach Zusatz von 0,5 cm^3 einer 0,2proz. *(G/V)* Lösung von Methylorange in 60proz. *(V/V)* Ethanol wird die Lösung mit 0,5 N-Kaliumhydroxid in 60proz. *(V/V)* Ethanol bis zur kräftigen Gelbfärbung versetzt. Die Lösung wird mit 60proz. *(V/V)* Ethanol zu 100 cm^3 verdünnt.

38. **Hydroxylaminhydrochloridlösung:** Zur quantitativen Bestimmung von Keto- und Aldehydcarbonylgruppen.
5,0 g Hydroxylaminhydrochlorid werden in 5 cm^3 heißem Wasser gelöst. Die Lösung wird mit Ethanol zu 100 cm^3 verdünnt.

39. **Jod-Chloroform:** Universalreagenz.
0,5 g Jod werden in 100 cm^3 Chloroform gelöst und hiervon 10 cm^3 aufgesprüht. Zum Nachweis der Ipecacuanha-Alkaloide erhitzt man die Platte 10–15 min auf 60 °C (!) und betrachtet anschließend die Fluoreszenz im UV_{365}-Licht.

40. **Jod-Dampf:** Universalreagenz.
In eine der üblichen dichtschließenden Entwicklungskammern zur DC werden auf den Boden 10–20 g Jodkristalle geschüttet. In die mit violettem Joddampf gefüllte Kammer stellt man dann die fließmittelfreien Chromatogramme für einige min ein. Nach dem Herausnehmen dampft das Jod von der Schicht schneller als von den braunen Substanzzonen ab. Zur Fixierung dieser Zonen kann man Stärkelösung (Reag. Nr. 63) nachsprühen und erhält so blaue Flecke.

41. **Jodmonobromid-Lösung:** Zur Jodzahlbestimmung fetter Öle.
20,0 g Jodmonobromid werden in Eisessig zu 1000,0 cm^3 gelöst. (Dicht verschlossen, vor Licht geschützt aufzubewahren.)

42. **Jodoplatinat(IV)-Reagenz:** Zum dc Nachweis von Alkaloiden.
3 cm^3 einer 10proz. *(G/V)* Lösung von Hexachloroplatin(IV)wasserstoffsäure werden mit 97 cm^3 Wasser und 100 cm^3 einer 6proz. *(G/V)* Lösung von Kaliumjodid versetzt. (In braunen Glasflaschen aufzubewahren.)

43. **Jod-Salzsäure:** Für Xanthinderivate.
Lösung I: 1,0 g Kaliumjodid und 2,0 g Jod werden in 100 cm^3 Ethanol, 96proz. gelöst.
Lösung II: 5 cm^3 Salzsäure, 25proz. werden mit 5 cm^3 Ethanol, 96proz. gemischt.
Vorgang: Zunächst sprüht man 10 cm^3 von Lösung I auf, wartet 1–2 min und sprüht dann mit 5–10 cm^3 Lösung II nach: Es erscheinen blauviolette bis rotbraune Flecken.

44. **Kalilauge, alkoholische:** Für Anthrachinone (Bornträger-Reaktion).
5,0 g Kaliumhydroxid werden in 100 cm^3 Ethanol, 50proz. gelöst. Nach dem Aufsprühen von 10 cm^3 dieser Lösung und 15 min Erhitzen auf 105 °C betrachtet man im Tages- und UV_{365}-Licht. Anthrachinone ergeben eine Rotfärbung.

45. **Kaliumhydroxidlösung, 10proz. methanolische:** Zur Silybin-Bestimmung.
10 g Kaliumhydroxid werden in 30 cm^3 Wasser gelöst und mit Methanol zu 100 cm^3 verdünnt.

46. **Kaliumhydroxidlösung, ethanolische (ca. 0,5 N)**
3 g Kaliumhydroxid werden in 5 cm^3 Wasser gelöst. Die Lösung wird mit aldehydfreiem Ethanol (Reag. Nr. 31) zu 100 cm^3 verdünnt und die klare Lösung von den Kristallen abgegossen.

47. **Kaliumhydroxidlösung 0,1 N, ethanolisch**
6,5 g Kaliumhydroxid werden in 4 cm^3 Wasser gelöst. Die erkaltete Lösung wird mit Ethanol auf 100 cm^3 aufgefüllt und die Mischung nach kräftigem Schütteln 24 h stehen gelassen. Die von den ausgeschiedenen Kristallen abgegossene klare Lösung wird weitere 3 Tage stehen gelassen. 10 cm^3 dieser ca. 1 N-Kaliumhydroxidlösung werden mit Ethanol zu 100 cm^3 ergänzt. Die Einstellung erfolgt mit Phenolphthaleinlösung (Reagenz Nr. 56) als Indikator und 0,1 N-Salzsäure.

48. **Kaliumpermanganat-Schwefelsäure:** Aggressives Universalreagenz.
0,5 g Kaliumpermanganat werden vorsichtig in 15 cm^3 konz. Schwefelsäure gelöst (Explosionsgefahr, Manganheptoxid). Zum Fenchon-Nachweis sprüht man zunächst Molybdatophosphorsäure (Reag. Nr. 55) auf, erhitzt 10 min auf 100 °C und sprüht auf die heiße Schicht 4–8 cm^3 Kaliumpermanganat-Schwefelsäure und erwärmt nochmals 5 min auf 100 °C. Erst danach ergeben das schwer nachweisbare Fenchon und der Campher eine Blaufärbung.
49. **Ninhydrin-Reagenz** zum Nachweis von Aminosäuren und Aminen.
30 mg Ninhydrin werden in 10 cm^3 n-Butanol gelöst und mit 0,3 cm^3 Eisessig versetzt. Nach dem Aufsprühen wird unter Beobachtung 5–10 min auf 110 °C erhitzt.
50. **Nitrosodimethylanilin:** Zum Nachweis von Anthronderivaten.
10 mg 4-Nitrosodimethylanilin werden jeweils vor Gebrauch in 10 cm^3 Pyridin gelöst.
51. **MAYER's Reagenz (Kaliumtetrajodomercurat (II)):** Fällungsreagenz für Alkaloide.
1,35 g Quecksilber(II)chlorid werden in 50 cm^3 Wasser gelöst. Die Lösung wird mit 5 g Kaliumjodid versetzt und mit Wasser zu 100 cm^3 verdünnt.
52. **Methylorangelösung:** Indikator für acidimetrische Gehaltsbestimmungen.
0,1 g Methylorange werden in 80 cm^3 Wasser gelöst. Die Lösung wird mit Ethanol, 96proz. auf 100 cm^3 ergänzt. Umschlagsbereich: pH-Wert 3,0 (rot) bis 4,4 (gelb).
53. **Methylrot-Mischindikator:** Indikator für acidimetrische Gehaltsbestimmungen.
100 mg Methylrot und 50 mg Methylenblau werden in 100 cm^3 Ethanol gelöst. (Umschlagbereich: pH-Wert 5,2 (rot-violett) bis 5,6 (grün).
54. **MILLON's Reagenz:** Zum Nachweis von Phenolen.
3 cm^3 Quecksilber werden in 27 cm^3 rauchender Salpetersäure gelöst. Die Lösung wird danach mit dem gleichen Volumen Wasser verdünnt.
55. **Molybdatophosphorsäure:** Universalreagenz; für reduzierende Verbindungen u. a. Mono- bis Polyterpenderivate und ungesättigte Glyceride.
10,0 g Molybdatophosphorsäure werden in 100 cm^3 Ethanol gelöst und hiervon 10 cm^3 aufgesprüht. Man erhitzt 5–10 min auf 105–110 °C und erhält blaue Flecke auf gelbem Grund. Beim Einstellen des Chromatogramms in eine Kammer mit Ammoniakdämpfen wird der gelbe Untergrund der Schicht weiß.
56. **Phenolphthalein-Lösung:** Indikator bei Säure-Base-Titrationen.
100 mg Phenolphthalein werden in 80 cm^3 80proz. *(V/V)* Ethanol gelöst und mit Wasser auf 100 cm^3 aufgefüllt.
57. **Pufferlösung:** pH 3,5
5,0 g Ammoniumacetat werden in 7,6 cm^3 25proz. *(G/V)* Salzsäure gelöst; die Lösung wird mit Wasser zu 20 cm^3 verdünnt.
58. **Pufferlösung:** pH 4,0 (Citrat-Puffer)
10,5 g Citronensäuremonohydrat und 100 cm^3 1 N-Natriumhydroxidlösung werden mit Wasser zu 500,0 cm^3 gelöst. Mit dieser Lösung werden 100,0 cm^3 0,1 N-Salzsäure zu 250 cm^3 verdünnt (pH 3,9 bis 4,1).
59. **Resorcinlösung:** Zur Prüfung auf Verdorbenheit fetter Öle.
0,2 g Resorcin werden mit 100 cm^3 Benzol bis zur Sättigung geschüttelt, die überstehende Lösung wird dekantiert.
60. **Rutheniumrot-Lösung:** Für Pektine, saure Schleime und Glykogene.
80 mg Rutheniumrot werden in 100 cm^3 Blei(II)acetat-Lösung (9,5proz. *G/V*) gelöst.
61. **SCHWEPPE's-Reagenz:** Zum Nachweis von Fruchtsäuren (Hibisci flos).
Lösung a: 1,0 g Glucose werden in 10 cm^3 Wasser gelöst.
Lösung b: 1,0 cm^3 Anilin werden in 9 cm^3 Methanol gelöst. Vor Gebrauch werden die Lösungen a und b gemischt und mit n-Butanol auf 50 cm^3 aufgefüllt. Man sprüht ca. 10 cm^3 auf eine 20 × 20 cm Schicht und erwärmt 5–10 min auf 125 °C unter Beobachtung. Es erscheinen braune bis ockerfarbene Zonen auf weißem Grund.
62. **Silbernitratlösung, ammoniakalisch:** Zum Schnellnachweis von Hydroçhinon.
2,5 g Silbernitrat werden in 80 cm^3 Wasser gelöst. Die Lösung wird tropfenweise mit verdünnter Ammoniaklösung, 10proz. *(G/V)* versetzt, bis der Niederschlag sich gerade wieder gelöst hat und anschließend mit Wasser zu 100 cm^3 verdünnt.

63. **Stärkelösung:** Zur Fixierung jodhaltiger Zonen bei der DC.
2,0 g lösliche Stärke werden mit 5 cm^3 Wasser angerieben und in 45 cm^3 siedendes Wasser eingetragen. Das Gemisch wird 2 min gekocht und ist nach dem Erkalten gebrauchsfertig.

64. **Thioacetamid-Reagenz:** Zur Prüfung auf Schwermetalle in äther. Ölen.
0,2 cm^3 einer 4,0proz. *(G/V)* Thioacetamid-Lösung und 1 cm^3 einer Mischung von 15 cm^3 1 N-Natriumhydroxidlösung, 5 cm^3 Wasser und 20 cm^3 Glyzerin werden 20 s im Wasserbad erhitzt. (Bei Bedarf frisch herzustellen.)

65. **Trichloressigsäure:** Für Digitalisglykoside.
2,5 g Trichloressigsäure werden in 10 cm^3 Ethanol, 96proz. *(V/V)* gelöst und auf die DC-Schicht gesprüht, anschließend wird 5–10 min auf 100–110 °C erhitzt und im UV_{365}-Licht die Fluoreszenz beobachtet.

66. **Vanillin-Phosphorsäure-Reagenz:** Universalreagenz, insbesondere für Terpene (besser geeignet ist das Anisaldehyd-Schwefelsäure-Reagenz Nr. 4).
100 mg Vanillin werden in 100 cm^3 50proz. *(G/G)* Phosphorsäure gelöst.

67. **Wolframatophosphorsäure-Lösung:** Zur Gerbstoffbestimmung.
10 g Natriumwolframat werden mit 8 cm^3 konz. Phosphorsäure, 85proz. *(G/G)* und 75 cm^3 Wasser 3 h unter Rückfluß gekocht. Nach dem Erkalten wird mit Wasser zu 100 cm^3 ergänzt.

68. **Xanthydrol-Salzsäure:** Zum Nachweis von Digitoxose und anderen 2-Desoxyzuckern.
Zu 0,1 cm^3 einer 10proz. *(G/V)* Lösung von Xanthydrol in Methanol werden 100 cm^3 wasserfreie Essigsäure und 1,0 cm^3 konz. Salzsäure, 37proz. *(G/V)* gegeben. Die Lösung muß vor Gebrauch 24 h stehengelassen werden.

Anhang: Häufig verwendete Abkürzungen

1. Abkürzungen für Arzneibücher

Ph. Eur.:	Europäisches Arzneibuch. Band I–III, 1974, 1975, 1978. Deutscher Apotheker Verlag, Stuttgart. Govi-Verlag GmbH, Frankfurt/M.
DAB 8:	Deutsches Arzneibuch, 8. Ausgabe 1978. Deutscher Apotheker Verlag, Stuttgart. Govi-Verlag GmbH, Frankfurt/M.
DAB 7:	Deutsches Arzneibuch, 7. Ausgabe 1968. 1. Nachtrag 1974 und 2. Nachtrag 1975. Deutscher Apotheker Verlag, Stuttgart. Govi-Verlag GmbH, Frankfurt/M.
DAB 7-DDR:	DDR: Deutsches Arzneibuch, 7. Ausgabe 1972 und Nachtrag. Verbindliche Fassung ab 1979: Arzneibuch der Deutschen Demokratischen Republik. 2. Ausgabe 1979 (2. AB-DDR) Akademie Verlag, Berlin.
DAB 6:	Deutsches Arzneibuch, 6. Ausgabe 1926 und Nachtrag. Neudruck: Deutscher Apotheker Verlag, Stuttgart.
DAC:	Deutscher Arzneimittel-Codex, 1979 (Ergänzungsbuch zum Arzneibuch). Govi-Verlag, Pharmazeutischer Verlag, Frankfurt/M. Deutscher Apotheker Verlag, Stuttgart.
Erg. B. 6:	Ergänzungsbuch zum Deutschen Arzneibuch. Sechste Ausgabe, 1941. Neudruck: Deutscher Apotheker Verlag, Stuttgart.
ÖAB 9:	Österreichisches Arzneibuch, 9. Ausgabe 1960 und Nachtrag. Österreichische Staatsdruckerei, Wien.
Ph. Franç. VIII:	Pharmacopée Française. VIII. Edition, 1965 et Supplément. La Direction de la Commission permanente de la Pharmacopée, Paris.
Ph. Helv. VI:	Pharmacopoea Helvetica. Editio sexta, 1971 und Supplement. Eidgenössische Drucksachen- und Materialzentrale, Bern.
BP 1980:	British Pharmacopoeia 1980, Pharmaceutical Press. 17 Bloomsbury Square, London WC 1.
USP XIX:	The United States Pharmacopeia, 1975. The United States Pharmacopeial Convention, Inc. 12601 Twinbrook Parkway, Rockville, Md. 20852.

2. Abkürzungen für Maßeinheiten

Nach dem «Gesetz über Einheiten im Meßwesen» vom 2. Juli 1969 wurden die SI-Einheiten (Système International d'Unités) eingeführt und inzwischen durch ein Änderungs- und Ergänzungsgesetz vom 6. Juli 1973 etwas ergänzt und erweitert. Nach einer Übergangsfrist von etwa 8 Jahren sind ab dem 1. Januar 1978 im amtlichen und Geschäftsverkehr die SI-Einheiten gesetzlich vorgeschrieben.
Mit einigen Ausnahmen werden die Maßeinheiten in dem vorliegenden Buch nach SI-Einheiten bezeichnet, so daß sich in einigen Fällen von den Arzneibüchern (Ph. Eur. I–III, DAB 8) abweichende Einheitenzeichen ergeben.

Länge	*Ph. Eur.*	*SI-Einh.*	
Meter	m	m	
Dezimeter	dm	dm	$= 10^{-1}$ m
Zentimeter	cm	cm	$= 10^{-2}$ m
Millimeter	mm	mm	$= 10^{-3}$ m
Mikrometer	µm	µm	$= 10^{-6}$ m
Nanometer	nm	nm	$= 10^{-9}$ m
Ångström	Å	0,1 nm	$= 10^{-10}$ m
Volumen			
Kubikmeter		m^3	
Kubikdezimeter	l (Liter)	dm^3 [l]	$= 10^{-3}$ m^3
Kubikzentimeter	ml (Milliliter)	cm^3	$= 10^{-6}$ m^3
Kubikmillimeter	µl (Mikroliter)	mm^3	$= 10^{-9}$ m^3
Masse			
Kilogramm	kg	kg	
Gramm	g	g	$= 10^{-3}$ kg
Milligramm	mg	mg	$= 10^{-3}$ g
Mikrogramm	µg	µg	$= 10^{-6}$ g
Nanogramm	ng	ng	$= 10^{-9}$ g
Zeit			
Sekunde	sec	s	
Minute	min	min	
Stunde		h	

Druck
Flüssigkeiten und Gase: Torr (= mm Hg-Säule) mbar (1 Torr ~ 1,3 mbar)
1 atm (physikal. Atmosphäre) = 760 Torr = 1013 mbar

Flächenpressung: kg/cm^2 Pa (= Pascal)
($1\ kg/cm^2 = 9{,}81 \cdot 10^4$ Pa)

Temperatur
Grad °C (Celsius) K (Kelvin)
(273 ± °C = K)
(z. T. auch …° abgekürzt)

Abkürzungen, Symbole und Formelzeichen

G Gewicht
V Volumen
N Normalität
Smp Schmelzpunkt
Sdp Siedepunkt
c Konzentration
$[\alpha]_{\lambda}^{t}$ Spezifische Drehung:

a) Flüssige Substanzen: Der Drehungswinkel α der Polarisationsebene der D-Linie des Natriumlichtes (λ = 589,3 nm) bei 20 °C in der zu untersuchenden flüssigen Substanz gemessen, auf eine Schichtdicke von 1,00 dm bezogen und durch die relative Dichte dividiert.

b) Feste Substanzen: Der Drehungswinkel α der Polarisationsebene der D-Linie des Natriumlichtes (λ = 589,3 nm) bei 20 °C in einer Lösung der zu untersuchenden Substanz gemessen, bezogen auf eine Schichtdicke von 1,00 dm und eine Konzentration von 1 g pro 1 Kubikzentimeter. Die spezifische Drehung einer festen Substanz gilt immer für ein bestimmtes Lösungsmittel. Man mißt verdünntere Lösungen und rechnet um.

t Temperatur in °C
λ Wellenlänge
E Extinktion
$E_{1\,\mathrm{cm}}^{1\%}$ Spezifische Extinktion: Extinktion einer 1proz. *(G/V)* Lösung einer Substanz bei einer Schichtdicke von 1 cm und einer bestimmten Wellenlänge
MG Molekulargewicht
p Druck
konz. konzentriert
DC Dünnschicht-Chromatographie
dc dünnschicht-chromatographisch
SC Säulenchromatographie
...... Im kurzwelligen UV-Licht (254 nm) auf fluoreszierenden Schichten sind fluoreszenzmindernde Zonen auf den DC-Abbildungen meist umpunktet wiedergegeben.

Register

A
Abkürzungen 443
Absinthii herba 176, 237
– –, DC 237
– –, Gehaltsbestimmung 239
Absinthin 176, 237
Acacia catechu 307
– senegal 308
Acaciae gummi 308
– –, DC 309
Aceteugenol 244
Acevaltrat 192
Aconitin 90
Aconiti tubera 90
Aconitum napellus 90
Adeps Lanae anhydricus 302
Adonidis herba 143
– –, DC 146
Adoniskraut 143
Adonis vernalis 143
Adonitoxigenin 143
Adonitoxin 143
Adsorptionsaktivität, Schnelltest 24
Adstringens s. Gerbstoffe 307
Aequilibrium 193
Aescin 154
–, DC 166
–, Isolierung 324
–, IR-Spektrum 326
Aesculus hippocastanum 154
Aetherolea, 246–278
Agar 311
–, DC 309
Agar-Agar 311
Agarobiose 311
Agaropektin 312
Agarose 311
Ajmalicin 85
Ajmalin 85
Aktivitätsstufen 25
Alexandriner-Sennesfrüchte 112
Alkaloid-Drogen 63–90
Alkaloid-Drogen, Zusammenstellung 89
Allokryptopin 69
Allyltetramethoxybenzol, Isolierung 395
–, IR-Spektrum 398
–, UV-Spektrum 398
Aloe 96
– barbadensis 96
– capensis 96
– ferox 96
–, DC 97, 98
–, Gehaltsbestimmung 99
Aloe-Emodin 95, 108, 113
Aloeemodinglucosid 101
Aloeharz 96
Aloesin A und B 96
Aloin 96, 101
–, Isolierung 335
Aloin-11-monorhamnoside 96
Aloinoside 96
Althaeae flos 320
– folium 320
– officinalis 320
– radix 320
Aluminiumchlorid-Reagenz 437
Amarogentin 169, 171
Amarum 169, 172, 176
– aromaticum 237
Aminoantipyrin 94
Aminohippursäure 437
Ammeos visnagae fructus 185
– – –, DC 186, 187
– – –, Gehaltsbestimmung 187
Ammeos majus fruct., DC 186, 187
Ammi majus 185
Ammi visnaga 185
Amoebenruhr 78
Amygdalin, Isolierung 326
–, IR-Spektrum 329
–, UV-Spektrum 329
Anabsinthin 237
Analysenresultate, Beurteilung 58
Anethol 213, 215, 330
–, Isolierung 329
–, IR-Spektrum 331
–, UV-Spektrum 332
Angelicasäureester 117
Anisaldehyd 213, 215
Anisaldehyd-Essigsäure-Lösung 437
Anisaldehyd-Schwefelsäure 437
Anisi aetheroleum 250
Anisi fructus 212
– –, DC 213, 215
– –, Gehaltsbestimmung 213
Anisi stell. fruct., DC 215
ANSA-Reagenz 437
Anthemidis flos 117
– –, DC 118
– –, Gehaltsbestimmung 119
Anthemis nobilis 117
Anthrachinone 95
Anthraglykosid-Drogen 95
Anthranole 95
Anthrone 95
Antimon(III)-chlorid 437
Antiphlogisticum 234
Antipyreticum 73
Antisepticum 230, 279
Äpfelsäure 210
Apigenin 117
Apigenin-7-glucosid 117

Apiin 117, 177
Apiol, Isolierung 395
–, IR-Spektrum 397
–, UV-Spektrum 398
Apis mellifica 300
Apoatropin 63, 64
Arabin 308
Arabinogalactane 313
Arabinsäure 308
Arabisches Gummi 308
Arachidis oleum 292
Arachinsäure 292
Arachis hypogaea 289, 292
Arbutin 90,91
–, Isolierung 332
–, IR-Spektrum 334
Arctostaphylos uva-ursi 90
Areca catechu 89
Arecae semen 89
Arecolin 89
Arnica chamissonis 119
Arnica montana 119
Arnicae flos 119
– –, DC 120
Arnidendiol 119
Arnifolin 119
Arnikablüten 119
Aromaticum 267
Artabsin 237
Artemisia absinthium 176, 237
Artemisia cina 198
Artemisia maritima 198
Arzneibücher, Abkürzungen 443
Ascaridenmittel 198
Aschebstimmungen 8
Asche, salzsäureunlösliche 9
Ascophyllum nodosum 315
Ascorbinsäure 177, 210
Aspidinol 201
Astragalin 119, 139
Astragalus-Arten 313
Ätherische Öle 246–278
– –, Apparaturen 18–22
– –, Bestimmung 16
– –, Kennzeichnung 246–250
– –, Reinheitsprüfung 246–250
Atropa belladonna 63
Atropin 63, 64
Aurantii pericarpium 121
– –, Bitterwert 124
– –, DC 122
– –, Gehaltsbestimmung 123
Auslaufzeit 314
Azulen 119

B
Bärentraubenblätter 90
Baldrian, mexik. 192
–, roter 192
Baldrianwurzel 192
Baldrinal 193, 194
Balsamum peruvianum 279
– –, Gehaltsbestimmung 281
Balsam. peruv. u. tol., DC 280
Balsame und Harze 279–288
Barbaloin 96
–, Isolierung 335
–, IR-Spektrum 338
–, UV-Spektrum 338
Barringtogenol 154, 155, 324
Bathochromie 51
Baumwollsamen 290
Belladonnablätter 63
Belladonnae pulvis normatus 63
Belladonnae folium 63
– –, DC 67
– –, Gehaltsbestimmung 68
Belladonnin 63
Benzoe, DC 284
Benzoe (Siam) 282
Benzoe Sumatra 283
Benzoe tonkinensis 282
– –, Gehaltsbestimmung 285
Benzoesäure 282
Benzoesäurebenzylester 279
Benzoesäurecinnamylester 282
Benzoesäureconiferylester 282
Berberin 69
Bergamottin 267
Bergapten 185
Bergaptin 267
Bertholletia excelsa 289
Beruhigungsmittel 86
Betula-Arten 124, 168
Betulae folium 124, 168
– –, DC 124
– –, Gehaltsbestimmung 125
Bienenwachs 300
Bilsenkraut 63
Birkenblätter 124, 168
Bisabolol 233
Bisabololoxid A und B 233
Bisdesmethoxycurcumin 205
Bisdesmoside 152
Bitterholz 177
Bitterkleeblatt 177
Bitterstoff-Drogen 169–177
–, Zusammenstellung 176
Bitterwert, Bestimmung 4
– von Drogen 4
–, versch. Drogen 176
Blasentang 315
Blei(II)acetat 437
Blei-Standardlösung 437
Blutgelatine 437
Borneol 226, 227, 230, 259, 262
BORNTRÄGER-Reaktion 97, 101, 108
Bornylacetat 226, 227, 259, 262

Borsäure-Methanol 437
Brassica napus 289
– rapa 289
Brechnußsame 89
Brombeerblatt 307
Bromphenolblaulösung 437
Bronchitis 272
Brucin 89
–, Isolierung 425
–, IR-Spektrum 428
–, UV-Spektrum 429
Bruchkraut 168
Bufadienolide 144
Byak-Angelicin 267

C
Cacao oleum 294
Cadinen 183, 239
Cadinol 183
Calabaris semen 89
Camellia sinensis 307
Campher 226, 227, 259, 262
Cannabidiol (CBD) 189
Cannabinoide 189
Cannabinol (CBN) 189
Cannabis, DC 190, 191
Cannabis resina cum herba 189
Cannabis sativa 189, 289
Capsaicin 177
Capsaicinoide 177
Capsanthin 177
–, Isolierung 339
–, IR-Spektrum 341
–, VIS-UV-Spektrum 341
Capsici fructus acer 177
– – –, DC 178
– – –, Gehaltsbestimmung 179
Capsicum frutescens 177
Capsorubin 177
Cardenolid-Bestimmung 148
Cardenolid-Drogen, 141–152
Cardenolide, Prüfung auf 145
Cardui benedicti herba 176
Cardui mariae fructus 127
– – –, DC 127
– – –, Gehaltsbestimmung 129
Caren 183
Carnaubae cera 301, 302
Carnaubawachs 302
Carnosol 226, 227
α-, β-Carotin 119, 121, 177
Carrageen 320
Carum carvi 217, 251
Carvacrol 198, 230
Carveol 218
Carveolderivate 222
Carvi aetheroleum 251
Carvi aether., DC 218
– –, Gehaltsbestimmung 252
Carvi fructus 217
– –, DC 218
– –, Gehaltsbestimmung 219
Carvomenthon 257
Carvon 218, 222
–, Isolierung 341
–, IR-Spektrum 343
–, UV-Spektrum 344
Caryophyllen 189, 227, 239, 242, 244
Caryophyllenepoxid s. Epoxydihydrocaryophyllen
Caryophylli aetheroleum 264
– –, Gehaltsbestimmung 266
Caryophylli flos 244
– –, Gehaltsbestimmung 246
Caryophylli aeth. u. flos., DC 245, 265
Cascara sagrada-Rinde 101
Cascaraoxanthronglucosid 101
Cascaroside A–D 101
Cassia acutifolia 112
– angustifolia 112
– auriculata 117
– senna 112
Cassia-Zimt 242
Castaneae folium 307
Castnea sativa 307
Catechin 304
Catechingerbstoffe 130, 303, 307
Catechu 307
Cayennepfeffer 177
Centaurii herba 169
– –, DC 170
Centaurium minus 169
Centranthus ruber 192
Cephaelin 77
Cephaelis acuminata 77
Cephaelis ipecacuanha 77
Cera 300
– alba 301
– carnaubae 301
– flava 300
– Lanae 301
– Palmarum 301
Ceratonia siliqua 320
Ceratoniae fruct. 320
Cetaceum 301, 302
Cetraria islandica 317
– tenuifolia 317
Cetrarsäure 318
–, Bildung von 365
Cevadin 90
Ceylon-Zimt 242
Chamaemelum nobile 117
Chamazulen 233
Chamazulenbestimmung 394
Chamazulencarbonsäure 233
Chamomilla recutita 233
Chasmanthin 177
Chavicin 182

Chelerythrin 69, 70
Chelidonii herba 69
– –, DC 70–71
– –, Gehaltsbestimmung 71–73
Chelidonin 69
Chelidonium majus 69
Chinae cortex 73
– –, DC 74–75
– –, Gehaltsbestimmung 76
Chinarot 73
Chinasäure 73
Chinidin 73
Chinin 73
Chinovin 73
Chloramin-Trichloressigsäure 438
Chlorogensäure 119, 122, 139
Cholagogum 70, 205, 220
Cholin 64
Chondrus crispus 320
Christrosen-Rhizom 151
Chromatographie-Arten 23
Chromatographie, Adsorptionsverfahren 23
–, Aktivitätstest 25
–, allgemein 22
–, Apparatur 33
–, Austauschverfahren 27
–, Gas- 32
–, Grundregeln 25
–, Hochdruck-Flüssigkeits- 31
–, Trennsäulen 28
–, Verteilungsverfahren 27
Chromotropsäure-Reagenz 438
Chrysanthemum cinerariifolium 199
Chrysophanol 95, 100, 108
Cichorium intybus 377
Cinae flos 198
– –, DC 199
Cinchona pubescens 73
Cinchona succirubra 73
Cinchonae cortex 73
Cinchonidin 73
Cinchonin 73
Cineol 183, 198, 226, 227, 259, 262, 272
Cinerin I u. II 198, 199
Citral 224, 267
Citri aetheroleum 267
Citri aeth. u. pericarp., DC 268
Citri pericarpium 267
– –, DC 123
Citronellal 121, 224, 267
Citronellol 224
Citronensäure 210
Citropten 267
Cinnamein 279
Cinnamomum aromaticum 242
Cinnamomum zeylanicum 242
Cinnamoni cortex 242
– –, DC 242
– –, Gehaltsbestimmung 244
Citrus aurantium 121
Citrus limon 267
Citrus sinensis 372
Claviceps purpurea 89
Cnicin 176
–, Isolierung 344
–, IR-Spektrum 345
Cnicus benedictus 176, 344
Cocain 89, 191
Cocae folium 89, 191
Cocos nucifera 289
Codein 81, 82
Coffein, Isolierung 346
–, IR-Spektrum 348
–, UV-Spektrum 348
Colchici semen 90
Colchicin 90
–, Isolierung 349
–, IR-Spektrum 351
–, UV-Spektrum 51, 351
Colchicum autumnale 90, 349
Colombo radix 177
Columbin 177
Commiphora molmol 287
Condurangine 177
Condurango cortex 177
Coniferylbenzoat 282, 283
Coniferylcinnamat 283
Convallaria majalis 144
Convallosid 144
Convallariae herba 144
– –, DC 146
Convallatoxin 144
Convallatoxol 144
Convallatoxolosid 144
Copernicia cerifera 302
Corylus avellana 289
Cosmosiin 117
Crataegi folium 130
– –, DC 131
– –, Gehaltsbestimmung 132
Crataegus-Arten 130
Croci stigma 202
– –, DC 203
Crocin 202, 203
Crocetin 202
Crocus sativus 202
CRONHEIM-WARE-Methode 87
Cubebae fructus 183
– –, DC 183
Cubebin 183
–, Isolierung 352
–, IR-Spektrum 354
–, UV-Spektrum 355
Cumarin 242, 262
Cumarinderivate 267
p-Cumarsäure 139
Cuminalkoholderivate 222
Curare 89

Curare-Alkaloide 89
Curacao-Aloe 96
Curcumae domesticae rhizoma 205
Curcumae rhiz., DC 205
– –, Gehaltsbestimmung 208
Curcumae xanthorrhizae rhizoma 204
Curcumin 205
Cydonia oblonga 320
Cycloisoprenmyrcen 205
Cyclopenta(c)pyrylium-Salze 193
Cymarin 143
Cymarose 143
Cynanchum vincetoxicum 163

D
Datura stramonium 64
DC, Auswertung 44
–, Definition u. Prinzip 34
–, Dokumentation 45
–, Entwicklung 39
–, Erhitzen 44
–, Fertigplatten 37
–, Fließmittel 37
–, Imprägnierung der Schicht 36
–, Kammer 38
–, Kieselgele 35
–, Nachweis 41
–, Sättigung 38
–, Schichten 35
–, Sichtbarmachung 42
–, Sprüher 43
–, Sprühkabine 43
–, Standardbedingungen 34
–, Start u. Auftragemenge 38
–, Untersuchungslösung 41
–, Vergleichslösung 40
DC-IR-Transfer 55
Dehydromatricariaester 117
Desinficiens 244, 283, 287
Desmethoxycurcumin 205
Desodorans 262
11-Desoxyaloin 101
2-Desoxyzucker, Prüfung auf 146
Destillation, azeotrope 10
Dianethol 213
Diaphoreticum 139
Diazobenzolsulfonsäure-Lösung 438
Dichlorchinonchlorimid-Reagenz 438
Dichlorfluoreszein 438
Didrovaltrat 192
–, Isolierung 355
–, IR-Spektrum 357
Diferuloylmethanfarbstoffe 205
Digestion 13
Diginatigenin 143
Digitalis lanatae folium 142
– – –, DC 146
Digitalis purpureae folium 141
– – –, DC 146
– – –, Gehaltsbestimmung 148
Digitonin 142
Digitoxigenin 142
Digitoxin 142
D-Digitoxose 142
Digoxigenin 143
Dihydrocarvon 218
Dihydrosamidin 185
1,8-Dihydroxy-2-acetylnaphthalin 100
Dimethoxy-benzochinon 143
Dinitrobenzoesäure 438
Dinitrophenylhydrazin 438
Dinitrophenylhydrazin-Schwefelsäure-Reagenz 438
Diphenylboryloxyethylamin-Reagenz 438
Diphenylamin-Reagenz 438
Diureticum 124, 132, 138, 239
DNPH-Eisessig-Salzsäure 438
Dragendorff-Reag. 438
Dragendorff-Reagenz nach PUECH 439
Dreiecks-Schema 26
Droplet-Counter-Current-Chromatography (DCCC) 16
Dryopteris filix-mas 200
Duboisia myoporoides 89
Duboisiae folium 89
Dünnschicht-Chromatographie (DC) 34

E
Echtblausalz B 439
Einreibungsmittel 259, 272, 277
Eisen(III)chlorid-Essigsäure-Reagenz 439
Eisenhutknolle 90
Elaeis guineensis 289
Elemen 239
Eluotrope Reihe 26
EMERSON-Reaktion 94, 232
Emetamin 78
Emetin 77
Emodin 95
En-In-Dicycloether 233
Enzianwurzel 171
Ephedrae herba 90
Ephedra sinica 90, 357
L-Ephedrin 90
Ephedrin, Isolierung 357
Ephedrinhydrochlorid, IR-Spektrum 360
–, UV-Spektrum 360
Epicatechin 304
Episesamin 297
Epona 191
Epoxydihydrocaryophyllen 189, 226, 227, 244, 262
EP-Reagenz nach STAHL 439
EP-Reaktion 234
Equiseti herba 132, 168
– –, DC 133
Equiseti palustris herba, DC 133
Equisetonin 168
Equisetrin 132
Equisetum arvense 168

– –, 132
Equisetum palustre 134
Erdnuß 289
Erdnußöl 292
Ergometrin 89
Ergotamin-Ergotoxin 89
Eriochromschwarz T 87
Eriocitrin 121
Eriodictyol 121
Erstarrungspunkt, Apparatur 275
–, Bestimmung 275
–, Cineol 276
Erythraea centaurium 169
Erythroxylon coca 89
Erythroxylum coca u. andere 191
Essigsäureanhydrid-Schwefelsäure 439
Essigsäure-Salzsäure 439
Eucalypti aetheroleum 271
– –, Gehaltsbestimmung 274
Eucalypti fol. u. aeth., DC 273
Eucalyptol s. Cineol
Eucalyptus-Arten 271
Eucalyptusöl 271
Eugenia caryophyllata 244, 264
Eugenol 242, 244, 264
–, Isolierung 360
–, IR-Spektrum 362
–, UV-Spektrum 362
Eugenolmethylether 244
Eupatorin 138
Expectorans 78, 157, 162, 163, 165, 213, 215, 230, 279, 283
Extraktionsapparaturen 14
Extraktionsverfahren 12

F
Färbemittel 203, 205, 209
Farb-Stammlösung 439
Farbstoffgemisch zur Aktivitätsbestimmung 439
Faradiol 119
Farfarae flos 320
– – folium 135, 320
– –, DC 135
Faulbaumrinde 100
–, amerikanische 101
Fehler, Analysen- 58
Fehlerfortpflanzung 59
Fehlerverteilungskurve 59
FEHLINGSCHE Lösung 439
Fenchel 214
–, bitter 215
–, süß 215
Fenchelöl 251
Fenchon 215, 320
–, Isolierung 329
–, IR-Spektrum 332
Fette Öle 290
– –, DC 298
– –, Kennzeichnung 291, 292
– –, Tab. der Nutzpflanzen 289
Fettsäuren, DC 300
Filicis rhizoma 200
– –, DC 201
Filipendula ulmaria 423
Filixsäure 201
Filmaron 201
Fingerhut, wolliger 142
Fingerhut, roter 141
Flavaspidsäure 201
Flechten 317
Flechtensäuren 318
Fluoreszensanregung 42
Fluoreszenzindikator 35
Foeniculi aetheroleum 251
– fructus 214
– –, DC 215
Foeniculin 215
Foeniculum vulgare 214, 251
Foenugraeci semen 320
Foliamenthin 177
Fraktionssammler 30
Frangula-Emodin 95, 100, 108
Frangulae cortex 100
– –, DC 102, 103, 104
– –, Gehaltsbestimmung 104
Frangulaemodinglucosid 101
Frangulaemodinoxanthronglucosid 101
Frangularosid 100
Frangulin A und B 100
Fucoidin 315
Fucus 315
– vesiculosus 315
Fumarprotocetrarsäure 318
–, Isolierung 363
–, IR-Spektrum 364
–, UV-Spektrum 365
Fumarsäure 365
Furanochromon-Drogen 185–188
Furanochromone 185
Furanocumarine 185
Füllperistalticum 312

G
Galla 307
Gallapfel 307
Galuteolin 132
Gaschromatographie 32
Gase, überkritische 14
Gelatine, Isolierung 367
–, Hydrolyse 368
Gelbwurz, javanische 204, 431
Gelidium-Arten 311
Gallusgerbstoff, Isolierung 366
–, IR-Spektrum 367
Gentiana lutea 171
Gentianae radix 171
– –, DC 172
– –, Gehaltsbestimmung 173

Gentianin 171
Gentianose 171
Gentiobiose 171, 203, 326
Gentiopikrin 169, 171
Gentiopikrosid 171
Gentiosid 171
Gentisin 171
Geraniol 224, 262
Geranylacetat 267
Gerbstoffe 135, 307
–, Bestimmung 304
Gerbstoff-Drogen 303–307
–, Tab. 307
Geriatricum 153
Geruchsproben 3
Geschmacksproben 3
Gewürznelken 244
Gigartina stellata 320
Ginseng radix 152
– –, DC 153, 166
Ginsengwurzel 152
Ginsenoside 152
–, DC 153
Gitaloxigenin 142
Gitaloxin 142
Gitonin 142
Gitoxigenin 142
Gitoxin 142
Glabrinsäure 157
Glucofrangulin A und B 100
Glucoscillaren A 144
Glycine max 289
Glycyrrhetinsäure 157
–, Isolierung 369
–, IR-Spektrum 371
–, UV-Spektrum 371
Glycyrrhiza glabra 157
Glycyrrhizin 157
Gossypetin 210
Gossypium hirsutum 290
Guarmehl, DC 310
Gummi arabicum 308
Gypsogenin 165
Gypsophila-Arten 165
Gypsosid 165

H
Hämolytischer Index 11, 168
Hamamelidis folium 307
Hamamelisblatt 307
Hamamelis virginiana 307
Hanffrüchte 289
Harndesinfizienz 91, 183
Harze und Balsame 279–288
Haschisch 189
Haselnuß 289
Hauhechelwurzel 401
Hautpulvermethode 304
Helenalinester 119
Helianthus annuus 289
Hellebori nigri rhizoma 151
Helleborus niger 151
Hellebrin 151
Herbstzeitlosensame 90, 349
Herniaria-Arten 168
Herniariae herba 168
Herniarin 168, 233
Heroin 192
Herzglykosid-Drogen 141–152
– –, DC 146
– –, Zusammenstellung 151
Herzinsuffizienz 130, 142, 143, 144, 145
Herzrhythmusstörungen 86
Hesperetin 121
Hesperidin 121, 267
–, Isolierung 372
–, IR-Spektrum 373
–, UV-Spektrum 374
Heterodianthrone 108
Hibiscetin 210
Hibisci flos 209
– –, DC 210
– –, Gehaltsbestimmung 212
Hibiscin 210
Hibiscitrin 210
Hibiscusblüten 209
Hibiscussäure 210
Hibiscus sabdariffa 209
Hippocastani semen 154
– –, Gehaltsbestimmung 155
– –, DC 166
Hochdruckextraktion 14
Hochdruck-Flüssigkeits-Chromatographie 31
Homobaldrinal 194
Huflattichblätter 135
Humulen 189, 244
Hustenmittel 162
Hydrochinonderivate 90
4-Hydroxycyclocitral 202, 203
Hydroxylaminhydrochloridlösung 440
Hyoscyami folium 63
– –, DC 67
– –, Gehaltsbestimmung 68
Hyoscyami pulvis normatus 64
Hyoscyamin 63, 64, 89
–, Isolierung 374
–, IR-Spektrum 376
–, UV-Spektrum 377
Hyoscyamusblätter 63
Hyoscyamus niger 63
Hyperosid 90, 122, 124, 130
Hyperthyreose 315
Hypertonie-Behandlung 86
Hypsochromie 51

I
Imperatorin 185
Indischer Tragant, DC 310

Indolalkaloide 85
Infrarot-Spektroskopie (IR) 53
–, Schwingungsarten 53
–, Mikrotechnik 55
Insektenblüten 199
Insektizide 199
Inulin, Isolierung 377
–, IR-Spektrum 379
Ipecacuanhae radix 77
– –, DC 79–80
– –, Gehaltsbestimmung 80
Ipecacuanhawurzel 77
Ipomoea violacea 191
Iridoidglykosid-Drogen 169–177
Isländisch Moos 317
Isobuttersäureester 117
Isochavicin 182
Isogentisin 171
Isolichenin 317
Isoliquiritigenin 157
Isomenthon 257
Isoquercitrin 119, 132, 139
Isopetasin 135
Isopiperin 182
Isorhamnetin 113, 185
Isovaltrat 192
IVHD-Valtrat 192

J
Jaborandiblatt 89
Jaborandi folium 89
Jasmolin I u. II 198, 199
Jasmon 220
Jatorrhiza palmata 177
Jodbestimmung 316
Jod-Chloroform 440
Jod-Dampf 440
Jodgehalt, Fucus 315
Jodmonobromid-Lösung 440
Jodplatinat(IV)-Reagenz 440
Jod-Salzsäure 440
Juglandis folium 307
Juglans regia 289, 307
Juniperi fructus 239
– –, DC 240
– –, Gehaltsbestimmung 241
Juniperus communis 239

K
Kämpferol 113, 127, 135, 185
Kämpferol-derivate 139
Kaffeesäure 117, 119, 139, 230
Kakaobutter 290, 294
Kalabarsame 89
Kaliumpermanganat-Schwefelsäure 441
Kamillenblüten 233
Kamille, römische 117
Kap-Aloe 96
Karayae gummi, DC 310
Kardobenediktenkraut 176, 344
Karlsruher Apparatur 20
Kastanienblatt 307
Katechu 307
KEDDE-Reaktion 145
Khellin 185
–, Isolierung 380
–, IR-Spektrum 382
–, UV-Spektrum 383
Khellinin 185
–, Isolierung 383
–, IR-Spektrum 385
–, UV-Spektrum 385
Khellolglucosid 185
Kieselsäure 132
Klapperschlangenwurzel 162
Knotentang 315
Kohlenhydrat-Drogen 308–320
Kokablatt 89
Kokosnuß 289
Kollagen 367
Kolombowurzel 177
Kondurangorinde 177
Königskerzenblüte 169
Kontaktinsektizide 199
Korngrößenbereiche 8
Krameria triandra 303
Krauseminzblätter 222
Kryptoaescin 154, 155, 324
Kryptoxanthin 177
Kubebenpfeffer 183, 352
Kümmel 217
Kümmelöl 251
Kumulationsgefahr 142

L
Lambert-Beersches-Gesetz 51
Lanae cera 301, 302
Lanatoside 142
– A–E 143
Lavandula angustifolia 262
Lavandulae flos., DC 262
Lavandulae aetheroleum 262
– –, Gehaltsbestimmung 264
Lavendelöl 262
Laxans 96, 100, 108, 113, 296
Laurinsäure 290
Leberschutzwirkung 127
Leinsamen 289
Leukoanthocyane 117, 130
Leukoanthocyanidin 126, 304
Lichen islandicus 317
– –, DC 318
Lichenin 317
Lignane u. Derivate 297
Lignocerinsäure 292
Limettin 267
Limonen 121, 218, 257, 276
Limonin 121

Limonis aetheroleum 267
– –, DC 269
– –, Gehaltsbestimmung 271
Linalool 224, 262
–, Isolierung 386
–, IR-Spektrum 387
Linalylacetat 267
–, Isolierung 386
–, IR-Spektrum 388
Linamarase 289
Linamarin 289
Lindenblüten 139
Lini semen 289
Linolsäure 289, 290, 292, 296, 297
Linum usitatissimum 289
Liquiritiae radix 157
– –, DC 158
– –, Gehaltsbestimmung 158
Liquiritigenin 157
Liquiritin 157
Lobelia inflata 89
Lobeliae herba 89
Lobelienkraut 89
Lobelin 89
Loganin 177
Lokundjosid 144
Longifolen 189
Lophophora williamsii 191
Lotaustralin 289
LSD 192
Lutein 177
Luteolin 117
Luteolin-7-glucosid 117, 119, 177
Lysergsäureamid 191

M
Maaliol 192
Maiglöckchenkraut 144
Maiskeime 290
Maiskeimöl 420
Malaria-Mittel 73
Malvae flos 320
– folium 320
Malva silvestris 320, 389
– neglecta 320
Malvenblüten 389
Malvinchlorid, Isolierung 389
–, IR-Spektrum 390
–, VIS-UV-Spektrum 391
Mandel 290
–, bittere 326
Mariendistelfrüchte 127
Marihuana 189
Marsdenia condurango 177
Maschenweite 7
Maschenzahlen 7
Maßeinheiten 444
Massenspektrometrie 57
Matricaria chamomilla 233
Matricariae flos 233
– –, DC 235
– –, Gehaltsbestimmung 236
Matricin 233
–, Isolierung 391
–, IR-Spektrum 393
–, Thermolyse 393
–, Wasserdampfdestillation 394
Mäusedornwurzel 164
Maydis oleum 421
MAYER's Reagenz 441
Mazeration 13
o-Methoxyzimtaldehyd 242
Meconsäure 81, 82
Meerzwiebel 144
Meisenheimer-Komplex 145
Melissa officinalis 224
Melissae folium 224
– –, DC 224
– –, Gehaltsbestimmung 226
Melissenblätter 224
Mentha piperita 219, 252
Menthae piperitae aetheroleum 252
– – –, DC 253
– – –, Gehaltsbestimmung 254
Menthae pip. fol., DC 220
– – –, Gehaltsbestimmung 221
Mentha pulegium 222
Mentha spec., DC 222
Mentha spicata var. 222
Menthae arvensis aetheroleum 256
– – –, DC 257
Menthae crispae folium 222
Menthofuran 220
Menthol 220, 222, 256
Menthon 220, 257
Menthylacetat 220, 256
Menyanthes trifoliata 177
Menyanthidis folium 177
Mescalin 191
Methacrylsäureester 117
Methoxysalicylsäuremethylester 163
Methylarbutin 90
Methylchavicol 213, 215
Methylorangelösung 441
O-Methylpsychotrin 78
Methylpyrrolin 63, 64
Methylrot-Mischindikator 441
Mikrosublimation 46, 50
Millons Reagenz 441
Minzöl 256
Mohnsamen 290
Molybdatophosphorsäure 441
Monotropein 90
Morphin 81, 82
Mucilaginosum 135, 308, 318
Mühlen-Typen 6
Muskatnuß 429
Mutterkorn 89

Mydriasis 63, 64
Myrcen 239
Myricetin-3-digalaktosid 124
Myricitrin 90
Myristica fragrans 429
Myristicin, Isolierung 395
–, IR-Spektrum 397
–, UV-Spektrum 398
Myristinsäure, IR-Spektrum 431
Myroxylon balsamum 279
Myrrha 287
–, DC 287, 288
–, Best. unl. Anteile 288
Myrrhe 287
Myrtilli fructus 307

N
Narcein 81
Narcotin 81, 82
Naringenin 121
Naturstoff-Reag. nach NEU 438
Nelkenöl 264
Nerii oleandri folium 152
Nerium oleander 152
Nerol 262
Nerolidol 279
Nicotianae folium 89
Nicotiana tabacum 89
Nicotin 63, 89, 132
Ninhydrin-Reagenz 441
Nitrosodimethylanilin 441
NMR-Spektroskopie 57
Nobilin 117
Norlaudanosin 81
Noscapin 81, 82

O
Öle, ätherische 246–278
–, fette 289–303
Ölsäure 289, 290, 292, 296
Olea europaea 290, 295
Olea pinguia 290
Oleanderblatt 152
Oleandrin 152
Oleanolsäure 227, 230, 244
–, Isolierung 399
–, IR-Spektrum 401
Oleopalmitin 294
Oleopalmitostearin 294
Oleostearin 294
Olivae oleum 295
Olive 290
Olivenöl 295
Ololiuqui 191
Onocol, Isolierung 401
–, IR-Spektrum 403
Ononis spinosa 401
Opii extractum 81
– tinctura 81
Opium 81
–, DC 83
–, Gehaltsbestimmung 84
– titratum 81
Orangenschalen 372
Orchideenarten 320
Orthosiphon spicatus 138
– stamineus 138
Orthosiphonblätter 138
Orthosiphonis folium 136
– –, DC 138
Ouabain 152
–, Isolierung 403
–, IR-Spektrum 405
Oxidasen 308

P
Paeonia officinalis 406
Paeoniflorin, Isolierung 406
–, IR-Spektrum 407
–, UV-Spektrum 408
Palmarin 177
Palmarum cera 301, 302
Palmitinsäure 289, 290, 292, 296, 297
Palmfrüchte 289
Palustridin 134
Palustrin 132, 134
Pampelmuse, DC 123
Panamarinde 164
Panax ginseng 152
Panaxadiol-Glykoside 152
Panaxatriol-Glykoside 152
Papaver somniferum 81, 290
Papaverin 81, 82
Paprika, edelsüß 339
–, scharfer 177
Paranuß 289
Parica 191
Pausinystalia yohimbe 89
Pepsin, Aktivitätsbestimmung 409
–, Isolierung 408
Perkolation 13
Peroxidasen 308, 313
Perubalsam 279
Peruresinotannolsäure 279
Peruviol 279
Peruvosid 152
Petasin 135
Petasitidis fol., DC 135
Peyotl 191
Pfeffer, schwarzer 182
–, weißer 182
Pfefferminzblätter 219
Pfefferminzöl 252
Pfingstrosenwurzel 406
Phasenumkehr-DC 299
Phasenumkehr-Methode 27
Phellandren 257, 272, 276
Phenolglykosid-Drogen 90

Phenolphthalein-Lösung 441
Phloroglucinbutanone 200
Physcion 95, 100, 101, 108
Physeter macrocephalus 302
Physostigma venenosum 89
Physostigmin 89
Picrasma excelsa 177
Picrasmin 177
Picrocrocin 202, 203
Pilocarpin 89
Pilocarpus microphyllus 89
Pimpinella anisum 212, 250
α-Pinen 239, 257, 259, 276
β-Pinen 239, 259, 276
Pinenepoxid 276
Pinolhydrat 276
Pinus-Arten 276
Piper cubeba 183, 352
– nigrum 182
Piperin 182
–, Isolierung 410
–, IR-Spektrum 411
–, UV-Spektrum 411
Piperiton 220, 222, 257, 272
Piperis albi fructus 182
Piperis nigri fructus 182
– – –, DC 183
Piptadenia-Arten 191
Pistacia vera 289
Pistazie 289
Plantaginis folium 320
– herba 320
Plantago lanceolata 320
– psyllium 320
– indica 320
Polyacetylene 119
Polygala senega 162
Polygalae radix 162
– –, DC 166
Polysaccharide 308–317
Pomeranzenschale 121
Potentilla erecta 307
Presenegenin 162
Primelwurzel 163
Primula elatior 163
– veris 163
Primulae radix 163
– –, DC 166
Primulagenin A 163
Primulasäure A 163
Primulaverin 163
Primverin 163
Primverosid 162
Proazulen 233, 237, 391–394
Probeentnahme 5
Procyanidine 130
Proscillaridin A 144
Protocetrarsäure 318
Protoaescigenin 154, 324
Protolichesterinsäure 318
Protopin 69
Proto-Panaxadiol 152
Proto-Panaxatriol 152
Prunus amygdalus 290, 326
Psilocin 191
Psilocybe mexicana 191
Psilocybin 191
Psychotrin 78
Psylli semen 320
Pufferlösung 441
Pulegii herba 222
Pulegon 220, 222
Purpureaglykosid A u. B 142
Pyrethri flos 199
– –, DC 199
Pyrethrin I u. II 198, 199
Pyridin 63, 64

Q
Quassia amara 177
Quassiae lignum 177
Quassiaholz 177
Quassiine 177
Quellungszahl, Tab. 320
–, Bestimmung 11
– von Drogen 11
Quercetin 117, 127, 130, 135, 185
Quercetin-diglykoside 139
Quercetin-4-glucosid 423
Quercitrin 90, 117, 124, 139
Quercus cortex 307
– infectoria 307
– robur 307
Quillajasaponin 164
Quillaja saponaria 164
Quillajae cortex 164
– –, DC 166

R
Raps 289
Ratanhiawurzel 303
Ratanhiae radix 303
Raubasin 85
Rauschgift-Drogen, 189–192
– –, Zusammenstellung 191
Rauschhanf 189
Rauwolfia serpentina 85
Rauwolfiae radix 85
– –, DC 86
– –, Gehaltsbestimmung 87
Rauwolfiawurzel 85
Reagenzien-Verzeichnis 435
Rescinnamin 85
Reserpin 85
Resorcinlösung 441
Reticulin 81
R_f-Wert 44
Rhabarber 108

Rhamni purshiani cortex 101
– – –, DC 102, 103, 104
– – , Gehaltsbestimmung 105
Rhamnus frangula 100
Rhamnus purshianus 101
Rhaponticin 108
Rhaponticosid 108
Rhei radix 108
– –, DC 108
– –, Gehaltsbestimmung 110
Rheidine 108
Rhein 95, 108, 113
Rheum-Emodin 95, 108
Rheum officinale 108
Rheum palmatum 108
Rheum rhaponticum 108
Ricini oleum 296
Ricinolsäure 290, 296
Ricinus communis 289, 296
Rivea corymbosa 191
Rizinusöl 296
Rizinussamen 289
Römische Kamille 117
Rohfilicin 200
Rosmarini aetheroleum 259
– –, DC 260
Rosmarinöl 259
Rosmarinus officinalis 259
Roßkastaniensamen 154
Rotationsverdampfer 16
Rubi fruticosi folium 307
Rubremetiniumsalz 78
Rubus fructicosus 307
Rübsen 289
Rusci radix 164
– –, DC 166
Ruscin und Derivate 164
Ruscus aculeatus 164
Ruta graveolens 412
Rutae herba 412
Rutheniumrot-Lösung 441
Rutin 118, 121
–, Isolierung 412
–, IR-Spektrum 414
–, UV-Spektrum 414

S
Sabadillae semen 90
Sabadillasame 90
Sabinen 183, 239
Safran 202
Safranal 202, 203
Salbei, dreilappiger 227
–, griechischer 227
Salbeiblätter 226
Salep tuber 320
Salicylsäuremethylester 162
Salvia officinalis 226
– triloba 227
Salviae folium 226
– –, DC 228
– –, Gehaltsbestimmung 227
Salviae trilobae folium 227
– – –, DC 228
– – –, Gehaltsbestimmung 227
Salvigenin 227
Samidin 185
Sanguinarin 69, 70
Santonin 198
–, Isolierung 415
–, IR-Spektrum 416
–, UV-Spektrum 417
Saponaria officinalis 165
Saponariae albae radix 165
Saponariae rad., DC 166
Saponariae rubrae radix 165
Saponaside 165
Saponin-Drogen, 152–169
– –, DC 166
– –, Tab. 168
Saponinum album 165
Sarsaparillae radix 165
– –, DC 166
Sarsaparillwurzel 165
Sarsasapogenin 165
Schachtelhalmkraut 132, 168
Scharfstoff-Drogen 177
Schellenbaumsamen 152
Schilddrüsenfunktion 315
Schleime 135, 139, 320
Schleimstoff-Drogen, Tab. 320
Schoenocaulon officinale 90
Schöllkraut 69
Schweinemagen 408
Schweineschwarte 367
Schweppes-Reagenz 441
Scillae bulbus 144
– –, DC 146
Scillaren A 144
Scillarenin 144
Scopolamin 63, 64, 89
Scopoletin 63, 122
Scopoletin-7-β-glucosid 117
Scopolia carniolica 89
Scopoliae radix 89
Scopolin 63
Scutellareintetramethylether 121, 138
Secale cornutum 89
Sedativum 193, 224
Seifenrinde 164
Seifenwurzel, weiße 165
–, rote 165
Sekretolyticum 162, 213, 215, 230, 272, 277
Senegawurzel 162
Senf, weißer 417
Sennae folium 112
– –, DC 114
– –, Gehaltsbestimmung 115

Sennae fructus acutifoliae 112
Sennae fructus angustifoliae 112
Sennesblätter 112
Sennesfrüchte 112
Sennidine 108
Sennidine A, B, C, D 113
Sennoside A, B, C, D 113
Serpentin 85
Sesami oleum 297
Sesamin 297
Sesamöl 297
Sesamolin 297
Sesamum indicum 297
Sesquiartemisol 198
Siaresinolsäure 282
Siebanalyse 6
Siebe, Bestimmung 7
Siebnummern 7
Silybin 127
Silybum marianum 127
Silychristin 127
Silydianin 127
Silymarin 127
Sinalbin, Isolierung 417
–, IR-Spektrum 419
–, UV-Spektrum 420
Sinapis alba 417
Sinensetin 121, 138
Sinnesphysiologische Untersuchungen 3
Sitosterin, Isolierung 420
–, IR-Spektrum 422
Skopoliawurzel 89
Smilagenin 165
Smilax aristolochiaefolia 165
Smilax regelii 165
Smilax utilis 165
Sojabohne 289
Sonnenblume 289
Soxhlet-Extraktion 14
Spasmolyticum 63, 70, 82, 185, 220, 234
Spearmint 222
Spectro Tip®-Methode 55
Spektralphotometer 52
Spektroskopie, Geräte 52
–, IR 53
–, NMR 57
–, VIS und UV 51
Spektroskopische Methoden 50
Spierstaude 423
Spiraeosid, Isolierung 423
–, IR-Spektrum 425
–, UV-Spektrum 425
Stärkelösung 442
Standardabweichung 58
Stearinsäure 289, 290, 292, 296, 297
Stechapfel 64
Sterculiae gummi, DC 310
Steroidsaponine 164
Stomachicum 237, 239
Stramonii folium 64
– –, DC 67
– –, Gehaltsbestimmung 68
Stramonii pulvis normatus 64
Stramoniumblätter 64
Strophadogenin 143
Strophanthi grati semen 152
K-Strophanthidin 143, 144
Strophanthin, Isolierung 403
–, IR-Spektrum 405
K-Strophanthosid 152
Strophanthus gratus 152, 403
– kombé 152
Strophosid 152
Strychni Semen 89
Strychnin 89
–, Isolierung 425
–, IR-Spektrum 428
–, UV-Spektrum 429
Strychnos guayanensis, u. a. 89
– nux-vomica 89
– – Samen 425
Styracin 283
Styrax benzoin 283
– tonkinensis 282
Sulfatasche 9
Sumaresinolsäure 283
Sumpfschachtelhalmkraut 133
Suppositorienmasse 294
Süßholzwurzel 157
Swertiamarin 169
Syzygium aromaticum 244, 264

T

Tabakblatt 89
Tang 315
Tannin, Isolierung 366
–, IR-Spektrum 367
Taraxasterol 117
TAS-Verfahren 46
– – Ofen 46
– – Patrone 47
– – Treibmittel 48
Tausendgüldenkraut 169
Taxifolin 127
Tee, schwarzer 307
Teonanacatl 191
Terebinthinae aether. rect. 276
Terpentinöl, gereinigtes 276
Terpinenol 183, 198, 239, 267
Tetrahydrocannabinol (THC) 189
Tetramethoxyflavonderivat 138
Theae nigrae folium 307
Thebain 81, 82
Theobroma cacao 290, 294
Therebinthinae aeth. rect., DC 277
Thermoplatte 44
Thevetia neriifolia 152
Thevetiae neriifoliae semen 152

Thevetin A 152
Thioacetamid-Reagenz 442
Thujen 239
Thujone 226, 227, 237, 257
Thujylalkohole 237
Thymi herba 230
– –, DC 230
– –, Gehaltsbestimmung 232
Thymian 230
Thymol 119, 230
Thymolether 119
Thymus vulgaris 230
Thymus zygis 230
Thyreotoxikose 315
Tiglinsäureester 117
Tigonin 142
Tilia-Arten 139, 320
Tiliae argenteae flos 141
Tiliae flos 139
– –, DC 140
– –, Quellungszahl 141
Tinnevelly-Sennesfrüchte 112
Tollkirsche 63
Tolylmethylcarbinol 205
Tormentillae rhizoma 307
Tormentillwurzel 307
Tragacantha 313
–, DC 309
Tragant 313
Tragantsorten, Auslaufzeiten 315
Trichloressigsäure 442
Trifolii fibrini folium 177
Triglyzeride 289–300
Trigonella foenum graecum 320
Trimyristin, Isolierung 429
–, IR-Spektrum 430
Triricinolin 296
Triterpensaponin 154, 155, 163
Triticum aestivum 290
Trocknungsverlust 8
Tropa-Alkaloide, Prüfung auf 64
Tropanol 63, 64
Tropasäure 63, 64
Tryptamin 191
Tussilago farfara 135, 320

U
Untersuchungen, sinnesphysiologische 3
Urginea maritima 144
Ursolsäure 90, 226, 227, 230
Usninsäure 318
UV-Lampen 42
Uvae ursi folium 90
– – –, DC 91–93
– – –, Gehaltsbestimmung 94

V
Vaccinium myrtillus 307
Valepotriate 192
Valeranon 192
Valerensäure 192
Valeriana edulis ssp. 192
Valeriana mexicana 192
Valeriana officinalis 192
Valeriana wallichii 192, 355
Valerianae radix 192
– –, DC 194–196
– –, Gehaltsbestimmung 196
Valerol 192
Valtrat 192
Valtrathydrine 196
Vanillin 279, 282, 283
Vanillin-Phosphorsäure-Reagenz 442
Venenleiden 164
Veratridin 90
Verbasci flos 169
Verbascum-Arten 169
Verbenol 276
Vermifuga 198, 199, 200
Verteilungsverfahren 15
Vincetoxicum officinale 163
Vincetoxin 163
Virola-Arten 191
Visnadin 185
Visnagin 185
–, Isolierung 380
–, IR-Spektrum 382
–, UV-Spektrum 383
Vitali-Reaktion 64
Vitexin 130
Vitexin-4'-rhamnosid 130

W
Wachs, gebleichtes 301
–, gelbes 300
–, Tab. Hauptbestandteile 301
–, Tab. Kennzahlen 301
Wachse 300
–, DC 302
Wacholderbeeren 239
Wasserdampfdestillation 16
Wassergehalt, Bestimmung 9
Walnuß 289
Walnußblatt 307
Walrat 302
Weinrautenkraut 412
Weinsäure 210
Weißdornblätter 130
Weizenkeime 290
Wermutkraut 176, 237
Wick-Stick® 55
Wolframatophosphorsäure-Lösung 442
Wollwachs 302
Wundheilmittel 279
Wurmfarnrhizom 200

X
Xanthophyll 119
Xanthorrhizol 205

–, Isolierung 431
–, IR-Spektrum 433
Xanthotoxin 185
Xanthydrol-Salzsäure 146, 442
Xylol-Methode 10

Y
Yakée 191
Yohimbehe cortex 89
Yohimberinde 89
Yohimbin 89
Yopo 191

Z
Zea mays 290
Zeaxanthin 119
Zerkleinern 6
Zichoriienwurzel 377
Zimt, Ceylon u. Cassia 242
Zimtaldehyd 242
Zimtsäure 242, 279
Zimtsäurebenzylester 279
Zimtsäurecinnamylester 283
Zimtsäurephenylpropylester 283
Zitwerblüten 198